内蒙古自治区统计局　编
Compiled by Inner Mongolia Autonomous Regional Bureau of Statistics

2018
内蒙古统计年鉴

INNER MONGOLIA STATISTICAL YEARBOOK 2018

（总第31期　NO. 31）

中国统计出版社
China Statistics Press

图书在版编目（CIP）数据

内蒙古统计年鉴. 2018 : 汉英对照 / 内蒙古自治区统计局编. -- 北京 : 中国统计出版社, 2018.10
ISBN 978-7-5037-8543-6
Ⅰ. ①内… Ⅱ. ①内… Ⅲ. ①统计资料 – 内蒙古 – 2018 – 年鉴 – 汉、英 Ⅳ. ①C832.26-54
中国版本图书馆CIP数据核字(2018)第154953号

内蒙古统计年鉴-2018

作　　者/ 内蒙古自治区统计局
责任编辑/ 钟　钰
责任校对/ 王艳伟　于　瑾
装帧设计/ 常墳平　李占玲
出版发行/ 中国统计出版社
地　　址/ 北京市丰台区西三环南路甲6号
邮政编码/ 100073
电　　话/ 邮购（010）63376909　书店（010）68783171
网　　址/ http://www.zgtjcbs.com
印　　刷/ 内蒙古宏业包装印务有限公司
经　　销/ 新华书店
开　　本/ 890mm × 1240mm　1/16
字　　数/ 1800千字
印　　张/ 50
版　　别/ 2018年10月第1版
版　　次/ 2018年10月第1次印刷
定　　价/ 350.00元　Price:350.00(RMB)

本书附同版本CD-ROM一张，光盘内容以书面文字为准。
如有印装差错，由本社发行部调换。

《内蒙古统计年鉴》编辑委员会

Editorial Board and Staff

编 辑 说 明

一、《内蒙古统计年鉴》是一部按年度连续出版的大型统计资料书。本《年鉴》通过大量的统计数据，全面反映了2017年内蒙古经济社会和科技发展变化情况，是国内外各界人士了解内蒙古、认识内蒙古的重要统计资料工具书。

二、年鉴全书分为两部分。第一部分为特载，载入了自治区党政部门重要文件和2017年国民经济和社会发展统计公报。第二部分为统计资料，分为24个细目。即:1.行政区划和自然资源;2.综合;3.国民经济核算;4.人口;5.从业人员和职工工资;6.房地产开发投资;7.能源和环境;8.财政;9.物价指数;10.人民生活;11.城市概况;12.农业;13.工业;14.建筑业;15.运输和邮电;16.国内贸易;17.对外经济贸易;18.旅游;19.金融和保险;20.教育、科技和文化;21.体育、卫生、社会福利和其他;22.盟市资料;23.旗县区资料;24.附录。为了便于读者查阅，每个细目编排了主要统计指标解释。

三、本年鉴的统计数据大部分来自政府统计部门和业务部门年度统计报表，一部分来自抽样调查。

四、与《内蒙古统计年鉴-2017》相比较，本年鉴做了如下调整：

1.由于核算、工业部分数据调整，我们对2018年年鉴版面进行了适当改版，待第四次全国经济普查后,统一对历史数据进行修订。

2.按照国家固定资产投资统计制度改革要求，2017年投资数据将在2018年底调整完成，故暂不能使用。同时，投资历史数据将在第四次全国经济普查后进行修订。

3.核算、工业、固定资产投资部分的盟市和旗县篇版面也相应进行了调整。

4.根据第三次全国农业普查结果，对年鉴农业部分中的相关指标数据进行了修订。

5.旗县部分进行了改版，指标有所调整。

五、资料中所使用的数量单位均采用国际统一标准计量单位。

六、本年鉴部分数据合计数或相对数由于单位取舍不同而产生的计算误差均未作机械调整。

七、本年鉴各表式中，有关对全表的注解均在该表上方，对表中部分指标的注解则在该表下方。

八、本年鉴表中的符号使用说明：空格表示该项统计指标数据不足本表最小单位数、不详或无该项数据;“#”表示其中的主要项。

PREFACE

Ⅰ.Inner Mongolia Statistical Yearbook is a regular large scale statistical reference book published yearly. With a vast amount of statistical data for 2016, this yearbook reflects various aspects of Inner Mongolia's economic society, science and technology development. It is really an important and efficient statistical reference book for people of various circles in and outside China to know and understand Inner Mongolia.

Ⅱ. The yearbook has two parts: Special articles and Statistics. The first part consists of important documents of the Party and the government and Statistical Bulletin of the National Economic and Social Development in Inner Mongolia for 2016. The second part consists of all the 24 chapters as follow: 1.Division of Administrative Areas and Natural Resources; 2.General Survey; 3.National Accounts; 4. Population; 5.Employment and Wages; 6.Investment in Real Estate; 7. Energy and Environmental; 8. Government Finance; 9. Prices Indices; 10. People's Living Cenditions; 11. General Survey of Cities; 12. Agriculture; 13. Industry;14. Construction; 15. Transport, Postal and Tele–communications Services;16. Domestic Trade; 17. Foreign Trade and Economic Cooperation; 18. Tourism;19. Banking and Insurance; 20. Education, Science and Culture; 21. Sports, Public Health, Social Welfare and Other; 22. Information of Leagues and Cities; 23.Information of Banners and Counties (Districts and Cities); 24. Appendix. In order to make it convenient for readers to consult, we edit exploratory notes on main statistical indicators of every chapter.

Ⅲ. Most of the data in this yearbook sources are from annual statistical reports of government agencies, another part sources from sample survey.

Ⅳ.Comparing with the content of Inner Mongolia Statistical Yearbook–2017, we changed the content as follow:

1.The layout is adjusted in the part of National Accounts and Industry.The data would be revised after the IV National Economic Census.

2.The data of the investment in Fixed Assets cannot furnished recently,according to the reform of investment in Fixed Assets since 2017.The data would be revised after the IV National Economic Census.

3.The layout adjusted in Nation Accouts、Idustry and Investment in Fixed Assets contain the part of the Statistics of Leagues and Cities and Statistics of Banners,Counties and Districts.

4.The data of the Agriculture are revised according to the IV National Economic Census.

5.The layout of the part of Statics of Banners, Counties and Districts is adjusted,the data are revised.

Ⅴ. The units of measurement used in this yearbook are internationally standard measurement units.

Ⅵ. Statistical discrepancies due to rounding are not adjusted in this yearbook.

Ⅶ. The notes concerning the whole table are placed at the upper part of table, while the notes concerning individual indicators are placed at the lower part.

Ⅷ. Notations used in this yearbook: blank space indicates that the figure is not large enough to be measured with the smallest unit in the table, or data are unknown or are not available; “#” indicates a major breakdown of the total.

目　　录
CONTENTS

第一部分　特　载
PART ONE SPECIAL ARTICLES

第二部分　统计资料
PART TWO STATISTICS

二、综合

General Survey

三、国民经济核算

National Accounts

四、人口
Population

五、从业人员和职工工资
Employment and Wages

六、房地产开发投资

Investment in Fixed Assets

七、能源和环境

Energy and Environment

八、财政

Government Finance

九、物价指数

Price Indices

十、人民生活

People's Living Comditvons

十一、城市概况

General Survey of Cities

十二、农业
Agriculture

十三、工业
Industry

十四、建筑业
Construction

十五、运输和邮电

Transportation, Postal and Telecommunications Services

十六、国内贸易

Domestic Trade

十七、对外经济贸易
Foreign Trade and Economic Cooperation

十八、旅游
Tourism

十九、金融和保险

Banking and Insurance

二十、教育、科技和文化

Education , Technology and Culture

二十一、体育、卫生、社会福利和其它

Sports, Public Health, Social Welfare and Others

二十二、盟市资料

Statistics of Leagues and Cities

二十三、旗县区资料

Statistics of Banners, Counties and Districts

二十四、附录

Appendix

第一部分

特　载

PART ONE SPECIAL ARTICLES

政府工作报告

Report on the Work of the Government

——内蒙古自治区第十三届人民代表大会第一次会议上

内蒙古自治区主席　布小林

各位代表：

现在，我代表自治区人民政府向大会报告工作，请予审议，并请自治区政协各位委员提出意见。

一、过去五年工作回顾

过去的五年，是自治区发展进程中极不平凡的五年。在以习近平同志为核心的党中央坚强领导下，我们认真贯彻落实党中央、国务院决策部署，按照自治区党委的工作部署，牢牢把握稳中求进工作总基调，坚持新发展理念，统筹做好稳增长、促改革、调结构、惠民生、防风险各项工作，改革开放和现代化建设取得新成就。

综合经济实力稳步提升，经济结构进一步优化，农牧业稳中调优，传统产业转型升级加快，新兴产业较快增长，服务业比重提高。发展活力持续增强，行政审批事项大幅度减少，新增各类市场主体68.9万户，科技进步对经济增长的贡献率明显提高。城乡发展呈现新面貌，常住人口城镇化率达到62%。城乡公共服务均等化水平明显提升，基础设施显著改善，新增铁路3400公里、高速和一级公路5600公里、民航机场12个、电力外送能力4400万千瓦。生态环境持续好转，森林覆盖率和草原植被盖度实现"双提高"，荒漠化和沙化土地实现"双减少"，主要污染物排放量大幅下降。人民生活水平不断提高，贫困发生率显著下降，新增城镇就业133.5万人，建立了覆盖城乡的社会保障体系，保障水平逐年提高，累计为217.6万户城乡家庭改善了居住条件。教育、卫生、文化、体育事业不断进步。双拥优抚工作进一步加强，有力支持了国防和军队建设。各民族大团结的良好局面进一步巩固。党的宗教政策全面落实。人民防空、地震气象、社会科学、档案史志、参事文史、外事侨务等工作得到加强，红十字、妇女儿童、老龄和残疾人事业取得新进步。

各位代表！2017年是内蒙古自治区成立70周年。热烈庆祝自治区成立70周年，是全区各族人民政治生活中的一件盛事。我们隆重举行庆祝大会，召开第九次全区民族团结进步表彰大会，全区上下开展了一系列群众性庆祝活动，举办大型成就展，充分展示了内蒙古各族人民良好的精神风貌，充分展示了我国民族区域自治制度的巨大优越性。中央贺电充分肯定自治区70年来取得的历史性成就，对内蒙古各族人民赢得并始终如一呵护"模范自治区"崇高荣誉给予高度评价。中央代表团带着党中央的亲切关怀和全国人民的祝福，与全区各族人民共同欢庆节日，深入12个盟市看望慰问干部群众。特别是习近平总书记题词"建设亮丽内蒙古，共圆伟大中国梦"，极大地鼓舞了全区各族人民，坚定了各族干部群众的"四个自信"，增强了我们不忘初心、继续前进的自豪感、责任感、使命感。同时，全国民族团结进步创建经验交流现场会在我区召开。我们在延安民族学院城川旧址，建立城川民族干部学院。城川民族干部学院成为中央民族大学分校，被国家民委确定为全国民族团结进步教育基地。

2017年还是乌兰牧骑成立60周年。习近平总书记回信赞扬乌兰牧骑是全国文艺战线的一面旗帜，勉励乌兰牧骑队员永远做草原上的"红色文艺轻骑兵"。这既是对乌兰牧骑的殷切期望，更是对全区各族人民的亲切关怀，是全区文艺发展和文化建设进程中具有里程碑意义的一件大事，全区各族人民欢欣鼓舞。

2017年，我们深入学习贯彻党的十九大精神，以习近平新时代中国特色社会主义思想为指引，不断增强"四个意识"，锐意进取，扎实工作，自治区经济社会持续健康发展。初步核算，地区生产总值增长4%；一般公共预算收入剔除虚增空转因素后按可比口径增长14.6%，非税收入占比由上年的33.8%下降到24.4%，财政收入质量明显提高；城乡居民人均可支配收入分别增长8.2%和8.4%，快于经济增长速度。

一年来，我们主要做了以下工作：

（一）推进"三去一降一补"。我们继续化解过剩产能，减少低端和无效供给，退出810万吨煤炭、55万吨钢铁产能，取缔"地条钢"243万吨。坚持分类指导、因城施策，商品房待售面积下降8.6%。扎实做好去杠杆工作，工业企业资产负债率继续下降。防范处置非法集资和乱办金融风险，开展农村牧区高利贷综合治理。推进简政放权、减税降费、电力市场化改革，降低实体经济成本。突出重点补短板，民生领域、生态环境、基础设施、"三农三牧"、科技创新等薄弱环节得到加强。乌兰浩特至白城快速铁路、呼和浩特至集宁高铁建成通车，赤峰、通辽京沈高铁连接线建设进展顺利，建制嘎查村通硬化路目标提前实现。

（二）加快产业转型升级。我们认真落实习近平总书记“五个结合”的要求，着力转变发展方式，促进资源转化增值。改造升级传统产业，产业链条进一步延伸，煤电、煤化一体化比重达到90%以上，工业企业利润率明显上升。新能源、新材料、电子通讯等产业增长较快，稀土化合物产能、云计算服务器承载能力居全国第一。农牧业结构进一步优化，粮食产量连续5年稳定在550亿斤以上，牧业年度牲畜存栏连续13年稳定在1亿头只以上。旅游、文化、体育、健康、养老、会展等服务业加快发展，游客总人数超过1亿人次，旅游总收入连续7年增长20%以上。发挥科技创新对产业升级的引领作用，建成自治区科技成果交易平台，设立协同创新股权投资基金，新培育自治区级众创空间93家，新增国家级高新技术开发区1家。蒙医学等13个新增博士学位授权点通过评审。内蒙古大学成为教育部和自治区合建高校，生物学入选国家一流学科建设项目。科技部与自治区共建草原家畜繁育国家重点实验室获得批准，实现省部共建国家重点实验室零的突破。

（三）加快改革开放步伐。我们持续推进简政放权、放管结合、优化服务改革，全面推行“多证合一”和“双随机、一公开”监管，向社会公布行政许可证明事项清单。国有企业混合所有制改革取得新进展。公立医院全部取消药品加成，分级诊疗试点实现盟市全覆盖，154家定点医疗机构接入国家跨省异地就医系统。土地确权实测面积完成81%，草原确权承包工作完成90%以上，龙头企业与农牧民利益联结机制进一步完善。

财税金融、国土资源、行政执法等领域改革进一步深化。

全面扩大对外开放，推进“一带一路”、中蒙俄经济走廊建设，中欧班列实现常态化运行，对外贸易保持快速增长，进出口总额超过900亿元、增长22.8%，口岸过货量稳中有增。成功举办外交部内蒙古全球推介活动、第二届中蒙博览会、阿斯塔纳世博会内蒙古活动周，向国内外展示了内蒙古繁荣、进步、开放、和谐的美好形象。

（四）加强生态环境保护。我们围绕建设绿色内蒙古，继续实施天然林保护、京津风沙源治理、退耕还林还草等重大生态修复工程。开展生态环境保护大检查，整治大气、水、土壤污染，停止了自然保护区内所有矿山企业开采勘探活动，持续推进呼伦湖、乌梁素海、岱海生态环境综合治理。建立生态文明考核办法、绿色发展指标体系，完善自然资源保护制度，初步形成了四级“河长”体系。《联合国防治荒漠化公约》第十三次缔约方大会和第六届库布其国际沙漠论坛在我区召开，习近平总书记分别致信祝贺。

（五）着力保障和改善民生。我们加大民生投入力度，全区民生支出占一般公共预算支出的69.8%，比上年提高4个百分点，一批群众关心的热点难点问题得到解决。出台了加大脱贫攻坚力度的十项措施，各级财政扶贫资金支出121亿元，增幅达到112.9%。易地搬迁贫困人口5万人，为贫困人口进行了免费体检，农村牧区义务教育阶段学生营养改善计划覆盖全部国贫旗县，大学新生资助政策由城乡低保家庭扩大到所有建档立卡贫困家庭。全年减贫20万人。稳步推进创业就业，城镇新增就业26.1万人，城镇登记失业率3.6%。进一步扩大社会保障覆盖面，提高了养老、医保、低保、特困人员、残疾人保障标准，增加了边民补助和高龄津贴。实施棚户区改造22.1万套，改造城镇老旧小区2300万平方米。蒙东地区实现了城乡用电同网同价，安全饮水和偏远农牧区用电升级工程顺利推进。

注重教育公平发展和质量提升，学前教育入园率达到90%以上，累计有93个旗县（市、区）通过国家义务教育均衡发展评估认定。民族教育整体发展水平走在全国前列。实施远程医疗和远程教育，促进优质资源共享。文化惠民工程取得新的进展。举办了全区第九届少数民族传统体育运动会，我区体育健儿在第13届全国运动会上取得较好成绩。足球改革试点成效显著，经国家批准，“内蒙古足球频道”更名为“足球频道”，成为全国宣传足球改革发展和专注于青少年足球运动的电视频道。通辽市、鄂托克前旗、准格尔旗进入全国文明城市行列。推进平安内蒙古建设，治安案件、安全生产事故起数整体下降，人民群众饮食用药安全得到保障。

2017年，我们进一步加强政府自身建设，把全面从严治党要求贯穿于政府工作各个方面，牢固树立“四个意识”，不断强化责任担当，认真落实习近平总书记重要指示批示精神，以及中央巡视“回头看”反馈意见。我们规范政府债务管理，积极稳妥化解债务，停建、缓建、“瘦身”了一批政府投资项目，清理拖欠工程款和农民工工资。解决工业增加值数据不实和财政收入虚增空转等困扰我们多年的老大难问题，为科学决策提供了可靠依据，为未来发展夯实了基础。我们深刻认识到工作中不严不实带来的危害，认识到不能为增长而增长、为投资而投资，必须破除简单以生产总值增长率论英雄的发展观、政绩观。

我们坚持依法行政，完善行政决策合法性审查和政府法律顾问制度，提请自治区人大常委会审议地方性法规8件，制定、修改和废止政府规章35件。办理人大代表建议和政协提案1069件，办复率100%。自觉接受社会监督，完善政务公开和新闻发布制度，全年举办新闻发布会70次。严控“三公”经费支出，自治区本级压缩一般性支出10亿元，用于保障和改善民生。开展重大政策落实、财政民生资金、领导干部经济责任和自然资源资产离任审计，强化行政监察和督查问效，廉洁政府建设进一步加强。

各位代表！本届政府任期的五年，是党的十八大以来，我们国家取得历史性成就、发生历史性变革的五年，也是自治区经济社会发展取得重大成就的五年。五年来，我们的每一点成绩、每一次进步，都是在以习近平同志为核心的党中央坚强领导、亲切关怀下取得的，是在全区各族人民守望相助、团结奋斗的生动实践中取得的。在此，我代表自治区人民政府，向全区各族人民，向为自治区改革开放和现代化建设作出贡献的同志们，向所有关心支持内蒙古发展的朋友们，表示诚挚的感谢！

各位代表！我们的工作既有成绩，也有许多不足，与党中央的要求、人民群众的期望还有很大差距。发展不平衡不充分问题突出，实体经济面临不少困难，经济发展的质量和效益不高；民生领域有不少短板，脱贫攻坚任务艰巨，城乡居民收入仍然低于全国平均水平，城乡间区域间公共服务水平以及居民收入差距较大；生态环境依然脆弱，保护和治理的任务十分繁重；化解政府债务需要进一步加大力度；政府工作存在效率不高、服务意识不强、依法行政能力不足等问题。

我们要坚持问题导向，勇于坚持真理、修正错误，勇于自我革命、直面矛盾，解决问题，改进工作。

二、今后五年工作总体思路

党的十九大作出中国特色社会主义进入新时代的重大政治判断，对决胜全面建成小康社会作出战略部署，描绘了全面建设社会主义现代化国家的美好蓝图。今后五年，是“两个一百年”奋斗目标的历史交汇期。我们将迎来改革开放40周年、新中国成立70周年、全面建成小康社会、建党100周年。做好今后五年工作，责任重大，意义深远。

从现在起到2020年，是全面建成小康社会的决胜期，唯有只争朝夕，才能实现我们的奋斗目标。我们要深入贯彻党的十九大精神和习近平总书记考察内蒙古重要讲话精神，突出抓重点、补短板、强弱项，特别是要坚决打好防范化解重大风险攻坚战、精准脱贫攻坚战、污染防治攻坚战，把政府债务率降到合理水平，守住不发生系统性风险的底线；国家现行标准下农村牧区贫困人口全部脱贫，贫困旗县全部摘帽；主要污染物排放总量大幅减少，生态环境持续改善。在全面建成小康社会的基础上，乘势而上，开启全面建设现代化新征程，推动经济社会更高水平、更高质量发展。

做好今后五年工作，我们要以习近平新时代中国特色社会主义思想为指引，始终坚持党的领导，切实增强“四个意识”，坚定“四个自信”，自觉维护以习近平同志为核心的党中央权威和集中统一领导，自觉在思想上政治上行动上同以习近平同志为核心的党中央保持高度一致。

我们要坚持稳中求进工作总基调，正确处理发展中稳和进的关系，审时度势、深思熟虑、尊重规律，把握好工作节奏和力度，既反对消极应对、不思进取，又反对冲动蛮干、急于求成，实现稳中有进、行稳致远。

我们要坚持新发展理念，全面落实高质量发展要求，紧扣社会主要矛盾变化，坚持质量第一、效益优先，转变经济发展方式、优化经济结构，推动我区经济实现高质量发展。

我们要统筹推进“五位一体”总体布局，协调推进“四个全面”战略布局，全面落实科教兴国战略、人才强国战略、创新驱动发展战略、乡村振兴战略、区域协调发展战略、可持续发展战略、军民融合发展战略。

我们要以供给侧结构性改革为主线，统筹推进稳增长、促改革、调结构、惠民生、防风险各项工作，深化改革开放，推动质量变革、效率变革、动力变革。加快建设实体经济、科技创新、现代金融、人力资源协同发展的产业体系，强化制度保障，建设现代化经济体系。

我们的一切工作都要坚持以人民为中心，把人民对美好生活的向往作为我们的奋斗目标。解决好人民群众最关心的教育、就业、收入、居住、医疗、社保等问题，一件事情接着一件事情办，一年接着一年干，给各族人民带来更多获得感、幸福感、安全感。

三、2018 年主要工作

今年是贯彻党的十九大精神的开局之年，是改革开放40周年，是决胜全面建成小康社会、实施“十三五”规划承上启下的关键一年。我们要全面贯彻党的十九大精神和中央经济工作会议、中央农村工作会议精神，按照自治区党委的工作部署，坚持目标导向和问题导向，统筹兼顾、突出重点，有力有序做好各项工作，促进经济社会持续健康发展。

今年发展的主要预期目标是：地区生产总值增长6.5%左右；居民消费价格涨幅3%左右，城乡居民人均可支配收入分别增长7.5%左右，城镇新增就业25万人左右，城镇调查失业率和城镇登记失业率分别控制在5%左右和4%以内；全面完成节能减排目标任务；供给侧结构性改革取得实质性进展；金融财政风险有序有效防控，化解政府债务完成年度任务。重点做好以下工作：

（一）坚决打好三大攻坚战。这是全面建成小康社会必须跨越的重大关口，我们的各项政策和工作重点都要向三大攻坚战聚焦发力。

打好防范化解重大风险攻坚战。采取有力措施，解决全区政府债务率普遍较高的问题，严格控制债务增量，有序化解债务存量。全面规范举债行为，新增政府债务一律采取发行政府债券方式，新上政府投资项目严格实行债务风险评估和合法性审查。依法规范政府与社会资本合作、政府投资基金、政府购买公共服务行为，推动融资平台公司市场化转型，坚决遏制违法违规举债。完善年度债务化解方案，采取预算安排、压缩一般性支出、盘活存量资产等措施，有计划有步骤偿还债务。化解政府债务实行绩效考核，建立债务偿还和财政转移支付挂钩机制，对化债成效显著的，通过转移支付予以激励；对违法违规举债、化解债务不力的，进行追责问责。统筹做好金融风险防范工作，坚决打击违法违规金融活动，有效防范化解信用风险。密切关注房地产、养老保险基金、国有企业债务等方面的风险。

打好精准脱贫攻坚战。以更加集中的支持、更加有力的举措、更加精细的工作，确保全年减贫20万人。瞄准特定贫困群众精准帮扶，对有劳动能力的贫困人口，采取产业扶贫、转移就业等办法实现脱贫；对丧失劳动能力的，通过完善社会保障和救助体系，使他们的基本生活有保障、病有所医、残有所助。完善大病兜底保障机制，为贫困群众建立健康卡。完善教育资助政策，不能让贫困家庭的学生失去上学机会。聚焦深度贫困地区集中发力，新增扶贫资金重点用于深度贫困地区，自治区转移支付和预算内投资也要给予倾斜，重点解决好深度贫困地区公共服务、基础设施、基本医疗保障和发展产业等问题。完成农村牧区所有建档立卡贫困户危房改造任务。把扶贫和扶志、扶智结合起来，注重培育贫困群众发展生产和务工经商的基本技能，注重激发贫困地区、贫困群众脱贫致富的内生动力和自我发展能力。着力解决脱贫攻坚中层层加码、形式主义、弄虚作假、重复繁琐等问题，做到脱真贫、真脱贫。

打好污染防治攻坚战。加强大气污染治理，实施冬季清洁取暖计划，抓好散煤和工业废气治理、秸秆利用、煤改气、煤改电等工作。所有火电机组实现超低排放。继续整治乌海及周边地区环境。以市场化办法解决弃风弃光问题，增加清洁电力供应。全面落实水污染防治计划，深入实施呼伦湖、乌梁素海、岱海等湖泊综合治理工程，着力消除重污染水域和劣五类断面，依法清理水源保护区内违法建筑和排污口。加大土壤污染防治和重金属减排力度，调查农用地土壤污染状况，进一步控肥、控药、控膜，从源头上治理农业面源污染。整治矿区和工业园区环境，依法有序退出自然保护区内工矿企业。

（二）深化供给侧结构性改革。把发展经济的着力点放在实体经济上，优化要素配置，提高供给体系质量。

大力破除无效供给。坚持用市场化、法治化手段化解过剩产能，严格执行质量、环保、能耗、安全等法规标准，加速过剩产能市场出清。今年退出煤炭产能405万吨，统筹做好煤电、建材等行业去产能工作。加大"僵尸企业"处置力度，列出退出清单，建立健全破产重组机制，做好企业债务处置和职工安置工作。

大力培育新动能。运用新技术、新业态、新模式改造提升传统产业，延长产业链条，推动能源、化工、冶金、装备制造等产业迈向中高端。加快建设国家大数据综合试验区，发展数字经济，推动互联网、大数据、人工智能与实体经济深度融合。培育高端新材料、新能源汽车、清洁能源、生物制药、蒙中医药等产业。建设物流集散、加工包装、冷链配送等平台，支持现代物流业发展。把绿色发展理念融入旅游发展全过程，提升旅游业文化内涵，高质量、高水平发展旅游业。积极发展文化产业、体育产业和电子商务、创意设计、信息咨询、健康养老、商贸会展等服务业。深入实施品牌战略，开展质量提升行动，以高标准带动高质量。

大力降低实体经济成本。继续清理规范涉企收费，落实好降低制造业增值税、小微企业所得税优惠政策，深化电力、交通、金融领域改革，降低企业制度性交易成本和用能、物流、融资等要素成本。优化融资结构，推动企业上市，提高直接融资特别是股权融资比重。

积极促进有效投资。紧紧围绕补短板和优化供给结构，发挥政府投资引导作用，激发民间投资活力，加大民生领域、"三农三牧"、创新驱动、生态环保等方面投资力度。科学规划、合理布局公路、铁路等基础设施，重点推进连接内地和沿海地区国家交通主干线的项目，提高投资的精准性、普惠性、有效性。

积极推进区域协调发展。推动呼包鄂协同发展、东部盟市加快发展、乌海及周边地区转型发展，改造升级工业园区，科学规划、有序建设和林格尔新区。

（三）加快建设创新型内蒙古。坚持把创新作为引领发展的第一动力，深入实施创新驱动发展战略。

增加科技投入，发挥财政资金引导作用，支持高校、科研院所和企业承担科技项目，形成多元投入机制。坚持战略和前沿导向，加强应用基础性研究，围绕现代农牧业、战略性新兴产业、荒漠化治理等领域的重大科技需求，组织实施一批科技重大专项，突破一批关键共性技术。完善科技成果转化服务体系，培育专业化服务机构。发挥好科技成果交易平台、重点实验室、工程研究中心、企业技术中心的作用，加速创新成果向现实生产力转化。培育国家级创新平台，创建呼包鄂国家自主创新示范区、包头国家级军民融合创新示范区。高质量建设一批"双创"示范基地和众创空间，孵化培育创新型小微企业。全面落实人才政策，完善人才评价激励机制，做好各类人才的培养、引进和使用工作。

（四）实施乡村振兴战略。坚持农牧业农村牧区优先发展，按照产业兴旺、生态宜居、乡风文明、治理有效、生活富裕的总要求，推进农牧业和农村牧区现代化。

坚持质量兴农、绿色兴农，加快构建现代农牧业产业体系、生产体系、经营体系。调整优化农牧业产品结构、产业结构和布局结构，发展壮大优势特色农牧业。建设粮食生产功能区、重要农畜产品保护区、特色农畜产品保护区，建设现代农牧业产业园、科技园、创业园。发展节水灌溉，建设高标准农田。推进农牧业标准化生产，建立健全质量安全追溯体系，强化地理标志和生态原产地产品保护及注册，培育更多龙头企业和知名品牌，全面提升农畜产品供给质量和效益。加快推进“互联网＋现代农业”“互联网＋现代牧业”，推进农畜产品流通现代化。培育新型农牧业经营主体，培养职业农牧民，完善农企利益联结机制，促进农村牧区一二三产业融合发展。

加强农村牧区公共基础设施建设和公共服务。实施饮水安全巩固提升工程。完成偏远农牧区用电升级改造。开展农村牧区人居环境整治三年行动。大力实施数字乡村战略，推进农村牧区宽带网络和4G网络覆盖。以“互联网＋医疗”带动基层医疗卫生服务能力提升，以“互联网＋教育”推动优质教育资源共享。

深化农村牧区土地制度和集体产权制度改革，完善所有权、承包权、经营权“三权”分置制度，完成土地确权登记颁证。落实土地承包关系稳定并长久不变政策，第二轮土地承包到期后再延长30年。创新农村牧区金融服务产品，继续治理农村牧区高利贷，更好满足农牧民金融需求。

统筹考虑农区、牧区、林区、垦区情况差异较大的实际，科学制定乡村振兴战略规划。坚持以工促农、以城带乡，建立健全城乡融合发展的体制机制和政策体系，推进城乡建设统一规划、产业合理布局、基础设施互联互通，吸引资本、技术、人才等要素更多地向农村牧区流动。准确定位、有序建设特色小镇。

（五）全面深化改革扩大开放。持续深化简政放权、放管结合、优化服务改革，推广“马上就办”“最多跑一次”、证照分离和网上审批等做法，整合政府信息系统，推行“互联网＋政务服务”。推进行政许可标准化建设，深化商事制度改革，完善“双随机、一公开”监管，清理中介服务事项和收费。建设规则统一、规范透明的公共资源交易平台。推进重大建设项目批准和实施领域政府信息公开。深化国企国资改革，加快国有经济布局优化和战略性重组。建立健全地方金融监管体制机制。合理划分自治区与盟市财政事权与支出责任，优化财政支出结构，提高财政支出的公共性和普惠性。全面实施市场准入负面清单，落实支持非公有制经济发展的政策措施，强化产权保护，坚决制止侵害企业自主经营权、合法财产所有权的行为，激发和保护企业家精神，促进非公有制经济健康发展。

推动形成全面开放新格局。进一步拓展开放领域，优化布局，创新体制，以开放促改革，以开放促发展。完善与俄蒙合作机制，促进基础设施互联互通，推进中蒙俄经济走廊建设，深化与“一带一路”沿线国家合作，继续抓好满洲里和二连浩特国家重点开发开放试验区建设。创新利用外资和对外投资方式，培育外贸龙头企业，发展泛口岸经济。落实中欧班列常态化运行支持政策。加强与京津冀、长三角、珠三角和香港澳门等地区合作。办好第二届蒙商大会。

（六）提高保障和改善民生水平。坚持以人民为中心的发展思想，从解决人民群众普遍关心的问题入手，尽力而为、量力而行，突出政策的精准性和针对性，让改革发展的成果更多更公平惠及全体人民。

发展公平而有质量的教育。深化教育改革，加快教育现代化。实施学前教育三年行动计划，新建和改扩建一批公立幼儿园，扶持和规范普惠性民办幼儿园。完成县域义务教育均衡发展任务，着力解决择校热、大班额等问题。改善义务教育薄弱学校办学条件，改善农村牧区寄宿制学校就餐、洗浴、取暖条件。实施高中教育普及攻坚计划。支持高等教育“双一流”建设和内涵式发展，扩大高校办学自主权。深化产教融合、校企合作，提高职业教育水平。优先重点发展民族教育，统筹发展特殊教育、民办教育和继续教育。培养高素质教师队伍。

努力促进就业创业。坚持就业优先战略和积极就业政策，做好高校毕业生、农民工、城镇就业困难人员等群体的就业和退役军人安置工作。大规模开展职业技能培训，提升劳动者就业创业能力，解决结构性就业矛盾。支持各类人员返乡下乡创业。

健全社会保障和救助体系。全面实施全民参保计划，落实养老、医保、低保和优抚补助政策。提高边民补助标准，扩大补助范围。关爱妇女儿童、老年人和残疾人，利用社区现有设施建设“儿童之家”，落实社会养老机构补贴政策，做好残疾人救助工作。大力发展红十字等公益慈善事业，“光明行”活动实现常态化。

建立多主体供应、多渠道保障、租购并举的住房保障制度。继续改造城市棚户区、老旧小区和城中村，开展生活垃圾分类试点，推进“厕所革命”。做好公租房保障工作，优先保障环卫、公交等行业的困难群体，逐步将符合条件的新就业无房职工、外来务工人员和青年医生、青年教师纳入保障范围，实现低保、低收入住房困难家庭应保尽保。盘活存量住房，发展住房租赁市场。

加快健康内蒙古建设。巩固扩大公立医院改革成果，深化医保支付方式改革，扩大按病种付费范围，控制医疗费用不合理增长。推进异地就医直接结算，基本实现对基层医疗机构和农民工、外来就业创业人员的全覆盖。加快分级诊疗和医联体建设，提高家庭医生签约服务质量。加强健康教育和慢性病防治。利用互联网、大数据技术创新医疗服务，支持社会办医，扩大优质医疗资源供给。实施蒙医药振兴行动计划。做好生育政策和经济社会政策衔接工作。

提升社会治理水平。加强城乡社区治理，发挥工会、共青团、妇联等群团组织作用。依法管理宗教事务，积极引导宗教与社会主义社会相适应。完善立体化社会治安防控体系，推进信访法治化建设，做好社会矛盾排查化解工作。牢固树立安全发展理念，加强安全生产监管执法和专项整治，坚决防范和遏制重特大事故发生。用最严谨的标准、最严格的监管、最严厉的处罚、最严肃的问责，强化食品药品安全监管。做好国防动员、国防教育、人民防空和拥军优属工作，支持军队建设，促进军政军民团结，筑牢祖国北疆安全稳定屏障。

（七）建设文明内蒙古。努力提高人民思想觉悟、道德水准、文明素养，推动人的全面发展、社会全面进步。

坚定文化自信，发挥好文化引领风尚、教育人民、服务社会、推动发展的作用。大力弘扬中华优秀传统文化，保护和弘扬草原文化。坚持以人民为中心，把握时代特征，创作更多接地气、传得开、留得下的优秀作品，实现内蒙古文艺创作由“高原”到“高峰”的跨越。牢记习近平总书记嘱托，支持乌兰牧骑事业繁荣发展。始终保持乌兰牧骑的红色基因不变，扎根草原，服务人民，为广大农牧民送去欢乐和文明，传递党的声音和关怀。加强文物保护利用和文化遗产保护传承，做好少数民族语言文字保护使用和经典文献传播工作。注重各类博物馆、艺术馆、图书馆等文化载体建设。深入推进全民健身，加快发展群众体育，办好“足球频道”，办好自治区第十四届运动会。

发挥社会主义核心价值观对国民教育、精神文明创建、精神文化产品创作生产传播的引领作用，把社会主义核心价值观融入社会生活各方面，转化为人们的情感认同和行为习惯。把中华优秀传统文化蕴含的思想观念、人文精神、道德规范，以及草原文化所包含的尊重自然、坚守信义、开放包容、崇尚英雄理念，融入生产生活实践中，并结合时代要求创新发展。

倡导和培育良好的社会风尚，推进社会公德、职业道德、家庭美德、个人品德建设，激励人们向上向善、孝老爱亲、忠于祖国、忠于人民。弘扬科学精神、劳模精神、工匠精神，使崇德向善、学习先进成为风尚。倡导全民阅读，建设学习型社会，让阅读成为一种精神追求，让终身学习成为生活方式。注重人文精神建设，培育礼仪文明、语言文明、交通文明、餐桌文明、网络文明，不断提升公民文明素质和社会文明程度。引领高品位的文化消费，推动少数民族传统文化和戏曲、书法、高雅艺术进校园、进社区。把科学、健康的文化内涵渗透于物质文明、精神文明、生态文明建设之中，让发展更有温度，让幸福更有质感，让文明成为内蒙古的气质和形象。

提升城市文化内涵，把历史文化、红色革命文化、民族民俗文化、自然生态文化融入城市的规划、建筑、街区。加强历史建筑和历史文化街区保护，留住城市记忆。建设智慧城市、绿色城市、人文城市，真正做到“城市让生活更美好”。推进自治、法治、德治相结合的乡村治理，开展移风易俗，振兴乡村文化，培育文明乡风，保护自然生态风貌，让乡村更加美丽，望得见山、看得见水、记得住乡愁。

（八）深入推进绿色内蒙古建设。牢固树立“绿水青山就是金山银山”的理念，坚持节约优先、保护优先、自然恢复为主的方针，既要保护好现有的绿水青山，还要努力修复生态，恢复往日风光，筑牢我国北方重要生态安全屏障。

统筹山水林田湖草系统治理，继续推进天然林资源保护、“三北”防护林、新一轮退耕还林还草等重点生态工程建设，实施浑善达克和科尔沁沙地等重点区域专项治理。坚决整治毁林毁草开垦问题，加大呼伦贝尔等重点生态地区退耕还林还草力度。落实最严格的水资源管理制度，开展地下水超采区综合治理。提高污染排放标准，坚决查处破坏生态、污染环境的行为。探索建立以国家公园为主体的自然保护地体系。

坚持绿色发展，建立绿色生产消费的政策导向和经济体系，发展节能环保、清洁生产、清洁能源产业，建设一批绿色企业、绿色园区、绿色矿山。倡导绿色低碳生活方式，建设节约型社会。

完善生态文明制度建设，深入实施主体功能区战略，完善主体功能区规划和配套政策。健全自然资源资产产权制度，全面推开领导干部自然资源资产离任审计，研究建立市场化、多元化生态补偿机制。完成生态红线划定工作。建立河湖名录，全面实行河长制、湖长制。

（九）加强政府自身建设。各级政府要牢固树立政治意识、大局意识、核心意识、看齐意识，推进“两学一做”学习教育常态化制度化，开展“不忘初心、牢记使命”主题教育，以习近平新时代中国特色社会主义思想武装头脑、指导实践、推动工作。始终牢记“人民对美好生活的向往就是我们的奋斗目标”，把以人民为中心的思想和党的群众路线融入政府工作各方面、全过程，建设人民满意的服务型政府。

新时代要求人民政府必须有新气象，我们要始终站在时代前沿，聆听时代的声音、人民的声音，保持锐意进取的精神风貌，不断增强学习本领、改革创新本领、科学发展本领、驾驭风险本领，建设充满活力的学习型、创新型政府。

要把法治信仰、法治思维深深融入政府工作人员的血液之中，推进政府机构、职能、权限、程序、责任法定化，推进政府事权规范化，推行行政服务标准化，推行政务公开和新闻发布常态化，严格、规范、公正、文明执法，建设公开、公正、高效的法治政府。

各级政府要把诚信施政作为重要准则，言必行、行必果，新官必须理旧账，提升政府公信力。大兴调查研究之风，掌握不断变化的情况，增强工作的科学性、精准性。发扬“钉钉子”精神，增强狠抓工作落实本领，提升政府执行力。依法接受人大及其常委会的监督，自觉接受人民政协的民主监督，主动接受社会和舆论监督，加强审计监督，建设权责一致的责任政府。

坚持全面从严治党，贯彻落实中央八项规定及实施细则精神和自治区配套办法，持之以恒纠正“四风”，深入推进党风廉政建设和反腐败工作，建设风清气正的廉洁政府。

各位代表！内蒙古自治区已经走过了70年的光辉历程。进入新时代，我们要不忘初心、牢记使命，坚定不移走中国特色解决民族问题的正确道路，全面贯彻落实党的民族政策，坚持和完善民族区域自治制度。积极发展民族教育、民族医药、民族文化体育事业，建设各民族共同的精神家园。做好城市民族工作。支持牧业旗、边境旗市、“三少民族”自治旗、民族乡等少数民族聚居地区和革命老区发展，确保与全区同步全面建成小康社会。组织开展好鄂温克族自治旗、莫力达瓦达斡尔族自治旗成立60周年庆祝活动。深化民族团结进步教育，铸牢中华民族共同体意识，加强各民族交流交往交融，各民族像石榴籽一样紧紧抱在一起，共同团结奋斗、共同繁荣发展。

各位代表！内蒙古有着光荣的历史，内蒙古人民无愧于时代。在党的领导下，我们与全国人民共同经历了站起来、富起来的伟大历史进程。新时代开启新征程，在富起来到强起来的伟大历史进程中，我们要努力走在前列，建设新时代“模范自治区”。

各位代表！让我们更加紧密地团结在以习近平同志为核心的党中央周围，高举中国特色社会主义伟大旗帜，锐意进取，埋头苦干，为“建设亮丽内蒙古，共圆伟大中国梦”而努力奋斗！

关于内蒙古自治区2017年国民经济和社会发展计划执行情况与2018年国民经济和社会发展计划草案的报告

Report on the National Economic and Social Development for 2017 and the Draft Plan For 2018 in Inner Mongolia

——2018年1月24日在内蒙古自治区第十三届人民代表大会第一次会议上

内蒙古自治区发展和改革委员会

各位代表：

受自治区人民政府委托，向大会提出2017年国民经济和社会发展计划执行情况与2018年国民经济和社会发展计划草案，请予审议，并请自治区政协委员和列席会议的同志们提出意见。

一、2017年国民经济和社会发展计划执行情况

刚刚过去的一年，在自治区党委的正确领导下，全区上下深入贯彻落实党中央、国务院各项决策部署，按照自治区第十次党代会、党委十届二次全会要求，牢固树立和贯彻落实新发展理念，认真执行自治区十二届人大六次会议审议批准的2017年国民经济和社会发展计划，坚持以提高发展质量和效益为中心，着力加强供给侧结构性改革，扎实做好稳增长、促改革、调结构、惠民生、防风险工作，经济运行呈现出结构优、效益好、活力强、质量高的发展态势，各项社会事业实现全面进步。全年地区生产总值增长4%。

（一）供给侧结构性改革有力推进。“三去一降一补”成效明显。去产能方面，全面完成55万吨钢铁和810万吨煤炭去产能任务。去库存方面，商品房待售面积下降8.6%。去杠杆方面，制定规范政府债务管理防范财政金融风险的意见措施，摸清政府债务底数，停建、缓建、“瘦身”了一批过度举债的政府投资项目，积极化解政府债务，合理控制企业债务规模，规模以上工业企业资产负债率64%，下降0.2个百分点。降成本方面，企业单位成本费用下降，规模以上工业企业每百元主营业务收入成本下降4.38元。补短板方面，基础设施建设进一步加强，呼张客专呼集段、京新高速公路内蒙古段等一批重大项目建成运营，所有具备条件的建制嘎查村通硬化路目标提前实现；民生支出增长6.3%，占一般公共预算支出比重69.8%，提高4个百分点。

（二）结构调整步伐加快。服务业比重进一步提高。第三产业增长6.1%，占生产总值比重50%，提高7.5个百分点。商贸流通业、金融业平稳发展，社会消费品零售总额增长6.9%，金融机构人民币存贷款余额分别增长8.4%和10.8%。旅游业快速发展，旅游业总收入、游客人数分别增长26.7%和18.8%。新产业、新业态加快成长。太阳能电池、智能电视、光电子器件产量分别增长7.8%、25.4%、91.4%；快递业务量、业务收入分别增长30.4%和29.6%；电信业务收入增长9.3%，固定宽带家庭普及率58.3%，较年初提高8.2个百分点。农牧业结构持续优化。种植结构加快调整，调减玉米种植面积783万亩，粮经饲比例由上年的75:17:8调整为73:17:10，全年粮食产量达到553.7亿斤；畜牧业总体平稳，猪肉、牛肉、羊肉产量分别增长2%、7%和5.2%。

（三）实体经济质量效益明显提高。企业效益大幅提升。规模以上工业企业利润总额增长1.2倍，亏损企业亏损额降幅达到35%。财政收入质量不断提高。一般公共预算收入完成1703.4亿元，下降14.4%，剔除虚增空转因素，增长14.6%。其中，税收收入增长10.2%，占一般公共预算收入的比重提高到75.6%。先行指标快速增长。全社会用电量增长11%，提高8.6个百分点；公路货运量增长12.9%，提高3.6个百分点；铁路货运量增长14.5%，提高9.7个百分点。

（四）经济活力和韧性增强。重点领域和关键环节改革持续深化。“放管服”改革方面，公布自治区本级和盟市行政许可事项证明清单，全面实施“多证合一”登记制度改革，修订出台2017－2018年度自治区公共资源交易目录、政府核准的投资项目目录（2017年本）。国有企业改革方面，245户国资委出资监管企业及其各级子企业中，119户发展为混合所有制企业。科技体制改革方面，出台《自治区促进科技成果转移转化八项措施》，新增国家级高新技术开发区1家、国家级重点实验室2家、省部共建重点实验室1家。金融体制改革方面，农村牧区“两权”抵押贷款试点取得阶段性成果，普惠金融试点取得积极进展，农村牧区高利贷综合治理有序推进。医疗卫生体制改革方面，公立医院综合改革全面推开，所有公立医院全部取消药品加成；推进分级诊疗，组建医联体70个，将131所旗县医院纳入远程医疗协作网。农村牧区综合改革方面，草原确权承包工作基本完成，永久基本农田划定全面完成，国有林场改革、农垦改革、供销合作社综合改革稳步推进，大兴安岭重点国有林管理局挂牌成立。生态文明体制改革方面，出台《自治区生态文明建设目标评价考核办法》，完成营造林面积1474万亩、种草3456万亩、水土流失综合治理932万亩。财政体制、电力体制、排污权和水权交易、文化体制等各项改革扎实推进。对外开放步伐加快。对外贸易保持快速增长，进出口总额完成942.4亿元，增长22.8%。中欧班列实现常态化运行，经满洲里、二连浩特口岸进出境中欧班列1877列，增长56.2%。其中，我区始发开行中欧班列89列，是去年开行量的2.7倍。招商引资规模进一步扩大，引进国内（区外）资金到位4034.7亿元，增长8.1%。

（五）人民获得感显著增强。居民收入稳步增加。城镇和农村牧区常住居民人均可支配收入分别增长8.2%和8.4%，完成年初预期目标。创业就业稳步推进。城镇新增就业26.1万人，城镇登记失业率3.6%。社会保障水平继续提高。退休人员基本养老金人均提高151元，城乡居民基础养老金标准人均提高20元，城镇和农村牧区居民最低生活保障标准分别提高49元和55元。社会事业加快发展。学前教育入园率达到90.8%，新增32个旗县（市、区）通过国家义务教育均衡发展评估认定，累计达到93个，中小学“大通铺”问题基本解决，内蒙古大学生物学入选国家一流学科；一批医疗卫生、文化、体育重点项目建成使用。脱贫攻坚取得实效。各级财政扶贫资金支出121亿元，累计发放金融扶贫富民工程贷款357.9亿元，完成易地扶贫搬迁贫困人口5万人，实现社会兜底3.7万人，全年减贫20万人。保障性安居工程进展顺利。棚户区改造开工率100.3%，农村危房改造开工率99.7%，游牧民安居工程开工率93.6%，棚改货币化安置率达到97.7%。

过去的一年，自治区党委、政府立足区情实际，认真落实一系列战略部署，及时召开一系列重要会议，成功举办一系列重大活动，适时出台一系列政策措施，为保障经济社会平稳健康发展发挥了重要作用。特别是坚决贯彻习近平总书记重要指示精神，落实中央巡视整改反馈意见，实事求是，主动担当，提高了统计数据质量，规范了地方政府投资项目，增强了各级各部门“四个意识”，端正了政绩观、发展观。虽然地区生产总值、一般公共预算收入、工业增加值、固定资产投资增速与往年相比表面上是下降了，但实际经济运行明显好于往年，经济发展的质量和效益明显改善，人民群众的获得感持续提升。这些变化反映了经济发展新常态的一些特征，反映出我区经济转向高质量发展阶段。这些成绩来之不易，一定要倍加珍惜。

当前经济社会发展中存在的主要问题：发展不平衡不充分问题比较突出，城乡间区域间经济发展水平、公共服务水平、居民收入差距较大；产业结构比较单一，以能源、原材料为主的产业结构没有根本改变，新兴产业规模较小，服务业发展不充分，自主创新能力不强，产业转型发展的动力不足；有些领域风险不容忽视，有效处置和化解不良资产的任务还比较繁重，一些地方政府债务压力较大，由此引起的拖欠工程款及农民工工资问题仍然存在；民生领域还有不少短板，城乡居民收入低于全国平均水平，脱贫攻坚任务仍然艰巨，基础设施还比较薄弱，在教育、医疗、住房、环保等方面，与群众期待还有一定差距。对于这些问题，我们将逐步加以解决。

二、2018年国民经济和社会发展的主要任务

2018年是贯彻党的十九大精神的开局之年，是改革开放40周年，是决胜全面建成小康社会、实施“十三五”规划承上启下的关键一年。要全面贯彻党的十九大精神和中央经济工作会议精神，以习近平新时代中国特色社会主义思想为指导，深入贯彻习近平总书记考察内蒙古重要讲话精神，按照自治区党委十届五次全会部署，加强党对经济工作的领导，坚持稳中求进工作总基调，坚持新发展理念，紧扣我国社会主要矛盾变化，全面落实高质量发展要求，统筹推进“五位一体”总体布局和协调推进“四个全面”战略布局，坚持以供给侧结构性改革为主线，统筹推进稳增长、促改革、调结构、惠民生、防风险各项工作，深化改革开放，加快转型升级，大力推动质量变革、效率变革、动力变革，坚决打好防范化解重大风险、精准脱贫、污染防治三大攻坚战，坚决守好发展、民生、生态三条底线，促进全区经济社会持续健康发展。

2018年自治区国民经济和社会发展的主要预期目标是：地区生产总值增长6.5%左右；居民消费价格涨幅3%左右，城乡居民人均可支配收入分别增长7.5%左右，城镇新增就业25万人左右，城镇调查失业率和城镇登记失业率分别控制在5%左右和4%以内；全面完成节能减排目标任务；供给侧结构性改革取得实质性进展；金融财政风险有序有效防控，化解政府债务完成年度任务。

（一）推动三大攻坚战取得实效，着力破解制约全面建成小康社会重点难点问题。打好防范化解重大风险、精准脱贫、污染防治攻坚战，坚决守住不发生系统性风险的底线。

打好防范化解重大风险攻坚战。一是强化政府债务管理。积极化解存量债务，落实年度还债任务。从严控制债务增量，落实国家债务限额管理制度，严格在批准的债务限额内举借新债。动态梳理调整政府投资项目。民生项目要坚持尽力而为、量力而行原则，避免出现大的资金缺口。二是有效防范化解金融风险。建立和完善地方金融监管体系，加快实现所有金融活动监管全覆盖。防范化解信用风险和流动性风险。开展企业债券违约风险摸底排查。加强农村牧区高利贷综合治理，开展各类交易场所和互联网金融风险专项整治。

三是落实防范和化解财政金融风险责任。健全债务风险预警和处置机制，完善政府举债终身问责制和债务问题倒查机制，加强审计监督和督查问责。

打好精准脱贫攻坚战。瞄准特定贫困群众精准帮扶，向深度贫困地区聚焦发力。加大财政涉农资金整合力度，对少数民族聚居区、边境地区、牧区扶贫脱贫实行差别化政策，在项目和资金安排上对深度贫困地区给予重点支持和倾斜，启动实施守边固边工程。把扶贫和扶志、扶智结合起来，激发贫困人口内生动力，巩固扶贫成果。发挥考核“指挥棒”作用，压实脱贫责任，保证现行标准下的脱贫质量，脱真贫、真脱贫，确保全年减贫20万人。

打好污染防治攻坚战。持续推进中央环保督察反馈意见整改落实，实现主要污染物排放总量大幅减少，生态环境质量总体改善。一是持续实施大气污染防治行动。制定打赢蓝天保卫战三年作战计划，实施冬季清洁取暖五年规划，突出抓好散煤治理，有序推进煤改气、煤改电，全年原煤散烧量削减18%。加强乌海市及周边地区环境综合整治，推进转型发展。二是加快推进水污染防治。深入实施“水十条”，加强城市建成区黑臭水体治理，实施工业污染源全面达标排放计划，加大呼伦湖、乌梁素海、岱海等重点水域治理力度。三是加强土壤环境保护。全面实施“土十条”，详查农用地土壤污染状况，实施农业环境突出问题治理试点项目，争取治理已垦撂荒草原24万亩。

（二）深化供给侧结构性改革，着力提高供给体系质量。大力发展实体经济，优化存量资源配置，扩大优质增量供给，加快建设现代化经济体系。

大力发展实体经济。一是促进新动能持续快速增长。促进互联网、大数据、人工智能与实体经济深度融合，推动生产、流通、消费模式深刻变革。构建以数据为关键要素的数字经济，推动建设一批大型数据中心，建成内蒙古大数据交易所，推进大数据应用。加快特高压配套新能源项目建设，打造风电外送京津冀基地和光伏领跑者基地。完善稀土产业发展政策，创建稀土国家级制造业创新中心，组建石墨（烯）新材料产业基金，培育石墨烯、富勒烯研发和产业化基地。加快建设蒙中医药生产基地，推动蒙中药材种植、加工一体化。在玉米主产区适度布局建设生物燃料乙醇项目。二是加快制造业优化升级。推进实施两化融合和智能化改造、产业链协同创新等专项工程，推动制造业向数字化、网络化、智能化、绿色化转变。加大煤炭清洁高效利用力度，加快推进现代煤化工项目建设，推动煤炭与火电、煤化工、冶金等企业重组并购。实施资源深加工产业链培育工程，新增钢材深加工产能200万吨、铝后加工60万吨。大力发展轨道交通、重型车辆、工程机械等装备制造业。推进肉羊、肉牛和乳制品主产区加工基地建设。落实制造业“降税减证提标”三项措施，降低制造业税负，大幅压减工业产品生产许可证，开展制造业质量提升行动和对标达标专项行动。加快创建包头中国制造2025试点示范城市，推进呼和浩特、鄂尔多斯中国制造2025试点建设。三是大力发展现代服务业。改善服务业供给，促进消费升级，增强消费对经济发展的基础性作用。积极发展电子商务，推进电子商务进农村牧区综合示范工作，创建国家电子商务示范基地。加快发展现代物流，加强物流集散、加工包装、冷链配送等平台设施建设，支持公铁联运等现代物流模式发展。大力发展全域旅游、四季旅游，加快品牌景区创建，开展厕所革命新三年行动。鼓励社会力量发展教育、文化、健康、养老等服务。四是提高园区集聚集约水平。制定园区振兴计划，出台相关政策，理顺园区管理体制和工作机制，优化园区空间布局和产业定位，引导园区跨区域重组。

加快落实五大任务。一是坚定不移化解过剩产能。严格执行质量、环保、能耗、安全等法规标准，逐步提高水泥、钢材等使用标准。支持企业通过市场化手段获取产能置换指标。制定“僵尸企业”退出清单，加大“僵尸企业”处置力度，严防“地条钢”产能死灰复燃，全年确保退出煤炭产能405万吨。二是统筹推进去库存与房地产业协同发展。加快建立多主体供应、多渠道保障、租购并举的住房制度，分类实施土地供应政策。支持专业化、机构化住房租赁企业发展，推进“租购同权”和“共有产权”政策在有条件的地区落地实施。积极化解非住宅商品房库存，加快解决房屋产权等历史遗留问题。三是积极稳妥降低企业杠杆率。促进多层次资本市场发展，提高直接融资比重，支持在农村产业融合、精准扶贫、养老产业、绿色产业等领域发行债券，培育更多优质企业上市融资。加大国有企业去杠杆力度，推动国有企业开展市场化法治化债转股。四是大力降低实体经济成本。深化能源、交通等领域改革创新，降低企业用能、物流、融资等成本。公布自治区政府定价经营服务性收费目录清单。进一步清理规范涉企收费，全面清理整顿中介收费，继续执行阶段性降低企业社保缴费费率的有关政策。五是加大力度补短板。突出抓重点、补短板、强弱项，发挥投资对优化供给结构的关键性作用，加大“三农三牧”、创新驱动、生态环保、民生改善等领域投资力度，加强基础设施网络建设，推进实施一批重大项目，扩大有效投资规模，培育新动能，创造新供给。加大项目前期投入，扩大项目储备规模，促进项目落地实施。充分发挥政府投资引导作用，完善政府和社会资本合作方式，激发民间投资活力。

加强基础设施建设。交通方面，积极推进快速铁路建设，加快既有铁路扩能化改造，实施一批高速公路和国省干线公路项目，完善农村牧区公路路网，推进大兴安岭国有林区道路建设，加快实施一批既有机场改扩建和新建通用机场项目。市政方面，加强城镇污水、垃圾处理设施建设，完善生活垃圾分类配套体系。加快城镇老旧管网改造、停车设施等市政基础设施建设。水利方面，开工建设一批节水供水调水重大水利工程，建成一批江河湖泊治理、大型灌区续建配套与节水改造、大中型病险水库除险加固工程。能源基础设施方面，加快推进已列入国家规划的电力外送通道前期工作，开工建设一批重大输气管道项目，筹备建设一批储气设施。信息基础设施方面，加快推进城镇光纤宽带网络建设，推动农村牧区宽带发展和4G网络覆盖，完善省际干线光缆传输网络路由系统。

（三）实施创新驱动战略，着力推动经济发展动力变革。加快推进重点领域关键共性技术攻关、实用高新技术成果转化和科技创新人才平台载体建设“三大工程”，为建设现代化经济体系提供战略支撑。

加强关键共性技术攻关。围绕煤炭等矿产资源集约化开发和精深加工、可再生能源储能并网、装备智能化改造、生态环保等领域的关键技术，组织实施一批重大科技专项，争取在人工智能、氢等离子体煤制乙炔、煤基制氢等技术应用方面取得突破。

促进实用科技成果转化。完善科技创新和成果转化激励机制，落实以增加知识价值为导向的分配政策，细化促进科技成果转化的政策措施，优化以大数据云计算为核心的科技成果转化服务体系，大力推进技术成果转化和产业化，力争技术交易额增长30%以上。

强化创新能力建设。继续加强创新平台建设，力争新增国家级创新平台2家以上，新增自治区级创新平台30家以上。支持建设大数据研究院、蒙中医药研究院、“一带一路”荒漠化治理科技创新研究院等新型研发机构，积极争取呼包鄂地区创建国家自主创新示范区。持续实施高新技术企业培育行动，新增高新技术企业150家。加快建设包头稀土高新区国家级“双创”示范基地，新认定10家自治区级“双创”示范基地，推动建设150家众创空间。实施标准化三年提升计划，全面提升产品、工程、服务质量。

深入实施军民融合发展战略。推进军工技术和产品民用化、民用技术和产品进入军事领域，加快军民两用技术产业化，推动军队后勤保障社会化，创建包头国家级军民融合创新示范区。

（四）落实乡村振兴战略，着力解决好“三农三牧”问题。按照产业兴旺、生态宜居、乡风文明、治理有效、生活富裕的总要求，科学制定乡村振兴战略规划，加快推进农牧业农村牧区现代化。

健全城乡融合发展体制机制。清除阻碍要素下乡各种障碍，吸引资本、技术、人才等要素更多向农村牧区流动。一是深化农村牧区土地制度改革。落实农村牧区土地草原“三权分置”政策和第二轮土地承包到期后再延长三十年政策，基本完成土地确权登记颁证工作。二是深化农村牧区集体产权制度改革。制定农村牧区集体产权制度改革实施意见，推进农村土地征收、集体建设用地入市、农村宅基地、农村牧区土地（草牧场）抵押贷款等改革试点工作。三是完善农牧业支持保护制度。深化粮食收储制度改革，完善各项农牧业补贴政策。实行积极有效的人才政策，培育造就一支懂农业、爱农村、爱农民的“三农”工作队伍。

推进农牧业供给侧结构性改革。坚持质量兴农、绿色兴农，推动农牧业从产量导向转向质量效益导向，更好满足市场需求。一是稳定粮食生产，继续实施百亿斤粮食增产工程，开展大中型灌区农业节水综合示范工作，建设高标准农田500万亩。落实最严厉的耕地保护制度，稳定粮食播种面积和综合生产能力。二是优化种植业结构，启动粮食生产功能区和重要农产品生产保护区划定工作，扩大耕地轮作休耕制度试点，加大粮食去库存力度，在河套地区实施“改盐增草（饲）兴牧”试点工程。三是发展现代畜牧业，全面推进畜牧业标准化规模养殖，扶持建设肉牛肉羊标准化规模养殖场200个以上，实施种养循环一体化整县推进试点项目。四是加快农畜产品品牌化建设。构建绿色、有机、无公害产业发展标准体系，培育一批地理标志保护产品和注册商标。

促进产业融合发展。一是继续推进农村牧区一二三产业融合发展试点，大力推进“互联网+现代农业”“互联网+现代牧业”，创建国家农村产业融合发展示范园，打造一批田园综合体。二是完善利益联结机制，开展农牧业产业化联合体创建工作，支持利益联结强、带农（牧）增收多、诚信履约好的重点龙头企业发展。三是培育新型农牧业经营主体。积极培育家庭农牧场、种养大户、合作社、社会化服务组织、农牧业企业等新主体，推进土地入股、土地流转、土地托管等多种经营方式，发展多种形式适度规模经营。

建设美丽宜居乡村。加强传统村落保护，实施特色村镇创建。制定农村牧区人居环境整治三年行动方案，推进农村牧区环境连片整治，实施畜禽粪污资源化利用整县推进试点项目，开展农村牧区户用卫生厕所建设和改造。继续实施饮水安全巩固提升工程，新增受益农牧民40万人。加快实施偏远农牧区用电升级工程。

（五）优化空间布局，着力推动城镇区域协调发展。适应区域发展分化新趋势，增强区域发展协调性，推进实施新型城镇化，加快形成区域良性互动、城镇协调发展新格局。

推进呼包鄂协同发展。加强基础设施互联互通，促进产业协同发展，推动生态联防联控。推进内蒙古西部（包头－鄂尔多斯）产业转型升级示范区建设，创建呼包鄂旅游协同发展联盟，建立水污染防治区域联动机制，组织实施《呼包鄂榆城市群发展规划》。

促进东部盟市加快发展。推进列入国家东北振兴三年滚动实施方案的重大项目建设，继续实施城区老工业区和独立工矿区搬迁改造、采煤沉陷区综合治理等工程。争取国家批复蒙东(通辽－赤峰)承接产业转移合作示范区,争取将东部盟市整体纳入东北四省区交界带国家级生态经济区,推进通辽民营经济发展改革试点。

提高城镇化质量。以城市群为主体构建大中小城市和小城镇协调发展的城镇格局。推进12个国家级特色小镇建设,启动一批自治区级特色小镇,完成新型城镇化综合改革试点工作。加快农业转移人口市民化,扩大对居住证持有人的公共服务范围,提高公共服务标准,稳妥有序推进林区、垦区、矿区城镇化。积极开展"城市双修"(城市修补、生态修复),稳步推进4个国家试点城市、14个自治区试点地区的试点工作。

推动和林格尔新区建设。编制完成新区总体规划和产业规划,启动建设一批高新技术产业、市政基础设施和生态项目。围绕建立高新产业链条,强化招商引资工作,引进一批高质量重大产业项目。

(六)完善市场经济体制,着力推动经济发展效率变革。加快经济体制改革步伐,以完善产权制度和要素市场化配置为重点,扎实推进重点领域改革。

继续深化"放管服"改革。全面推行市场准入负面清单制度,完善公平竞争的市场环境。深入推进行政审批制度改革,全面推进"证照分离",大幅度取消各类许可证,破解"准入不准营"问题。推行网上审批模式,实现申请、受理、审核、发证、公示全部网上办。推进商事制度改革,进一步放开企业名称管理。深化投融资体制改革,探索推进首问负责制、投资项目承诺制改革试点。完善"双随机、一公开"监管,推动综合执法改革。大力推行"互联网＋政务服务",实现自治区本级政务服务线上线下一体化。

加快要素市场化配置改革。推进煤炭资源配置市场化改革。落实蒙西电网输配电价改革倒阶梯价格政策,推进增量配电业务改革试点。核定天然气管道运输价格和城市配气价格,推进车用天然气价格市场化。完善环保价格政策体系,落实对水泥、钢铁、电解铝阶梯电价政策,实施电能替代优惠用电价格政策。制定非居民用水超定额累进加价政策。推动农业水价综合配套改革。

深入推进国资国企改革。一是完善经营性国有资产管理体制。推进经营性国有资产集中统一监管,完成自治区本级部门单位办企业脱钩改革和移交划转工作。改革国有资本授权经营体制,将具备条件的国有企业列为国有资本投资、运营公司试点。二是深化国有企业改革。加快健全现代企业制度,完善企业法人治理结构。推进国有企业混合所有制改革,落实国家第三批混合所有制试点任务。三是推动国有资本做强做优做大。加快国有经济布局优化、结构调整、战略性重组,培育组建旅游集团等国有企业集团,推动落实包钢提质增效转型发展60项措施,推进区属国有困难企业扭亏增盈,加快解决剥离国有企业办社会职能等历史遗留问题。加强国有企业债务率考核。

营造支持民营企业发展的良好环境。坚持"两个毫不动摇",落实好支持非公有制经济发展的各项政策措施,多渠道破解融资难融资贵问题。认真落实各项产权保护措施,清理、修改、废止一批不利于产权保护的规范性文件。出台激发保护企业家精神的意见举措,营造尊重、激励和保护企业家干事创业的社会氛围。

深化财政金融体制改革。一是加强财政收支管理。保持财政收入适度增长,积极争取中央转移支付和新增债券额度。统筹安排重点支出预算,加大对供给侧结构性改革、三大攻坚战、创新驱动、民生改善和重点项目的支持力度,继续按照10%的比例压减一般性支出。加大转移支付力度,增强困难地区和基层政府保工资、保运转、保基本民生的能力。二是深化财税体制改革。完善财政管理体制,推进自治区以下财政事权与支出责任划分改革,研究自治区与盟市收入划分总体方案。深化税收制度改革,健全地方税体系,按照中央部署做好开征环保税和水资源税工作。三是深化金融体制改革。优化信贷结构,增强金融对实体经济的支持力度。积极引进区外金融机构,推进设立非银行金融机构,规范发展区域股权交易市场,加大农村合作金融机构产权改革力度,完善政府性融资担保和再担保体系。

(七)统筹国内国际两个市场,着力构建对内对外开放新格局。巩固对外贸易回升向好态势,以"一带一路"建设为重点,强化区域合作,落实国家通过开放促进西部发展的政策,加大开放力度。

优化发展对外贸易。一是实施贸易多元化战略。推进对外贸易优进优出,鼓励企业引进先进技术和设备,扩大资源能源类产品进口规模,积极发展服务贸易和加工贸易,努力开拓"一带一路"重点市场。二是加强贸易平台建设。积极推动设立自由贸易试验区,加快建设互市贸易区。推动"三互"大通关改革,完善国际贸易"单一窗口"建设。三是培育外贸新业态、新模式。推广复制国家跨境电子商务综合试验区经验做法,培育外贸综合服务企业,支持满洲里、二连浩特开展市场采购贸易。

推进"一带一路"建设。一是加强合作平台建设。加快推动国家重点开发开放试验区、二连浩特－扎门乌德跨境经济合作区建设,启动建设自治区重点开发开放试验区,创建满洲里、二连浩特跨境旅游合作区。二是推动基础设施互联互通。加快实施内蒙古与俄蒙基础设施互联互通总体规划,重点推动中蒙俄经济走廊中线铁路及跨境公路建设。三是推动中欧班列常态化运行。落实中欧班列支持政策,加快乌兰察布枢纽节点和重点物流集散节点建设。

继续深化区域合作。深化京蒙对口合作帮扶,积极参与非首都功能疏解,推动有条件的园区与京津冀各类园区开展共建合作。加快蒙晋冀(乌大张)长城金三角合作区建设,构建联通东、中、西部区域综合枢纽和合作示范区。加强与长江经济带、沿海发达地区、粤港澳等地经贸合作,推动与东南沿海发达地区建立对口合作机制。

加快引进来和走出去。一是大力加强招商引资。落实招商引资优惠政策,进一步减少外资准入限制,健全引进项目跟踪服务机制,优化营商环境。二是扩大国际金融组织和外国政府贷款使用规模。在生态环境保护、文化遗产保护、新型城镇化、清洁能源等领域组织申报一批项目,加快前期工作和审批进程,推动项目落地实施。三是有序引导支持对外投资。引导和规范境外投资,支持有条件的企业在蒙古国、俄罗斯建设合作工业园区,重点推进乌兰乌德木材加工园区(俄罗斯)和内蒙古境外经贸园区(蒙古国)建设。

(八)坚持以人民为中心,着力保障和改善民生。按照“坚守底线、突出重点、完善制度、引导预期”要求,针对人民群众关心的新老问题精准施策,给人民群众带来更多获得感、幸福感、安全感。

发展公平而有质量的教育。实施第三期“学前教育三年行动计划”,新建、改扩建一批幼儿园。实施基本公共教育服务工程,完成90%以上“全面改薄”任务。加快县域义务教育均衡发展,力争年内所有旗县(市区)义务教育均衡发展通过国家评估认定。推进普及高中阶段教育,支持高等教育“双一流”建设。完善现代职业教育体系,促进产教融合、校企合作。优先重点发展民族教育,统筹推进特殊教育、民办教育、继续教育。

提高就业质量和人民收入水平。坚持就业优先战略和积极就业政策,深入实施高校毕业生就业创业促进计划和“创业内蒙古”行动计划,扎实做好农民工、去产能分流安置、城镇就业困难人员等群体就业和退役军人安置工作。深化收入分配制度改革,根据国家统一部署,调整机关事业单位基本工资标准,实施地区附加津贴制度,完善公务员奖金制度。

加强社会保障体系建设。全面实施全民参保计划,基本实现法定人员全覆盖。调整企业和机关事业单位退休人员基本养老金,提高城乡居民基础养老金最低标准。制定应对养老保险金潜在缺口的预案,划转部分国有资本充实社保基金。提高城乡居民基本医保财政补助标准,在全面实现跨省异地就医直接结算的基础上,把基层医疗机构和外出农民工、外来就业创业人员都纳入进来,力争年底前基本实现全覆盖。完善大病保险制度,全面推开中小微企业参加工伤保险。适度提高城乡低保标准和优抚补助标准。

推进健康内蒙古建设。深化医药卫生体制改革,加快分级诊疗和医联体建设,提高家庭医生签约服务质量。健全医疗卫生服务体系,加快自治区本级重点卫生项目进度,加强盟市、旗县级疾病预防控制中心能力建设,实施苏木乡镇卫生院标准化建设,落实国家疑难病症诊治能力提升工程规划,推进蒙中医药传承创新工程项目建设,提升妇幼健康服务机构标准化水平,实施健康医疗大数据工程。持续推进“食品药品安全内蒙古”建设。完善公共体育运动设施和服务体系,加快国家北方足球训练基地和第十四届全国冬运会场馆建设,推进公共体育场馆设施向社会开放,办好第十四届全区运动会。

加快解决群众住有所居问题。启动新三年棚改攻坚计划,新开工棚户区改造项目14.1万套。积极推进城镇老旧小区改造,在全区范围内推开试点工作。加大公租房保障力度,优先保障环卫、公交等行业的困难群体,逐步将符合条件的新就业无房职工、外来务工人员和青年医生、青年教师纳入保障范围,对低保、低收入住房困难家庭实现应保尽保。增加公租房实物供应,推进公租房货币化。

促进文化繁荣发展。加强公共文化服务体系建设,创建国家级公共文化服务示范区,继续实施文化信息资源共享、数字图书馆推广、“数字文化走进蒙古包”等重点数字文化工程,加大对边境地区和贫困旗县公共文化服务体系建设扶持力度。推动乌兰牧骑事业繁荣发展。做好文物和非物质文化遗产保护工作。

(九)加强生态文明建设,着力创造良好生产生活环境。坚持节约优先、保护优先、自然恢复为主的方针,形成节约资源和保护环境的空间格局、产业结构、生产方式、生活方式,建设我国北方重要生态安全屏障。

大力推动绿色发展。一是扎实推进节能降碳,实施重点用能单位“百千万”行动,加强高耗能企业节能监管,推进实施能效领跑者和能效对标行动。二是转变能源消费方式,在居民采暖、生产制造、交通运输等领域加快实施电能替代,加强电动汽车充电设施建设,推进老旧小区节能改造和绿色建筑发展。三是发展循环经济,推动工业园区(开发区)循环化改造,加强城市废弃物规范处理和大宗固体废弃物综合利用。四是推进绿色矿山建设,规范管理矿产资源开发利用,建设一批自治区绿色矿业发展示范区。

推进生态保护修复。开展大规模国土绿化行动,继续推进重点生态工程建设,扩大退耕还林还草规模,实施重点沙地危害区专项治理工程,建设浑善达克规模化林场和沿黄生态廊道。落实最严格的水资源管理制度,推进地下水超采区综合治理。探索建立以国家公园为主体的自然保护地体系。

完善生态文明制度体系。深入实施主体功能区战略,调整修订主体功能区规划,落实不同类别功能区产业准入政策,推动主体功能区战略在市、县层面精准落地。健全自然资源资产产权制度,研究建立市场化、多元化生态补偿机制。加快推进生态保护红线划定工作,建立河湖名录,全面推进河长制,实行湖长制。

关于2017年预算执行情况及2018年预算草案的报告

Report on the Implementation of Budgets for 2017 and Draft Budgets for 2018 in Inner Mongolia

——2018年1月24日在内蒙古自治区第十三届人民代表大会第一次会议上

内蒙古自治区财政厅

各位代表：

受自治区人民政府委托，现将2017年预算执行情况和2018年预算草案提请本次人民代表大会审查，并请自治区政协委员和列席会议的同志们提出意见。

一、2017年预算执行情况

2017年，在自治区党委的坚强领导下，各地区各部门全面贯彻落实党中央、国务院和自治区党委各项决策部署，以及自治区十二届人大六次会议有关决定和决议，坚持稳中求进工作总基调，树立和落实新发展理念，以提高发展质量和效益为中心，以推进供给侧结构性改革为主线，扎实做好稳增长、促改革、调结构、惠民生、防风险各项工作，经济社会发展呈现结构优、效益好、活力强、质量高的良好态势，在此基础上，全区及自治区本级预算执行情况总体较好。

（一）一般公共预算执行情况

根据2017年12月31日统计数据（以下预算执行情况均为此时点数据），全区一般公共预算收入1703.4亿元，下降14.4%，剔除虚增空转因素后同比增长14.6%。加上中央补助收入2523亿元、地方政府一般债券收入950.7亿元、上年结余收入450.8亿元、国债转贷资金上年结余742万元、上年置换债券结余217.8亿元、调入预算稳定调节基金113.8亿元、调入资金41.6亿元，收入总计6001.2亿元。全区一般公共预算支出4523.1亿元，增长0.2%，完成调整预算的91.8%。加上上解中央支出13.5亿元、地方政府一般债务还本支出631.5亿元、安排预算稳定调节基金237.8亿元、国债转贷资金结余742万元、待偿债置换债券结余189.7亿元，支出总计5595.7亿元。收支相抵，年终结余405.5亿元。

中央财政对我区各类补助收入2523亿元，增长6.2%。其中，返还性收入和一般性转移支付收入1464亿元；专项转移支付收入1059亿元。按照中央和自治区相关转移支付分配办法，自治区财政下达盟市各类补助2207.3亿元，增长7.9%。其中，返还性支出和一般性转移支付1151.8亿元，专项转移支付1055.5亿元。

自治区本级一般公共预算收入487.8亿元，完成预算的145.6%，同比增长58.1%。超收较多主要是自治区经济质量效益提高带动税收等收入增长，并用于进一步加大对困难地区的转移支付力度，促进全区基本公共服务均等化。加上中央各类补助列自治区本级收入315.6亿元、地方政府一般债券收入123.2亿元、上年结余收入187.3亿元、上年置换债券结余0.9亿元、调入预算稳定调节基金42.2亿元、调入资金7.1亿元，收入总计1164.1亿元。自治区本级一般公共预算支出903.2亿元，增长31.7%，完成调整预算的90.5%。加上安排预算稳定调节基金157.3亿元、地方政府一般债务还本支出6.8亿元、待偿债置换债券结余599万元，上解中央支出2.4亿元，支出总计1069.7亿元。收支相抵，年终结余94.4亿元。

（二）政府性基金预算执行情况

全区政府性基金收入342.7亿元，同比增长35%。加上中央补助收入71.2亿元、地方政府专项债券收入359.4亿元、上年结余98.6亿元、上年置换债券结余9.1亿元，收入总计881亿元。全区政府性基金支出404.8亿元，完成调整预算的78.7%，增长5.1%。加上调出资金37.1亿元、地方政府专项债务还本支出320.3亿元、待偿债置换债券结余13.1亿元，支出总计775.3亿元。收支相抵，年终结余105.7亿元。

自治区本级政府性基金收入56.2亿元，完成预算的115.9%，同比增长16.9%。加上上年结余收入15.7亿元、中央补助列自治区本级收入46.8亿元，收入总计118.7亿元。自治区本级政府性基金支出98.2亿元，完成调整预算的87.6%，同比下降12.9%，主要是中央补助的可再生能源电价补贴减少24.8亿元。加上调出资金6.6亿元，支出总计104.8亿元。收支相抵，年终结余13.9亿元。

（三）国有资本经营预算执行情况

自治区本级国有资本经营预算收入2.7亿元，完成预算的212%，超收较多主要是包钢集团上缴了国有股权转让收益1亿元,通过核查增加收益0.4亿元。自治区本级国有资本经营预算支出2.7亿元,其中:用于支持自治区直属国有企业转型发展和自治区盐业公司盐业体制改革等支出2.4亿元;调出资金0.3亿元。

(四)社会保险基金预算执行情况

全区社会保险基金收入1199亿元(全区各地机关事业单位养老保险费征缴和待遇发放工作刚刚启动,尚未全面推开,该数据不包括机关事业单位养老保险数据,下同),完成预算的130.7%,增长27.1%,主要是自治区出台企业职工基本养老保险费补缴政策。其中:保险费收入871.9亿元,财政补贴收入293.1亿元,利息收入等34.1亿元。全区社会保险基金支出1005亿元,完成预算的104.2%,增长20.7%,主要用于各项社会保险待遇支出。当年收支结余194亿元,年末滚存结余1151.4亿元。

自治区本级社会保险基金收入173.3亿元,完成预算的128.5%,增长30.1%,其中:保险费收入135.1亿元,财政补贴收入31.8亿元,基金保值增值收益、转移收入等6.4亿元。自治区本级社会保险基金支出149.4亿元,完成预算的98.3%,增长9.1%。加上对下调剂企业职工养老保险补助33.7亿元,支出总计183亿元。当年收支缺口9.7亿元,已使用历年滚存结余予以弥补,年末滚存结余236亿元。

上述各类收支数据,待财政部批复决算后,会有一些变化,届时依法向自治区人大常委会报告。

2017年,各级财政部门坚持问题导向,完善体制机制,加强收支管理,提高资金使用绩效,财政管理和改革工作取得了积极进展。

一是落实积极财政政策,促进经济稳定增长。适度扩大财政支出规模。克服收入下降、增收困难局面,积极争取中央转移支付,全面盘活存量资金,大力推进财政资金统筹使用,全年一般公共预算支出完成4523.1亿元,支出进度比上年提高1个百分点,其中本级提高12个百分点。发行新增地方政府债券394.4亿元,支持城乡基础设施建设、保障性住房、脱贫攻坚、生态环保等重大公益性项目建设。全区112个PPP项目落地实施,政府投资213亿元,带动社会资本投资1210亿元。自治区本级7支政府投资基金注册运营,财政出资30.9亿元,引导社会资本91.7亿元,支持了养老、科技创新、铁路交通等领域45个项目。认真落实各项减税降费政策。在落实以往减税降费政策基础上,继续扩大营改增减税效应,认真落实扩大小微企业所得税优惠范围,加大企业研发费用税前扣除力度,进一步清理、取消和降低涉企政府性基金和行政事业性收费项目和标准,全年再为企业减负150亿元以上,有力地支持了实体经济发展。

二是推进供给侧结构性改革,推动经济转型升级。落实"三去一降一补"重要任务。下达工业企业结构调整专项奖补资金4.7亿元,支持退出煤炭、钢铁产能,妥善安置分流职工1834人。下达专项补助资金89亿元,将棚改和房地产去库存相结合,棚改货币化安置率达到97.7%,全区商品房待售面积下降8.6%。下达资金12.3亿元,支持蒙东地区城乡用电同网同价改革。创新财政资金投入方式,增加基本公共服务、扶贫、生态环保等短板领域投入。支持农牧业供给侧结构性改革。完善以绿色生态为导向的农牧业补贴制度,发放农业支持保护等惠农惠牧补贴资金429.9亿元,惠及800多万农牧民。推进农业综合开发,下达资金24.8亿元,建设高标准农田194万亩。加强农田水利基础设施建设,全区水利支出129.7亿元,增长21.7%,夯实农牧业发展基础。培育壮大新动能。财政出资10亿元,设立重点产业发展基金,支持大数据、石墨烯等新产业、新业态成长。下达旅游专项7.8亿元,大力支持全域旅游、四季旅游,游客总人数突破1亿人次。支持实施创新驱动发展战略,下达科技专项资金5.6亿元,补助630多个公共科技科研项目。全面实施自治区财政科技计划和科研项目资金管理改革。下达补助资金15.5亿元,积极推动和林格尔新区规划和建设。增加对满洲里、二连浩特国家重点开发开放试验区补助各1亿元,积极融入"一带一路"国家战略。

三是全力保障和改善民生,增强人民群众获得感、幸福感。虽然2017年财政收入下降,但全区民生支出投入力度不减,达到3158.1亿元,增长6.3%,高于一般公共预算支出增幅6.1个百分点,占一般公共预算支出的69.8%,同比提高4个百分点。全力支持脱贫攻坚。全区扶贫支出121亿元,增长112.9%。支持产业扶贫、易地扶贫搬迁、金融扶贫、教育扶贫、健康扶贫,全区20万贫困人口实现脱贫。推动31个国贫旗县整合涉农涉牧资金49.3亿元,形成资金投入合力。自治区本级安排脱贫攻坚"以奖代补"资金10亿元,鼓励贫困旗县脱贫摘帽。加强基本民生保障。坚持教育优先,全区教育支出559.4亿元,增加4.4亿元。学前三年毛入园率达到90.8%,32个旗县通过国家义务教育发展基本均衡县评估认定。农村牧区中小学校"大通铺"问题基本解决,家庭经济困难学生资助政策惠及162.2万人次。现代职业教育转型试点及高等教育"双一流"建设取得积极进展。社会保障水平进一步提高,全区社会保障支出699.7亿元,增长8.9%。城乡居民医疗保险财政补助标准由每人每年420元提高到450元;城乡低保对象财政补助标准月人均分别提高49元和55元;退休人员基本养老金标准月均提高151元。将1.7万户边民生活补助标准由每年每户1000元提高到2000元。调整完善就业创业管理措施,全区就业支出24.3亿元,大力支持大众创业、万众创新,促进重点群体和整体就业形势保持稳定。全区住房保障支出164.4亿元,棚户区改造开工建设22.1万套,完成农村牧区危房改造6.8万户。下达资金1.3

亿元,实施偏远农牧区用电升级工程。实施自治区成立70周年惠民工程。自治区本级共计投入11.4亿元,将城乡居民基础养老金标准月均提高20元,达到110元;将特殊教育小学、初中、高中在校学生生活费补助标准提高到1350元、1620元和1890元,分别提高350元、370元和1890元;将农村牧区义务教育阶段营养改善计划覆盖全部国贫旗县,惠及23.2万学生;将大学新生资助政策扩大到所有建档立卡贫困家庭,惠及2.1万大学生;将城乡困难残疾人生活补贴每人每月分别提高30元、50元,重度残疾人护理补贴标准每人每年提高460元,全区51.3万人受益;实现高龄津贴普惠制,48.4万名80周岁以上老人受益。推进生态环保建设。全区节能环保支出142.9亿元。继续实施天然林保护、京津风沙源治理、退耕还林还草等重大生态修复工程,加强大气、水、土壤污染防治,持续推进呼伦湖、乌梁素海、岱海生态环境综合治理,全区空气质量进一步改善。

四是全力做实财政收入,增强财政可持续发展能力。认真落实中央巡视"回头看"反馈意见。按照自治区党委整改方案,迅速对2016年财政收入虚增空转问题展开调查核实,确认虚增空转额占当年对外公布一般公共预算收入的26.3%,据此相应调减2017年全区一般公共预算收入预期目标。建立做实财政收入的长效机制。印发《关于加强财政收入管理严肃财经纪律的通知》、《关于完善转移支付分配机制促进做实财政收入的通知》等制度性文件,提出"六个严禁",要求各地区各部门必须依法依规组织财政收入,并建立虚增空转财政收入即多扣减均衡性转移支付的"自动惩罚"机制。坚持实事求是"挤水分",夯实财政收入,为科学决策提供准确依据,为财政持续健康发展奠定坚实基础,也为争取中央转移支付创造了有利条件。

五是全面加强地方政府债务管理,防范化解债务风险。全区各级都成立了规范政府债务管理、防范金融风险领导小组,把防控地方政府债务风险放在更加重要的位置。出台进一步加强政府债务管理的意见及配套措施,完善地方政府债务管理制度。严控债务增量。对在建和拟建的政府投资项目进行全面梳理,停建、缓建、"瘦身"一批项目。严格政府债务限额管理、预算管理,建立规范的举债融资机制。加快融资平台公司市场化转型,严禁各种形式变相举债。积极化解存量债务。置换政府存量债务915.7亿元,减轻政府利息负担30亿元。基本摸清政府债务底数,查清债务投资项目形成的资产,明晰债务偿还责任,逐级制定了政府债务化解方案和台账。建立健全政府债务监控机制。建立健全风险评估预警和应急处置机制,制定自治区政府性债务风险应急处置预案,妥善做好风险事件应急政策储备。

六是推进财税体制改革,加快建立现代财政制度。深化预算管理制度改革。改进自治区本级部门项目支出预算管理,建立支出进度与预算安排挂钩机制,清理常年安排、用途固化的资金11亿元。清理规范对下转移支付项目,项目个数减少30%,集中财力保障重点支出。清理规范重点支出同财政收支增幅或生产总值挂钩事项,不再作为预算安排、监督考核的依据。落实节用裕民要求,自治区政府带头压减一般性支出和使用效益较低的资金24.7亿元,调整用于民生支出和重点项目支出。加强预算绩效管理,实现自治区本级项目资金绩效目标编制、绩效监控和部门自评全覆盖。建立全区预决算公开统一平台,分级分类公开政府和部门预决算,方便公众查阅和监督。扎实推进税收制度改革。争取国家将我区纳入水资源税改革试点范围,从2017年12月1日起正式实行费改税。做好环境保护税开征各项准备工作,依法确定应税大气污染物和水污染物税额标准。国地税征管体制改革取得积极成效。完善自治区以下财政体制。出台自治区与盟市增值税收入划分过渡方案及预算管理办法。制定自治区以下财政事权和支出责任划分改革方案。建立支持农牧业转移人口市民化财政政策和激励机制。协同推进其他改革。圆满完成财政厅牵头的17项、配合的16项全面深化改革任务。全面推行"双随机一公开"监督检查,开展扶贫资金、政府债务、盘活存量等专项检查,推动重大决策部署落实。组织开展资产清查,基本摸清全区行政事业单位国有资产"家底"。自治区本级实行政府采购备案制管理,提高政府采购整体工作效能和财政支出效率。指导自治区14个部门制定印发了政府购买服务指导性目录。

经过一年艰苦努力的工作,自治区财政收支结构更加优化,财政政策更加精准有效,财政治理体系更加完善,治理能力不断提高。与此同时,我们也要清醒地看到,财政运行和财政工作还面临一些困难和挑战,主要表现在:我区经济发展处于结构调整期,财政增收困难,支出刚性需求大,紧平衡特征明显,部分基层财政运行困难,保工资、保运转、保基本民生面临较大压力;财政支出结构还需进一步优化,支出项目只增不减的固化格局还没有根本改变,资金使用碎片化问题亟待破解;加强财政绩效管理十分迫切,一些地方、部门和预算单位重分配轻管理,资金闲置浪费问题仍然存在;一些地方的政府债务负担较重,债务化解任务艰巨等。对于这些问题,我们要用改革的思路和方法,切实加以解决。

二、2018年预算草案

2018年,全面贯彻落实党的十九大精神,将对深化改革、促进发展形成新的强大动力,自治区经济发展的基本面没有改变,财政持续增收具有许多有利条件。同时,国家各项减税降费政策力度仍然较大,财政中高速增长面临较大困难。另外,民生、改革等刚性支出资金需求较大,财政收支矛盾比较突出,预算安排仍将处于紧平衡状态,必须综合施策、统筹安排,确保预算平衡和财政可持续。

编制2018年预算的指导思想是：全面贯彻落实党的十九大精神，以习近平新时代中国特色社会主义思想为指导，深入贯彻落实习近平总书记考察内蒙古重要讲话精神，按照中央经济工作会议、农村工作会议以及自治区第十次党代会、自治区党委十届五次全会工作部署，坚持稳中求进的工作总基调，坚持新发展理念，紧扣社会主要矛盾变化，统筹推进"五位一体"总体布局和协调推进"四个全面"战略布局，坚持以供给侧结构性改革为主线，继续实施积极财政政策，增强财政可持续性；调整优化支出结构，着力支持打好防范化解重大风险、精准脱贫、污染防治攻坚战，坚决守好发展、民生、生态三条底线；完善预算管理制度，全面实施绩效管理；逐步建立权责清晰、财力协调、区域均衡的自治区以下财政关系，促进区域协调发展，推进基本公共服务均等化。

（一）一般公共预算

全区一般公共预算收入预计为1750亿元，按可比口径增长6%左右。综合考虑财政收入规模、中央各类转移支付、新增地方政府债券等因素，全区一般公共预算支出预计为4850亿元，增长7%以上。

自治区本级一般公共预算总财力安排2534.4亿元，比上年年初预算增加186.6亿元（如不作特别说明，以下口径均为与2017年年初预算数相比），增长7.9%。其中：①一般公共预算收入460亿元；②中央补助收入1987.1亿元；③盟市上解收入7.1亿元；④从政府性基金和国有资本经营预算调入1.2亿元；⑤调入预算稳定调节基金79亿元。按照收支平衡的原则，自治区本级一般公共预算总支出安排2534.4亿元，包括：①本级支出1055.3亿元。剔除留用的中央提前下达专项转移支付185.6亿元，本级可用财力安排支出869.7亿元，增加69.2亿元，增长8.6%，其中：本级部门支出524亿元，对下专项转移支付345.7亿元。②上解中央支出8亿元；③对盟市、旗县税收返还148.8亿元；④对盟市、旗县转移支付1322.3亿元，其中：一般性转移支付913.4亿元，专项转移支付408.9亿元。

自治区本级财政预算安排遵循以下原则：一是收入预算实事求是，积极稳妥，与经济社会发展水平相适应，充分考虑减税降费政策等因素影响，杜绝虚增财政收入。二是切实提高预算编制的完整性，将中央提前下达的各类转移支付全部列入预算。三是支出预算统筹兼顾、突出重点，着力支持中央和自治区重大发展战略和重点领域改革，特别是支持打好防范化解重大风险、精准脱贫、污染防治三大攻坚战。四是注重提高财政支出绩效，坚持精打细算、勤俭节约、效益优先，继续压减一般性支出，提高财政资源配置效率。五是增强财政可持续性，按照尽力而为、量力而行原则合理确定财政支出标准，严控非急需、非刚性支出。

按照上述原则，自治区本级在支持打好三大攻坚战方面安排支出115.2亿元，增长137%。下面，按照支出功能分类，重点对本级可用财力869.7亿元安排的支出情况报告如下。

——安排一般公共服务支出51.8亿元，增长2.8%，其中本级支出46亿元，对下专项转移支付5.8亿元。主要用于保障党委、人大、政协、民主党派等依法履职；支持工会、共青团、妇联等群团组织积极发挥桥梁纽带作用；支持开展质量提升行动；继续实施草原英才支持计划；支持三少民族语言文化大数据采集平台建设等民族和宗教事业发展；加强街道社区嘎查村党组织建设；强化公共资源交易管理服务。

——安排公共安全和国防支出95.1亿元，增长20.5%，其中本级支出91.9亿元，对下专项转移支付3.2亿元。主要用于公安、司法、监狱等经费保障，完善社会治安防控体系，不断提升群众安全感；继续深化司法体制改革，保障法检部门办案业务、装备等经费。支持军队、武警部队应急处突维稳，加强人防建设，推动军民融合深度发展。

——安排教育支出96.2亿元，增长6.5%，其中本级支出55.7亿元，对下专项转移支付40.5亿元。主要用于实施第三期学前教育三年行动计划；改善义务教育薄弱学校办学条件，继续支持农村牧区寄宿制学校学生宿舍建设；支持普及高中教育攻坚计划；健全职业教育生均拨款制度；完善家庭经济困难学生资助政策体系；继续提高高校生均拨款标准，推进"双一流"高校建设；支持民族教育、特殊教育、民办教育发展。

——安排科技支出16.4亿元，增长41.4%，其中本级支出13.1亿元，对下专项转移支付3.3亿元。主要用于落实创新驱动发展战略，优化科技经费投入，支持基础研究、前沿技术研究和关键共性技术研究与开发，保障自治区重大科技专项顺利实施；完善科技创新引导支持机制，培育壮大新动能；设立科技成果转化专项资金，落实自治区促进科技成果转化八项措施；支持科普宣传、哲学社会科学研究。

——安排文化体育与传媒支出25.4亿元，增长14.2%，其中本级支出23.1亿元，对下专项转移支付2.3亿元。主要用于完善公共文化服务体系，深入实施文化惠民工程；促进文化产业发展和文化强区建设；继续实行公益性文化场馆、体育场馆免费、低收费开放；大力支持乌兰牧骑发展，实施文艺精品工程；加强文化遗产保护传承和文物保护利用；支持开展全民健身活动，增加重大赛事奖励经费；支持新闻出版和广播电视事业发展。

——安排社会保障和就业支出、住房保障支出116.1亿元，增长6.9%，其中本级支出63.3亿元，对下专项转移支付52.8亿元。主要用于城乡居民养老保险基础养老金、城乡最低生活保障和优抚对象抚恤，加强政策统筹协调；加强对特困人员、残疾人等群体的兜底保障，落实高龄老人生活补贴政策。提高公共就业服务能力，支持实施高校毕业生就业创业和基层成长计划，做好农民工、去产能分流职工、城镇就业困难人员等重点群体就业和退役军人安置工作。进一步推进机关事业单位养老保险制度改革。加强保障性住房建设，做好公租房保障工作，支持发展住房租赁市场。

——安排医疗卫生与计划生育支出34.6亿元，增长4.8%，其中本级支出15.4亿元，对下专项转移支付19.2亿元。主要用于落实政府卫生投入政策，支持实施健康中国战略；巩固破除以药养医成果，实施基本药物制度补助；完善城乡居民基本医疗保险筹资机制，将财政补助标准由每人每年450元提高到490元，并相应提高个人缴费比例；将基本公共卫生服务经费标准由每人每年50元提高到55元；继续实行城乡医疗救助和优抚对象医疗补助，减轻困难群众医疗负担；支持实施蒙医药振兴行动计划。落实计划生育奖励扶助政策。

——安排节能环保支出11.9亿元，增长67.3%，其中本级支出5.8亿元，对下专项转移支付6.1亿元。主要用于加大大气、水、土壤污染防治投入，加快呼伦湖、乌梁素海、岱海生态环境综合治理；支持退耕还湿、沙化土地治理和修复；实施农村环境综合整治，加强污水、垃圾处理设施建设与维护。支持老旧小区及既有居住建筑节能改造，推广应用新能源汽车；支持钢铁、煤炭行业化解过剩产能，继续鼓励淘汰高污染、高耗能行业落后产能；加强环保监管。

——安排资源勘探信息、国土海洋气象等支出29.9亿元，增长7.3%，其中本级支出18亿元，对下专项转移支付11.9亿元。主要用于支持推动传统产业绿色化、信息化、智能化改造；促进高端新材料、新能源汽车、清洁能源、生物制药、蒙中医药等产业加快发展；支持重点工业园区改造升级；支持中小企业发展。加强煤炭安全等安全生产监管监察。加强土地、矿产基础性管理，加强地质矿产勘查；支持矿山地质环境治理及地质遗迹保护；保障地震群测群防和气象事业发展。

——安排金融、商业服务业、粮油物资储备等支出17.5亿元，同口径增长10.4%，其中本级支出11.6亿元，对下专项转移支付5.9亿元。主要用于加强金融监管，防范金融风险；支持自治区股权交易中心发展。支持提升旅游业文化内涵，推动高质量、高水平发展旅游业；支持现代物流、健康养老、商贸会展等服务业加快发展。

——安排农林水支出132.4亿元，增长20.8%，其中本级支出25.5亿元，对下专项转移支付106.9亿元。主要用于扶贫支出43.2亿元，增加15.8亿元，增长57.4%，支持发展特色产业扶贫、易地扶贫搬迁、资产收益扶贫、对口支援扶贫，实行脱贫攻坚以奖代补。落实乡村振兴战略，实施以绿色为导向的农牧业补贴政策；大力支持节水型农牧业；支持盟市、旗县开展划定粮食生产功能区和重要农畜产品保护区，增强绿色农畜产品生产和深加工能力；在河套地区实施“改盐增草(饲)兴牧”试点工程。支持“引绰济辽”等重大水利工程建设。深入推进农村牧区综合改革，支持田园综合体建设，推动农村牧区人居环境整治；支持饮水安全巩固提升工程和偏远农牧区用电升级工程。支持普惠金融发展，完善农牧业保险保费补贴政策。

——安排城乡社区、交通运输支出113.6亿元，增长29.9%，其中本级支出63.2亿元，对下专项转移支付50.4亿元。主要用于支持城乡“厕所革命”，加强城乡公共设施建设，推进新型城镇化加快发展。增加交通建设资金，加强重点铁路、公路、民航机场、口岸等建设，支持农村牧区“四好”路建设，完善交通基础设施网络体系。

——安排预备费8亿元，与去年持平，主要用于处置自然灾害、安全生产等突发事件增加的支出及其他难以预见的开支。

——安排其他支出94亿元，增长14.7%，其中本级支出56.5亿元，对下专项转移支付37.5亿元。主要用于对企事业单位补助17亿元，包括蒙东电网同网同价改革补贴12亿元，自治区直属国有企业剥离办社会职能补助5亿元；基本建设投资18亿元；自治区六个重点卫生工程建设资金2.5亿元；政府债务化解激励资金26.5亿元。

——安排一般债务付息、发行费用支出26.8亿元，增长135.2%。主要用于支付自治区本级应承担的政府债券利息和发行费。

(二)政府性基金预算

全区政府性基金预算总收入预计为279.9亿元，其中：全区政府性基金预算收入273.8亿元，比上年预算数增长30.8%；中央提前下达政府性基金补助6.1亿元。按照以收定支原则，全区政府性基金总支出安排279.9亿元，其中：基金预算支出279亿元，调出资金0.9亿元。

自治区本级政府性基金总收入60.1亿元，其中：自治区本级政府性基金收入安排54亿元，比上年预算数增长11.3%，主要是车辆通行费增加较多；中央提前下达政府性基金补助6.1亿元。按照以收定支原则，自治区本级政府性基金总支出60.1亿元，其中：自治区本级基金预算支出37.8亿元，增长16.8%；补助盟市支出21.4亿元，增长1.3%；调出资金0.9亿元，用于高速公路交警补助。

(三)国有资本经营预算

自治区本级国有资本经营预算收入2.4亿元，其中：利润收入1.1亿元，股利、股息收入0.2亿元，产权转让收入1.1亿元。按照收支平衡原则，安排支出2.4亿元，其中：用于支持自治区直属国有企业发展、厂办大集体改革、盐业体制改革等支出2.1亿元，调出资金0.3亿元。

(四)社会保险基金预算

全区社会保险基金预算(含机关事业单位养老保险)收入1316.5亿元,其中:保险费收入860亿元,财政补贴收入434.7亿元、利息收入16.1亿元、转移收入等5.7亿元。全区社会保险基金预算支出1361.4亿元,主要用于各项社会保险待遇支出。全区社会保险基金当期收支缺口通过统筹地区历年结余和基金调剂予以平衡(以上数据为剔除上下解后基金当期实际收支数,下同)。

自治区本级社会保险基金预算收入171.3亿元,其中:保险费收入147.3亿元,利息收入3.2亿元,财政补贴收入19.3亿元,转移收入0.3亿元,失业保险和工伤保险上解收入1.2亿元。自治区本级社会保险基金预算支出271亿元,其中:各项社会保险待遇支出181.4亿元,补助下级支出88.8亿元、转移支出0.8亿元。自治区本级社会保险基金当期收支缺口使用以前年度基金结余予以弥补。

三、切实做好2018年财政改革发展工作

2018年财政改革发展任务十分繁重,各级财政部门要以党的十九大精神为引领,统筹兼顾、突出重点、狠抓落实,保障全年预算顺利执行,为自治区经济社会发展提供有力支撑。

(一)支持打好防范化解重大风险攻坚战。一是有效防控地方政府债务风险。进一步摸清政府债务底数,明晰责任,严格控制增量,逐步消化存量,用3到5年,力争用3年时间将政府债务率降到合理水平。坚决制止违法违规融资担保行为,严禁以政府投资基金、政府和社会资本合作、政府购买服务等名义变相举债。加强财政约束力度,严格政府投资项目审批。在严堵违法违规举债"后门"的同时,积极向中央争取地方政府新增债券发行额度,以及增加我区在土地储备、政府收费公路等领域专项债券规模,保障合理融资需求。自治区安排政府债务化解激励资金,鼓励各地努力完成年度政府债务化解任务。将政府债务管理纳入盟市党政领导班子绩效考核体系,并加大督查问责力度,从严整治举债乱象,终身问责、倒查责任。二是防范部分地区养老保险支付风险。强化养老保险基金收支管理,督促各地切实履行弥补基金缺口的主体责任,确保养老金按时足额发放。研究建立基本养老保险基金分级分担机制。推进划转部分国有资本充实社会保险基金,拓宽社会保险基金筹集渠道。三是积极参与金融风险防控。支持金融管理部门加强对金融机构监管。支持打击违法违规金融活动,加强对地方金融业和金融资产质量的常规化监测与评估。充分发挥自治区金融资产管理公司作用,重点做好地方金融不良资产处置工作。

(二)支持打好精准脱贫攻坚战。一是向深度贫困地区贫困人口聚焦发力。集中资源、聚集重点,通过财政支持产业扶贫、转移就业等,支持有劳动能力的人口实现脱贫;通过落实救助供养、大病救济、生活兜底等社会保障政策,帮助丧失劳动能力的贫困人口尽快脱贫。预算内基本建设投资、地方政府债券、教育、扶贫等专项资金安排适当向深度贫困地区倾斜。二是增强贫困人口的内生动力。财政扶贫以帮助贫困人口增收为核心,重点支持发展特色产业,探索扩大资产收益扶贫,增加生态管护等公益岗位,促进贫困人口就业,提高脱贫质量。坚持扶贫与扶志、扶智相结合,更多采用生产奖补、劳务补助等方式,实现可持续稳固脱贫。推动农村低保与扶贫开发政策有效衔接。三是强化财政扶贫资金管理。严格按照规定的范围和用途,加快推进贫困旗县涉农涉牧资金实质性整合。全面实施扶贫资金绩效管理,建立常态化监管机制,切实管好用好扶贫资金。

(三)支持打好污染防治攻坚战。一是着力支持解决突出环境问题。在全区推进老旧小区及既有居住建筑节能改造试点,支持实施冬季清洁取暖计划,打赢蓝天保卫战。支持实施"水十条"、"土十条",加快水污染防治,强化土壤污染管控和修复。加强城中村、城边村环境综合整治。二是提供更多优质生态产品。加大重点生态功能区转移支付力度。继续加大呼伦湖、乌梁素海、岱海等湖泊综合治理力度。继续实施新一轮草原生态保护补助奖励政策,完善天然林保护制度,强化湿地保护和恢复。支持浑善达克和科尔沁沙地等重点区域专项治理。三是完善污染防治财税政策体系。依法征收环境保护税,减少大气污染物和水污染物排放。实行水资源费改税,促进水资源节约与合理开发利用。规范使用PPP模式,加大在污水、垃圾处理领域的实施力度。

(四)支持深化供给侧结构性改革。一是支持制造业优化升级。综合运用财政专项资金、政府投资基金等方式,促进制造业加快发展,推动工业与互联网深度融合。落实好国家税费改革政策,降低实体经济成本。二是大力培育新动能。发挥好重点产业、大数据、军民融合等发展基金作用,吸引社会资本和民间资本,加快发展数字经济,支持先进制造业、高端新材料等产业发展,实施军民融合发展战略。三是继续推进"三去一降一补"。用好中央和自治区财政专项奖补资金,支持退出煤炭产能,推动煤电、建材行业去产能,妥善处置"僵尸企业"。在减税降费同时,健全收费项目动态管理机制和乱收费投诉举报查处机制。完善扶持政策体系,切实优化公共服务供给。

(五)促进城乡区域协调发展。一是支持实施乡村振兴战略。整合有关专项资金,加大投入力度,积极支持乡村振兴战略实施。调整优化农牧业结构,推动农牧业和农村牧区可持续发展。实施"大专项+任务清单"管理,探索建立涉农涉牧资金整合长效机制。推进"三权"分置,发展多种形式适度规模经营。深化农村综合改革,扶持村集体经济组织发展,推进美丽乡村建设提档升级。二是提高基本公共服务均等化水平。推进自治区分领域财政事权与支出责任划分改革,并进一步理顺自治区与盟市收入划分。逐步提高一般性转移支付规模和比重。积极争取中央各类转移支付，统筹县级基本财力保障机制奖补资金等转移支付，加大对财政困难地区支持力度，兜住保障基本民生的底线。三是推动区域协调发展战略实施。支持做好京蒙对口帮扶工作，深度融入京津冀协调发展。推动呼包鄂协同发展，支持东部盟市加快发展，加快乌海及周边地区转型发展，加大对老少边穷地区发展的支持力度。

（六）建立保障和改善民生的长效机制。一是坚持兜底线。坚决托住基本民生需求的底，合理引导预期，切实保障好群众基本生活，在幼有所育、学有所教、劳有所得、病有所医、老有所养、住有所居、弱有所扶上不断取得新进展。二是科学建机制。制度安排要体现激励约束，合理均衡政府、单位和个人负担，鼓励社会力量参与，努力实现共建共享。三是提高精准性。针对群众关心的问题精准施策，增强财政资金和政策的指向性，更加注重对特定人群特殊困难的帮扶。四是注重可持续。在经济发展可持续、财力可支撑的基础上，既尽力而为，又量力而行，合理确定财政支出标准、范围或提标幅度，不作不切实际的承诺。

（七）加强预算执行管理。一是依法依规组织收入。支持税务等征收部门依法依规组织收入，确保应收尽收，严禁虚增空转财政收入，提高财政收入质量。落实好各项税收优惠政策，减轻企业负担。二是加快预算支出进度。依法按时批复下达预算，做好转移支付提前下达工作。硬化预算执行约束，严格执行经同级人大审查批准的预算，从严控制预算调剂事项。加大盘活财政存量资金力度，及时将预算执行慢的项目资金统筹调整用于其他亟需资金支持的领域。三是全面实施绩效管理。推动预算绩效管理提质扩面，横向到自治区本级各预算部门，纵向到各盟市、旗县，全面实施全过程预算绩效管理。强化预算绩效目标管理，规范开展绩效运行监控，及时纠正偏差。扩大绩效评价范围，做好评价结果应用，落实绩效评价结果与预算安排、政策调整挂钩机制，削减低效无效资金。四是强化财政监督。支持人大预算联网监督，完善动态监控机制。严格执行预算公开相关规定，进一步扩大公开范围，细化公开内容。抓好内控制度执行，推动内控建设由“立规矩”向“见成效”转变。强化扶贫、养老、重大科技等重点资金财政监督。

2018 年是贯彻党的十九大精神的开局之年，是改革开放 40 周年，是决胜全面建成小康社会、实施“十三五”规划承上启下的关键一年。我们将按照自治区党委、人大、政府各项决策部署，锐意进取，埋头苦干，扎扎实实做好财政各项工作，为建设亮丽内蒙古、共圆伟大中国梦作出新的贡献！

内蒙古自治区
2017年国民经济和社会发展统计公报

Statistical Bulletin of the National Economic and Social Development in Inner Mongolia for 2017

内蒙古自治区统计局

（2018年3月25日）

2017年，在以习近平同志为核心的党中央坚强领导下，全区认真学习贯彻党的十九大精神，以习近平新时代中国特色社会主义思想为指导，坚持稳中求进工作总基调，坚定不移贯彻新发展理念，坚持以提高发展质量和效益为中心，统筹推进"五位一体"总体布局和协调推进"四个全面"战略布局，以供给侧结构性改革为主线，统筹推进稳增长、促改革、调结构、惠民生、防风险各项工作，经济社会保持平稳健康发展。

一、综 合

年末全区常住人口为2528.6万人，比上年增加8.5万人。其中，城镇人口为1568.2万人，乡村人口为960.4万人；常住人口城镇化率达62.0%，比上年提高0.8个百分点。男性人口为1305.2万人，女性人口为1223.4万人。全年出生人口为23.9万人，出生率为9.47‰；死亡人口为14.5万人，死亡率为5.74‰；人口自然增长率为3.73‰。

表1　　年末人口数及其构成

指　　标	年末数（万人）	比重（%）
全区总人口	2528.6	100.0
其中：城镇	1568.2	62.0
乡村	960.4	38.0
其中：男性	1305.2	51.6
女性	1223.4	48.4
其中：0－14岁	341.1	13.5
15－64岁	1936.4	76.6
65周岁及以上	251.1	9.9

初步核算，全区实现地区生产总值16103.2亿元，按可比价格计算，比上年增长4.0%。其中，第一产业增加值1647.2亿元，增长3.7%；第二产业增加值6408.6亿元，增长1.5%；第三产业增加值8047.4亿元，增长6.1%；三次产业比例为10.2∶39.8∶50.0。第一、二、三产业对生产总值增长的贡献率分别为10.3%、14.8%和74.9%。人均生产总值达到63786元，比上年增长3.6%。

图1　2017年内蒙古生产总值季度累计增速

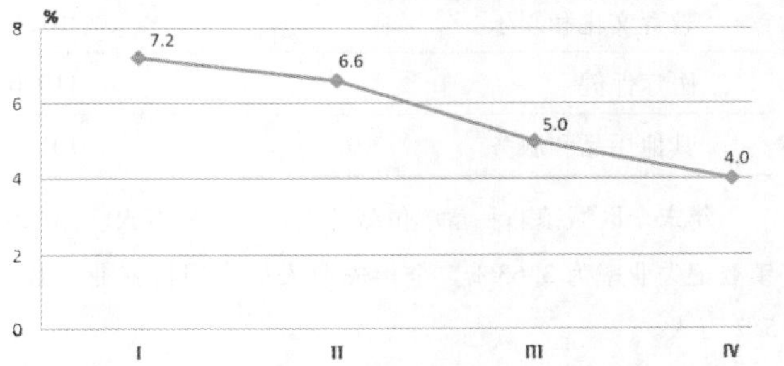

全年居民消费价格总水平比上年上涨1.7%。分城乡看，城市上涨1.7%，农村牧区上涨1.6%。分八大类消费类别看，呈现"七升一降"。衣着上涨1.3%，生活用品及服务上涨0.7%，教育文化和娱乐上涨1.0%，医疗保健上涨10.0%，居住价格上涨1.7%，交通和通信上涨1.4%，其他用品和服务上涨1.2%；食品烟酒价格下降0.2%。从工业生产者角度看，工业生产者购进价格和出厂价格分别上涨6.3%和10.6%。固定资产投资价格上涨3.4%，农产品生产价格下降4.4%。

图2　2017年居民消费价格月度涨跌幅度

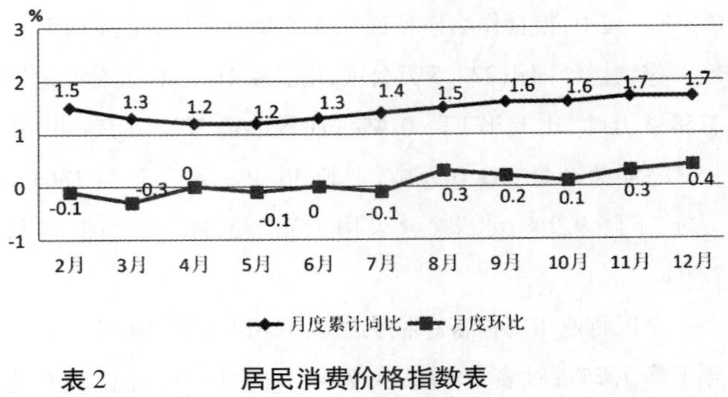

表2　　居民消费价格指数表

类　　别	2017年
居民消费价格指数（上年=100）	101.7
城市	101.7
农村牧区	101.6
食品烟酒	99.8

类　　别	2017 年
#粮食	101.3
畜肉	96.1
蛋	95.2
水产品	105.9
鲜菜	93.1
鲜果	105.5
衣着	101.3
居住	101.7
生活用品及服务	100.7
交通和通信	101.4
教育文化和娱乐	101.0
医疗保健	110.0
其他用品和服务	101.2

年末全区城镇非私营单位就业人员 283.9 万人。年末城镇登记失业率为 3.63%。全年失业人员实现再就业人数为 5.7 万人。

全年完成一般公共预算收入 1703.4 亿元,比上年下降 14.4%,如果剔除 2016 年虚增因素,比上年增长 14.6%;一般公共预算支出 4523.1 亿元,比上年增长 0.2%。分旗县看,全区 103 个旗县市区一般公共预算收入均超过亿元,其中,一般公共预算收入超 60 亿元的旗县 2 个,超 20 亿元的旗县 7 个,超 10 亿元的旗县 30 个。全区财政用于民生方面支出达 3158.1 亿元,占一般公共预算支出的 69.8%;财政扶贫支出 121 亿元,增长 1.1 倍。

二、农牧业

全年农作物总播种面积 798.3 万公顷,比上年增长 0.8%。其中,粮食作物播种面积 575.8 万公顷,下降 0.5%;经济作物播种面积 222.5 万公顷,增长 4.1%。粮食总产量达 2768.4 万吨,比上年下降 0.4%;油料产量 222.7 万吨,增长 1.2%;甜菜产量 363.0 万吨,增长 36.4%;蔬菜产量 1364.6 万吨,下降 9.2%;水果(含果用瓜)产量 340.8 万吨,增长 7.7%。

全区牧业年度牲畜存栏头数达 12614.8 万头(只),比上年下降 7.2%;牲畜总增头数 7148.6 万头(只),总增率达 52.6%。牧业年度良种及改良种牲畜总头数 11392.9 万头(只),良种及改良种牲畜比重 90.3%。全年肉类总产量 267.6 万吨,比上年增长 3.4%。其中,猪肉产量达到 73.5 万吨,增长 2.0%;牛肉产量达到 59.5 万吨,增长 7.0%;羊肉产量达到 104.1 万吨,增长 5.2%。牛奶产量 693.0 万吨,下降 5.6%;禽蛋产量 53.2 万吨,下降 8.3%。

表 3　主要农畜产品产量和牲畜存栏数

	2017 年	比上年增长(%)
粮食(万吨)	2768.4	-0.4
小麦(万吨)	170.3	0.2
玉米(万吨)	2085.0	-2.6
稻谷(万吨)	77.1	22.1
大豆(万吨)	108.4	7.9
薯类(万吨)	163.8	-2.5
油料(万吨)	222.7	1.2
甜菜(万吨)	363.0	36.4
水果(含果用瓜)(万吨)	340.8	7.7
蔬菜(万吨)	1364.6	-9.2
牛奶(万吨)	693.0	-5.6
绵羊毛(万吨)	12.7	-4.7
山羊绒(吨)	0.8	-5.6
水产品(万吨)	15.6	-1.3
肉类总产量(万吨)	267.6	3.4
猪肉	73.5	2.0
牛肉	59.5	7.0
羊肉	104.1	5.2
牧业年度牲畜存栏(万头、只)	12614.8	-7.2
大牲畜(除牛外)(万头)	235.2	-1.1
羊(万只)	9873.5	-8.0
猪(万头)	1387.6	-6.1
牛(万头)	1118.4	-2.8

年末全区农牧业机械总动力 3484 万千瓦,比上年同口径增长 4.6%;综合机械化水平达到 83.5%。

三、工业和建筑业

全年全部工业增加值 5109.0 亿元,比上年增长 3.6%。其中,规模以上工业企业增加值增长 3.1%。在规模以上工业企业中,国有控股企业增加值增长 15.3%,股份制企业增加值增长 2.8%,外商及港澳台投资企业增加值增长 5.8%。在规模以上工业企业中,轻工业增加值下降 9.7%;重工业增加值增长 5.4%。

图 3　2017 年规模以上工业增加值月度累计增速

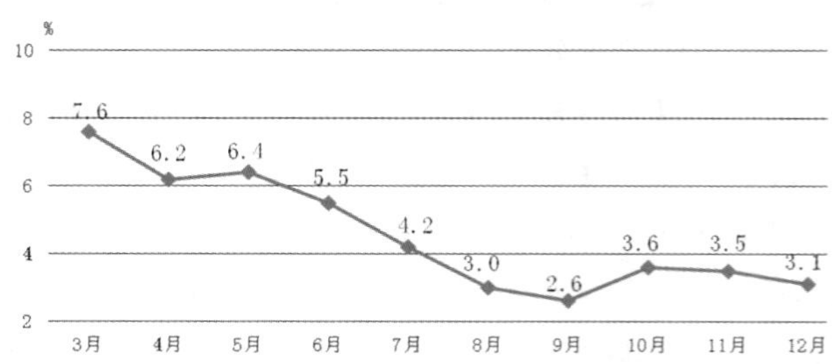

从主要工业产品产量看,全区原煤产量达 90597.3 万吨,

比上年增长7.1%；焦炭产量3046.4万吨，增长8.2%；天然气产量299.5亿立方米，增长0.1%；发电量达到4435.9亿千瓦小时，增长12.3%，其中，风力发电量551.4亿千瓦小时，增长18.8%；钢材产量2002.7万吨，增长18.0%；铝材产量214.6万吨，下降9.1%。

表4　主要工业产品产量及增速

	2017年	同比增长(%)
原煤（万吨）	90597.3	7.1
焦炭(万吨)	3046.4	8.2
天然气(亿立方米)	299.5	0.1
原油（万吨）	124.8	-28.5
发电量（亿千瓦小时）	4435.9	12.3
粗钢（万吨）	1983.5	19.5
钢材（万吨）	2002.7	18.0
电解铝（万吨）	265.8	7.0
平板玻璃（万重量箱）	988.4	-1.3
化肥（万吨）	438.3	64.0
精甲醇（万吨）	820.2	8.7
水泥（万吨）	3045.3	-25.7
乳制品（万吨）	263.4	1.9
铝材(万吨)	214.6	-9.1
彩色电视机（万部）	137.4	25.4
基本型乘用车(轿车)(辆)	78946	-15.5
十种有色金属(万吨)	355.0	6.8

全区规模以上工业企业实现主营业务收入比上年增长13.7%；实现利润增长1.2倍。全年规模以上工业企业产品销售率98.2%，产成品库存额增长8.8%。

全年建筑业增加值1300.7亿元，比上年下降5.9%。全区具有建筑业资质等级的建筑施工企业1010家，比上年增加19家；施工企业房屋建筑施工面积5453.9万平方米，下降13.3%；竣工房屋面积2031.5万平方米，下降20.0%；房屋建筑竣工率37.2%。全年具有建筑业资质等级的建筑企业实现利润56.6亿元，比上年增长13.2%。

四、固定资产投资

全年全社会固定资产投资总额14404.6亿元，比上年下降6.9%。其中，500万元以上项目完成固定资产投资14219.3亿元，下降7.0%。从投资主体看，国有经济单位投资6647.5亿元，集体单位投资92.6亿元，个体投资225.5亿元，其他经济类型单位投资7439.0亿元。从三次产业投资看，第一产业投资891.1亿元，增长15.0%；第二产业投资5617.6亿元，下降13.4%；第三产业投资7895.9亿元，增长11.6%。按项目隶属关系分，地方项目完成投资13746.6亿元，中央项目完成投资657.9亿元。

表5　分行业500万元以上固定资产投资及增速

单位：亿元

	2017年	同比增长(%)
农林牧渔业	1074.0	15.3
采矿业	988.4	3.0
制造业	3234.7	-9.2
电力、燃气及水的生产和供应业	1409.7	-25.9
建筑业	20.6	-86.4
批发和零售业	372.0	-3.5
交通运输、仓储及邮政业	1478.0	-16.1
住宿和餐饮业	97.7	45.3
信息传输、软件和信息技术服务业	189.8	50.7
水利、环境和公共设施管理	2818.1	6.5
教育	163.1	9.4
卫生和社会工作	154.1	20.8
文化、体育和娱乐业	231.2	9.8
公共管理、社会保障和社会组织	213.6	-27.5

新开工项目17404个，下降11.5%；在建项目投资总规模39027.9亿元，增长5.6%。全年房地产开发投资额889.7亿元。商品房待售面积1265.6万平方米，下降8.6%。

五、国内贸易

全年社会消费品零售总额7160.2亿元，比上年增长6.9%。按经营单位所在地分，城镇实现社会消费品零售额6454.6亿元，占社会消费品零售总额的90.1%，增长6.6%；乡村实现社会消费品零售额705.6亿元，增长9.5%。

表6　社会消费品零售总额表

	2017年	比上年增长(%)
社会消费品零售总额（亿元）	7160.2	6.9
城镇	6454.6	6.6
其中：城区	5087.9	6.3
乡村	705.6	9.5

六、对外经济

全年海关进出口总额942.4亿元(人民币，下同)，比上年增长22.8%。其中，出口总额334.8亿元，增长15.8%；进口总额607.7亿元，增长27.0%。从主要贸易方式看，一般贸易进出口额达535.3亿元，占进出口总额的56.8%；边境小额贸易进出口额达302.9亿元；加工贸易进出口额达22.7亿元。

表7　海关进出口分项表

	单位	2017年	比上年增长(%)
海关进出口总额	亿元	942.4	22.8
出口总额	亿元	334.8	15.8
一般贸易	亿元	281.7	29.2

	单位	2017 年	比上年增长(%)
边境小额贸易	亿元	31.3	19.3
加工贸易	亿元	11.9	-42.7
进口总额	亿元	607.7	27.0
一般贸易	亿元	253.6	20.8
边境小额贸易	亿元	271.6	49.2
加工贸易	亿元	10.8	-4.6

全年实际使用外商直接投资额 31.5 亿美元。年内全区在工商部门注册的外商投资企业 3453 家,比上年增加 91 家。新设立外商投资企业 50 家。

七、交通、邮电和旅游业

全年完成货物运输总量 22.7 亿吨,比上年增长 13.5%。完成货物运输周转量 5206.5 亿吨公里,增长 16.9%。

表 8　各种运输方式完成货物运输量、周转量及增速

	单位	2017 年	比上年增长(%)
货物运输总量	亿吨	22.7	13.5
铁路	亿吨	8.0	14.5
公路	亿吨	14.7	12.9
民航	万吨	2.9	2.9
货物运输周转量	亿吨公里	5206.5	16.9
铁路	亿吨公里	2442.0	20.3
公路	亿吨公里	2764.5	14.1

全年完成旅客运输总量 16061.3 万人,比上年下降 3.8%。完成旅客运输周转量 362.8 亿人公里,下降 3.3%。

表 9　各种运输方式完成旅客运输量、周转量及增速

	单位	2017 年	比上年增长(%)
旅客运输总量	万人	16061.3	-3.8
铁路	万人	5452.2	1.1
公路	万人	9421.0	-8.9
民航	万人	1188.1	24.2
旅客运输周转量	亿人公里	362.8	-3.3
铁路	亿人公里	220.1	-1.1
公路	亿人公里	142.7	-6.6

年末全区民用汽车保有量 498.0 万辆,比上年增长 13.3%;其中,本年新注册汽车 53.7 万辆。年末私人轿车保有量 277.0 万辆,增长 10.3%;其中,本年新注册轿车 27.6 万辆,增长 5.3%。

全年邮电业务总量 516.9 亿元,比上年增长 86.7%。其中,电信业务总量(按 2015 年不变价计算)482.6 亿元,增长 98.0%;邮政业务总量(按 2010 年不变价计算)34.3 亿元,增长 25.9%。年末本地固定电话用户 232.3 万户,下降 13.3%;移动电话用户 2841.2 万户,增长 15.0%。全区移动电话普及率达到 113.2 户/百人。年末互联网用户 2854.3 万户,增长 15.9%。其中,移动互联网用户 2360.3 万户,增长 15.4%;互联网宽带用户 494 万户,增长 18.4%。

全年实现旅游总收入 3440.1 亿元,比上年增长 26.7%。接待入境旅游人数 184.8 万人次,增长 3.9%;旅游外汇收入 12.5 亿美元,增长 9.4%。国内旅游人数 11461.2 万人次,增长 19.1%;国内旅游收入 3358.6 亿元,增长 27.4%。

八、金融

年末全区金融机构人民币存款余额 22952.8 亿元,比年初增加 1787.2 亿元,比上年增长 8.4%。其中,住户存款余额 10730.0 亿元,比年初增加 769.1 亿元,增长 7.7%;非金融企业存款余额 6748.1 亿元,比年初增加 793.9 亿元,增长 13.2%;广义政府存款余额 4286.5 亿元,比年初减少 33.6 亿元,下降 0.7%。年末全区金融机构人民币贷款余额 21456.0 亿元,比年初增加 2095.0 亿元,增长 10.8%。其中,住户贷款余额 5220.1 亿元,比年初增加 601.2 亿元,增长 13.0%;非金融企业及机关团体贷款余额 16234.8 亿元,比年初增加 1495.1 亿元,增长 10.1%。

年末全区保险机构共有 2826 家,比上年增加 97 家。全年保险业实现原保险保费收入 569.9 亿元,增长 17.1%。全年保险业累计赔付支出 186.5 亿元,增长 35.4%。全年全区人寿保险实现原保险保费收入 306.0 亿元,累计赔付 49.4 亿元。农业保险稳步推进,全年全区农业保险实现原保险保费收入 32.5 亿元,累计赔付支出 43.3 亿元,支农惠农力度进一步得到加强。

九、人民生活和社会保障

全年全体居民人均可支配收入 26212 元,比上年增长 8.6%,扣除价格因素后实际增长 6.8%。全体居民人均生活消费支出 18946 元,增长 4.8%。

图 4　2017 年按收入构成分的全体居民人均可支配收入及占比

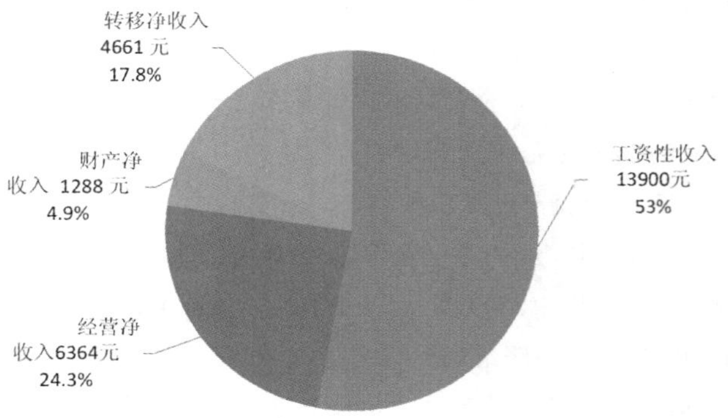

城镇常住居民人均可支配收入 35670 元,比上年增长 8.2%,扣除价格因素后实际增长 6.4%。从主要收入构成看,工资性收入 21707 元,增长 6.6%;经营净收入 6349 元,增长 16.2%;财产净收入 1824 元,增长 5.3%;转移净收入 5789 元,增长 6.8%。城镇常住居民人均生活消费支出 23638 元,增长3.9%。农村牧区常住居民人均可支配收入12584元，比上年增长8.4%，扣除价格因素后实际增长6.7%。从主要收入构成看，工资性收入2649元，增长8.2%；经营净收入6385元，增长2.7%；财产净收入515元，增长13.8%；转移净收入3036元，增长21.8%。农村牧区常住居民人均生活消费支出12184元，增长6.3%。城镇居民家庭恩格尔系数为27.4%，农村牧区居民家庭恩格尔系数为27.8%，分别比上年下降0.9个和1.5个百分点。

年末全区参加城镇职工基本养老保险人数694.3万人，比上年增长6.0%；参加城乡居民社会养老保险人数743.4万人，增长1.0%。参加失业保险职工人数247.1万人，增长2.5%；领取失业保险金人数5.3万人，下降18.3%。参加基本养老保险的离退休人员226.6万人，下降4.2%。参加基本医疗保险人数2161.5万人，参加基本医疗保险的职工人数495.1万人，增长1.4%。养老金社会化发放率100%。

十、教育、科学技术和文化体育

年末全区共有普通高等学校53所；全年招收学生13.5万人，增长2.0%；在校学生44.8万人，增长2.6%，其中，少数民族在校学生11.7万人，少数民族在校学生中有蒙古族学生10.1万人；毕业学生11.8万人，增长5.7%。年末全区有研究生培养单位10个，招收研究生7176人，增长11.7%；在校研究生2.0万人，增长6.6%，其中，少数民族在校研究生5580人，少数民族在校研究生中有蒙古族研究生4907人。年末有普通高中293所，全年招收学生14.4万人，下降2.3%；在校学生43.6万人，下降2.9%，其中，少数民族学生13.2万人，少数民族在校学生中有蒙古族学生11.9万人；毕业学生15.3万人。年末有初中683所，全年招收学生22.5万人，增长13.9%；在校学生61.9万人，增长1.0%，其中，少数民族学生17.8万人，少数民族在校学生中有蒙古族学生15.8万人；毕业学生21.5万人。年末有小学1658所，招收学生21.6万人，下降5.1%；在校学生132.5万人，下降1.0%；毕业学生22.6万人，增长13.8%。全区幼儿园在园幼儿人数64万人，增长5.4%。全区初中阶段毛入学率98.88%，小学适龄儿童入学率100%。

全年共取得重大科技成果533项，其中，基础理论成果110项，应用技术成果421项，软科学成果2项。获得国家级奖励的科技成果1项。全年专利申请11701件，授权专利6271件。年内共签订各类技术合同数3766个。合同成交金额162.8亿元，增长12.9%。其中，区内成交技术金额14.3亿元，向区外输出技术成交金额5.3亿元，吸纳区外技术成果金额143.2亿元。

全区共有49个有产品质量检验证书的机构，其中，国家检测中心6个。

年末全区有艺术表演团体98个，其中，乌兰牧骑71个；艺术表演场所21个。现拥有文化馆120座，公共图书馆117座，博物馆93座，档案馆139座，已开放各类档案343.3万卷。年末全区广播综合人口覆盖率99.24%，电视综合人口覆盖率99.22%。年末全区有线广播电视用户385.6万户。自治区和盟市两级出版报纸27974万份，出版各类期刊1382万册，出版图书5966万册。全年生产故事影片7部，蒙语译制片100部。

年内全区体育健儿在国内外重大竞赛中获奖牌222枚。其中，国外获奖牌35枚，国内获奖牌187枚。

十一、卫生和社会服务

年末全区共有卫生机构24217个，其中，医院775个，农村牧区卫生院1314个，疾病预防控制机构119个，妇幼卫生机构113个，专科疾病防治院（所）51个。年末全区医疗卫生单位拥有病床15.0万张，增长8.0%，其中，医院拥有病床11.9万张，乡镇卫生院拥有病床2.2万张，妇幼卫生机构拥有病床0.4万张。全区拥有卫生技术人员18.0万人，增长5.8%，其中，执业医师、助理医师7.0万人，注册护士7.2万人。农村牧区拥有村卫生室1.4万个，拥有乡村医生和卫生员1.8万人。

年末全区城镇建立各种社区服务设施4469个，比上年增长7.5%。其中，社区服务中心984个。全区各类社会福利院床位1.7万张，各类福利院收养人数0.8万人。全年共有162.9万人得到国家最低生活保障救济。全年筹集社会福利资金17.6亿元，销售社会福利彩票62.7亿元，分别增长8.6%和8.1%。接受社会捐赠93.5万元。

十二、资源、环境

初步统计，全年完成营造林面积99.9万公顷。其中，人工造林34.2万公顷，飞播造林6.8万公顷，封山育林13.8万公顷，完成中、幼林抚育（作业）面积3.1万公顷。完成退耕还林和荒山荒地造林面积3.2万公顷，完成天然林资源保护工程造林面积5.9万公顷，完成京津风沙源治理工程造林面积8.6万公顷，完成“三北”防护林五期工程造林面积12.6万公顷。年末全区森林面积2487.9万公顷，森林覆盖率达21.03%。

全区确定的自然保护区182个。其中，国家级自然保护区29个，自治区级自然保护区60个。自然保护区面积1267.7万公顷。其中，国家级自然保护区面积426.2万公顷。优于城市居住区声环境质量标准的城市比例为16.7%。

初步核算，万元生产总值能耗比上年下降1.6%，万元工业增加值能耗（1）增长2.5%。全年规模以上工业综合能源消费量（2）增长5.7%，其中，七大高耗能行业综合能源消费量增长6.2%。主要耗能工业企业（3）吨原煤生产综合能耗下降8.3%，单位电石生产综合能耗下降2.2%，吨水泥综合能耗增长3.1%，吨钢综合能耗增长1.4%。

注释：

本公报中数据均为初步统计数。部分数据因四舍五入的原因，存在着与分项合计不等的情况。

(1)规模以上工业口径，按当量值计算。

(2)规模以上工业综合能源消费量口径，按当量值计算。

(3)主要耗能工业企业是指年综合能源消费量1万吨标准煤及以上的规模以上工业企业。

第二部分

统计资料

PART TWO STATISTICS

1 行政区划和自然资源

Divisions of Administrative Areas and Natural Resources

资料整理：蔡雨成

Arranged By Cai Yucheng

1-1 自然资源

Natural Resources

项目	Item	2017
土地资源	**Land Resources**	
土地总面积(万平方公里)	Total Land Area(10 000 sq. km)	118.3
林业用地面积(万公顷)	Area of Afforestated Land(10 000 hectares)	4398.89
森林资源	**Forests Resources**	
森林面积(万公顷)	Forest Area(10 000 hectares)	2487.9
森林覆盖率(%)	Forest - Coverage Rate(%)	21.03
活立木总蓄积量(亿立方米)	Stock Volume of the Forest(100 million cu. m)	14.84
草原资源	**Prairie Resources**	
草原总面积(万公顷)	Prairie Area(10 000 hectares)	8800.0
# 可利用面积(万公顷)	Utilizable Area(10 000 hectares)	6800.0
水利资源	**Water Resources**	
水资源总量(亿立方米)	Total Water Resources Volume(100 million cu. m)	309.9
地表水资源量	Surface Water Volume	194.1
地下水资源量	Ground Water Volume	207.3
矿产资源	**Mineral Resources**	
煤保有储量(亿吨)	Coal Ensured Reserves(100 million tons)	4205.25
铁矿石保有储量(亿吨)	Iron Ore Ensured Reserves(100 million tons)	42.31
磷矿石保有储量(亿吨)	Phosphate Ore Ensured Reserves(100 million tons)	2.90
铜保有储量(万吨)	Copper Ensured Reserves(10 000 tons)	801.35
铅保有储量(万吨)	Lead Ensured Reserves(10 000 tons)	1637.40
锌保有储量(万吨)	Zinc Ensured Reserves(10 000 tons)	3472.56
盐保有储量(亿吨)	Salt Ensured Reserves((100 million tons))	1.05

注:地表水资源量与地下水资源量之和不等于水资源总量,有重复计算部分。

a) Total Water Resources Volume is not equal to Surface Water Volume plus Ground Water Volume, there is Duplicated Measurement between Surface Water and Ground Water.

1-2 全区行政区划

地区	Region	旗县级个数（个）Number of Areas at County Level (unit)	旗县（市、区）及名称
全区合计	**Total**	**103**	**旗52个、县17个、盟（市）辖县级市11个、区23个。**
呼和浩特市	Hohhot City	9	新城区、回民区、玉泉区、赛罕区、土默特左旗、托克托县、和林格尔县、清水河县、武川县。
包头市	Baotou City	9	东河区、昆都仑区、青山区、石拐区、白云矿区、九原区、土默特右旗、固阳县、达尔罕茂明安联合旗。
呼伦贝尔市	Hulunbeier City	14	海拉尔区、扎赉诺尔区、阿荣旗、莫力达瓦达斡尔族自治旗、鄂伦春自治旗、鄂温克族自治旗、陈巴尔虎旗、新巴尔虎左旗、新巴尔虎右旗、满洲里市、牙克石市、扎兰屯市、额尔古纳市、根河市。
兴安盟	Xingan League	6	“乌兰浩特市、阿尔山市、科尔沁右翼前旗、科尔沁右翼中旗、扎赉特旗、突泉县。”
通辽市	Tongliao City	8	科尔沁区、霍林郭勒市、科尔沁左翼中旗、科尔沁左翼后旗、开鲁县、库伦旗、奈曼旗、扎鲁特旗。
赤峰市	Chifeng City	12	红山区、元宝山区、松山区、阿鲁科尔沁旗、巴林左旗、巴林右旗、林西县、克什克腾旗、翁牛特旗、喀喇沁旗、宁城县、敖汉旗。
锡林郭勒盟	Xilinguole League	12	二连浩特市、锡林浩特市、阿巴嘎旗、苏尼特左旗、苏尼特右旗、东乌珠穆沁旗、西乌珠穆沁旗、太仆寺旗、镶黄旗、正镶白旗、正蓝旗、多伦县。
乌兰察布市	Wulanchabu City	11	集宁区、丰镇市、卓资县、化德县、商都县、兴和县、凉城县、察哈尔右翼前旗、察哈尔右翼中旗、察哈尔右翼后旗、四子王旗。
鄂尔多斯市	Erdos City	9	东胜区、康巴什区、达拉特旗、准格尔旗、鄂托克前旗、鄂托克旗、杭锦旗、乌审旗、伊金霍洛旗。
巴彦淖尔市	Bayannaoer City	7	临河区、五原县、磴口县、乌拉特前旗、乌拉特中旗、乌拉特后旗、杭锦后旗。
乌海市	Wuhai City	3	海勃湾区、海南区、乌达区。
阿拉善盟	Alashan League	3	阿拉善左旗、阿拉善右旗、额济纳旗。

Divisions of Administrative Areas in Inner Mongolia

Name of Areas at County(Banner, City and District)

52 **Banners**, 17 **Counties.** 11 **Cities at County Level**, 23 **Districts under Jurisdiction of Cities.**

Xincheng District, Huimin District, Yuquan District, Saihan District, Tumotezuo Banner, Tuoketuo County, Helingeer County, Qingshuihe County, Wuchuan County.

Donghe District, Kundulun District, Qingshan District, Shiguai District, Baiyun Mineral District, Jiuyuan District, Tumoteyou Banner, Guyang County, Daerhanmaomingan Union Banner.

Hailaer District, Zhalainuoer District, Arong Banner, Molidawadawoer Nationality Autonomous Banner, Elunchun Nationality Autonomous Banner, Ewenke Nationality Autonomous Banner, Chenbaerhu Banner, Xinbaerhuzuo Banner, Xinbaerhuyou Banner, Manzhouli City, Yakeshi City, Zhalantun City, Eerguna City, Genhe City.

Wulanhaote City, Aershan City, Keerqinyouyiqian Banner, Keerqinyouyizhong Banner, Zhalaite Banner, Tuquan County.

Keerqin District, Huolinguole City, Keerqinzuoyizhong Banner, Keerqinzuoyihou Banner, Kailu County, Kulun Banner, Naiman Banner, Zhalute Banner.

Hongshan District, Yuanbaoshan District, Songshan District, Alukeerqin Banner, Balinzuo Banner, Balinyou Banner, Linxi County, Keshiketeng Banner, Wengniute Banner, Kalaqin Banner, Ningcheng County, Aohan Banner.

Erlianhaote City, Xilinhaote City, Abaga Banner, Sunitezuo Banner, Suniteyou Banner, Dongwuzhumuqin Banner, Xiwuzhumuqin Banner, Taipusi Banner, Xianghuang Banner, Zhengxiangbai Banner, Zhenglan Banner, Duolun County.

Jining District, Fengzhen City, Zhuozi County, Huade County, Shangdu County, Xinghe County, Liangcheng County, Chahaeryouyiqian Banner, Chahaeryouyizhong Banner, Chahaeryouyihou Banner, Siziwang Banner.

Dongsheng District, Kangbashi District, Dalate Banner, Zhungeer Banner, Etuokeqian Banner, Etuoke Banner, Hangjin Banner, Wushen Banner, Yijinhuoluo Banner.

Linhe District, Wuyuan County, Dengkou County, Wulateqian Banner, Wulatezhong Banner, Wulatehou Banner, Hangjinhou Banner.

Haibowan District, Hainan District, Wuda District.

Alashanzuo Banner, Alashanyou Banner, Ejina Banner.

1－3 边境、牧区、山老区旗县市

地 区	Region	旗县级个数（个）Number of Areas at County Level（unit）	旗 县（市、区）及 名 称
边境旗市	**Banners & Cities of Frontier**	**19**	
包 头 市	Baotou City	1	达尔罕茂明安联合旗。
呼伦贝尔市	Hulunbeier City	5	陈巴尔虎旗、满洲里市、新巴尔虎右旗、新巴尔虎左旗、额尔古纳市。
兴 安 盟	Xingan League	2	科尔沁右翼前旗、阿尔山市。
锡林郭勒盟	Xilinguole League	5	东乌珠穆沁旗、阿巴嘎旗、苏尼特左旗、二连浩特市、苏尼特右旗。
乌兰察布市	Wulanchabu City	1	四子王旗。
巴彦淖尔市	Bayannaoer City	2	乌拉特中旗、乌拉特后旗。
阿 拉 善 盟	Alashan League	3	阿拉善左旗、阿拉善右旗、额济纳旗。
牧区旗市	**Banners & Cities of Pastoral Area**	**33**	
包 头 市	Baotou City	1	达尔罕茂明安联合旗。
呼伦贝尔市	Hulunbeier City	4	鄂温克族自治旗、新巴尔虎右旗、新巴尔虎左旗、陈巴尔虎旗。
兴 安 盟	Xingan League	1	科尔沁右翼中旗。
通 辽 市	Tongliao City	3	科尔沁左翼中旗、科尔沁左翼后旗、扎鲁特旗。
赤 峰 市	Chifeng City	5	阿鲁科尔沁旗、巴林左旗、巴林右旗、克什克腾旗、翁牛特旗。
锡林郭勒盟	Xilinguole League	9	锡林浩特市、阿巴嘎旗、苏尼特左旗、苏尼特右旗、东乌珠穆沁旗、西乌珠穆沁旗、镶黄旗、正镶白旗、正蓝旗。
乌兰察布市	Wulanchabu City	1	四子王旗。
鄂尔多斯市	Erdos City	4	鄂托克前旗、鄂托克旗、杭锦旗、乌审旗。
巴彦淖尔市	Bayannaoer City	2	乌拉特中旗、乌拉特后旗。
阿 拉 善 盟	Alashan League	3	阿拉善左旗、阿拉善右旗、额济纳旗。
半牧区旗市	**Banners & Cities of Semi－Pastoral Area**	**21**	
呼伦贝尔市	Hulunbeier City	3	扎兰屯市、阿荣旗、莫力达瓦达斡尔族自治旗。
兴 安 盟	Xingan League	3	科尔沁右翼前旗、扎赉特旗、突泉县。
通 辽 市	Tongliao City	4	科尔沁区、开鲁县、库伦旗、奈曼旗。
赤 峰 市	Chifeng City	2	林西县、敖汉旗。
锡林郭勒盟	Xilinguole League	1	太仆寺旗。
乌兰察布市	Wulanchabu City	2	察哈尔右翼中旗、察哈尔右翼后旗。
鄂尔多斯市	Erdos City	4	东胜区、达拉特旗、准格尔旗、伊金霍洛旗。
巴彦淖尔市	Bayannaoer City	2	磴口县、乌拉特前旗。
山老区旗县	**Counties & Banners of Mountain & Old Liberated Area**	**47**	
呼和浩特市	Hohhot City	6	土默特左旗、新城区、赛罕区、武川县、和林格尔县、清水河县。
包 头 市	Baotou City	3	土默特右旗、固阳县、达尔罕茂明安联合旗。
呼伦贝尔市	Hulunbeier City	4	扎兰屯市、阿荣旗、满洲里市、莫力达瓦达斡尔族自治旗。
兴 安 盟	Xingan League	6	乌兰浩特市、阿尔山市、科尔沁右翼前旗、科尔沁右翼中旗、扎赉特旗、突泉县。
通 辽 市	Tongliao City	4	科尔沁左翼中旗、科尔沁左翼后旗、开鲁县、库伦旗。
赤 峰 市	Chifeng City	5	喀喇沁旗、宁城县、松山区、克什克腾旗、敖汉旗。
锡林郭勒盟	Xilinguole League	3	正蓝旗、多伦县、太仆寺旗。
乌兰察布市	Wulanchabu City	9	集宁区、卓资县、兴和县、丰镇市、凉城县、察哈尔右翼前旗、察哈尔右翼中旗、察哈尔右翼后旗、四子王旗。
鄂尔多斯市	Erdos City	6	达拉特旗、准格尔旗、鄂托克前旗、鄂托克旗、杭锦旗、乌审旗。
巴彦淖尔市	Bayannaoer City	1	乌拉特前旗。

Banners, Counties and Cities of Frontier, Pure Pastoral Area, Mountain Area and Old Liberated Area

Name of Areas at County(Banner, City & District)

Daerhanmaomingan Union Banner.

Chenbaerhu Banner, Manzhouli City, Xinbaerhuyou Banner, Xinbaerhuzuo Banner, Eerguna City.
Keerqinyouyiqian Banner, Aershan City.
Dongwuzhumuqin Banner, Abaga Banner, Sunitezuo Banner, Erlianhaote City, Suniteyou Banner.
Siziwang Banner.
Wulatezhong Banner, Wulatehou Banner.
Alashanzuo Banner, Alashanyou Banner, Ejina Banner.

Daerhanmaomingan Union Banner.
Ewenke Nationality Autonomous Banner, Xinbaerhuyou Banner, Xinbaerhuzuo Banner,
Keerqinyouyizhong Banner.
Keerqinzuoyizhong Banner, Keerqinzuoyihou Banner, Zhalute Banner.
Alukeerqin Banner Balinzuo, Banner, Balinyou Banner, Keshiketeng Banner, Wengniute Banner.
Xilinhaote City, Abaga Banner, Sunitezuo Banner, Suniteyou Banner, Dongwuzhumuqin Banner,
Xiwuzhumuqin Banner, Xianghuang Banner, Zhengxiangbai Banner, Zhenglan Banner.
Siziwang Banner.
Etuokeqian Banner, Etuoke Banner, Hangjin Banner, Wushen Banner.
Wulatezhong Banne, Wulatehou Banner.
Alashanzuo Banner, Alashanyou Banner, Ejina Banner.

Zhalantun City, Arong Banner, Molidawadawoer Nationality Autonomous Banner.
Keerqinyouyiqian Banner, Zhalaite Banner, Tuquan County.
Keerqin District, Kailu County, Kulun Banner, Naiman Banner.
Linxi County, Aohan Banner.
Taipusi Banner.
Chahaeryouyizhong Banner, Chahaeryouyihou Banner.
Dongsheng City, Dalate Banner, Zhungeer Banner, Yijinhuoluo Banner.
Dengkou County, Wulateqian Banner.

Tumotezuo Banner, Xincheng District, Saihan District, Wuchuan County, Helingeer County,
Tumoteyou Banner, Guyang County, Daerhanmaomingan Union Banner.
Zhalantun City, Arong Banner, Manzhouli City, Molidawadawoer Nationality Autonomous Banner.
Wulanhaote City, Aershan City, Keerqinyouyiqian Banner, Keerqinyouyizhong Banner,
Zhalaite Banner, Tuquan County.
Keerqinzuoyizhong Banner, Keerqinzuoyihou Banner, Kailu County, Kulun Banner.
Kalaqin Banner, Ningcheng County, Songshan District, Keshiketeng Banner, Aohan Banner.
Zhenglan Banner, Duolun County, Taipusi Banner.
Jining District, Zhuozi County, Xinghe County, Fengzhen City, Liangcheng County,
Chahaeryouyiqian Banner, Chahaeryouyizhong Banner, Chahaeryouyihou, Siziwang Banner.
Dalate Banner, Zhungeer Banner, Etuokeqian Banner, Etuoke Banner, Hangjin Banner,
Wushen Banner.
Wulateqian Banner.

1－4 主要城市气温(2017 年)

Monthly Average Temperature of Major Cities(2017)

单位:摄氏度 (°C)

城市	City	1 月 Jan.	2 月 Feb.	3 月 Mar.	4 月 Apr.	5 月 May	6 月 June	7 月 July	8 月 Aug.	9 月 Sept.	10 月 Oct.	11 月 Nov.	12 月 Dec.	年平均 Annual Average
呼和浩特	Hohhot	-9.1	-5.6	0.7	10.4	17.5	20.9	24.6	20.9	16.7	7.3	-3.2	-8.2	7.7
包 头	Baotou	-9.1	-6.4	0.7	11.4	18.5	22.2	25.4	21.7	17.4	7.6	-2.3	-7.8	8.3
海拉尔	Hailaer	-25.0	-19.1	-9.1	4.9	12.6	19.5	22.0	18.2	10.5	0.7	-14.6	-25.4	-0.4
乌兰浩特	Wulanhaote	-12.3	-6.9	0.8	11.0	17.7	23.0	26.1	22.4	15.8	6.8	-5.0	-13.3	7.2
通 辽	Tongliao	-10.0	-5.4	1.9	12.5	18.3	23.2	26.8	22.8	17.5	8.4	-2.3	-10.3	8.6
赤 峰	Chifeng	-8.7	-4.3	1.1	11.6	18.0	20.8	24.5	21.0	16.9	8.1	-2.0	-8.8	8.2
锡林浩特	Xilinhaote	-15.9	-10.7	-3.1	7.4	15.6	20.1	24.7	20.1	15.4	4.7	-7.7	-15.1	4.6
集 宁	Jining	-10.9	-7.3	-1.6	8.4	15.7	18.8	22.5	18.9	15.1	5.6	-4.4	-9.0	6.0
东 胜	Dongsheng	-6.2	-3.6	0.7	10.5	17.3	20.3	23.8	20.5	16.9	7.2	-0.9	-5.9	8.4
临 河	Linhe	-7.8	-4.1	2.2	11.8	18.6	22.5	25.6	22.2	17.6	7.7	-1.0	-7.1	9.0
乌 海	Wuhai	-7.5	-2.8	3.2	13.2	19.6	24.2	26.8	23.6	19.5	8.8	0.3	-7.1	10.2
巴彦浩特	Bayanhaote	-5.1	-1.4	2.7	11.9	17.9	22.0	24.8	21.7	18.8	8.6	1.3	-5.0	9.9

1－5 主要城市平均相对湿度(2017 年)

Monthly Average Relative Humidity of Major Cities(2017)

单位:% (%)

城市	City	1 月 Jan.	2 月 Feb.	3 月 Mar.	4 月 Apr.	5 月 May	6 月 June	7 月 July	8 月 Aug.	9 月 Sept.	10 月 Oct.	11 月 Nov.	12 月 Dec.	年平均 Annual Average
呼和浩特	Hohhot	52	47	47	31	29	41	45	51	42	58	42	43	44
包 头	Baotou	55	59	57	39	37	49	59	62	58	69	53	55	54
海拉尔	Hailaer	69	71	69	40	36	43	53	68	61	53	67	71	58
乌兰浩特	Wulanhaote	48	41	33	22	28	41	51	64	53	38	42	49	43
通 辽	Tongliao	47	41	36	29	40	47	63	74	59	47	43	45	48
赤 峰	Chifeng	44	34	35	27	32	48	63	70	53	50	36	40	44
锡林浩特	Xilinhaote	66	58	49	37	31	40	47	56	39	48	54	63	49
集 宁	Jining	50	44	42	29	29	43	52	55	44	59	41	41	44
东 胜	Dongsheng	43	47	48	34	31	46	54	55	50	65	38	39	46
临 河	Linhe	47	46	47	33	32	42	46	46	48	61	44	46	45
乌 海	Wuhai	47	44	44	30	30	38	47	49	45	64	42	48	44
巴彦浩特	Bayanhaote	29	33	34	27	24	32	37	41	33	50	29	29	33

1－6 主要城市降水量(2017 年)

Monthly Precipitation of Major Cities(2017)

单位:毫米 (millimeters)

城市	City	1月 Jan.	2月 Feb.	3月 Mar.	4月 Apr.	5月 May	6月 June	7月 July	8月 Aug.	9月 Sept.	10月 Oct.	11月 Nov.	12月 Dec.	全年 Annual Total
呼和浩特	Hohhot	1.3	14.2	23.5	3.8	29.3	74.9	67.4	74.1	20.9	21.7			331.1
包　头	Baotou	0.4	17.4	21.0	1.0	12.0	39.4	35.4	26.4	23.9	31.3			208.2
海拉尔	Hailaer		4.9	0.9	7.0	9.3	15.2	53.2	84.3	23.9	6.6	7.5	2.6	215.4
乌兰浩特	Wulanhaote		7.4		0.5	10.3	26.3	72.5	77.3	32.1		1.4	2.4	230.2
通　辽	Tongliao	1.8	2.4	0.6	5.9	37.8	17.0	85.5	282.2	20.0			0.1	453.3
赤　峰	Chifeng	3.6	0.1	0.1	0.4	19.9	52.5	95.2	171.9	14.7	11.7	0.2	0.6	370.9
锡林浩特	Xilinhaote	2.2	2.8	5.8	6.4	4.4	33.2	36.1	45.4	11.6	7.5	8.0	5.2	168.6
集　宁	Jining	2.0	3.8	8.1	3.5	35.8	58.4	86.8	72.3	36.1	31.1			337.9
东　胜	Dongsheng	0.8	18.8	17.6	11.1	21.8	40.3	64.3	55.4	47.2	52.3		1.1	330.7
临　河	Linhe		8.4	18.5	0.1	4.6	15.4	21.1	11.5	0.5	19.5			99.6
乌　海	Wuhai	0.1	9.9	4.7	1.0	2.8	32.7	15.3	15.5	0.4	28.1			110.5
巴彦浩特	Bayanhaote		8.2	15.1	5.2	31.4	46.8	31.2	44.6	12.1	33.3		0.3	228.2

1－7 主要城市有效可照时数(2017 年)

Monthly Effective Sunshine Hours of Major Cities(2017)

单位:小时 (hours)

城市	City	1月 Jan.	2月 Feb.	3月 Mar.	4月 Apr.	5月 May	6月 June	7月 July	8月 Aug.	9月 Sept.	10月 Oct.	11月 Nov.	12月 Dec.	全年 Annual Total
呼和浩特	Hohhot	193.2	194.2	226.4	241.0	302.4	250.4	264.9	263.4	269.2	168.4	186.7	186.2	2746.4
包　头	Baotou	234.9	216.3	241.7	274.8	321.6	264.4	236.4	262.7	257.6	177.7	240.6	231.5	2960.2
海拉尔	Hailaer	189.8	198.6	292.2	303.3	307.0	336.5	318.8	237.9	240.9	234.9	173.0	168.0	3000.9
乌兰浩特	Wulanhaote	206.0	206.6	290.4	300.6	295.1	327.8	292.2	184.9	264.4	225.5	178.5	176.1	2948.1
通　辽	Tongliao	206.6	218.5	296.0	285.3	309.5	294.0	294.3	187.1	248.5	214.5	210.4	197.9	2962.6
赤　峰	Chifeng	197.3	229.3	265.5	278.2	320.2	262.5	290.0	248.9	283.4	224.0	226.1	193.5	3018.9
锡林浩特	Xilinhaote	190.6	202.7	258.5	267.8	324.0	294.5	274.4	268.3	287.6	199.7	190.6	177.8	2936.5
集　宁	Jining	200.4	203.0	225.5	254.8	272.0	245.8	231.8	258.3	257.8	184.4	204.8	197.0	2735.6
东　胜	Dongsheng	218.9	209.3	244.4	280.3	317.5	284.8	265.6	254.6	257.1	187.6	234.5	230.1	2984.7
临　河	Linhe	251.2	231.1	263.0	297.6	350.7	338.4	305.0	325.1	295.4	244.4	257.4	230.0	3389.3
乌　海	Wuhai	228.4	209.5	235.1	256.7	311.2	315.4	283.2	281.4	255.4	206.4	231.4	222.2	3036.3
巴彦浩特	Bayanhaote	249.3	216.3	249.3	250.3	303.4	277.5	275.0	254.9	243.1	235.7	241.7	229.1	3025.6

主要统计指标解释

行政区划　指国家对行政区域的划分。根据宪法规定，我国的行政区域划分如下：(1)全国分为省、自治区、直辖市；(2)省、自治区分为自治州(盟)、县(旗)、自治县(旗)、市；(3)自治州分为县、自治县、市；(4)旗、县、自治县(旗)分为乡、民族乡、镇；(5)直辖市和较大的市分为区、县(旗)；(6)国家在必要时设立的特别行政区。

国土　指一个主权国家管辖下的领土、领海和领空。

气候　指地球与大气之间长期能量交换与质量交换所形成的一种自然环境状态，它是多种因素综合作用的结果。气候既是人类生活和生产的环境要素之一，又是供给人类生活和生产的重要资源。气温、降水、湿度等气象要素的多年平均值是用来描述一个地区气候状况的主要参数，而各种气象要素某年、某月的平均值(或总量)则可以反映出该时期天气气候状况的重要特征。

自然资源　指人类可以直接从自然界获得，并用于生产和生活的物质资源。自然资源一般可以分成可再生资源和非再生资源两大类。可再生资源指在较短时间内可以再生、可以循环利用的资源，包括土地资源、水资源、气候资源、生物资源和海洋资源等。非再生资源指在使用后不能再生的资源，包括矿产资源和地热能源。

土地资源　土地指陆地的表层部分，它主要由岩石、岩石的风化物和土壤构成。土地资源按利用类型可以分为农用地、建筑用地和未利用地。农用地包括耕地、园地、林地、牧草地和水面。建筑用地包括居民点及工矿用地、交通用地和水利设施用地。未利用地指农用地和建筑用地以外的土地，包括滩涂、荒漠、戈壁、冰川和石山等。

林业用地面积　指生长乔木、竹类、灌木、沿海红树林等林木的土地面积，包括有林地、灌木林、疏林地、未成林造林地、迹地、苗圃等。

草地面积　指牧区和农区用于放牧牲畜或割草，植被盖度在5%以上的草原、草坡、草山等面积。包括天然的和人工种植或改良的草地面积。

森林资源　指森林、林木、林地以及依托森林、林木、林地生存的野生动物、植物和微生物。林木指树木和竹子。森林指以乔木为主体的植物群落，是集生的乔木及与共同作用的植物、动物、微生物和土壤、气候等的总体。

活立木总蓄积量　指一定范围内土地上全部树木蓄积的总量，包括森林蓄积、疏林蓄积、散生木蓄积和四旁树蓄积。

森林面积　指由乔木树种构成，郁闭度0.2以上(含0.2)的林地或冠幅宽度10米以上的林带的面积，即有林地面积。森林面积包括天然起源和人工起源的针叶林面积、阔叶林面积、针阔混交林面积和竹林面积，不包括灌木林地面积和疏林地面积。

森林蓄积量　指一定森林面积上存在着的林木树干部分的总材积。它是反映一个国家或地区森林资源总规模和水平的基本指标之一，也是反映森林资源的丰富程度、衡量森林生态环境优劣的重要依据。

森林覆盖率　指一个国家或地区森林面积占土地面积的百分比。在计算森林覆盖率时，森林面积包括郁闭度0.2以上的乔木林地面积和竹林地面积，国家特别规定的灌木林地面积、农田林网以及四旁(村旁、路旁、水旁、宅旁)林木的覆盖面积。森林覆盖率是反映森林资源的丰富程度和生态平衡状况的重要指标。计算公式为：

森林覆盖率(%)＝森林面积/土地总面积×100%

水资源　水在自然界中以固体、液体和气态三种聚集状态存在，分布于海洋、陆地(包括土壤)以及大气之中，通过水循环形成水资源。水资源包括经人类控制并直接可供灌溉、发电、给水、航运、养殖等用途的地表水和地下水，以及江河、湖泊、井、泉、潮汐、港湾和养殖水域等。水资源是发展国民经济不可缺少的重要自然资源。

地表水和地下水　陆地上的水因空间分布不同，可以分为地表水和地下水。地表水指分别存在于河流、湖泊、沼泽、冰川和冰盖等水体中水分的总称，又称陆地水。地下水指储存在地面以下饱和岩土孔隙、裂隙及溶洞中的水。

矿产资源　矿产指由地质作用形成，富集于地壳中或出露于地表达到工农业利用要求的有用矿物。矿产是一种重要的自然资源，是社会发展的重要物质基础。从某种意义上讲，一个国家对矿产资源开发利用的广度和深度，可以作为这个国家经济发展水平的标志。

矿产保有储量　指探明的矿产储量(包括工业储量和远景储量)，扣除已开采部分和地下损失量后的年末实有储量，是反映国家矿产资源现状的重要指标。

气温　指空气的温度，我国一般以摄氏度(0C)为单位表示。气象观测的温度表是放在离地面约1.5米处通风良好的百叶箱里测量的。因此，通常说的气温指的是离地面1.5米处百叶箱中的温度。其统计计算方法为：

月平均气温是将全月各日的平均气温相加，除以该月的天数而得。

年平均气温是将12个月的月平均气温累加后除以12而得。

相对湿度　指空气中实际水气压与当时气温下的饱合水气压之比。其统计方法与气温相同。

降水量　指从天气降落到地面的液态或固态(经融化后)水，未经蒸发、渗透、流失而在地面上积聚的深度。其统计计算方法为：

月降水量是将全月各日的降水量累加而得。

年降水量是将12个月的月降水量累加而得。

日照时数　指太阳实际照射地面的时间。其统计方法与降水量相同。

Explanatory Notes on Main Statistical Indicators

Administrative Division refers to the division of administrative areas by the state. The Constitution of the People's Republic of China stipulates that the administrative areas in China are divided as: 1) The whole country is divided into provinces, autonomous regions and municipalities directly under the central government; 2) Provinces and autonomous regions are divided into autonomous prefectures (leagues), counties (banners), autonomous counties and cities; 3) Autonomous Prefectures are divided into counties, autonomous counties and cities; 4) Counties and autonomous counties are divided into townships, nationality townships and towns; 5) Municipalities and large cities are divided into districts and counties, 6) The state establish special administrative regions when necessary.

Territory refers to territorial land, sea and air space under the administration of a sovereign state.

Climate refers to the natural environmental status formed by the long - time exchange of energy and mass between the earth and the air, and is the results of interaction of many factors. Climate is both one of the environment factors and the important resources for the living and production activities of the human being. The average values across several years of meteorological factors such as temperature, rainfall and humidity are used as important parameters to describe the climate of a region, while the average values (or total values) of a given year or month of meteorological factors reflect the key characteristics of climate for that period of time.

Natural Resources refer to material resources that could be obtained from the nature by human being and used for production and living. Natural resources in general can be classified as renewable resources and non - renewable resources. Renewable resources refer to resources that could be renewed and recycled during a relatively short period of time, including land resource, water resource, climate resource, biology resource and marine resource. Non - renewable resources include resources that could not be renewed, such as minerals and geothermal resource.

Land Resource Land refers to the surface of the earth, consisting of mainly rocks and its weathering and earth. Land resource can be classified, by its utilization, as land for agriculture, land for construction and unused land. Land for agriculture includes cultivated land, plantation land, forestland, grassland and waters. Land for construction includes land for residential purpose, for manufacturing and mining, for transportation and for water conservancy projects. Unused land refers to land other than land for agriculture and construction, including beaches, deserts, Gobi, glaciers and Rock Mountains.

Area of Afforestated Land refer to land for trees, bamboo, bushes and mangrove, including forest - cover land, bush - covered land, sparse forest land, land Planned for afforestation and nurseries of young trees.

Area of Grassland refers to areas of grassland, grass - slopes and grass - covered hills with a vegetation - covering rate of over 5% that are used for animal husbandry or harvesting of grass. It includes natural, cultivated and improved grassland areas.

Forest Resource refers to forests, trees, forest land and wild animals, plants and microorganism that live on forest and trees. Trees include trees and bamboo. Forest refers to the population of clusters of trees and other plants, animals and microorganism as well as the earth and climate that have interactions with the trees.

Total Standing Stock Volume refers to the total stock volume of trees growing in land, including trees in forest, tress in sparse forest, scattered trees and trees planted by the side of farm houses and along the roads, rivers and fields.

Forest Area refers to the area of forest land where trees and bamboo grow with canopy density above 0. 2, including land of natural woods and planted woods, but excluding bush land and thin forest land. It reflects the total areas of afforestation.

Stock Volume of Forest refers to total stock volume of wood growing in forest area, which shows the total size and level of forest resources of a country or a region. It is also an important indicator illustrating the richness of forest resource and the status of forest ecological environment.

Forest Coverage Rate refers to the ratio of area of afforested land to total land area. This indicator shows the forest resources and afforestation progress of a country or a region. According to regulations of the government, in addition to afforested land, the area of bush forest, the area of forest land inside farm land and the area of trees planted by the side of farm houses and along the roads, rivers and fields should also be included in the area of afforested land in the calculation of the forest coverage - rate. The formula for calculating forest coverage rate is as follows:

Forestry coverage rate (%) =

Area of afforested Land/ Area of Total Land × 100%

Water Resource water exists in the nature in solid, liquid and gaseous states, is distributed in the ocean, land (including earth) /and air, and constitutes the water resource through the circulation of water. Water resource includes the surface water and underground water that is controlled by the human being for irrigation, power – generation, water supply, navigation and cultivation. It also includes rivers, lakes, wells, springs, tides, gulf and water area for cultivation. Water resource as an important natural resource is indispensable for the development of the national economy.

Surface Water and Underground Water water on earth can be divided into surface water and underground water according to its distribution. Surface water refers to moisture exists in rivers, lakes, swamps, glaciers, icecaps and so on. It is also called land water. The underground water refers to water deposited underground in the cranny and the hole of saturated rock soil and in the water – eroded cave.

Mineral Resources refer to useful minerals that can be used for industrial or agricultural purposes enriched in

lithosphere or on earth due to the geological process.

Ensured Mineral Reserves refer to the actual mineral reserves, which equal to the proven mineral reserves (including industrial reserves and prospective reserves) minus extracted parts and underground losses. This indicator shows the current condition of the mineral resources of a country.

Temperature refers to the air temperature. China uses centigrade (0C) as the unit. The thermometry used for weather observation is put in a breezy shutter, which is 1. 5 meters high from the ground. Therefore, the commonly used temperature refers to the temperature in the breezy shutter 1. 5 meters away from the ground. The calculation method is as follows:

Monthly average temperature is the summation of average daily temperature of one month divided by the actual days of that particular month.

Annual average temperature is the summation of monthly average of a year divided by 12 months.

Relative Humidity refers to the ratio of actual water vapor pressure to the saturation water vapor pressure under the current temperature. The calculation method is the same as that of temperature.

Volume of Precipitation refers to the deepness of liquid state or solid state (thawed) water falling from the sky to the ground that has not been evaporated, infiltrated or run off. The calculation method is as follows:

Monthly precipitation is the summation of daily precipitation of a month.

Annual precipitation is the summation of 12 months , precipitation of a year.

Sunshine Hours refer to the actual hours of sun irradiating the earth. The calculation method is the same as that of the precipitation.

2 综 合

General Survey

资料整理：范明哲

Arranged By Fan Mingzhe

2－1 平均每天主要社会经济活动

Major Indicators on Average Daily Social and Economic Activities

指　　标	Item	1990	1995	2000	2005	2010	2015	2017
全区每天创造的财富	**Autonomous Regional Daily Production**							
生产总值(万元)	Gross Domestic Product(10 000 yuan)	8748	23481	42168	106987	319781	488534	
第一产业	Primary Industry	3084	7128	9611	16152	30008	44313	
第二产业	Secondary Industry	2806	8460	15961	48581	174457	246591	
工 业	Industry	2388	6983	13265	40490	153929	212032	
建筑业	Construction	418	1477	2695	8091	20528	34607	
第三产业	Tertiary Industry	2858	7893	16596	42254	115316	197630	
# 运输邮电业	Transportation, Postal & Telecommunications Services	567	1900	4807	11659	27254	35454	
商业饮食业	Commerce	683	2275	5353	12551	36876	64580	
财政收入(万元)	Government Revenue(10 000 yuan)	904	2092	4263	14695	47620	53821	46663
财政支出(万元)	Government Expenditures(10 000 yuan)	1668	2799	7152	20126	62288	116519	124108
粮食(吨)	Grain(ton)	26657	28915	34025	45540	59129	77452	89164
油料(吨)	Oil－bearing Grops(ton)	1901	1923	3189	3348	3510	5304	6595
肉类(吨)	Meat(ton)	1469	2243	3929	6299	6540	6732	7265
牛奶(吨)	Cow Milk(ton)	1012	1331	2186	18934	24799	22005	15147
水产品(吨)	Aquatic Products(ton)	83	130	198	226	312	421	428
布(万米)	Cloth(10 000 m)	29.55	23.42	9.01	22.84	26.88		
乳制品(吨)	Dairy products(ton)	60	83	182	8425	9462	8042	
原煤(万吨)	Coal(10 000 tons)	13.05	19.33	19.86	70.16	216.20	249.20	
发电量(万千瓦小时)	Electricity(10 000 kwh)	4645	7631	12033	28948	68052	107638	
钢(吨)	Steel(ton)	7480	9736	11605	22068	33776	47537	
成品钢材(吨)	Steel Products(ton)	4807	7062	10381	20487	36751	51978	
水泥(吨)	Cement(ton)	6246	9569	17260	44719	149433	159747	
每天消费量	**Daily Consumption**							
最终消费(万元)	Final Consumption Expenditure(10 000 yuan)	5937	14778	23936	49393	125702	204187	
居民消费(万元)	Resident Consumption(10 000 yuan)	4652	11314	17427	32632	73790	143157	

注:2013 年以前,财政收入为地方财政总收入;2013 年起,财政收入为公共财政预算收入。下表同。

a) Before 2013, Government Revenue is Local Government Revenue; Form 2013, Government Revenue is General Budgetary Financial Revenue. The same as in the following tables.

2－1 续表 continued

指　　标	Item	1990	1995	2000	2005	2010	2015	2017
农村居民	Rural Residents	2368	4984	6517	8522	14428	32547	
城镇居民	Urban Households	2284	6330	10910	24110	59362	110610	
政府消费(万元)	Government Consumption Expenditure (10 000 yuan)	1285	3464	6508	16761	51913	61030	
能源消费量(万吨标准煤)	Energy Consumption (10 000 tons of SCE)	6.64	8.95	10.79	29.49	51.73	51.85	54.56
社会消费品零售总额(万元)	Total Retail Sales of Consumer Goods(10 000 yuan)	3577	8083	13260	37208	92712	167334	196170
每天其他经济活动	**Other Daily Economic Activities**							
资本形成总额(万元)	Gross Capital Formation(10 000 yuan)	3416	10219	17591	77947	247134	384561	
固定资本形成	Fixed Capital Formation	1939	7484	12039	73568	244896	379299	
存货增加	Changes in Stock	1477	2735	5552	4379	2239	5262	
城镇新建住宅面积(万平方米)	Residential Buildings Completed in Urban Areas(10 000 sq. m)	0.96	1.65	2.78	3.40	7.07	5.02	
农牧民个人新建住宅面积(万平方米)	Private Residential Building Complated in Rural Areas(10 000 sq. m)	1.36	2.65	2.36	1.40	0.99	2.41	
货运量(万吨)	Freight Traffic(10 000 tons)	73.09	89.68	122.27	200.22	362.21	510.03	623.18
客运量(万人)	Passenger Traffic(10 000 persons)	28.70	50.06	64.52	87.98	66.69	46.54	44.00
进出口总额(万美元)	Total Imports and Exports(USD 10 000)	132.68	307.70	557.80	1414.22	2388.75	3502.44	3816.16
邮电业务总量(万元)	Volume of Postal and Telecoms Services(10 000 yuan)	58.07	264.50	1541.00	5471.78	5527.90	10966.88	
个人储蓄存款新增额(万元)	Outstanding Amount of savings deposits of individuals(10 000 yuan)	822	2496	2140	10129	19292		
图书出版(万册)	Books Published(10 000 copies)	21.78	17.97	20.34	24.35	16.63	17.76	16.49
杂志出版(万册)	Magazines Issued(10 000 copies)	3.46	2.84	4.34	3.79	3.94	5.70	3.83
报纸出版(万份)	Newspapers Issued(10 000 copies)	44.36	44.62	49.23	169.37	74.11	89.90	77.50
邮寄函件(万件)	Letters Delivered(10 000 pieces)	22.14	45.83	26.51	8.61	9.28	3.99	2.02
每天人口变动与婚姻	**Daily Population Changes & Marriages**							
出生(人)	Births(person)	1117	1073	645	659	628	530	655
死亡(人)	Deaths(person)	293	417	359	357	374	365	397
结婚(对)	Marriages(couple)	435	475	416	423	555	597	512
离婚(对)	Divorces(couple)	60	75	89	107	157	252	277

注:个人储蓄存款新增额2010年以前为城乡居民储蓄存款新增额。

a) Before 2010, Outstanding Amount of savings deposits of individuals is called resident saving deposit in urban & rural.

2－2 社会经济主要指标人均水平

Major per Capita Indicators on Society and Economy

指　　标	Item	1990	1995	2000	2005	2010	2015	2017
生产总值(元)	**Gross Domestic Product(yuan)**	**1478**	**3772**	**6502**	**16285**	**47347**	**71101**	
财政收入(元)	**Government Revenue(yuan)**	**154**	**336**	**657**	**1397**	**7051**	**7833**	**6747**
农牧业生产	**Agriculture Production**							
耕地面积(公顷)	Cultivated Land(hectare)	0.23	0.24	0.31	0.31	0.29	0.37	0.37
粮食产量(千克)	Output of Grain(kg)	454.15	464.40	524.60	693.19	875.47	1127.24	1289.2
油料产量(千克)	Output of Oil－bearing Crops(kg)	32.38	30.90	49.20	50.96	51.96	77.19	95.35
甜菜产量(千克)	Output of Beet Roots(kg)	110.36	116.00	59.69	57.68	65.31	91.75	136.39
年末大牲畜(头)	Large Animals at the Year－end(head)	0.33	0.31	0.26	0.33	0.36	0.35	0.33
年 末 羊(只)	Sheep and Goats at the Year－end(head)	1.41	1.46	1.50	2.26	2.14	2.30	2.42
年末生猪(口)	Hogs at the Year－end(head)	0.24	0.34	0.31	0.29	0.28	0.26	0.20
肉类产量(千克)	Output of Meat(kg)	25.02	36.03	60.58	95.88	96.83	97.97	105.04
#牛肉产量(千克)	Output of Beef(kg)	3.99	4.10	9.23	14.01	20.17	21.09	23.56
羊肉产量(千克)	Output of Mutton(kg)	5.96	7.42	13.44	30.21	36.20	36.92	41.25
猪肉产量(千克)	Output of Pork(kg)	13.43	20.97	32.37	36.71	29.15	28.23	29.13
牛奶产量(千克)	Output of Cow Milk(kg)	17.25	21.37	33.70	288.20	367.17	320.27	219.01
羊 毛(千克)	Wool(kg)	2.87	2.64	2.89	4.27	4.87	5.48	5.37
主要工业产品产量	**Output of Major Industrial Products**							
原 煤(吨)	Coal(ton)	2.22	3.10	3.06	10.68	32.01	36.27	
原 盐(吨)	Salt(ton)	0.04	0.03	0.05	0.09	0.11	0.07	
发 电 量(千瓦小时)	Electricity(kwh)	791	1225	1855	4406	10684	15666	
糖(千克)	Sugar(kg)	7.64	7.51	5.09	6.15	4.88	26.85	
乳 制 品(千克)	Dairy Products(kg)	1.03	1.33	2.81	128.25	140.09	117.05	
呢 绒(米)	Woolen Fabric(m)	0.49	0.65	0.18	0.26	0.51	0.39	
水 泥(吨)	Cement(ton)	0.11	0.15	0.27	0.68	2.21	2.32	
钢(吨)	Steel(ton)	0.13	0.16	0.18	0.34	0.50	0.69	
生 铁(吨)	Pig Iron(ton)	0.13	0.15	0.19	0.38	0.55	0.58	
社会消费品零售额(元)	**Total Retail Sales of Consumer Goods(yuan)**	**610**	**1379**	**2571**	**5664**	**13727**	**24354**	**28365**
人民生活	**People's Livelihood**							
职工平均工资(元)	Average Wage of Staff & Workers(yuan)	1846	4134	6974	15985	35507	57870	67688
#国 有(元)	State－owned Units(yuan)	1971	4407	7261	16598	37602	62059	71419
集 体(元)	Urban Collective－owned Units(yuan)	1441	3001	4826	10804	29822	58679	70471
城镇常住居民人均可支配收入(元)	Per Capita Disposable Income of Urban Residents(yuan)	1155	2846	5129	9137	17698	30594	35670
城镇常住居民人均生活消费支出(元)	Expenditure of Urban Residents(yuan)	982	2482	3928	6929	13995	21876	23638
农村牧区常住居民人均可支配收入(元)	Per Capita Disposable Income of Rural Residents(yuan)	647	1300	2038	2989	5530	10776	12584
农村牧区常住居民人均生活消费支出(元)	Expenditure of Rural Residents(yuan)	539	1261	1615	2446	4461	10637	12184
住户存款余额(元)	Household deposits(yuan)	515	1804	3875	8231	18877	35884	42506

注:1. 住户存款余额2010年以前为城乡居民储蓄存款余额,2011—2014年为个人储蓄存款余额,下表同。

2. 2013年以后,城镇(农村牧区)常住居民人均可支配收入、城镇(农村牧区)常住居民人均生活消费支出数据为城乡一体化住户收支与生活状况调查数据。"农牧民人均纯收入"改为"农村牧区常住居民人均可支配收入"。

a) Before 2010, the Household deposits is called resident saving deposit in urban & rural. During 2011－2014, the Household deposits is called personal balance of savings deposits. The same as in the following tables.

b) From 2014, data of Per Capita Disposable Income of Urban and Rural Residents and Expenditure of Urban and Rural Residents are from integrated household income and expenditure survey including both urban and rural households. "Annual Net Income of Rural Households per Capita" has been adjusted to "Per Capita Disposable Income of Rural Residents".

2-3 国民经济和社会发展总量与速度

指 标	Item	总量指标					
		1978	1995	2000	2005	2010	2015
人口与就业	**Population and Employment**						
人口(万人)	**Population(10 000 persons)**						
年末总人口	Population at the Year－end	1823.4	2284.4	2372.4	2403.1	2472.2	2511.0
市镇人口	Urban	397.5	873.1	1001.1	1134.3	1372.9	1514.2
乡村人口	Rural	1425.9	1411.3	1371.3	1268.8	1099.3	996.9
男性人口	Male	957.8	1187.6	1227.2	1237.9	1283.9	1298.7
女性人口	Female	865.6	1096.8	1145.2	1165.2	1188.3	1212.3
就业(万人)	**Employment(10 000 persons)**						
从业人数	Employment	652.8	1029.4	1061.6	1041.1	1184.7	1463.7
#职工人数	Staff and Workers	227.6	383.7	263.9	239.6	244.9	289.6
城镇登记失业人数	Unemployed in Urban Areas		14.0	12.7	17.8	20.8	25.9
宏观经济	**Macroeconomic Indicator**						
国民经济核算(亿元)	**National Accounting (100 million yuan)**						
生产总值	Gross Domestic Product	58.04	857.06	1539.12	3905.03	11672.00	
第一产业	Primary Industry	18.96	260.18	350.80	589.56	1095.28	
第二产业	Secondary Industry	26.37	308.78	582.57	1773.21	6367.69	
第三产业	Tertiary Industry	12.71	288.10	605.74	1542.26	4209.02	
固定资产投资(亿元)	**Investment in Fixed Assets (100 million yuan)**						
全社会固定资产投资总额	Investment in Fixed Assets		273.06	430.42	1808.31	6035.68	13824.76
#国有单位	State－owned Units		210.00	275.06	1106.52	2819.55	5403.82
集体单位	Collective－owned Units		11.14	27.15	27.68	73.16	124.01
个体经济	Individuals		44.09	51.64	56.69	70.94	222.37
财政(亿元)	**Public Finance(100 million yuan)**						
地方财政总收入	Government Revenue	6.90	43.70	139.94	478.73	1738.14	1964.48
地方财政总支出	Government Expenditures	18.69	102.18	261.06	734.61	2273.50	4252.96
物价总指数(上年=100)	**Price Indices(preceding year=100)**						
商品零售价格总指数	General Retail Price Index	101.0	116.8	98.8	101.5	103.0	100.5
居民消费价格总指数	General Consumer Price Index		117.5	101.3	102.4	103.2	101.1
农产品生产者价格总指数	Price Indices of Farm Products by Category of Commodities	101.6	124.7	99.7	103.2	111.4	98.0
能源生产与消费(万吨标准煤)	**Production and Consumption of Energy(10 000 tons of SCE)**						
能源生产总量	Total Energy production	1070.63	4642.02	4701.23	19082.33	49740.18	56253.32
能源消费总量	Total Energy Consumption		3268.44	3937.54	10788.37	18882.66	18927.07

注:2011年以后,地方财政总收支为一般公共预算收支。

Principal Aggregate Indicators on National Economic and Social Development and Their Related Indices and Growth Rates

Aggregate Data	速度指标(%)Indices and Growth Rates(%)										
2017	指数(2017年为以下各年) Index(2017 as Percentage of the following years)						平均增长速度 Average Annual Growth Rate				
	1978	1995	2000	2005	2010	2015	1979 – 2017	1996 – 2000	2001 – 2005	2006 – 2010	2011 – 2015
2528.6	138.7	110.7	106.6	105.2	102.3	100.7	0.8	0.8	0.3	0.6	0.3
1568.2	394.5	179.6	156.6	138.3	114.2	103.6	3.6	2.8	2.5	3.9	2.0
960.4	67.4	68.1	70.0	75.7	87.4	96.3	-1.0	-0.6	-1.5	-2.8	-1.9
1305.2	136.3	109.9	106.4	105.4	101.7	100.5	0.8	0.7	0.2	0.7	0.2
1223.4	141.3	111.5	106.8	105.0	103.0	100.9	0.9	0.9	0.3	0.4	0.4
1424.9	218.3	138.4	134.2	136.9	120.3	97.3	2.0	0.6	-0.4	2.6	4.3
271.7	119.4	70.8	103.0	113.4	110.9	93.8	0.5	-7.2	-1.9	0.4	3.4
27.1		193.4	213.2	152.1	130.2	104.7		-1.9	6.9	3.2	4.5
	7522.6	1505.7	891.1	404.4	179.8	111.5	11.7	11.1	17.1	17.6	10.0
	967.3	311.2	228.4	166.2	132.9	106.4	6.0	6.4	6.6	4.6	4.5
	10547.5	2418.9	1414.2	523.2	187.7	108.5	12.7	11.3	22.0	22.8	11.6
	15166.1	1475.5	777.3	354.1	176.0	115.0	13.7	13.7	17.0	15.0	8.9
								9.5	44.2	27.3	18.0
								5.5	43.0	20.6	13.9
								19.5	8.7	21.5	11.1
								3.2	10.3	4.6	25.7
1703.21						86.7		20.4	24.8	39.0	12.9
4529.93	24237.2	4433.3	1735.2	616.6	199.2	106.5	15.1	20.6	23.0	25.4	13.3
101.2	476.3	135.5	132.2	128.1	113.6	101.8	4.1	0.5	0.6	2.4	2.2
101.7		171.6	152.0	137.2	118.8	102.9		2.5	2.1	2.9	2.9
95.6		176.0	211.7	163.8	111.5	90.9		-3.6	5.3	8.0	4.2
54620.13	5101.7	1176.6	1161.8	286.2	109.8	97.1	10.6	0.3	32.3	21.1	2.5
19914.97		609.3	505.8	184.6	105.5	105.2		3.8	22.3	11.8	0.1

a) After 2011, Government Revenue and Expenditures is General Public Budget Revenue and expenditures.

2－3 续表 1

指 标	Item	总量指标					
		1978	1995	2000	2005	2010	2015
产 业	**Industry**						
农林牧渔业	**Farming, Forestry, Animal Husbandry & Fishery**						
耕地面积(万公顷)	Cultivated Areas(10 000 hectares)	532.60	549.10	731.70	735.50	714.90	916.20
从业人员(万人)	Persons Engaged in (10 000 persons)	393.80	503.00	524.30	529.18	540.53	566.40
总产值(亿元)	Gross Output(100 million yuan)	28.35	373.59	543.16	980.21	1843.57	2751.55
主要农畜产品产量	Output of Major Farm & Livestock						
粮食(万吨)	Grain(10 000 tons)	499.00	1055.40	1241.90	1662.20	2158.20	2827.01
油料(万吨)	Oil Bearing Crops(10 000 tons)	12.50	70.20	116.40	122.20	138.10	206.30
甜菜(万吨)	Beet Roots(10 000 tons)	43.10	263.50	141.30	138.30	145.10	200.50
造林面积(万公顷)	Forested Areas(10 000 hectares)	29.79	40.25	58.90	38.38	65.52	66.80
肉类(万吨)	Meat(10 000 tons)		81.89	143.40	229.91	238.71	245.71
牛奶(万吨)	Cow milk(10 000 tons)		48.57	79.80	691.08	905.15	803.20
羊毛(万吨)	Wool(10 000 tons)		5.99	6.85	10.25	12.00	13.74
羊绒(吨)	Cashmere(ton)		3114	3815	6646	8104	8380
水产品(万吨)	Aquatic Products(10 000 tons)	1.50	4.76	7.21	8.26	11.38	15.35
六月末牲畜总数(万头只)	Livestock(10 000 heads)	4162.30	6065.70	7300.47	10615.30	10798.50	13585.73
大牲畜(万头)	Large Animals(10 000 heads)	697.50	783.80	803.31	934.20	1140.10	1358.27
羊(万只)	Sheep and Goats(10 000 heads)	2860.50	4302.50	5406.23	8713.00	8408.00	10736.49
生猪(万口)	Hogs(10 000 heads)	604.30	979.40	1090.92	968.10	1250.50	1490.97
工业生产	**Industrial Production**						
工业总产值(亿元)	Gross Output(100 million yuan)	52.96	626.52	1202.85	3861.58	16020.00	23424.87
轻工业(亿元)	Light Industry(100 million yuan)	22.05	215.92	464.26	1171.70	4645.80	6793.21
重工业(亿元)	Heavy Industry(100 million yuan)	30.91	410.61	738.59	2689.88	11374.00	16631.66
工业增加值(亿元)	Value Added(100 million yuan)	21.84	254.88	484.19	1477.88	5618.40	7739.18
主要工业产品产量	Output of Industrial Products						
原煤(万吨)	Raw Coal(10 000 tons)	2194	7055	7247	25608	78913	90957
原油(万吨)	Crude Oil(10 000 tons)			90.50	146.92	182.91	178.83
原盐(万吨)	Raw Salt(10 000 tons)	65.18	76.13	126.68	215.84	278.42	164.57
发电量(亿千瓦小时)	Electricity(100 million kwh)	37.38	278.54	439.21	1056.59	2483.90	3928.77
糖(包括土糖)(万吨)	Sugar(10 000 tons)	4.23	17.07	12.04	14.75	12.04	67.33
乳制品(万吨)	Dairy Products(10 000 tons)	0.31	3.03	6.65	307.53	345.36	293.55
呢绒(万米)	Woolen Fabric(10 000 m)	336.80	1477.00	421.20	611.76	1257.94	984.20
服装(万件)	Garments(10 000 units)		4868.00	1794.70	1980.72	3676.37	5095.50
机制纸及纸板(万吨)	Machine Made Paper(10 000 tons)	4.25	19.15	12.19	25.74	28.84	12.32
水泥(万吨)	Cement(10 000 tons)	91.91	349.27	630.00	1632.25	5454.30	5830.75
钢(万吨)	Steel(10 000 tons)	99.00	355.36	423.59	805.49	1232.84	1735.11
生铁(万吨)	Pig Iron(10 000 tons)	107.00	345.78	440.83	922.69	1358.97	1461.40
成品钢材(万吨)	Steel Products(10 000 tons)	36.23	257.77	378.91	747.77	1341.41	1897.18
电视机(万台)	Television Sets(10 000 sets)	0.10	32.68	51.80	239.09	204.37	266.48
建筑业	**Construction**						
建筑业从业人数(万人)	Employed Persons(10 000 persons)		30.98	35.30	26.35	44.34	28.64
建筑企业总产值(亿元)	Gross output Value(100 million yuan)		85.52	138.80	381.30	1125.58	1123.21
施工房屋面积(万平方米)	Building Floor Space(10 000 sq. m)		1010.92	1816.94	2958.88	7577.89	6970.48
竣工房屋面积(万平方米)	Completed Floor Space(10 000 sq. m)		511.86	1130.00	1623.38	3805.24	3098.93
交通运输	**Transportation**						
货运量(万吨)	Freight Traffic(10 000 tons)	8213	32732	44629	73082	132205	186160
铁路	Railways	3861	8347	9648	22060	47040	66653
公路	Highways	4352	24384	34979	51020	85162	119500
空运	Civil Aviation		1.13	2.00	2.00	3.11	8.14
客运量(万人)	Passenger Traffic(10 000 persons)	3422	18273	23549	32114	24343	16986
铁路	Railways	1753	2909	3378	3259	4136	5117
公路	Highways	1669	15248	20061	28604	19830	11017
空运	Civil Aviation		116	110	251	377	852

注:2013 年起,铁路客(货)运量包含地方铁路数据,下同。

continued

Aggregate Data	速度指标(%) Indices and Growth Rates(%)										
2017	指数(2017年为以下各年) Index(2017 as Percentage of the following years)						平均增长速度 Average Annual Growth Rate				
	1978	1995	2000	2005	2010	2015	1979 - 2017	1996 - 2000	2001 - 2005	2006 - 2010	2011 - 2015
927.10	174.1	168.8	126.7	126.1	129.7	101.2	1.4	5.9	0.1	-0.6	5.1
562.53	142.8	111.8	107.3	106.3	104.1	99.3	0.9	0.8	0.2	0.4	0.9
2813.54	935.7	331.5	233.0	160.5	127.3	103.1	6.0	7.3	7.7	4.7	4.3
3254.5	652.2	308.4	262.1	195.8	150.8	115.1	4.9	3.3	6.0	5.4	5.5
240.70	1925.6	342.9	206.8	197.0	174.3	116.7	7.9	10.6	1.0	2.5	8.4
344.30	798.8	130.7	243.7	249.0	237.3	171.7	5.5	-11.7	-0.4	1.0	6.7
68.05	228.4	169.1	115.5	177.3	103.9	101.9	2.1	7.9	-8.2	11.3	0.4
265.16	1269.3	323.8	184.9	115.3	111.1	107.9	6.7	11.8	9.9	0.8	0.6
552.86		1138.3	692.8	80.0	61.1	68.8		10.4	54.0	5.5	-2.4
14.35		239.6	209.5	140.0	119.6	104.4		2.7	8.4	3.2	2.7
8026		257.7	210.4	120.8	99.0	95.8		4.1	11.7	4.0	0.7
15.62	1041.2	328.1	216.6	189.1	137.3	101.8	6.2	8.7	2.8	6.6	6.2
							3.1	3.8	7.8	0.3	4.7
							1.8	0.5	3.1	4.1	3.6
							3.4	4.7	10.0	-0.7	5.0
							2.3	2.3	-2.4	5.3	3.6
	14570.9	2830.7	1614.3	601.5	202.0	110.5	13.6	11.9	21.8	24.4	12.8
	12077.4	2303.4	1125.8	425.4	163.6	95.6	13.1	15.4	21.5	20.3	12.0
	13742.7	2707.2	1758.3	656.1	203.7	113.3	13.5	9.0	21.8	25.7	13.0
	11371.1	2736.8	1512.8	572.3	194.4	110.9	12.9	12.6	21.5	24.1	11.9
								0.5	28.7	25.2	3.7
									10.2	4.5	-0.5
								10.7	11.2	5.2	-10.0
								9.5	19.2	18.6	9.3
								-6.7	4.1	-4.0	41.1
								17.0	115.3	2.3	-3.2
								-22.2	7.8	15.5	-4.8
								-18.1	2.0	13.2	6.7
								-8.6	16.1	2.3	-15.6
								12.5	21.0	27.3	1.3
								3.6	13.7	8.9	6.2
								5.0	15.9	8.1	1.5
								8.0	14.6	12.4	9.6
								9.7	35.8	-3.1	5.5
27.82		89.8	78.8	105.6	62.7	97.1		2.6	-5.7	11.0	-8.4
1122.19		1312.2	808.5	294.3	99.7	99.9		10.2	22.4	24.2	
5443.86		538.5	299.6	184.0	71.8	78.1		12.4	10.2	20.7	-1.7
2031.49		396.9	179.8	125.1	53.4	65.6		17.2	7.5	18.6	-4.0
227459							8.9	6.4	10.6	12.6	7.1
79969							8.1	2.9	18.0	16.4	7.2
147483	3388.9	604.8	421.6	289.1	173.2	123.4	9.5	7.5	7.8	10.8	7.0
7.51		664.6	375.5	375.5	241.5	92.3		12.1	0.0	9.2	21.2
16061							4.0	5.2	6.4	-5.4	-6.9
5452							3.0	3.0	-0.7	4.9	4.3
9421	564.5	61.8	47.0	32.9	47.5	85.5	4.5	5.6	7.4	-7.1	-11.1
1188		1024.1	1080.0	473.3	315.1	139.4		-1.1	17.9	8.5	17.7

a) Since 2013, Railway Passenger(Frieight) traffic include Local railway data, Same as follow.

2－3 续表 2

指 标	Item	总量指标					
		1978	1995	2000	2005	2010	2015
邮电通信业	**Postal & Telecoms Services**						
邮电业务总量(亿元)	Total Revenue(100 million yuan)	0.42	9.66	56.25	199.72	200.69	400.29
函 件(万件)	Letters Delivered(10 000 pieces)	6658	16728	9677	3143	3389	1455
报刊期发数(万份)	Newspapers and Magazines Distributed(10 000 copies)	253	486	395	194	242	194
局用交换机容量(万门)	Capacity of office Telephone Exchange(10 000 lines)	5.08	105.92	254.30	430.45	711.47	398.46
电话机(万部)	Telephone sets(10 000 units)	9.96	85.49	322.20	1254.30	2448.09	
国内贸易	**Domestic Trade**						
社会消费品零售总额(亿元)	Total Retail Sales of Consumer Goods(100 million yuan)	36.83	313.31	608.55	1358.10	3384.00	6107.70
对外经济贸易	**Foreign Trade**						
进出口总额(亿美元)	Exp. & Imp. (USD100 million)	0.16	11.23	20.36	51.62	87.19	127.84
进口额	Imports	0.05	5.15	10.14	30.97	53.84	71.10
出口额	Exports	0.11	6.08	10.22	20.65	33.35	56.73
实际利用外资额(万美元)	Amount of Foreign Capital Actually Utilized(USD 10 000)		10838	54819	140007	355876	336629
旅游	**International Tourism**						
入境旅游人数(万人)	Tourists(10 000 persons)		30.09	39.19	100.16	142.80	160.78
国内旅游人数(万人次)	Number of Domestic Tourism (10 000 person times)		380.00	735.00	2062.00	4478.00	8352.00
旅游外汇收入 (万美元)	Earnings (USD 10 000)		9052	12645	35207	60190	96249
国内旅游收入(万元)	Earningsfrom Domestic Tourism (10 000 yuan)		57000	322300	1797200	6929200	21937700
金融保险	**Finance and Insurance**						
金融机构各项存款(亿元)	Deposits of Banking(100 million yuan)	16.47	566.34	1270.13	3298.15	10278.69	18077.60
金融机构各项贷款(亿元)	Loans of Banking(100 million yuan)	40.33	819.87	1340.74	2588.57	7919.47	17140.67
保险公司保险金额(亿元)	Amount Insured(100 million yuan)		1426	1624	10504	37989	95156
保险公司保费收入(亿元)	Insurance Premium(100 million yuan)		9.11	24.63	60.87	198.84	395.48
保险公司赔付支出(亿元)	Chaim and Paymen(100 million yuan)		4.87	7.92	10.76	59.45	124.54
教育、科技、文化	**Education, Sci. , Tech & Culture**						
教育	**Education**						
专任教师数(人)	Full – teachers(person)						
普通高等学校	Higher Education	2949	7070	8856	16189	23332	25523
中等学校	Secondary Schools	81208	98437	101036	107704	110137	107203
小学	Primary Schools	121364	153461	129242	118988	113546	101730
在校学生数(人)	Students Enrollment(person)						
普通高等学校	Higher Education	12567	37248	71967	229354	371388	420807
中等学校	Secondary Schools	1624573	1304852	1621258	1798804	1648686	1317240
小学	Primary Schools	2917772	2343129	2015076	1596381	1430751	1313635
教育经费支出(亿元)	Expenditures(100 million yuan)		31.70	55.28	116.22	357.09	702.94
科技	**Science and Technology**						
研究与发展经费支出(万元)	Expenditures on R&D (10 000 yuan)		2023	24606	113208	637205	1360617
技术市场成交额(万元)	Transaction in Technical Markets(10 000 yuan)		25000	60287	310620	868893	1899589
文化	**Culture**						
出版数量	Publications						
图书(万册·张)	Books(10 000 copies)	3200.00	6560.00	7423.34	8888.15	6069.00	6482.46
杂志(万册)	Magazines(10 000 copies)		1036.00	1585.46	1384.00	1437.00	2080.70
报纸(万份)	Newspapers(10 000 copies)		16286.00	17967.23	61819.00	27050.00	32814.97
电视节目制作时间(小时)	Time for TV Programs(hours)		9843.00	12916.00	71091.00	64697.00	73301.00

continued

Aggregate Data	速度指标(%)Indices and Growth Rates(%)										
2017	指数(2017年为以下各年) Index(2017 as Percentage of the following years)						平均增长速度 Average Annual Growth Rate				
	1978	1995	2000	2005	2010	2015	1979－2017	1996－2000	2001－2005	2006－2010	2011－2015
								42.2	28.8	0.1	14.8
738	11.1	4.4	7.6	23.5	21.8	50.7	－5.5	－10.4	－20.1	1.5	－15.6
176	69.6	36.2	44.6	90.7	72.7	90.7	－0.9	－4.1	－13.3	4.5	－4.3
238.09	4686.8	224.8	93.6	55.3	33.5	59.8	10.4	19.1	11.1	10.6	－10.9
								30.4	31.2	14.3	
7160.23	19441.3	2285.3	1176.6	527.2	211.6	117.2	14.5	14.2	17.2	20.0	12.5
139.29	87056.3	1240.3	684.1	269.8	159.8	109.0	19.0	12.6	20.5	11.1	8.0
89.93	179860.0	1746.2	886.9	290.4	167.0	126.5	21.2	14.5	25.0	11.7	5.7
49.36	44872.7	811.8	483.0	239.0	148.0	87.0	16.9	10.9	15.1	10.1	11.2
314951		2906.0	574.5	225.0	88.5	93.6		38.3	20.6	20.5	－1.1
184.83		614.3	471.6	184.5	129.4	115.0		5.4	20.6	7.4	2.4
11461.19		3016.1	1559.3	555.8	255.9	137.2		14.1	22.9	16.8	13.3
124556		1376.0	985.0	353.8	206.9	129.4		6.9	22.7	11.3	9.8
33585900		58922.6	10107.1	1868.8	484.7	153.1		42.3	40.2	31.0	25.9
22952.80	139361.2	4052.8	1807.1	695.9	223.3	127.0	20.4	17.5	21.0	25.5	12.0
21456.03	53201.2	2617.0	1600.3	828.9	270.9	125.2	17.5	10.3	14.1	25.1	16.7
192549		13502.7	11856.5	1833.1	506.9	202.4		2.6	45.3	29.3	20.2
569.91		6255.9	2313.9	936.3	286.6	144.1		22.0	19.8	26.7	14.7
186.48		3829.2	2354.5	1733.1	313.7	149.7		10.2	6.3	40.8	15.9
26408	895.5	373.5	298.2	163.1	113.2	103.5	5.8	4.6	12.8	7.6	1.8
106992	131.8	108.7	105.9	99.3	97.1	99.8	0.7	0.5	1.3	0.4	－0.5
99653	82.1	64.9	77.1	83.8	87.8	98.0	－0.5	－3.4	－1.6	－0.9	－2.2
448092	3565.6	1203.0	622.6	195.4	120.7	106.5	9.6	14.1	26.1	10.1	2.5
1247102	76.8	95.6	76.9	69.3	75.6	94.7	－0.7	4.4	2.1	－1.7	－4.4
1325442	45.4	56.6	65.8	83.0	92.6	100.9	－2.0	－3.0	－4.6	－2.2	－1.7
758.39		2392.4	1371.9	652.5	212.4	107.9		11.8	16.0	25.2	14.5
1323278		65411.7	5377.9	1168.9	207.7	97.3		64.8	35.7	41.3	16.4
1627852		6511.4	2700.2	524.1	187.3	85.7		19.2	38.8	22.8	16.9
6017.78	188.1	91.7	81.1	67.7	99.2	92.8	1.6	2.5	3.7	－7.3	1.3
1398.46		135.0	88.2	101.0	97.3	67.2		8.9	－2.7	0.8	7.7
28289.07		173.7	157.4	45.8	104.6	86.2		2.0	28.0	－15.2	3.9
75640.00		768.5	585.6	106.4	116.9	103.2		5.6	40.6	－1.9	2.5

2－3 续表 3

指 标	Item	总量指标					
		1978	1995	2000	2005	2010	2015
家庭、生活、环境	**Family, Livelihood & Environment**						
家庭	**Family**						
城镇居民平均每户家庭人口(人)	Average Household Size in Urban Areas(person)		3.34	3.08	3.00	2.82	2.78
农村居民平均每户家庭人口(人)	Average Household Size in Rural Areas(person)	5.78	4.50	4.10	3.78	3.47	3.02
婚姻	**Marriages and Divorces**						
结婚数(万对)	Number of Marriages(10 000 couples)		17.35	15.20	15.45	20.26	21.79
离婚数(万对)	Number of Divorces(10 000 couples)		2.75	3.25	3.92	5.72	9.19
居住	**Housing**						
城镇居民人均居住面积(平方米)	Per Capita Net Floor Space of Urban Residents(sq. m)	3.50	12.06	15.54	26.09	29.84	31.39
农村居民人均居住面积(平方米)	Per Capita Net Floor Space of Rural Residents(sq. m)		15.29	17.00	19.70	22.10	26.07
生活	**People's Livelihood**						
城镇居民人均可支配收入(元)	Per Capita Annual Income of Urban Households(yuan)	301	2846	5129	9137	17698	30594
农村牧区居民人均纯/可支配收入(元)	Per Capita Net Income of Rural Residents(yuan)	131	1300	2038	2989	5530	10776
农民人均纯/可支配收入(元)	Farmers(yuan)	126	1208	1869	2813	5222	10228
牧民人均纯/可支配收入(元)	Herdsmen(yuan)	188	1871	3355	4341	7851	14996
住户存款余额(亿元)	Household deposits(100 million yuan)	2.53	410.82	875.74	1973.60	4618.11	8999.44
工资和福利	**Wages and Welfare**						
工资总额(亿元)	Total Wages(100 million yuan)	14.98	156.12	185.96	387.73	879.80	1706.70
职工平均工资(元)	Average Wage of Staff & Workers(yuan)	712	4134	6974	15985	35507	57870
卫生	**Health Care**						
医院、卫生院(个)	Number of Hospitals(unit)	1723	2003	1988	1834	1807	2024
医生(人)	Number of Doctors(person)	26724	49345	52299	50308	54161	64239
医院、卫生院床位数(张)	Number of Hospital Beds(unit)	24079	61933	63156	64002	87882	124676
市政建设	**City Construction**						
自来水供应量(亿吨)	Tap Water Supply(100 million tons)	0.88	6.32	6.18	6.11	6.28	7.48
排水管道长度(公里)	Length of Sewer Pipelines(km)		2156	2693	4505	8514	12542
城市煤气和天然气供气量(万立方米)	Volume of Coal & Natural Gas Supply in Urban Areas(10 000 cu. m)		5694	7485	16330	72560	136297
公共汽车总数(辆)	Total Number of Public Buses(unit)	425	2078	2128	3594	5771	6822
铺装道路长度(公里)	Length of Paved Roads(km)	677	2229	2771	3867	6447	9281
绿地面积(公顷)	Areas of Green Land(hectare)	2143	13394	16541	24632	38143	63090
环境、灾害	**Environment and Disaster**						
污染治理项目本年完成投资额(亿元)	Investment of Pollution Treatment in the Year(100 million yuan)			5.59	2.57	11.18	790.13
火灾发生数(起)	Number of Fire Disasters(case)			2096	5422	8741	9509
火灾损失(万元)	Fire Loss(10 000 yuan)			1365	1687	5195	12866
交通事故发生数(起)	Number of Traffic Accidents(case)			9521	8452	4780	3214
交通事故损失(万元)	Loss of Traffic Accidents(10 000 yuan)			2539	2785	2346	1587

注:污染治理项目本年完成投资额,2011 年前取自环保厅,2012 年起数据取自环保厅和城建厅。

continued

Aggregate Data	速度指标(%)Indices and Growth Rates(%)										
2017	指数(2017年为以下各年) Index(2017 as Percentage of the following years)						平均增长速度 Average Annual Growth Rate				
	1978	1995	2000	2005	2010	2015	1979 - 2017	1996 - 2000	2001 - 2005	2006 - 2010	2011 - 2015
2.72		81.4	88.3	90.7	96.5	97.8		-1.6	-0.5	-1.2	-0.3
2.95	51.0	65.5	71.9	78.0	85.0	97.6	-1.7	-1.8	-1.6	-1.7	-2.7
18.70		107.8	123.0	121.0	92.3	85.8		-2.6	0.3	5.6	1.5
10.09		366.9	310.5	257.4	176.4	109.8		3.4	3.8	7.9	9.9
32.66	933.1	270.8	210.1	125.2	109.4	104.0	5.9	5.2	10.9	2.7	1.0
27.86		182.2	163.9	141.4	126.1	106.8		2.1	3.0	2.3	3.4
35670						116.6	13.0	9.6	10.4	11.1	11.1
12584						116.8	12.4	8.3	5.2	9.7	13.2
11873						116.1	12.4	7.2	5.7	9.8	
18058						120.4	12.4	9.2	2.9	9.2	
10730.04						119.2	23.9	16.3	17.6	18.5	
1856.65	12394.2	1189.2	998.4	478.9	211.0	108.8	13.2	3.6	15.8	17.8	14.2
67688	9506.7	1637.3	970.6	423.4	190.6	117.0	12.4	11.0	18.0	17.3	10.3
2087	121.1	104.2	105.0	113.8	115.5	103.1	0.5	-0.2	-1.6	-0.3	2.3
70322	263.1	142.5	134.5	139.8	129.8	109.5	2.5	1.2	-0.8	1.5	3.5
140504	583.5	226.9	222.5	219.5	159.9	112.7	4.6	0.4	0.3	6.5	7.2
8.26	938.6	130.7	133.7	135.2	131.5	110.3	5.9	-0.4	-0.2	0.6	3.6
12923		599.4	479.9	286.9	151.8	103.0		4.5	10.8	13.6	8.1
185773		3262.6	2481.9	1137.6	256.0	136.3		5.6	16.9	34.8	13.4
8013	1885.4	385.6	376.6	223.0	138.8	117.5	7.8	0.5	11.1	9.9	3.4
10035	1482.3	450.2	362.1	259.5	155.7	108.1	7.2	4.4	6.9	10.8	7.6
67171	3134.5	501.5	406.1	272.7	176.1	106.5	9.2	4.3	8.3	9.1	10.6
969.88						122.7			-14.4	34.2	134.3
8046			383.9	148.4	92.0	83.9			20.9	10.0	1.9
7563			554.0	448.3	145.6	58.8			4.3	25.2	19.9
3384			35.5	40.0	70.8	105.3			-2.4	-10.8	-7.6
1638			64.5	58.8	69.8	103.2			1.9	-3.4	-7.5

a) Investment of Pollution Treatment are from Environmental Protection Bureau before 2011, From 2012, data are from Environmental Protection Bureau and Ministry of Housing and Urban - Rural Development.

2－4 国民经济和社会发展结构

Structural Indicators on National Economic and Social Development

单位:%　　(%)

指　　标	Item	1990	1995	2000	2005	2010	2015	2017
人口城乡结构	**Urban and Rural Structure of Population**							
城镇	Urban	36.1	38.2	42.2	47.2	55.5	60.3	62.0
乡村	Rural	63.9	61.8	57.8	52.8	44.5	39.7	38.0
人口性别结构	Sexual Structure of Population							
男	Male	52.1	52.0	51.7	51.5	51.9	51.7	51.6
女	Female	47.9	48.0	48.3	48.5	48.1	48.3	48.4
就业产业结构	**Industrial Structure of Employment**							
第一产业	Primary Industry	55.8	52.1	52.2	53.8	48.2	39.1	41.4
第二产业	Secondary Industry	21.8	21.9	17.1	15.6	17.4	17.1	15.8
第三产业	Tertiary Industry	22.4	26.0	30.7	30.5	34.4	43.8	42.8
生产总值三次产业结构	**Industrial Structure of GDP**							
第一产业	Primary Industry	35.3	30.4	22.8	15.1	9.4	9.1	10.2
第二产业	Secondary Industry	32.1	36.0	37.9	45.4	54.5	50.5	39.8
第三产业	Tertiary Industry	32.6	33.6	39.3	39.5	36.1	40.4	50.0
国民总支出中总投资和总消费结构	**Investment and Consumption as Percentage of National Expenditures**							
总投资	Investment	39.0	43.5	41.7	72.9	77.3	78.7	64.0
总消费	Consumption	67.9	62.9	56.8	46.2	39.3	41.8	52.6
工农业总产值中农、轻、重结构	**Structure of Gross Output Value of Agriculture, Light Industry and Heavy Industry**							
农业	Agriculture	37.3	38.2	31.1	20.2	10.3	10.5	
轻工业	Light Industry	25.8	21.6	27.0	24.2	26.0	26.0	
重工业	Heavy Industry	36.9	45.3	43.0	55.6	63.7	63.5	
农、林、牧、渔业产值结构	**Structure of Gross Output Value of Agriculture**							
农业	Farming	65.7	62.0	56.8	48.3	48.8	51.5	51.0
林业	Forestry	4.0	3.2	4.3	4.1	4.2	3.6	3.6
牧业	Animal Husbandry	29.6	34.0	37.8	45.4	44.6	42.2	42.7
渔业	Fishery	0.7	0.8	1.1	0.7	0.9	1.1	1.1
工业总产值中轻、重工业结构	**Structure of Gross Output Value of Industry**							
轻工业	Light Industry	41.2	34.5	38.6	30.3	29.0	29.0	
重工业	Heavy Industry	58.8	65.5	61.4	69.7	71.0	71.0	
固定资产投资额三次产业投资结构	**Type of Industry as Percentage of Total Investment in FixedAssets Capital Construction**							
第一产业	Primary Industry	7.6	8.6	11.1	5.2	5.4	7.0	
第二产业	Secondary Industry	57.3	64.8	34.3	58.9	55.2	52.0	
第三产业	Tertiary Industry	35.1	26.6	54.6	35.9	39.4	41.0	
教育经费占财政支出的比例	**Educational Expenses as Percentage in Financial Expenditures**	**14.1**	**16.2**	**11.6**	**10.7**	**14.2**	**12.6**	**12.4**

2－4 续表 continued

单位:% (%)

指　　标	Item	1990	1995	2000	2005	2010	2015	2017
建筑业总产值结构	**Structure of Gross Output Value of Construction Enterprises**							
土木工程建筑业	Civil Engineering Construction	96.9	90.0	90.1	94.7	94.6		
线路管道设备安装业	Line and Equipment Installation	3.1	9.5	9.3	4.5	4.5		
建筑物装修装饰业	Building Decoration		0.5	0.6	0.8	0.9		
货运量结构(按运输方式分)	**Structure of Freight Traffic by Means of Transportation**							
铁路	Railways	26.0	27.5	21.6	30.2	35.6	35.8	35.2
公路	Highways	74.0	72.5	78.4	69.8	64.4	64.2	64.8
航空	Civil Aviation							
管道	Pipelines							
社会消费品零售总额构成	**Composition of Retail Sales of Consumer Goods**							
市	Cities	55.0	58.0	60.0	66.9			
县	Counties	25.9	24.0	24.0	20.7			
县以下	Below Counties	19.1	18.0	16.0	12.4			
学校在校学生结构	**Structure of Student Enrollment**							
大学生	College and University Students	0.9	1.0	4.8	6.3	10.7	13.8	14.8
中学生	Secondary School Students	34.2	35.4	40.9	49.6	47.8	43.2	41.3
小学生	Primary School Students	64.9	63.6	54.3	44.1	41.5	43.0	43.9
科技经费内部支出结构	**Structure of Internal Expenditures on Scientific and Technological Activities**							
#劳务费	Service Fees			44.6	19.7			
研究与发展经费支出	Expenditures of Research and Development			35.6	34.0			
城镇居民消费结构	**Consumption Structure of Urban Residents**							
食品类	Food	48.3	48.4	34.5	31.4	30.1	28.4	27.4
衣着类	Clothing	16.5	16.3	14.3	15.1	15.7	11.3	10.9
用品及其他	Articles for Daily Use and Others	35.2	29.0	42.6	43.1	44.3	43.3	44.4
居住	Residence		6.3	8.6	10.4	9.9	17.0	17.4
农牧民消费结构	**Consumption Structure of Rural Residence**							
食品类	Food		59.7	44.8	43.1	37.5	29.4	27.8
衣着类	Clothing		7.3	6.9	6.1	7.1	7.2	6.9
用品及其他	Articles for Daily Use and Others		19.7	32.9	37.1	38.5	46.4	47.3
居住	Residence		13.3	15.4	13.7	16.9	17.1	18.0
卫生技术人员结构	**Medical Technical Personnel**							
医生	Doctors	42.8	48.3	51.9	41.5	44.0	39.6	39.0
护师、护士	Nurses	22.9	24.1	25.6	22.3	30.6	37.7	39.8

注:2013 年起,城镇居民(农牧民)消费结构数据为城乡住户一体化调查数据。

a) From 2013, Date on Consumption Structure of Urban(Rural) Residents is the household survey data integration of urban and rural.

2-5 国民经济和社会发展比例和效益

Indicators on Proportions and Efficiency in National Economic and Social Development

指　　标	Item	1990	1995	2000	2005	2010	2015	2017
人口与就业	**Population and Employment**							
人口	Population							
出生率(‰)	Birth Rate(‰)	21.2	17.2	12.1	10.1	9.3	7.7	9.5
死亡率(‰)	Death Rate(‰)	7.2	6.7	5.9	5.5	5.5	5.3	5.7
自然增长率(‰)	Natural Growth Rate(‰)	14.0	10.5	6.1	4.6	3.8	2.4	3.7
就业	Employment							
城镇就业者负担人数(人)	Dependency Rural Laborer(person)	1.89	1.86	1.92	1.91	1.94	1.76	1.83
三次产业从业者比例(以第一产业为100)	Employment Ratio by type of Industry (Employment in Primary industry = 100)							
第一产业	Primary Industry	100	100	100	100	100	100	100
第二产业	Secondary Industry	39.1	41.9	33.0	29.0	36.1	43.6	38.2
第三产业	Tertiary Industry	40.3	50.0	58.8	56.7	71.4	112.1	103.6
城镇登记失业率(%)	Unemployment Rate in Urban Areas(%)	3.49	3.17	3.34	4.26	3.90	3.65	3.63
宏观经济	**Macro Economy**							
国民经济核算	National Accounting							
三次产业增加值比例(以第一产业为100)	Ratio of Value - added by Type of Industry (Value added in Primary industry = 100)							
第一产业	Primary Industry	100	100	100	100	100	100	
第二产业	Secondary Industry	91.0	118.7	166.1	300.8	581.4	556.5	
第三产业	Tertiary Industry	92.7	110.7	172.7	260.0	384.3	446.0	
人均生产总值(元)	Per Capita GDP(yuan)	1478	3772	6502	16285	47347	71101	
固定资产投资	Investment in Fixed Assets							
全社会固定资产投资占生产总值比例(%)	Proportion of Investment in Fixed Assets to GDP(%)	22.2	31.9	28.0	68.8	76.9	77.5	
全社会房屋建筑面积竣工率(%)	Rate of Total Floor Space of Buildings Completed in Construction(%)	77.8	80.7	75.5	53.5	50.2	44.5	37.3
财政	Finance							
地方财政总收入占生产总值比例(%)	Proportion of Local Government Revenue to GDP(%)	10.3	5.1	7.2	8.6	14.9		
地方财政总支出占生产总值比例(%)	Proportion of Local Government Expenditures to GDP(%)	19.1	11.9	17.0	18.8	19.5	23.9	
能源生产与消费	Production and Consumption of Energy							
能源生产弹性系数	Elasticity Ratio of Energy Production	0.66	1.61	0.27	0.94	1.59	-0.85	0.92
能源消费弹性系数	Elasticity Ratio of Energy Consumption	1.09	1.61	0.77	1.13	0.64	0.44	0.59
每万元生产总值消耗的能源(吨标准煤)	Energy Consumption Per 10 000 yuan GDP(ton of SCE)	7.59	6.27	2.31	2.48	1.92	1.00	

2－5 续表 1 continued

指　　标	Item	1990	1995	2000	2005	2010	2015	2017
产 业	**Industrial**							
农牧业	Agriculture							
人均耕地面积(公顷)	Per Capita Cultivated Land(hectare)	0.23	0.24	0.31	0.31	0.30	0.36	0.37
每公顷耕地农业机械总动力(千瓦)	Total Power of Agricultural Machinery per Hectare of Cultivated Land(kw)	1.53	1.64	1.85	2.61	4.24	4.58	
每公顷播种面积农产品产量(千克)	Output of Farm Crops per Hectare of Sown Area(kg)							
粮 食	Grain	2511	2547	2800	3800	3925	4937	
油 料	Oil－bearing Crops	1340	1260	1324	1759	1848	2119	2162
甜 菜	Beet Roots	24884	18821	23998	36328	43707	46147	41627
建筑业	Construction							
技术装备率(元/人)	Machinery per Laborer(yuan/person)	2434	3053	5844	11822	11379	24549	18472
产值利税率(%)	Ratio of Per－tax Profits to Gross Output Value(%)	6.2	3.6	4.2	8.3	11.6	7.8	8.4
全员劳动生产率(元/人)(按总产值计算)	Overall Labor Productivity(yuan/person)(in terms of gross output value per employee)	1369	28440	39319	81750	151321	303271	311715
交通运输业	Transportation							
铁路网密度(公里/万平方公里)	Railway Density(km/10 000 sq. km)	47	49	61	65	66	101	105
公路网密度(公里/万平方公里)	Highway Density(km/10 000 sq. km)	366	378	569	1052	1336	1482	1686
铁路货运密度(吨/公里)	Railway Freight Traffic Density(ton/km)	12338	14391	14705	29186	60300	56058	64517
公路货运密度(吨/公里)	Highway Freight Traffic Density(ton/km)	4597	5443	5194	6456	5390	6814	7395
邮电通信业	Postal & Telecommunications Services							
固定电话普及率(部/百人)	Access to Telephones(set/100 persons)	0.8	2.9	8.7	22.7	16.8	12.8	9.2
移动电话普及率(部/百人)	Access to Mobile Phones (set/100 persons)		0.1	4.9	29.9	82.5	96.6	113.2
国内贸易	Domestic Trade							
人均社会消费品零售额(元)	Per Capita Retail Sales of Consumer Goods(yuan)	610	1298	2045	5635	13833	24323	28365
对外经济贸易	Foreign Trade							
进出口总额占生产总值比例(%)	Proportion of Total Imports & Exports to GDP(%)	7.9	10.9	11.0	10.7	4.9	4.4	

2－5 续表 2 continued

指标	Item	1990	1995	2000	2005	2010	2015	2017
金融保险	Finance and Insurance							
金融机构存款占生产总值比例(%)	Bank Deposits as Percentage of GDP(%)	53.2	66.1	82.5	84.5	88.1	101.4	
金融机构贷款占生产总值比例(%)	Bank Loans as Percentage of GDP(%)	85.5	95.7	87.1	66.3	67.9	96.1	
教育、科技、文化	**Education, Science, Tech & Culture**							
教育	Education							
学龄儿童入学率(%)	Rate of School－age Children Enrollment(%)	97.9	98.9	99.5	99.4	100.0	100.0	100.0
小学升学率(%)	Rate of Graduates of primary Schools Entering Junior Secondary Schools(%)	81.8	90.0	96.1	100.0	100.2	99.6	99.5
初中升学率(%)	Rate of Graduates of Junior Secondary Schools Entering Senior Secondary Schools(%)	42.1	48.6	60.2	73.0	91.5	95.4	95.2
学校生师比(教师人数＝1)	Teacher－student Ratio (Total No. of Teachers＝1)							
高等学校	Colleges and Universities	4.8	5.3	8.1	14.2	15.9	16.5	17.0
中等学校	Secondary Schools	12.7	13.2	16.1	16.7	15.0	12.3	11.7
小学学校	Primary Schools	15.2	15.3	15.6	13.4	12.6	12.9	13.3
科技	Science and Technology							
研究与开发经费支出占生产总值比例(%)	R&D Expenditures as Percentage of GDP(%)		0.09	0.16	0.29	0.55	0.76	
文化	Culture							
每百万人有艺术表演团体(个)	Number of Troupes per Million Persons(unit)	5.8	5.2	4.9	4.6	4.4	3.9	3.8
每百万人有公共图书馆(个)	Number of Public Libraries per million Persons(unit)	4.9	4.7	4.6	4.6	4.6	4.7	4.6
每百万人有博物馆(个)	Number of Museums per million Persons (unit)	0.5	0.7	1.1	1.4	2.2	3.3	3.7
家庭、生活、环境	**Family, People's Livelihood & Environment**							
家庭	Family							
负担少儿系数(%)	Dependency Ratio of Children(%)	42.1	38.2	29.0	22.4	18.0	17.3	17.6
负担老年系数(%)	Dependency Ratio of the Aged(%)	5.9	6.8	7.3	8.8	9.7	11.8	13.1
卫生	Health Care							
每万人医院、卫生院数(个)	Number of Hospitals & Public health clinic per 10 000 Persons(unit)	0.9	0.9	0.9	0.8	0.7	0.8	0.8
每万人医生数(人)	Number of Doctors per 10 000 Persons(person)	19	22	22	21	22	26	28
每万人医院、卫生院床位数(张)	Number of beds of Hospital & Public health clinic per 10 000 Persons(unit)	26.6	27.3	28.2	29.1	40.4	49.7	55.7
市政建设	City Construction							
城市自来水普及率(%)	Percentage of Households with Access to Tap Water(%)	73.4	80.7	89.1	83.9	88.0	98.5	99.1
城市用气普及率(%)	Percentage of Households with Access to Tap Gas(%)	16.8	40.5	58.6	68.2	79.3	94.1	96.0
人均公园绿地面积(平方米)	Per Capita Public Green Park(sq. m)	3.3	5.9	7.0	7.8	12.4	19.3	19.7

主要统计指标解释

可比价格 指计算各种总量指标所采用的扣除了价格变动因素的价格,可进行不同时期总量指标的对比。按可比价格计算总量指标有两种方法:一种是直接用产品产量乘某一年的不变价格计算;另一种是用价格指数进行缩减。

不变价格 指以同类产品某年的平均价格作为固定价格,用于计算各年的产品价值。按不变价格计算的产品价值消除了价格变动因素,不同时期对比可以反映生产的发展速度,新中国成立后,随着工农业产品价格水平的变化,国家统计局先后五次制定了全国统一的工业产品不变价格和农业产品不变价格。从 1952 年到 1957 年使用 1952 年工(农)业产品不变价格。从 1957 年到 1970 年使用 1957 年不变价格,从 1971 年到 1980 年使用 1970 年不变价格,从 1981 年到 1990 年使用 1980 年不变价格,从 1991 年开始使用 1990 年不变价格。

平均增长速度 我国计算平均增长速度有两种方法:一种是习惯上经常使用的"水平法",又称几何平均法,是以间隔期最后一年的水平同基期水平对比来计算平均每年增长(或下降)速度;另一种是"累计法",又称代数平均法或方程法,是以间隔期内各年水平的总和同基期水平对比来计算平均每年增长(或下降)速度。在一般正常情况下,两种方法计算的平均每年增长速度比较接近,但在经济发展不平衡、出现大起大落时,两种方法计算的结果差别较大。

本《年鉴》内所列的平均增长速度,除固定资产投资用"累计法"计算外,其余均用"水平法"计算。从某年到某年平均增长速度的年份,均不包括基期年在内。如建国四十三年的平均增长速度是以 1949 年为基期计算的,则写为 1950 - 1992 年平均增长速度,其余类推。

企业(单位)登记注册类型 是以在工商行政管理机关登记注册的各类企业为划分对象,以工商行政管理部门对企业登记注册的类型为依据,将企业登记注册类型分为内资企业、港澳台商投资企业和外商投资企业三大类。内资企业包括国有企业、集体企业、股份合作企业、联营企业、有限责任公司、股份有限公司、私营公司和其他企业;港澳台商投资企业和外商投资企业分别包括合资经营企业、合作经营企业、独资经营企业和股份有限公司。对不在工商行政管理部门进行登记注册的行政机关、事业单位和社会团体,主要按其经费来源和管理方式进行划分。

国有企业 指企业全部资产归国家所有,并按《中华人民共和国企业法人登记管理条例》规定登记注册的非公司制的经济组织。不包括有限责任公司中的国有独资公司。

集体企业 指企业资产归集体所有,并按《中华人民共和国企业法人登记管理条例》规定登记注册的经济组织。

股份合作企业 指以合作制为基础,由企业职工共同出资入股,吸收一定比例的社会资产投资组建,实行自主经营,自负盈亏,共同劳动,民主管理,按劳分配与按股分红相结合的一种集体经济组织。

联营企业 指两个及两个以上相同或不同所有制性质的企业法人或事业单位法人,按自愿、平等、互利的原则,共同投资组成的经济组织。联营企业包括国有联营企业、集体联营企业、国有与集体联营企业和其他联营企业。

有限责任公司 指根据《中华人民共和国公司登记管理条例》规定登记注册,由两个以上、五十个以下的股东共同出资,每个股东以其所认缴的出资额对公司承担有限责任,公司以其全部资产对其债务承担责任的经济组织。有限责任公司包括国有独资公司以及其他有限责任公司。

股份有限公司 指根据《中华人民共和国公司登记管理条例》规定登记注册,其全部注册资本由等额股份构成并通过发行股票筹集资本,股东以其认购的股份对公司承担有限责任,公司以其全部资产对其债务承担责任的经济组织。

私营企业 指由自然人投资设立或由自然人控股,以雇佣劳动为基础的营利性经济组织。包括按照《公司法》、《合伙企业法》、《私营企业暂行条例》规定登记注册的私营有限责任公司、私营股份有限公司、私营合伙企业和私营独资企业。

其他内资企业 指上述企业之外的其他内资经济组织。

与港澳台商合资经营企业 指港澳台地区投资者与内地企业依照《中华人民共和国中外合资经营企业法》及有关法律的规定,按合同规定的比例投资设立、分享利润和分担风险的企业。

与港澳台商合作经营企业 指港澳台地区投资者与内地企业依照《中华人民共和国中外合作经营企业法》及有关法律的规定,依照合作合同的约定进行投资或提供条件设立、分配利润和分担风险的企业。

港澳台商独资经营企业 指依照《中华人民共和国外资企业法》及有关法律的规定,在内地由港澳台地区投资者全额投资设立的企业。

港澳台商投资股份有限公司 指根据国家有关规定,经外经贸部依法批准设立,其中港、澳、台商的股本占公司注册资本的比例达 25% 以上的股份有限公司。凡其中港、澳、台商的股本占公司注册资本的比例小于 25% 的,属于内资企业中的股份有限公司。

中外合资经营企业 指外国企业或外国人与中国内地企业依照《中华人民共和国中外合资经营企业法》及有关法律的规定，按合同规定的比例投资设立、分享利润和分担风险的企业。

中外合作经营企业 指外国企业或外国人与中国内地企业依照《中华人民共和国中外合作经营企业法》及有关法律的规定，依照合作合同的约定进行投资或提供条件设立、分配利润和分担风险的企业。

外资企业 指依照《中华人民共和国外资企业法》及有关法律的规定，在中国内地由外国投资者全额投资设立的企业。

外商投资股份有限公司 指根据国家有关规定，经外经贸部依法批准设立，其中外资的股本占公司注册资本的比例达25%以上的股份有限公司。凡其中外资股本占公司注册资本的比例小于25%的，属于内资企业中的股份有限公司。

行政机关、事业单位和社会团体 参照企业登记注册类型，主要按其经费来源和管理方式划分。具体规定如下：

(1)行政机关：包括国家机关和政党机关，原则上均列为“国有”。但有特殊规定的，如供销社等，则列为“集体”。

(2)事业单位：包括经国家机构编制部门和有关业务主管部门批准成立的各类事业单位，不包括实行企业化管理的事业单位。事业单位的划分办法如下：

①由国家财政预算拨款或列入财政预算外资金管理以及经费主要来源于国有主管部门或国有上级单位的事业单位，列为“国有”。

②经费主要来源于集体单位的事业单位，列为“集体”。

③公民个人（或个人合伙）开办的事业单位，列为“私营”。

④上述以外的其他事业单位，如果其经费来源不明确，按管理方式进行归类。

(3)社会团体：包括经民政部门批准成立以及未纳入社会团体管理条例范围的工会、妇联等各类社会团体。社会团体的划分办法如下：

①未纳入民政部社会团体管理条例范围的工会、妇联、共青团、青联、工商联、科协、侨联等社会团体，国家拨款设立的基金会或基金管理组织以及经费主要来源于国有业务主管部门或国有上级单位的社会团体，列入“国有”。

②经费主要来源于集体单位的社会团体，列为“集体”。

③公民个人（或个人合伙）开办的社会团体，划为“私营”。

④上述以外的其他社会团体，如果其经费来源不明确，改按管理方式进行归类。

Explanatory Notes on Main Statistical Indicators

Comparable Prices refer to prices that are used to remove the factors of price change in calculating economic aggregates, so as to facilitate comparison of aggregates over time. Two methods are used for calculating economic aggregates at comparable prices: 1. Multiplying the output of products by their constant prices of certain year; 2. Deflation of data at current prices by relevant price index.

Constant Price refers to the average price of a given product in certain year, which is used for comparison of output value over time. As the output value at constant prices removes the factor of price changes, it reflects the trend of production development over time. Since 1949, with the changes in general price level, the State Statistical Bureau has issued nationally unified constant prices five times; the 1952 constant prices for 1952 – 1957; the 1957 constant prices for 1957 – 1971; the 1970 constant prices for 1971 – 1980; the 1980 constant prices for 1981 – 1990; and the 1990 constant prices have been used since 1991.

Average Annual Growth Rate Two methods for calculating average annual growth rate are applied in China, one is often called "level approach" or the method of calculating geometric average, which is derived by comparing the level of the last year of the interval with that of the beginning year; the other is called accumulative approach or algebraic average or equation method, which is derived by the summation of the actual figure of each year in the interval divided by the figure in the base year.

Usually the results calculated by the two methods are fairly close, but they differed sharply when uneven economic development occurred with striking fluctuations in growth.

The average annual growth rates listed in this statistical yearbook are calculated by "level approach" except for the growth rate of investment in fixed assets. The base years are not listed when the years are listed for average annual growth rates. For instance, the average annual growth rate of 43 years since 1949 is listed as average annual growth rate of 1950 – 1992 without listing the base year 1949. And the analogy of this is also the same for the rest of the years.

Registration Status of Enterprises Enterprises are classified into 3 categories, namely domestic – funded enterprises, enterprises with investment from Hong Kong, Macao and Taiwan, and enterprises with foreign investment, in the light of the registration status of an enterprise in industrial and commercial administration agencies. Domestic funded enterprises include state owned enterprises, collective owned enterprises, cooperative enterprises, joint ownership enterprises, limited liability corporations, share holding corporations Ltd. , private enterprises and other enterprises. Included in the enterprises with investment from Hong Kong, Macao and Taiwan and enterprises with foreign investment are joint venture enterprises, cooperative enterprises, sole investment enterprises and share holding corporations Ltd. For government agencies, institutions and social organizations which are not requested to be registered in industrial and commercial administration agencies, they are classified mainly by their sources of funds and way of management.

State – owned Enterprises refer to non – corporation economic units where the entire assets are owned by the state and which have registered in accordance with the Regulation of the People's Republic of China on the Management of Registration of Corporate Enterprises. Excluded from this category are sole state funded corporations in the limited liability corporations.

Collective – owned Enterprises refer to economic units where the assets are owned collectively and which have registered in accordance with the Regulation of the People's Republic of China on the Management of Registration of Corporate Enterprises.

Cooperative Enterprises refer to a form of collective economic units (enterprises) where capitals come mainly from employees as their shares, with certain proportion of capital from the outside, where production is organized on the basis of independent operation, independent accounting for profits and losses, joint work, democratic management, and a distribution system that integrates remuneration according to work with dividend according to capital share.

Joint Ownership Enterprises refer to economic units established by two or more corporate enterprises or corporate institutions of the same or different ownership, through joint investment on the basis of equality, voluntary participation and mutual benefits. They include state joint ownership enterprises, collective joint ownership enterprises, joint state – collective enterprises, other joint ownership enterprises.

Limited Liability Corporations refer to economic units established with investment from 2 – 50 investors and registered in accordance with the Regulation of the people's Republic of China on the Management of Registration of Corporations, each investor bearing limited liability to the corporation depending on its share of investment, and the corporation bearing liability to its debt to the maximum of its total assets. Limited liability corporations include exclusive state – funded limited liability corporations and other limited liability corporations.

Share – holding Corporations Ltd refer to economic units registered in accordance with the Regulation of the People's Republic of China on the Management of Registration of Corporations, with total registered capitals divided into equal shares and raised through issuing stocks. Each investor bears limited liability to the corporation depending on the holding of shares, and the corporation bears liability to its debt to the maximum of its total assets.

Private Enterprises refer to profit – making economic units invested and established by natural persons, or controlled by natural persons using employed labour. Included in this category are private limited liability corporations, private share – holding corporations Ltd. , private partnership enterprises and private funded enterprises registered in accordance with the Corporation Law, Partnership Enterprises Law and Interim Regulations on private Enterprises.

Other Domestic – funded Enterprises refer to domestic – funded economic units other than those mentioned above.

Joint – venture Enterprises with Funds from Hong Kong, Macao and Taiwan refer to enterprises jointly established by investors from Hong Kong, Macao and Taiwan with enterprises in the mainland of China in accordance with the Law of the People's Republic of China on Sino – foreign Joint Venture Enterprises and other relevant laws, where the share of investment, profits and risks **is stipulated in the contract.**

Cooperative Enterprises with Funds from Hong Kong, Macao and Taiwan established by investors from Hong Kong, Macao and Taiwan with enterprises in the mainland of China in accordance with the Law of the People's Republic of China on Sino – foreign Cooperative Enterprises and other relevant laws, where the investment or provision of facilities, and the share of profits and risks is stipulated in the cooperative contract.

Enterprises with Sole (exclusive) Investment from Hong Kong, Macao and Taiwan refer to enterprises established in the mainland of China with exclusive investment from investors from Hong Kong, Macao and Taiwan in accordance with the Law of the People's Republic of China on Foreign – Funded Enterprises and other relevant laws.

Share – holding Corporations Ltd. with Investment from Hong Kong, Macao and Taiwan refer to share – holding corporations Ltd. established with the approval from the Ministry of Foreign Trade and Economic Relations in line with relevant state regulations, where the share of investment from Hong Kong, Macao or Taiwan businessmen exceeds 25% of the total registered capital of the corporation. In case the share of investment from Hong Kong, Macao or Taiwan is less than 25% of the total registered capital, the enterprise is to be classified as domestic funded share holding corporation Ltd.

Joint – venture Enterprises with Foreign Investment refer to enterprises jointly established by foreign enterprises of foreigners with enterprises in the mainland of China in accordance with the Law of the People's Republic of China on Sino – foreign Joint Venture Enterprises and other relevant laws, where the share of investment, profits and risks is stipulated in the contract.

Cooperation Enterprises with Foreign Investment refer to enterprises jointly established by foreign enterprises or foreigners with enterprises in the mainland of China in accordance with the Law of the People's Republic of China on Sino – foreign Cooperative Enterprises and other relevant laws, where the investment or provision of facilities, and the share of profits and risks is stipulated in the cooperative contract.

Enterprises with Sole (exclusive) Foreign Investment refer to enterprises established in the mainland of China with exclusive investment from foreign investors in accordance with the Law of the People's Republic of China on Foreign – Funded Enterprises and other relevant laws.

Share – holding Corporations Ltd. with Foreign Investment refer to share – holding corporations Ltd. established with the approval from the Ministry of Foreign Trade and Economic Relations in line with relevant state regulations, where the share of investment from foreign investors exceeds 25% of the total registered capital of the corporation. In case the share of foreign investment is less than 25% of the total registered capital, the enterprise is to be classified as domestic – funded share – holding corporation Ltd.

Government Agencies, Institutions and Social Organizations are classified into following categories by source of funds and way of management taking reference of the registration status of enterprises:

(1) Government agencies include state and party agencies, classified in principles as " state – owned ". There are exceptions, such as supply and marketing cooperatives which are classified as "collective".

(2) Institutions: include institutions of various types established with the approval by organization and staffing departments of the government, but exclude institutions where enterprise management system is introduced. Institutions are further classified as follows:

(a) Institutions whose main budget is listed in the Government budget appropriations or extra – budget funds, or allocated from the budget of their competent government agencies. Such institutions are classified as "state – owned".

(b) Institutions whose budget mainly comes from collective units. Such institutions are classified as "collective".

(c) Institutions Established by Individual(group of Citizen) are classified as " Private ".

(d) Institutions other than those mentioned above whose source of budget is not clear. Such institutions are classified by way of management.

(3) Social organizations: include social organizations established with the approval from the Ministry of Civil Affairs, and organizations that are not covered by social organization management regulations such as trade unions, women's federations etc. Social organizations are further classified as follows:

(a) Social organizations that are not covered by social organization management regulations of the Ministry of Civil Affairs such as trade unions, women's federations, communist youth leagues, youth associations, industrial and commerce associations, scientists associations, overseas Chinese associations, etc. , foundations and fund management organizations established with funds from the state, and social organizations whose funds mainly come from the budget of their competent government agencies. Such institutions are classified as "state – owned".

(b) Social organizations whose budget mainly comes from collective units. Such institutions are classified as "collective".

(c) Social organizations established by individual or a group of citizens, which are classified as "private".

(d) Social organizations other than those mentioned above whose source of budget is not clear. Such organizations are classified by way of management.

3 国民经济核算

National Accounts

资料整理：张文军　高　坤

Arranged By Zhang Wenjun，Gao Kun

3-1 生产总值构成

Composition of Gross Domestic Product

本表按当年价格计算。

Data in value terms in this table are calculated at current prices.

单位:% (%)

年份 Year	生产总值 Gross Domestic Product	第一产业 Primary Industry	第二产业 Secondary Industry	工业 Industry	建筑业 Cons-truction	第三产业 Tertiary Industry	#交通运输仓储邮电通讯业 Transp-ortation, Post and Telecom-munica-tions	#批发和零售贸易餐饮业 Whole-sale, Retail & Catering Trade
1952	100	71.1	11.3	8.1	3.1	17.6	3.4	4.9
1953	100	67.1	14.5	10.1	4.4	18.4	3.6	6.6
1954	100	63.6	18.8	13.2	5.5	17.6	4.0	6.2
1955	100	58.6	20.2	15.6	4.6	21.2	4.5	6.7
1956	100	57.4	22.1	16.1	6.0	20.5	4.3	6.4
1957	100	53.1	23.7	17.9	5.9	23.2	3.1	8.4
1958	100	44.7	34.3	25.1	9.3	21.0	5.5	7.7
1959	100	41.2	37.5	27.7	9.8	21.3	7.2	7.4
1960	100	32.3	46.8	36.0	10.8	20.9	5.9	7.7
1961	100	45.1	28.7	24.0	4.7	26.2	5.7	8.6
1962	100	50.8	26.1	23.1	3.0	23.1	5.1	6.4
1963	100	43.8	34.1	28.4	5.7	22.1	5.1	7.0
1964	100	43.1	35.1	28.8	6.3	21.8	5.1	7.1
1965	100	43.0	34.1	27.3	6.9	22.9	6.4	7.3
1966	100	44.7	34.0	27.0	7.0	21.3	5.2	7.1
1967	100	43.6	32.8	26.6	6.2	23.6	5.0	6.8
1968	100	45.1	32.0	25.8	6.2	22.9	4.8	6.4
1969	100	44.9	32.0	25.5	6.4	23.1	4.7	6.3
1970	100	45.2	33.0	25.2	7.8	21.8	5.2	6.9
1971	100	40.4	38.4	30.0	8.4	21.2	5.2	6.2
1972	100	37.0	39.5	30.8	8.7	23.5	5.4	6.8
1973	100	36.8	41.2	32.4	8.7	22.0	5.4	5.9
1974	100	36.9	40.0	30.9	9.1	23.1	5.2	6.3
1975	100	37.4	41.2	32.0	9.3	21.4	5.1	5.5
1976	100	38.5	39.0	31.4	7.6	22.5	5.2	5.6
1977	100	36.6	41.8	31.9	9.9	21.6	5.0	5.3
1978	100	32.7	45.4	37.6	7.8	21.9	4.8	4.9
1979	100	32.8	44.2	36.7	7.6	23.0	4.4	5.1
1980	100	26.4	47.2	39.9	7.3	26.4	6.0	5.9

3－1 续表 continued

本表按当年价格计算。

Data in value terms in this table are calculated at current prices.

单位:% (%)

年 份 Year	生产总值 Gross Domestic Product	第一产业 Primary Industry	第二产业 Secondary Industry	工业 Industry	建筑业 Cons－truction	第三产业 Tertiary Industry	# 交通运输仓储邮电通讯业 Transp－ortation, Post and Telecom－munica－tions	# 批发和零售贸易餐饮业 Whole－sale, Retail & Catering Trade
1981	100	34.8	41.1	35.8	5.3	24.1	4.8	5.1
1982	100	35.8	39.9	34.7	5.2	24.3	5.5	5.6
1983	100	33.9	39.6	33.9	5.7	26.5	6.2	6.0
1984	100	33.5	37.2	30.5	6.8	29.3	6.5	8.1
1985	100	32.7	34.8	28.0	6.7	32.5	6.6	12.0
1986	100	30.1	33.9	27.4	6.5	36.0	6.9	13.3
1987	100	29.3	33.2	27.4	5.7	37.5	6.0	15.5
1988	100	33.3	31.7	26.0	5.7	35.0	5.3	14.4
1989	100	30.4	33.8	28.6	5.2	35.8	6.4	12.2
1990	100	35.3	32.1	27.3	4.8	32.6	6.5	7.8
1991	100	32.6	34.5	28.6	5.9	32.9	7.5	7.7
1992	100	30.1	36.2	28.7	7.5	33.7	7.7	8.3
1993	100	27.9	37.8	30.2	7.6	34.3	8.2	8.8
1994	100	30.0	36.6	29.6	7.0	33.4	7.8	9.1
1995	100	30.4	36.0	29.7	6.3	33.6	8.1	9.7
1996	100	30.6	35.7	29.8	5.9	33.7	8.7	10.1
1997	100	28.0	36.6	30.8	5.8	35.4	9.9	11.0
1998	100	27.1	36.3	30.3	6.0	36.6	10.0	11.5
1999	100	24.9	37.0	30.8	6.2	38.1	10.6	12.2
2000	100	22.8	37.9	31.5	6.4	39.3	11.4	12.7
2001	100	20.9	38.3	31.6	6.7	40.8	11.9	13.2
2002	100	19.3	38.9	31.7	7.2	41.8	12.6	13.7
2003	100	17.6	40.5	32.4	8.1	41.9	12.4	13.1
2004	100	17.2	41.0	33.4	7.6	41.8	11.9	12.6
2005	100	15.1	45.4	37.8	7.6	39.5	10.9	11.7
2006	100	12.8	48.1	41.0	7.1	39.1	10.3	11.8
2007	100	11.9	49.7	43.3	6.4	38.4	9.8	11.9
2008	100	10.7	51.5	45.7	5.8	37.8	9.3	11.9
2009	100	9.5	52.5	46.2	6.3	38.0	9.0	12.1
2010	100	9.4	54.5	48.1	6.4	36.1	8.5	11.5
2011	100	9.1	56.0	49.5	6.5	34.9	8.2	10.8
2012	100	9.1	55.4	48.7	6.7	35.5	7.5	11.6
2013	100	9.3	53.8	47.0	6.9	36.9	8.7	11.9
2014	100	9.2	51.3	44.5	6.9	39.5	8.4	13.1
2015	100	9.1	50.5	43.4	7.1	40.4	7.3	13.2
2016	100	8.8	48.7	41.6	7.1	42.5	7.0	13.0
2017	100	10.2	39.8	31.7	8.0	50.0	8.0	15.1

3－2 生产总值指数

Indices of Gross Domestic Product

本表按可比价格计算。

The indices in this table are calculated at constant prices.

（上年＝100） (Preceding year＝100)

年 份 Year	生产总值 Gross Domestic Product	第一产业 Primary Industry	第二产业 Secondary Industry	工业 Industry	建筑业 Cons－truction	第三产业 Tertiary Industry	# 交通运输仓储邮电通讯业 Transp－ortation, Post and Telecom－munica－tions	# 批发和零售贸易餐饮业 Whole－sale, Retail & Catering Trade	人均生产总值 Per Capita GDP
1953	116.3	107.5	159.9	153.7	176.3	127.4	140.6	174.3	110.6
1954	119.4	111.3	160.4	162.3	156.1	117.6	137.8	117.1	112.8
1955	90.7	83.7	97.5	107.0	74.8	107.4	101.6	98.0	86.0
1956	138.7	136.6	152.3	143.2	183.3	131.4	133.3	133.8	131.0
1957	110.9	117.5	98.3	101.7	89.1	106.2	61.9	113.1	105.3
1958	125.3	105.3	184.0	178.6	200.5	127.1	238.5	121.9	119.4
1959	122.9	112.6	139.2	140.7	135.0	125.2	166.9	122.0	115.3
1960	95.8	77.9	126.6	132.1	111.2	86.5	84.1	106.0	87.3
1961	65.3	80.7	39.3	42.6	28.0	95.5	66.1	77.6	62.3
1962	94.7	105.2	84.3	89.1	59.9	86.5	90.4	73.7	95.5
1963	119.7	108.9	148.6	140.0	214.3	115.0	114.4	126.7	117.0
1964	113.2	111.8	117.1	115.5	125.5	111.3	112.6	112.9	108.9
1965	109.8	105.9	113.6	110.8	126.8	112.6	135.1	111.8	105.8
1966	110.0	112.4	114.4	113.7	117.4	99.7	88.4	105.6	106.8
1967	83.3	81.1	81.2	83.0	74.5	91.2	79.4	79.8	81.1
1968	99.9	98.9	102.6	102.0	105.4	98.3	99.2	97.8	96.9
1969	100.8	99.5	103.4	102.5	107.4	99.8	99.2	97.7	97.7
1970	123.3	119.7	140.2	134.0	164.8	105.6	129.6	130.0	120.0
1971	102.1	95.0	106.5	109.1	98.2	108.7	108.0	95.3	99.0
1972	107.8	117.0	97.2	97.0	97.9	110.4	93.1	99.4	104.1
1973	111.7	110.8	116.8	117.9	112.8	105.0	111.7	96.9	108.3
1974	96.2	94.3	95.4	93.5	102.6	101.8	94.0	106.1	93.3
1975	111.3	111.7	115.6	116.2	113.9	103.1	111.1	97.3	108.6
1976	99.4	101.8	94.7	98.4	82.1	103.2	100.0	100.9	97.4
1977	107.0	102.2	114.5	108.5	139.2	103.7	103.2	101.5	105.2
1978	108.0	98.8	117.2	127.3	84.6	108.9	107.7	105.2	106.3
1979	109.8	107.7	108.6	108.4	110.0	116.0	103.3	113.1	107.4
1980	101.7	76.0	113.3	116.6	97.6	122.9	144.5	123.5	100.2

3－2 续表 continued

本表按可比价格计算。

The indices in this table are calculated at constant prices.

（上年＝100） （Preceding year＝100）

年 份 Year	生产总值 Gross Domestic Product	第一产业 Primary Industry	第二产业 Secondary Industry	工业 Industry	建筑业 Cons－truction	第三产业 Tertiary Industry	# 交通运输仓储邮电通讯业 Transp－ortation, Post and Telecom－munica－tions	# 批发和零售贸易餐饮业 Whole－sale, Retail & Catering Trade	人均生产总值 Per Capita GDP
1981	110.6	141.8	96.3	98.2	85.7	103.4	90.0	99.9	109.4
1982	118.6	118.2	117.4	117.3	117.9	121.1	138.1	129.9	116.9
1983	109.8	105.0	109.9	108.5	118.8	116.7	117.4	116.1	107.8
1984	116.1	114.0	110.2	107.3	127.7	128.1	119.3	156.8	116.2
1985	117.2	114.1	108.2	105.5	121.7	133.0	129.3	175.1	114.6
1986	105.9	91.7	105.4	106.4	101.2	120.4	115.6	120.0	104.8
1987	109.0	106.8	107.0	109.3	96.5	112.5	96.2	125.6	107.7
1988	109.8	117.3	111.1	108.1	126.6	103.2	111.9	99.5	108.4
1989	102.7	95.1	104.9	107.2	94.9	106.8	121.6	102.6	101.4
1990	107.5	124.4	99.4	99.2	100.5	103.1	101.1	93.4	105.8
1991	107.5	104.0	110.8	108.2	126.0	107.9	121.4	102.5	106.0
1992	111.0	104.0	115.4	110.7	138.8	113.8	118.4	117.1	109.9
1993	111.7	105.0	113.9	112.3	120.5	115.7	119.2	120.9	111.3
1994	111.2	103.2	113.1	114.8	106.9	116.1	121.6	118.6	109.8
1995	110.1	103.9	111.0	112.7	104.2	114.1	118.8	116.4	108.9
1996	114.4	121.4	111.4	115.2	95.5	112.3	114.3	114.3	113.2
1997	110.8	102.0	114.0	114.9	109.4	114.3	119.0	117.8	109.8
1998	110.7	106.2	109.6	110.0	107.2	114.7	116.8	115.9	109.7
1999	108.8	101.0	110.0	110.7	105.9	112.7	113.5	116.3	108.0
2000	110.8	102.6	111.7	112.2	108.9	114.5	117.4	117.0	110.1
2001	110.7	102.0	110.9	110.2	114.1	115.5	116.1	115.9	110.2
2002	113.2	104.4	115.7	113.9	124.3	115.3	120.2	117.3	112.9
2003	117.9	105.9	127.7	121.8	153.3	114.5	120.3	116.2	117.8
2004	120.5	111.7	122.8	124.9	115.6	122.0	122.1	119.3	120.3
2005	123.8	109.1	134.9	138.5	121.3	118.1	117.5	117.9	123.4
2006	119.1	103.2	127.1	129.8	113.6	115.9	114.1	117.3	118.5
2007	119.2	103.9	126.0	128.3	112.7	116.0	116.2	114.2	118.6
2008	117.8	107.5	121.6	123.6	109.0	115.8	117.7	115.4	117.1
2009	116.9	102.3	121.1	120.5	125.2	115.0	109.9	116.5	116.2
2010	115.0	106.1	118.2	118.8	114.3	112.4	112.9	111.9	114.4
2011	114.3	105.9	117.1	117.3	115.6	112.4	114.8	109.0	113.8
2012	111.5	105.6	113.3	113.5	111.6	110.0	111.2	113.3	111.1
2013	109.0	105.1	110.8	111.3	106.6	107.1	106.1	108.7	108.7
2014	107.8	103.1	109.0	109.4	105.9	106.8	106.8	108.7	107.5
2015	107.7	103.0	108.0	108.2	106.7	108.1	104.6	106.8	107.4
2016	107.2	103.0	106.9	107.0	106.9	108.3	106.5	107.0	106.9
2017	104.0	103.3	101.5	103.6	94.1	106.2	116.9	105.9	103.6

3－3 生产总值指数

Indices of Gross Domestic Product

本表按可比价格计算。

The indices in this table are calculated at comparable prices

1952 年＝100 （1952＝100）

年份 Year	生产总值 Gross Domestic Product	第一产业 Primary Industry	第二产业 Secondary Industry	工业 Industry	建筑业 Cons－truction	第三产业 Tertiary Industry	# 交通运输仓储邮电通讯业 Transp－ortation, Post and Telecom－munica－tions	# 批发和零售贸易餐饮业 Whole－sale, Retail & Catering Trade	人均生产总值 Per Capita GDP
1952	100	100	100	100	100	100	100	100	100
1953	116.3	107.5	159.9	153.7	176.3	127.4	140.6	174.3	110.6
1954	138.9	119.6	256.6	249.5	275.2	149.8	193.8	204.1	124.8
1955	125.9	100.1	250.1	266.9	206.0	160.9	196.9	200.0	107.4
1956	174.6	136.8	380.9	382.1	377.5	211.3	262.5	267.6	140.7
1957	193.6	160.8	374.2	388.7	336.3	224.5	162.5	302.7	148.2
1958	242.6	169.3	688.6	694.0	674.2	285.4	387.5	368.9	176.9
1959	298.1	190.6	958.4	976.7	910.2	357.3	646.9	450.0	204.1
1960	285.6	148.5	1213.1	1289.8	1011.9	309.1	543.8	477.0	178.1
1961	186.4	119.9	476.5	549.9	283.7	295.1	359.4	370.3	111.0
1962	176.5	126.1	401.8	490.1	169.9	255.4	325.0	273.0	106.0
1963	211.3	137.3	597.2	685.9	364.1	293.8	371.9	345.9	124.0
1964	239.3	153.5	699.5	791.9	457.0	327.0	418.8	390.5	135.1
1965	262.7	162.5	795.0	877.1	579.3	368.3	565.6	456.8	143.0
1966	288.9	182.6	909.8	997.2	680.4	367.2	500.0	460.8	152.7
1967	240.8	148.1	739.2	827.7	506.7	334.9	396.9	367.6	123.8
1968	240.6	146.5	758.6	844.1	534.2	329.1	393.8	359.5	120.1
1969	242.6	145.7	784.6	864.9	573.6	328.3	390.6	351.4	117.3
1970	299.1	174.4	1100.0	1159.0	945.1	346.6	506.3	456.8	140.7
1971	305.3	165.7	1171.8	1264.8	927.7	376.6	546.9	435.1	139.2
1972	329.1	193.9	1138.9	1226.7	908.3	415.8	509.4	432.4	144.9
1973	367.5	214.8	1329.8	1446.2	1024.3	436.5	568.8	418.9	157.0
1974	353.7	202.6	1268.7	1351.8	1050.6	444.4	534.4	444.6	146.5
1975	393.8	226.3	1467.3	1570.2	1197.1	458.4	593.8	432.4	159.1
1976	391.2	230.4	1389.9	1544.8	983.0	473.1	593.8	436.5	155.0
1977	418.7	235.4	1591.6	1676.8	1367.9	490.7	612.5	443.2	163.1
1978	452.2	232.5	1865.3	2134.7	1157.6	534.2	659.4	466.2	173.4
1979	496.3	250.5	2026.3	2241.9	1459.9	619.5	680.9	527.1	186.3
1980	504.6	190.5	2295.8	2682.5	1280.1	761.5	983.9	651.1	186.7

3－3 续表 continued

本表按可比价格计算。

The indices in this table are calculated at comparable prices

1952 年＝100 （1952＝100）

年 份 Year	生产总值 Gross Domestic Product	第一产业 Primary Industry	第二产业 Secondary Industry	工业 Industry	建筑业 Cons－truction	第三产业 Tertiary Industry	＃交通运输仓储邮电通讯业 Transp－ortation, Post and Telecom－munica－tions	＃批发和零售贸易餐饮业 Whole－sale, Retail & Catering Trade	人均生产总值 Per Capita GDP
1981	558.1	270.1	2210.8	2566.6	1276.3	787.4	886.0	650.4	204.2
1982	661.8	319.3	2595.1	3006.4	1514.7	953.9	1223.3	844.7	238.8
1983	726.9	335.4	2850.8	3166.6	2021.3	1113.2	1435.9	980.9	257.5
1984	844.4	382.4	3135.9	3613.9	1900.0	1425.5	1712.8	1538.0	299.1
1985	989.8	436.3	3399.5	3811.0	2318.8	1896.5	2215.0	2692.8	342.7
1986	1048.0	400.2	3582.7	4053.5	2345.9	2282.8	2561.1	3232.3	359.1
1987	1142.1	427.6	3832.2	4429.5	2263.1	2568.3	2463.2	4060.2	386.6
1988	1254.0	501.6	4259.3	4789.9	2865.3	2651.2	2755.3	4038.8	419.2
1989	1288.3	476.7	4470.0	5136.7	2718.9	2831.2	3351.4	4142.3	425.0
1990	1385.2	593.2	4444.5	5095.8	2733.6	2919.0	3386.7	3867.8	449.5
1991	1488.7	616.9	4926.5	5513.1	3445.2	3149.9	4111.9	3965.6	476.5
1992	1652.6	641.8	5687.2	6102.3	4780.7	3584.0	4869.8	4642.3	523.7
1993	1845.3	673.9	6480.5	6855.9	5747.0	4145.0	5804.3	5611.2	582.9
1994	2051.2	695.5	7329.5	7870.2	6143.6	4810.9	7058.0	6652.8	640.1
1995	2259.3	722.6	8133.5	8869.4	6400.8	5490.7	8387.3	7742.0	697.0
1996	2584.3	877.2	9064.7	10218.5	6110.4	6165.5	9589.8	8847.1	789.3
1997	2862.1	894.8	10333.8	11740.1	6686.7	7046.3	11414.7	10423.6	866.4
1998	3167.0	950.2	11322.7	12915.0	7169.1	8080.3	13335.9	12078.4	950.8
1999	3446.7	959.7	12452.7	14299.5	7591.5	9105.7	15130.4	14045.7	1026.8
2000	3817.3	984.7	13912.2	16045.4	8266.6	10422.5	17764.3	16427.2	1130.6
2001	4225.8	1003.9	15423.1	17681.2	9435.2	12033.7	20628.9	19032.6	1246.4
2002	4782.1	1048.1	17842.6	20135.5	11725.3	13879.9	24793.4	22329.2	1407.1
2003	5638.0	1109.9	22784.9	24520.4	17977.0	15886.5	29823.7	25944.0	1657.4
2004	6793.8	1239.8	27878.8	30625.9	20781.0	19381.5	36414.7	30963.5	1993.6
2005	8411.3	1352.7	37602.8	42417.1	25216.9	22881.4	42787.3	36506.0	2459.3
2006	10014.6	1396.1	47801.1	55065.6	28651.4	26509.5	48826.0	42837.7	2914.5
2007	11941.2	1450.3	60205.5	70628.6	32298.1	30750.5	56746.9	48918.0	3456.7
2008	14069.4	1558.9	73224.6	87266.9	35205.0	35598.2	66786.8	56459.8	4048.3
2009	16447.1	1594.7	88658.4	105174.1	44071.5	40946.4	73398.7	65775.7	4704.0
2010	18918.3	1692.7	104795.4	124895.3	50373.7	46044.1	82887.0	73598.6	5380.3
2011	21632.2	1792.6	122668.3	146443.8	58216.4	51773.5	95119.0	80193.7	6122.8
2012	24111.8	1893.0	138960.0	166213.9	64978.2	56963.1	105795.7	90890.9	6800.4
2013	26281.9	1989.5	153967.7	184996.1	69266.8	61007.5	112233.4	98833.7	7388.8
2014	28331.8	2051.2	167824.8	202385.7	73353.5	65156.0	119865.2	107432.3	7941.4
2015	30512.1	2113.7	181324.5	218975.3	78289.4	70441.1	125322.9	114696.4	8529.6
2016	32708.9	2177.1	193835.9	234303.6	83691.4	76287.7	133468.9	122725.2	9118.1
2017	34017.3	2248.9	196743.4	242738.5	78753.6	81017.5	156025.1	129966.0	9446.4

3－4 第三产业增加值构成

Composition of Value－added of the Tertiary Industry

本表按当年价格计算。

Data in value terms in this table are calculated at current prices.

单位:%　　(%)

行业	Sector	2016	2017
总计	**Total**	**100.0**	**100.0**
农、林、牧、渔服务业	Agricultural Services Industry	0.3	0.3
开采辅助活动	Support Activities for Mining		
金属制品、机械和设备修理业	Repair Service of Metal Products, Machinery and Equipment		
批发和零售业	Wholesale and Retail Trade	23.2	22.6
交通运输、仓储和邮政业	Transportation and Postal Services	14.4	13.0
住宿和餐饮业	Hotel and Restaurants	8.6	9.1
信息传输、软件和信息技术服务业	Information Transmission, Software & Information Technology Services	3.1	4.3
金融业	Banking	12.5	13.7
房地产业	Real Estate	5.7	5.7
租赁和商务服务业	Leasing and Business Services	3.9	4.2
科学研究和技术服务业	Scientific Research & Technical Services	2.6	1.9
水利、环境和公共设施管理业	Water Conservancy, Environment and Public Facilities Administraion	1.2	1.3
居民服务、修理和其他服务业	Resident Services, Repairs and Other Services	5.5	5.9
教育	Education	5.1	5.8
卫生和社会工作	Health Care and Social Work	3.5	3.8
文化、体育和娱乐业	Culture, Sports and Entertainment	1.4	1.7
公共管理、社会保障和社会组织	Public Administration, Social Security and Social Organizations	8.8	6.7
国际组织	International Organizations		

3-5 第三产业增加值指数

Indices of Value - added of the Tertiary Industry

本表按可比价格计算。

The indices in this table are calculated at comparable prices

上年 = 100　　　　(Preceding year = 100)

行 业	Sector	2016	2017
总 计	**Total**	**108.3**	**106.2**
农、林、牧、渔服务业	Agricultural Services Industry	104.7	104.0
开采辅助活动	Support Activities for Mining		
金属制品、机械和设备修理业	Repair Service of Metal Products, Machinery and Equipment	106.8	
批发和零售业	Wholesale and Retail Trade	106.3	106.0
交通运输、仓储和邮政业	Transportation and Postal Services	105.0	110.7
住宿和餐饮业	Hotel and Restaurants	107.1	105.8
信息传输、软件和信息技术服务业	Information Transmission, Software & Information Technology Services	119.0	138.8
金融业	Banking	116.8	108.1
房地产业	Real Estate	103.7	97.9
租赁和商务服务业	Leasing and Business Services	109.1	106.1
科学研究和技术服务业	Scientific Research & Technical Services	107.2	101.4
水利、环境和公共设施管理业	Water Conservancy, Environment and Public Facilities Administraion	102.6	110.3
居民服务、修理和其他服务业	Resident Services, Repairs and Other Services	110.1	104.7
教育	Education	107.9	116.2
卫生和社会工作	Health Care and Social Work	110.0	110.9
文化、体育和娱乐业	Culture, Sports and Entertainment	108.2	120.7
公共管理、社会保障和社会组织	Public Administration, Social Security and Social Organizations	109.0	81.7
国际组织	International Organizations		

3-6 三次产业和主要行业贡献率

Share of the Contributions of the Three Strata of Industry and Main Sectors to the Increase of the GDP

单位:% (%)

年份 Year	生产总值 Gross Domestic Product	第一产业 Primary Industry	第二产业 Secondary Industry	工业 Industry	建筑业 Cons-truction	第三产业 Tertiary Industry	#交通运输仓储邮电通讯业 Transp-ortation, Post and Telecom-munica-tions	#批发和零售贸易餐饮业 Whole-sale, Retail & Catering Trade
1990	100	89.1	-2.4	-2.7	0.3	13.3	0.8	-9.6
1991	100	18.9	46.6	30.0	16.6	34.5	18.6	2.6
1992	100	12.4	46.5	26.7	19.7	41.1	12.2	11.6
1993	100	13.7	41.3	29.0	12.3	45.1	12.8	14.0
1994	100	8.6	41.2	36.6	4.7	50.1	16.1	14.1
1995	100	10.7	38.6	35.6	3.0	50.6	16.9	14.6
1996	100	43.7	28.5	30.4	-1.9	27.8	7.8	9.3
1997	100	6.2	48.0	43.2	4.8	45.7	14.9	16.7
1998	100	17.8	33.8	30.1	3.6	48.4	14.2	15.8
1999	100	3.4	43.1	39.6	3.5	53.5	14.8	21.0
2000	100	6.7	41.7	37.5	4.2	51.6	16.3	19.1
2001	100	4.2	38.6	30.1	8.5	57.2	17.3	18.9
2002	100	7.0	45.2	33.0	12.1	47.8	18.3	17.5
2003	100	6.4	59.9	38.3	21.5	33.8	14.4	12.4
2004	100	9.9	46.6	39.5	7.1	43.5	13.9	12.8
2005	100	6.2	62.6	54.6	8.1	31.2	9.6	10.1
2006	100	2.5	64.6	59.2	5.4	32.9	8.1	10.7
2007	100	2.6	65.4	60.6	4.8	32.0	8.8	8.5
2008	100	4.8	62.1	58.7	3.4	33.1	10.1	9.6
2009	100	1.4	65.9	56.5	9.4	32.7	6.0	10.6
2010	100	3.7	66.5	60.0	6.4	29.8	8.2	8.6
2011	100	3.9	64.9	57.9	7.0	31.3	8.8	7.2
2012	100	4.3	64.8	58.2	6.6	31.0	8.4	12.8
2013	100	4.7	67.8	63.0	4.8	27.6	5.8	10.8
2014	100	3.1	66.6	61.8	4.8	30.3	7.3	12.5
2015	100	2.9	60.8	55.2	5.5	36.3	4.9	9.9
2016	100	3.8	49.0	42.2	6.8	47.2	6.6	11.6
2017	100	9.2	14.9	28.0	-13.3	75.8	30.9	22.4

3－7 三次产业和主要行业对生产总值增长的拉动

Contribution of the Three Strata of Industry and Main Sectors to GDP Growth

本表按不变价格计算。

Data in this table are calculated at constant prices.

单位:百分点 (percentage points)

年 份 Year	生产总值 Gross Domestic Product	第一产业 Primary Industry	第二产业 Secondary Industry	工业 Industry	建筑业 Cons－truction	第三产业 Tertiary Industry	# 交通运输仓储邮电通讯业 Transp－ortation, Post and Telecom－munica－tions	# 批发和零售贸易餐饮业 Whole－sale, Retail & Catering Trade
1990	7.5	6.7	－0.2	－0.2		1.0	0.1	－0.7
1991	7.5	1.4	3.5	2.3	1.2	2.6	1.4	0.2
1992	11.0	1.4	5.1	2.9	2.2	4.5	1.3	1.3
1993	11.7	1.6	4.8	3.4	1.4	5.3	1.5	1.6
1994	11.2	1.0	4.6	4.1	0.5	5.6	1.8	1.6
1995	10.1	1.1	3.9	3.6	0.3	5.1	1.7	1.5
1996	14.4	6.3	4.1	4.4	－0.3	4.0	1.1	1.3
1997	10.8	0.7	5.2	4.6	0.5	4.9	1.6	1.8
1998	10.7	1.9	3.6	3.2	0.4	5.2	1.5	1.7
1999	8.8	0.3	3.8	3.5	0.3	4.7	1.3	1.9
2000	10.8	0.7	4.5	4.0	0.5	5.5	1.8	2.1
2001	10.7	0.4	4.1	3.2	0.9	6.1	1.9	2.0
2002	13.2	0.9	6.0	4.3	1.6	6.3	2.4	2.3
2003	17.9	1.1	10.7	6.9	3.8	6.1	2.6	2.2
2004	20.5	2.0	9.6	8.1	1.5	8.9	2.8	2.6
2005	23.8	1.5	14.9	13.0	1.9	7.4	2.3	2.4
2006	19.1	0.5	12.3	11.3	1.0	6.3	1.5	2.0
2007	19.2	0.5	12.6	11.7	0.9	6.2	1.7	1.6
2008	17.8	0.9	11.1	10.5	0.6	5.9	1.8	1.7
2009	16.9	0.2	11.1	9.5	1.6	5.5	1.0	1.8
2010	15.0	0.6	10.0	9.0	1.0	4.5	1.2	1.3
2011	14.3	0.6	9.3	8.3	1.0	4.5	1.3	1.0
2012	11.5	0.5	7.5	6.7	0.8	3.6	1.0	1.5
2013	9.0	0.4	6.1	5.7	0.4	2.5	0.5	1.0
2014	7.8	0.2	5.2	4.8	0.4	2.4	0.6	1.0
2015	7.7	0.2	4.7	4.2	0.4	2.8	0.4	0.8
2016	7.2	0.3	3.5	3.0	0.5	3.4	0.5	0.8
2017	4.0	0.4	0.6	1.1	－0.5	3.0	1.2	0.9

3-8 支出法生产总值结构

The Structure of Gross Domestic Product by Expenditure Approach

本表按当年价格计算。

Data in value terms in this table are calculated at current prices.

年份 Year	资本形成率（投资率）（%） Capital Formation Rate（%）	最终消费率（消费率）（%） Final Consum-ption Rate（%）	比重 Proportion 最终消费=100 Final Consumption Expenditure=100		居民消费=100 Household Consumption=100		资本形成总额=100 Gross Capital Formation=100	
			居民消费 House-hold Consum-ption Expendi-ture	政府消费 Govern-ment Consum-ption Expendi-ture	农村居民 Rural House-holds	城镇居民 Urban House-holds	固定资本形成总额 Gross Fixed Capital Formation	存货增加 Changes in Inven-tories
1979	36.1	79.3	87.9	12.1	46.9	53.1	76.1	23.9
1980	27.6	90.8	89.9	10.1	50.5	49.5	83.6	16.4
1981	24.1	98.2	87.7	12.3	51.5	48.5	82.6	17.4
1982	28.0	94.4	89.8	10.2	55.2	44.8	80.2	19.8
1983	33.6	88.8	89.1	10.9	55.1	44.9	83.4	16.6
1984	35.7	83.1	83.9	16.1	54.6	45.4	89.2	10.8
1985	37.6	77.5	82.7	17.3	55.1	44.9	82.7	17.3
1986	33.2	79.8	81.6	18.4	50.4	49.6	79.0	21.0
1987	32.0	78.3	81.4	18.6	50.8	49.2	78.6	21.4
1988	40.7	68.1	81.1	18.9	51.9	48.1	65.4	34.6
1989	39.5	68.0	80.6	19.4	50.8	49.2	61.2	38.8
1990	39.0	67.9	78.4	21.6	50.9	49.1	56.8	43.2
1991	38.1	68.4	76.7	23.3	49.5	50.5	73.5	26.5
1992	46.5	64.3	76.8	23.2	49.0	51.0	76.1	23.9
1993	53.6	61.1	77.2	22.8	42.9	57.1	76.0	24.0
1994	47.6	60.6	77.9	22.1	41.4	58.6	75.6	24.4
1995	43.5	62.9	76.6	23.4	44.0	56.0	73.2	26.8
1996	43.6	59.6	76.8	23.2	43.0	57.0	61.9	38.1
1997	41.2	59.4	75.4	24.6	42.6	57.4	67.2	32.8
1998	43.0	57.2	74.7	25.3	42.1	57.9	65.2	34.8
1999	41.9	58.1	74.0	26.0	37.8	62.2	67.5	32.5
2000	41.7	56.8	72.8	27.2	37.4	62.6	68.4	31.6
2001	39.7	56.9	69.9	30.1	33.8	66.2	75.1	24.9
2002	44.4	58.6	70.0	30.0	30.2	69.8	84.6	15.4
2003	56.1	52.7	67.5	32.5	30.3	69.7	91.7	8.3
2004	64.0	49.2	64.6	35.4	28.1	71.9	93.4	6.6
2005	72.9	46.2	66.1	33.9	26.1	73.9	94.4	5.6
2006	70.1	43.1	65.0	35.0	25.5	74.5	96.8	3.2
2007	70.0	41.0	64.4	35.6	23.8	76.2	96.9	3.1
2008	67.3	38.6	62.1	37.9	21.6	78.4	96.5	3.5
2009	77.0	40.5	58.8	41.2	20.4	79.6	99.1	0.9
2010	77.3	39.3	58.7	41.3	19.6	80.4	99.1	0.9
2011	76.7	38.5	59.4	40.6	19.7	80.3	98.4	1.6
2012	84.6	39.4	60.5	39.5	19.8	80.2	96.4	3.6
2013	71.2	41.8	63.1	36.9	23.5	76.5	97.1	2.9
2014	77.4	40.3	69.3	30.7	22.8	77.2	97.8	2.2
2015	78.7	41.8	70.1	29.9	22.7	77.3	98.6	1.4
2016	67.2	43.1	69.8	30.2	22.9	77.1	99.0	1.0
2017	64.0	52.6	71.3	28.7	22.8	77.2	100.9	-0.9

3－9 工农业总产出指数

Gross Output of Industry and Agriculture Indices

年 份 Year	指数(以 1952 年为 100，可比价) Indices of Output of Industry & Agriculture (1952 = 100, at comparable Prices)		
	工农业总产出 Gross Output of Industry & Agricluture	农业总产出 Gross Output of Agriculture	工业总产出 Gross Output of Industry
1952	100.0	100.0	100.0
1953	109.2	106.0	152.0
1954	123.9	116.2	224.7
1955	120.2	109.2	264.0
1956	151.3	135.7	356.7
1957	134.0	114.1	394.7
1958	191.4	150.9	722.7
1959	236.0	168.0	1127.3
1960	259.7	149.4	1704.7
1961	181.8	128.5	880.0
1962	164.4	120.9	734.7
1963	202.0	134.9	1080.7
1964	235.6	163.1	1186.7
1965	243.0	148.4	1482.7
1966	272.0	160.1	1738.7
1967	238.4	164.2	1210.0
1968	235.9	156.0	1284.0
1969	230.3	140.9	1401.3
1970	298.9	169.8	1990.7
1971	318.9	167.2	2306.7
1972	302.0	146.3	2342.7
1973	348.8	190.5	2424.0
1974	337.4	194.6	2210.0
1975	379.3	199.4	2737.3
1976	387.5	202.0	2819.3
1977	403.5	183.5	3286.7
1978	440.9	183.9	3810.0
1979	465.8	194.3	4024.0
1980	447.9	168.5	4110.0
1981	479.6	201.8	4120.7
1982	553.2	233.6	4741.3
1983	601.1	250.5	5196.7
1984	659.0	280.7	5617.3

3－9 续表 continued

年 份 Year	指数(以1952年为100，可比价) Indices of Output of Industry & Agriculture (1952＝100，at comparable Prices)		
	工农业总产出 Gross Output of Industry & Agricluture	农业总产出 Gross Output of Agriculture	工业总产出 Gross Output of Industry
1985	752.1	309.6	6552.7
1986	781.4	293.3	7178.7
1987	856.0	305.3	8072.7
1988	975.9	348.6	9197.3
1989	1056.5	347.0	10356.0
1990	1147.0	412.0	10780.7
1991	1222.3	428.4	11648.9
1992	1336.5	453.2	12965.2
1993	1487.9	484.9	14756.1
1994	1642.0	500.7	16821.9
1995	1797.9	521.2	18840.5
1996	2070.8	644.8	21007.2
1997	2297.6	660.9	24158.3
1998	2504.3	704.8	26574.1
1999	2707.1	712.4	29497.3
2000	2961.2	729.9	33036.9
2001	3205.9	744.3	36704.0
2002	3545.0	780.7	41842.6
2003	4246.6	826.1	52297.6
2004	5704.0	942.3	73380.7
2005	7200.8	1048.1	95923.2
2006	8878.5	1084.6	123097.0
2007	11148.7	1132.1	159913.3
2008	13531.6	1220.8	197652.8
2009	15991.3	1249.7	238322.4
2010	18783.4	1326.9	283180.1
2011	22095.5	1402.5	335708.1
2012	23216.9	1482.5	352602.2
2013	24888.5	1555.1	378694.8
2014	25892.5	1602.7	394218.0
2015	27989.8	1646.0	427726.5
2016	28969.4	1708.5	443124.7
2017	29577.8	1734.1	452873.4

3－10 居民消费水平

Household Consumption

本表绝对数按当年价格计算，指数按可比价格计算。

Absolute figures in this table are calculated at current prices, while indices are calculated at comparable prices.

年份 Year	绝对数(元/人) Value(yuan/person)			指数(上年＝100) Index(Preceding year＝100)			指数(1952＝100) Index(1952＝100)		
	全部居民 All House－holde	农村居民 Agricul－tural House－holds	城镇居民 Non－agricul－tural House－holds	全部居民 All House－holde	农村居民 Agricul－tural House－holds	城镇居民 Non－agricul－tural House－holds	全部居民 All House－holde	农村居民 Agricul－tural House－holds	城镇居民 Non－agricul－tural House－holds
1952	99	88	171				100.0	100.0	100.0
1953	103	93	165	105.0	105.0	96.4	105.0	105.1	96.4
1954	106	93	173	102.8	100.1	105.0	108.0	105.2	101.3
1955	101	85	179	95.3	91.5	103.5	102.9	96.3	104.8
1956	118	98	205	116.3	114.9	114.5	119.7	110.6	120.0
1957	120	99	209	102.1	101.5	101.9	122.3	112.2	122.3
1958	125	99	228	104.0	99.9	109.2	127.1	112.1	133.5
1959	131	99	232	104.5	99.9	101.3	132.8	112.1	135.3
1960	126	93	205	96.5	93.8	88.6	128.2	105.2	119.9
1961	125	96	191	98.6	103.0	92.9	126.4	108.4	111.3
1962	121	98	187	97.5	102.8	97.9	123.3	111.4	109.0
1963	119	96	183	97.7	97.7	98.0	120.5	108.9	106.8
1964	118	96	190	99.2	99.7	103.9	119.5	108.6	111.0
1965	119	95	190	101.2	99.2	100.3	121.0	107.7	111.3
1966	131	102	212	109.7	107.6	111.1	132.7	115.9	123.6
1967	139	108	225	106.3	105.8	106.2	141.1	122.5	131.2
1968	132	100	221	94.9	92.3	98.2	134.0	113.1	128.9
1969	129	88	236	97.5	88.6	107.2	130.6	100.1	138.2
1970	139	99	241	108.0	111.7	101.9	141.0	111.8	140.8
1971	146	98	273	105.0	99.1	113.1	148.1	110.8	159.3
1972	156	97	303	106.8	99.3	111.2	158.2	110.0	177.2
1973	169	113	305	108.5	116.9	100.5	171.6	128.6	178.0
1974	170	115	310	100.3	101.1	101.6	172.2	130.1	181.0
1975	179	122	321	105.6	106.3	103.6	181.8	138.2	187.5
1976	190	128	343	106.1	105.2	107.0	192.8	145.3	200.7
1977	200	135	355	105.1	105.5	103.5	202.7	153.3	207.6
1978	207	138	370	103.4	101.8	104.2	209.7	156.1	216.4
1979	239	161	420	115.8	116.8	113.4	242.8	182.3	245.4
1980	295	213	484	123.2	132.5	115.3	299.1	241.5	282.8

3－10 续表 continued

本表绝对数按当年价格计算，指数按可比价格计算。

Absolute figures in this table are calculated at current prices, while indices are calculated at comparable prices.

年份 Year	绝对数(元/人) Value(yuan/person)			指数(上年=100) Index(Preceding year=100)			指数(1952=100) Index(1952=100)		
	全部居民 All House－holde	农村居民 Agricul－tural House－holds	城镇居民 Non－agricul－tural House－holds	全部居民 All House－holde	农村居民 Agricul－tural House－holds	城镇居民 Non－agricul－tural House－holds	全部居民 All House－holde	农村居民 Agricul－tural House－holds	城镇居民 Non－agricul－tural House－holds
1981	350	257	567	115.5	116.2	115.0	345.4	280.7	325.2
1982	407	318	619	115.7	124.1	107.9	399.5	348.2	350.9
1983	423	334	632	104.1	106.3	100.4	416.0	370.3	352.4
1984	446	349	671	100.0	99.0	101.1	416.2	366.7	356.3
1985	519	412	762	105.2	105.5	104.3	438.0	386.8	371.6
1986	578	418	942	107.9	100.5	117.2	472.6	388.9	435.5
1987	653	480	1039	105.2	107.9	101.6	497.3	419.4	442.5
1988	713	541	1086	94.1	97.7	89.4	468.1	409.7	395.4
1989	755	565	1157	92.6	89.8	95.0	433.5	368.1	375.6
1990	786	592	1189	99.3	97.0	101.3	430.5	357.0	380.4
1991	861	633	1330	107.0	107.9	105.7	460.7	385.1	402.2
1992	941	686	1461	103.1	104.2	101.6	474.9	401.4	408.7
1993	1142	779	1755	103.1	100.1	105.2	487.6	402.4	429.8
1994	1460	967	2284	103.2	100.7	104.7	503.4	405.2	450.0
1995	1817	1289	2683	105.3	111.1	100.4	529.9	450.2	451.8
1996	2040	1424	3031	104.2	102.5	104.9	552.2	461.4	474.0
1997	2232	1551	3311	105.7	105.3	105.5	583.8	485.9	500.0
1998	2309	1603	3391	103.9	103.8	103.0	606.8	504.3	515.0
1999	2520	1601	3871	110.0	100.2	115.2	667.3	505.3	593.3
2000	2687	1720	4045	105.3	106.2	103.1	702.7	536.7	611.7
2001	2868	1694	4431	106.2	98.0	108.9	746.2	525.9	666.2
2002	3341	1793	5327	113.9	100.6	118.9	849.8	529.1	792.0
2003	3565	1945	5593	104.7	105.1	103.6	889.8	556.0	820.2
2004	4042	2077	6415	110.7	103.7	111.9	985.4	576.5	917.8
2005	4967	2426	7887	110.2	114.6	106.9	1085.9	660.7	981.1
2006	5746	2816	8930	113.4	113.7	111.0	1231.4	751.2	1089.0
2007	7062	3286	10930	118.1	110.9	118.0	1454.3	833.1	1285.0
2008	8354	3673	12863	109.1	112.5	105.8	1586.6	937.2	1359.6
2009	9460	4072	14323	115.0	105.3	115.3	1824.6	986.9	1567.6
2010	10925	4692	16136	111.1	114.9	107.4	2027.2	1134.0	1683.6
2011	13264	5945	18996	114.3	117.6	111.2	2317.1	1333.5	1872.1
2012	15196	7032	21308	111.6	113.9	109.6	2585.8	1518.9	2051.8
2013	17917	10076	23543	109.9	113.7	107.7	2841.8	1727.0	2209.8
2014	19827	11070	25885	108.7	108.6	107.8	3089.0	1875.5	2382.2
2015	20835	11814	26872	104.6	105.4	103.6	3231.1	1976.8	2467.9
2016	22293	13013	28289	105.5	107.2	104.2	3408.8	2119.1	2571.6
2017	23909	14184	29971	104.3	106.9	102.7	3555.4	2265.3	2641.0

主要统计指标解释

地区收入总值　指一个地区所有常住单位在一定时期内收入初次分配的最终结果。一地区常住单位从事生产活动所创造的增加值在初次分配中主要分配给该地区的常住单位，但也有一部分以生产税及进口税（扣除生产和进口补贴）、劳动者报酬和财产收入等形式分配给非常住单位；同时，地区外生产所创造的增加值也有一部分以生产税及进口税（扣除生产和进口补贴）、劳动者报酬和财产收入等形式分配给该地区的常住单位，从而产生了地区收入总值的概念。它等于地区生产总值加上来自地区外的净要素收入。与地区生产总值不同，地区收入总值是个收入概念，而地区生产总值是个生产概念。

地区生产总值　是按市场价格计算的地区生产总值的简称。它是一个地区所有常住单位在一定时期内生产活动的最终成果。地区生产总值有三种表现形式，即价值形态、收入形态和产品形态。从价值形态看，它是所有常住单位在一定时期内所生产的全部货物和服务价值超过同期投入的全部非固定资产货物和服务价值的差额，即所有常住单位的增加值之和；从收入形态看，它是所有常住单位在一定时期内所创造并分配给常住单位和非常住单位的初次分配收入之和；从产品形态看，它是最终使用的货物和服务减去进口货物和服务。在实际核算中，地区生产总值的三种表现形态表现为三种计算方法，即生产法、收入法和支出法。三种方法分别从不同的方面反映地区生产总值及其构成。

支出法地区生产总值　指一个地区所有常住单位在一定时期内用于最终消费、资本形成总额，以及货物和服务的净出口总额，它反映本期生产的地区生产总值的使用构成。

最终消费　指常住单位在一定时期内对于货物和服务的全部最终消费支出，也就是常住单位为满足物质、文化和精神生活的需要，从本国经济领土和国外购买的货物和服务的支出；不包括非常住单位在本国经济领土内的消费支出。最终消费分为居民消费和政府消费。

居民消费　指常住住户对货物和服务的全部最终消费支出。居民消费按市场价格计算，即按居民支付的购买者价格计算。购买者价格是购买者取得货物所支付的价格，包括购买者支付的运输和商业费用。居民消费除了直接以货币形式购买货物和服务的消费之外，还包括以其他方式获得的货物和服务的消费支出，即所谓的虚拟消费支出。居民虚拟消费支出包括以下几种类型：单位以实物报酬及实物转移的形式提供给劳动者的货物和服务；住户生产并由本住户消费了的货物和服务，其中的服务仅指住户的自有住房服务；金融机构提供的金融媒介服务；保险公司提供的保险服务。

政府消费　指政府部门为全社会提供公共服务的消费支出和免费或以较低价格向住户提供的货物和服务的净支出。前者等于政府服务的产出价值减去政府单位所获得的经营收入的价值，政府服务的产出价值等于它的经常性业务支出加上固定资产折旧；后者等于政府部门免费或以较低价格向住户提供的货物和服务的市场价值减去向住户收取的价值。

资本形成总额　指常住单位在一定时期内获得的减去处置的固定资产加存货的变动，包括固定资本形成总额和存货增加。

固定资本形成总额　指常住单位购置、转入和自产自用的固定资产，扣除固定资产的销售和转出后的价值，分有形固定资产形成总额和无形固定资产形成总额。有形固定资产形成总额包括一定时期内完成的建筑工程、安装工程和设备工器具购置（减处置）价值，以及土地改良、新增役、种、奶、毛、娱乐用牲畜和新增经济林木价值。无形固定资产形成总额包括矿藏的勘探、计算机软件、娱乐和文学艺术品原件等获得减处置。

存货增加　指常住单位存货实物量变动的市场价值，即期末价值减期初价值的差额。存货增加可以是正值，也可以是负值；正值表示存货上升，负值表示存货下降。它包括生产单位购进的原材料、燃料和储备物资等存货，以及生产单位生产的产成品、在制品等存货等。

货物和服务净出口　指货物和服务出口减货物和服务进口的差额。出口包括常住单位向非常住单位出售或无偿转让的各种货物和服务的价值；进口包括常住单位从非常住单位购买或无偿得到的各种货物和服务的价值。由于服务活动的提供与使用同时发生，因此服务的进出口业务并不发生出入境现象，一般把常住单位从国外得到的服务作为进口，非常住单位从本国得到的服务作为出口。货物的出口和进口都按离岸价格计算。

劳动者报酬　指劳动者因从事生产活动所获得的全部报酬。包括劳动者获得的各种形式的工资、奖金和津贴，既包括货币形式的，也包括实物形式的；还包括劳动者所享受的公费医疗和医药卫生费、上下班交通补贴和单位支付的社会保险费等。对于个体经济来说，其所有者所获得的劳动报酬和经营利润不易区分，这两部分统一作为劳动者报酬处理。

生产税净额　指生产税减生产补贴后的余额。生产税指政府对生产单位生产、销售和从事经营活动以及因从事生产活动使用某些生产要素（如固定资产、土地、劳动力）所征收的各种税、附加费和规费。生产补贴与生产税相反，指政府对生产单位的单方面收入转移，因此视为负生产税，包括政策亏损补贴、粮食系统价格补贴、外贸企业出口退税收入等。

固定资产折旧　指一定时期内为弥补固定资产损耗按照核定的固定资产折旧率提取的固定资产折旧，或按国民经济核算统一规定的折旧率虚拟计算的固定资产折旧。它反映了固定资产在当期生产中的转移价值。各类企业和企业化管理的事业单位的固定资产折旧是指实际计提并计入成本费中的折旧费；不计提折旧的政府机关、非企业化管理的事业单位和居民住房的固定资产折旧是按照统一规定的折旧率和固定资产原值计算的虚拟折旧。原则上，固定资产折旧应按固定资产的重置价格计算，但是目前我国尚不具备对全社会固定资产进行重估价的基础，所以暂时只能采用上述办法。

营业盈余　指常住单位创造的增加值扣除劳动者报酬、生产税净额和固定资产折旧后的余额。它相当于企业的营业利润加上生产补贴，但要扣除从利润中开支的工资和福利等。

直接消耗系数　指某一个部门生产单位总产出需要直接消耗各部门产品和服务的数量，也称为投入系数。它反映该部门与其他部门之间直接的技术经济联系和直接依赖关系。

完全消耗系数　指增加某一个部门单位总产出需要完全消耗各部门产品和服务的数量。完全消耗系数等于直接消耗系数和全部间接消耗系数之和，它是全面揭示国民经济各部门之间技术经济的全部联系和相互依赖关系的主要指标。

Explanatory Notes on Main Statistical Indicators

Gross National Product (GNP) refers to the final result of the primary distribution of the income created by all the resident units of a region during a certain period of time. The value added created by the resident units of a region engaged in production activities is mainly distributed to the resident units of that region while a part of it is distributed to the non resident units in the form of production tax and import duties (minus subsidies to production and import), remuneration for the laborers and property income. At the meantime, a part of the value added created abroad is distributed to the resident units of the region in the form of production tax and import duties (minus subsidies to production and import), remuneration for the laborers and property income. Thus the concept of gross national product is formed, which equals to gross domestic product plus net factor income from abroad. Unlike gross domestic product, which is a concept of production, gross national product is a concept of income.

Gross Domestic Product (GDP) refers to the final products of all resident units in a region during a certain period of time. Gross domestic product is expressed in three different forms, i. e. value, income, and products respectively. The form of value refers to the total value of all products and services produced by all resident units during a certain period of time minus total value of intimidate input of materials and services of the nature of non fixed assets or the summation of the value added of all resident units; the form of income includes all the income created by all resident units and distributed primarily to all resident and non resident units; the form of products refers to the value of all final goods and services for final use by all resident units plus the value of net exports of goods and services during a given period of time. In the practice of national accounting, gross domestic product is calculated with three approaches, i. e. production approach, income approach, and expenditure approach, which reflect gross domestic product and its composition from different aspects.

GDP Calculated with Expenditure Approach refers to total expenditure on final consumption, total capital formation and net export of goods and services by resident units of a region in a certain period of time. It reflects the composition of GDP by its use.

Final Consumption refers to the total expenditure of resident units on final consumption of goods and services in a certain period, namely the expenditure of the resident units for purchases of goods and services from domestic economic territory and abroad to meet the requirements of material, cultural and spiritual life. It excludes the expenditure of non – resident units on consumption in the economic territory of the country. The final consumption is classified into household consumption and government consumption.

Households Consumption refers to the total expenditure of resident households on the final consumption of goods and services. The households consumption is calculated at market prices, namely the purchaser's prices which the households pay; the purchasers' prices of goods are the prices the households pay when they obtain the goods, including the transport and commercial expenses paid by the households. In addition to the consumption of goods and services bought by the households directly with money, the expenditure on goods and services obtained by the households in other ways, i. e. the so called imputed expenditure on consumption, is also included in the households consumption. The imputation expenditure of the households on consumption includes the following types: (a) the goods and services provided to the households by the units in the form of payment in kind and transfer in kind; (b) the goods and services produced and consumed by the households themselves, in which the services refer only to the services provided by the residential buildings owned by the households; (c) the services of financial intermediary provided by the financial institutions; (d) the insurance services provided by the insurance companies.

Government Consumption refers to the expenditure on the consumption of the public services provided by the government to the whole society and the net expenditure on the goods and services provided by the government to the households at free charge or lower prices. The former equals to the output value of the government services minus the value of operating income obtained by the government departments. (The output value of the government services equals to its current operating expenditure plus depreciation of fixed assets). The latter equals to the market value of the goods and services provided by the government free of charge or at low prices to the households minus the value received by the government from the households.

Total Capital Formation refers to the fixed assets acquired minus those disposed and the change in inventory, including the total fixed assets formation and the increase in inventory.

Total Fixed Capital Formation refers to the value of fixed assets purchased, transferred in by the resident units and those produced and used by themselves deducting the value of fixed assets sold and transferred out. It can be classified into total tangible assets formation and total intangible assets formation. The total tangible assets formation include the value of the construction projects, installation projects completed and the equipment, apparatus and instruments purchased as well as the value of land improved, the value of draught animals, breeding stock, milk, wool and recreational animals and the newly increased economic forest in a certain period. The total intangible assets formation includes the prospecting of minerals, the acquisition of computer software, the originals of recreational works and works of literature and arts minus the disposal of them.

Increase in Inventory refers to the market value of the change in inventory, i. e. the difference of value between the beginning and the end of the period. The increase in inventory can be positive or negative. A positive value indicates the increase in inventory while a negative value indicates the decrease in stock. The inventory includes the raw materials, fuels and reserve materials purchased by the production units as well as the inventory of finished products, semi finished products, work in progress, etc.

Net Export of Goods and Services refers to the difference of the exports of goods and services minus the imports of goods and services. The imports include the value of various goods and services sold or gratuitously transferred by the resident units to the non – resident units. The imports include the value of various goods and services purchased or gratuitously acquired by the resident units from the non – resident units. Because the provision of services and the use of them happen simultaneously, the import and export of services do not appear to have the phenomena of crossing the border of the country. The acquisition of services by the resident units from abroad is usually treated as import while the acquisition of services by non – resident units in this country is usually treated as export. The export and import of goods are calculated at FOB.

Laborers' Remuneration refers to the whole payment of various forms earned by the laborers from the productive activities they are engaged in. It includes wages, bonuses and allowances the laborers earned in monetary form and in kind. It also includes the free medical services provided to the laborers and the medicine expenses, traffic subsidies and social insurance fee paid by the laborers , working units for them. As the individual economy is concerned, since the laborers , remuneration is not easily distinguished from the operating profit, both are treated as laborers remuneration.

Net Taxes on Production refers to the residual of the taxes on production minus the subsidies on production. The taxes on production refers to the various taxes, extra charges and fees levied on the production units on their production, sale and business activities as well as on some factors of production, such as fixed assets, land and labor force, used in the production activities they are engaged in. In contrast to the taxes on production, the subsidies on production refer to the unilateral transfer of part of the government's revenue to the production units and is therefore regarded as negative taxes on production. They include subsidies on the loss due to implementation of government policies, price subsidies to the grain institutions, foreign trade corporations receipts from drawback, etc.

Depreciation of Fixed Assets refers to the depreciation of fixed assets of a given period, drawn in accordance with the stipulated depreciation rate for the purpose of compensating the wear loss or the fixed assets or the depreciation of fixed assets calculated in a fictitious way in accordance with the stipulated unified depreciation rate in the national economic accounting system. It reflects the value of transfer of the fixed assets in the production of the current period. The depreciation of fixed assets in various enterprises and institutions managed as enterprises refers to the depreciation expenses actually drawn and calculated as part of the coast. In government agencies and institutions not managed as enterprises, which do not draw the depreciation expenses, as well as for the houses of residents, the depreciation of fixed assets is the imputed depreciation, which is calculated in accordance with the stipulated unified depreciation rate. In principle, the depreciation of fixed assets should be calculated on the basis of the re purchased value of the fixed assets. However, there is no actual condition to re – evaluate all the fixed assets in China. Therefore, the above – mentioned methods are temporarily adopted at present.

Operating Surplus refers to the balance of the value added created by the resident units deducting the labourers' remuneration, net taxes on production and the depreciation of fixed assets. It is equivalent to the business profit of the enterprises plus subsidies on production, but the wages and welfare expenses paid from the profits should be deducted.

Direct Input Coefficient refers to the volume of products and services of all sectors consumed directly by a certain sector's productive units, which are needed for their total output. It is also named as technical coefficient. It represents the direct technical economical ties and direct interdependence between the sector and other sectors.

Total Input Coefficient refers to the volume of products and services of all sectors needed for a certain sectors productive units to increase their total output. Total input coefficient is equal to the sum of direct input coefficient and total indirect input coefficient. It is a major indicator to disclose the technical economical ties and interdependence between sectors of the national economy.

4 人 口

Population

资料整理：郝建航
Arranged By Hao Jianhang

4-1 历次全国人口普查内蒙古人口基本情况

Basic Statistics on All Region Population Census in 1953, 1964, 1982, 1990, 2000 and 2010

单位:万人 (10 000 persons)

指标	Item	1953	1964	1982	1990	2000	2010
总人口	**Total Population**	**610.02**	**1233.41**	**1927.43**	**2145.65**	**2375.54**	**2470.63**
男	Male	343.19	669.28	1005.29	1115.57	1228.90	1283.13
女	Female	266.83	564.13	922.14	1030.08	1146.64	1187.50
总户数(万户)	**Total Number of Households (10 000 households)**	**138.70**	**261.39**	**420.00**	**529.34**	**708.16**	**847.05**
家庭户	Family Households			418.75	527.31	695.48	817.61
集体户	Non-family Households			1.25	2.03	12.68	29.44
各年龄组人口	**Population by Age**						
0-5岁	Age 0-5			237.01	246.92	151.13	134.60
6-14岁	Age 6-14			447.58	363.45	354.43	213.66
15-64岁	Age 15-64			1173.22	1449.29	1742.85	1935.56
65岁及以上	Age 65 and Over			69.62	85.99	127.13	186.81
民族人口	**Nationality Population**						
汉族	Han Nationality	512.00	1072.94	1627.76	1729.00	1882.39	1965.07
蒙古族	Mongolian Nationality	88.82	138.45	248.94	337.97	402.92	422.61
其他少数民族	other Minority Nationalities	7.24	22.00	50.73	78.67	90.23	82.95
15岁及以上人口	**Population Aged 15 and Over**			**1242.84**	**1535.28**	**1869.98**	**2122.37**
6岁及以上人口按受教育程度分组	**Population Aged 6 and Over by Educational Level**			**1690.42**	**1898.73**	**2224.41**	**2236.03**
大学本科	University				10.83	24.47	91.99
大学专科	Three Years College			11.00	20.90	65.88	160.20
中专	Specialized Secondary School				42.97	89.66	
高中	Senior Secondary School			143.68	173.07	237.22	373.69
初中	Junior Secondary School			371.99	546.55	826.65	968.93
小学	Primary School			631.58	716.68	739.60	627.99
不识字或识字很少	Illiterate and Semi-Illiterate			422.29	332.82	240.93	113.23
市镇乡村人口	**Population of Cities, Towns & Countyside**						
市镇人口	City & Town		305.10	556.14	779.69	1013.88	1372.02
乡村人口	County		928.31	1371.29	1365.96	1361.66	1098.61

注:1953、1964、1982和1990年数据为年中数(7月1日零时),2000、2010年数据为2000、2010年11月1日零时快速汇总数。

a) Data on 1953,1964,1982 and 1990 is year-middle data(at zero hour of Jul. 1). The figures from the pre liminary tabulationa,2000、2010 is Data at at zero hour of Nov. 1

4-2 年末总人口数及构成

Population and Its Composition at Year-end

单位:万人　　　　(10 000 persons)

年份 Year	年末总人口 Total Population (year-end)	按性别分 By sex		按农业、非农业分 By Agricultural & Non-agricultural Population		按城乡分 By Residence	
		男 Male	女 Female	农业人口 Agricultural	非农业人口 Non-agricaltural	市镇人口 Urban	乡村人口 Rural
1949	608.1	334.0	274.1			75.2	532.9
1952	715.9	394.3	321.6			91.9	624.0
1957	936.0	519.3	416.7			175.4	760.6
1965	1296.4	700.1	596.3			268.3	1028.1
1970	1491.0	799.0	692.0			320.8	1170.2
1975	1737.9	918.6	819.3	1306.3	431.6	379.3	1358.6
1978	1823.4	957.8	865.6	1360.8	462.6	397.5	1425.9
1980	1876.5	981.2	895.3	1380.8	495.7	433.1	1443.4
1981	1902.9	994.9	908.0	1390.6	512.3	445.2	1457.7
1982	1941.6	996.0	945.6	1414.6	527.0	565.2	1376.4
1983	1969.8	1009.8	960.0	1431.9	537.9	573.8	1396.0
1984	1993.1	1022.7	970.4	1444.9	548.2	847.1	1146.0
1985	2015.9	1043.6	972.3	1441.2	574.7	874.1	1141.8
1986	2040.7	1058.0	982.7	1451.7	589.0	932.2	1108.5
1987	2066.4	1062.3	1004.1	1456.7	609.7	1004.5	1061.9
1988	2093.9	1083.2	1010.7	1461.9	632.0	1033.8	1060.1
1989	2122.2	1102.4	1019.8	1470.8	651.5	1055.8	1066.5
1990	2162.6	1127.6	1035.0	1496.8	665.7	781.1	1381.4
1991	2183.9	1132.8	1051.0	1506.9	677.0	807.4	1376.4
1992	2206.6	1142.1	1064.5	1519.5	687.1	817.1	1389.5
1993	2232.4	1149.8	1082.6	1525.2	707.2	831.8	1400.6
1994	2260.5	1161.5	1099.0	1534.6	725.9	849.3	1411.2
1995	2284.4	1187.6	1096.8	1541.3	743.1	873.1	1411.3
1996	2306.6	1198.0	1108.6	1546.8	759.8	887.2	1419.4
1997	2325.7	1207.5	1118.2	1549.6	776.1	905.6	1420.1
1998	2344.9	1216.7	1128.2	1552.1	792.8	936.7	1408.2
1999	2361.9	1224.6	1137.3	1553.7	808.2	967.8	1394.1
2000	2372.4	1227.2	1145.2	1535.4	837.0	1001.1	1371.3
2001	2381.4	1230.6	1150.8	1528.4	853.0	1036.8	1344.6
2002	2384.1	1231.1	1153.0	1518.0	866.1	1050.3	1333.8
2003	2385.8	1231.4	1154.3	1504.5	881.3	1067.4	1318.4
2004	2392.7	1234.2	1158.5	1477.8	915.0	1097.3	1295.4
2005	2403.1	1237.9	1165.2	1446.2	956.9	1134.3	1268.8
2006	2415.1	1243.0	1172.1	1449.3	965.8	1174.7	1240.4
2007	2428.8	1250.0	1178.8	1448.5	980.3	1218.0	1210.8
2008	2444.3	1255.9	1188.4	1455.1	989.2	1264.1	1180.2
2009	2458.2	1263.5	1194.7	1458.9	999.3	1312.7	1145.5
2010	2472.2	1283.9	1188.3	1462.0	1010.2	1372.9	1099.3
2011	2481.7	1288.0	1193.7	1469.2	1012.5	1405.2	1076.5
2012	2489.9	1291.6	1198.3	1464.6	1025.3	1437.6	1052.3
2013	2497.6	1294.4	1203.2	1466.9	1030.7	1466.3	1031.3
2014	2504.8	1296.9	1207.9	1468.9	1035.9	1490.6	1014.2
2015	2511.0	1298.7	1212.3			1514.2	996.9
2016	2520.1	1302.5	1217.6			1542.1	978.1
2017	2528.6	1305.2	1223.4			1568.2	960.4

注:1985 年之前为户籍统计数,2011 年及以后年份为人口变动抽样调查推算数据,其余年份为根据历次人口普查数据调整的数据。
a) Before 1985, data were Enumeration of Census Register, In 2011, data have been estimated on the basis of the annual National Sample Surveys on Population Changes, and in other years, Data were adjusted on the basis of all previous National Population Census.

4-3 人口出生率、死亡率、自然增长率

Birth Rate, Death Rate and Natural Growth Rate

年 份 Year	出生率 Birth Rate(‰)	死亡率 Death Rate(‰)	自然增长率 Natural Growth Rate(‰)	人口机械增长率 Migratory Growth Rate(‰)
1956	29.5	7.9	21.6	40.0
1957	37.2	10.5	26.7	16.3
1958	28.4	7.9	20.5	31.7
1959	30.8	11.0	19.8	54.8
1960	29.4	9.4	20.0	94.1
1961	22.1	8.8	13.3	-37.1
1962	38.2	9.0	29.2	-21.7
1963	41.3	8.5	32.8	3.7
1964	41.9	11.8	30.1	0.9
1965	40.0	9.3	30.7	2.8
1966	36.1	8.1	28.0	-2.8
1967	34.9	7.7	27.2	3.5
1968	34.9	7.3	27.6	1.2
1969	32.5	6.8	25.7	8.4
1970	32.3	6.2	26.1	-5.1
1971	29.7	5.6	24.1	18.0
1972	30.7	6.6	24.1	6.3
1973	28.3	5.7	22.6	7.1
1974	25.9	6.1	19.8	12.4
1975	23.3	6.1	17.2	1.8
1976	20.1	5.5	14.6	3.3
1977	18.1	5.4	12.7	3.5
1978	18.5	5.2	13.3	0.6
1979	18.1	4.9	13.2	-0.3
1980	16.5	4.9	11.5	
1981	17.3	4.9	12.4	1.3
1982	21.2	5.7	15.5	-0.8
1983	20.0	5.5	14.5	
1984	18.9	5.5	13.4	-1.7
1985	17.2	5.7	11.5	-0.1
1986	19.1	5.9	13.2	-1.0
1987	19.7	6.1	13.6	-1.1
1988	19.0	5.7	13.3	-0.1
1989	19.3	5.8	13.5	-0.7
1990	21.2	7.2	14.0	-1.1
1991	16.8	7.0	9.8	-1.2
1992	17.1	6.7	10.3	-1.3
1993	18.5	6.8	11.7	-0.5
1994	19.0	6.5	12.5	-0.3
1995	17.2	6.7	10.5	-0.1
1996	16.1	6.4	9.7	0.1
1997	15.2	7.0	8.3	0.1
1998	14.4	6.2	8.2	
1999	13.3	6.1	7.2	-0.2
2000	12.1	5.9	6.1	-0.6
2001	10.8	5.8	5.0	-1.2
2002	9.6	5.9	3.7	-2.6
2003	9.2	6.2	3.1	-2.4
2004	9.5	6.0	3.6	-0.6
2005	10.1	5.5	4.6	-0.3
2006	9.9	5.9	4.0	1.0
2007	10.2	5.7	4.5	1.2
2008	9.8	5.5	4.3	2.1
2009	9.6	5.6	4.0	1.7
2010	9.3	5.5	3.8	1.9
2011	8.9	5.4	3.5	0.3
2012	9.2	5.5	3.7	-0.4
2013	9.0	5.6	3.4	-0.3
2014	9.3	5.7	3.6	-0.7
2015	7.7	5.3	2.4	0.1
2016	9.0	5.7	3.3	0.3
2017	9.5	5.7	3.7	-0.4

4-4 年末总人口及人口变动

Population and Its Changes at Year-end

项 目	Item	2016	2017	2017 年比 2016 年增长% Increase Rate in 2017 over 2016(%)
一、常住人口(万人)	**Permanet Resident Population (10 000 persons)**	**2520.13**	**2528.61**	**0.34**
按性别分	**By Sex**			
男(万人)	Male(10 000 persons)	1302.50	1305.17	0.20
女(万人)	Female(10 000 persons)	1217.63	1223.44	0.48
按城乡分	**By Residence**			
市镇人口(万人)	Urban(10 000 persons)	1542.07	1568.24	1.70
乡村人口(万人)	Rural(10 000 persons)	978.06	960.37	-1.80
二、人口自然变动	**Population Natural Changes**			
出生人口(万人)	Briths(10 000 persons)	22.72	23.91	5.24
男	Male	11.73	12.31	4.94
女	Female	10.99	11.60	5.55
死亡人口(万人)	Deaths(10 000 persons)	14.31	14.49	1.26
出生率(‰)	Birth Rate(‰)	9.03	9.47	
死亡率(‰)	Death Rate(‰)	5.69	5.74	
自然增长率(‰)	Natural Growth Rate(‰)	3.34	3.73	

注:本表数据根据人口变动调查数据推算。

a) Data in the table have been estimated on the basis of the annual Autonomoous Regional Sample Surveys on population Changes.

4-5 民族人口及构成

Population Nationality and Its Composition

单位:人 (person)

项目	Item	2016	2017	构成(%) Composition 2016	构成(%) Composition 2017
汉族	Han	18890601	18800965	77.25	77.10
蒙古族	Mongolian	4623940	4638797	18.91	19.02
回族	Hui	216953	217704	0.89	0.89
满族	Man	549532	553023	2.25	2.27
朝鲜族	Korean	22990	22883	0.09	0.09
达斡尔族	Daur	86428	86607	0.35	0.36
鄂温克族	Ewenki	32484	32696	0.13	0.13
鄂伦春族	Oroqen	4571	4604	0.02	0.02
壮族	Zhuang	2337	2407	0.01	0.01
藏族	Tibetan	1820	1886	0.01	0.01
锡伯族	Xibe	3709	3734	0.02	0.02
苗族	Miao	2156	2207	0.01	0.01
土家族	Tujia	2062	2140	0.01	0.01
彝族	Yi	1831	1956	0.01	0.01
维吾尔族	Uygur	196	230		
其他少数民族	Other Minority Nationalities	12934	13343	0.05	0.05
外国人加入中国籍	Foreigners Naturalized China	76	4		

注:本表数据为公安户籍统计数。

a) Date in the Table is Registered Statistics.

4-6 年末民族人口数

Population by Nationality at Year-end

年份 Year	在人口总数中 Total Populational Including							
	汉族(万人) Han(10 000 persons)	蒙古族(万人) Mongolian (10 000 persons)	回族(万人) Hui(10 000 persons)	满族(万人) Man(10 000 persons)	朝鲜族(人) Korean (person)	达斡尔族(人) Daur (person)	鄂温克族(人) Ewenki (person)	鄂伦春族(人) Oroqen (person)
1951	589.6	87.1	4.7	1.9	6242	18060	5546	919
1952	614.4	91.2	5.0	2.0	6590	19129	5611	929
1953	649.3	98.5	5.2	2.1	6841	19480	5667	953
1954	687.6	102.7	5.4	2.2	7120	21304	5976	989
1955	725.6	105.5	5.8	2.3	7589	21883	6313	1067
1956	775.7	108.6	6.2	2.0	10213	22253	5665	1009
1957	811.2	111.6	6.7	2.1	11247	24278	6178	949
1958	857.1	114.1	7.5	2.5	12674	27656	6723	1025
1959	930.7	115.5	8.0	3.0	13209	29884	6593	1124
1960	1049.8	121.4	9.4	3.2	14056	30420	6935	1135
1961	1021.0	123.5	10.5	2.8	12457	30918	7508	1143
1962	1023.5	129.7	10.0	3.2	11934	31201	8558	1129
1963	1061.1	134.6	10.3	3.8	11827	32509	8469	1145
1964	1091.4	140.3	11.2	5.0	11328	34819	9038	1205
1965	1129.4	144.5	11.3	5.3	11412	35980	9191	1272
1966	1158.3	148.3	11.4	5.5	11513	36620	9591	1318
1971	1358.2	169.7	13.2	6.8	13884	40440	11038	1364
1972	1401.7	172.9	13.4	6.9	13426	42966	11195	1409
1973	1444.5	178.5	13.8	7.1	13864	44971	11268	1454
1974	1493.4	182.6	14.2	7.4	14400	46420	11639	1499
1975	1521.7	186.6	14.3	7.6	14862	48333	12426	1544
1976	1549.0	189.5	14.6	7.8	15750	48967	13554	1592
1977	1573.9	193.1	14.7	7.9	15420	52733	12753	1524
1978	1592.9	198.6	15.0	8.0	15403	55372	12657	1579
1979	1617.0	202.1	14.6	8.7	20881	53954	15592	1600
1980	1632.7	209.0	15.3	10.3	16193	56399	14722	1699
1981	1651.5	215.3	15.8	11.0	16062	56801	15245	1754
1982	1637.9	253.2	17.0	23.7	17337	56883	17525	2186
1983	1657.5	260.3	17.0	24.9	17800	59500	18000	2200
1984	1671.0	268.1	17.6	26.0	18400	60500	18300	2300
1985	1686.2	274.7	17.1	27.1	18600	61500	18900	2300
1986	1696.8	285.5	17.7	29.4	19485	64129	19840	2483
1987	1706.9	297.2	18.3	32.3	19743	65167	20412	2561
1988	1721.8	307.3	18.5	34.4	20152	66462	20499	2686
1989	1729.9	315.7	18.8	35.7	21147	69579	20853	2793
1990	1749.1	328.5	18.7	40.0	22380	70959	22494	2976
1991	1758.7	333.1	19.0	40.9	22047	71598	23138	3171
1992	1766.1	338.3	19.5	41.4	22161	72432	23321	3262
1993	1779.4	343.4	19.7	42.1	21963	73574	23928	3242
1994	1791.6	349.6	19.7	42.8	22735	73354	24427	3302
1995	1803.4	356.5	19.9	43.7	22741	72680	24545	3447
1996	1820.0	364.2	20.0	44.8	22772	73689	25059	3436
1997	1836.8	371.8	20.4	45.5	22759	74992	25632	3599
1998	1851.0	378.6	20.4	46.2	23068	73797	25578	3568
1999	1865.5	382.8	21.0	46.0	23825	73818	26001	3813
2000	1832.5	386.0	20.9	47.0	23278	76374	26546	3704
2001	1843.7	391.8	20.8	48.1	23841	77145	26870	3846
2002	1855.0	396.0	21.1	47.8	24009	79202	27423	3968
2003	1860.6	404.0	21.1	48.7	23863	79195	27915	3998
2004	1866.5	408.0	21.3	48.7	24117	79960	28285	4229
2005	1853.8	412.7	21.0	49.1	23503	79248	27931	4791
2006	1880.9	414.4	21.1	49.9	23800	82342	28774	4816
2007	1898.0	427.7	21.3	50.6	24117	83610	29085	5000
2008	1913.3	433.5	21.4	51.4	24353	84478	29589	5032
2009	1921.4	441.6	21.5	51.9	24318	83127	30163	4561
2010	1921.5	441.1	21.6	52.4	24184	83007	30863	4594
2011	1927.4	447.2	21.8	52.8	24017	83284	31296	4623
2012	1917.7	450.2	21.8	53.4	23784	83653	31248	4664
2013	1918.4	454.9	21.9	54.0	24172	84342	31505	4739
2014	1906.2	458.4	22.1	54.4	23809	85039	31917	4817
2015	1889.7	457.8	21.7	54.5	23105	85616	32005	4528
2016	1889.1	462.4	21.7	55.0	22990	86428	32484	4571
2017	1880.1	463.9	21.8	55.3	22883	86607	32696	4604

注:本表数据为公安户籍统计数。

a) Date in the Table is Registered Statistics.

主要统计指标解释

人口数 指一定时点、一定地区范围内的有生命的个人的总和。

年度统计的年末人口数指每年 12 月 31 日 24 时的人口数。

市镇总人口和乡村总人口

其定义有两种口径:

第一种口径(按行政建制)

市人口:市管辖区域内的全部人口(含市辖镇,不含市辖县);

镇人口:县辖镇的全部人口(不含市辖镇);

县人口:县辖乡人口。

第二种口径(按常住人口划分)

市人口:设区的市的区人口和不设区的市所辖的街道人口;

镇人口:不设区的市所辖镇的居民委员会人口和县辖镇的居民委员会人口;

县人口:除上述两种人口以外的全部人口。

1952 - 1980 年数据为第一种口径的数据,1982 年以后的数据为第二种口径的数据。

出生率(又称粗出生率) 指在一定时期内(通常为一年)平均每千人所出生的人数的比率,一般用千分率表示。计算公式为:

出生率 = 年出生人数/年平均人数 × 1000‰

式中:出生人数指活产婴儿,即胎儿脱离母体时(不管怀孕月数),有过呼吸或其他生命现象。年平均人数指年初、年底人口数的平均数,也可用年中人口数代替。

死亡率(又称粗死亡率) 指在一定时期内(通常为一年)一定地区的死亡人数与同期平均人数(或期中人数)之比,一般用千分率表示。计算公式为:

死亡率 = 年死亡人数/年平均人数 × 1000‰

人口自然增长率 指在一定时期内(通常为一年)人口自然增加数(出生人数减死亡人数)与该时期内平均人数(或期中人数)之比,一般用千分率表示。计算公式为:

人口自然增长率 = (本年出生人数 - 本年死亡人数)/年平均人数 × 1000‰

人口自然增长率 = 人口出生率—人口死亡率

Explanatory Notes on Main Statistical Indicators

Total Population refers to the total number of people alive at a certain point of time within a given area.

The annual statistics on total population is taken at midnight, the 31st of December.

Urban Population and Rural Population There are two definitions. The first definition (according to the administrative organizational system):

City population: Total population under the jurisdiction of city (including population of the town under the jurisdiction of city. excluding the population of counties under the jurisdiction of city).

Town population: Total population of town under the jurisdiction of county (excluding the population of town under the jurisdiction of city).

County population: Total population of country under the jurisdiction of county).

The second definition (classified by the permanent population):

City population: Total population of districts under the jurisdiction of city with district establishment and the population of street under the jurisdiction of city without district establishment.

Town population: Total resident committees population of towns under the jurisdiction of city without district establishment and the resident committee's population of towns under the jurisdiction of county.

County population: Total population except city population and town population.

Data from 1952 to 1980 is the figures according to the first definition. Data since 1982 are the figure according to the second definition.

Birth Rate of (Crude Birth Rate) refers to the ratio of the number of births to the average population during a certain period of time (usually a year) which is often expressed in‰. The following formula is used:

Birth Rate = Number of Births / Average Number of Population × 1000‰

Number of births refers to live births i. e. the births when babies had showed any vital phenomena regardless of the length of pregnancy.

Annual Average Number of Population is the average of the number of population at the beginning of the year and that at the end of the year. Sometimes it is substituted for with the mid year population.

Death Rate (or Crude Death Rate) refers to the ratio of the number of deaths to the average population (or mid year population) during a certain period of time (usually a year) which is often expressed in‰. The following formula is used:

Death Rate = Number of Deaths / Annual Average Number of Population × 1000‰

Natural Growth Rate of Population refers to the ratio of natural increase in population (number of births minus number of deaths) in a certain period of time (usually a year) to the average population (or mid year population) of the same period which is often expressed in‰. The following formulas are applied:

Natural Growth of Population = (Number of Births - Number of Deaths) / Average Number of Population × 1000‰

Natural Growth Rate of Population = Birth Rate - Death Rate

5 从业人员和职工工资

Employment and Wages

资料整理：白　菲
Arranged By Bai Fei

5-1 就业基本情况

Employment

项目	Item	1995	2000	2005	2010	2015	2017
就业人员总计(万人)	**Total Number of Employed Persons(10 000 persons)**	**1029.4**	**1061.6**	**1041.1**	**1184.7**	**1463.7**	**1424.9**
第一产业	Primary Industry	536.8	553.7	560.5	571.0	572.3	589.4
第二产业	Secondary Industry	225.0	182.4	162.7	206.2	249.7	224.9
第三产业	Tertiary Industry	267.6	325.5	317.9	407.5	641.7	610.7
就业人员构成(总计=100)	**Composition of Employed Persons(total=100)**						
第一产业	Primary Industry	52.1	52.2	53.8	48.2	39.1	41.4
第二产业	Secondary Industry	21.9	17.1	15.6	17.4	17.1	15.8
第三产业	Tertiary Industry	26.0	30.7	30.5	34.4	43.8	42.8
按城乡分就业人员(万人)	**Number of Employed Persons by Urban and Rural Areas(10 000 persons)**						
城镇就业人员	**Urban Employed Persons**	**440.0**	**430.1**	**350.3**	**465.2**	**725.7**	**678.6**
#国有单位	State-owned Units	302.3	201.1	162.0	169.4	168.0	164.3
城镇集体单位	Urban Collective-owned Units	70.8	25.6	12.4	8.9	5.9	5.0
股份合作单位	Share Holding Units	5.9	2.9	1.8	2.1	0.9	0.7
联营单位	Joint-owned Units	0.3	0.6	0.3	0.2	0.1	0.1
有限责任公司	Limited Liability Corporations		26.0	47.0	45.5	90.8	79.5
股份有限公司	Share-holding Corporations Ltd.		8.2	14.3	17.8	23.3	23.8
私营企业	Private Enterprises	7.6	28.6	47.1	103.1	168.1	119.4
港澳台商投资单位	Units Funded by Entrepreneurs from Hong Kong, Macao & Taiwan	2.0	1.7	1.6	1.6	2.5	2.5
外商投资单位	Foreign Funded Units	2.2	2.2	2.5	2.8	5.5	3.7
个体	Self-employed Individuals	36.7	88.2	60.2	113.0	259.3	278.6
乡村从业人员	**Rural Employed Persons**	**589.4**	**631.5**	**690.8**	**719.5**	**738.1**	**746.3**
职工人数(万人)	**Number of Staff and Workers(10 000 persons)**	**383.7**	**263.9**	**239.6**	**244.9**	**289.6**	**271.7**
国有单位	State-owned Units	302.3	197.3	159.7	166.7	164.4	160.2
城镇集体单位	Urban Collective-owned Units	70.8	25.4	12.2	8.6	5.6	4.6
其他单位	Units of Other Types of Ownership	10.6	41.2	67.7	69.6	119.6	107.0
城镇单位女性就业人员(万人)	**Number of Female Employment in Urban Units(10 000 persons)**	**149.9**	**102.9**	**91.8**	**91.6**	**107.7**	**105.5**
城镇登记失业人数(万人)	**Number of Registered Unemployed Persons in Urban Areas(10 000 persons)**	**13.97**	**12.65**	**17.75**	**20.81**	**25.87**	**27.08**
城镇登记失业率(%)	**Registered Unemployment Rate in Urban Areas(%)**	**3.17**	**3.34**	**4.26**	**3.90**	**3.65**	**3.63**

注:1.1998年及以后城镇单位就业人员、职工人数统计口径有调整,详见本篇末指标解释。
2.2003年以后全社会就业人员中不包括社会自由从业人员。
3.2017年起,城镇私营单位就业人员使用统计部门抽样调查推算数据,个体就业人员使用工商登记注册人数。2017年以前均使用工商登记注册人数。

a) Statistical coverage of staff and workers employed in urban units was adjusted after 1998. Please refer to the explanatory notes at the end of this chapter.

b) Social total number of employed persons doesn't include social self-employed persons after 2003.

c) Smce 2017, the employed persons of urban private units shall use the statistics department's sampling survey data, and the number of individuals employed shall be registered for industry and commerce. The number of people registered for business registration shall be adopted before 2017.

5-2 按三次产业划分的年末就业人员

Number of Employed Persons at Year-end by Type of Industry

年份 Year	就业人员（万人） Total (10 000 persons)				构成（合计=100） Composition in Percentage (total=100)		
		第一产业 Primary Industry	第二产业 Secondary Industry	第三产业 Tertiary Industry	第一产业 Primary Industry	第二产业 Secondary Industry	第三产业 Tertiary Industry
1965	476.8	379.7	45.3	51.8	79.64	9.50	10.86
1970	524.4	405.2	63.6	55.6	77.27	12.13	10.60
1975	607.5	441.6	95.5	70.4	72.69	15.72	11.59
1978	652.8	438.0	120.5	94.3	67.10	18.45	14.45
1980	698.4	460.7	129.7	108.0	65.97	18.57	15.46
1981	731.2	478.8	136.4	116.0	65.48	18.66	15.86
1982	762.4	501.5	140.1	120.8	65.78	18.38	15.84
1983	798.8	515.8	146.7	136.3	64.57	18.37	17.06
1984	827.8	524.5	154.5	148.8	63.36	18.66	17.98
1985	856.6	517.8	174.8	164.0	60.45	20.40	19.15
1986	875.4	521.7	184.6	169.1	59.60	21.08	19.32
1987	891.0	490.3	188.0	212.7	55.03	21.10	23.87
1988	909.7	490.0	200.1	219.6	53.86	22.00	24.14
1989	910.3	491.3	199.1	219.9	53.97	21.87	24.16
1990	924.6	515.5	201.4	207.7	55.76	21.78	22.46
1991	962.9	537.9	208.8	216.2	55.86	21.68	22.45
1992	976.0	531.4	217.1	227.5	54.45	22.24	23.31
1993	1008.2	535.4	220.4	252.4	53.10	21.86	25.04
1994	1033.4	536.5	225.1	271.8	51.92	21.78	26.30
1995	1029.4	536.8	225.0	267.6	52.15	21.85	26.00
1996	1039.0	546.8	223.4	268.8	52.63	21.50	25.87
1997	1050.3	544.6	213.2	292.5	51.85	20.30	27.85
1998	1050.3	542.6	207.1	300.6	51.66	19.72	28.62
1999	1056.7	555.4	185.5	315.8	52.56	17.55	29.89
2000	1061.6	553.7	182.4	325.5	52.20	17.10	30.70
2001	1067.0	550.5	179.3	337.2	51.60	16.80	31.60
2002	1086.1	552.3	173.7	360.1	50.90	16.00	33.10
2003	1005.2	548.7	152.5	303.9	54.59	15.17	30.24
2004	1026.1	559.3	153.0	313.8	54.51	14.91	30.58
2005	1041.1	560.5	162.7	317.9	53.83	15.64	30.53
2006	1051.2	565.3	168.0	317.8	53.78	15.98	30.23
2007	1081.5	569.3	183.6	328.6	52.64	16.98	30.38
2008	1103.3	556.7	186.2	360.4	50.45	16.88	32.67
2009	1142.5	558.0	193.3	391.2	48.84	16.92	34.24
2010	1184.7	571.0	206.2	407.5	48.20	17.41	34.39
2011	1249.3	573.0	221.5	454.8	45.87	17.73	36.40
2012	1304.9	583.4	236.1	485.4	44.70	18.10	37.20
2013	1408.2	580.9	264.6	562.7	41.25	18.79	39.96
2014	1485.4	582.0	271.4	632.0	39.18	18.27	42.55
2015	1463.7	572.3	249.7	641.7	39.10	17.06	43.84
2016	1474.0	590.5	233.7	649.8	40.06	15.85	44.09
2017	1424.9	589.4	224.9	610.7	41.40	15.80	42.80

注：1. 2003 年以后就业人员中不包括社会自由就业人员。
2. 2004 年三次产业就业人员和构成按相关数据进行了调整。

a) Social total number of employed persons doesnt include social self-employed persons after 2003.
b) The number of employed persons in tertiary industry and its composition in 2004 is adjusted by relation data.

5－3 分行业城镇单位年末女性就业人员(2017 年)

Number of Female Employed in Urban Units at Year－end by Sector(2017)

单位:人 (person)

项 目	Item	合 计 Total	国 有 单 位 State－owned Units	城镇集体单位 Urban Collective－owned Units	其 他 单 位 Units of Other Types of Ownership
总 计	**Total**	**1055422**	**684335**	**22284**	**348803**
按企、事业和机关分组	**Grouped by Enterprises, Institutions and Agencies**				
企业	Enterprises	498671	137954	15605	345112
事业	Institutions	413624	405387	6661	1576
机关	Agencies & Organizations	140843	140659		184
按国民经济行业分组	**Grouped by Sector**				
农、林、牧、渔业	Farming, Forestry, Animal Husbandry and Fishery	73931	70912	113	2906
采矿业	Mining	20709	4055	135	16519
制造业	Manufacturing	105243	2255	1087	101901
电力、燃气及水的生产和供应业	Production & Supply of Electric Power, Gas and Water	39029	7552	226	31251
建筑业	Construction	24653	1484	334	22835
批发和零售业	Wholesale and Retail Trade	43961	5649	426	37886
交通运输、仓储和邮政业	Transportation, Storage and Postal Services	52220	32797	848	18575
住宿和餐饮业	Quarters and Catering	20810	3250	150	17410
信息传输、软件和信息技术服务业	Information Transmission, Software and IT Services	23963	5675		18288
金融业	Banking	63273	21992	11646	29635
房地产业	Real Estate	25085	2708	4	22373
租赁和商务服务业	Leasing and Commercial Services	15733	6679	209	8845
科学研究和技术服务业	Scientific and Technical Services	19186	13940	93	5153
水利、环境和公共设施管理业	Water Conservancy, Environment and Public Facilities Administration	35305	30628	975	3702
居民服务、修理和其他服务业	Resident Services, Repairs and Other Services	3659	1935	563	1161
教育	Education	207518	203164	304	4050
卫生和社会工作	Health and Social Work	101391	91527	5143	4721
文化、体育和娱乐业	Culture, Sports & Recreational Services	18105	16661	28	1416
公共管理、社会保障和社会组织	Public Administration, Social Security and Social Organizations	161648	161472		176
国际组织	International Organizations				

5－4 按登记注册类型和城乡划分的年末就业人员

单位:万人

年份 Year	总 计 Total	城镇 合 计 Sub－total	＃国有单位 State－owned Units	＃集体单位 Collective－owned Units	＃股份合作单位 Share Holding Units	＃联营单位 Joint－owned Units	＃有限责任公司 Limited Liability Corporations	＃股份有限公司 Share－holding Corporations Ltd.
1965	476.8	101.2	86.5	13.4				
1970	524.4	124.8	110.9	13.9				
1975	607.5	176.9	143.8	32.9				
1978	652.8	227.8	183.2	44.4				
1980	698.4	225.4	200.6	53.7				
1985	856.6	335.6	241.4	79.0				
1987	891.0	359.7	260.2	82.5		0.1		
1988	909.7	373.3	268.3	84.7		0.2		
1989	910.3	375.4	271.0	86.0		0.3		
1990	924.6	386.6	282.3	87.0		0.4		
1991	962.9	404.2	293.2	89.3		0.6		
1992	976.0	415.7	302.1	89.6		1.0		
1993	1008.2	434.2	301.1	87.4	1.2	0.3		
1994	1033.4	453.8	301.7	76.1	5.0	0.4		
1995	1029.4	440.0	302.3	70.8	5.9	0.3		
1996	1039.0	434.7	302.1	66.8	5.9	0.3		
1997	1050.3	444.9	291.9	59.4	7.1	0.2		
1998	1050.3	443.4	252.4	45.7	2.9	0.8	18.1	6.9
1999	1056.7	435.7	232.4	37.8	2.9	0.9	23.4	8.0
2000	1061.6	430.1	201.1	25.6	2.9	0.6	26.0	8.2
2001	1067.0	434.5	188.9	20.5	2.2	0.5	29.3	9.3
2002	1086.1	435.6	177.8	17.7	1.9	0.4	34.4	11.1
2003	1005.2	352.9	169.2	15.8	2.0	0.3	40.2	12.0
2004	1026.1	350.3	166.6	13.5	1.7	0.3	43.3	13.0
2005	1041.1	350.3	162.0	12.4	1.8	0.3	47.0	14.3
2006	1051.2	365.0	160.5	11.5	1.5	0.3	49.3	14.3
2007	1081.5	383.5	162.0	11.1	1.9	0.3	48.1	17.7
2008	1103.3	414.9	163.5	10.1	1.4	0.3	45.5	18.3
2009	1142.5	439.5	166.7	9.2	1.9	0.2	44.5	17.9
2010	1184.7	465.2	169.4	8.9	2.1	0.2	45.5	17.8
2011	1249.3	517.1	173.1	8.5	1.5	0.2	53.7	19.6
2012	1304.9	562.6	176.3	8.5	2.4	0.2	56.6	20.1
2013	1408.2	665.4	170.8	7.3	2.0	0.1	91.4	22.8
2014	1485.4	738.8	168.1	6.3	1.1	0.2	92.0	23.7
2015	1463.7	725.7	168.0	5.9	0.9	0.1	90.8	23.3
2016	1474.0	720.7	167.8	5.8	0.7	0.1	87.2	22.9
2017	1424.9	678.6	164.3	5.0	0.7	0.1	79.5	23.8

Number of Employed Persons at Year - end by Status of Registration and Residence in Urban and Rural Areas

(10 000 persons)

Urban Area				乡村 Rural Area		
# 私营企业 Private Enterprises	# 港澳台商投资单位 Economic Units Funded by Entrepreneurs from Hong Kong, Macao and Taiwan	# 外商投资单位 Foreign Funded Economic Units	# 个体 Self - employed individuals	合计 Sub - total	# 私营企业 Private Enterprises	# 个体 Self - employed Individuals
			1.3	375.6		
				399.6		
			0.2	430.6		
			0.2	425.0		
			1.1	443.0		
			15.2	521.0		
			16.9	531.3		
			20.1	536.4		
			18.1	534.9		
			16.9	538.0		
			21.1	558.7		
			23.0	560.3		
3.8	1.0	1.1	28.7	574.0		
5.5	1.4	1.7	38.1	579.6		
7.6	2.0	2.2	36.7	589.4	2.5	26.6
10.8	1.9	2.7	40.7	604.3	3.2	32.9
14.0	2.1	2.8	57.9	605.4	3.7	37.1
23.0	2.3	1.7	73.2	606.9	5.9	48.8
25.1	2.0	2.1	88.0	621.0	13.6	59.7
28.6	1.7	2.2	88.2	631.5	12.8	71.5
30.4	1.7	1.8	96.2	632.5	15.2	73.7
29.0	1.8	2.0	87.9	650.5	22.8	77.6
35.7	1.7	2.5	72.8	652.3	15.6	35.6
44.2	1.1	2.7	56.1	675.8	17.0	21.8
47.1	1.6	2.5	60.2	690.8	21.1	22.1
53.3	1.3	2.7	69.0	686.2	20.3	18.8
61.8	1.5	2.7	75.2	698.0	21.1	18.4
80.4	1.4	2.8	89.6	688.4	18.0	20.1
89.2	1.5	2.9	104.5	703.0	16.2	24.4
103.1	1.6	2.8	113.0	719.5	18.4	24.4
117.4	1.7	3.1	137.3	732.2	18.2	28.6
133.5	2.4	3.1	158.3	742.3	20.1	49.4
144.8	2.2	5.4	216.7	742.8	50.9	55.0
173.2	2.4	6.3	264.1	746.6	34.7	50.7
168.1	2.5	5.5	259.3	738.1		
176.8	2.4	5.0	250.6	753.3		
119.4	2.5	3.7	278.6	746.3		

5-5 分行业年末职工(2017年)

Number of Staff and Workers at Year-end by Sector(2017)

单位:人 (person)

项目	Item	合计 Total	国有单位 State-owned Units	城镇集体单位 Urban Collective-owned Unit	其他单位 Units of Other Types of Ownership
总计	**National Total**	**2717381**	**1601664**	**46096**	**1069621**
按企、事业和机关分组	**Grouped by Enterprises, Institutions and Agencies**				
企业	Enterprises	1531046	434878	33128	1063040
事业	Institutions	779835	763822	12946	3067
机关	Agencies & Organizations	402876	402162		714
按国民经济行业分组	**Grouped by Sector**				
农、林、牧、渔业	**Farming, Forestry, Animal Husbandry and Fishery**	**211935**	**204673**	**552**	**6710**
农业	Farming	94606	93017	255	1334
林业	Forestry	67822	67750		72
畜牧业	Animal Husbandry	23726	19144	46	4536
渔业	Fishery	2182	2171		11
农、林、牧、渔服务业	Agricultural Services	23599	22591	251	757
采矿业	**Mining**	**139056**	**26534**	**408**	**112114**
制造业	**Manufacturing**	**357315**	**8812**	**2711**	**345792**
电力、燃气及水的生产和供应业	**Production and Supply of Electric Power, Gas and Water**	**134485**	**23995**	**654**	**109836**
建筑业	**Construction**	**151652**	**7649**	**896**	**143107**
房屋建筑业	Housing Construction	100698	5089	192	95417
土木工程建筑业	Civil Engineering Construction	43399	2330	521	40548
建筑安装业	Installation of Buildings	4709	230	183	4296
建筑装饰和其他建筑业	Decoration of Buildings and Other Construction	2846			2846
批发和零售业	**Wholesale & Retail Trade**	**84932**	**15853**	**1091**	**67988**
批发业	Wholesale Trade	26720	13264	356	13100
零售业	Retail Trade	58212	2589	735	54888
交通运输、仓储和邮政业	**Transportation, Storage and Postal Services**	**204187**	**146889**	**2617**	**54681**
铁路运输业	Railway Transport	102122	96906	62	5154
道路运输业	Roadway Transport	67094	29345	154	37595
水上运输业	Water transport	27	27		
航空运输业	Air Transport	4672	701		3971
管道运输业	Pipeline Transport	62			62
装卸搬运和运输代理业	Handling and transportation	4974	176	2401	2397
仓储业	Storage	5376	3803		1573
邮政业	Postal Services	19860	15931		3929
住宿和餐饮业	**Quarters and Catering**	**34818**	**5691**	**334**	**28793**
住宿业	Quarters	19727	4100	192	15435
餐饮业	Catering	15091	1591	142	13358
信息传输、软件和信息技术服务业	**Information Transmission, Software and IT Services**	**47419**	**11461**		**35958**
电信、广播电视和卫星传输服务	Telecommunications, Radio and Television ,Satellite Transmission Services	44390	10996		33394
互联网和相关服务	Internet and Related Services	495	202		293
软件和信息技术服务业	Software and IT Services	2534	263		2271

5－5 续表 continued

单位：人 (person)

项 目	Item	合计 Total	国有单位 State－owned Units	城镇集体单位 Urban Collective－owned Unit	其他单位 Units of Other Types of Ownership
金融业	**Finance**	**100904**	**39162**	**22401**	**39341**
货币金融服务业	Monetary and Financial Services	83792	32733	22401	28658
资本市场服务业	Capital Market Services	635	298		337
保险业	Insurance	16058	5848		10210
其他金融活动	Others	419	283		136
房地产业	**Real Estate**	**54680**	**6445**	**10**	**48225**
租赁和商务服务业	**Leasing and Commercial Services**	**49514**	**17388**	**636**	**31490**
租赁业	Leasing Services	2314	1947	11	356
商务服务业	Commercial Services	47200	15441	625	31134
科学研究、技术服务业	**Scientific and Technical Services**	**58350**	**39439**	**618**	**18293**
研究与试验发展	Research and Development	6247	5881		366
专业技术服务业	Special Technical Services	43479	27729	618	15132
科技推广和应用服务业	Science and Technology Popularization and Application Services	8624	5829		2795
水利、环境和公共设施管理业	**Water Conservancy, Environment and Public Facilities Administration**	**79723**	**68435**	**2331**	**8957**
水利管理业	Water Conservancy	14082	13443	83	556
生态保护和环境治理业	Ecological Protection and Environmental Management	4374	3691		683
公共设施管理业	Public Facilities Administration	61267	51301	2248	7718
居民服务、修理和其他服务业	**Resident Services, Repairs and Other Services**	**8114**	**4264**	**936**	**2914**
居民服务业	Resident Services	5046	3991	295	760
机动车、电子产品和日用产品修理业	Motor Vehicles, Electronics and Household Goods Repair Services	247	23	21	203
其他服务业	Other Services	2821	250	620	1951
教育	**Education**	**348542**	**342155**	**492**	**5895**
卫生和社会工作	**Health and Social Work**	**159038**	**143204**	**9356**	**6478**
卫生	Health	153924	138844	9296	5784
社会工作	Social Work	5114	4360	60	694
文化、体育和娱乐业	**Culture, Sports and Recreational Services**	**36257**	**33419**	**53**	**2785**
新闻出版业	Press	7486	6943		543
广播、电视、电影和影视录音制作业	Radio, Television, Film and Video Recording Industry	11346	10560	28	758
文化艺术业	Culture and Arts	15047	14544		478
体育	Sports	1135	1049	25	86
娱乐业	Recreational Services	1243	323		920
公共管理、社会保障和社会组织	**Public Administration ,Social Security and Social Organizations**	**456460**	**456196**		**264**
中国共产党机关	Chinese Communist Party Agencies	19845	19845		
国家机构	Government Agencies	414308	414308		
人民政协、民主党派	People's Politics Consultative Conference and Democratic Parties	4406	4406		
社会保障	Social Security	5661	5661		
群众社团、社会团体和其他成员组织	Mass society, Social Organizations and Other Organizations	12240	11976		264

5－6 城镇私营企业年末就业人员(2017 年)

Number of Employed Persons in urban Private Enterprises at Year－end(2017)

单位:户、人 (household)(person)

		调查单位数 Number of survey units	就业人员 Number of Employed Persons
总 计	**Total**	**7190**	**1194453**
农、林、牧、渔业	Farming, Forestry, Animal Husbandry and Fishery	164	49223
采矿业	Mining	368	69558
制造业	Manufacturing	1147	231864
电力、燃气及水的生产和供应业	Production & Supply of Electric Power, Gas and Water	246	23217
建筑业	Construction	676	139097
批发和零售业	Wholesale and Retail Trade	1430	266618
交通运输、仓储和邮政业	Transportation, Storage and Postal Services	325	45936
住宿和餐饮业	Quarters and Catering	422	47307
信息传输、软件和信息技术服务业	Information Transmission, Software and IT Services	114	23629
金融业	Banking	80	7682
房地产业	Real Estate	1149	76161
租赁和商务服务业	Leasing and Commercial Services	285	95590
科学研究和技术服务业	Scientific and Technical Services	187	28471
水利、环境和公共设施管理业	Water Conservancy, Environment and Public Facilities Administration	108	13904
居民服务、修理和其他服务业	Resident Services, Repairs and Other Services	152	39562
教育	Education	108	12898
卫生和社会工作	Health and Social Work	126	9771
文化、体育和娱乐业	Culture, Sports & Recreational Services	103	13965

注:本资料由城镇私营单位抽样调查推算取得。

a) This data is derived from ueban private sector sample survey.

5-7 个体年末就业人员(2017年)

Number of Self-employed Individuals at Year-end(2017)

单位：户、人 (household)(person)

项目	Item	合计 Total 户数 Number of Households	合计 Total 就业人员 Number of Employed Individuals	#城镇 Urban Areas 户数 Number of Households	#城镇 Urban Areas 就业人员 Number of Employed Individuals
总计	**Total**	**1402958**	**3243815**	**1134331**	**2785537**
农、林、牧、渔业	Farming, Forestry, Animal Husbandry and Fishery	27632	63466	10822	25178
采矿业	Mining	960	4044	426	1812
制造业	Manufacturing	59053	155254	43029	92847
电力、燃气及水的生产和供应业	Production & Supply of Electric Power, Gas and Water	146	276	81	158
建筑业	Construction	2733	11071	1989	8470
批发和零售业	Wholesale and Retail Trade	769875	1661707	628560	1451826
交通运输、仓储和邮政业	Transportation, Storage and Postal Services	61792	79380	48825	64471
住宿和餐饮业	Quarters and Catering	206572	620639	170436	563731
信息传输、软件和信息技术服务业	Information Transmission, Software and IT Services	11007	18222	8615	15102
金融业	Banking				
房地产业	Real Estate	919	1878	819	1718
租赁和商务服务业	Leasing and Commercial Services	15119	28769	12336	23667
科学研究和技术服务业	Scientific and Technical Services	3941	7810	3273	6486
水利、环境和公共设施管理业	Water Conservancy, Environment and Public Facilities Administration	205	478	163	378
居民服务、修理和其他服务业	Resident Services, Repairs and Other Services	222776	546765	187406	490078
教育	Education	3372	7628	3048	6940
卫生和社会工作	Health and Social Work	6314	13681	5573	12686
文化、体育和娱乐业	Culture, Sports & Recreational Services	10273	22382	8803	19774
其他行业	Others	269	365	127	215

注：本资料由工商部门提供。

a) The Statistics are provided by the Department of Industry and Commerce。

5-8 城镇就业及失业人数

Employment and Unemployment in Urban Areas

年份 Year	当年需要安置人数(人) Number of Need Settled down(person)	登记失业人员当年就业人数(人) Registered unemployed persons in employment this year (person)	年末城镇失业人数(人) Unemployment at year-end(person) 合计 Tota	#女性 Female	失业女性占城镇失业人数(%) Percentage of Female Unemployed Persons to Total Unemployed Persons In Urban Areas	登记失业率(%) Registered Unemploy-ment Rate in Urban Areas
1980	429100	202696	367280			12.62
1981	464100	344573	283181			9.39
1982	488300	202958	285369			9.11
1983	464100	179283	267539			8.18
1984	427500	198995	177568			5.34
1985	335600	178336	138773			3.97
1986	347000	207440	127726			3.51
1987	307800	161514	129753			3.48
1988	268100	140598	123579			3.69
1989	266700	116515	143681			3.78
1990	282800	124582	151916			3.49
1991	292500	140710	146319			2.68
1992	275300	154848	114894			3.49
1993	226400	107653	113405			2.62
1994	215400	88637	123660			2.86
1995	232084	87033	139713			3.17
1996	263436	86341	144107	79201	54.96	3.47
1997	258299	105927	145253	85024	58.54	3.40
1998	265256	115162	131138	70463	53.73	3.13
1999	222695	96002	123858	61124	49.35	3.10
2000	239620	106020	126478	66932	52.92	3.34
2001	274460	116527	144687	74641	51.59	3.65
2002	345500	174300	162700	83703	51.45	4.10
2003	406755	215118	175889	93556	53.19	4.50
2004	430454	245309	185118	96233	51.98	4.59
2005	451039	261359	177483	81080	45.68	4.26
2006	527624	320781	179786	88842	49.42	4.13
2007	511642	319431	184573	98785	53.52	4.00
2008	513101	314011	199167	97800	49.10	4.10
2009	492987	290897	201428	103173	51.22	4.05
2010	513615	303436	208110	85596	41.13	3.90
2011	484723	266418	218289	96117	44.03	3.80
2012	525613	294336	231277	106106	45.88	3.73
2013	479820	241773	238047	103627	43.53	3.66
2014	470258	222582	247676	116690	47.11	3.59
2015	498667	239973	258694	109340	42.27	3.65
2016	497417	230283	267134	114923	43.02	3.65
2017	488051	217232	270819	121868	45.00	3.63

注:1. 本表资料由人力资源和社会保障厅提供。

2. 2011 年及以前,登记失业人员当年就业人数为当年就业人数。

a) The Statistics are provided by the Bureau of human resources and social security

b) Before 2011, registered unemployed persons in employment is employed persons in that very year.

5－9 职工工资总额和指数

Total Wages of Staff and Workers and Related Index

年份 Year	工资总额(万元) Total Wages(10 000 yuan)				指数(上年＝100) Index(preceding year＝100)			
	总计 Total	国有单位 State－owned Units	城镇集体单位 Urban Collective－owned Units	其他单位 Units of Other Types of Ownership	总计 Total	国有单位 State－owned Units	城镇集体单位 Urban Collective－owned Units	其他单位 Units of other Types of Ownership
1965	70670	63788	6882		102.7	102.7	102.7	
1970	77531	71047	6484		102.2	102.2	102.2	
1975	111072	99489	11583		100.9	100.9	101.7	
1978	149779	128019	21760		112.7	115.5	98.6	
1980	198255	164897	33358		110.0	109.0	115.0	
1981	210486	175079	35407		104.2	104.2	104.2	
1982	230005	189964	40041		107.4	106.7	111.2	
1983	247989	203182	44807		106.5	105.7	110.6	
1984	292787	234455	58332		112.5	110.0	124.1	
1985	339534	271875	67619	40	106.5	106.5	106.4	
1986	405310	324839	80423	48	113.1	113.3	112.7	113.8
1987	436260	350557	85628	75	99.2	99.5	98.1	143.2
1988	531584	429383	102028	173	104.1	104.7	101.8	196.5
1989	589385	475264	113791	330	96.2	96.0	96.7	165.4
1990	662156	540255	121270	631	110.4	111.7	104.7	187.9
1991	755609	615184	139230	1194	107.7	107.4	108.3	178.6
1992	897992	735751	160172	2069	109.3	110.0	105.8	159.3
1993	1090634	894747	185691	10196	104.3	104.5	99.6	423.4
1994	1410664	1178947	201545	30172	104.1	106.0	87.3	238.1
1995	1561199	1312079	208706	40414	94.5	95.0	88.4	114.4
1996	1758549	1483936	227478	47136	104.6	105.1	101.3	108.4
1997	1853641	1586052	210134	57455	100.8	102.2	88.3	116.5
1998	1747030	1375390	161525	210115	96.2	88.5	77.9	376.2
1999	1779688	1379154	141567	258967	101.6	100.0	87.3	122.9
2000	1859617	1442792	125315	291510	103.2	103.3	87.4	111.1
2001	2105277	1633364	121820	350093	118.3	118.4	86.1	135.2
2002	2374765	1791830	112018	470918	112.8	109.7	92.0	134.5
2003	2723285	1988162	115527	619597	114.7	111.0	103.1	131.6
2004	3230903	2339836	122021	769046	118.6	117.7	105.6	124.1
2005	3877342	2656826	136088	1084428	120.0	113.5	111.5	141.0
2006	4469480	3078254	141470	1249756	115.3	115.9	104.0	115.3
2007	5365887	3660690	159016	1546181	120.1	118.9	112.4	123.7
2008	6384902	4402592	190267	1792043	119.0	120.3	119.7	115.9
2009	7535111	5338087	227203	1969821	118.0	121.3	119.4	109.9
2010	8798003	6252755	261116	2284132	116.8	117.1	114.9	116.0
2011	11085738	7577309	322083	3186346	126.0	121.2	123.3	139.5
2012	12805461	8652112	373904	3779445	115.5	114.2	116.1	118.6
2013	15633371	9118184	359931	6155256	122.1	105.4	96.3	162.9
2014	16362974	9363412	325262	6574300	104.7	102.7	90.4	108.4
2015	17067037	10217897	327067	6522073	104.3	109.1	100.6	97.7
2016	17957142	10962539	352843	6641759	105.2	107.3	107.9	101.8
2017	18566500	11388004	324081	6854415	103.4	103.9	91.8	103.2

注:1998 年及以后职工工资总额为在岗职工的工资总额。

a) Data on total wages since1998 refer to wages of fully employec staff and workers.

5-10 职工平均工资及指数

Average Wages of Staff and Workers and Related Index

年 份 Year	职工平均工资(元) Average Wages(yuan)				指数(上年=100) Index(preceding year=100)			
	总 计 Total	国有单位 State-owned Units	城镇集体单位 Urban Collective-owned Units	其他单位 Units of Other Types of Ownership	总计 Total	国有单位 State-owned Units	城镇集体单位 Urban Collective-owned Units	其他单位 Units of other Types of Ownership
1965	728	751	544					
1970	648	671	475					
1975	667	707	495					
1978	712	749	563		100.0	105.1	102.1	
1980	796	839	635		104.8	105.4	103.4	
1981	807	851	642		99.5	99.5	99.2	
1982	826	869	669		100.6	100.4	102.5	
1983	862	903	714		103.1	102.7	105.5	
1984	986	1047	801		109.0	110.5	106.9	
1985	1095	1169	872	1023	102.0	102.5	100.0	
1986	1239	1325	982	1034	107.3	107.4	106.7	95.8
1987	1301	1410	1053	1000	96.8	98.1	98.8	89.1
1988	1548	1641	1251	1105	101.7	99.5	101.5	94.4
1989	1685	1779	1381	1451	94.4	94.0	95.7	113.9
1990	1846	1971	1441	1858	107.6	108.8	102.5	125.8
1991	2012	2148	1573	1984	102.8	102.8	103.0	100.7
1992	2339	2493	1823	2292	106.9	106.8	106.6	106.3
1993	2796	2998	2107	2940	102.7	103.2	99.3	110.2
1994	3675	3942	2667	3299	105.7	105.8	101.9	90.3
1995	4134	4407	3001	3906	96.1	95.5	96.1	101.1
1996	4716	4996	3508	4283	106.0	105.4	108.6	102.0
1997	5124	5462	3551	4687	103.9	104.5	96.8	104.6
1998	5792	5979	4184	6367	102.9	101.5	99.5	119.3
1999	6347	6580	4548	6526	109.3	109.7	108.4	102.2
2000	6974	7261	4826	6947	108.5	108.9	104.8	105.1
2001	8250	8737	5525	7579	117.6	119.6	113.8	108.4
2002	9683	10287	6431	8777	116.4	116.8	115.4	114.9
2003	11279	11929	7620	10391	114.8	114.2	116.7	116.6
2004	13324	14209	9010	11965	115.2	116.2	115.4	112.3
2005	15985	16598	10804	15514	120.0	116.8	119.9	129.7
2006	18469	19386	12469	17391	115.5	116.8	115.4	112.1
2007	21884	22822	14338	20980	118.5	117.7	115.0	120.6
2008	26114	27316	18809	24476	119.3	119.7	131.2	116.7
2009	30699	32326	24344	27750	117.6	118.3	129.4	113.4
2010	35507	37602	29822	31402	115.7	116.3	122.5	113.2
2011	41481	44143	37963	36578	116.8	117.4	127.3	116.5
2012	47053	49680	46309	42032	113.4	112.5	122.0	114.9
2013	51388	54592	52107	47243	109.2	109.9	112.5	112.4
2014	54460	56987	55159	51241	106.0	104.4	105.9	108.5
2015	57870	62059	58679	52303	106.3	108.9	106.4	102.1
2016	61994	67038	61963	55147	107.1	108.0	105.6	105.4
2017	67688	71419	70471	62176	109.2	106.5	113.7	112.7

5－11 分行业全部在岗职工平均工资

Average Wage of All Staff and Workers Being on Duty by Sector

单位:元 (yuan)

项 目	Item	2016	2017	2017年比2016年增长(%) Increase Rate in 2017over 2016(%)
总 计	**Total**	**61994**	**67688**	**9.2**
按企、事业和机关分组	**Grouped by Enterprises, Institutions & Agencies**			
企业	Enterprises	57646	63803	10.7
事业	Institutions	68047	72338	6.3
机关	Agencies & Organizations	69334	73924	6.6
按国民经济行业分组	**Grouped by Sector**			
农、林、牧、渔业	Farming, Forestry, Animal Husbandry and Fishery	38298	41182	7.5
采矿业	Mining	73073	85790	17.4
制造业	Manufacturing	54025	60919	12.8
电力、燃气及水的生产和供应业	Production & Supply of Electric Power, Gas and Water	79426	83701	5.4
建筑业	Construction	43112	49806	15.5
批发和零售业	Wholesale and Retail Trade	49255	52691	7.0
交通运输、仓储和邮政业	Transportation, Storage and Postal Services	68306	75801	11.0
住宿和餐饮业	Quarters and Catering	37695	40152	6.5
信息传输、软件和信息技术服务业	Information Transmission, Software and IT Services	67858	74698	10.1
金融业	Banking	83823	87546	4.4
房地产业	Real Estate	44271	45691	3.2
租赁和商务服务业	Leasing and Commercial Services	47418	51283	8.2
科学研究和技术服务业	Scientific and Technical Services	65861	71773	9.0
水利、环境和公共设施管理业	Water Conservancy, Environment and Public Facilities Administration	42844	45368	5.9
居民服务、修理和其他服务业	Resident Services, Repairs and Other Services	38820	39654	2.1
教育	Education	77726	82120	5.7
卫生和社会工作	Health and Social Work	69211	73259	5.8
文化、体育和娱乐业	Culture, Sports & Recreational Services	65970	70360	6.7
公共管理、社会保障和社会组织	Public Administration ,Social Security and Social Organizations	68710	73156	6.5
国际组织	International Organizations			

5－12 分行业职工平均工资(2017年)

Average Wage of Staff and Workers by Sector(2017)

单位:元 (yuan)

项 目	Item	合 计 Total	国有单位 State－owned Units	城镇集体单位 Urban Collective－owned Units	其他单位 Units of Other Types of Ownership
总 计	**Total**	**67688**	**71419**	**70471**	**62176**
按企、事业和机关分组	**Grouped by Enterprises, Institutions & Agencies**				
企业	Enterprises	63803	66676	77926	62247
事业	Institutions	72338	72747	51492	58658
机关	Agencies & Organizations	73924	74013		24356
按国民经济行业分组	**Grouped by Sector**				
农、林、牧、渔业	Farming, Forestry, Animal Husbandry and Fishery	41182	41438	24096	34951
采矿业	Mining	85790	110232	62603	80082
制造业	Manufacturing	60919	92097	39730	60290
电力、燃气及水的生产和供应业	Production & Supply of Electric Power, Gas and Water	83701	76434	44198	85530
建筑业	Construction	49806	62274	42087	49255
批发和零售业	Wholesale and Retail Trade	52691	74702	37840	47755
交通运输、仓储和邮政业	Transportation, Storage and Postal Services	75801	81056	56880	62319
住宿和餐饮业	Quarters and Catering	40152	46607	27324	39030
信息传输、软件和信息技术服务业	Information Transmission, Software and IT Services	74698	61190		78972
金融业	Banking	87546	82465	94232	88842
房地产业	Real Estate	45691	61498	34200	43563
租赁和商务服务业	Leasing and Commercial Services	51283	58518	44838	47336
科学研究和技术服务业	Scientific and Technical Services	71773	72187	28056	72367
水利、环境和公共设施管理业	Water Conservancy, Environment and Public Facilities Administration	45368	45746	25175	47635
居民服务、修理和其他服务业	Resident Services, Repairs and Other Services	39654	54471	21948	30719
教育	Education	82120	82777	61097	45022
卫生和社会工作	Health and Social Work	73259	74660	61040	60091
文化、体育和娱乐业	Culture, Sports & Recreational Services	70360	71911	51774	52357
公共管理、社会保障和社会组织	Public Administration ,Social Security and Social Organizations	73156	73169		49981
国际组织	International Organizations				

5-13 国有单位年末就业人员和劳动报酬(2017年)

Employed Persons at Year-end & Earnings in State-owned Units(2017)

项目	Item	就业人员(人) Number of Employed (person)	#女性 Female	在就业人员中 In Employed Persons #在岗职工(人) Fully Employed Staff & Workers (person)	#其他从业人员(人) Other Employed Persons
总计	**Total**	**1642668**	**684335**	**1601664**	**41004**
按企、事业和机关分组	**Grouped by Enterprises, Institutions & Agencies**				
企业	Enterprises	449952	137954	434878	15074
事业	Institutions	779372	405387	763822	15550
机关	Agencies & Organizations	412532	140659	402162	10370
按国民经济行业分组	**Grouped by Sector**				
农、林、牧、渔业	Farming, Forestry, Animal Husbandry and Fishery	212399	70912	204673	7726
采矿业	Mining	26727	4055	26534	193
制造业	Manufacturing	9014	2255	8812	202
电力、燃气及水的生产和供应业	Production & Supply of Electric Power, Gas and Water	24672	7552	23995	677
建筑业	Construction	8233	1484	7649	584
批发和零售业	Wholesale and Retail Trade	16085	5649	15853	232
交通运输、仓储和邮政业	Transportation, Storage and Postal Services	148455	32797	146889	1566
住宿和餐饮业	Quarters and Catering	6186	3250	5691	495
信息传输、软件和信息技术服务业	Information Transmission, Software and IT Services	11680	5675	11461	219
金融业	Banking	42190	21992	39162	3028
房地产业	Real Estate	6924	2708	6445	479
租赁和商务服务业	Leasing and Commercial Services	20170	6679	17388	2782
科学研究和技术服务业	Scientific and Technical Services	39860	13940	39439	421
水利、环境和公共设施管理业	Water Conservancy, Environment and Public Facilities Administration	71516	30628	68435	3081
居民服务、修理和其他服务业	Resident Services, Repairs and Other Services	4614	1935	4264	350
教育	Education	345399	203164	342155	3244
卫生和社会工作	Health and Social Work	147134	91527	143204	3930
文化、体育和娱乐业	Culture, Sports & Recreational Services	34268	16661	33419	849
公共管理、社会保障和社会组织	Public Administration, Social Security and Social Organizations	467142	161472	456196	10946
国际组织	International Organizations				

5－13 续表 continued

单位:万元 (10 000 yuan)

行业	Sector	单位从业人员劳动报酬 Total Remune－ration	在岗职工工资总额 Wages of Fully Employed Staff & Workers	其他从业人员劳动报酬 Remune－ration for Other Employed Persons
总计	**Total**	**11505574**	**11388004**	**117570**
按企、事业和机关分组	**Grouped by Enterprises, Institutions & Agencies**			
企业	Enterprises	2918033	2876084	41949
事业	Institutions	5584726	5538801	45926
机关	Agencies & Organizations	2997463	2967815	29648
按国民经济行业分组	**Grouped by Sector**			
农、林、牧、渔业	Farming, Forestry, Animal Husbandry and Fishery	845868	830907	14961
采矿业	Mining	298362	297671	691
制造业	Manufacturing	84031	82878	1153
电力、燃气及水的生产和供应业	Production & Supply of Electric Power, Gas and Water	184855	183227	1629
建筑业	Construction	51044	49271	1773
批发和零售业	Wholesale and Retail Trade	120559	119515	1044
交通运输、仓储和邮政业	Transportation, Storage and Postal Services	1194728	1187244	7483
住宿和餐饮业	Quarters and Catering	28265	26524	1742
信息传输、软件和信息技术服务业	Information Transmission, Software and IT Services	71095	70179	916
金融业	Banking	331491	323320	8171
房地产业	Real Estate	41417	39715	1702
租赁和商务服务业	Leasing and Commercial Services	104322	100458	3864
科学研究和技术服务业	Scientific and Technical Services	286636	285081	1554
水利、环境和公共设施管理业	Water Conservancy, Environment and Public Facilities Administration	315995	309370	6624
居民服务、修理和其他服务业	Resident Services, Repairs and Other Services	23621	23243	378
教育	Education	2839568	2828829	10738
卫生和社会工作	Health and Social Work	1080008	1063266	16741
文化、体育和娱乐业	Culture, Sports & Recreational Services	243066	239902	3164
公共管理、社会保障和社会组织	Public Administration ,Social Security and Social Organizations	3360646	3327403	33243
国际组织	International Organizations			

5－14 城镇集体单位年末就业人员和劳动报酬（2017 年）

Employed Persons at Year－end & Earnings in Urban Collective－owned Units（2017）

项 目	Item	就业人员（人）Number of Employed（person）	在就业人员中 In Employed Persons		
			# 女 性 Female	# 在岗职工（人）Fully Employed Staff & Workers（person）	# 其他从业人员（人）Other Employed Persons
总 计	**Total**	**49739**	**22284**	**46096**	**3643**
按企、事业和机关分组	**Grouped by Enterprises, Institutions & Agencies**				
企业	Enterprises	36500	15605	33128	3372
事业	Institutions	13217	6661	12946	271
机关	Agencies & Organizations				
按国民经济行业分组	**Grouped by Sector**				
农、林、牧、渔业	Farming, Forestry, Animal Husbandry and Fishery	552	113	552	
采矿业	Mining	411	135	408	3
制造业	Manufacturing	3093	1087	2711	382
电力、燃气及水的生产和供应业	Production & Supply of Electric Power, Gas and Water	654	226	654	
建筑业	Construction	914	334	896	18
批发和零售业	Wholesale and Retail Trade	1095	426	1091	4
交通运输、仓储和邮政业	Transportation, Storage and Postal Services	5055	848	2617	2438
住宿和餐饮业	Quarters and Catering	336	150	334	2
信息传输、软件和信息技术服务业	Information Transmission, Software and IT Services				
金融业	Banking	22781	11646	22401	380
房地产业	Real Estate	10	4	10	
租赁和商务服务业	Leasing and Commercial Services	715	209	636	79
科学研究和技术服务业	Scientific and Technical Services	618	93	618	
水利、环境和公共设施管理业	Water Conservancy, Environment and Public Facilities Administration	2333	975	2331	2
居民服务、修理和其他服务业	Resident Services, Repairs and Other Services	1005	563	936	69
教育	Education	494	304	492	2
卫生和社会工作	Health and Social Work	9620	5143	9356	264
文化、体育和娱乐业	Culture, Sports & Recreational Services	53	28	53	
公共管理、社会保障和社会组织	Public Administration, Social Security and Social Organizations				
国际组织	International Organizations				

5－14 续表 continued

单位:万元 (10 000 yuan)

行 业	Sector	单位从业人员劳动报酬 Total Remune－ration	在岗职工工资总额 Wages of Fully Employed Staff & Workers	其他从业人员劳动报酬 Remune－ration for Other Employed Persons
总 计	**Total**	**335536**	**324081**	**11455**
按企、事业和机关分组	**Grouped by Enterprises, Institutions & Agencies**			
企业	Enterprises	268167	257396	10771
事业	Institutions	67289	66605	684
机关	Agencies & Organizations			
按国民经济行业分组	**Grouped by Sector**			
农、林、牧、渔业	Farming, Forestry, Animal Husbandry and Fishery	1330	1330	
采矿业	Mining	2532	2523	9
制造业	Manufacturing	12040	10870	1170
电力、燃气及水的生产和供应业	Production & Supply of Electric Power, Gas and Water	2895	2895	
建筑业	Construction	3850	3779	71
批发和零售业	Wholesale and Retail Trade	4144	4136	9
交通运输、仓储和邮政业	Transportation, Storage and Postal Services	22690	15272	7418
住宿和餐饮业	Quarters and Catering	921	918	3
信息传输、软件和信息技术服务业	Information Transmission, Software and IT Services			
金融业	Banking	211025	209554	1471
房地产业	Real Estate	34	34	
租赁和商务服务业	Leasing and Commercial Services	3309	2901	408
科学研究和技术服务业	Scientific and Technical Services	1742	1742	
水利、环境和公共设施管理业	Water Conservancy, Environment and Public Facilities Administration	5774	5770	3
居民服务、修理和其他服务业	Resident Services, Repairs and Other Services	2276	2052	223
教育	Education	3021	3012	9
卫生和社会工作	Health and Social Work	57679	57018	662
文化、体育和娱乐业	Culture, Sports & Recreational Services	274	274	
公共管理、社会保障和社会组织	Public Administration ,Social Security and Social Organizations			
国际组织	International Organizations			

5－15 其他单位年末就业人员和劳动报酬(2017 年)

Employed Persons at Year－end and Earnings in other Types of Ownership(2017)

项 目	Item	就业人员(人) Number of Employed (person)	# 女 性 Female	在就业人员中 In Employed Persons: # 在岗职工(人) Fully Employed Staff & Workers (person)	在就业人员中 In Employed Persons: # 其他从业人员(人) Other Employed Persons
总 计	**Total**	**1113904**	**348803**	**1069621**	**44283**
按企、事业和机关分组	**Grouped by Enterprises, Institutions & Agencies**				
企业	Enterprises	1107069	345112	1063040	44029
事业	Institutions	3300	1576	3067	233
机关	Agencies & Organizations	714	184	714	
按国民经济行业分组	**Grouped by Sector**				
农、林、牧、渔业	Farming, Forestry, Animal Husbandry and Fishery	6710	2906	6710	
采矿业	Mining	114350	16519	112114	2236
制造业	Manufacturing	350959	101901	345792	5167
电力、燃气及水的生产和供应业	Production & Supply of Electric Power, Gas and Water	110946	31251	109836	1110
建筑业	Construction	155118	22835	143107	12011
批发和零售业	Wholesale and Retail Trade	69410	37886	67988	1422
交通运输、仓储和邮政业	Transportation, Storage and Postal Services	57447	18575	54681	2766
住宿和餐饮业	Quarters and Catering	29843	17410	28793	1050
信息传输、软件和信息技术服务业	Information Transmission, Software and IT Services	36565	18288	35958	607
金融业	Banking	52517	29635	39341	13176
房地产业	Real Estate	49360	22373	48225	1135
租赁和商务服务业	Leasing and Commercial Services	32336	8845	31490	846
科学研究和技术服务业	Scientific and Technical Services	19585	5153	18293	1292
水利、环境和公共设施管理业	Water Conservancy, Environment and Public Facilities Administration	9665	3702	8957	708
居民服务、修理和其他服务业	Resident Services, Repairs and Other Services	3055	1161	2914	141
教育	Education	6187	4050	5895	292
卫生和社会工作	Health and Social Work	6602	4721	6478	124
文化、体育和娱乐业	Culture, Sports & Recreational Services	2985	1416	2785	200
公共管理、社会保障和社会组织	Public Administration, Social Security and Social Organizations	264	176	264	
国际组织	International Organizations				

注:本表数据口径为除国有单位、城镇集体单位、私营企业和个体以外的城镇就业人员。

a) Data in the table is the employed in Urban except from State owned Unit、Urban Collective owned Unit、Private Enterprises and Self－employed Individuals.

5－15 续表 continued

单位：万元 (10 000 yuan)

行 业	Sector	单位从业人员劳动报酬 Total Remune－ration	在岗职工工资总额 Wages of Fully Employed Staff & Workers	其他从业人员劳动报酬 Remune－ration for Other Employed Persons
总 计	**Total**	**7059914**	**6854415**	**205499**
按企、事业和机关分组	**Grouped by Enterprises, Institutions & Agencies**			
企业	Enterprises	7026427	6821424	205003
事业	Institutions	18317	17903	414
机关	Agencies & Organizations	1754	1754	
按国民经济行业分组	**Grouped by Sector**			
农、林、牧、渔业	Farming, Forestry, Animal Husbandry and Fishery	23505	23505	
采矿业	Mining	924442	913069	11373
制造业	Manufacturing	2158067	2133890	24177
电力、燃气及水的生产和供应业	Production & Supply of Electric Power, Gas and Water	940266	935589	4678
建筑业	Construction	892602	820627	71975
批发和零售业	Wholesale and Retail Trade	329600	325021	4580
交通运输、仓储和邮政业	Transportation, Storage and Postal Services	343125	332341	10784
住宿和餐饮业	Quarters and Catering	115704	112856	2848
信息传输、软件和信息技术服务业	Information Transmission, Software and IT Services	288967	286296	2671
金融业	Banking	399979	346386	53593
房地产业	Real Estate	212400	208741	3659
租赁和商务服务业	Leasing and Commercial Services	146560	143993	2568
科学研究和技术服务业	Scientific and Technical Services	138745	131571	7174
水利、环境和公共设施管理业	Water Conservancy, Environment and Public Facilities Administration	46697	43534	3163
居民服务、修理和其他服务业	Resident Services, Repairs and Other Services	16322	16045	277
教育	Education	26673	25964	709
卫生和社会工作	Health and Social Work	39701	38915	786
文化、体育和娱乐业	Culture, Sports & Recreational Services	15244	14759	485
公共管理、社会保障和社会组织	Public Administration ,Social Security and Social Organizations	1315	1315	
国际组织	International Organizations			

主要统计指标解释

经济活动人口 指在16岁以上,有劳动能力,参加或要求参加社会经济活动的人口;包括从业人员和失业人员。

从业人员 指从事一定社会劳动并取得劳动报酬或经营收入的人员,包括全部职工、再就业的离退休人员、私营业主、个体户主、私营和个体从业人员、乡镇企业从业人员、农村从业人员、其他从业人员(包括民办教师、宗教职业者、现役军人等)。这一指标反映了一定时期内全部劳动力资源的实际利用情况,是研究我国基本国情国力的重要指标。

各单位的从业人员 指在各级国家机关、政党机关、社会团体及企业、事业单位中工作,取得工资或其他形式的劳动报酬的全部人员。包括在岗职工、再就业的离退休人员、民办教师以及在各单位中工作的外方人员和港澳台方人员、兼职人员、借用的外单位人员和第二职业者。不包括离开本单位仍保留劳动关系的职工。各单位的从业人员反映了各单位实际参加生产或工作的全部劳动力。

城镇私营和个体从业人员 城镇私营从业人员指在工商管理部门注册登记,其经营地址设在县城关镇(含城关镇)以上的私营企业从业人员;包括私营企业投资者和雇工。城镇个体从业人员指在工商管理部门注册登记,并持有城镇户口或在城镇长期居住,经批准从事个体工商经营的从业人员;包括个体经营者和在个体工商户劳动的家庭帮工和雇工。

城镇登记失业人员 指有非农业户口,在一定的劳动年龄内,有劳动能力,无业而要求就业,并在当地就业服务机构进行求职登记的人员。

城镇登记失业率 指城镇登记失业人数同城镇从业人数与城镇登记失业人数之和的比。计算公式为:

城镇登记失业率 = 城镇登记失业人数/(城镇从业人数 + 城镇登记失业人数) × 100%

职工 指在国有经济、城镇集体经济、联营经济、股份制经济、外商和港、澳、台投资经济、其他经济单位及其附属机构工作,并由其支付工资的各类人员,不包括返聘的离退休人员、民办教师、在国有经济单位工作的外方人员和港、澳、台人员(1998年以后的数据均为在岗职工数据,其他相关指标如职工工资总额,职工平均工资等指标也从1998年按此口径进行了相应调整)。

国有单位职工 指在国有经济单位及其附属机构工作,并由其支付工资的各类人员。

城镇集体单位职工 指在城镇集体经济单位及其管理部门工作,并由其支付工资的各类人员。

其他单位职工 指在联营经济、股份制经济、外商投资经济、港、澳、台投资经济单位工作,并由其支付工资的各类人员。

在岗职工 指在本单位工作并由单位支付工资的人员,以及有工作岗位,但由于学习、病伤产假等原因暂未工作,仍由单位支付工资的人员。

职工工资总额 指各单位在一定时期内直接支付给本单位全部职工的劳动报酬总额。工资总额的计算原则应以直接支付给职工的全部劳动报酬为根据。各单位支付给职工的劳动报酬以及其他根据有关规定支付的工资,不论是计入成本的还是不计入成本的,不论是按国家规定列入计征奖金税项目的,还是未列入计征奖金税项目的,不论是以货币形式支付的还是以实物形式支付的,均包括在工资总额内。

奖金 指支付给职工的超额劳动报酬和增收节支的劳动报酬。

津贴和补贴 指为了补偿职工特殊或额外的劳动消耗和因其他特殊原因支付给职工的津贴,以及为了保证职工工资水平不受物价影响支付给职工的物价补贴。

职工平均工资 指企业、事业、机关单位的职工在一定时期内平均每人所得的货币工资额。它表明一定时期职工工资收入的高低程度,是反映职工工资水平的主要指标。计算公式为:

职工平均工资 = 报告期实际支付的全部职工工资总额/报告期全部职工平均人数

职工平均工资指数 指报告期职工平均工资与基期职工平均工资的比率,是反映不同时期职工货币工资水平变动情况的相对数。计算公式为:

职工平均工资指数 = 报告期职工平均工资/基期职工平均工资

职工平均实际工资指数 职工平均实际工资指扣除物价变动因素后的职工平均工资。职工平均实际工资指数是反映实际工资变动情况的相对数,表明职工实际工资水平提高或降低的程度。计算公式为:

职工平均实际工资指数 = 报告期职工平均工资指数/报告期城镇居民消费价格指数 × 100%

Explanatory Notes on Main Statistical Indicators

Economically Active Population refers to the population aged 16 and over who are capable to work, are participating in or willing to participate in economic activities, including employed persons and unemployed persons.

Employees refers to the persons who are engaged in social labor and receive remuneration payment or earn business income, including: total staff and workers, re – employed retirees, employers of private enterprises, self – employed workers, employers in private and individual economy, employees in township, employed persons in the rural areas, and other employed persons (including teachers in the schools run by the local people, people engaged in religious profession and the servicemen, etc.). This indicator reflects the actual utilization of total labor force during a certain period of time and is often used for the research on China′s economic affairs and national power.

Persons Employed in Various Units refer to all the persons working in government agencies of various levels, political and party organizations, social organizations, enterprises and institutions, and receiving wages or other forms of payment. They include fully employed staff and workers, re – employed retirees, teachers in schools run by the local people, foreigners and Chinese compatriots from Hong Kong, Macao and Taiwan working in various units, part time employees, employees of other units working temporarily at current posts, and employees holding the second job, but exclude staff and workers who have left their working units while keeping their labor contract (employment relation) unchanged. This indicator reflects the total number of laborers actually engaged in production or other operations in various units.

Persons – Employed in Private Enterprises and Self Employed Individuals in Urban Areas Persons employed in private enterprises refer to the persons employed in the private enterprises which have been registered at the departments of industrial and commercial administration and are situated at a county town (i. e. a town where the county government is located) for business operation or at urban areas with the level higher than a county town. The self employed individuals in urban areas refer to persons who hold the certificates of residence in urban areas or have resided in the urban areas for a long time and have been registered at the departments of industrial and commercial administration and approved to be engaged in individual industrial or commercial business, including self – employed persons as well as helpers and hired laborers who work in the individual households engaged in industrial or commercial business.

Registered Urban Unemployed Persons The registered unemployed persons in urban areas refer to the persons who are registered as permanent residents in the urban areas engaged in non agricultural activities, aged within the range of working age, capable to labor, unemployed but desirous to be employed and have been registered at the local employment service agencies to apply for a job.

Registered Urban Unemployment Rate Registered unemployment rate in urban areas refers to the ratio of the number of the registered unemployed persons to the sum of the number of employed persons and the registered unemployed persons. The formula is as follows:

Registered urban unemployment rate = number of registered urban unemployed persons / (urban employed person number + registered urban unemployed person number) × 100%

Staff and Workers refer to the persons who work in (and receive payment there from) enterprises and institutions of state ownership, collective ownership, joint ownership, share holding, foreign ownership, and ownership by entrepreneurs from Hong Kong, Macao, and Taiwan, and other types of ownership and their affiliated units, excluding the retired persons invited to work in the units again, teachers in the schools run by the local people and foreigners and persons coming from Hong Kong, Macao, and Taiwan and working in the state owned economic units. (The figures since 1998 refer to those of fully employed staff and workers. Other relative figures since 1998, such as total wages of staff and workers, average wage of staff and workers, etc. , were adjusted according to the standard).

Staff and Workers in State owned – Economic Units refer to the persons who work in the state owned economic units or their attached units and are listed in their payrolls.

Staff and Workers of Collective Owned Units in Urban Areas refer to the persons who work in collective owned units in urban areas and their administration departments and receive payment there from.

Staff and Workers in Units of Other types of Ownership refer to those who work in (and receive payment there from) enterprises and institutions of joint ownership, share holding, foreign ownership, and ownership by entrepreneurs from Hong Kong, Macao, and Taiwan.

Fully Employed Staff and Workers refer to persons who work in, and receive wages from their working units, as well as persons who have their work posts, but are temporarily absent from work for reasons of study or on sick, injury or maternal leave and still receive wages from their working units.

Total Wages of Staff and Workers refer to the total remuneration payment to staff and workers in various units during a certain period of time. The calculation of total wages is based on the total remuneration payment to the staff and workers. Therefore, all the wages and salaries and other payments to staff and workers are included in the total wages regardless of their sources, category, and forms (in kind or cash).

Bonus refers to remuneration payment to workers for extra work and for increasing earnings and practicing economy.

Subsidies and Allowances refer to subsidies paid to staff and workers for compensating special or extra labor and allowances paid to staff and workers to offset the impact of inflation on real wages.

Average Wage of Staff and Workers refers to the average wage in money terms per person during a certain period of time for staff and workers in enterprises, institutions, and government agencies, which reflects the

general level of wage income during a certain period of time and is calculated as follows:

Average Wage of Staff and Workers = Total Wages of Staff and Workers in Reference Period / Average Number of Staff and Workers in Reference Period

Index of Average Wage of Staff and Worker refers to the ratio of average wage of staff and workers at the report time to that at the reference time. It reflects the relative changing degree of average wage in money terms at the several of time, which is calculated as following:

Index of Average Wage of Staff and Worker = average wage of staff and workers at the report time / average wage of staff and workers at the reference time

Index of Average Real Wage of Staff and Worker refers to the average wage which has removed the factor of price change. Index of average real wage of staff and worker reflects the relative changing degree of average real wage, and indicates the degree of the rising or declining degree of real wage of staff and worker, which is calculated as following:

Index of Average Real Wage of Staff and Worker = Index of Average Wage of Staff and Worker at the Report Time / Urban Consumer Prices Index at the Report Time ×100%

6 房地产开发投资

Investment in Reat Estate Devetopment

资料整理：李　楠

Arranged By Li Nan

6－1 按登记注册类型分的房地产开发投资(2017 年)

指 标	Item	总 计 Total	内资	
			国 有 State－owned Units	集 体 Collective－owned Units
企业个数(个)	**Number of Enterprises(unit)**	**1803**	**4**	
#亏损企业个数	Loss－Making Enterprises	1051	4	
本年完成投资额(万元)	**Investment Completed This Year(10 000 yuan)**	**8897233**	**2100**	
按构成分	Grouped by Use of Funds			
建筑工程	Construction Projects	6734732	600	
安装工程	Installation Projects	999833		
设备工器具购置	Purchase of Equipment, Tools and Instruments	155197		
其他费用	Other Funds	1007471	1500	
#土地购置费	Purchase of Land	685455	1500	
按构成用途分	Grouped by Use of Project			
住宅	Residential Buildings	6458549	1570	
#经济适用房	Economical Houses			
别墅、高档公寓	Villa, Top Grade Flat	91761		
办公楼	Office Buildings	172847		
商业营业用房	Business Buildings	1475861	400	
其他	Others	789976	130	
本年新增固定资产(万元)	**Newly Increased This Year(10 000 yuan)**	**5475756**	**14286**	
资金来源(万元)	**Finance Sources(10 000 yuan)**	**10215270**	**2100**	
国内贷款	Domestic Loans	782799		
利用外资	Foreign Investment			
自筹资金	Fund Raising	5790612	2100	
#自有资金	Self－owned			
其他资金来源	Others	3641859		
#定金及预收款	Fund Ordered and Pre－received	2103994		
土地开发(平方米)	**Land Development (sq. m)**			
待开发土地面积	Area of Land to be Developed	2952541		
本年购置土地面积	Area of Land Purchased This Year	2839758		
本年土地成交价款(万元)	Value of Land Transaction(10 000yuan)	443369		

Investment in Real Estate Development by Type of Registration(2017)

Domistic – funded Enterprises						港澳台投资 Economic Units Funded by Entrepreneurs from HK, Macao & Taiwan	外商投资 Foreign Funded Economic Units
股份合作 Coopeative Enterprises	联营经济 Joint – owned Economic Units	有限责任公司 Limited Liabibity Corp.	股份有限公司 Share – holding Corp. Ltd.	私营 Private Enter – prises	其他 Others		
		818	**71**	**905**	**1**	**2**	**2**
		464	41	539	1		2
		5068054	**428000**	**3389387**			**9692**
		3996454	286216	2443512			7950
		527392	83343	387356			1742
		88348	10209	56640			
		455860	48232	501879			
		300044	46745	337166			
		3795327	326498	2325462			9692
		57544	3460	30757			
		72875	15890	84082			
		790887	60663	623911			
		408965	24949	355932			
		3223679	**322677**	**1902258**			**12856**
		5847748	**485441**	**3861288**			**18693**
		404552	88083	290164			
		3201450	289077	2297985			
		2241746	108281	1273139			18693
		1305273	55255	734029			9437
		1174288	80416	1697837			
		1532147	181401	1126210			
		222046	19330	231993			

6－2 房地产开发情况

Main Indicators of Real Estate Development

指 标	Item	2016	2017
企业个数(个)	**Number of Enterprises(unit)**	**1989**	**1803**
内资	Domestic Funded	1984	1799
# 国有	State－owned Enterprises	6	4
集体	Collective－owned Enterprises		
股份有限公司	Share－holding Corporations Ltd.	77	71
私营	Private Enterprises	971	905
港、澳、台投资	Funded by Entrepreneurs From H. K, Macao & Taiwan	3	2
外商投资	Foreign Funded	2	2
平均从业人员(人)	**Average Number of Employed Persons(person)**	**42219**	**37615**
内资	Domestic Funded	42078	37519
# 国有	State－owned Enterprises	190	94
集体	Collective－owned Enterprises		
股份有限公司	Share－holding Corporations Ltd.	1575	1320
私营	Private Enterprises	19268	16447
港、澳、台投资	Funded by Entrepreneurs From H. K, Macao & Taiwan	24	18
外商投资	Foreign Funded	117	78
土地开发及购置	**Land Development and Purchase**		
土地购置费用(万元)	Land Space Purchased Costs(10 000 yuan)	778933	685455
待开发的土地面积(万平方米)	Land Space Needed to Development(10 000 sq. m)	511.55	295.25
本年土地购置面积(万平方米)	Land Space Purchased This Year(10 000 sq. m)	230.28	283.98
房地产开发建设投资总规模及完成投资(万元)	**General Scale of & Actually Completed Investment in Real Estate Development(10 000 yuan)**		
实际需要总投资	Total Investment Actually Needed	85802879	83967890
自开始建设至本年底累计完成投资	Accumulative Investment Actually Made Since Starting of Construction up to the End This Year	58185761	56854427
# 本年完成投资	Investment Made This Year	11334775	8897233
全部建成尚需投资	Further Investment for the Completion of Construction	27617118	27113463
按用途分的房地产开发完成投资额(万元)	**Actually Completed Investment of Enterprises for Real Estate Development by Use(10 000 yuan)**		
本年完成投资额	Investment Made This Year	11334775	8897233
住宅	Residential Buildings	7937031	6458549
# 别墅、高档公寓	Villas and Good Apartments	282725	91761
办公楼	Office Buildings	313486	172847
商业营业用房	Houses for Business Use	1889040	1475861
其他	Others	1195218	789976

6－2 续表 continued

指 标	Item	2016	2017
房屋建筑面积(万平方米)	**Floor Space of Buildings(10 000 sq. m)**		
施工面积	Floor Space under Construction	16906.28	15815.41
竣工面积	Floor Space Completed	1664.02	1715.16
# 住宅	Residential Buildings	1203.26	1266.10
竣工房屋价值(万元)	Value of Buildings Completed(10 000 yuan)	4153751	4290303
按用途分新开工房屋面积(万平方米)	**Floor Space Started by Use(10 000 sq. m)**		
本年新开工房屋面积	Floor Space of Selling House	2563.70	2359.70
住 宅	Residential Buildings	1742.40	1734.67
#别墅、高档公寓	Villas and Good Apartments	32.11	14.19
办公楼	Office Buildings	20.14	37.03
商业营业用 房	Houses for Business Use	525.00	333.75
其 他	Others	276.17	254.25
商品房屋销售情况	**Selling of Commercial Houses**		
房屋销售面积(万平方米)	Floor Space of Selling House(10 000 sq. m)	2527.85	2067.60
# 住宅	Residential Buildings	2073.36	1726.16
商品房销售额(万元)	Total Sales Of Commercial House (10 000 yuan)	11490820	9568096
# 住宅	Residential Buildings	8380757	7316920
房地产开发企业资产负债(万元)	**Asset Balance of Enterprises (10 000 yuan)**		
实收资本合计	Total Capital Hold	6947634	7478838
# 国家资本金	State Capital		
资产总计	Total Assets	73592597	77416635
累计折旧	Total Depreciation	316501	300016
# 本年折旧	Depreciation This Year	59782	50869
负债总计	Total Liabilities	63279583	66959303
所有者权益	Creditors Equity	10313014	10457333
资产负债率(%)	Ratio of Liabilities to Assets	86.0	86.5
经营总收入(万元)	**Total Revenue(10 000 yuan)**	**8291913**	**7016448**
# 土地转让收入	Land Transferred	7613	3157
资金来源(万元)	**Source of Funds(10 000 yuan)**	**11738807**	**10215270**
# 国内贷款	Domestical Loans	747999	782799
利用外资	Foreign Investment		
自筹资金	Fund Raising	8151366	5790612
其他资金来源	Others	2839442	3641859

主要统计指标解释

全社会固定资产投资　是以货币形式表现的在一定时期内全社会建造和购置固定资产的工作量以及与此有关的费用的总称。该指标是反映固定资产投资规模、结构和发展速度的综合性指标，又是观察工程进度和考核投资效果的重要依据。全社会固定资产投资按登记注册类型可分为国有、集体、联营、股份制、私营和个体、港澳台商、外商、其他等。

固定资产投资（不含农户）　指城镇和农村各种登记注册类型的企业、事业、行政单位及城镇个体户进行的计划总投资500万元及500万元以上的建设项目投资和房地产开发投资，包含原口径的城镇固定资产投资加上农村企事业组织项目投资，该口径自2011年起开始使用。

房地产开发投资　指房地产开发公司、商品房建设公司及其他房地产开发法人单位和附属于其他法人单位实际从事房地产开发或经营的活动单位统一开发的包括统代建、拆迁还建的住宅、厂房、仓库、饭店、宾馆、度假村、写字楼、办公楼等房屋建筑物和配套的服务设施，土地开发工程（如道路、给水、排水、供电、供热、通讯、平整场地等基础设施工程）的投资；不包括单纯的土地交易活动。

建设总规模　是指在报告期内所有施工项目的计划总投资。这个指标和施工项目相对应。

在建总规模　是指在报告期末所有在建项目的计划总投资。

在建净规模　是指报告期末所有在建项目建成投产尚需的投资总量。

在建净规模＝在建总规模－累计完成投资。

固定资产投资的资金来源　根据固定资产投资的资金来源不同，分为国家预算内资金、国内贷款、利用外资、自筹资金和其他资金来源。

（1）国家预算内资金：指中央财政和地方财政中由国家统筹安排的基本建设拨款和更新改造拨款，以及中央财政安排的专项拨款中用于基本建设的资金和基本建设拨款改贷款的资金等。

（2）国内贷款：指报告期内企、事业单位向银行及非银行金融机构借入的用于固定资产投资的各种国内借款。包括银行利用自有资金及吸收的存款发放的贷款、上级主管部门拨入的国内贷款、国家专项贷款（包括煤代油贷款、劳改煤矿专项贷款等）、地方财政专项资金安排的贷款、国内储备贷款、周转贷款等。

（3）利用外资：指报告期内收到的用于固定资产投资的国外资金，包括统借统还、自借自还的国外贷款，中外合资项目中的外资，以及对外发行债券和股票等。国家统借统还的外资指由我国政府出面同外国政府、团体或金融组织签订贷款协议、并负责偿还本息的国外贷款。

（4）自筹资金：指建设单位报告期内收到的，用于进行固定资产投资的上级主管部门、地方和企、事业单位自筹资金。

（5）其他资金来源：指报告期内收到的除以上各种拨款、借款、自筹资金之外，其他用于固定资产投资的资金。

固定资产投资按国民经济行业分　建设项目归哪个行业，按其建成投产后的主要产品或主要用途及社会经济活动性质来确定。基本建设按建设项目划分国民经济行业，更新改造、国有单位其他固定资产投资及城镇集体投资根据整个企业、事业单位所属的行业来划分。一般情况下，一个建设项目或一个企业、事业单位只属于一种国民经济行业。为了更准确地反映国民经济各行业之间的比例关系，联合企业（总厂）所属分厂属于不同行业的，原则上按分厂划分行业。

固定资产投资按建设性质分　建设项目的性质一般分为新建、扩建、改建、迁建、恢复。基本建设按建设项目划分建设性质，更新改造、国有单位其他固定资产投资及城镇集体投资等按整个企业、事业单位的建设情况确定建设性质，房地产开发单位、农村投资、城镇工矿区私人建房等投资不划分建设性质。

（1）新建：一般是指从无到有、“平地起家”新开始建设的单位。有的单位原有的基础很小，经过建设后其新增加的固定资产价值超过原有固定资产价值（原值）三倍以上的也算新建。

（2）扩建：一般是指为扩大原有产品的生产能力，在厂内或其他地点增建主要生产车间（或主要工程）、独立的生产线或分厂的企业；事业单位和行政单位在原单位增建业务用房（如学校增建教学用房、医院增建门诊部或病床用房、行政机关增建办公楼等）也作为扩建。

（3）改建：一般是指现有企业、事业单位为了技术进步，提高产品质量，增加花色品种，促进产品升级换代，降低消耗和成本，加强资源综合利用和三废治理、劳保安全等，采用新技术、新工艺、新设备、新材料等对现有设施、工艺条件进行技术改造或更新（包括相应配套的辅助性生产、生活福利设施）。有的企业为充分发挥现有生产能力，进行填平补齐而增建不增加本单位主要产品生产能力的车间等，也属于改建。

固定资产投资按构成分　固定资产投资活动按其工作内容和实现方式分为建筑安装工程，设备、工具、器具购置，其他费用三个部分。

(1)建筑安装工程(建筑安装工作量):指各种房屋、建筑物的建造工程和各种设备、装置的安装工程。包括各种房屋建造工程,各种用途设备基础和各种工业窑炉的砌筑工程;为施工而进行的各种准备工作和临时工程以及完工后的清理工作等;铁路、道路的铺设,矿井的开凿及石油管道的架设等;水利工程;防空地下建筑等特殊工程;以及各机械设备的安装工程;为测定安装工程质量,对设备进行的试运工作。在安装工程中,不包括被安装设备本身的价值;

(2)设备、工具、器具购置:指购置或自制达到固定资产标准的设备、工具、器具的价值,固定资产的标准按财务部门规定。新建单位、扩建单位的新建车间按照设计和计划要求购置或自制的全部设备、工具、器具,不论是否达到固定资产标准均计入“设备、工具、器具购置”中。

(3)其他费用:指在固定资产建造和购置过程中发生的,除建筑安装工程和设备、工具、器具购置以外的各种应摊入固定资产的费用。

施工项目 指报告期内曾进行建筑或安装工程施工活动的建设项目,包括报告期内新开工项目、报告期以前开工跨人报告期继续施工的项目以及报告期施过工并在报告期内全部建成投产或停缓建的项目。

全部建成投产项目 工业项目是指设计文件规定形成生产能力的主体工业及其相应配套的辅助设施全部建成,经负荷试运转,证明具备生产设计规定合格产品的条件,并经过验收鉴定合格或达到竣工验收标准,与生产性工程配套的生活福利设施可以满足近期正常生产的需要,正式移交生产的建设项目。非工业项目是指设计文件规定的主体工程和相应的配套工程全部建成,能够发挥设计规定的全部效益,经验收鉴定合格或达到竣工验收标准,正式移交作用的建设项目。

新增生产能力 指通过固定资产投资活动而增加的设计能力或工程效益,它是用实物形态表示的固定资产投资的成果,也是考核投资经济效果的重要依据。新增生产能力的计算,是以能独立发挥生产能力或工程效益的单项工程(或项目)为对象。当单项工程(或项目)建成,经有关部门鉴定合格,正式移交投入生产,即可算新增生产能力。

新增生产能力或工程效益有以下几种表现形式:

(1)用产品数量表示,以工程在单位时间内(一般是一年)所能生产的产品数量(即年产量)表示。如原煤开采用万吨/年表示。

(2)用单位时间内所能处理的原料数量表示,以工程每天(或小时)所能处理原料的数量表示。

(3)以新增的主要设备数量或容量表示,如棉纺锭数、发电机组容量等。

(4)以节约的原材料、燃料、动力实物量表示,适用于反映更新改造节约项目的效益。

(5)以建筑物容积、容量、面积或长度表示,是非工业项目或工程新增效益的一种表现形式。如水库容量、铁路公路里程等。

根据工程的特点,有时需要用两种或两种以上的复合计量单位表示新增生产能力(或工程效益),如新增内燃机生产能力同时用年产台数、千瓦数表示等。

房屋建筑面积 指从房屋外墙线算起的各层平面面积的总和,包括可供使用的有效面积和房屋结构(如柱、墙)占用的面积。多层建筑按各层(包括地下室)面积总和计算。

住宅建筑面积 指施工和竣工房屋建筑面积中供居住用的施工和竣工房屋建筑面积。

施工面积 指报告期内施工的全部房屋建筑面积。包括本期新开工的面积、上期跨入本期继续施工的房屋面积、上期停缓建在本期恢复施工的房屋面积、本期竣工的房屋面积及本期施工后又停缓建的房屋面积。

竣工面积 指在报告期内房屋建筑按照设计要求已全部完工,达到住人和使用条件,经验收鉴定合格,正式移交使用单位的建筑面积。

房屋建筑面积竣工率 指一定时期内房屋竣工面积占同期房屋施工面积的比率。它是从房屋建筑施工速度的角度反映投资效果和建筑业经济效益的指标。

新增固定资产 指通过投资活动所形成的新的固定资产价值,包括已经建成投入生产或交付使用的工程价值和达到固定资产标准的设备、工具、器具的价值及有关应摊入的费用。它是以价值形式表示的固定资产投资成果的综合性指标,可以综合反映不同时期、不同部门、不同地区的固定资产投资成果。

建设项目投产率 指一定时期内全部建成投入生产项目个数与同期正式施工项目个数的比率。它是从项目建设速度的角度反映投资效果的指标。

商品房销售面积 指报告期内出售商品房屋的合同总面积(即双方签署的正式买卖合同中所确定的建筑面积)。由现房销售建筑面积和期房销售建筑面积两部分组成。

商品房销售额 指报告期内出售商品房屋的合同总价款(即双方签署的正式买卖合同中所确定的合同总价)。该指标与商品房销售面积同口径,由现房销售额和期房销售额两部分组成。

固定资产交付使用率 指一定时期新增固定资产与同期完成投资额的比率。它是反映各个时期固定资产动用速度,衡量建设过程中投资效果的一个综合性指标。

Explanatory Notes on Main Statistical Indicators

Total Investment in Fixed Assets in the Whole Country refers to the volume of activities in construction and purchases of fixed assets of the whole country and related fees, expressed in monetary terms during the reference period. It is a comprehensive indicator which shows the size, structure and growth of the investment in fixed assets, providing a basis for observing the progress of construction projects and evaluating results of investment. Total investment in fixed assets in the whole country includes, by type of ownership, the investment by State – owned units, collective – owned units, joint ownership units, share – holding units, private units, individuals as well as investments by entrepreneurs from Hong Kong, Macao and Taiwan, foreign investors and others.

Investment in Fixed Assets (Excluding Rural Households) refers to the investment in construction projects with a total planned investment of 5 million yuan and over by enterprises of various ownerships, institutions, administrative units and urban self – employed individuals, and the investment in real estate development in both urban and rural areas. Since 2011, it covers the urban investment in fixed assets under the previous statistical coverage plus project investments by rural enterprises and institutions.

Investment in Real Estate Development It includes the investment by the real estate development companies, commercial buildings construction companies and other real estate development units of various types of ownership in the construction of house buildings, such as residential buildings, factory buildings, warehouses, hotels, guesthouses, holiday villages, office buildings, and the complementary service facilities and land development projects, such as roads, water supply, water drainage, power supply, heating, telecommunications, land leveling and other projects of infrastructure. It excludes the activities in simple land transactions.

Total Size of Construction refers to the planned total investment for all construction projects during the reference period.

Total Size of Investment in Projects under Construction refers to the planned total investment of all projects under construction at the end of the reference period.

Net Size of Investment in Projects under Construction refers to the required investment of all projects under construction at the end of the reference period.

Net Size of Investment = Total Size of Investment – accumulated completed investment

Sources of funds for Investment in Fixed Assets State budgetary appropriation, domestic loans, foreign investment, self raised funds, and others.

(1) State budgetary appropriation refers to appropriation in the budget of the central and local governments earmarked for capital construction and for innovation projects, and the special appropriation from the budget of the central government for capital construction and for the transfer fund to banks to be issued as loans for capital construction projects.

(2) Domestic loans refer to various funds borrowed by enterprises and institutions from banks and non bank financial institutions during the reference period for the purpose of investment in fixed assets, including loans issued by banks from their self owned funds and deposit, loans appropriated by higher responsible authorities, special loans by government (including loan for replacing petroleum with coal, special loan for reform through labor coal mines), loans arranged by local government from special funds, domestic reserve loan, and working loan, etc..

(3) Foreign Investment refers to foreign funds received during the reference period for the purpose of investment in fixed assets, including foreign funds borrowed and managed by the government, by individual units, foreign fund in joint venture program, and issue of bonds and stocks at the international financial markets. The foreign funds borrowed and managed by the government refer to foreign loans borrowed by the government from foreign governments, organizations, or financial institutions under official agreements signed by both parties, under which government is responsible for the repayment of both the principal and interests of the foreign loans.

(4) Self – raised funds refer to funds received by construction enterprises from their higher responsible authorities, local governments, or raised by enterprises or institutions themselves for the purpose of investment in fixed assets during the reference period.

(5) Others refer to funds received during the reference period which are not included in the above mentioned sources.

Investment in Fixed Assets by Sector The classification of construction projects by sector is determined by the major products or the purpose of the projects when they are put into production or use, and by the nature of their social economic activities. The investment in capital construction is classified by construction projects, while investment in innovation, other investment by state owned units and urban collective units are classified according to the sector which the whole enterprise or institution belongs to. In general, one project or one enterprise or institution can only belong to one sector. In order to reflect more accurately the proportions among various sectors, the branch factories of integrated complex are classified into different sectors according to their economic activities.

Investment in Fixes by Type of Construction The construction projects in general can be classified by the type of construction into new construction, expansion, reconstruction and moving away. In capital construction, the type of construction is determined by the condition of the project. In investment in innovation, in other investment by state owned units and investment by collective owned units, the type of construction is determined by the condition of the whole enterprise or institutions. Investment by type of construction is not applied to investment by real estate development units, investment in rural areas and investment in housing by urban individuals.

(1) New construction in general refers to newly constructed units. In the case in which the value of the original fixed assets is quite small, and the value of newly added fixed assets exceeds the original ones by three times, the expansion construction is considered as new construction.

(2) Expansion refers to construction of new major production workshop or independent production line within a factory or in other locations, or construction of a branch factory so as to increase the production capacity of the original products. Newly constructed business houses in institutions and administrative organizations (such as the newly constructed teaching buildings in schools, clinics or bed building in hospitals, and office buildings in administrative agencies, etc.) Are also classified as expansion.

(3) Reconstruction refers to technical innovation and transformation of the existing equipment and technical conditions undertaken by enterprises and institutions for the purposes of technological advancement, improvement in product quality, enlarging variety of products, promoting new generation of products, reducing production consumption and cost, promoting comprehensive utilization of resources, strengthening treatment of waste gas, waste water and solid wastes, and safety in production, etc. through application of new technologies and techniques, use of new equipment and new materials(including accessory facilities for production or for living and welfare purposes) . Construction of new workshops for improving existing production capacity rather than increasing production capacity is also considered as reconstruction.

Investment in Fixed Assets by Structure refers to the three major parts of investment activities, i. e. construction and installation, purchase of equipment and instrument, and other expenses.

(1) Construction and installation (work volume of construction and installation) refers to the construction of various houses and buildings and installation of various kinds of equipment and instruments, including construction of various houses, equipment foundations and industrial kilns and stoves, preparation works for project construction, and clearing up works post project construction, pavement of railways and roads, drilling of mines and putting up of oil pipes, construction of projects of water conservancy, construction of underground air raid shelters and construction of other special projects, installation of various machinery the quality of installation projects, The value of equipment installed is not included in the value of installation projects.

(2) Purchase of equipment and instruments refers to the total value of equipment, tools, and vessels purchased or self produced which come up to standards for fixed assets. Equipment, tools and vessels purchased or self produced for new work shops by newly established or expanded units are categorized as" purchase of equipment and instruments" no matter whether they come up to the standards for fixed assets or not.

(3) Other expenses refer to expenses occurring during the construction or purchase of fixed assets other than construction, installation or purchase of equipment and instruments.

Projects Under Construction refer to projects having construction and installation activities undertaken in the reference period, including projects started in the reference period, or continued from the previous period, or completed and put into production or suspended in the reference period.

Projects Completed and Put into Use Industrial projects refer to the major projects and accessory facilities completed which result in forming production capacity and have been checked and accepted while the living and welfare facilities have been completed and can ensure normal production and formally put into production. Non – industrial projects refer to the major projects and accessory facilities completed which possess the designed capacity and have been checked, accepted and formally put into production.

Newly Increased Production Capacity refers to the increase of designed capacity and project efficiency through investment in fixed assets, which reflects the accomplishment of investment in fixed assets in kind. The calculation of newly increased production capacity is based on individual project which operates independently and efficiently. When an individual project is completed and checked and accepted and put into production, it is counted as newly increased production capacity.

The newly increased production capacity and project efficiency are usually expressed in one of the following forms:

(1) output of products, i. e. the output that the project can produce during a given period (usually a year) . For instance, the capacity in coal mining is expressed in 10, 000 tons/year, etc;

(2) raw materials processing capacity, i. e. the volume of raw materials that could be processed by the project per day (or per hour) , such as tons of materials processed per day by

a sugar refining project or edible vegetable oil project, or tons of urban sewage processed per day;

(3) number or capacity of major equipment increased, such as number of cotton or silk looms increased, wool spindles increased, or capacity (in kilowatt s) of power generators increased;

(4) saved raw materials, fuels or power, which are mainly used for the efficiency of innovation and transformation projects; and

(5) physical measures (volume, capacity, area, and length) of construction, which is typical for non industrial projects, for instance, the length of new railways, etc.

Features of projects sometimes call for combined use of two or more measurement to reflect the increased production capacity (or project efficiency) , for instance, the new capacity for the production of internal combustion engines are expressed in sets per year and kilowatts per year simultaneously.

Floor Space of Buildings under Construction and Completed refers to total floor space in each story of buildings calculated from the outside line of building walls, including both usable space and the space occupied by constructions like pillars or walls. The floor space of multi story buildings includes the total floor space of each story (including basement)
.

Floor Space of Residential Buildings refers to the floor space of the residential buildings under construction and completed among the total space of buildings under construction and completed.

Floor Space Under Construction refers to total floor space of all buildings under construction during the reference period, including floor space of newly started buildings during the reference period, floor space of construction extended from the previous period to the current period, floor space of construction suspended during the previous period and resumed in the current period, floor space of construction completed in the current period, and floor space of construction started and then suspended in the current period.

Floor Space of Buildings Completed refers to the floor space of buildings completed in the reference period, which have come up to the designed standards and have been put into use.

Completion Rate of Floor Space of Buildings refers to the ratio of the floor space of buildings completed in certain period of time to the floor space of buildings under construction in the same period, which reflects the investment result and economic efficiency of the construction industry from the angle of the speed of project construction.

Newly Increased Fixed Assets refer to the newly increased value of fixed assets through investment, including the value of projects completed and put into production, the value of equipment, tools, and vessels considered as fixed assets, as well as the relevant expenses as investment in fixed assets. This is a comprehensive indicator of investment in fixed assets, reflecting the achievements of investment in fixed assets in different periods, different sectors, and different regions.

Rate of Construction Projects Completed and put into Use refers to the ratio of the number of construction projects completed and put into use in certain period of time to the number of projects under construction in the same period, this reflects the investment efficiency from

the angle of the speed of projects construction.

Area of Commercial Housing Sold refers to total contracted area of commercial housing (i. e. area of floor space as designated in the formal contracts signed by both sides) during the reference time. It constitutes floor space of completed housing and floor space of future housing.

Value of Commercial Housing Sold refer to total value of contracts (i. e. value of sales/purchase for selling/purchase of commercial housing as designated in the contracts signed by both sides) during the reference time. It has the same coverage as the area of commercial housing sold, constituting completed housing and floor space of future housing

Rate of Projects of Fixed Assets Completed and Put into Operation refers to the ratio of the newly increased fixed assets to the total investment made in the same period. This is a comprehensive indicator, reflecting the speed of the employment of fixed assets and the investment efficiency.

7 能源和环境

Energy and Environment

资料整理：卢承源　朱丽娅

Arranged By Lu Chengyuan ， Zhu Liya

7-1 能源生产总量及构成

Total Production of Energy and Its Composition

年份 Year	能源生产总量 (万吨标准煤) Total Energy Production (10 000 tons of SCE)	占能源生产总量的比重(%)As Percentage of Total Energy Production(%)			
		原煤 Raw Coal	原油 Crude Oil	天然气 Natural Gas	水电、核电和其他能源 Hydro Power, Nuclear Power and Other Energy
1978	1070.63	99.83			
1980	1078.94	99.81			
1985	2027.75	99.99			
1986	2007.72	99.85			
1987	2092.12	99.82			
1988	2252.60	99.88			
1989	2688.70	99.90			
1990	2821.61	99.81			
1991	3069.14	99.81			
1992	3221.65	95.43			
1993	3647.44	94.05	3.96		
1994	3994.00	94.27	5.69		
1995	4642.02	94.55	5.41		
1996	4767.47	95.48	4.49		
1997	5354.63	96.46	3.53		
1998	5019.91	96.28	3.66		
1999	4566.42	96.34	3.59		
2000	4701.23	95.90	2.75		
2001	6047.84	96.40	2.01	1.41	
2002	8428.61	97.21	1.40	1.22	
2003	10814.13	97.14	1.22	1.30	
2004	15586.70	97.32	1.04	1.34	
2005	19082.33	95.86	1.10	2.69	0.36
2006	22298.37	95.33	1.10	3.17	0.40
2007	26725.88	94.71	0.89	3.51	0.88
2008	33440.86	94.52	0.75	4.00	0.74
2009	40185.85	92.87	0.67	4.84	1.62
2010	49740.18	92.35	0.53	5.42	1.70
2011	59738.06	92.50	0.49	5.55	1.47
2012	64027.06	92.44	0.44	5.38	1.73
2013	58554.29	91.25	0.47	6.15	2.14
2014	60205.75	91.04	0.46	6.21	2.29
2015	56253.32	89.81	0.45	6.88	2.86
2016	52690.41	89.21	0.47	6.86	3.45
2017	54620.13	90.49	0.33	5.24	3.94

注:1. 水电、核电和其它能源发电折算标准煤系数根据当年平均火力发电煤耗计算。

2. 根据全国第三次经济普查结果,对2013、2014年能源生产总量和比重数据进行了调整。

a) The coefficient for conversion of Hydropower, nuclear power ar.d other power into SCE(standard coal equivalent) is calculated on the basic of the average thermal coal in the same year.

b) According to the results of the third national economic census, the total energy production and the proportion of energy production in 2014 and 2013 were adjusted.

7-2 能源消费总量及构成

Total Consumption of Energy and Its Composition

年 份 Year	能源消费总量（万吨标准煤） Total Energy Consumption（10 000 tons of SCE）	占能源消费总量的比重（%） As Percentage of Total Energy Consumption（%）			
		煤 炭 Coal	石 油 Petroleum	天然气 Natural Gas	水电、核电和其他能源 Hydro Power, Nuclear Power and Other Energy
1985	1870.66				
1986	1856.66				
1987	1967.11				
1988	2035.52				
1989	2250.36				
1990	2423.51				
1991	2505.19				
1992	2554.99				
1993	2676.11				
1994	2812.19				
1995	3268.44				
1996	3144.36				
1997	3708.95				
1998	3440.06				
1999	3634.88				
2000	3937.54				
2001	4453.48				
2002	5190.12				
2003	6612.77				
2004	8601.81				
2005	10788.37	90.44	8.60	0.78	0.17
2006	12835.27	89.67	8.64	1.49	0.20
2007	14703.32	88.79	8.35	2.40	0.46
2008	16407.63	88.09	8.99	2.47	0.44
2009	17473.68	86.36	9.10	3.37	1.17
2010	18882.66	86.60	8.96	3.02	1.42
2011	21148.52	87.08	9.15	2.34	1.43
2012	22103.30	87.59	8.36	2.30	1.75
2013	17681.37	81.44	8.19	3.30	7.07
2014	18309.06	81.73	7.48	3.27	7.52
2015	18927.07	82.92	6.50	2.09	8.49
2016	19457.05	82.36	6.48	1.81	9.35
2017	19914.97	79.88	7.02	2.30	10.80

注：1. 根据全国第三次经济普查结果，对2013、2014年能源消费总量和比重进行了调整。

2. 从2013年开始，能源消费量采用等价值数据。

a) According to the results of the third national economic census, the total energy consumption and the proportion of energy consumption in 2014 and 2013 were adjusted.

b) Starting in 2013, energy consumption data using the equivalent value.

7-3 综合能源平衡表

Overall Energy Balance

单位:万吨标准煤　　　　(10 000 tons of SCE)

项 目	Item	1995	2000	2005	2010	2015	2017
可供消费的能源总量	**Total Energy Available for Consumption**	**2922.20**	**3996.41**	**9493.38**	**16736.97**	**18927.07**	**19914.97**
一次能源生产量	Primary Energy Output	4642.02	4701.23	19082.33	49740.18	56253.32	54620.13
外省(区、市)调入量	Transfer From Other Province (Region、City)					2061.74	3553.07
境内飞机、轮船在境外加油量	Oil-charge overseas of Plane& Ships in country						0.25
进口量	Imports	4.56		228.02	1160.11	1059.77	2296.65
本省(区、市)调出量(-)	Transfer to Other Province (Region、City)(-)					-40109.15	-41578.15
出口量(-)	Exports(-)	-48.38	-141.96	-11.21	-390.77	-99.98	-40.49
境外飞机、轮船在境内加油量	Oil-charge inland of Plane& Ships out of the country						-1.06
年初年末库存差额	Stock Changes in the Year	-61.74	47.81	416.06	-2445.33	-238.64	1064.57
能源消费总量	**Total Energy Consumption**	**3268.44**	**3937.54**	**9666.11**	**16820.30**	**18927.07**	**19914.97**
在总量中:	Consumption by Sector						
1.农、林、牧、渔业	1. Farming, Forestry, Animal Husbandry & Fishery	100.09	128.62	319.53	514.21	561.39	698.61
2.工业	2. Industry	1338.90	2059.93	6936.80	11501.76	13728.80	14701.61
3.建筑业	3. Construction	35.69	57.57	105.80	287.21	302.36	428.33
4.交通运输、仓储及邮电通信业	4. Transportation, Storage, Post & Telecommunications Services	154.58	151.07	688.87	1322.92	1178.66	986.49
5.批发、零售业和住宿餐饮业	5. Wholesale, Retail Trade, Quarters & Catering	73.44	92.87	308.58	983.90	801.66	531.02
6.其他	6. Others	128.19	80.27	277.08	472.03	816.98	633.50
7.生活消费	7. Residential Consumption	155.45	225.40	1022.10	1738.27	1537.23	1935.40
在总量中:	Consumption by Usage						
(一)终端消费	(Ⅰ)Final Consumption	1986.38	2795.70	8831.74	14767.89	17942.32	18828.89
#工业	Industry	1338.90	2059.93	6109.78	9449.35	12744.05	13617.47
(二)加工转换损失量	(Ⅱ)Losses in Processing & Transformation	905.20	1119.59	827.02	2052.42	984.75	792.82
#炼焦	Coking	36.52	16.30	255.60	302.94	398.14	272.11
炼油及煤制油损失	Petroleum Refining & CTL losses	1.11	24.69	4.12	46.15	138.72	167.43
(三)损失量	(Ⅲ)Other Losses	376.86	22.25	7.34			293.25
平衡差额	**Balance**	**-346.24**	**58.87**	**-172.73**	**-83.34**		

7－4 石油平衡表

Petroleum Balance

单位:万吨 (10 000 tons)

项 目	Item	2016	2017
可供量	**Total Energy Available for Consumption**	**895.58**	**988.52**
生产量	**Output**	**174.42**	**124.78**
外省(区、市)调入量	Transfer From Other Province(Region、City)	810.11	854.04
进口量	Imports	16.90	124.11
境内飞机、轮船在境外加油量	Oil－charge overseas of Plane&Ships in country	0.11	0.17
本省(区、市)调出量(－)	Transfer to Other Province(Region、City)(－)	－144.48	－107.60
出口量(－)	Exports(－)	－2.04	－1.96
境外飞机、轮船在境内加油量	Oil－charge inland of Plane&Ships out of the country	－0.46	－0.72
年初年末库存差额	Stock Changes in the Year	41.02	－4.3
消费量	**Total Energy Consumption**	**895.58**	**988.52**
在消费总量中:	Consumption by Sector		
1.农、林、牧、渔业	1. Farming, Forestry, Animal Husbandry and Fishery	67.38	69.13
2.工业	2. Industry	51.12	48.41
3.建筑业	3. Construction	152.63	192.12
4.交通运输、仓储及邮电通信业	4. Transportation, Storage, Post and Telecommunications Services	362.97	387.97
5.批发、零售业和住宿餐饮业	5. Wholesale, Retail Trade, Quarters and Catering	18.61	20.74
6.其他	6. Others	103.48	110.79
7.生活消费	7. Residential Consumption	139.39	159.36
在消费总量中:	Consumption by Usage		
(一)终端消费	(Ⅰ)Final Consumption	1056.06	1119.90
#工业	Industry	211.60	180.03
(二)中间消费	(Ⅱ)Intermediate Consumption		
(用于加工转换)	(Consumed in Transformation)	0.81	0.77
发电	Power Generation	0.76	0.72
供热	Heating	0.05	0.05
(三)炼油损失量	(Ⅲ)Losses in Petroleum Refining	－161.29	－132.39
(四)损失量	(Ⅳ)Other Losses		0.24
平衡差额	**Balance**		

注:生产量为原油产量。

a) Data on output refer to the output of crude oil.

7－5 煤炭平衡表

Coal Balance Sheet

单位:万吨　　　　(10000 tons)

项目	Item	2016	2017
可供量	**Total Energy supply**	**36675.32**	**38595.52**
生产量	**Output**	**84558.88**	**90597.26**
外省(区、市)调入量	Transfer From Other Province(Region、City)	1336.79	2245.59
进口量	Imports	2550.37	3258.77
本省(区、市)调出量(－)	Transfer to Other Province(Region、City)(－)	－52696.23	－59676.26
出口量(－)	Exports(－)		
年初年末库存差额	Stock Changes in the Year	925.51	2170.16
消费量	**Total Energy Consumption**	**36675.32**	**38595.52**
在消费总量中:	Consumption by Sector		
1. 农、林、牧、渔业	1. Farming, Forestry, Animal Husbandry & Fishery	491.74	676.00
2. 工业	2. Industry	34392.94	36496.21
3. 建筑业	3. Construction	173.47	185.26
4. 交通运输、仓储及邮电通信业	4. Transport, Storage, Post & Telecomm Services	297.46	210.95
5. 批发、零售业和住宿餐饮业	5. Wholesale, Retail Trade, Quarters & Catering	633.08	382.31
6. 其他	6. Others	395.60	212.33
7. 生活消费	7. Residential Consumption	291.03	432.46
在消费总量中:	Consumption by Usage		
(一)终端消费	(Ⅰ) Final Consumption	7650.05	6826.38
# 工业	Industry	5367.67	4727.07
(二)中间消费	(Ⅱ) Intermediate Consumption		
(用于加工转换)	(Consumed in Transformation)	29025.27	31769.14
#发电	Power Generation	19037.71	21592.94
供热	Heating	2858.95	3105.86
洗选损耗	Losses in Coal Washing and Dressing	2243.95	1774.91
炼焦	Coking	4004.02	4308.75
炼油及煤制油	Petroleum Refineries and Coal－to－liquids	396.46	410.34
制气	Gas Production	484.18	576.34
平衡差额	**Balance**		

注:生产量为原煤产量。
a) Data on output refer to the output of raw coal.

7-6 电力平衡表

Electricity Balance Sheet

单位:亿千瓦小时 (100 million kwh)

项 目	Item	2016	2017
可供量	**Total Energy supply**	**2605.13**	**2891.87**
生产量	Output	3949.81	4435.94
# 火电	Thermal Power	3374.88	3750.33
风电	Wind power	464.18	551.43
水电	Hydro - power	27.48	19.99
外省(区、市)调入量	Transfer From Other Province(Region、City)	12.60	14.54
进口量	Imports		
本省(区、市)调出量(-)	Transfer to Other Province(Region、City)(-)	-1346.20	-1546.43
出口量(-)	Exports(-)	-11.09	-12.18
消费量	**Total Energy Consumption**	**2605.13**	**2891.87**
在消费总量中:	Consumption by Sector		
1.农、林、牧、渔业	1. Farming, estry, Animal Husbandry & Fishery	41.96	50.08
2.工业	2. Industry	2286.41	2531.45
3.建筑业	3. Construction	10.83	10.38
4.交通运输、仓储及邮电通信业	4. Transportation, Storage, Post & Telecommunications Services	24.73	31.67
5.批发、零售业和住宿餐饮业	5. Wholesale, Retail Trade, Quarters & Catering	49.14	50.69
6.其他	6. Others	53.57	62.40
7.生活消费	7. Residential Consumption	138.48	155.20
在消费总量中:	Consumption by Usage		
(一)终端消费	(Ⅰ) Final Consumption	2605.03	2797.33
# 工业	Industry	2286.32	2436.91
(二)输配电损失量	(Ⅱ) Losses in Transmission	0.10	94.54

7－7 规模以上工业分行业综合能源消费

Consumption of Overall Energy by Industrial Branch above Designated

单位：万吨标准煤 (10 000 tons of SCE)

行 业	Sector	2016	2017
总计	**Total**	**15217.50**	**15883.67**
按工业行业门类分	**By Industrial Branch**		
轻工业	**Light Industry**	**534.42**	**440.50**
重工业	**Heavy Industry**	**14683.08**	**15443.17**
采矿业	**Mining**	**898.28**	**909.10**
煤炭开采和洗选业	Coal Mining & Processing	707.24	782.80
石油和天然气开采业	Petroleum & Natural Gas Pumped	25.68	24.44
黑色金属矿采选业	Mining & Dressing of Ferrous Metals	87.56	47.73
有色金属矿采选业	Mining & Dressing of Nonferrous Metals	51.41	39.12
非金属矿采选业	Mining & Dressing of Nonmetal Minerals	24.53	14.31
开采辅助活动	Support Activities for Mining		
其他采矿业	Mining of Other Mineral	1.86	0.71
制造业	**Manufacturing**	**9033.66**	**9111.39**
农副食品加工业	Processing of Agricultural Side－Line Food	137.17	73.69
食品制造业	Food Manufacturing	193.37	191.05
酒、饮料和精制茶制造业	Wine, Beverage and Refined Tea Manufacturing	32.70	25.87
烟草制品业	Tobacco Products	1.21	1.16
纺织业	Textile Industry	9.50	5.10
纺织服装、服饰业	Textile, Apparel Industry	2.73	1.85
皮革、毛皮、羽毛及其制品和制鞋业	Leather, Fur, Feathers and Their Products and Footwear	0.93	0.13
木材加工和木、竹、藤、棕、草制品业	Timber Processing, Bamboo, Cane, Palm Fiber & Straw Products	14.14	3.00
家具制造业	Furniture Manufacturing	2.77	0.29
造纸及纸制品业	Paper－making & Paper Products	12.18	13.25
印刷和记录媒介复制业	Printing and Record Medium Reproduction	0.87	0.22

7－7 续表 continued

单位:万吨标准煤 (10 000 tons of SCE)

行业	Sector	2016	2017
文教、工美、体育和娱乐用品制造业	Manufacturing of Cultural, Educational & Arts, Crafts & Sports and Entertainment Goods	0.18	0.02
石油加工、炼焦和核燃料加工业	Petroleum Processing, Coke Products & Processing of Nuclear Fuel	986.53	887.77
化学原料和化学制品制造业	Raw Chemical Materials & Chemical Products	3364.62	3651.11
医药制造业	Medicine Manufacturing	110.90	109.25
化学纤维制造业	Chemical Fiber Manufacturing	0.02	0.01
橡胶和塑料制品业	Rubber and Plastic Products	4.62	3.72
非金属矿物制品业	Nonmetal Mineral Products	483.96	403.39
黑色金属冶炼和压延加工业	Smelting & Pressing of Ferrous Metals	2073.31	2127.46
有色金属冶炼和压延加工业	Smelting & Pressing of Nonferrous Metals	1559.09	1574.84
金属制品业	Metal Products	8.02	2.59
通用设备制造业	Manufacturing of General－Purpose Equipment	5.11	4.27
专用设备制造业	Special Purposes Equipment Manufacturing	5.13	1.55
汽车制造业	Automotive Manufacturing	5.45	4.76
铁路、船舶、航空航天和其他运输设备制造业	Railroad, Ships, Aerospace and Other Transportation Equipment Manufacturing	0.84	6.76
电气机械和器材制造业	Electric Equipment & Machinery	8.59	5.42
计算机、通信和其他电子设备制造业	Manufacturing of Computer, Communications and Other Electronic Equipment	5.59	10.53
仪器仪表制造业	Manufacturing of Instrument	0.03	
其他制造业	Others	0.13	0.11
废弃资源综合利用业	Comprehensive Utilization of Waste Resources	3.83	2.08
金属制品、机械和设备修理业	Metal products, Machinery and Equipment Repair	0.13	0.16
电力、燃气及水的生产和供应业	**Production & Supply of Electric Power, Gas & Water**	**5285.57**	**5863.19**
电力、热力生产和供应业	Production & Supply of Electric Power & Heating Power	5179.76	5607.97
燃气生产和供应业	Production & Supply of Gas	94.71	243.93
水的生产和供应业	Production & Supply of Water	11.10	11.29

7-8 分行业能源消费总量和主要能源品种消费量(2017年)

Consumption of Total Energy & Its Main Varieties by Sector(2017)

行业	Sector	能源消费总量(万吨标准煤) Total Energy Consumption (10 000 tons of SCE)	煤炭消费量(万吨) Coal Consumption (10 000 tons)	焦炭消费量(万吨) Coke Consumption (10 000 tons)	原油消费量(万吨) Crude Oil Consumption (10 000 tons)	汽油消费量(万吨) Gasoline Consumption (10 000 tons)
消费总量	**Total Consumption**	**19914.97**	**38595.52**	**1669.24**	**452.25**	**357.05**
农、林、牧、渔业	**Farming, Forestry, Animal Husbandry & Fishery**	**698.61**	**676.00**			**8.15**
工业	**Industry**	**14701.61**	**36496.21**	**1669.24**	**452.25**	**4.29**
采矿业	**Mining**	**858.42**	**2549.28**	**53.72**	**4.60**	**1.02**
煤炭开采和洗选业	Coal Mining & Processing	594.19	2469.65	53.72		0.67
石油和天然气开采业	Petroleum & Natural Gas Pumped	45.77	0.17		4.60	0.15
黑色金属矿采选业	Mining & Dressing of Ferrous Metals	86.78	41.79			0.08
有色金属矿采选业	Mining & Dressing of Nonferrous Metals	101.14	24.17			0.07
非金属矿采选业	Mining & Dressing of Nonmetal Minerals	29.13	12.88			0.03
开采辅助活动	Support Activities for Mining					
其他采矿业	Mining of Other Mineral	1.40	0.61			0.03
制造业	**Manufacturing**	**11999.50**	**14162.05**	**1615.52**	**447.65**	**1.33**
农副食品加工业	Processing of Agricultural Side - Line Food	107.02	176.43	0.74		0.21
食品制造业	Food Manufacturing	221.85	416.08	0.03		0.04
酒、饮料和精制茶制造业	Wine, Beverage and Refined Tea Manufacturing	38.09	37.84			0.06
烟草制品业	Tobacco Products	2.22	0.83			0.01
纺织业	Textile Industry	8.46	3.95			0.02
纺织服装、服饰业	Textile, Apparel Industry	2.93	1.11			0.04
皮革、毛皮、羽毛及其制品和制鞋业	Leather, Fur, Feathers and Their Products and Footwear	0.25	0.01			
木材加工和木、竹、藤、棕、草制品业	Timber Processing, Bamboo, Cane, Palm Fiber & Straw Products	5.66	2.51			0.03
家具制造业	Furniture Manufacturing	0.56	0.20			
造纸及纸制品业	Paper - making & Paper Products	17.20	20.83			0.03
印刷和记录媒介复制业	Printing and Record Medium Reproduction	0.52	0.03			0.01
文教、工美、体育和娱乐用品制造业	Manufacturing of Cultural, Educational & Arts , Crafts & Sports and Entertainment Goods	0.06	0.01			0.01

7－8 续表 1 continued

行 业	Sector	煤油消费量（万吨）Kerosene Consum－ption（10 000 tons）	柴油消费量（万吨）Diesel Oil Consum－ption（10 000 tons）	燃料油消费量（万吨）Fuel Oil Consum－ption（10 000 tons）	天然气消费量（亿立方米）Natural Gas Con－sumption（100 million cu. m）	电力消费量（亿千瓦小时）Electri－city Consum－ption（100 million kwh）
消费总量	**Total Consumption**	**42.87**	**439.20**	**3.74**	**39.66**	**2891.87**
农、林、牧、渔业	**Farming, Forestry, Animal Husbandry & Fishery**		**60.98**			**50.08**
工业	**Industry**	**0.25**	**88.65**	**3.74**	**23.22**	**2531.45**
采矿业	**Mining**	**0.05**	**67.19**	**0.26**	**0.05**	**150.13**
煤炭开采和洗选业	Coal Mining & Processing		60.25	0.26		87.77
石油和天然气开采业	Petroleum & Natural Gas Pumped		0.61		0.05	10.08
黑色金属矿采选业	Mining & Dressing of Ferrous Metals		4.24			20.07
有色金属矿采选业	Mining & Dressing of Nonferrous Metals	0.05	0.74			28.16
非金属矿采选业	Mining & Dressing of Nonmetal Minerals		1.33			3.77
开采辅助活动	Support Activities for Mining					
其他采矿业	Mining of Other Mineral		0.02			0.30
制造业	**Manufacturing**	**0.19**	**15.13**	**3.37**	**20.43**	**1954.81**
农副食品加工业	Processing of Agricultural Side－Line Food		0.22		0.08	14.10
食品制造业	Food Manufacturing		0.21	0.06	0.13	31.09
酒、饮料和精制茶制造业	Wine, Beverage and Refined Tea Manufacturing		0.09		0.14	2.38
烟草制品业	Tobacco Products				0.06	0.29
纺织业	Textile Industry		0.01			1.51
纺织服装、服饰业	Textile, Apparel Industry		0.01		0.06	0.43
皮革、毛皮、羽毛及其制品和制鞋业	Leather, Fur, Feathers and Their Products and Footwear					0.05
木材加工和木、竹、藤、棕、草制品业	Timber Processing, Bamboo, Cane, Palm Fiber & Straw Products		0.03			1.15
家具制造业	Furniture Manufacturing					0.13
造纸及纸制品业	Paper－making & Paper Products		0.07		0.04	2.48
印刷和记录媒介复制业	Printing and Record Medium Reproduction					0.14
文教、工美、体育和娱乐用品制造业	Manufacturing of Cultural, Educational & Arts ,Crafts & Sports and Entertainment Goods					0.01

7－8 续表 2 continued

行 业	Sector	能源消费总量（万吨标准煤）Total Energy Consum－ption（10 000 tons of SCE）	煤炭消费量（万吨）Coal Cons－umption（10 000 tons）	焦炭消费量（万吨）Coke Consu－mption（10 000 tons）	原油消费量（万吨）Crude Oil Consu－mption（10 000 tons）	汽油消费量（万吨）Gasoline Consu－mption（10 000 tons）
石油加工、炼焦和核燃料加工业	Petroleum Processing ,Coke Products & Processing of Nuclear Fuel	740.98	3947.58	8.60	447.65	0.11
化学原料和化学制品制造业	Raw Chemical Materials & Chemical Products	4686.21	4609.22	498.86		0.10
医药制造业	Medicine Manufacturing	112.21	180.23			0.04
化学纤维制造业	Chemical Fiber Manufacturing	0.03				
橡胶和塑料制品业	Rubber and Plastic Products	8.14	3.69			0.03
非金属矿物制品业	Nonmetal Mineral Products	638.82	418.46	0.01		0.05
黑色金属冶炼和压延加工业	Smelting & Pressing of Ferrous Metals	2969.33	1702.16	1088.17		0.25
有色金属冶炼和压延加工业	Smelting & Pressing of Nonferrous Metals	2348.59	2635.43	18.75		0.13
金属制品业	Metal Products	6.26	0.56	0.04		0.03
通用设备制造业	Manufacturing of General－Purpose Equipment	10.73	0.21			0.03
专用设备制造业	Special Purposes Equipment Manufacturing	3.53	0.62			0.02
汽车制造业	Automotive Manufacturing	9.73	0.31			0.02
铁路、船舶、航空航天和其他运输设备制造业	Railroad,Ships, Aerospace and Other Transportation Equipment Manufacturing	11.60				0.05
电气机械和器材制造业	Electric Equipment & Machinery	14.71	1.82			0.02
计算机、通信和其他电子设备制造业	Manufacturing of Computer , Communications and Other Electronic Equipment	30.54				0.01
仪器仪表制造业	Manufacturing of Instrument	0.01				
其他制造业	Others	0.17	0.11			
废弃资源综合利用业	Comprehensive Utilization of Waste Resources	2.89	1.80	0.31		
金属制品、机械和设备修理业	Metal products, Machinery and Equipment Repair	0.21				
电力、燃气及水的生产和供应业	**Production & Supply of Electric Power,Gas & Water**	**1843.70**	**19784.88**			**1.94**
电力、热力生产和供应业	Production & Supply of Electric Power & Heating Power	1547.51	19035.09			1.70
燃气生产和供应业	Production & Supply of Gas	264.31	747.68			0.05
水的生产和供应业	Production & Supply of Water	31.87	2.11			0.18
建筑业	**Construction**	**428.33**	**185.26**			**10.25**
交通运输、仓储及邮电通信业	**Transportation,Storage, Postal & Telecommunications Services**	**986.49**	**210.95**			**185.59**
批发、零售业和住宿、餐饮业	**Wholesale,Retail Trade, Quarters & Catering**	**531.02**	**382.31**			**9.87**
其他	**Others**	**633.50**	**212.33**			**60.18**
生活消费	**Residential Consumption**	**1935.40**	**432.46**			**78.72**

7－8 续表 3 continued

行 业	Sector	煤油消费量(万吨) Kerosene Consum－ption (10 000 tons)	柴油消费量(万吨) Diesel Oil Consum－ption (10 000 tons)	燃料油消费量(万吨) Fuel Oil Consum－ption (10 000 tons)	天然气消费量(亿立方米) Natural Gas Consum－ption (100 million cu. m)	电力消费量(亿千瓦小时) Electricity Consumption (100 million kwh)
石油加工、炼焦和核燃料加工业	Petroleum Processing, Coke Products & Processing of Nuclear Fuel		0.25		0.73	45.63
化学原料和化学制品制造业	Raw Chemical Materials & Chemical Products		2.20	0.02	13.56	553.23
医药制造业	Medicine Manufacturing		0.02		0.05	15.01
化学纤维制造业	Chemical Fiber Manufacturing					0.01
橡胶和塑料制品业	Rubber and Plastic Products		0.02			1.88
非金属矿物制品业	Nonmetal Mineral Products		1.97	3.10	1.60	59.98
黑色金属冶炼和压延加工业	Smelting & Pressing of Ferrous Metals	0.01	7.29		1.00	501.72
有色金属冶炼和压延加工业	Smelting & Pressing of Nonferrous Metals	0.18	2.24	0.19	2.38	700.49
金属制品业	Metal Products		0.01		0.04	1.70
通用设备制造业	Manufacturing of General－Purpose Equipment		0.01		0.05	3.04
专用设备制造业	Special Purposes Equipment Manufacturing		0.16			0.88
汽车制造业	Automotive Manufacturing		0.11		0.14	2.26
铁路、船舶、航空航天和其他运输设备制造业	Railroad, Ships, Aerospace and Other Transportation Equipment Manufacturing		0.17		0.22	1.95
电气机械和器材制造业	Electric Equipment & Machinery		0.01		0.11	3.03
计算机、通信和其他电子设备制造业	Manufacturing of Computer, Communications and Other Electronic Equipment				0.02	9.83
仪器仪表制造业	Manufacturing of Instrument					
其他制造业	Others					0.03
废弃资源综合利用业	Comprehensive Utilization of Waste Resources		0.04		0.01	0.37
金属制品、机械和设备修理业	Metal products, Machinery and Equipment Repair					0.02
电力、燃气及水的生产和供应业	**Production & Supply of Electric Power, Gas & Water**	**0.01**	**6.33**	**0.11**	**2.74**	**426.50**
电力、热力的生产和供应业	Production & Supply of Electric Power & Heating Power	0.01	6.23	0.11	0.55	395.07
燃气生产和供应业	Production & Supply of Gas		0.08		2.17	21.90
水的生产和供应业	Production & Supply of Water		0.02		0.01	9.53
建筑业	**Construction**		**18.56**			**10.38**
交通运输、仓储及邮电通信业	**Transportation, Storage, Postal & Telecommunications Services**	**42.62**	**159.51**		**9.62**	**31.67**
批发、零售业和住宿、餐饮业	**Wholesale, Retail Trade, Quarters & Catering**		**8.01**		**0.86**	**50.69**
其他	**Others**		**49.56**		**0.75**	**62.40**
生活消费	**Residential Consumption**		**53.93**		**5.21**	**155.20**

7-9 能源生产弹性系数

Elasticity Ratio of Energy Production

年份 Year	能源生产比上年增长(%) Growth Rate of Energy Production over Preceding Year (%)	电力生产比上年增长(%) Growth Rate of Electricity Production over Preceding Year (%)	生产总值比上年增长(%) Growth Rate of Gross Domestic Product(GDP) over Preceding Year (%)	能源生产弹性系数 Elasticity Ratio of Energy Production	电力生产弹性系数 Elasticity Ratio of Electricity Production
1984	10.15	14.35	16.4	0.62	0.89
1985	20.49	15.69	18.2	1.15	0.91
1986	-0.99	39.54	5.9	-0.17	6.30
1987	4.20	13.76	9.0	0.47	1.53
1988	7.67	9.33	9.8	0.78	0.95
1989	19.36	11.12	2.7	7.17	4.12
1990	4.94	10.51	7.5	0.66	1.40
1991	8.77	11.31	7.5	1.17	1.51
1992	4.97	17.63	11.0	0.45	1.60
1993	13.22	5.82	11.7	1.13	0.50
1994	9.50	11.07	11.2	0.85	0.99
1995	16.22	6.61	10.1	1.61	0.65
1996	2.70	16.32	14.4	0.19	1.13
1997	12.32	5.62	10.8	1.14	0.52
1998	-6.25	2.39	10.7	-0.58	0.22
1999	-9.03	8.62	8.8	-1.03	0.98
2000	2.95	16.87	10.8	0.27	1.56
2001	28.64	5.98	10.6	2.68	0.56
2002	39.37	11.27	13.2	2.98	0.85
2003	27.99	25.05	17.6	1.59	1.42
2004	44.13	26.09	20.9	2.11	1.25
2005	22.43	31.01	23.8	0.94	1.30
2006	18.96	38.13	19.1	0.99	2.00
2007	19.86	30.36	19.2	1.03	1.58
2008	25.13	11.45	17.8	1.41	0.64
2009	20.17	4.96	16.9	1.19	0.29
2010	23.78	14.30	15.0	1.59	0.95
2011	20.10	19.48	14.3	1.41	1.36
2012	7.18	7.63	11.5	0.62	0.66
2013	-2.76	5.37	9.0	-0.31	0.60
2014	2.82	8.15	7.8	0.36	1.04
2015	-6.56	1.62	7.7	-0.85	0.21
2016	-6.33	0.68	7.2	-0.88	0.09
2017	3.66	12.31	4.0	0.92	3.08

注:能源生产增长速度按等价值计算。

a) The growth rate of energy production by equivalent value.

7－10 能源消费弹性系数

Elasticity Ratio of Energy Consumption

年份 Year	能源消费比上年增长% Growth Rate of Energy Consumption over Preceding Year (%)	电力消费比上年增长% Growth Rate of Electricity Consumption over Preceding Year (%)	生产总值比上年增长% Growth Rate of Gross Domestic Product(GDP) over Preceding Year (%)	能源消费弹性系数 Elasticity Ratio of Energy Consumption	电力消费弹性系数 Elasticity Ratio of Electricity Consumption
986	1.97	7.94	5.9	0.33	1.35
1987	5.95	9.70	9.0	0.66	1.08
1988	3.48	14.15	9.8	0.36	1.44
1989	10.03	13.95	2.7	3.71	5.17
1990	8.21	13.55	7.5	1.09	1.81
1991	3.37	3.87	7.5	0.45	0.52
1992	1.98	10.65	11.0	0.18	0.97
1993	4.74	39.43	11.7	0.41	3.37
1994	5.08	-17.23	11.2	0.45	-1.54
1995	16.22	-18.43	10.1	1.61	-1.82
1996	-3.80	49.76	14.4	-0.26	3.46
1997	17.96	4.68	10.8	1.66	0.43
1998	-7.25	-10.42	10.7	-0.68	-0.97
1999	5.66	24.91	8.8	0.64	2.83
2000	8.33	8.15	10.8	0.77	0.75
2001	13.10	9.22	10.6	1.24	0.87
2002	16.54	14.57	13.2	1.25	1.10
2003	27.41	26.89	17.6	1.56	1.53
2004	30.08	31.72	20.9	1.44	1.52
2005	26.81	24.67	23.8	1.13	1.04
2006	16.08	32.48	19.1	0.84	1.70
2007	13.87	31.11	19.2	0.72	1.62
2008	10.36	5.20	17.8	0.58	0.29
2009	8.82	5.52	16.9	0.52	0.33
2010	9.62	19.33	15.0	0.64	1.29
2011	11.39	19.31	14.3	0.80	1.35
2012	5.60	8.19	11.5	0.49	0.71
2013	4.04	8.19	9.0	0.45	0.91
2014	3.55	10.76	7.8	0.46	1.38
2015	3.38	5.22	7.7	0.44	0.68
2016	2.80	2.44	7.2	0.39	0.34
2017	2.35	11.01	4.0	0.59	2.75

注：能源消费增长速度按等价值计算。

a) The growth rate of energy consumption by equivalent value.

7-11 废水、废气排放及处理情况

Discharge and Treatment of Waste Water、Waste Gas

指　标	Item	2016	2017
废水排放及处理情况	**Discharge and Treatment of Waste Water**		
废水排放总量(亿吨)	Total Waste Water Discharged (100 million tons)	10.47	10.42
工业废水排放量	Industrial Waste Water	2.42	2.16
城镇生活污水排放量	Urban Living Waste Water Discharged	8.04	8.26
集中式治理设施污水排放量	Centralized Pollution Control Facilities	40.24	29.46
化学需氧量(COD)排放量(万吨)	COD Discharged(10 000 tons)	16.41	14.97
工业废水中 COD 排放量	Industrial COD	2.89	2.50
农业 COD 排放量	Agriculture COD	0.02	0.34
城镇生活污水中 COD 排放量	Living COD	13.26	11.98
集中式治理设施 COD 排放量	Centralized Pollution Control Facilities	0.24	0.15
氨氮排放量(万吨)	Ammonia Nitrogen Discharged(10 000 tons)	2.13	1.90
工业废水中氨氮排放量	Industrial Ammonia Nitrogen	0.23	0.30
农业氨氮排放量	Agriculture Ammonia Nitrogen	0.003	0.002
生活污水中氨氮排放量	Living Ammonia Nitrogen	1.88	1.58
集中式治理设施氨氮排放量	Centralized Pollution Control Facilities	0.02	0.01
工业废水治理设施数(套)	Number Of Industrial Waste Water Treatment Facilities(set)	1005	1217
工业废水治理设施处理能力(万吨/日)	Capacity of Industrial Waste Water Treatment Facilities (10 000 tons/day)	471.46	468.52
工业废水处理量(万吨)	Industrial Waste Water Treated(10 000 tons)	80816.55	82688.04
废气排放及处理情况	**Emission and Treatment of Waste Gas**		
二氧化硫(SO2)排放量(万吨)	Sulphur Dioxide Emission(10 000 tons)	62.57	54.63
工业 SO2 排放量	Volume of Industrial Sulphur Dioxide Emission	43.07	32.69
城镇生活 SO2 排放量	Volume of Sulphur Dioxide Emission by Consumption	19.50	21.93
氮氧化物排放量(万吨)	Nitrogen Oxides(10 000 tons)	41.32	50.55
工业氮氧化物排放量	Volume of Industrial Sulphur Dioxide Emission	37.41	32.04
城镇生活氮氧化物排放量	Volume of Nitrogen Dioxide Emission by Consumption	3.91	4.01
机动车氮氧化物排放量	Volume of Nitrogen Oxides Emission by Motor Vehicle		14.50
烟(粉)尘排放量(万吨)	Smoke and Dust(10 000 tons)	57.11	53.62
工业烟(粉)尘排放量	Volume of Industrial Sulphur Dioxide Emission	39.39	34.55
城镇生活烟尘排放量	Volume of Consumption Soot Emission	17.72	17.80
机动车烟尘排放量	Volume of Consumption Soot Emission by Motor Vehicle		1.28
工业废气排放量(亿立方米)	Volume of Industrial Waste Gas Emission(100 million cu. m)	30319.50	34638.77
工业废气治理设施数(套)	Industrial Waste Gas Treatment Facilities(set)	8550	9338
工业废气治理设施处理能力(亿立方米/时)	Capacity of Industrial Waste Gas Treatment Facilities (100 million cu. m/hour)	9.90	11.02

7－12 固体废物、危险废物产生及综合利用情况

Generation, Discharge and Utilization of Solid Wastes、Hzardous Wastes

指　　标	Item	2016	2017
固体废物	**Solid Wastes**		
一般工业固体废物产生量（万吨）	Common Industrial Solid Wastes Produced (10 000 tons)	24761.81	27952.51
一般工业固体废物综合利用量（万吨）	Common Industrial Solid Wastes Comprehensively Utilized (10 000 tons)	11359.05	10421.61
综合利用往年贮存量	Stock of Comprehensively Utilized in former years	153.76	137.37
一般工业固体废物综合利用率（%）	Ratio of Industrial Solid Wastes Utilized (%)	45.59	37.10
一般工业固体废物处置量（万吨）	Common Industrial Solid Wastes Disposed (10 000 tons)	6245.25	8259.18
处置往年贮存量	Stock of Disposed in former years	19.20	248.67
一般工业固体废物处置率（%）	Ratio of Industrial Solid Wastes Disposed (%)	25.20	29.29
一般工业固体废物贮存量（万吨）	Stock of Common Industrial Solid Wastes (10 000 tons)	7328.67	9654.43
一般工业固体废物倾倒丢弃量（万吨）	Common Industrial Solid Wastes Discharged (10 000 tons)	1.81	3.33
危险废物	**Hazardous Wastes**		
危险废物产生量（万吨）	Hazardous Wastes Produced (10 000 tons)	235.53	320.11
危险废物综合利用量（万吨）	Hazardous Wastes Utilized (10 000 tons)	68.21	143.53
综合利用往年贮存量	Stock of Comprehensively Utilized in former years	1.12	3.72
危险废物综合利用率（%）	Ratio of Industrial Hazardous Wastes Utilized (%)	28.82	44.32
危险废物处置量（万吨）	Hazardous Wastes Disposed (10 000 tons)	136.72	394.76
处置往年贮存量	Stock of Disposed in former years	59.71	226.75
危险废物处置率（%）	Ratio of Industrial Hazardous Wastes Disposed (%)	46.31	72.19
危险废物贮存量（万吨）	Stock of Hazardous Wastes (10 000 tons)	91.43	12.27

7－13 生态环境、自然灾害及供水用水情况

Natural Ecology, Natural Disasters, Water Supply and Use

指　　标	Item	2016	2017
森林面积(万公顷)	Forest Area(10 000 hectares)	2488	2488
其中:人工林	Man－made Forest	1086.67	1086.67
活立木总蓄积量(万立方米)	Total Standing Forest Stock(10 000 cu. m)	148400	148400
森林蓄积量(万立方米)	Stock Volume of Forest(10 000 cu. m)	134530	134530
湿地面积(万公顷)	Area of Wetlands(10 000 hectares)	601.1	601.1
其中:自然湿地	Natural Wetlands	587.9	587.9
累计水土流失治理面积(千公顷)	Area of Soil Erosion under Control (1 000 hectares)	13083.28	13551.05
累计除涝面积(千公顷)	Area with Flood Prevention Measures (1 000 hectares)	277	277
地质灾害次数(次)	Number of Geological Disasters(time)	5	
地质灾害直接经济损失(万元)	Direct Economic Loss(10 000 yuan)	2127.00	
森林火灾次数(次)	Number of Forest Fires(time)	163	178
森林火灾受害森林面积(公顷)	Forest Fires Destructed Forest Area(hectare)	14770.60	17510.00
林业有害生物防治率(%)	Prevention Rate of Forest Biological Disasters(%)	54.00	54.18
突发环境事件次数(次)	Number of Environmental Emergencies(time)		1
供水总量(亿立方米)	Water Supply(100 million cu. m)	190.29	187.99
地表水	Surface Water	98.27	99.22
地下水	Groundwater	88.83	85.33
其　他	Others	3.19	3.44
用水总量(亿立方米)	Water Use(100 million cu. m)	190.29	187.99
农业	Agriculture	139.20	138.12
工业	Industry	17.38	15.72
生活	Consumption	10.64	11.03
生态环境补水	Ecological Protection	23.07	23.12
人均用水量(立方米/人)	Per Capita Water Use(cu. m/person)	756.45	744.71
人均水资源量(立方米/人)	Per Capita Water Resources(cu. m/person)	1695.44	1227.64

7-14 环境污染治理及林业投资情况

Investment in the Treatment of Environmental Pollution and Forestry Investment

指　　标	Item	2016	2017
环境污染治理投资总额(亿元)	Total Investment in the Treatment of Environmental Pollution (100 million yuan)	886.48	969.88
城镇环境基础设施建设投资	Investment in Urban Environmental Infrastructure	640.51	725.40
#燃气	Gas Supply	16.33	6.37
集中供热	Centralized Heating	77.32	48.48
排水	Drainage Works	41.33	50.12
园林绿化	Gardening and Greening	127.13	162.92
市容环境卫生	Environmental Sanitation	36.82	10.50
工业企业污染防治投资	Investment Completed in the Treatment of Industrial Pollution	40.62	42.12
治理废水	Treatment of Waste Water	4.00	5.99
治理废气	Treatment of Waste Gas	32.08	26.01
治理固体废物	Treatment of Solid Waste	1.46	0.30
治理噪声	Treatment of Noise Pollution	0.02	0.00
治理其他	Treatment of Other Pollution	1.49	9.06
完成环保验收项目环保投资	Environmental Investment of Project of nvironmental Protection Acceptance Completed	205.35	202.36
环境污染治理投资占GDP比重(%)	Total Investment in the Treatment of Environmental Pollution as Percent of GDP(%)	4.76	6.03
工业废气治理设施运行费用(亿元)	Expenditure of Industrial Wastegas Treatment Facilities(100 million yuan)	15.98	77.64
工业废水治理设施运行费用(亿元)	Expenditure of Industrial Wastewater Treatment Facilities(100 million yuan)	78.93	20.24
排污费解缴入库户数(户)	Numbers of charges for disposing pollutants(households)	3092	2878
排污费解缴入库金额(亿元)	Charges for disposing pollutants (100 million yuan)	8.47	9.78
本年林业投资完成额(亿元)	Investment Completed During the Year (100 million yuan)	162.76	153.49
生态建设与保护	Ecological Construction	121.43	125.95
林业支撑与保障	Forestry Support	25.74	24.00
林业产业发展	Forestry Development	0.35	1.17
林业民生工程	Forestry Project for People's Livelihood		2.37
其他	Other Investment	15.23	

主要统计指标解释

能源生产总量 指一定时期内全区一次能源生产量的总和，是观察全区能源生产水平、规模、构成和发展速度的总量指标。一次能源生产量包括原煤、原油、天然气、水电、核能及其他动力能（如风能、地热能等）发电量，不包括低热值燃料生产量、生物质能、太阳能等的利用和由一次能源加工转换而成的二次能源产量。

能源消费总量 指一定时期内全区物质生产部门、非物质生产部门和生活消费的各种能源的总和，是观察能源消费水平、构成和增长速度的总量指标。能源消费总量包括原煤和原油及其制品、天然气、电力，不包括低热值燃料、生物质能和太阳能等的利用。能源消费总量分为终端能源消费量、能源加工转换损失量和损失量三部分。

（1）终端能源消费量：指一定时期内全区生产和生活消费的各种能源在扣除了用于加工转换二次能源消费量和损失量以后的数量。

（2）能源加工转换损失量：指一定时期内全区投入加工转换的各种能源数量之和与产出各种能源产品之和的差额，是观察能源在加工转换过程中损失量变化的指标。

（3）能源损失量：指一定时期内能源在输送、分配、储存过程中发生的损失和由客观原因造成的各种损失量，不包括各种气体能源放空、放散量。

能源生产弹性系数 是研究能源生产增长速度与国民经济增长速度之间关系的指标。计算分式为：

能源生产弹性系数 = 能源生产总量年平均增长速度/国民经济年平均增长速度

国民经济年平均增长速度，可根据不同的目的或需要，用地区收入总值、地区生产总值等指标来计算，本年鉴是采用国内生产总值指标计算的。

电力生产弹性系数 是研究电力生产增长速度与国民经济增长速度之间关系的指标。一般来说，电力的发展应当快于国民经济的发展，也就是说电力应超前发展。计算公式为：

电力生产弹性系数 = 电力生产量年平均增长速度/国民经济年平均增长速度

能源消费弹性系数 是反映能源消费增长速度与国民经济增长速度之间比例关系的指标。计算公式为：

能源消费弹性系数 = 能源消费量年平均增长速度/国民经济年平均增长速度

电力消费弹性系数 反映电力消费增长速度与国民经济增长速度之间比例关系的指标。计算公式为：

电力消费弹性系数 = 电力消费量年平均增长速度/国民经济年平均增长速度

能源加工转换效率 指一定时期内能源经过加工、转换后，产出的各种能源产品的数量与同期内投入加工转换的各种能源数量的比率。它是观察能源加工转换装置和生产工艺先进与落后、管理水平高低等的重要指标。计算公式为：

能源加工转换效率 = 能源加工、转换产出量/能源加工、转换投入量 × 100%

单位生产总值能耗 是指某地区总能耗与生产总值之比，也就是每产生万元生产总值所消耗的能源消费量。它是衡量能源利用水平和效率的综合性指标。计算公式是万元生产总值能耗 = 能源消费量（吨标准煤）/地区生产总值（万元）。

工业废水排放量 指经过企业厂区所有排放口排到企业外部的工业废水量。包括生产废水、外排的直接冷却水、超标排放的矿井地下水和与工业废水混排的厂区生活污水，不包括外排的间接冷却水（清污不分流的间接冷却水应计算在内）。

工业废气排放量 指企业厂区内燃料燃烧和生产工艺过程中产生的各种排入空气的含有污染物的气体总量，按标准状态[273K，101325pa]计算。

工业二氧化硫排放量 指企业在燃料燃烧和生产工艺过程中排入大气的二氧化硫数量。烟尘排放量指企业厂区内燃料燃烧产生的烟气中夹带的颗粒物数量。

工业粉尘排放量 指企业在生产工艺过程中排放的颗粒物重量，如钢铁企业的耐火材料粉尘、焦化企业的筛焦系统粉尘、烧结机的粉尘、石灰窑的粉尘、建材企业的水泥粉尘等。不包括电厂排入大气的烟尘。

工业固体废物产生量 指企业在生产过程中产生的固体状、半固体状和高浓度液体状废弃物的总量，包括危险废物、冶炼废渣、粉煤灰、炉渣、煤矸石、尾矿、放射性废物和其他废物等；不包括矿山开采的剥离废石和掘进废石（煤矸石和呈酸性或碱性的废石除外）。酸性或碱性废石指采掘的废石其流经水、雨淋水的 PH 值小于 4 或 PH 值大于 10.5 者。

工业固体废物综合利用量 指通过回收、加工、循环、交换等方式，从固体废物中提取或者使其转化为可以利用的资源、能源和其他原材料的固体废物量（包括当年利用往年的工业固体废物累计贮存量），如用作农业肥料、生产建筑材料、筑路等。综合利用量由原产生固体废物的单位统计。

工业固体废物贮存量 指以综合利用或处置为目的，将固体废物暂时贮存或堆存在专设的贮存设施或专设的集中堆存场所内的数量。专设的固体废物贮存场所或贮存设施必须有防扩散、防流失、防渗漏、防止污染大气、水体的措施。

工业固体废物处置量 指将固体废物焚烧或者最终置于符合环境保护规定要求的场所，并不再回取的工业固体废物量（包括当年处置往年的工业固体废物累计贮存量）。处置方法有填埋（其中危险废物应安全填埋）、焚烧、专业贮存场（库）封场处理、深层灌注、回填矿井等。

工业固体废物排放量 指将所产生的固体废物排到固体废物污染防治设施、场所以外的数量，不包括矿山开采的剥离废石和掘进废石（煤矸石和呈酸性或碱性的废石除外）。

Explanatory Notes on Main Statistical Indicators

Total Energy Production refers to the total production of primary energy by all energy producing enterprises in the autonomous region in a given period of time. It is a comprehensive indicator to show the capacity, scale, composition and development of energy production of the country. The production of primary energy includes that of coal, crude oil, natural gas, hydropower and elect recite generated by nuclear energy and other means such as wind power and geothermal power. However, it excludes the production of fuels of low calorific value, bio – energy, solar – energy and the secondary energy converted from the primary energy.

Total Domestic Energy Consumption refers to the total consumption of energy of various kinds by material production sectors, nonmaterial production sectors and households in the autonomous region in a given period of time. It is a comprehensive indicator to show the scale, composition and development of energy consumption. The total energy consumption includes that of coal, crude oil and their products, natural gas and electricity. However, it excludes the consumption of fuel of low calorific value, bio – energy and solar energy. Total domestic energy consumption can be divided into three parts:

(1) Final Energy Consumption: It refers to the total energy consumption by material production sectors. Non material production sectors and households in the autonomous region in a given period of time, but excludes the consumption in conversion o f the primary energy into the secondary energy and the loss in the process of energy conversion.

(2) Loss During the Process of Energy Conversion: It refers to the total input of various kinds of energy for conversion, minus the total output of various kinds of energy in the autonomous region in a given period of time. It is an indicator to show the loss that occurs during the process of energy conversion.

(3) Loss: It refers to the total of the loss of energy during the course of energy transport, distribution and storage and the loss caused by any objective reason in a given period of time. The loss of various kinds of gas due to gas discharges and stocktaking is excluded.

Elasticity Ratio of Energy Production is an indicator to show the relationship between the growth rate of energy production and the growth rat e of the national economy. The formula is:

Elasticity Ratio of Energy Production = Average Annual Growth Rate of Energy Production ÷ Average Annual Growth Rate of National Economy

The average annual growth rate of the national economy can be shown by the gross national product, gross domestic product and other indicators, depending upon the purposes or needs. The gross domestic product is used in calculation of the ratio in this chapter.

Elasticity Ratio of Electricity Production is an indicator to show the relations hip between the growth rate of electricity production and the growth rate of the national economy. Generally speaking, the growth rate of electricity production should be higher than that of the national economy. Its formula is:

Elasticity Ratio of Electricity Production = Average Annual Growth Rate of Electricity Production ÷ Average Annual Growth Rate of National Economy

Elasticity Ratio of Energy Consumption is an indicator to show the relationship between the growth rate of energy consumption and the growth r ate of the national economy. The formula is:

Elasticity Ratio of Energy Consumption = Average Annual Growth Rate of Energy Consumption ÷ Average Annual Growth Rate of National Economy

Elasticity Ratio of Electricity Consumption is an indicator to show the relation ship between the growth rate of electricity consumption and the growth rate of t he national economy. The formula is:

Elasticity Ratio of Electricity Consumption = Average Annual Growth Rate of Electricity ÷ Average Annual Growth Rate of National Economy

Efficiency of Energy Processing and Conversion refers to the ratio of the total output of energy products of various kinds after processing and conversion and the total input of energy of various kinds for processing and conversion in the same reference period. It is an important indicator to show the current conditions of energy processing and conversion equipment, production technique and management. The formula is:

Efficiency of Energy Processing and Conversion = Output of Energy After Processing and Conversion ÷ Input of Energy for Processing and Conversion × 100%

Energy Consumption of 10 000 **yuan GDP** refers to the ratio of the bobal energy consumption to GDP, means to produce per – 10 000 yuan of GDP consuming how much energy. It is a general indicator to show the relationship between utiltity and efficiency of energy . the formula is:

Energy Consumption of 10 000 yuan GDP = Total Energy Consumption (ton of SCE)/GDP (10 000 yuan)

Volume of Industrial Waste Water Discharged refers to the volume of industrial waste water discharged, through all outlets, to the outside of industrial enterprises, including waste water produced, direct cooling water, underground water from mines that does not meet the standard of discharge, and the domestic sewage mixed up with industrial waste water when discharged, but excluding discharged indirect cooling water.

Volume of Waste Industrial Gas Emission refers to waste gas emitted from burning of fuels and from production process in the area of the factory, and is measured by 10000 standard cubic meters each year under normal condition.

Industrial Dust Discharged refers to the total weight of solid dust discharged by industrial enterprises in the production process, such as dust of refractory materials from iron plants, dust from coke screening system or from sintering machines of coking plants, dust from lime kilns, cement dust from building material enterprises, etc. but excluding smoke and dust discharged by power plants.

Volume of Industrial Solid Wastes Produced refers to the total volume of solid, semi solid or high concentration liquid residue produced by industrial enterprises in their production process, including dangerous wastes, residues from melting, slag, powdered coal ash, gangue, chemical residues, tailings, radio active residues and other residues, but excluding stripped or dug stones in mining (except gangue and acid or alkali stones which are stones washed or soaked by water with a pH value smaller than 4 or larger than 10. 5)

Volume of Industrial Solid Wastes Utilized in a Comprehensive Way refers to the volume of solid wastes from which useful materials can be extracted or which can be changed to be utilizable resources, energy or other materials, including the volume of industrial solid wastes stored up in the previous years and utilized in the current year, such as the solid wastes utilized as fertilizers, building materials, for making roads or for other purpose. Statistical data on utilization of industrial solid wastes are collected by solid wastes producing units.

Volume of Industrial Stored up Solid Wastes refers to the volume of industrial solid wastes temporarily stored up or piled with special facilities or piled in the special sites for purpose of utilization or treatment in future. The special facilities or special sites for the storing up solid wastes should have the measures against spreading or being washed away to other places, permeating the soil or causing air pollution or water contamination.

Volume of Industrial Solid Wastes Treated refers to solid wastes disposed of in a non recoverable place that meet the requirement of environmental protection, such as burying (The dangerous wastes should be buried safely) , burning, piling in designated sites, pouring water into the deep strata, filling of old mines, etc. (including treatment of solid wastes piled up in the previous years) .

Volume of Industrial Solid Wastes Discharged refers to the volume of industrial solid wastes produced and discharged at the places outside the special facilities

8 财 政

Government Finance

资料整理：于 瑾

Arranged By Yu Jin

8-1 地方财政收支总额及增长速度

Local Government Revenue and Expenditures and Their Increase Rate

年 份 Year	地方财政总收入 （万元） Local Government Revenue （10 000 yuan）	地方财政总支出 （万元） Local Government Expenditures （10 000 yuan）	增长速度（%） Incease Rate（%） 地方财政总收入 Local Government Revenue	 地方财政总支出 Local Government Expenditures
1948	110	262	1122.2	571.8
1949	739	786	571.8	200.0
1950	5347	4562	623.5	480.4
1951	5376	6025	0.5	32.1
1952	13335	10280	148.0	70.6
1953	8657	13997	-35.1	36.2
1954	18503	18045	113.7	28.9
1955	21090	17489	14.0	-3.1
1956	27597	29032	30.9	66.0
1957	31385	26771	13.7	-7.8
1958	42764	64432	36.3	140.7
1959	70269	99357	64.3	54.2
1960	89917	122162	28.0	23.0
1961	49529	56471	-44.9	-53.8
1962	33590	37641	-32.2	-33.3
1963	38345	39952	14.2	6.1
1964	43219	49683	12.7	24.4
1965	45967	51808	6.4	4.3
1966	48455	59224	5.4	14.3
1967	40232	47949	-17.0	-19.0
1968	38882	41477	-3.4	-13.5
1969	27680	61706	-28.8	48.8
1970	44088	78582	59.3	27.3
1971	36543	90915	-17.1	15.7
1972	31314	97994	-14.3	7.8
1973	34123	114983	9.0	17.3
1974	26863	124842	-21.3	8.6
1975	27375	129157	1.9	3.5
1976	26587	138332	-2.9	7.1
1977	29339	140470	10.4	1.5
1978	69046	186888	135.3	33.0
1979	45553	210416	-34.0	12.6
1980	41284	183721	-9.4	-12.7

8－1 续表 continued

年 份 Year	地方财政总收入 （万元） Local Government Revenue （10 000 yuan）	地方财政总支出 （万元） Local Government Expenditures （10 000 yuan）	增长速度（%） Incease Rate（%）	
			地方财政总收入 Local Government Revenue	地方财政总支出 Local Government Expenditures
1981	41585	163506	0.7	－11.0
1982	51842	203074	24.7	24.2
1983	69891	228273	34.8	12.4
1984	84556	308604	21.0	35.2
1985	131789	341832	55.9	10.8
1986	160206	438955	21.6	28.4
1987	194326	455597	21.3	3.8
1988	241343	510137	24.2	12.0
1989	286679	558124	18.8	9.4
1990	329763	609023	15.0	9.1
1991	393966	666190	19.5	9.4
1992	390775	720731	－0.8	8.2
1993	561177	882773	43.6	22.5
1994	682167	928235	－35.3	5.1
1995	763458	1021780	20.4	10.1
1996	932401	1263825	31.0	23.7
1997	1041750	1429118	27.8	13.1
1998	1191237	1817593	22.7	27.2
1999	1294373	2128369	12.3	17.1
2000	1399410	2610629	9.8	22.7
2001	1498119	3359808	6.1	28.7
2002	1867550	4133327	13.2	23.0
2003	2340265	4710924	22.4	14.0
2004	3231515	6027524	46.4	27.9
2005	4787260	7346079	40.6	21.9
2006	5945906	9149716	77.4	24.6
2007	8354929	10823054	40.5	18.3
2008	11072572	14545732	32.5	34.4
2009	13777018	19268365	24.4	32.5
2010	17381353	22735046	26.2	18.0
2011	22618058	29892052	30.1	31.5
2012	24972839	34259895	10.4	14.6

注：1. 从 2013 年起，根据自治区财政厅要求，不再公布地方财政总收支数据。以下各表同。

2. 数据来自于自治区财政厅年度总决算报表，以下各表同。

a) Since 2013, according to the autonomous region financial department, No longer published Local Government Revenue and Expenditures. The same as in the following tables.

b) Date are from final accounts report form of provincial finance department . The same as in the following tables.

8－2 地方财政总收入占生产总值的比重

Local Government Revenue as Percentage to Gross Domestic Product

年 份 Year	地方财政总收入 （亿元） Local Government Revenue （100 million yuan）	生产总值 （亿元） Gross Domestic Products （100 million yuan）	地方财政总收入占生产总值的比重（%） Percentage of Local Government Revenue to GDP（%）
1953	0.87	15.57	5.6
1957	3.14	21.27	14.8
1962	3.36	25.12	13.4
1965	4.60	35.41	13.0
1970	4.41	39.17	11.3
1975	2.74	48.55	5.6
1978	6.90	58.04	11.9
1979	4.56	64.14	7.1
1980	4.13	68.40	6.0
1981	4.16	77.91	5.3
1982	5.18	93.22	5.6
1983	6.99	105.88	6.6
1984	8.46	128.20	6.6
1985	13.18	163.83	8.0
1986	16.02	181.58	8.8
1987	19.43	212.27	9.2
1988	24.13	270.81	8.9
1989	28.67	292.69	9.8
1990	32.98	319.31	10.3
1991	39.40	359.66	11.0
1992	39.08	421.68	9.3
1993	56.12	537.81	10.4
1994	36.30	695.06	5.2
1995	43.70	857.06	5.1
1996	57.26	1023.09	5.6
1997	73.18	1153.51	6.3
1998	89.77	1262.54	7.1
1999	100.82	1379.31	7.3
2000	110.68	1539.12	7.2
2001	117.38	1713.81	6.8
2002	132.91	1940.94	6.8
2003	162.72	2388.38	6.8
2004	238.28	3041.07	7.8
2005	335.09	3905.03	8.6
2006	594.59	4944.25	12.0
2007	835.49	6423.18	13.0
2008	1107.27	8496.20	13.0
2009	1377.70	9740.25	14.1
2010	1738.14	11672.00	14.9
2011	2261.81	14359.88	15.8
2012	2497.28	15880.58	15.7

8-3 地方财政分项收入

Local Government Revenue by Source

单位:万元 (10 000 yuan)

年份 Year	地方财政总收入 Local Government Revenue	一般公共预算收入 General Public Budget Revenue	#工商税收 Industrial and Commercial Tax	#契税和耕地占用税 Contract Tax and Tax on The Occupancy of Cultuvated Land	#企业所得税 Income Tax of Enterprises	#国有资本经营收入 Operation Income of State-owned Assets Enterprises
1947	9	9			1	
1948	110	110			20	
1949	739	739	149		196	
1950	5347	5347	1852		1568	
1951	5376	5376	2266		1306	
1952	13335	13335	3744		5049	
1953	8657	8657	4507		2550	
1954	18503	18503	7725		5260	
1955	21090	21090	8549		6324	
1956	27597	27597	11797		9328	
1957	31385	31385	12535		9409	
1958	42764	42764	15174		17065	
1959	70269	70269	19237		39150	
1960	89917	89917	24690		52872	
1961	49529	49529	16531		24238	
1962	33590	33590	18027		7788	
1963	38345	38345	19929		9734	
1964	43219	43219	20196		12499	
1965	45967	45967	22577		13144	
1966	48455	48455	21712		16086	
1967	40232	40232	20303		9058	
1968	38882	38882	20537		7549	
1969	27680	27680	20168		1509	
1970	44088	44088	27399		6076	
1971	36543	36543	29455		-1820	
1972	31314	31314	31085		-5822	
1973	34123	34123	34954		-9309	
1974	26863	26863	34257		-16136	
1975	27375	27375	40295		-21044	
1976	26587	26587	43142		-25703	
1977	29339	29339	49579		-29193	
1978	69046	69046	54486		3234	
1979	45553	45553	54648		-20749	
1980	41284	41284	58537		-26724	

8 –3 续表 continued

单位:万元 (10 000 yuan)

年份 Year	地方财政总收入 Local Government Revenue	一般公共预算收入 General Public Budget Revenue	#工商税收 Industrial and Commercial Tax	#契税和耕地占用税 Contract Tax and Tax on The Occupancy of Cultuvated Land	#企业所得税 Income Tax of Enterprises	#国有资本经营收入 Operation Income of State – owned Assets Enterprises
1981	41585	41585	62493		–32579	
1982	51842	51842	71540		–35624	
1983	69891	69891	78370		–25171	
1984	84556	84556	86362		–20618	
1985	131789	131789	119371		36495	7429
1986	160206	160206	145366		37092	706
1987	194326	194326	176390		35797	9344
1988	241343	241343	214128		41206	11050
1989	286679	286679	261270		40045	3193
1990	329763	329763	278480		40954	17895
1991	393966	393966	299621		39320	16833
1992	390775	390775	335490		38992	12382
1993	561177	561177	511777		37311	9745
1994	682167	362969	261719		43005	4900
1995	763458	437028	278344		62222	4070
1996	932401	572572	339614		56853	5230
1997	1041750	660777	415328		60554	5964
1998	1191237	776654	492585		50815	12083
1999	1294373	865714	502477		80821	13766
2000	1399410	950320	546435		105983	12815
2001	1498119	994313	571829		151985	19489
2002	1867550	1128546	673679		90287	40610
2003	2340265	1387157	857381		71615	60521
2004	3231515	1967589	1220909		86995	147494
2005	4787260	2774553	1768690		193550	147758
2006	5945906	3433774	2183213	148893	272831	188849
2007	8354929	4923615	3342205	134741	419186	234394
2008	11072572	6506764	4401399	241064	592789	415549
2009	13777018	8508588	5263903	502465	748129	707123
2010	17381337	10699776	6869595	594367	1016492	589245
2011	22618058	13566701	9100923	675788	1561016	512220
2012	24972839	15527453	10077812	1008121	1798497	460204
2013		17209843	10619291	1400299	1552566	590800
2014		18436736	9896184	2470558	1096419	1038577
2015		19644820	9857091	3190394	1017711	780747
2016		20164334	10073729	3104470	969304	873475
2017		17032095	11439906	1236936	1288208	111199

注:1.1984 年以前企业所得税包括国有企业上缴利润和国有企业亏损补贴;

2.1994 年以来地方财政收入为分税制财政体制统计口径。

a) Before 1984, Enterprises income tax including payed profits and planned subsidies for the losses of the state – owned enterprises;

b) Since 1994, Revenue of the local governments has been counted by the classification of the structure of the government finance.

8-4 一般公共预算支出及主要支出项目

General Public Budget Expenditures by Accounting Item

单位:万元 (10 000 yuan)

项目	Item	2016	2017
一般公共预算支出	**General Public Budget Expenditure**	**45127075**	**45299252**
一般公共服务	General Public Services	3246961	3491037
外交	Foreign Affairs	347	568
国防	National Defense	40433	43373
公共安全	Public Security	2221689	2500914
教育	Education	5549649	5618498
科学技术	Science and Technology	323832	336737
文化体育与传媒	Operating Expenses of Culture , Sports and Media	892493	1167946
# 文化	Culture	267919	290905
新闻出版广播影视	News Published, Radio Film and Television	269443	353816
社会保障和就业	Social Security and Employment	6425355	7041436
# 社会福利	Social Welfare	149359	154875
医疗卫生	Public Health	2846288	3234802
节能环保	Energy saving and environmental protection	1593894	1436651
城乡社区事务	City and Countryside Community Business	5923340	3401224
农林水事务	Expenses of Agriculture, Forestry, Water	7290174	8077146
交通运输	Transportation	2994311	3443797
其他支出	Others	5778309	5505123

8-5 财政用于科学技术的支出

Government Expenditure for Scientific and Technological

单位:万元　　(10 000 yuan)

项目	Item	2016	2017
合计	**Total**	**323832**	**336737**
科学技术管理事务	Administrative Affairs of Scientific and Technological	21624	22836
基础研究	Basic Research	8062	9221
应用研究	Applied Research	20450	18474
技术研究与开发	Technological Research and Development	131364	94842
科技条件与服务	Condition and Service of Scientific and Technological	7837	14553
社会科学	Social Sciences	9605	8648
科学技术普及	Scientific and Technological Popularization	25991	30898
科技交流与合作	Scientific and Technological International Exchange and Cooperation	2765	318
其他	Others	96134	136947

8-6 财政用于教育支出

Government Expenditure for Education

单位:万元　　(10 000 yuan)

项目	Item	2016	2017
合计	**Total**	**5549649**	**5618498**
教育管理事务	Administrative Affairs of Education	95313	97207
普通教育	General Education	4421074	4433848
职业教育	Vocational Education	584729	574852
成人教育	Adult Education	305	716
广播电视教育	Radio and Television Education	11084	10542
特殊教育	Special Education	20644	24128
进修及培训	Further Education and Train	76302	79727
教育费附加安排的支出	The expenditure of education surtax arrangementsrge	262333	305472
其他	Others	77865	92006

8 -7 财政用于社会保障和就业的支出

Government Expenditure for Social Security and Employment

单位:万元 (10 000 yuan)

项目	Item	2016	2017
合计	**Total**	**6425355**	**7041436**
人力资源和社会保障管理事务	Human Resources and Social Security Management Services	155044	172156
民政管理事务	Administrative Affairs of Civil Affairs	96606	97377
财政对社会保险基金的补助	Subsidy of Social Insurance Fund from Government Finance	1976277	2220821
行政事业单位离退休	Expenditure for Retired Persons in Administrative Department	2448003	2675730
企业改革补助	Subsidy of Enterprise Reform	8041	17502
就业补助	Subsidy of Employment	223980	244973
抚恤	Pensions for Disable and Bereaved Families	161046	175553
退役安置	Retirement Places	83903	92886
社会福利	Social Welfare	149359	154875
残疾人事业	Disabled Persons Enterprise	67664	111005
自然灾害生活救助	Life Salvation of Natural Disaster	57433	46435
红十字事业	Red Cross	12599	13508
最低生活保障	Receiving Minimum Living Allowance	622810	593453
其他	Others	362590	425162

8-8 财政用于农林水事务支出

Government Expenditure for Agriculture, Forestry and Water Conservation

单位:万元 (10 000 yuan)

项目	Item	2016	2017
合计	**Total**	**7290174**	**8077146**
农业	Agriculture	3487095	2513077
林业	Forestry	915154	1060630
水利	Water Conservation	1065115	1300662
扶贫	Poverty Alleviation	568459	1215827
农业综合开发	Comprehensive Agricultural Development	273237	243449
农村综合改革	Comprehensive rural reform	409857	310910
其他	Others	571257	1432591

8-9 财政用于文化体育与传媒支出

Government Expenditure for Culture, Physical Education and Media

单位:万元 (10 000 yuan)

项目	Item	2016	2017
合计	**Total**	**892493**	**1167946**
文化	Culture	267919	290905
文物	Qntiquity	63438	92865
体育	Physical Education	141546	217664
新闻出版广播影视	News Published, Radio Film and Television	269443	353816
其他	Other	150147	212696

8－10 各项税收收入

Government Tax Revenue

单位:万元 (10 000 yuan)

年 份 Year	税收总额 Total Tax	地方税收 Local Government Tax	工商税收 Industrial and Commercial Tax	农业各税 Agricultural and Related	企业所得税 Income Tax of Enterprises	税收总额占地方财政总收入比重(%) Percentage of Government Tax Revenue to Government Revenue(%)
1947	4	4	4		1	44.4
1948	69	69	26	43	20	62.7
1949	431	431	149	282	196	58.3
1950	3588	3588	1908	1680	1568	67.1
1951	2871	2871	2361	510	1306	53.4
1952	6544	6544	3856	2700	5049	49.1
1953	4981	4981	4546	450	2550	57.5
1954	12373	12373	7867	4544	5260	66.9
1955	14249	14249	8904	5370	6324	67.6
1956	17834	17834	12334	5512	9328	64.6
1957	21579	21579	16209	5550	9409	68.8
1958	25331	25331	19733	5598	17065	59.2
1959	29277	29277	22771	6506	39150	41.7
1960	34050	34050	27640	6410	52872	37.9
1961	23348	23348	18421	4297	24238	47.1
1962	24442	24442	19442	5000	7788	72.8
1963	27163	27163	21167	5996	9734	70.8
1964	29705	29705	22205	7500	12499	68.7
1965	31784	31784	25656	6128	13144	69.1
1966	31722	31722	24744	6978	16086	65.5
1967	30754	30754	23235	7519	9058	76.4
1968	30590	30590	23954	6636	7549	78.7
1969	25668	25668	20403	5265	1509	92.7
1970	37427	37427	27800	9627	6076	84.9
1971	37573	37573	29830	7743	－1820	102.8
1972	36369	36369	31524	4845	－5822	116.1
1973	42897	42897	35397	7500	－9309	125.7
1974	42330	42330	34726	7604	－16136	157.6
1975	47743	47743	40849	6894	－21044	174.4
1976	51665	51665	43677	7988	－25703	194.3
1977	57440	57440	50169	7271	－29193	195.8
1978	60750	60750	55111	5639	3234	88.0
1979	63755	63755	57597	6158	－20749	140.0
1980	64858	64858	61190	3668	－26724	157.1

8 – 10 续表 continued

单位:万元 (10 000 yuan)

年 份 Year	税收总额 Total Tax	地方税收 Local Government Tax	工商税收 Industrial and Commercial Tax	农业各税 Agricultural and Related	企业所得税 Income Tax of Enterprises	税收总额占地方财政总收入比重(%) Percentage of Government Tax Revenue to Government Revenue(%)
1981	71049	71049	65071	6022	–32579	170.9
1982	81872	81872	75171	6701	–35624	157.9
1983	89833	89833	82205	7628	–25171	128.5
1984	99926	99926	91152	8774	–20618	118.2
1985	130558	130558	119865	10688	36495	99.1
1986	155167	155167	145866	9432	37092	96.9
1987	187130	187130	176890	10483	35797	96.3
1988	228758	228758	214128	15117	41206	94.8
1989	317150	317150	261270	16397	40045	110.6
1990	342192	342192	278480	23565	40954	103.8
1991	355665	355665	299621	23181	39320	90.3
1992	363571	363571	335490	29712	38992	93.0
1993	540247	540247	511777	29736	37311	96.3
1994	631630	312432	261719	58722	43005	174.0
1995	672614	346184	278344	66469	60801	153.9
1996	870713	510884	339614	113751	57519	152.1
1997	988192	607219	415328	130023	61868	135.0
1998	1085216	670633	492585	127233	50815	120.9
1999	1144680	716021	502477	134371	80821	113.5
2000	1226549	777459	546435	126444	105983	110.8
2001	1315328	811744	571829	105819	151985	112.1
2002	1624794	885794	673679	121828	90287	122.2
2003	2018522	1065414	857381	136418	71615	124.0
2004	2704290	1440390	1220909	132486	86995	113.5
2005	4082530	2069822	1768690	107582	193550	121.8
2006	5118845	2606745	2183213	148893	272831	86.1
2007	6910357	3479057	3342205	134741	419186	82.7
2008	9210300	4644481	4401399	241064	592789	83.2
2009	11036736	5768306	5263903	502465	748129	80.1
2010	14209706	7528129	6869595	594367	1016492	81.8
2011	18908284	9856927	9100923	675788	1561016	83.6
2012	20644006	11198651	10077812	1008121	1798497	82.7
2013	21540773	12151973	10619291	1400299	1552566	
2014	20514412	12510723	9896184	2470558	1096419	
2015	21131143	13207461	9857091	3190394	1017711	
2016	19389057	13358808	10078729	3104470	969304	
2017	21621822	12869065	11439906	1236936	1288208	

注:1. 农业各税包括农业税、牧业税、耕地占用税、农业特产税和契税。从 2006 年,农业各税不包括农业税、牧业税和农业特产税。

2. 企业所得税中 1985 – 1993 年包括国有企业调节税, 1994 年以后包括地方金融企业所得税。

a) The agricultural and retail taxes include the agricultural tax, the animal husbandry tax, the tax on the use of cultivated land, the tax on special agricultural products and the contract tax. Since2006, the agricultural and retail taxes do not include the agricultural tax, the animal husbandry tax and the tax on special agricultural products.

b) During the Years 1985 to 1993, the income tax levied on state – owned enterprises included the tax for adjusting income. Since 1994, it has also included the income tax levied on banking institutions

主要统计指标解释

财政收入 指国家财政参与社会产品分配所取得的收入，是实现国家职能的财力保证。财政收入所包括的内容几经变化，目前主要包括：

(1)各项税收：包括增值税、营业税、消费税、土地增值税、城市维护建设税、资源税、城市土地使用税、印花税、个人所得税、企业所得税、关税、农牧业税和耕地占用税等。

(2)专项收入：包括征收排污费收入、征收城市水资源费收入、教育费附加收入等。

(3)其他收入：包括基本建设贷款归还收入、基本建设收入、捐赠收入等。

(4)国有企业计划亏损补贴：这项为负收入，冲减财政收入。

财政支出 国家财政将筹集起来的资金进行分配使用，以满足经济建设和各项事业的需要，主要包括：

(1)基本建设支出：指按国家有关规定，属于基本建设范围内的基本建设有偿使用、拨款、资本金支出以及经国家批准对专项和政策性基建投资贷款，在部门的基建投资额中统筹支付的贴息支出。

(2)企业挖潜改造资金：指国家预算内拨给的用于企业挖潜、革新和改造方面的资金。包括各部门企业挖潜改造资金和企业挖潜改造贷款资金，为农业服务的县办"五小"企业技术改造补助，挖潜改造贷款利息支出。

(3)地质勘探费用：指国家预算用于地质勘探单位的勘探工作费用，包括地质勘探管理机构及其事业单位经费、地质勘探经费。

(4)科技三项费用：指国家预算用于科技支出的费用，包括新产品试制费、中间试验费、重要科学研究补助费。

(5)支援农村生产支出：指国家财政支援农村集体(户)各项生产的支出。包括对农村举办的小型农田水利和打井、喷灌等的补助费，对农村水土保持措施的补助费，对农村举办的小水电站的补助费，特大抗旱的补助费，农村开荒补助费，扶持乡镇企业资金，农村农技推广和植保补助费，农村草场和畜禽保护补助费，农村造林和林木保护补助费，农村水产补助费，发展粮食生产专项资金。

(6)农林水利气象等部门的事业费用：指国家财政用于农垦、农场、农业、畜牧、农机、林业、森工、水利、水产、气象、乡镇企业的技术推广、良种推广(示范)、动植物(畜禽、森林)保护、水质监测、勘探设计、资源调查、干部训练等项费用，园艺特产场补助费，中等专业学校经费，飞播牧草试验补助费，营林机构、气象机构经费，渔政费以及农业管理事业费等。

(7)工业交通商业等部门的事业费：指国家预算支付给工交商各部门用于事业发展的经费，包括勘探设计费、中等专业学校经费、技术学校经费、干部训练费。

(8)文教科学卫生事业费：指国家预算用于文化、出版、文物、教育、卫生、中医、公费医疗、体育、档案、地震、海洋、通讯、电影电视、计划生育、党政群干部训练、自然科学、社会科学、科协等项事业的经费支出和高技术研究专项经费。主要包括工资、补助工资、福利费、离退休费、助学金、公务费、设备购置费、修缮费、业务费、差额补助费。

(9)抚恤和社会福利救济费：指国家预算用于抚恤和社会福利救济事业的经费。包括由民政部门开支的烈士家属和牺牲病残人员家属的一次性、定期抚恤金，革命伤残人员的抚恤金，各种伤残补助费，烈军属、复员退伍军人生活补助费，退伍军人安置费，优抚事业单位经费，烈士纪念建筑物管理、维修费，自然灾害救济事业费和特大自然灾害灾后重建补助费等。

(10)行政事业单位离退休支出：指实行归口管理的行政事业单位离退休经费。

(11)社会保障补助支出：指国家预算用于社会保障的补助支出，包括对社会保障基金的补助、促进就业补助、国有企业下岗职工补助、补充全国社会保障基金等。

(12)国防支出：指国家预算用于国防建设和保卫国家安全的支出，包括国防费、国防科研事业费、民兵建设以及专项工程支出等。

(13)行政管理费：包括行政管理支出，党派团体补助支出，外交支出、公安安全支出，司法支出、法院支出，检察院支出和公检法办案费用补助。

(14)政策性补贴支出：指经国家批准，由国家财政拨给的政策性补贴支出。主要包括粮、棉、油差价补贴，平抑物价和储备糖补贴，农业生产资料价差补贴，粮食风险基金，副食品风险基金，地方煤炭风险基金等。

(15)债务利息支出：指国家预算中用于偿还国内外债务利息的支出。

中央财政收入和地方财政收入 指按财政体制划分的中央本级收入和地方本级收入。1994 年分税制财政体制以后，属于中央财政的收入包括关税、海关代征消费税和增值税，消费税，中央企业所得税，地方银行和外资银行及非银行金融企业所得税，铁道、银行总行、保险总公司等集中缴纳的营业税、所得税、利润和城市维护建设税，增值税的 75% 部分，证券交易税(印花税)94% 部分和海洋石油资源税。属于地方财政的收入包括营业税，地方企业所得税，个人所得税，城镇土地使用税，固定资产投资方向调节税，城镇维护建设税，房产税，车船使用税，印花税、屠宰税，农牧业税，农业特产税，耕地占用税，契税，增值税 25% 部分，证券交易税（印花税）6% 部分和除海洋石油资源税以外的其他资源税。

中央财政支出和地方财政支出 指根据政府在经济和社会活动中的不同职责，划分中央和地方政府的责权，按照政府的责权划分确定的支出。中央财政支出包括国防支出，武装警察部队支出，中央级行政管理费和各项事业费，重点建设支出以及中央政府调整国民经济结构、协调地区发展、实施宏观调控的支出。地方财政支出主要包括地方行政管理和各项事业费，地方统筹的基本建设、技术改造支出，支援农村生产支出，城市维护和建设经费，价格补贴支出等。

预算外资金收支 预算外资金指国家机关、事业单位和社会团体为履行或代行政府职能，依据国家法律、法规和具有法律效力的规章而收取、提取和安排使用的未纳入国家预算管理的各种财政性资金。其范围主要包括：法律、法规规定的行政事业性收费、基金和附加收入等；国务院或省级人民政府及其财政、计划（物价）部门审批的行政事业性收费；国务院及财政部审批建立的基金、附加收入等；主管部门所属单位集中上缴资金；用于乡镇政府开支的乡自筹和乡统筹资金；其他未纳入预算管理的财政性资金。社会保障基金在国家财政尚未建立社会保障预算制度以前，先按预算外资金管理制度进行管理，专款专用。财政部门在银行开设统一的专户，用于预算外资金收入和支出管理。部门和单位的预算外收入必须上缴同级财政专户，支出由同级财政按预算外资金收支计划和单位财务收支计划统筹安排，从财政专户中拨付，实行收支两条线管理。

Explanatory Notes on Main Statistical Indicators

Government Revenue refers to the revenue of the government finance by means of participating in the distribution of the social products, which are the financial resources for ensuring the government to function. The contents of government revenue have been changed several times. Now it includes the following main items:

(1) Various tax revenues, including value added tax, business tax, consumption tax, land value added tax, tax on city maintenance and construction, resources tax, tax on use of urban land, stamp tax, personal income tax, enterprise income tax, tariff, tax on agriculture and animal husbandry and tax on occupancy of cultivated l and, etc.

(2) Special revenues, including revenue collected from imposing fee on sewage treatment, revenue collected from imposing fee on urban water resources, and extra charges for education, etc.

(3) Other revenues, including revenue from the repayment of capital construction l loan, revenue from capital construction projects, and donations and grants.

(4) Planned subsidies for the losses of the state owned enterprises. This is s an item of negative revenue, used to eat up part of the government revenue.

Government Expenditure refers to the distribution and use of the funds the government finance has raise d, so as to meet the needs of economic construction and various causes. It include s the following main items:

(1) Expenditure for capital construction: It refers to the non gratuitous use and appropriation of funds for capital construction in the range of capital construction, outlay of capital as well as the loans on capital construction approved by the government for special purpose or policy purpose and the expenditure with discount paid in an overall way within the amount of the funds appropriated to the departments for capital construction.

(2) Innovation funds of the enterprises: They refer to the funds appropriated from the government budget for the enterprises to tap the latent power, upgrade the technology and carry out innovation, including the innovation fund of the departments, loan of the enterprises for innovation, subsidies on the innovation of the small fertilizer plant, small cement plant, small coal mines, small machinery plant and small steel plant, the expenditure of interest for the loan for innovation.

(3) Geological prospecting expenses: They refer to the expenses appropriated from the government budget to the geological prospecting units for the expenditure of the prospecting work, including the expenditures of the administrative agencies for geological prospecting and their institutional units as well as the geologic al prospecting expenditure.

(4) Expenditures for science and technology promotion: They refer to the expense s appropriated from the government budget for the scientific and technological expenditure, including new products development expenditure, expenditure for intermediate trial and subsidies on important scientific researches.

(5) Expenditure for supporting rural production: It refers to the expenditures appropriated from the government budget for supporting the various expenditures of the rural collective units or households for production, including the subsidies to the small water conservancy projects and well drilling, sprinkling irrigation projects run by the villages; subsidies on the rural water and soil conserving measures; subsidies to the small power stations run by the villages; subsidies to the expenditure for fighting against particularly severe draughts; subsidies on the rural was the land exclamation; fund for supporting the township enterprises; subsidies to the expenditure for popularization of the agricultural technologies and plant protection in the rural areas; subsidies to the expenditure for the protection of grasslands and cattle and fowls; subsidies on afforestation and forest protection in rural areas; subsidies on the rural aquatic products industry; special fund for developing grain production.

(6) Operating expenses of the departments of farming, forestry, water conservancy and meteorology etc. : They refer to the expenses appropriated from the government budget for the expenditures of agricultural exclamation, farms, agriculture, animal husbandry, agricultural machinery, forestry, timber industry, water conservancy, aqua tic products industry, meteorology, technology popularization in township enterprises, popularization (demonstration) of improved varieties, plant (cattle and fowls, forest) protection, water quality monitoring, prospecting and designing, resources investigation, cadres training, subsidies to horticulture garders, expenditure of specialized secondary schools, subsidies on the experiments of sowing herbage seeds by flights, expendi-

tures of afforestation agencies and meteorology agencies, expenses for fishery administration and operating expenses for agricultural administration, etc.

(7) Operating expenses of the departments of industry, transport and commerce: They refer to the expenses appropriated from the government budget to the departments of industry, transport and commerce for the expenditure of business development, including expenses for prospecting and designing, expenditures of specialized secondary schools, expenditures of the technical training schools and expenditures or cadres training, etc.

(8) Operating expenses of the departments of culture, education, science and public health: They refer to the expenses appropriated from the government budget for t he expenditures of the causes of culture, publication, cultural relics, education, public health, traditional Chinese medical science, free medical services, sports, archives, earthquake, ocean, communications, broadcasting, film and television, family planning; expenditure for training of cadres of government, party and mass organization; expenditures for natural sciences, social sciences, associations for science and technology and the special expenditure for the high tech researches. They include mainly wages, extra wages, welfare funds, pension for the retirees, stipend, expenses for official business, expenses for equipment purchases, expenses for repairs, business expenses and subsidies to the un its which are unable to support their expenditures by their own earnings.

(9) Pension for the disabled or for the families of the bereaved and relief funds for social welfare: They refer to the funds appropriated from the government bud get for the expenditures of pension for the disabled or for the families of the bereaved and relief funds for social welfare, including the lump sum or regular pension paid by the departments of civil affairs to the members of martyrs families and families of those who died for the public interest, pension to the revolutionary disabled, subsidies for permanent disability of various kinds, subsidies to the military martyrs dependents and the demobilized servicemen, expenditure for settling down the demobilized servicemen, operating expenses of the consoling institutions, expenses for management and repair of the commemorative buildings for the martyrs, the expenses managed by the departments of civil affairs for the retirees and those who have quitted their work, expenses for social relief in rural and urban areas, operating expenses for providing relief to the areas of natural calamity and subsidies on the reconstruction after the particularly severe natural calamities, etc.

(10) Expenditures on retiree : It refers to the expenditures of government agencies and institutions that covered by the state budget.

(11) Expenditures on subsidies to social security system: It refers to expenditure from the state budget for subsidies to the social insurance fund, subsidies to promoting employment, subsidies to laid – off workers of state – owner enterprises, supplement to national social security funds, etc.

(12) Expenditures for national defence: They refer to the funds appropriated from the government budget for the expenditures for building up national defence and safeguarding national security, including expenses of national defence, expenses o f scientific researches on national defence, expenses for building up people's militia and expenditure for special projects, etc.

(13) Administrative expenses: They include expenditure for administration, subsidies to the parties and mass organizations, diplomatic expenditure, expenditure for public security, judicial expenditure, law court expenditure, procuratorial expenditure and subsidies to the expenses for treating the cases by the public security departments, procuratorial organs and law courts.

(14) Expenditure for price subsidies: It refers to the expenditure appropriated, with the approval of the government, from the government budget for the policy subsidies to price adjustment, including the fund for the increase of grain prices, the subsidies to the difference between the selling prices and purchasing prices o f grains, cotton and edible oil, awards in addition to the purchasing prices of cotton, risk fund for non staple food, subsidies on the prices of meat and meat products, subsidies on the price difference for curbing the high market prices of meat, meat products and vegetables and the subsidies approved by the government on the prices of textbooks and newsprint of newspapers and periodicals.

(15) Expenditure on interest of debts: It refers to expenses from the state budget on paying interest of domestic and foreign debts.

Revenue of the central government and revenue of the local governments In accordance with the classification of the structure of the government finance in 1994 on the basis of the classification of channels for collection of tax revenues, the revenue of the central government and the revenue of the local governments have different coverage. The revenue of the central government includes tariff, consumption tax and value added tax levied by the customs, consumption tax, income tax of the enterprises subordinate to the central government, income taxes of the local banks, foreign funded banks and non bank financial institutions, business tax, income tax and profits of railways, head offices of banks, head office of insurance company, which are handed over to the government in a centralized way, tax on city maintenance and construction, 75% of the value added tax, tax on ocean petroleum resources, 94% of the tax on stock dealing (stamp tax). The revenue of the local governments includes business tax, income tax of the enterprises subordinate to the local government, personal income tax, tax on the use of urban land, tax on the adjustment of the investment in fixed assets, tax on town maintenance and construction, tax on real estates, tax on the use of vehicles and ships, stamp tax, slaughter tax, tax on agriculture and animal husbandry, tax on special agricultural products, tax on the occupancy of cultivated land, contract tax, 25% of the value added tax, 6% of the tax on stock dealing(stamp tax) and tax on resources other than the ocean petroleum resources.

Expenditure of the central government and expenditure of the local governments according to the different functions of the central government and local governments in the economic and social activities, the rights of affairs administration are classified between the central government and local governments; and the classification of the expenditure between the central government and local governments are made on the basis of the classification of the rights of affairs administration between them. The expenditure of the central government includes the expenditure for national defence, expenditure for armed police forces, the administrative expenses and various operating expenses at the level of central government, expenditure for key projects and the expenditure of the central government for adjusting the national economic structure, coordinating the development among different regions and exercising the macro economic regulation and control. The expenditure of the local governments includes mainly the administrative expenses and various operating expenses at the level of local governments, the expenditure for capital construction and technological innovation with the funds raised by the local government, expenditure for supporting rural production, expenditure for city maintenance and construction and expenditure for price subsidies, etc.

Extra – budgetary revenue and expenditure Extra – budgetary fund refers to financial fund of various types not covered by the regular government budgetary management, which is collected, allocated or arranged by government agencies, institutions and social organizations while performing duties delegated to them or on behalf o f the government in accordance with laws, rules and regulations. It mainly covers following items: administrative and institutional fees, funds and extra charges that are stipulated by laws and regulations; administrative and institutional fees approved by the State Council and provincial governments and their financial and planning (price management) departments; funds and extra charges established by the State Council and the Ministry of Finance; funds turned over to competent departments by their subordinate institutions; self raised and collected funds by township governments for their own expenditure; and other financial funds that a re not covered in budgetary management. Social security funds are treated as extra budget fund and managed for its exclusive use, given the circumstance that separate government budgetary system for social security is yet to be designed. Special accounts are opened by the financial departments in banks for the management of revenue and expenditure of extra budgetary fund. Extra budgetary revenue and expenditure is managed separately, namely, revenue of institutions and departments must enter into the special accounts of the financial department s at the same administrative level, and their extra budgetary expenditure is arranged in line with the extra budget plans and appropriated from these accounts.

9 物价指数

Price Indices

资料整理：方玲　杨少文　张宝明　郭松　郑海兰　胡艳春　刘世友

Arranged By Fang Ling，Yang Shaowen，Zhang Baoming，Guo Song，Zheng Hailan，Hu Yanchun，Liu Shiyou

9-1 各种价格总指数

General Price Indices

（上年 = 100） (preceding year = 100)

年份 Year	居民消费价格指数 General Consumer Price Index	城市居民消费价格指数 Urban Areas	农村居民消费价格指数 Rural Areas	商品零售价格指数 General Retail Price Index	农产品收购价格指数 General Purchasing Price Index of Farm Products	农村工业品零售价格指数 General Rural Retail Price Index of Industrial Products	工农业商品综合比价指数 General Price Parity Index of Industrial & Farm Products
1962		104.9		108.2	101.7	107.9	106.1
1965		98.6		99.6	99.1	98.1	99.0
1970		100.4		100.1	101.1	100.4	99.3
1975		101.4		100.7	101.8	99.5	98.0
1978		101.5		101.0	101.6	100.0	98.8
1979		102.3		101.9	120.2	99.6	82.9
1980		106.1		105.5	112.0	100.4	89.6
1981		101.9		101.8	106.3	100.9	94.9
1982		101.7		101.7	99.9	101.4	101.5
1983		101.2		101.0	101.6	100.9	99.3
1984	104.0	104.9	102.2	104.4	106.9	103.6	96.9
1985	109.3	108.9	110.0	108.5	113.5	103.9	91.5
1986	105.2	105.5	104.5	105.0	114.1	103.1	90.4
1987	107.8	108.5	106.0	108.1	118.6	105.7	89.1
1988	116.3	117.0	115.0	116.3	124.6	114.3	91.7
1989	115.3	114.2	118.3	115.9	105.1	117.9	112.2
1990	102.3	101.8	103.4	102.9	95.2	107.0	112.4
1991	104.6	106.0	102.5	104.5	95.0	103.4	108.8
1992	107.4	108.7	103.9	106.8	104.0	102.4	98.5
1993	114.1	114.7	112.5	112.5	115.5	110.5	95.7
1994	122.9	124.3	121.3	119.3	144.6	116.7	80.7
1995	117.5	117.1	118.0	116.8	124.7	112.8	90.5
1996	107.6	107.5	107.7	105.8	96.3	105.8	109.9
1997	104.5	104.6	104.3	102.3	94.9	102.7	108.2
1998	99.3	99.3	99.2	98.1	97.3	99.0	101.7
1999	99.8	100.3	99.1	97.7	93.8	97.3	103.7
2000	101.3	101.3	101.2	98.8	99.7	99.6	99.9
2001	100.6	100.6	100.5	100.0	105.7	99.4	94.0
2002	100.2	99.3	101.9	99.4	99.0	99.3	100.3
2003	102.2	101.5	103.5	99.6			
2004	102.9	102.5	103.9	102.7			
2005	102.4	102.0	103.3	101.5			
2006	101.5	101.3	102.0	101.9			
2007	104.6	104.3	105.2	103.6			
2008	105.7	105.4	106.3	104.7			
2009	99.7	99.7	99.8	99.5			
2010	103.2	103.0	103.5	103.0			
2011	105.6	105.5	105.7	104.9			
2012	103.1	103.3	102.5	102.5			
2013	103.2	103.4	102.8	102.6			
2014	101.6	101.7	101.2	100.7			
2015	101.1	101.1	101.1	100.5			
2016	101.2	101.2	101.1	100.6			
2017	101.7	101.7	101.6	101.2			

注：工农业商品综合比价指数是以农产品收购价格指数为100，下表同。

a) The general purchasing price index of farm products is taken as 100 in calculating the general price parity index of industrial and farm products. The same as in the following table.

9 -2 居民消费价格分类指数(2017 年)

Consumer Price Indices by Category(2017)

(上年 =100) (preceding year =100)

项目	Item	全区 Autonomous Regional Indices	城市 Urban Indices	农村 Rural Indices
居民消费价格总指数	**General Consumer Price Index**	**101.7**	**101.7**	**101.6**
非食品烟酒价格指数	Non - food、Tobacco and Liquor Price Index	102.5	102.4	102.8
服务项目价格指数	Service Index	103.4	103.0	104.6
扣除鲜菜鲜果价格指数	General Index Except Fresh Vegetables & Fruits	101.9	101.9	101.9
扣除食品和能源价格指数	General Index Except Food & Energy	102.3	102.2	102.7
消费品价格指数	Consumer Goods Price Index	100.7	101.0	100.0
食品烟酒	**Food Tobacco and Liquor**	**99.8**	**100.0**	**99.1**
食品	Food	99.3	99.6	98.5
粮食	Grain	101.3	101.8	100.5
#大米	Rice	100.9	101.4	100.3
面粉	Flour	102.6	103.8	101.2
薯类	Potato	98.8	97.6	102.4
豆类	Beans	100.9	99.9	103.4
#干豆	Dried Bean	99.5	99.7	98.9
豆制品	Bean Products	101.5	100.0	105.4
食用油	Oil	100.9	98.2	104.8
#食用植物油	Edible Vegetable Oil	99.9	100.1	99.5
菜	Vegetables	93.8	94.4	92.2
#鲜　菜	Fresh Vegetables	93.1	93.7	91.4
畜肉类	Meat of Animal	96.1	96.8	94.4
#猪　肉	Pork	87.8	88.3	86.7
牛　肉	Beef	100.6	101.7	97.9
羊　肉	Mutton	105.8	105.7	106.1
禽肉类	Poultry Meat	99.4	99.7	98.1
#鸡	Chicken	98.0	98.2	97.3
鸭	Duck	101.1	100.8	101.7
水产品	Aquatic Products	105.9	105.7	106.7
淡水鱼	Freshwater Fish	103.6	104.2	101.8
海水鱼	Marine Fish	105.0	105.0	105.0
虾蟹类	Shrimp Crap	112.4	109.6	122.2
其他水产品及制品	Other Aquatic Products	104.7	105.3	101.1
蛋类	Eggs	95.2	94.8	96.2
奶类	Milk	100.6	100.6	100.4
#鲜　奶	Fresh Milk	100.6	100.5	101.0
干鲜瓜果类	Dried and Fresh Melon and Fruits	104.5	105.9	100.3

9－2 续表 1 continued

（上年＝100） (preceding year＝100)

项目	Item	全区 Autonomous Regional Indices	城市 Urban Indices	农村 Rural Indices
#鲜瓜果	Fresh Fruits	105.5	107.1	100.6
糖果糕点类	Candy and Cake	102.1	102.2	101.9
调味品	Flavoring	100.7	100.7	100.4
#食用盐	Salt	99.4	99.9	99.0
其他食品类	Other Food	100.5	100.1	101.4
茶及饮料	Tea and Beverages	101.2	101.2	101.0
#茶叶	Tea	100.5	100.3	101.0
烟酒	Tobacco and Liquor	100.2	100.0	100.4
烟草	Tobacco	99.8	99.7	100.0
酒类	Liquor	100.7	100.4	100.9
在外餐饮	Dining Out	101.5	101.5	101.4
衣着	**Clothing**	**101.3**	**101.5**	**100.4**
服装	Garments	101.6	101.9	100.0
男式服装	Men's Garment	101.2	101.8	98.4
女式服装	Women's Garment	101.5	101.9	99.7
儿童服装	Children's Garment	103.0	102.5	105.1
服装材料	Clothing Material	100.7	100.9	99.9
其他衣着及配件	Other Clothing and Accessories	101.4	101.2	102.7
衣着加工服务费	Service Charges of Clothing Processing	101.1	101.1	100.9
鞋类	Shoes	100.6	100.5	101.1
居住	**Residence**	**101.7**	**102.3**	**99.9**
租赁房房租	Rental Housing	104.2	104.8	100.7
住房保养维修及管理	Maintenance and Management of Housing	100.7	100.8	100.5
住房装潢材料	Housing Decoration Material	101.4	101.7	100.4
物业管理费	Property Management Fee	100.0	100.0	100.6
住房装潢维修	Housing Decoration Maintenance	100.1	99.6	100.5
水电燃料	Water, Electricity and Fuels	99.8	100.1	98.8
水	Water	104.1	104.5	102.3
电	Electricity	99.7	99.7	99.7
燃气	Fuel Gas	100.0	100.8	97.3
取暖费	Heating Fee	99.9	100.0	99.0
其他燃料	Other Fuels	97.7	97.5	97.7
自有住房	Home Ownership	102.8	103.4	100.4

9－2 续表 2 continued

（上年＝100） (preceding year＝100)

项目	Item	全区 Autonomous Regional Indices	城市 Urban Indices	农村 Rural Indices
生活用品及服务	**Supplies and Services**	**100.7**	**100.7**	**100.7**
家具及室内装饰品	Furniture and Household Facilities	101.1	100.9	101.9
家具	Furniture	101.2	101.0	102.3
室内装饰品	Household Facilities	100.2	100.4	98.9
家用器具	Home Appliances	100.3	100.5	99.7
大型家用器具	Large Home Appliances	100.4	100.6	99.6
小家电	Small Home Appliances	99.8	99.9	99.7
家用纺织品	Home Textile	100.1	100.0	100.5
床上用品	Bed Articles	100.1	100.0	100.3
窗帘门帘	Curtain	100.4	100.2	100.8
其他家用纺织品	Other Home Textile	100.3	99.8	102.3
家庭日用杂品	Daily Use Household Articles	100.4	100.3	100.7
洗涤卫生用品	Cleaning Supplies	100.4	100.4	100.4
厨具餐具茶具	Kitchen ware Tableware and Tea Set	100.7	100.4	101.7
家用手工工具	Home Hand Tools	100.7	100.9	99.9
其他家庭日用杂品	Others	100.1	99.8	101.0
个人护理用品	Personal－care Supply	100.9	100.9	100.8
化妆品	Cosmetics	100.9	101.0	100.5
其他护理用品类	Others	100.6	100.5	101.3
家庭服务	Household Services	103.7	104.0	102.8
交通和通信	**Transportation and Communication**	**101.4**	**101.2**	**101.9**
交通	Transportation	101.8	101.6	102.6
#交通工具	Means of Transportation	98.4	98.0	100.3
交通费	Transportation Fee	100.7	101.0	99.8
通信	Communication	100.5	100.5	100.6
#通信服务	Service of Communication	100.1	100.1	100.3
邮递服务	Postal Service	100.0	100.0	99.8
教育文化和娱乐	**Education, Culture and Recreation**	**101.0**	**101.1**	**100.5**
教育	Education	100.9	100.9	100.7
教育用品	Education Supplies	100.1	100.1	100.0
教育服务	Education Services	101.0	101.0	101.1
文化娱乐	Cultural and Recreational	101.1	101.3	99.8
文娱耐用消费品	Cultural and Recreational Durable Consumer Goods	100.0	100.2	99.1
其他文娱用品	Other Cultural and Recreational Articles	100.2	100.2	100.4
文化娱乐服务	Cultural and Recreational Services	100.7	100.8	100.1
旅游	Tourism	102.9	103.0	99.7

9－2 续表 3 continued

（上年＝100）　　　　(preceding year＝100)

项目	Item	全区 Autonomous Regional Indices	城市 Urban Indices	农村 Rural Indices
医疗保健	**Health Care**	**110.0**	**108.8**	**112.9**
药品及医疗器具	Drug and Medical Instrument	105.6	106.4	102.9
中药	Traditional Chinese Medicine	107.1	107.9	104.7
西药	Western Medicine	106.1	107.3	102.5
滋补保健品	Nourishing Health Care Products	103.7	104.0	102.4
医疗卫生器具	Medical Appliance	104.3	104.9	101.5
保健器具	Health Care Appliance	98.3	98.2	100.0
医疗服务	Medical Service	113.3	110.9	117.5
综合医疗类	Synthetic Medicine	120.7	119.0	124.8
诊断类	Diagnosis	97.6	97.0	98.4
治疗类	Treatment	124.5	118.2	133.7
康复类	Recovery	114.4	108.8	138.6
中医医疗服务类	Traditional Chinese Medicine Medical Service	116.6	118.2	113.9
#中医治疗	Chinese Traditional Treatment	116.6	118.2	113.9
其他医疗服务	Others	100.5	100.7	100.1
其他用品和服务	**Other Supplies and Services**	**101.2**	**101.1**	**101.3**
其他用品类	Other Supplies	100.7	100.5	101.7
首饰手表	Jewellery Watches	100.8	100.6	102.7
#金 饰 品	Gold Jewellery	100.9	100.3	104.6
手　表	Watches	100.5	100.5	100.8
其他杂项用品	Other Miscellaneous Items	100.6	100.5	100.9
其他服务类	Other Services	101.5	101.7	100.9
旅馆住宿	Hotel Accommodation	101.5	100.9	110.6
美容美发洗浴	Beauty Hairdressing and Bath	104.8	105.2	102.9
#美　容	Beauty	103.8	104.2	100.8
美　发	Hairdressing	106.7	107.1	104.8
养老服务	Service for the Aged	101.0	101.4	99.8
金融保险	Banking and Insurance	100.0	100.0	100.0
金融服务	Insurance Service	100.0	100.0	100.0
车辆保险	Vehicle Insurance	100.0	100.0	100.0
旅行保险	Travel Insurance	100.0	100.0	100.0
其他保险	Others	100.0	100.0	100.0
其他服务类	Other Services	103.0	103.8	100.2
中介服务	Intermediary Services	101.2	101.5	100.0
其他服务	Others	105.3	107.2	100.5

9－3 商品零售价格分类指数(2017年)

Retail Price Indices by Category of Commodities(2017)

(上年＝100)　　(preceding year＝100)

项目	Item	全区 Autonomous Regional Indices	城市 Urban Indices	农村 Rural Indices
商品零售价格指数	**General Retail Price Index**	**101.2**	**101.3**	**101.0**
食品	**Food**	**99.7**	**99.8**	**98.7**
粮食	Grain	101.3	101.6	100.5
薯类	Potato	97.5	96.7	103.4
豆类	Beans	100.7	100.3	103.7
食用油	Oil	99.7	99.1	102.7
菜	Vegetables	94.1	94.2	92.6
畜肉类	Meat of Animal	96.9	97.2	95.0
禽肉类	Poultry Meat	98.4	98.5	98.0
水产品	Aquatic Products	106.6	106.7	105.6
蛋类	Eggs	95.1	94.9	96.3
奶类	Milk	101.0	101.0	100.7
干鲜瓜果类	Dried and Fresh Melon and Fruits	104.7	105.2	101.2
糖果糕点类	Candy and Cake	102.4	102.5	101.8
调味品	Flavoring	100.6	100.6	100.7
其他食品类	Other Food	100.6	100.6	100.8
在外餐饮	Dining Out	101.6	101.7	101.0
饮料烟酒	**Beverages, Tobacco and Liquor**	**100.2**	**100.2**	**100.3**
茶及饮料	Tea and Beverages	101.3	101.4	101.2
烟草	Tobacco	99.7	99.7	100.0
酒	Liquor	100.4	100.4	100.4
服装鞋帽	**Garments, Shoes and Hats**	**101.4**	**101.5**	**100.9**
服装	Garments	101.7	101.8	100.8
鞋袜帽	Shoes, Sock and Cap	100.8	100.7	101.3
其他	Others	100.8	100.8	100.9
纺织品	**Textiled**	**100.4**	**100.4**	**100.5**
服装材料	Clothing Material	101.5	101.9	99.9
床上用品	Bedding	100.2	100.2	100.7
家用电器及音像器材	**Household Appliances**	**100.1**	**100.0**	**100.2**
文化办公用品	**Cultural and Office Goods**	**101.0**	**101.0**	**101.3**
日用品	**Articles for Daily Use**	**100.5**	**100.4**	**101.1**
体育娱乐用品	**Sports Entertainment Goods**	**100.0**	**99.8**	**101.2**
交通通信用品	**Transportation and communication**	**99.5**	**99.3**	**101.0**
家　具	**Furniture**	**100.2**	**100.1**	**101.4**
化妆品	**Cosmetics**	**101.0**	**101.2**	**99.9**
金银饰品	**Jewellery**	**100.3**	**100.1**	**102.6**
中西药品及医疗保健用品	**Traditional Chinese and Western Medicines**	**105.9**	**106.3**	**103.5**
医疗卫生器具	Medical Instrument	103.9	105.0	101.3
中药	Traditional Chinese Medicine	107.1	107.4	105.1
西药	Western Medicines	106.5	107.1	103.5
保健器具及用品	Health Care Appliances and Articles	102.4	102.6	100.3
书报杂志及电子出版物	**Newspapers, Magazines and Electronic Publications**	**100.5**	**100.6**	**99.9**
燃料	**Fuels**	**108.2**	**108.6**	**105.8**
建筑材料及五金电料	**Building Materials and Hardwares**	**101.4**	**101.6**	**100.8**

9-4 主要农产品生产价格指数

Yielding Price Indices of Main Farm Products

(上年=100)　　(preceding year=100)

项 目	Item	2016	2017
总指数	**General Index**	**95.1**	**95.6**
农业产品	**Farm Products**	**91.4**	**93.5**
谷物(原粮)	Grain(Primary Grain)	87.1	91.5
小麦	Wheat	94.7	101.5
稻谷	Rice	100.3	99.0
玉米	Corn	85.7	89.6
谷子	Millet	75.8	99.8
高粱	Sorghum	94.3	103.4
荞麦	Buckwheat	96.8	92.3
马铃薯	Potatos	107.8	90.8
豆类	Legume	98.3	92.3
#大豆	Soybean	98.3	97.1
油料	Edible Oil	95.5	96.8
甜菜	Sugar Beet	99.1	100.0
牧草	Herbage	100.0	100.0
蔬菜	Vegetables	102.6	104.5
水果	Fruits	82.2	89.7
中药材	Raw Material of Traditional Chinese Medicine	77.5	83.0
林业产品	**Forest Products**	**91.8**	**92.6**
畜牧业产品	**Livestock Products**	**98.9**	**97.7**
牛	Cattles	96.4	103.1
羊	Sheep and Goats	91.7	108.6
猪	Hogs	116.6	88.7
肉禽	Poultry	100.7	96.2
禽蛋	Poultry's egg	94.5	85.7
牛奶	Milk	93.6	96.7
绵羊毛	Sheep's wool	62.0	110.7
山羊绒	Cashmere	100.6	98.3
渔业产品	**Fishing Products**	**99.8**	**99.6**

9－5 农业生产资料价格分类指数

Price Indices of Agricultural Means of production by Category

（上年＝100） (preceding year＝100)

项 目	Item	2017
总指数	**General Index**	**100.0**
农用手工工具	Agricultural hand tools	101.0
饲料	Forage	88.9
仔畜幼禽及产品畜	Newborn animal and Commodity Animals	110.3
半机械化农具	Semi－mechanized farm	103.1
机械化农具	Mechanized farm	99.2
化学肥料	Chemical fertilizers	102.4
农药及农药器械	Pesticides and pesticide equipment	99.6
化学农药	Chemical pesticides	99.3
农药器械	Pesticide equipment	101.0
农机用油	Oil for Farm Machinery	111.3
其他农业生产资料	Other agricultural production materials	94.4
农业生产服务	Agricultural production and services	102.2

9－6 工业生产者出厂价格分类指数

Factory Price Indices of Industrial Producer Sub－index

（上年＝100） (preceding year＝100)

项 目	Item	2011	2012	2013	2014	2015	2016	2017
全部工业品	**Total Industry Products**	**107.8**	**100.2**	**97.0**	**97.3**	**94.0**	**98.9**	**110.6**
生产资料	**Means of Production**	**108.1**	**99.6**	**95.8**	**96.3**	**93.0**	**98.6**	**112.9**
采掘工业	Mining & Quarrying Industry	113.0	99.5	92.4	94.8	90.0	97.3	116.0
原材料工业	Raw Materials Industry	107.3	100.9	97.1	97.1	94.9	98.8	110.7
加工工业	Manufacturing Industry	105.0	98.1	97.1	96.7	93.3	99.5	112.8
生活资料	**Consumer Goods**	**106.4**	**103.3**	**102.5**	**102.1**	**98.8**	**100.3**	**100.9**
食品类	Food	108.1	103.4	102.8	102.6	98.8	98.6	99.6
衣着类	Clothing	98.6	105.1	101.7	100.1	97.5	111.0	110.5
一般日用品	Articles for Daily Uses	100.9	100.0	101.6	100.5	100.0	100.9	100.2
耐用消费品	Durable Consumer Goods	101.5	102.5	98.4	99.1	99.4	99.8	99.9

9－7 工业生产者购进价格指数

Purchase Price Indices of Industrial Producer

（上年＝100） （preceding year＝100）

项 目	Item	2011	2012	2013	2014	2015	2016	2017
工业生产者购进价格总指数	**General price index of Industrial Producer Purchasing**	**106.1**	**102.0**	**99.3**	**98.4**	**95.9**	**97.4**	**106.3**
燃料、动力	Fuels and Energy	103.5	103.4	97.5	97.4	95.8	99.6	111.1
黑色金属材料	Ferrous Metals	107.3	101.3	98.4	98.1	94.9	91.5	105.2
#钢 材	Steel Products	108.2	101.7	97.2	97.7	94.4	94.6	105.6
有色金属材料和电线	Nonferrous Metals and Wires	107.2	96.9	95.1	97.2	96.0	96.1	114.4
化工原料	Chemical Raw Materials	105.3	96.6	99.4	98.7	98.0	101.9	109.1
木材及纸浆	Wood and Paper Pulps	105.3	102.9	99.2	100.3	100.0	100.1	101.6
建筑材料类及非金属矿	Construction Materials	104.1	99.8	99.5	98.6	98.3	96.8	109.3
其它工业原材料类及半成品	Other Industrial Raw Materials and Semi－products	107.2	105.0	102.3	98.1	93.5	98.1	100.5
农副产品类	Farm and Sideline Products	108.3	102.4	103.2	101.4	99.3	97.1	100.1
纺织原料类	Textile Raw Materials	105.9	100.3	98.9	100.6	97.3	96.8	102.6

9－8 固定资产投资价格指数

Price Indices of Investment in Fixed Assets

（上年＝100） （preceding year＝100）

项 目	Item	2011	2012	2013	2014	2015	2016	2017
固定资产投资	**Investment in Fixed Assets**	**106.3**	**101.6**	**99.6**	**99.8**	**98.0**	**99.5**	**103.4**
建筑安装工程	Construction and Installation	108.1	101.0	99.6	99.8	97.3	99.6	104.5
设备、工器具购置	Purchase of Equipment, Tools & Instruments	101.9	103.1	99.0	99.7	99.3	98.9	100.6
其他费用	Others	103.7	102.2	100.8	100.9	100.6	100.6	101.4

主要统计指标解释

商品零售价格指数 是反映城乡商品零售价格变动趋势的一种经济指数。零售物价的调整变动直接影响到城乡居民的生活支出和国家的财政收入，影响居民购买力和市场供需平衡，影响消费与积累的比例。因此，计算零售价格指数，可以从一个侧面对上述经济活动进行观察和分析。

居民消费价格指数 是反映一定时期内城乡居民所购买的生活消费品价格和服务项目价格变动趋势和程度的相对数，是对城市居民消费价格指数和农村居民消费价格指数进行综合汇总计算的结果。利用居民消费价格指数，可以观察和分析消费品的零售价格和服务价格变动对城乡居民实际生活费支出的影响程度。

城市居民消费价格指数 是反映城市居民家庭所购买的生活消费品价格和服务项目价格变动趋势和程度的相对数。城市居民消费价格指数可以观察和分析消费品的零售价格和服务项目价格变动对职工货币工资的影响，作为研究职工生活和确立工资政策的依据。

农村居民消费价格指数 是反映农村居民家庭所购买的生活消费品价格和服务项目价格变动趋势和程度的相对数。农村居民消费价格指数可以观察农村消费品零售价格和服务项目价格变动对农村居民生活消费支出的影响，直接反映农民生活水平的实际变化情况，为分析和研究农村居民生活问题提供依据。

工业生产者出厂价格指数 是反映全部工业产品出厂价格总水平变动趋势和程度的相对数，包括工业企业售给本企业以外所有单位各种产品和直接售给居民用于生 活消费的产品。通过工业品出厂价格指数能观察出厂价格变动对工业总产值的影响。

固定资产投资价格指数 是反映固定资产投资额价格变动趋势和程度的相对数。固定资产投资额是由建筑安装工程投资完成额、设备、工器具购置投资完成额和其他费用投资完成额三部分组成的。编制固定资产投资价格指数应首先分别编制上述三部分投资 的价格指数，然后采用加权算术平均法求出固定资产投资价格总指数。

编制固定资产投资价格指数可以准确地反映固定资产投资中涉及的各类商品和取费项目价格变动趋势和变动幅度，消除按现价计算的固定资产投资指标中的价格变动因素，真实地反映固定资产投资的规模、速度、结构和效益，为国家科学地制定、检查固定资产投资计划并提高宏观调控水平，为完善国民经济核算体系提供科学的、可靠的依据。

Explanatory Notes on Main Statistical Indicators

Retail Price Index reflects the general change in retail prices of commodities. The change and adjustment in retail prices directly affect the living expenditure of urban and rural residents, government revenue, purchasing power of residents and the equilibrium of market supply and demand, and the ratio of consumption to accumulation. Therefore, the calculation of retail p rice index is useful to analyze the changes of the above economic activities.

Consumer Price Index reflects the trend and degree of changes in prices of consumer goods and services purchased by urban and rural residents, and is a composite index derived from the urban consumer price index and the rural consumer price index. Consumer price index can be used to analyze the impact of consumer price change on actual expenditure for living cost of urban and rural residents.

Urban Consumer Price Index reflects the trend and degree of changes in prices of consumer goods and services purchased by urban households. It can be used to observe and analyze the impact of price changes in consumer goods and services on money wages of staff and workers, and provide basis for policy making concerning t he living cost and wages of staff and workers.

Rural Consumer Price Index reflects the trend and degree of changes in prices of consumer goods and services purchased by rural households. It can be used to observe the impact of change in retail prices of consumer goods and service prices in rural areas on living expenditure of rural households, and t o show the changes in the living standard of peasants. It provides basis for analysis and research on condition of life in rural areas.

Price Index of Industrial Products reflects the trend and degree of changes in general ex factory prices of all industrial products, including sales of industrial products by an industrial enterprise to all units outside the enterprise, as well as sales of consumer goods to residents. It can be used to analyze the impact of ex – factory prices on gross industrial output value.

Price Index of Investment in Fixed Assets reflects the trend and degree of changes in prices of investment in fixed assets. The investment in fixed assets consists of three components, namely the investment in construction and installation, the investment in Purchases of equipment and instrument, and the investment in other items. Price index of investment in fixed assets is calculated as the weighted arithmetic mean of the price indices of the three components of investment in fixed assets. Removing the factor of price change in the aggregates of investment at current prices, this indicator shows the changes in the pr ices of commodities and fees involved in the investment of fixed assets, and can be used to observe the actual size, growth, structure, and efficiency of investment in fixed assets and provides reliable and scientific data for government planning, management, decision making, and further improving the current national accounting system.

10 人民生活

People´s Living Conditions

资料整理：周建芬 刘 军

Arranged By Zhou Jianfen, Liu Jun

10－1 人民物质文化生活情况

People's Material & Cultural Life

项 目	Item	1995	2000	2005	2010	2015	2017
就 业	**Employment**						
每一农村劳动力负担人数(人)	Dependents per Rural Laborer(person)	1.55	1.48	1.42	1.35	1.37	1.36
每一城镇就业者负担人数(人)	Dependents per Urban Employee(person)	1.86	1.92	1.91	1.94	1.76	1.83
城镇登记失业率(%)	Urban Unemployment Rate(%)	3.17	3.34	4.26	3.90	3.65	3.63
收 入	**Income of Rural & Urban Residents**						
农村牧区人均可支配收入(元)	Per Capita Disposable Income of Rural(yuan)	1300	2058	3070	5780	10776	12584
农民人均可支配收入	Peasants	1208	1869	2813	5222	10228	11873
牧民人均可支配收入	Herdermen	1871	3355	4341	7851	14996	18058
农村牧区居民家庭人均纯收入指数(1978＝100)	Index of Per Capita Net Income of Rural Residents(1978＝100)	274.0	408.7	526.1	834.5		
城镇居民人均可支配收入(元)	Per Capita Disposable Income of Urban Residents(yuan)	2846	5152	9247	18050	30594	35670
城镇居民人均可支配收入指数(1978＝100)	Index of Annual Per Capita Disposable Income of Urban Residents(1978＝100)	244.1	385.8	632.3	1071.5		
职工年平均工资(元)	Average Wages of Staff & Workers (yuan)	4134	6974	15985	35507	57870	67688
消 费	**Consumption**						
农村牧区居民人均消费支出(元)	Expenditure of Rural Residents(yuan)	1261	1615	2446	4461	10637	12184
农民人均消费支出	Peasants	1181	1442	2244	4115	10193	11650
牧民人均消费支出	Herdsmen	1762	2959	4006	7067	14055	16296
城镇居民人均消费支出(元)	Expenditure of Urban Residents(yuan)	2482	3928	6929	13995	21876	23638
恩格尔系数(%)	Engel Coefficient(%)						
城镇居民	Urban Residerts	48.4	34.5	31.4	30.1	28.4	27.4
农民家庭	Households of Peasant	59.7	47.7	45.1	38.8	29.3	27.9
牧民家庭	Households of Herdsman	48.1	33.8	34.3	32.0	29.5	27.3
储 蓄	**Savings**						
住户存款余额(亿元)	Household Deposits(100 million yuan)	410	876	1974	4618	8999	10730
人均住户存款余额(元)	Per Capita Household Deposits(yuan)	1804	3875	8274	18877	35884	42506
住房面积(平方米)	**Per Capita Floor Space(sq. m)**						
农村牧区平均每人居住	Rural Areas	15.3	17.0	19.7	22.1	26.07	27.86
城镇平均每人居住	Urban Areas	12.06	15.54	26.09	29.84	31.39	32.66
城市公用事业	**Public Utilities in Urban Areas**						
自来水普及率(%)	Rate of Access to Tap Water(%)	80.7	89.1	83.9	88.0	98.5	99.1
燃气普及率(%)	Rate of Access to Gas(%)	40.5	58.6	68.2	79.3	94.1	96.0
人均公园绿地面积(平方米)	Per Capita Area of Green Park(sq. m)	5.9	7.0	7.8	12.4	19.3	19.7
文 化	**Culture**						
城镇每百户有彩色电视机(台)	Number of Color TV Set Per 100 Households in Urban Areas(unit)	84.22	106.66	113.34	110.18	102.38	101.68
农村每百户有彩色电视机(台)	Color TV Sets Per 100 Households in Rural Areas(unit)	84.89	96.07	102.00	103.00	104.58	106.19
广播综合人口覆盖率(%)	Broadcast Covering Rate (%)		85.6	92.6	96.6	99.1	99.2
电视综合人口覆盖率(%)	TV Covering Rate of Population(%)		81.4	90.2	95.4	99.1	99.2
每人每年拥有报纸(份)	Newspapers Per Capita(copy)	7.17	7.56	25.92	10.97	13.08	11.21
每人每年拥有图书杂志(册)	Books & Magazines Per capita(copy)	3.34	3.79	4.31	3.04	3.41	2.94
教 育	**Education**						
学龄儿童入学率(%)	Enrollment Ratio of School Age Children(%)	98.90	99.50	99.40	99.99	100.00	100.00
每万人口中在校大学生数(人)	Number of University Students Per 10 000 Persons(person)	16.39	29.60	96.15	150.65	167.79	177.51
卫 生	**Public Health**						
每万人有医院、卫生院病床(张)	Number of Hospital Beds Per 10 000 Persons(unit)	27.25	28.24	26.83	35.65	49.71	55.66
每万人有卫生机构数(个)	Number of Health institutions Per 10 000 Persons(unit)	2.16	1.87	1.58	3.32	9.51	9.58
每万人有医生数(人)	Doctors Per 10 000 Persons(person)	22	22	21	22	26	28

注:1.(人均)住户存款余额2010年以前为(人均)城乡居民储蓄存款余额,2011—2014年为(人均)个人储蓄存款余额。

2.从2013年起,国家统计局开展了城乡一体化住户收支与生活状况调查,10－3以后各表数据来源于此调查样本,与2013年前的数据在调查范围、调查方法、指标口径有所不同。2013年以后,10－1、2两表城乡收入旧口径数据将不再公布。

a) Before 2010, (per capita) the Household deposits is called (per capita) resident saving deposit in urban & rural. During 2011－2014, (per capita) the Household deposits is called (per capita) personal balance of savings deposits.

b) The NBS started an integrated household income and expenditure survey in 2013, including both urban and rural households. The data shown in Tables 10－3 after are compiled on the basis of the survey. The coverage, methodology and definitions used in the survey are different from those used for the separate urban and rural household surveys prior to 2013. After 2013, 10－1、2 tables no longer publish the data of the old caliber of urban and rural residents.

10－2 城乡居民家庭人均收入及指数

年 份 Year	农牧民人均纯收入 Annual Net Income of Rural Households per Capita			
	农牧民 Peasant and Herdsman		农 民 Peasant	
	绝对数(元) Value(yuan)	指数(1978＝100) Index	绝对数(元) Value(yuan)	指数(1978＝100) Index
1978	131	100.0	126	100.0
1979	164	115.8	156	114.9
1980	192	123.9	181	121.6
1981	241	146.1	228	144.0
1982	288	163.8	273	162.0
1983	325	174.1	294	163.6
1984	368	189.0	336	179.6
1985	400	192.3	360	180.0
1986	382	171.3	340	157.7
1987	426	185.7	389	175.8
1988	547	219.3	500	209.4
1989	553	214.5	478	179.9
1990	647	224.3	607	208.1
1991	651	242.1	618	208.7
1992	719	251.8	672	222.3
1993	829	254.1	778	225.2
1994	1062	266.2	970	228.6
1995	1300	274.0	1208	240.2
1996	1602	314.5	1552	288.7
1997	1780	335.9	1705	304.6
1998	1982	379.2	1911	341.5
1999	2003	403.5	1903	350.3
2000	2038	408.7	1869	340.8
2001	1973	393.2	1784	323.4
2002	2086	411.7	1948	350.3
2003	2268	436.5	2133	373.1
2004	2606	474.0	2465	406.9
2005	2989	526.1	2813	449.6
2006	3342	578.7	3188	501.4
2007	3953	655.0	3750	564.2
2008	4656	725.7	4457	631.3
2009	4938	771.3	4656	660.7
2010	5530	834.5	5222	716.0
2011	6642	948.2	6299	817.0
2012	7611	1060.4	6968	882.0
2013	8596	1165.0	8032	989.0

Per Capita Annual Income of Urban and Rural Household and Related Index

牧 民 Herdsman		城镇居民可支配收入 Annual Disposable Income of Urban Residents per Capita	
绝对数(元) Value(yuan)	指数(1978 = 100) Index	绝对数(元) Value(yuan)	指数(1978 = 100) Index
188	100.0	301.0	100.0
236	116.8	350.1	115.5
265	118.8	407.1	124.7
326	137.2	418.3	124.7
387	153.0	452.7	133.6
530	199.5	474.2	138.5
573	206.5	548.8	152.8
650	219.9	666.0	173.0
649	205.1	773.6	187.4
662	203.3	819.7	183.0
850	233.4	915.8	174.8
1038	249.0	1052.8	175.9
906	244.8	1155.0	189.6
868	230.8	1294.7	200.5
1022	264.1	1478.9	210.7
1164	262.5	1883.3	235.2
1664	314.5	2503.0	251.5
1871	292.1	2845.7	244.1
1951	278.1	3431.8	273.9
2345	321.8	3944.7	300.9
2516	345.2	4353.0	334.5
2698	370.5	4770.5	365.5
3354	454.2	5129.1	385.8
3277	441.0	5535.9	411.9
3052	403.9	6051.0	446.7
3201	418.0	7012.9	509.6
3571	444.2	8123.1	575.9
4341	522.8	9136.8	632.3
4502	532.7	10358.0	708.2
5510	624.9	12378.0	811.6
6194	660.5	14433.0	897.6
7071	755.3	15849.2	988.3
7851	810.3	17698.2	1071.5
9109	889.4	20407.6	1170.9
12257	1168.0	23150.3	1285.9
12668	1174.3	25496.7	1369.7

10－3 全体居民人均收支情况

Per Capita Income and Expenditure of All Residents

单位:元 (yuan)

项 目	Item	2016	2017	2017年比上年增长(%) Increase Rate in 2017 Over 2016(%)
可支配收入	**Disposable income**	**24127**	**26212**	**8.6**
工资性收入	Income of wage	12939	13900	7.4
经营净收入	Operational income	5776	6364	10.2
第一产业净收入	Net income of primary industry	2570	2647	3.0
农业净收入	Net income of agriculture	1697	1674	－1.3
牧业净收入	Net income of animal－husbandry	840	943	12.2
第二产业净收入	Net income of secondary industry	349	427	22.3
第三产业净收入	Net income of third industry	2857	3289	15.1
财产净收入	Net income of property	1203	1288	7.1
转移净收入	Net income of transfer	4208	4661	10.8
消费性支出	**Consumer spending**	**18073**	**18946**	**4.8**
食品烟酒	Food, Tobacco and Liquor	5169	5205	0.7
衣着	Clothing	1827	1866	2.1
居住	Residence	3174	3324	4.7
生活用品及服务	Articles for daily use and service	1127	1200	6.4
交通和通讯	Transportation and Communications	2526	2915	15.4
交通	Transportation	1692	2062	21.9
通信	Communications	834	853	2.3
教育文化娱乐	Education, Culturaland Entertainment	2166	2228	2.9
教育	Education	1315	1303	－0.9
文化娱乐	Culturaland Entertainment	851	925	8.7
医疗保健	Medicine and Medical Service	1570	1654	5.3
其它用品和服务	Other Commodities and Services	514	554	7.7

10－4 城镇常住居民人均收支情况

Per Capita Income and Expenditure of Urban Permanent Residents

单位:元　　(yuan)

项 目	Item	2016	2017	2017年比上年增长(%) Increase Rate in 2017Over 2016(%)
可支配收入	**Disposable income**	**32975**	**35670**	**8.2**
工资性收入	Income of wage	20355	21707	6.6
经营净收入	Operational income	5466	6349	16.2
第一产业净收入	Net income of primary industry	516	639	23.8
农业净收入	Net income of agriculture	444	541	21.8
牧业净收入	Net income of animal－husbandry	70	96	36.2
第二产业净收入	Net income of secondary industry	563	678	20.4
第三产业净收入	Net income of third industry	4387	5033	14.7
财产净收入	Net income of property	1733	1824	5.3
转移净收入	Net income of transfer	5421	5789	6.8
消费性支出	**Consumer spending**	**22746**	**23638**	**3.9**
食品烟酒	Food,Tobacco and Liquor	6446	6469	0.3
衣着	Clothing	2543	2577	1.3
居住	Residence	4007	4108	2.5
生活用品及服务	Articles for daily use and service	1566	1670	6.7
交通和通讯	Transportation and Communications	3045	3511	15.3
交通	Transportation	2024	2489	23.0
通信	Communications	1021	1022	0.1
教育文化娱乐	Education,Culturaland Entertainment	2599	2637	1.5
教育	Education	1322	1272	－3.7
文化娱乐	Culturaland Entertainment	1277	1365	6.8
医疗保健	Medicine and Medical Service	1840	1907	3.7
其它用品和服务	Other Commodities and Services	700	759	8.4

10－5 农村牧区常住居民人均收支情况

Per Capita Income and Expenditure of Residents In Rural Areas

单位：元 (yuan)

项 目	Item	2016	2017	2017年比上年增长(%) Increase Rate in 2017 Over 2016(%)
可支配收入	**Disposable income**	**11609**	**12584**	**8.4**
工资性收入	Income of wage	2449	2649	8.2
经营净收入	Operational income	6216	6385	2.7
第一产业净收入	Net income of primary industry	5477	5542	1.2
农业净收入	Net income of agriculture	3469	3307	-4.7
牧业净收入	Net income of animal－husbandry	1930	2164	12.1
第二产业净收入	Net income of secondary industry	47	66	40.4
第三产业净收入	Net income of third industry	692	777	12.3
财产净收入	Net income of property	453	515	13.7
转移净收入	Net income of transfer	2492	3036	21.8
消费性支出	**Consumer spending**	**11462**	**12184**	**6.3**
食品烟酒	Food, Tobacco and Liquor	3363	3385	0.6
衣着	Clothing	814	842	3.5
居住	Residence	1996	2194	10.0
生活用品及服务	Articles for daily use and service	507	522	3.0
交通和通讯	Transportation and Communications	1790	2056	14.8
交通	Transportation	1220	1445	18.4
通信	Communications	570	610	7.1
教育文化娱乐	Education, Culturaland Entertainment	1553	1639	5.5
教育	Education	1295	1347	4.1
文化娱乐	Culturaland Entertainment	258	291	12.8
医疗保健	Medicine and Medical Service	1188	1288	8.5
其它商品和服务	Other Commodities and Services	252	258	2.5

10－6 农民人均收支情况

Per Capita Income and Expenditure of Farmer

单位:元 (yuan)

项目	Item	2016	2017	2017年比上年增长(%) Increase Rate in 2017Over 2016(%)
可支配收入	**Disposable income**	**10990**	**11873**	**8.0**
工资性收入	Income of wage	2553	2775	8.7
经营净收入	Operational income	5708	5764	1.0
第一产业净收入	Net income of primary industry	4918	4869	－1.0
农业净收入	Net income of agriculture	3710	3517	－5.2
牧业净收入	Net income of animal－husbandry	1142	1295	13.4
第二产业净收入	Net income of secondary industry	52	73	40.5
第三产业净收入	Net income of third industry	738	822	11.3
财产净收入	Net income of property	426	490	15.0
转移净收入	Net income of transfer	2304	2844	23.4
消费性支出	**Consumer spending**	**10965**	**11650**	**6.2**
食品烟酒	Food,Tobacco and Liquor	3217	3246	0.9
衣着	Clothing	762	787	3.3
居住	Residence	1955	2151	10.0
生活用品及服务	Articles for daily use and service	475	488	2.8
交通和通讯	Transportation and Communications	1635	1875	14.6
交通	Transportation	1085	1290	18.9
通信	Communications	551	585	6.1
教育文化娱乐	Education,Culturaland Entertainment	1540	1627	5.7
教育	Education	1278	1336	4.5
文化娱乐	Culturaland Entertainment	262	292	11.5
医疗保健	Medicine and Medical Service	1130	1221	8.0
其它用品和服务	Other Commodities and Services	250	256	2.3

10－7 牧民人均收支情况

Per Capita Income and Expenditure of Herdsmen

单位:元 (yuan)

项 目	Item	2016	2017	2017年比上年增长(%) Increase Rate in 2017Over 2016(%)
可支配收入	**Disposable income**	**16376**	**18058**	**10.3**
工资性收入	Income of wage	1648	1683	2.1
经营净收入	Operational income	10124	11158	10.2
第一产业净收入	Net income of primary industry	9781	10717	9.6
农业净收入	Net income of agriculture	1612	1688	4.7
牧业净收入	Net income of animal－husbandry	7996	8859	10.8
第二产业净收入	Net income of secondary industry	8	9	16.3
第三产业净收入	Net income of third industry	336	432	28.8
财产净收入	Net income of property	663	707	6.7
转移净收入	Net income of transfer	3941	4511	14.5
消费性支出	**Consumer spending**	**15296**	**16296**	**6.5**
食品烟酒	Food,Tobacco and Liquor	4484	4451	－0.7
衣着	Clothing	1217	1272	4.5
居住	Residence	2308	2529	9.6
生活用品及服务	Articles for daily use and service	755	785	4.0
交通和通讯	Transportation and Communications	2979	3447	15.7
交通	Transportation	2267	2640	16.5
通信	Communications	712	806	13.3
教育文化娱乐	Education,Culturaland Entertainment	1656	1725	4.1
教育	Education	1423	1437	1.0
文化娱乐	Culturaland Entertainment	233	288	23.3
医疗保健	Medicine and Medical Service	1631	1809	11.0
其它用品和服务	Other Commodities and Services	267	278	4.3

10－8 农村牧区常住居民家庭住房基本情况

Housing Conditions of Rural Resident Households

项 目	Item	2017
年末使用房屋	**Rooms Used at the End of Year**	
居住面积(平方米/人)	Per Capita Floor Space(sq. m/person)	27.86
钢筋混凝土结构(%)	Reinforced Concrete Structures	3.25
砖混材料(%)	Brick Concrete Structure	21.67
砖木结构(%)	Brick and Wood Structure	54.46
自建住房(%)	Self－built housing	91.89
购买商品房(%)	Buy real estate	3.03
房屋价值(万元/户)	Value per Room(10 000 yuan/household)	10.09
本年新建房屋面积(平方米/户)	**Rooms Newly Built Within the Year Per Capita Floor Space of Houses(sq. m/household)**	**1.59**
每平方米价值(元)	Value per Square Meter(yuan)	826.70

注:本表为农村抽样调查资料。
a) Data in this table are obtained from the sample surveys on rural households.

10－9 城镇常住居民家庭基本情况(2017年)

项 目	Item	全 区 All Regional Cities and County Towns	低收入 Low Income	更低收入 Lower Income
调查户数(户)	**Number of Households Surveyed(household)**	**2820**	**564**	**282**
平均每户家庭人口(人)	Average Household Size(person)	2.72	2.99	2.96
平均每户就业人口(人)	Average Number of Employees per Household(person)	1.48	1.40	1.34
平均每户就业面(%)	Percentage of Employed Persons per Household(%)	54.47	46.84	45.43
平均每一就业者负担人数(包括就业者本人)(人)	Number of Persons Supported by Each Employee (including the employee himsel for herself)(person)	1.84	2.14	2.20
平均每人全部年收入(元)	Per Capita Annual Income(yuan)	39339	14967	11515
平均每人可支配收入(元)	Per Capita Disposable Income(yuan)	35670	12403	8692
平均每人消费性支出(元)	Per Capita Annual Living Expenditure(yuan)	23638	12178	10226

10－10 按收入等级分的城镇常住居民家庭平均每人全年收入(2017年)

单位:元

项 目	Item	全 区 All Regional Cities and County Towns	低收入 Low Income	更低收入 Lower Income
可支配收入	**Disposable Income**	**35670.02**	**12403.39**	**8692.18**
工资性收入	Income of wage	21707.43	8648.70	5888.79
经营净收入	Operational income	6349.31	1915.72	1333.03
财产性净收入	Net income of property	1823.98	685.69	507.61
利息	Interest	35.67	-2.08	-3.77
红利	Bonus	61.12		
转移性净收入	Net income of transfer	5789.31	1153.27	962.75
养老金或离退休金	Pension	6092.03	823.65	531.09
社会救济和补助	Social relief and subsidies	89.40	356.87	568.13
借贷收入	**Loan Income**	**318.36**	**208.14**	**293.36**
提取储蓄存款	Withdraw Saving Deposit	102.57	50.78	47.25
收回借出款	Paid back Loan	60.55	21.21	23.38
收回储蓄性保险本金	Withdraw Saving Premium	1.31		
为购置房屋从银行贷款	Loan from Bank for Buying Housing	1.65		
其它借贷收入	Other Loan Income	17.98	7.91	16.04

Basic Conditions of Urban Resident Households(2017)

按收入等级分 Grouped by Percentile of Households						
最低收入 Lowest Income	中低收入 Lower Middle Income	中等收入 Middle Income	中高收入 Upper Medium Income	高收入 High Income	更高收入 Higher Income	最高收入 Highest Income
142	**564**	**565**	**563**	**564**	**282**	**142**
2.91	2.91	2.66	2.56	2.46	3.09	2.49
1.28	1.54	1.45	1.46	1.57	1.62	1.77
43.87	53.04	54.42	56.78	63.66	52.34	71.04
2.28	1.89	1.84	1.76	1.57	1.91	1.41
9680	26223	36159	47171	79721	97586	122102
5822	24121	33607	43830	71303	86891	105513
10057	17924	22028	28092	41408	47509	52875

Per Capita Annual Cash Income of Urban Resident Households by Level of Income(2017)

(yuan)

按收入等级分 Grouped by Percentile of Households						
最低收入 Lowest Income	中低收入 Lower Middle Income	中等收入 Middle Income	中高收入 Upper Medium Income	高收入 High Income	更高收入 Higher Income	最高收入 Highest Income
5821.62	**24120.88**	**33606.58**	**43829.93**	**71302.63**	**86891**	**105513**
4170.05	15975.79	19812.09	28262.00	39559.10	45007	49067
838.19	3455.51	5189.15	5195.32	17612.55	26924	42739
475.27	1007.10	1506.03	2130.28	4197.25	5494	7164
-4.23	-8.99	10.82	76.86	118.36	181	254
	4.99		26.15	304.36	507	856
338.11	3682.47	7099.31	8242.33	9933.73	9465	6544
529.01	3939.42	6979.71	8781.34	11268.84	11142	8331
649.08	37.92		15.20			
201.11	**215.45**	**256.63**	**204.61**	**759.28**	**951**	**660**
12.82	53.45	174.96	84.60	163.89	119	137
30.14	54.35	52.18	5.31	182.21	337	498
	0.83			6.26	13	25
	1.93	4.61	1.74			
32.78	75.16			0.71		

10－11 城镇常住居民家庭平均每人全年消费性支出及构成(2017 年)

单位:元

项 目	Item	全 区 All Regional Cities and County Towns	低收入 Low Income	更低收入 Lower Income
消费性支出	**Total Living Expenditures**	**23637.76**	**12177.56**	**10225.97**
食品烟酒	Food,Tobacco and Liquor	6468.77	3613.84	3187.85
#谷物	Cereals	558.59	486.80	493.37
肉类	Meat	1258.09	753.34	668.68
禽类	Poultry	114.08	82.37	73.36
水产品	Aquatic Products	142.12	62.44	56.67
蛋 类	Eggs	84.65	63.55	60.31
奶及奶制品	Milk and Dairy Products	303.57	176.45	144.85
衣 着	Clothing	2576.73	1056.79	814.48
#服 装	Garments	1995.37	782.73	605.06
居 住	Residence	4107.98	2308.95	2010.65
生活用品及服务	Articles for daily use and service	1670.20	655.66	512.41
交通和通讯	Transportation and Communications	3511.29	1579.97	1112.83
教育文化娱乐	Education,Culturaland Entertainment	2636.70	1646.47	1419.10
#文娱用耐用消费品	Durable Consumer Goods for Recreational Use	168.73	37.69	32.05
医疗保健	Medicine and Medical Service	1907.32	1094.27	1004.68
其他用品和服务	Other Commodities and Services	758.78	221.59	163.97

10－12 农村牧区常住居民家庭基本情况(2017 年)

项 目	Item	全 区 All Regional Cities and County Towns	低收入 Low Income	更低收入 Lower Income
查户数(户)	**Number of Households Surveyed(household)**	**1710**	**342**	**171**
平均每户家庭人口(人)	Average Household Size(person)	2.95	3.09	3.13
平均每户整半劳力(人)	Average Number of Able－bodied and Semi－able－bodied Laborers per Household(person)	2.16	2.19	2.27
平均每户就业人口(人)	Average Number of Employees per Household(person)	2.04	2.08	2.14
平均每户就业面(%)	Percentage of Employed Persons per Household(%)	69.07	67.10	68.33
平均每一就业者负担人数(包括就业者本人)(人)	Number of Persons Supported by Each Employee (including the employee himsel for herself)(person)	1.45	1.49	1.46
平均每人全部年收入(元)	Per Capita Annual Income(yuan)	20365	10925	12252
平均每人可支配收入(元)	Per Capita Disposable Income(yuan)	12584	1805	－744
平均每人消费性支出(元)	Per Capita Annual Living Expenditure(yuan)	12184	9424	11042

Pev Capita Annual Living Expenditure of Urban Resident Households ancl its Composition(2017)

(yuan)

按收入等级分 Grouped by Percentile of Households						
最低收入 Lowest Income	中低收入 Lower Middle Income	中等收入 Middle Income	中高收入 Upper Medium Income	高收入 High Income	更高收入 Higher Income	最高收入 Highest Income
10056.56	**17924.25**	**22028.47**	**28091.71**	**41407.55**	**47508.58**	**52874.94**
3123.18	5090.36	6540.36	7820.81	10078.05	10996.12	11433.60
470.68	527.70	560.56	621.84	614.24	602.62	579.35
686.04	1031.20	1416.26	1527.54	1687.06	1784.72	1702.04
80.17	115.45	124.40	121.16	132.36	137.88	137.18
51.56	112.76	168.18	156.24	230.61	253.94	281.48
54.58	80.79	89.67	89.71	104.10	111.59	118.25
145.59	244.46	310.41	355.28	466.51	486.45	445.59
763.18	1793.90	2447.65	3239.39	4796.88	5480.00	6527.76
554.14	1383.01	1880.25	2527.91	3761.35	4301.27	5191.11
1891.89	3294.58	3984.30	5062.45	6393.00	6815.40	7464.00
548.65	1258.04	1445.40	2093.24	3191.63	3461.42	3813.70
1056.46	2375.37	2957.40	3732.39	7568.57	9473.41	11768.16
1527.60	2161.08	2261.60	3019.81	4408.14	5330.98	5732.87
17.63	75.86	157.08	220.87	395.98	504.19	589.47
950.79	1466.96	1777.16	2154.04	3298.93	3871.37	3602.50
194.82	483.96	614.59	969.58	1672.36	2079.87	2532.35

Basic Conditions of Urban Resident Households(2017)

按收入等级分 Groupec by Percentile of Households						
最低收入 Lowest Income	中低收入 Lower Middle Income	中等收入 Middle Income	中高收入 Upper Medium Income	高收入 High Income	更高收入 Higher Income	最高收入 Highest Income
85	**342**	**342**	**342**	**342**	**171**	**85**
3.18	3.07	2.97	3.00	2.62	2.57	2.59
2.38	2.19	2.12	2.25	2.06	2.06	2.11
2.28	2.05	2.04	2.13	1.89	1.88	1.88
71.75	66.78	68.78	71.06	72.13	73.16	72.38
1.39	1.50	1.45	1.41	1.39	1.37	1.38
14212	12721	16801	22024	42547	55882	70607
-3494	7342	10616	15252	30576	39522	49244
12921	10262	11212	13241	17572	20587	23028

10－13 按收入等级分的农村牧区常住居民家庭平均每人全年收入(2017 年)

单位:元

项 目	Item	全 区 All Regional Cities and County Towns	低收入 Low Income	更低收入 Lower Income
可支配收入	**Disposable Income**	**12584.29**	**1804.77**	**－744.50**
工资性收入	Income of wage	2649.30	760.36	663.82
经营净收入	Operational income	6384.61	－873.73	－3478.32
第一产业经营收入	Primary industry	5541.58	－1034.67	－3549.31
# 农业	Agriculture	3307.08	468.45	－495.58
牧业	Animal－husbandry	2164.49	－1535.08	－3077.50
第二产业经营收入	Secondary industry	65.82	－8.95	
第三产业经营收入	Third industry	777.20	169.89	70.99
财产性净收入	Net income of property	514.79	75.84	60.38
转移性净收入	Net income of transfer	3035.59	1842.30	2009.62
借贷收入	**Loan Income**	**1923.42**	**1753.20**	**2248.58**
# 提取储蓄存款	Withdraw Saving Deposit	225.69	47.16	10.70
收回借出款	Paid back Loan	72.17	106.44	185.86
其它借贷收入	Other Loan Income	77.64	41.45	81.99

10－14 按收入等级分的农村牧区常住居民家庭平均每人全年消费性支出(2017 年)

单位:元

项 目	Item	全 区 All Regional Cities and County Towns	低收入 Low Income	更低收入 Lower Income
消费性支出	**Total Living Expenditures**	**12184.42**	**9423.98**	**11041.86**
食品烟酒	Food, Tobacco and Liquor	3384.66	2895.72	3099.20
# 谷物	Cereals	534.50	526.10	542.32
肉类	Meat	835.15	663.50	729.29
禽类	Poultry	74.51	63.31	61.96
水产品	Aquatic Products	44.30	34.28	33.92
蛋 类	Eggs	48.11	40.49	37.19
奶及奶制品	Milk and Dairy Products	135.10	123.05	137.33
衣 着	Clothing	842.32	705.54	833.87
# 服 装	Garments	631.14	525.09	631.32
居 住	Residence	2194.31	1508.17	1769.83
# 住房维修及管理	Housing maintenance and management	575.17	312.16	474.92
生活用品及服务	Articles for daily use and service	522.13	409.21	533.93
交通和通讯	Transportation and Communications	2055.60	1447.36	1937.12
教育文化娱乐	Education, Culturaland Entertainment	1638.59	1272.62	1474.05
# 文娱用耐用消费品	Durable Consumer Goods for Recreational Use	69.69	50.02	61.22
医疗保健	Medicine and Medical Services	1288.40	1010.85	1194.93
其他用品和服务	Other Commodities and Services	258.40	174.50	198.93

Per Capita Annual Cash Income of Rural Resident Households by Level of Income(2017)

(yuan)

按收入等级分 Grouped by Percentile of Households						
最低收入 Lowest Income	中低收入 Lower Middle Income	中等收入 Middle Income	中高收入 Upper Medium Income	高收入 High Income	更高收入 Higher Income	最高收入 Highest Income
-3494.26	**7341.90**	**10616.18**	**15251.71**	**30575.68**	**39521.66**	**49243.81**
768.81	1738.82	2591.25	4127.46	4314.15	3811.16	2802.95
-6601.93	3381.78	5060.59	7949.06	18145.99	26229.31	35509.10
-6700.60	2789.37	4469.76	6778.08	16296.55	23598.39	32525.32
-1529.71	1729.61	2876.67	4288.02	7857.73	10398.37	12828.99
-5160.11	995.80	1541.90	2367.56	8355.57	13021.06	19735.80
	30.50	-0.26	17.16	325.40	496.94	789.55
98.67	561.92	591.10	1153.82	1524.03	2133.98	2194.24
91.46	97.36	314.96	508.00	1752.98	2445.82	3104.25
2247.40	2123.94	2649.38	2667.20	6362.56	7035.37	7827.51
1637.73	**1257.08**	**1514.32**	**2131.65**	**3127.79**	**4523.62**	**7196.57**
6.04	253.61	287.81	239.74	316.75	604.23	1158.76
16.70	19.59	69.27	56.94	113.96	127.56	228.01
161.47	89.26	74.44	163.49	12.24	24.87	

Per Capita Annual Living Expenditure of Rural Resident Households by Level of Income(2017)

(yuan)

按收入等级分 Grouped by Percentile of Households						
最低收入 Lowest Income	中低收入 Lower Middle Income	中等收入 Middle Income	中高收入 Upper Medium Income	高收入 High Income	更高收入 Higher Income	最高收入 Highest Income
12921.22	**10262.21**	**11212.42**	**13241.38**	**17572.15**	**20587.34**	**23028.33**
3390.04	2921.29	3077.77	3665.71	4528.00	5068.03	5517.61
611.51	529.50	512.62	522.28	588.91	625.91	661.08
717.11	708.45	729.75	916.40	1211.73	1370.72	1534.86
65.60	67.29	70.25	86.41	87.37	102.59	105.58
30.48	40.91	49.67	43.61	54.75	56.87	57.92
40.14	46.03	50.56	51.40	52.96	56.38	57.60
152.21	94.76	110.64	156.93	199.16	258.06	263.82
1053.56	611.21	774.62	924.60	1256.07	1581.37	1785.15
819.89	451.83	574.26	700.97	950.15	1217.69	1361.06
2009.39	1588.48	1921.89	2620.85	3531.00	3943.08	4549.77
583.08	335.79	384.57	790.85	1133.90	1329.03	1847.62
708.64	451.55	449.74	564.15	771.43	1015.99	1218.49
2309.65	1811.86	1928.23	2012.98	3248.85	3831.34	4543.24
1728.78	1617.39	1650.55	1876.61	1808.69	2260.59	2470.03
90.50	55.71	52.46	96.26	98.33	127.17	132.80
1445.03	1064.17	1159.35	1287.82	2023.70	2338.23	2264.53
276.13	196.26	250.27	288.65	404.41	548.71	679.51

10－15 城镇居民家庭平均每人全年购买的主要商品数量

Per Capita Annual Purchases of Major Commodities in Urban Households

项 目	Item	1990	1995	2000	2005	2010	2015	2017
粮　　食(千克)	Grain(kg)	134.98	101.17	77.72	80.99	91.47	99.74	95.59
薯　　类(千克)	Starches & Tubers(kg)						23.60	23.17
豆　　类(千克)	Beans and the Products(kg)						8.53	8.55
食用植物油(千克)	Edible Vegetable Oil(kg)	4.45	5.82	5.56	6.14	6.28	9.62	9.44
猪　　肉(千克)	Pork(kg)	11.43	11.82	11.59	11.61	12.16	15.93	15.09
牛 羊 肉(千克)	Beef and Mutton(kg)	6.39	5.02	6.61	8.33	10.23	15.69	14.89
家　　禽(千克)	Poultry(kg)	0.59	1.77	3.25	3.82	5.01	5.85	5.83
水 产 品(千克)	Aquatic Products(kg)		3.44	4.30	4.29	5.19	6.47	6.21
鲜　　蛋(千克)	Fresh Eggs(kg)	2.31	7.92	9.67	8.71	8.23	10.41	10.11
鲜　　菜(千克)	Fresh Vegetables(kg)	162.03	125.87	107.45	103.85	98.92	100.90	95.32
食　　糖(千克)	Sugar(kg)	1.44	1.14	1.08	0.90		1.30	1.58
卷　　烟(盒)	Cigarettes(pack)	38.06	29.71	26.13	21.69		27.81	27.68
白　　酒(千克)	Strong White Spirit(kg)	3.77	3.78	3.17	2.75	3.43	4.42	4.23
啤　　酒(千克)	Beer(kg)	3.91	6.31	4.95	6.25	5.60	6.78	6.78
茶　　叶(千克)	Tea(kg)					0.29	0.32	0.40
鲜 瓜 果(千克)	Fresh Melons and Fruits(kg)	41.50	42.77	63.11	61.19	55.34	58.48	62.88
鲜　　奶(千克)	Fresh Milk(kg)	2.80	5.83	12.58	20.71	16.64	21.70	20.78
鞋　　类(双)	Shoes(pair)						3.09	3.16
移动电话机(部)	Mobile phones(set)						0.17	0.14
煤　　炭(千克)	Coal(kg)	480.64		205.07	224.54	169.16	235.49	208.54
液化石油气(千克)	Liquefied Gas(kg)	2.17		8.27	12.53	8.84	13.23	12.94
汽　　油(升)	Gasoline/petrol(L)						76.72	98.51

10-16 按收入等级分的城镇居民家庭平均每人全年购买商品数量(2017年)

Per Capita Annual Purchases of Major Commodities of Urban Households by Level of Income(2017)

项目	Item	总平均 Average	低收入 Low Income	更低收入 Lower Income	最低收入 Lowest Income	中低收入 Lower Middle Income	中等收入 Middle Income	中高收入 Upper Medium Income	高收入 High Income	更高收入 Higher Income	最高收入 Highest Income
面粉(千克)	Flour(kg)	31.61	33.87	31.97	32.53	31.78	34.02	29.22	30.17	29.12	30.20
大米(千克)	Rice(kg)	32.28	34.96	34.12	32.97	33.22	33.09	30.35	31.45	30.03	28.82
薯类(千克)	Starches & Tubers(kg)	23.17	21.99	22.78	23.27	21.40	25.41	23.30	22.56	21.16	21.18
食用植物油(千克)	Edible Vegetable Oil(kg)	9.44	7.69	7.68	7.91	9.23	10.47	9.85	9.99	9.90	9.30
鲜菜(千克)	Fresh Vegetables(kg)	95.32	73.99	65.36	77.36	95.16	103.76	97.65	105.75	109.96	100.22
干菜及菜制品(千克)	Dried Vegetables(kg)	1.54	0.86	1.11	1.06	1.82	1.56	1.57	1.72	1.67	1.54
猪肉(千克)	Pork(kg)	15.09	12.00	11.51	12.71	15.26	15.85	16.13	15.87	16.06	16.24
牛肉(千克)	Beef(kg)	5.31	1.78	1.86	2.18	3.95	6.75	6.61	7.83	8.44	7.27
羊肉(千克)	Mutton(kg)	9.58	3.88	4.42	4.84	7.13	10.91	13.13	13.09	14.05	12.61
家禽(千克)	Poultry(kg)	5.83	4.41	5.09	4.79	5.86	6.51	5.95	6.17	6.30	6.01
鸡(千克)	Chicken(kg)	4.11	3.50	4.20	3.69	4.16	4.64	4.01	4.11	4.25	3.81
禽制品(千克)	Products of Poultry(kg)	1.45	0.82	0.80	0.94	1.42	1.51	1.63	1.85	1.81	1.95
鱼(千克)	Fish(kg)	4.65	2.99	2.60	3.20	4.53	5.42	4.85	5.52	5.50	5.10
虾(千克)	Shrimp(kg)	0.57	0.15	0.15	0.15	0.48	0.71	0.62	0.98	0.91	0.90
水产制品(千克)	Aquatic Products(kg)	0.65	0.35	0.39	0.39	0.60	0.65	0.69	0.97	1.10	1.31
鲜蛋(千克)	Fresh Eggs(kg)	10.11	7.75	6.99	8.11	10.28	11.14	10.28	11.03	11.32	11.30
鲜奶(千克)	Fresh Milk(kg)	20.78	10.88	11.60	11.94	17.52	22.33	24.69	29.60	29.32	26.45
酸奶(千克)	Milk Powder(kg)	5.08	2.01	2.23	2.43	4.19	5.26	6.01	8.21	8.60	7.56
奶粉(千克)	Yogurt Milk(kg)	0.37	0.22	0.22	0.27	0.24	0.39	0.38	0.60	0.55	0.60
鲜瓜果(千克)	Fresh Fruits(kg)	62.88	41.71	40.07	44.25	59.87	63.51	68.06	82.98	88.58	86.41
糕点(千克)	Cake(kg)	4.85	2.82	2.38	3.21	4.50	4.87	5.73	6.33	7.00	7.14
啤酒(千克)	Beer(kg)	6.78	6.46	8.07	6.51	7.14	6.91	7.32	5.98	4.65	4.91
白酒(千克)	liquor(kg)	4.23	3.38	3.73	3.40	3.90	4.21	4.73	5.11	5.41	5.43
果酒(千克)	Fruit Wine(kg)	0.13	0.02	0.03	0.05	0.20	0.09	0.17	0.14	0.13	0.15
鞋类(双)	Shoes(pair)	3.16	2.22	2.21	2.52	2.96	3.13	3.45	3.91	3.94	4.18

10－17 按收入等级分的城镇居民家庭平均每百户耐用消费品年末拥有量(2017年)

Number of Durable Consumer Goods Owned Per 100 Urban Households at Year－end by Level of Income(2017)

项目	Item	总平均 Average	低收入 Low Income	更低收入 Lower Income	最低收入 Lowest Income	中低收入 Lower Middle Income	中等收入 Middle Income	中高收入 Upper Medium Income	高收入 High Income	更高收入 Higher Income	最高收入 Highest Income
家用汽车(辆)	Automobile	41.03	20.42	17.07	15.00	33.13	37.20	48.85	65.52	69.63	78.22
摩托车(辆)	Motorcycle	18.81	27.10	29.98	33.71	18.42	17.50	17.22	13.83	12.75	9.28
助力车(辆)	Moped	51.28	62.23	59.43	60.94	61.98	51.65	44.67	35.89	30.95	29.05
洗衣机(台)	Washing Machine	96.36	92.54	88.99	90.86	97.14	98.89	94.64	98.57	98.86	98.12
电冰箱(柜)(台)	Refrigerator	98.56	91.24	89.34	87.21	98.01	98.92	98.31	106.30	109.54	111.62
微波炉(台)	Microwave	38.34	14.24	11.45	7.90	29.13	42.17	48.14	57.99	59.57	59.25
彩色电视机(台)	Color TV Set	101.68	100.65	100.23	97.42	99.99	102.33	99.60	105.83	108.15	107.99
#接入有线电视	Access Cable TV	87.25	77.86	74.90	67.01	82.41	90.27	90.36	95.31	98.94	99.01
空调器(台)	Air Conditioner	13.85	3.75	2.90	4.66	9.83	12.85	16.51	26.31	26.83	24.55
淋浴热水器(台)	Shower	61.03	34.20	26.10	23.77	53.85	64.31	71.85	80.92	84.17	85.10
#太阳能热水器	Solar water heaters	17.88	13.49	10.12	10.52	17.65	20.97	19.14	18.15	16.65	16.62
洗碗机(台)	Washing－up Machine	1.52	0.70	0.95	0.58	1.30	1.85	1.82	1.90	3.26	1.94
排油烟机(台)	Kitchen Ventilator	65.10	44.33	34.88	32.25	57.17	70.24	72.76	80.93	85.72	83.53
固定电话(部)	Fixed telephone	24.92	14.23	14.30	13.56	23.87	25.87	28.53	32.08	32.83	32.36
移动电话(部)	Mobile Telephone	224.28	230.85	224.43	218.67	225.68	221.51	219.16	224.21	226.34	231.81
#接入互联网	Internet access	125.49	124.00	115.61	122.48	118.83	119.19	135.23	130.18	138.04	149.97
家用电脑(台)	Computer	62.17	38.21	29.62	29.15	56.38	63.87	67.62	84.70	88.09	89.26
#接入互联网	Internet access	49.76	28.05	21.17	19.37	45.77	50.41	55.55	68.96	73.05	77.07
照相机(架)	Camera	22.88	6.35	4.89	3.73	13.88	22.45	30.51	41.17	41.27	45.33
中高档乐器(件)	Other High Grade Music Instrument"	3.78	1.87	1.14		2.27	3.21	6.23	5.32	6.87	4.98
健身器材(件)	Healthy Equipment	3.89	0.56	0.48		2.02	2.20	6.71	7.95	5.51	3.72
空气净化器(含新风系统)	Air Cleaner	0.98				0.36	0.16	0.66	3.70	4.58	4.53
吸尘器	Cleaner	1.54	0.44			0.36	0.75	1.56	4.57	6.04	5.58

10－18 农村牧区常住居民家庭平均每人主要消费品消费量

Per Capita Consumption of Major Consumer Goods in Rural Resident Households

项目	Item	2016	2017
粮食(千克)	Grain(kg)	169.88	168.81
蔬菜(千克)	Fresh Vegetables(kg)	83.75	69.82
食油(千克)	Edible Oil(kg)	8.76	6.46
猪牛羊肉(千克)	Pork, Beef and Mutton(kg)	28.65	29.95
家禽(千克)	Poultry(kg)	4.90	4.41
蛋及制品(千克)	Eggs and Related Products(kg)	6.85	7.17
水产品(千克)	Fish and Shrimp(kg)	2.95	3.02
食糖(千克)	Sugar(kg)	1.27	1.31
酒(千克)	Liquor(kg)	18.97	17.99
#白酒 (千克)	Spirit(kg)	6.57	6.79

10－19 农村牧区常住居民家庭平均每百户耐用消费品年末拥有量

Number of Durable Consumer Goods Owned Per 100 Rural Resident Households at Year－end

项目	Item	2016	2017
家用汽车(辆)	Automobile(unit)	27.29	28.51
摩托车(辆)	Motorcycle(unit)	72.97	70.59
移动电话(部)	Telephone(unit)	231.53	236.92
洗衣机(台)	Washing Machine(unit)	90.54	91.38
家用电冰箱(台)	Refrigerator(unit)	97.08	98.07
热水器(台)	Water Heater(unit)	21.36	23.23
彩色电视机(台)	Color TV Set(unit)	105.77	106.19
计算机(台)	Computer(set)	22.91	24.20
其中:接入互联网	Access to the Internet	15.75	16.78

主要统计指标解释

全体居民收入　内蒙古调查系统自2012年开始，实施城乡住户一体化调查改革。按照国家统计局制订的统一调查方案、抽样方法、指标名称、分类标准和计算方法，将过去独立开展的城镇住户调查和农村住户调查合而为一，建立了科学统一的城乡一体化住户调查体系。通过实际调查，准确地获得了内蒙古自治区全体居民人均收入和支出、城镇居民人均收入和支出、农牧民人均收入和支出。

住户成员　指居住在一个住宅内，所有与本住户分享生活开支或收入的人员。还包括：①由本住户供养的在外学生（包括大中专学生和研究生）；②未分家的农村外出从业人员和随迁家属，无论其外出时间长短；③轮流居住的老人；④因探亲访友、旅游、住医院、培训或出差等原因临时外出的人员。

常住成员　指住户成员中，经常在家居住、或者调查期内居住时间超过一半的人员，以及本住户供养的学生。常住成员是住户收支的调查对象。

总收入　是调查期内全部收入的总和，其中未扣除为获得收入所发生的支出（生产费用）。包括工资性收入、经营性收入、财产性收入、转移性收入、非收入所得、借贷性所得。

可支配收入　指调查户在调查期内获得的、可用于最终消费支出和储蓄的总和，即调查户可以用来自由支配的收入。可支配收入既包括现金，也包括实物收入。按照收入的来源，可支配收入包含：工资性收入、经营净收入、财产净收入、转移净收入。

工资性收入　指就业人员通过各种途径得到的全部劳动报酬和各种福利，包括受雇于单位或个人、从事各种自由职业、兼职和零星劳动得到的全部劳动报酬和福利。

经营净收入　指住户或住户成员从事生产经营活动所获得的净收入，是全部经营收入中扣除经营费用、生产性固定资产折旧和生产税净额（生产税减去生产补贴）之后得到的净收入。计算公式具体为：经营净收入＝经营收入－经营费用－生产性固定资产折旧－生产税净额（生产税－生产补贴）。

财产净收入　指住户或住户成员将其所拥有的金融资产和自然资源交由其他机构单位、住户或个人支配而获得的回报并扣除相关的费用之后得到的净收入。财产净收入包括利息净收入、红利收入、储蓄性保险净收益和转让承包土地经营权租金净收入等。

转移净收入　指国家、单位、社会团体对住户的各种经常性转移支付和住户之间的经常性收入转移，并扣除相关的支出和费用之后得到的净收入。包括政府、非行政事业单位、社会团体对居民转移的养老金或退休金、社会救济和补助、政策性生活补贴、救灾款、经常性捐赠和赔偿以及报销医疗费等；住户之间的赡养收入、经常性捐赠和赔偿以及农村地区（村委会）在外（含国外）工作的本住户非常住成员寄回带回的收入等。

总支出　指住户用于生产、生活和再分配的全部支出。包括消费支出、生产经营费用支出、财产性支出、转移性支出、购置资产及非经常性转移支出、借贷性支出。

消费支出　指住户用于满足家庭日常生活消费需要的全部支出，包括用于消费品的支出和用于服务性消费的支出。根据用途不同，消费支出可划分为食品烟酒、衣着、居住、生活用品及服务、交通通信、教育文化娱乐、医疗保健、其他用品及服务八大类。根据来源不同，消费支出可划分为现金消费支出、实物消费支出（含自产自用、来自单位、来自政府和其他社会组织）。

Explanatory Notes on Main Statistical Indicators

All the residents income Since 2012, Inner Mongolia survey system implement the reform of urban – rural integration of household surveys. According to the National Bureau of investigation, the uniform Protocol, sampling methods, index names, classification criteria and calculation methods would separate rural and urban household survey carried out in the past household surveys are combined into one, the establishment of a unified scientific system of urban – rural integration of household surveys. Through actual investigations, accurate access to residents of the Inner Mongolia autonomous region, all expenditures, per capita income and expenditure of urban residents and per capita income, per capita income of farmers and herdsmen, and expenses.

A member of the household Refers to Live in a House, all personnel and tenants share living expenses or income. Also included: ①the students out of household support (including college students and graduate students); ② going out is not the separation of rural practitioners and the accompanying family members, regardless of the length of their out of; ③ alternated between old ;④By visiting friends and relatives, travel, hospital, training or business reasons such as temporarily absent persons.

The permanent members Refers to members in the household, often at home , or lived for more than half of the officers in the period of investigation, as well as the household dependent student. Permanent member are the investigation object of householdincome and expenditure.

General income Refers to the sum of total income in thesurvey period, before deduction for income/expenditure incurred (production costs). Income includes wages, business – income, property – income, ransfer – income, not income – gains, loan proceeds.

Disposable income Refers to the households received in the survey period for the sum of final consumption expenditure and savings that investigation can be used for discretionary income. Disposable income including cash, including income in kind. According to the source of income, disposable income includes wage, business – income, property – income, transfer – income.

Income from wage Refers to employed persons by various means to get the total remuneration and benefits, including employed by units or individuals, engaged in freelance, part – time and sporadic Labor's total remuneration and benefits.

Net income from operations Refers to members of households or households engaged in production and operating activities net income gained, is deducted from the total operating income operating expenses, of productive fixed assets depreciation and net taxes on production (taxes on production less subsidies) received after net income. Formula in particular to: Net – operations income = operating revenue – operating expenses – productive fixed assets depreciation, net taxes on production (taxes on production – production subsidies)

Net income from Property Refers to household or the household member to its own financial assets and natural resources considered by the other establishments, household or personal gain reward and after deduction of the expenses related to the net income. Assets net income including net interest income, dividend income, net income, savings, insurance and the transfer of contracted land operation right rentals net income, and so on.

Net income from transfer Refers to countries, organizations, social organizations, current transfers between households and for households of the regular transfer of income and the net income after deduction of the expenses and costs related to the get. Including Government, non – administrative public institutions, social groups and the residents of the old – age pension or pensions, social assistance and benefits, policy – related subsidies, disaster relief, regular donations and reimbursed for medical expenses and compensation; maintenance of incomes between households, recurring donation and compensation, as well as in rural areas (village) (including foreign) returned back to the tenants who are living members of earnings.

Total expenditure Refers to household production, living and redistribution of all expenditures. Includes consumer spending, production and operating expenses, property expenditure, transfer expenditures, acquire assets and non – recurring expenses, loan payments.

Consumption expenditure Refers to households to meet the daily consumption needs of all expenditure, including expenditure on consumer goods and spending on services. According to different uses, consumer spending can be divided into food and alcoholic drinks and tobacco, clothing, housing, daily necessities and services, transport and communications, education, culture and entertainment, healthcare, other supplies and services. According to different sources, Consumption expenditure can be divided into cash consumption expenditure and real consumption expenditure (self – produced, from units, from Government and other social organizations).

11 城市概况

General Survey of Cities

资料整理：艾晓燕

Arranged By Ai Xiaoyan

11-1 城市社会经济指标

Main Social and Economic Indicators of Cities

指 标	Item	2017
常住人口(万人)	**Total Population(10 000 persons)**	**1157.10**
城镇常住人口	Urban	960.20
年末户籍人口(万人)	**The Registered Population Year-end(10 000 persons)**	**906.92**
年末城镇单位就业人员数(万人)	**Number of Employed Persons(10 000 persons)**	**165.21**
第一产业	Primary Industry	5.34
第二产业	Secondary Industry	59.47
第三产业	Tertiary Industry	100.40
行政区域土地面积(万平方公里)	**Total Area (10 000 sq. km)**	**15.1**
运输邮电	**Transportation, Postal and Telecom**	
公路客运量(全社会)(亿人)	Passenger Traffic (100 million persons)	0.93
公路货运量(全社会)(亿吨)	Freight Traffic (100 million tons)	14.96
年末邮政局(所)数		576
固定资产投资(不含农户)(亿元)	**Total Investment in Fixed Assets (100 million yuan)**	**5957.16**
社会消费品零售总额(万元)	**Total Retail Sales of Consumer Goods (100 million yuan)**	**6181.59**
进出口额(亿美元)	**Amount of Foreign Capital Actually Utilized (USD 100 million)**	**148.07**
在校学生数(万人)	**Student Enrollment (10 000 persons)**	
普通本专科学校	Number of Regular Institutes of Higher Education	41.18
成人本专科学校	Number of Specialized Secondary Schools	2.29
中等职业教育	Number of Regular Secondary Schools	11.27
普通中学	Number of Primary Schools	53.03
普通小学	Noumber of Schools Higher Education for Aduals	61.79
医疗卫生机构数(个)	**Number of Hospitals (unit)**	**7817**
医疗卫生机构床位数(万张)	**Number of Beds in Hospitals (10 000 units)**	**8.85**
卫生技术人员数(万人)	**Number of Medical Technical Personnel in Hospitals (10 000 persons)**	**11.26**
在岗职工工资总额(亿元)	**Total Wages of Fully Emploged Staff and Workers (100 million yuan)**	**1027.28**
住户存款余额(亿元)	**The Balance of Savings Deposits of Households (100 million yuan)**	**6872.36**
地方一般公共预算收入(亿元)	**General Public Budget Revenue(100 million yuan)**	**637.21**

注:本表除公路客、货运量、教育和进出口外的指标为市辖区统计数。

a) Data in this table dont include the data of county directly under the city, except transportation, education and foreign trade.

11－2 城市主要经济指标(2017年)

Main Economic Indicators of Cities(2017)

城市名称	City	年末户籍人口(万人) The Registered Population Year-end(10 000 persons)	一般公共预算收入(亿元) General Public Budget Revenue (100 million yuan)	市辖区 Counties Excluded	公路客运量(全社会)(万人) Total Passenger Traffic (10 000 persons)	公路货运量(全社会)(万吨) Total Freight Traffic (10 000 tons)
合 计	**Total**	**2212.81**	**1114.55**	**637.21**	**9272**	**149638**
呼和浩特市	Hohhot City	242.85	201.50	106.27	435	19076
包头市	Baotou City	223.61	137.61	115.88	675	33664
呼伦贝尔市	Hulunbeier City	259.92	85.25	16.50	1429	11358
通辽市	Tongliao City	316.36	70.46	17.39	1560	10520
赤峰市	Chifeng City	459.52	100.68	47.26	2367	15293
乌兰察布市	Wulanchabu City	272.12	43.11	11.39	299	7197
鄂尔多斯市	Erdos City	160.85	356.84	162.78	578	19689
巴彦淖尔市	Bayannaoer City	174.42	57.23	17.28	1165	10009
乌海市	Wuhai City	44.37	72.42	72.42	99	5956
满洲里市	Manzhouli City	17.17	10.22	10.22	21	
扎兰屯市	Zhalantun City	40.93	5.03	5.03	78	456
牙克石市	Yakeshi City	33.11	4.05	4.05	131	947
根河市	Genhe City	13.73	0.86	0.86		
额尔古纳市	Eerguna City	8.06	1.41	1.41	19	
乌兰浩特市	Wulanhaote City	31.91	8.27	8.27	124	1689
阿尔山市	Aershan City	4.58	1.16	1.16	6	42
霍林郭勒市	Huolinguole City	8.22	11.57	11.57	26	512
二连浩特市	Erlianhaote City	3.31	3.50	3.50	84	1307
锡林浩特市	Xilinhaote City	18.99	19.63	19.63	452	13839
丰镇市	Fengzhen City	31.44	4.34	4.34	271	485

11－2 续表 continued

城市名称	City	住户存款余额（亿元）The Balance of Savings Deposits of Households (100 million yuan)	在岗职工平均人数（万人）Number of Fully－empolyec Staff and Workers (10 000 persons)	市辖区 Counties Excluded	在岗职工工资总额（亿元）Total Wages of Fully－empolyed Staff and Workers (100 million yuan)	市辖区 Counties Excluded
合 计	**Total**	**10679.94**	**246.18**	**152.37**	**1646.63**	**1027.28**
呼和浩特市	Hohhot City	1953.41	40.15	31.55	253.26	201.46
包头市	Baotou City	1457.22	33.98	31.05	236.90	217.17
呼伦贝尔市	Hulunbeier City	900.13	33.43	6.94	215.44	45.09
通辽市	Tongliao City	690.16	25.95	10.14	159.50	62.00
赤峰市	Chifeng City	1277.43	30.83	13.67	196.72	89.79
乌兰察布市	Wulanchabu City	762.64	15.26	6.03	101.21	37.08
鄂尔多斯市	Erdos City	1694.24	31.97	10.38	249.91	85.97
巴彦淖尔市	Bayannaoer City	659.08	14.06	6.50	90.96	44.46
乌海市	Wuhai City	358.03	8.98	8.98	60.78	60.78
满洲里市	Manzhouli City	132.23	3.10	3.10	21.44	21.44
扎兰屯市	Zhalantun City	87.82	3.38	3.38	17.65	17.65
牙克石市	Yakeshi City	125.53	2.96	2.96	19.65	19.65
根河市	Genhe City	55.12	1.00	1.00	7.17	7.17
额尔古纳市	Eerguna City	30.56	1.39	1.39	8.01	8.01
乌兰浩特市	Wulanhaote City	155.11	4.35	4.35	30.59	30.59
阿尔山市	Aershan City	15.91	0.49	0.49	3.40	3.40
霍林郭勒市	Huolinguole City	52.71	2.12	2.12	16.49	16.49
二连浩特市	Erlianhaote City	48.62	0.74	0.74	5.36	5.36
锡林浩特市	Xilinhaote City	168.07	5.99	5.99	42.60	42.60
丰镇市	Fengzhen City	55.92	1.61	1.61	11.12	11.12

11－3 城市公用事业基本情况

Basic Statistics on Urban Public Utilities

项 目	Item	2016	2017
城市建设	**Cities Areas and Floor Space of Buildings**		
城区面积(平方公里)	Urban Area (sq. km)	4871.72	4884.54
建成区面积(平方公里)	Area of Built Districts(sq. km)	1241.59	1269.16
城市建设用地面积(平方公里)	Area of Land Used for Urban Construction(sq. km)	1174.59	1202.73
城市人口密度(人/平方公里)	Population Density of Urban Districts(person/sq. km)	1822	1824
供水、供气及供热	**Water Supply, Gas Supply and Heating**		
自来水年供水量(万立方米)	Annual Supply of Tap Water(10 000 cu. m)	77591.71	82590.82
#居民家庭用水量	Water Consumption for Residential Use	22762.11	23503.16
平均每人日生活用水(升)	Per Capita Water Consumption for Residential use(liter)	103.44	114.51
用水普及率(%)	Percentage of Population with Access to Tap Water(%)	98.98	99.10
煤气供气量(万立方米)	Coal Gas Supply(10 000 cu. m)	6800.00	4581.19
#家庭用量	Consumption of Coal Gas for Residential Use	6200.00	2720.24
天然气供气量(万立方米)	Natural Gas Supply(10 000 cu. m)	152198.01	181191.41
#家庭用量	Consumption of Natural Gas for Residedtial Use	36505.41	86047.06
液化石油气供气量(吨)	Liquefied Petroleum Gas(ton)	69198.18	52364.34
#家庭用量(吨)	Consumption of Liquefied Gas for Residential use(ton)	58289.06	46980.81
燃气普及率(%)	Percentage of Population with Access to Gas(%)	94.90	96.01
集中供热面积(万平方米)	Heated Area(10 000 sq. m)	50537.49	54002.50
市政工程	**Municipal Engineering**		
铺装道路长度(公里)	Length of Paved Roads(km)	9708.52	10034.91
平均每万人拥有道路长度(公里)	Length of Paved Roads per 10000 Population(km)	10.94	11.27
铺装道路面积(万平方米)	Area of Paved Roads(10 000 sq. m)	20664.46	21276.74
人均城市道路面积(平方米)	Area of Paved Roads per Population(sq. m)	23.29	23.89
排水管道长度(公里)	Length of Sewer Pipelines(km)	12971	12923
公共交通	**Public Traffic**		
公共汽车总数(辆)	Number of Public Transportation Vehicles(unit)	7542	8013
每万人拥有公共汽车辆(标台)	Number of Public Buses Per 10 000 Persons(st. set)	8.50	9.00
出租汽车(辆)	Taxi(unit)	43039	39063
城市绿化	**Afforestation in Cities**		
园林绿地面积(公顷)	Area of Green Land(hectare)	65552	67171
人均公园绿地面积(平方米)	Per Capita Area of Parks and Green Land(sq. m)	19.77	19.66
公园个数(个)	Number of Parks(unit)	265	296
公园面积(公顷)	Area of Parks(hectare)	13821	14929
建成区绿化覆盖率(%)	Green Covered Area as % of Completed Area(%)	39.85	40.22
环境卫生	**Environmental Sanitation**		
污水处理厂集中处理率(%)	Centralized Treatment Rate of Waste－water Treatment Plants(%)	94.48	95.64
生活垃圾无害化处理率(%)	Domestic Garbage Harmless Treatment Rate(%)	98.87	99.41
生活垃圾清运量(万吨)	Volume of Garbage Disposal(10 000 tons)	345.27	369.16
生活垃圾无害化处理量(万吨)	Volume of Garbage Treated (10 000 tons)	341.37	366.99
每万人拥有公共厕所(座)	Public Lavatories per 10 000 Population(unit)	4.69	7.24

注:人均和普及率指标均按城区人口与城区暂住人口之和计算,以公安部门的户籍统计和暂住人口统计为准。
a) Per capita data and coverage rate are calculated on the basis of the sum of districts area population and temporarily residing population, which are provided by the Ministry of Public Security.

11－4 城市建设情况(2017 年)

Statistics on City Construction (2017)

地 区	Region	建成区面积(平方公里) Developed Areas (sq. km)	征用土地面积(平方公里) Land Put in Requisition for State Construction Projects (sq. km)	市区人口密度(人/平方公里) Population Density of Urban Districts (person/sq. km)	城区面积(平方公里) Urban Area (sq. km)	城市建设用地面积(平方公里) Area of Land Used for Urban Construction (sq. km)
合 计	**Total**	**1269.16**	**74.41**	**1824**	**4884.54**	**1202.73**
呼和浩特市	Hohhot City	260.00	16.30	7734	265.05	239.37
包头市	Baotou City	210.02		2157	885.00	195.79
呼伦贝尔市	Hulunbeier City	59.46	0.29	1387	252.00	59.46
通辽市	Tongliao City	61.20		5976	75.63	62.50
赤峰市	Chifeng City	106.07	4.57	1728	560.00	104.39
乌兰察布市	Wulanchabu City	70.00	35.16	4270	70.00	53.26
鄂尔多斯市	Erdos City	116.42		2488	199.42	116.42
巴彦淖尔市	Bayannaoer City	51.00		4791	80.51	50.59
乌海市	Wuhai City	62.30	7.27	8188	67.17	40.78
满洲里市	Manzhouli City	27.06		290	732.44	27.00
扎兰屯市	Zhalantun City	19.20	1.06	349	385.00	18.92
牙克石市	Yakeshi City	27.70	6.30	3387	39.00	25.81
根河市	Genhe City	17.50		184	350.00	12.83
额尔古纳市	Eerguna City	10.48		126	303.00	10.49
乌兰浩特市	Wulanhaote City	44.30	0.52	3085	86.10	38.23
阿尔山市	Aershan City	11.40		3104	15.40	11.43
霍林郭勒市	Huolinguole City	17.00	1.99	3560	36.04	16.82
二连浩特市	Erlianhaote City	30.00		1542	48.78	48.78
锡林浩特市	Xilinhaote City	43.05	0.95	521	409.00	43.05
丰镇市	Fengzhen City	25.00		5516	25.00	26.81

11－5 城市自来水（2017 年）

Basic Statistics on Tap Water Supply in Cities(2017)

地 区	Region	年末自来水生产能力（万立方米/日）Production Capacity of Tap Water (year－end) (10 000 cu. m/day)	年末供水管道长度（公里）Length of Water Supply Pipelines (year－end) (km)	全年供水总量（万立方米）Total Annual Volume of Water Supply (10 000 cu. m)	# 居民家庭用水量 Water Consumption for Residential Use	# 生产用水 For Productive Use	用水人口（万人）Number of Residents with Access to Tap Water (10 000 persons)	人均日生活用水量（升）Per Capita Daily Con－sumption of Tap Water for Resideddtial Use(litre)
合 计	**Total**	**427.31**	**9304**	**82591**	**23503**	**26539**	**882.67**	**114.51**
呼和浩特市	Hohhot City	66.85	970	16885	3909	2829	204.10	114.99
包头市	Baotou City	103.80	1796	18843	4376	8640	189.82	86.97
呼伦贝尔市	Hulunbeier City	11.00	382	3088	1606	664	34.45	172.40
通辽市	Tongliao City	45.50	580	5322	1307	1603	44.92	172.17
赤峰市	Chifeng City	46.71	939	11725	3203	6822	95.69	106.19
乌兰察布市	Wulanchabu City	7.86	313	1927	953	265	29.14	114.00
鄂尔多斯市	Erdos City	19.80	816	3868	1865	497	49.52	134.39
巴彦淖尔市	Bayannaoer City	17.40	354	2200	1070	293	37.60	90.73
乌海市	Wuhai City	32.00	394	8120	1505	1742	55.00	162.19
满洲里市	Manzhouli City	9.50	473	920	468	120	21.01	84.76
扎兰屯市	Zhalantun City	7.04	117	1710	207	1211	13.06	62.72
牙克石市	Yakeshi City	3.60	129	1177	393	530	12.86	122.07
根河市	Genhe City	2.60	34	191	138		6.25	73.16
额尔古纳市	Eerguna City	2.00	80	150	70	33	3.64	78.59
乌兰浩特市	Wulanhaote City	22.29	291	2190	722	450	26.51	128.15
阿尔山市	Aershan City	2.10	77	86	41	1	4.71	37.23
霍林郭勒市	Huolinguole City	6.60	382	1510	609	461	12.77	191.59
二连浩特市	Erlianhaote City	6.00	429	584	104	19	7.52	57.93
锡林浩特市	Xilinhaote City	6.67	527	1215	600	129	20.86	114.21
丰镇市	Fengzhen City	7.99	223	881	356	230	13.24	91.15

11－6 城市煤气、液化石油气、天然气(2017年)

Basic Statistics on Supply of Gas, Liquefied Petroleum Gas and Natural Gas in Cities(2017)

地 区	Region	人工煤气生产能力(万立方米/日) Production Capacity of Coal Gas(10 000 cu. m/day)	管道长度(公里) Length of Gas Pipelines(km)		全年供气总量 Total Gas Supply			用气人口(万人) Population with Access to Gas(10 000 persons)		
			人工煤气 Coal Gas	天然气 Natural Gas	人工煤气(万立方米) Coal Gas (10 000 cu. m)	液化石油气(吨) Liquefied Petroleum Gas(ton)	天然气(万立方米) Natural Gas (10 000 cu. m)	人工煤气 Coal Gas	液化石油气 Lique－fied Petro－leum Gas	天然气 Natural Gas
合 计	**Total**		**502**	**9680**	**4581**	**52364**	**181191**	**11.24**	**221.36**	**622.55**
呼和浩特市	Hohhot City			3125			51605			196.09
包头市	Baotou City		502	2129	4581	7720	72465	11.24	15.70	163.92
呼伦贝尔市	Hulunbeier City			30		4480	625		22.63	9.60
通辽市	Tongliao City			807		523	2256		3.89	40.37
赤峰市	Chifeng City			393		16732	2856		69.64	25.27
乌兰察布市	Wulanchabu City			283		3500	3283		10.00	16.66
鄂尔多斯市	Erdos City			970		2160	11139		6.00	42.36
巴彦淖尔市	Bayannaoer City			102			3567			35.00
乌海市	Wuhai City			1210			28532			51.70
满洲里市	Manzhouli City			179		5949	410		18.01	1.34
扎兰屯市	Zhalantun City			63		3114	327		10.85	1.44
牙克石市	Yakeshi City			22		1453	139		9.16	2.85
根河市	Genhe City					960			5.84	
额尔古纳市	Eerguna City					204			3.60	
乌兰浩特市	Wulanhaote City			111		359	178		9.82	15.00
阿尔山市	Aershan City					80			4.02	
霍林郭勒市	Huolinguole City			63		639	309		12.00	0.50
二连浩特市	Erlianhaote City					840	294		3.70	3.20
锡林浩特市	Xilinhaote City			122		2700	2761		13.50	7.04
丰镇市	Fengzhen City			71		952	444		3.00	10.21

11－7 城市集中供热(2017 年)

Basic Statistics on Heating in Cities(2017)

地 区	Region	供应能力 Heating Capacity		供热总量 Volume Supplied		管道长度（公里）Length of Pipelines(km)	集中供热面积（万平方米）Heated Area (10 000 sq. m)
		蒸汽（吨/小时）Steam (ton/hour)	热水（兆瓦）Hot Water (mw)	蒸 汽（万吉焦）Steam (10 000 gigajouies)	热 水（万吉焦）Hot Water (10 000 gigajoules)		
合 计	**Total**	**2769**	**42776**	**1648**	**26584**	**12998**	**54002.5**
呼和浩特市	Hohhot City		11907		6702	3012	14709.9
包头市	Baotou City		8014		4077	996	8924.0
呼伦贝尔市	Hulunbeier City		2088		1885	491	1919.9
通辽市	Tongliao City		1250		897	599	2794.4
赤峰市	Chifeng City	180	3423	134	2890	1831	5227.0
乌兰察布市	Wulanchabu City		1873		1150	959	2588.5
鄂尔多斯市	Erdos City	700	4600	353	2620	1106	4988.4
巴彦淖尔市	Bayannaoer City		780		800	1118	2282.0
乌海市	Wuhai City	1219	540	695	193	612	952.0
满洲里市	Manzhouli City		1024		932	370	1327.6
扎兰屯市	Zhalantun City		385		236	84	571.1
牙克石市	Yakeshi City		485		525	207	750.9
根河市	Genhe City		146		153	60	190.0
额尔古纳市	Eerguna City		436		158	51	220.0
乌兰浩特市	Wulanhaote City	600	1770	430	930	666	2716.4
阿尔山市	Aershan City	70	90	36	47	75	137.0
霍林郭勒市	Huolinguole City		1642		428	122	612.3
二连浩特市	Erlianhaote City		366		310	254	525.0
锡林浩特市	Xilinhaote City		1529		1281	318	1830.0
丰镇市	Fengzhen City		428		370	67	736.1

11－8 城市市政工程(2017 年)

Basic Statistics on Municipal Engineering in Cities(2017)

地 区	Region	年末实有铺装道路长度(公里) Length of Paved Roads (year－end) (km)	年末实有铺装道路面积(万平方米) Area of Paved Roads (year－end) (10 000 sq. m)	城市桥梁(座) Number of Bridges (unit)	城市排水管道长度(公里) Length of Sewer Pipelines (km)	污水处理厂日处理能力(万立方米) Daily Disposal Capacity of Sewage (10 000 cu. m)	城市路灯(千盏) Number of Street Lights (1000 units)
合 计	**Total**	**10035**	**21277**	**386**	**12923**	**245.1**	**584.4**
呼和浩特市	Hohhot City	1144	2949	105	2053	52.0	83.5
包头市	Baotou City	1629	3018	46	2387	41.4	114.5
呼伦贝尔市	Hulunbeier City	433	1179	10	525	12.0	25.6
通辽市	Tongliao City	539	1226	16	741	20.0	27.5
赤峰市	Chifeng City	867	2382	43	689	36.5	40.1
乌兰察布市	Wulanchabu City	416	1041	18	349	7.5	58.2
鄂尔多斯市	Erdos City	1121	2859	16	2191	18.8	64.3
巴彦淖尔市	Bayannaoer City	701	1074	10	1223	10.0	24.8
乌海市	Wuhai City	1000	1435	10	289	15.0	17.4
满洲里市	Manzhouli City	468	795	11	292	2.0	26.0
扎兰屯市	Zhalantun City	174	392	30	143	4.0	16.5
牙克石市	Yakeshi City	95	317	4	127	3.4	5.8
根河市	Genhe City	53	122	6	30	1.5	1.3
额尔古纳市	Eerguna City	135	97		74	1.0	2.5
乌兰浩特市	Wulanhaote City	280	561	10	399	6.0	14.2
阿尔山市	Aershan City	87	120	10	83	1.0	4.4
霍林郭勒市	Huolinguole City	167	420	13	410	5.5	7.9
二连浩特市	Erlianhaote City	153	274	2	175	1.5	10.2
锡林浩特市	Xilinhaote City	326	659	8	482	4.0	32.1
丰镇市	Fengzhen City	247	356	18	264	2.0	7.7

11－9 城市公共汽车、出租汽车(2017年)

Basic Statistics on Buses and Taxis in Cities(2017)

地 区	Region	年末实有公共汽车(辆) Public Transportation Vehicles(year－end) (unit)	运客总数 (万人次) Number of Passengers Carried (10 000 Person times)	出租汽车 (辆) Number of Taxis (unit)
合 计	**Total**	**8013**	**108390**	**39063**
呼和浩特市	Hohhot City	2228	42872	6207
包头市	Baotou City	1821	25700	5827
呼伦贝尔市	Hulunbeier City	326	2306	2131
通辽市	Tongliao City	568	4723	3059
赤峰市	Chifeng City	618	8948	3784
乌兰察布市	Wulanchabu City	322	3550	2177
鄂尔多斯市	Erdos City	463	4500	2410
巴彦淖尔市	Bayannaoer City	203	1647	1238
乌海市	Wuhai City	403	4453	1117
满洲里市	Manzhouli City	253	1763	1073
扎兰屯市	Zhalantun City	60	600	1089
牙克石市	Yakeshi City	40	334	1949
根河市	Genhe City	32	237	308
额尔古纳市	Eerguna City	15	29	724
乌兰浩特市	Wulanhaote City	150	2980	2211
阿尔山市	Aershan City	14	80	313
霍林郭勒市	Huolinguole City	238	1264	546
二连浩特市	Erlianhaote City	49	315	492
锡林浩特市	Xilinhaote City	129	1569	1784
丰镇市	Fengzhen City	81	520	624

11－10 城市园林绿化(2017 年)

Basic Statistics on Parks, Gardens and Green Areas in Cities(2017)

地 区	Region	园林绿地面积（公顷）Area of Green Land(hectare)	公园绿地面积（公顷）Park Green Area(hectare)	公 园（个）Number of Parks (unit)	公园面积（公顷）Area of Parks (hectare)
合 计	**Total**	**67171**	**17511**	**296**	**14929**
呼和浩特市	Hohhot City	14855	3974	46	3032
包头市	Baotou City	9592	2845	44	3073
呼伦贝尔市	Hulunbeier City	2011	714	7	518
通辽市	Tongliao City	2489	960	7	788
赤峰市	Chifeng City	3790	1738	28	734
乌兰察布市	Wulanchabu City	5958	1236	18	2233
鄂尔多斯市	Erdos City	12149	1952	57	1588
巴彦淖尔市	Bayannaoer City	1992	463	17	397
乌海市	Wuhai City	2567	1095	9	696
满洲里市	Manzhouli City	884	274	4	48
扎兰屯市	Zhalantun City	2388	195	1	68
牙克石市	Yakeshi City	1008	230	1	11
根河市	Genhe City	583	120	1	73
额尔古纳市	Eerguna City	433	60	4	24
乌兰浩特市	Wulanhaote City	1419	325	16	502
阿尔山市	Aershan City	505	149	11	236
霍林郭勒市	Huolinguole City	1049	222	7	142
二连浩特市	Erlianhaote City	974	168	6	283
锡林浩特市	Xilinhaote City	1544	380	6	317
丰镇市	Fengzhen City	981	411	6	167

11-11 城市公共卫生(2017年)

Basic Statistics on Urban Sanitation in Cities(2017)

地区	Region	道路清扫保洁面积(万平方米) Area Under Cleaning Program (10 000 sq. m)	生活垃圾清运量(万吨) Volume of Garbage Disposal (10 000tons)	生活垃圾无害化处理量(万吨) Volume of Garbage Treated (10 000 tons)	市容环卫专用车辆设备总数(台) Number of Special Vehicles for Environment (unit)	公共厕所(座) Number of Public Lavatories (unit)
合计	**Total**	**22901**	**369.2**	**367.0**	**4632**	**6448**
呼和浩特市	Hohhot City	4997	87.5	87.5	1073	1425
包头市	Baotou City	3761	62.3	61.0	491	1653
呼伦贝尔市	Hulunbeier City	916	15.5	15.5	162	145
通辽市	Tongliao City	1226	19.0	19.0	1103	334
赤峰市	Chifeng City	1763	47.7	47.7	117	279
乌兰察布市	Wulanchabu City	766	9.7	9.4	253	346
鄂尔多斯市	Erdos City	3167	13.0	13.0	249	389
巴彦淖尔市	Bayannaoer City	1015	14.6	14.6	125	351
乌海市	Wuhai City	1141	21.4	21.2	280	350
满洲里市	Manzhouli City	950	6.7	6.5	70	399
扎兰屯市	Zhalantun City	440	5.9	5.9	110	200
牙克石市	Yakeshi City	311	11.7	11.7	54	52
根河市	Genhe City	93	3.1	3.0	23	19
额尔古纳市	Eerguna City	96	3.6	3.6	44	25
乌兰浩特市	Wulanhaote City	510	16.9	16.9	85	135
阿尔山市	Aershan City	67	2.8	2.8	41	13
霍林郭勒市	Huolinguole City	400	8.0	8.0	78	31
二连浩特市	Erlianhaote City	273	7.8	7.8	86	54
锡林浩特市	Xilinhaote City	659	9.0	9.0	103	118
丰镇市	Fengzhen City	350	3.2	3.1	85	130

11－12 城市设施水平(2017 年)

Level of Public Facilities in Cities(2017)

地 区	Region	城市人口用水普及率(%) Percentage of Population with Access to Tap Water(%)	城市燃气普及率(%) Percentage of Population with Access to Gas(%)	每万人拥有公共汽车辆(标台) Number of Public Buses per 10 000 Persons (st. set)	人均城市道路面积(平方米) Per Capita Area of Paved Roads (sq. m)	人均公园绿地面积(平方米) Per Capita Area of Parks and Green Land (sq. m)	每万人拥有公共厕所(座) Number of Public Lavatories per 10 000 Population (unit)
全 区	**All Region**	**99.10**	**96.01**	**9.00**	**23.89**	**19.66**	**7.24**
呼和浩特市	Hohhot City	99.57	95.66	10.87	14.39	19.39	6.95
包头市	Baotou City	99.46	100.00	9.54	15.81	14.91	8.66
呼伦贝尔市	Hulunbeier City	98.60	92.24	9.33	33.73	20.42	4.15
通辽市	Tongliao City	99.38	97.92	12.57	27.12	21.24	7.39
赤峰市	Chifeng City	98.90	98.10	6.39	24.62	17.97	2.88
乌兰察布市	Wulanchabu City	97.49	89.19	10.77	34.84	41.36	11.58
鄂尔多斯市	Erdos City	99.82	97.48	9.33	57.63	39.35	7.84
巴彦淖尔市	Bayannaoer City	97.49	90.74	5.26	27.84	11.99	9.10
乌海市	Wuhai City	100.00	94.00	7.33	26.10	19.90	6.36
满洲里市	Manzhouli City	99.01	91.19	11.92	37.45	12.90	18.80
扎兰屯市	Zhalantun City	97.17	91.44	4.46	29.15	14.52	14.88
牙克石市	Yakeshi City	97.35	90.92	3.03	24.00	17.43	3.94
根河市	Genhe City	97.05	90.68	4.97	18.94	18.63	2.95
额尔古纳市	Eerguna City	95.54	94.49	3.94	25.45	15.79	6.56
乌兰浩特市	Wulanhaote City	99.81	93.45	5.65	21.13	12.24	5.08
阿尔山市	Aershan City	98.54	84.10	2.93	25.10	31.17	2.72
霍林郭勒市	Huolinguole City	99.53	97.43	18.55	32.76	17.29	2.42
二连浩特市	Erlianhaote City	100.00	91.76	6.52	36.38	22.34	7.18
锡林浩特市	Xilinhaote City	97.93	96.43	6.06	30.96	17.84	5.54
丰镇市	Fengzhen City	96.01	95.79	5.87	25.84	29.84	9.43

主要统计指标解释

年末自来水生产能力　指年底城建部门管理的自来水厂和自备水源的社会单位取水、净化、送水、出厂输水干管等环节的实际生产能力。

年末供水管道长度　指从送水泵到用户水表之间所有管道的长度。全年供水总量指公用自来水厂和自备水源的社会单位全年的供水总量，包括有效供水量及损失水量。

年末供水总量　指报告期供水企业（单位）供出的全部水量，包括有效供水量及损失水量。

生活用水量　指居民日常生活与公共福利设施的用水量，包括居民、饮食店、旅馆、医院、理发店、浴池、洗衣店、游泳池、商店、学校、机关、部队等单位的用水量。

城市人口用水普及率　指城市用水的非农业人口数（不包括临时人口和流动人口）与城市非农业人口总数之比。计算公式为：

用水普及率 = 城市用水的非农业人口数/城市非农业人口数 × 100%

人工煤气生产能力　指城市煤气厂制气、净化、输送等环节的综合实际生产能力。

输气管道长度　指由压缩机、鼓风机、储气罐的出口到用户煤气表之间的全部管道长度。

全年供气总量　指全年售给各类用户的全部煤气量，包括工业用量、家庭用量和其他用量。

城市用气普及率　指使用煤气（包括人工煤气、液化石油气、天然气）的城市非农业人口数（不包括临时人口和流动人口）与城市非农业人口总数之比。计算公式为：

城市煤气普及率 = 城市用气的非农业人口数/城市非农业人口总数 × 100%

城市供热能力　指热电厂、热力公司和达到标准的集中采暖锅炉房和城市输送的供热源的设计能力，即每小时向城市输送蒸汽、热水的能力。

城市供热总量　指热电厂、热力公司和达到标准的集中采暖锅炉房向城市输送的全部蒸汽、热水量。

城市供热管道长度　指热电厂、热力公司和达到标准的集中采暖锅炉房管理的集中供热热源到用户之间的全部供气、供热水的管道长度。

年底实有铺装道路长度　指除土路外，路面经过铺装宽度在3.5米以上的道路，包括高级、次高级道路和普通道路。

城市桥梁　指城市范围内，修建在河道上的桥梁和道路与道路立交、道路跨越铁路的立交桥及人行天桥。包括永久性桥和半永久性桥，不包括临时性桥、铁路桥、涵洞。

城市排水管道总长度　指所有排水总管、干管、支管及暗渠、检查井、连接井进出水口等长度之和。

城市污水日处理能力　指污水处理厂每昼夜处理污水量的设计能力。

年末实有公共汽车　指年底可参加营运的全部车辆数，包括营运车辆数和库存查封未参加营运的车辆。不包括非营运车辆，如架线车、油罐车、工程车、货车及其他专用车辆和借入的客运车辆。

城市园林绿地面积　指城市公共绿地、专用绿地、生产绿地、防护绿地、郊区风景名胜区的全部面积。

Explanatory Notes on Main Statistical Indicators

Production Capacity of Tap Water at the Year – end refers to the actual comprehensive production capacity of the waterworks administered by the urban construction department and those owned by enterprises or institutions, taking the capacity of the main links, such as water inflow, purification, conveyance and outflow of the trunk pipelines into account.

Length of Water Supply Pipelines at the Year – end refers to the total length of all the pipelines between the water pumps and the users water meters.

Annual Volume of Water Supply refers to the total volume of water supplied by the public water works and those owned by individual enterprises and institutions during the whole year, including both the effective water supply and loss during the water supply.

Consumption of Water for Residential Use refers to the water consumption of households for daily life and the water consumption of public welfare facilities, including the consumption of restaurants, hotels, hospitals, barber shops, public bathhouses, laundries, swimming pools, shops, schools, institutions, army units and other units.

Percentage of Urban Population with Access to Tap Water refers to the ratio of the urban non – agricultural population (excluding temporary and mobile population) with access to tap water to the total urban non – agricultural population. The formula is:

Percentage of Population with Access to Tap Water = Urban Non – agricultural Population with Access to Tap Water ÷ Urban Non – agricultural Population × 100%

Production Capacity of Gasworks Gas refers to the actual comprehensive production capacity of the urban gasworks in gas generation, purification and delivery.

Length of Gas Pipelines refers to the total length of pipelines between the outlet of the compressor, blower or gas tank and the gas meters of users.

Volume of Gas Supply refers to the total volume of gas sold to users in a year, including the volume for industrial use, residential use and other uses.

Percentage of Urban Population with Access to the Gas refers to ratio of the urban non – agricultural population with access to gas (including gas, liquefied petroleum gas and natural gas) to the urban non agricultural population (excluding temporary and mobile population). The formula is:

Percentage of Population with Access to Gas = Urban Non – agricultural Population with Access to Gas ÷

Urban Non – agricultural Population × 100%

Heating Capacity in Urban Area refers to the capacity of hourly supply of steam and hot water to cities by thermal power plants, heating corporations and centralized heating boiler rooms which meet certain standard.

Heating Volume in Urban Area refers to the total volume of steam and hot water supplied to cities every year by thermal power plants, heating corporations and centralized heating boiler rooms which meet certain standard.

Length of Heating Pipelines refers to the total length of pipelines for centralized supply of steam and hot water from the thermal power plants, heating corporations and centralized heating boiler rooms which meet certain standard to the users.

Length of Paved Roads at the Year – end refers to the length of roads with a paved surface, and with a width of more than 3.5 meters, including high quality, medium quality and ordinary roads.

Urban Bridges refer to bridges over river courses, great separated junctions and overpasses in urban areas. Permanent bridges and semi permanent bridges are included. Temporary bridges, railway bridges and culverts are excluded.

Length of Urban Sewage Pipes refers to the total length of general drainage, trunks. Branch and blind drainage, inspection wells, connection wells, inlets and outlets, etc.

Daily Disposal Capacity of Urban Sewage refers to the designed 24 – hour capacity of sewage disposal at the sewage treatment works.

Number of Public Vehicles at the Year – end refers to the total number of operational buses available at the year – end, including the year – end operational vehicles and vehicles in stock. Non – operational vehicles such astringing cars, tank cars, machine shop cars, trucks and other special vehicles and the borrowed passenger vehicles are excluded.

Area of Urban Gardens and Green Areas refers to the total area of urban public green land, special green land, production green land, protection green land and suburban scenic spots.

12 农 业

Agriculture

资料整理：顾文军　赵　燕　贾德峰　闫少菲
李艳丽　王元杰　许　伟　秦文彬
Arranged By Gu Wenjun, Zhao Yan, Jia Defeng, Yan Shaofei,
Li Yanli, Wang Yuanjie, Xu Wei, Qin Wenbin

12－1 农村牧区基层组织和农牧业基本情况(2017年)

Basic Conditions of Rural Grassroots Units, Farming &Animal Husbandry(2017)

指 标	Item	总 计 Total	农村 Farm Area	牧区 Pastoral Area
农村牧区基层组织情况	**Basic Conditions of Rural Grassroots Units**			
乡镇(苏木)(个)	Number of Township &Town Governments(unit)	722	491	231
#镇(个)	Number of Town Governments(unit)	448	363	85
村委会(嘎查)(个)	Number of Villages´Committees(unit)	11061	8485	2576
农村牧区社会基础设施	Rural Fundamental Facilities of Society			
自来水受益村(个)	Number of Benefiting from Pipewater Villages (unit)	8734	7435	1299
通有线电视村(个)	Number of Cable TV Villages(unit)	9513	7653	1860
通宽带村(个)	Number of Internet Villages (unit)	8445	7177	1268
农村牧区人口与从业人口	**Rural Population &Employment**			
乡村户数(万户)	Number of Rural Households(10 000 households)	434.77	375.65	59.11
乡村人口(万人)	Rural Population(10 000 persons)	1333.78	1154.86	178.93
乡村劳动力资源(万人)	Resource of Rural Laborers(10 000 persons)	826.49	715.23	111.26
乡村从业人员(万人)	Number of Rural Employed Persons(10 000 persons)	746.27	649.24	97.03
男(万人)	Male(10 000 persons)	411.26	358.24	53.02
女(万人)	Female(10 000 persons)	335.02	291.00	44.01
按行业分乡村劳动力	**Rural Employed Persons by Sector**			
农林牧渔业从业人员(万人)	Number of Rural Employee of Farming, Foresting, Animal Husbandry & Fishery(10 000 persons)	562.53	479.47	83.06
#农业从业人员(万人)	Farming(10 000 persons)	452.92	420.51	32.41
牧业从业人员(万人)	Animal Husbandry(10 000 persons)	99.33	50.89	48.43
工业从业人员(万人)	Employed Persons of Industry(10 000 persons)	35.58	33.66	1.92
建筑业从业人员(万人)	Employed Persons of Construction(10 000 persons)	52.29	49.64	2.65
交通运输仓储业和邮政业从业人员(万人)	Employed Persons of Transportation, Storage & Postal (10 000 persons)	16.73	15.53	1.20
信息传输计算机服务和软件业从业人员(万人)	Employed Persons of Information Transmission, Software and IT Services(10 000 persons)	4.68	4.26	0.42
批发和零售业从业人员(万人)	Employed Persons of Wholesale & Retail Trade (10 000 persons)	30.86	28.45	2.41
住宿和餐饮业从业人员(万人)	Employed Persons of Quarters & Catering (10 000 persons)	21.30	18.58	2.72
其他非农行业人员(万人)	Employed Persons of Other Non－agricultural Trades (10 000 persons)	22.30	19.64	2.66
农牧业生产条件	**Productive Condition of Farming & Animal Husbandry**			
农作物总播种面积(万公顷)	Total Sown Areas(10 000 hectares)			
年末草场面积(万公顷)	Areas of Grassland at Year－end(10 000 hectares)	8800.00		
有效灌溉面积(万公顷)	Irrigated Areas(10 000 hectares)	317.48		
农牧业机械总动力(万千瓦)	Total Power of Machinery for Farming &Animal Husbandry(10 000 kw)	3483.52		
化肥施用量(折纯)(万吨)	Consumption of Chemical Fertilizers(10 000 tons)	235.04		
农村牧区用电量(亿千瓦小时)	Electricity Consumed in Rural Area &Pastoral Area(100 million kwh)	78.90		
主要农牧业生产情况	**Output of Farming &Animal Husbandry**			
粮食总产量(万吨)	Gross Yield of Grain(10 000 tons)			
牲畜总增头数(万头只)	Total Number of Livestocks Added(10 000 heads)	7148.60		
肉类总产量(万吨)	Gross Output of Meat(10 000 tons)	265.16		
蔬菜总产量(万吨)	Gross Output of Vegetables(10 000 tons)	1111.35		

注:1.“乡镇(苏木)(个)”、“#镇(个)”和“村委会(嘎查)(个)”三个指标为国家反馈数,其中农村和牧区的数据按照上报比例核算。

2.根据第三次全国农业普查结果,对本部分“农林牧渔业总产值”、“播种面积”、“农产品产量”、“年末牲畜头数”等指标数据进行了修订。

a) Data of Township &Town Governments Units is from the Department of Civil Affairs, Villages´Committees Units is from the total of region.

b) According to the result of the Third National Agriculture Census ,data in the part of Gross Output Value of Farming,Forestry、Animal Husbandry and Fishery,Sown Areas,Yield of Farm Crops,Number of Livestock are revised.

12－2 农林牧渔业总产值

Gross Output Value of Farming, Forestry, Animal Husbandry and Fishery

单位：万元 (10 000 yuan)

年 份 Year	农林牧渔业总产值 Total	# 农 业 Farming	# 种植业 Plant Products Industry	# 林 业 Forestry	# 畜牧业 Animal Husbandry	# 渔 业 Fishery
1957	112000	82992	25712	1792	26992	224
1962	170500	116281	100084	2387	50639	1193
1965	194000	129980	109998	4656	58200	1164
1970	240000	158160	140160	9360	72000	480
1975	308300	198545	169256	8016	101122	617
1978	283500	187961	173786	10490	84200	849
1979	315800	206533	189796	11369	97266	632
1980	306844	197403	181340	13460	95199	782
1981	394274	255550	232657	22848	114744	1132
1982	471608	307328	274780	31393	131391	1496
1983	524301	347389	299604	38108	136887	1917
1984	612772	408789	341956	44356	157230	2397
1985	731955	465638	401175	48284	214048	3985
1986	772500	483567	402848	43670	239908	5355
1987	877426	544449	450608	36254	290178	6545
1988	1223765	729359	614262	38582	447432	8392
1989	1267208	763517	639781	39968	453357	10366
1990	1569192	1031256	888314	62298	464131	11507
1991	1640837	1066021	918894	66705	494474	13637
1992	1802705	1156550	1005362	78040	552787	15328
1993	2208047	1420784	1265080	91549	677461	18253
1994	3093195	1892180	1682500	103350	1070005	27659
1995	3735936	2311734	2080477	121176	1271609	31417
1996	4653285	2995270	2731580	139653	1485617	32745
1997	5043396	3142026	2833824	152632	1712322	36416
1998	5343765	3353206	3032350	168785	1773911	47863
1999	5323166	3187204	2852798	210062	1871452	54448
2000	5431645	3083645	2725199	236071	2054581	57349
2001	5559041	3075703	2706529	260696	2162426	60216
2002	5869716	3321447	3043459	288371	2205642	54256
2003	6663815	3359567	2640337	479357	2671028	49373
2004	8513045	4115399	3334515	465808	3746932	59527
2005	9802098	4738918	3837514	397888	4445801	72420
2006	10584953	5422303	4338302	490057	4392499	91053
2007	12764437	6204176	4752347	636860	5596517	109486
2008	15257369	7166075	5683542	727163	6996335	117788
2009	15705841	7319020	5281536	782452	7214442	127069
2010	18435705	9004465	6569414	765727	8224208	158585
2011	22045061	10578457	7878996	931636	9983126	235197
2012	24493357	11719727	8764535	977552	11188550	260801
2013	26994991	13280732	9660572	961409	12084853	290411
2014	27798064	14084377	9741571	964358	12056515	290686
2015	27515527	14183052	10150729	994184	11608538	307518
2016	27942174	14150737	9967205	986357	12029041	330299
2017	28135356	14347260	10519767	999140	12005587	312995

注：本表绝对数按当年价格计算。

a) Data value terms in this table are calculated at current prices.

12－3 主要年份农林牧渔业总产值指数

Indices of Gross Output Value of Farming, Forestry, Animal Husbandry and Fishery

（上年＝100） (preceding year＝100)

年份 Year	农林牧渔业总产值 Total	#农业 Farming	#种植业 Plant Products Industry	#林业 Forestry	#畜牧业 Animal Husbandry	#渔业 Fishery
1980	87.1	81.4	96.3	87.1	96.9	96.3
1981	120.2	123.2	123.2	151.9	112.2	131.1
1982	115.8	115.2	115.2	113.8	111.9	101.6
1983	107.2	106.8	106.8	120.4	99.6	109.7
1984	112.1	110.1	110.1	113.3	105.1	106.7
1985	110.3	113.0	113.0	104.2	113.6	129.5
1986	94.7	88.9	88.9	85.8	104.1	121.6
1987	104.1	103.3	103.3	83.2	104.6	105.6
1988	114.2	120.2	120.2	95.6	109.0	109.6
1989	98.3	91.9	91.9	101.5	108.5	121.6
1990	120.2	133.7	133.7	114.1	102.4	100.8
1991	104.0	101.3	101.3	104.3	108.8	112.8
1992	105.8	106.8	106.7	113.0	105.2	110.0
1993	107.1	123.4	109.1	111.4	104.3	115.7
1994	103.3	99.3	96.7	104.7	108.4	124.7
1995	103.5	99.9	98.1	106.7	110.9	111.7
1996	123.7	131.4	136.0	103.8	114.9	99.7
1997	104.0	98.7	98.0	110.1	112.7	103.9
1998	106.5	108.5	108.8	105.3	103.1	126.2
1999	101.3	97.4	96.7	111.6	106.3	113.6
2000	102.5	100.3	99.9	115.0	104.1	104.8
2001	102.0	99.3	98.7	109.5	104.9	105.5
2002	104.9	106.5	114.1	110.8	102.0	102.2
2003	106.2	94.8	91.6	110.1	122.0	87.2
2004	114.9	109.4	110.5	93.0	126.0	107.4
2005	111.2	110.6	110.2	82.6	115.2	116.0
2006	103.7	107.9	106.1	112.8	97.5	116.1
2007	104.0	100.7	96.3	117.1	106.0	117.9
2008	107.6	108.6	110.9	106.1	106.6	104.1
2009	102.4	97.4	93.0	105.1	107.0	107.9
2010	106.2	106.9	107.6	95.1	106.5	111.1
2011	105.7	108.7	109.7	105.3	102.3	108.2
2012	105.7	105.8	106.6	104.9	105.7	103.6
2013	104.7	109.7	109.5	102.2	99.5	107.0
2014	103.1	102.7	98.4	100.1	103.6	105.0
2015	102.4	106.0	110.4	103.5	97.9	104.4
2016	103.1	102.8	103.5	100.3	103.6	102.8
2017	103.2	103.5	105.2	102.4	103.1	99.0

注：按可比价格计算。

a) Indices are calculated at comparable prices.

12－4 年末主要农牧业机械拥有量

Major Machinery for Farming & Animal Husbandry at Year－end

项 目	Item	2016	2017
农牧业机械原值(万元)	Original Value of Machinery for Farming and Animal Husbandry(10 000 yuan)	4856096	5029091
农牧业机械净值(万元)	Net Value of Machinery for Farming & Animal Husbandry (10 000 yuan)	3575530	3684510
农牧业机械总动力(万千瓦)	Total Power of Machinery for Farming & Animal Husbandry (10 000 kw)	3331	3484
大中型农用拖拉机(混合台)	Large & Medium Agricultural Tractors (mixed unit)	767383	796834
大中型农用拖拉机(万千瓦)	Large & Medium Agricultural Tractors(10 000 kw)	1880	2003
小型拖拉机(台)	Mini －Tractors (unit)	366670	356012
小型拖拉机(万千瓦)	Mini －Tractors (10 000 kw)	429	412
联合收割机(台)	Combine Harvesters (unit)	32836	35053
联合收割机(万千瓦)	Combine Harvesters (10 000 kw)	215	233
排灌用电动机(台)	Electric Motor for Irrigating & Draining (unit)	184763	190221
排灌用电动机(万千瓦)	Electric Motor for Irrigating & Draining (10 000 kw)	167	171
排灌用柴油机(台)	Diesel Engine for Irrigating & Draining (unit)	234337	217312
排灌用柴油机(万千瓦)	Diesel Engine for Irrigating & Draining (10 000 kw)	234	234
大中型拖拉机配套农具(部)	Number of Large & Medium Agricultural Tractor Towing Farm Machinery (unit)	1257316	1351144
小型拖拉机配套农具(部)	Number of Mini－tractor Towing Farm Machinery (unit)	846364	840278
机动脱粒机(台)	Motorized Threshing Machines (unit)	118967	125621
机动割晒机(台)	Motorized Harvesters (unit)	29680	30010
机引牧草收割机(部)	Towed Harvesters for Grass (unit)	109246	112079
饲料粉碎机(部)	Smashing Machines for Feed (unit)	142380	138866
机动剪毛机(台)	Motorized Sheepshears (unit)	8980	8946
农 用 水 泵(万台)	Water Pumps for Agricultural Use (10 000 units)	39.30	42.61

注：本表数据取自于农牧业厅农机局。

a) Data in this table are obtained from Agricultural Machinery Bureau.

12-5 灌溉、化肥施用量、农村牧区用电、水库和治理水土情况

Irrigation, Consumption of Chemical Fertilizers, Electricity Consumption of Rural Area, Number of Reservoirs and Areas of Soil Erosion under Control

项目	Item	2016	2017
有效灌溉面积(万公顷)	Effective Irrigated Areas(10 000 hectares)	313.15	317.48
#灌区有效灌溉面积(万公顷)	Effective Irrigated Areas in Irrigation Area(10 000 hectares)	146.06	146.18
节水灌溉面积(万公顷)	Watersaving Irrigated Areas(10 000 hectares)	263.87	280.04
喷灌和滴灌(万公顷)	Jetting Irrigation Dropping Irrigatation(10000 hectares)	125.88	144.45
渠道防渗节水面积(万公顷)	Pipeline Anti-seepage Water Areas(10 000 hectares)	77.21	77.51
化肥施用量(万吨)	Consumption of Chemical Fertilizers(10 000 tons)	234.64	235.04
氮肥(万吨)	Nitrogenous Fertilizer(10 000 tons)	98.43	94.85
磷肥(万吨)	Phosphate Fertilizer(10 000 tons)	42.90	43.54
钾肥(万吨)	Potash Fertilizer(10 000 tons)	19.15	19.54
复合肥(万吨)	Compound Fertilizer(10 000 tons)	74.17	77.10
农村牧区用电量(万千瓦时)	Electricity Consumption in Rural Area&Pastoral Area(10 000 kwh)	710918	789010
水库个数(座)	Number of Reservoirs(unit)	615	617
大型水库(座)	Large(unit)	15	15
中型水库(座)	Medium-sized(unit)	89	90
小型水库(座)	Small(unit)	511	512
水库容量(亿立方米)	Capacity of Reservoirs(100 million cu. m)	103.45	104.45
大型水库(亿立方米)	Large(100 million cu. m)	61.17	61.19
中型水库(亿立方米)	Medium-Sized(100 million cu. m)	31.62	32.56
小型水库(亿立方米)	Small(100 million cu. m)	10.66	10.70
治理水土面积(万公顷)	Areas of Soil Erosion under Control(10 000 hectares)	1308.33	1355.11

注:本表"化肥施用量"及其中项、"农村牧区用电量"为国家统计局反馈数,其他指标均取自于水利厅。

a) Consumption of Chemical Fertilizers and Electricity Consumed in Rural Area are from the feedback of the National Bureau of statistics, others are from Department of Water Resources.

12－6 农牧民家庭平均每户年末固定资产原价

Original Value of Fixed Assets Owned Per Rural Household (End of Year)

单位：元 (yuan)

项 目	Item	2017
年末生产性固定资产原价	**Original Value of Productive Fixed Assets at year－end**	**49067.71**
农业生产性固定资产原价	Original Value of Agriculture Productive Fixed Assets	44245.38
生产用房	Building for Productive Purpose	11317.90
农业设施	Agricultural facilities	1379.85
农业机械	Agricultural Machinery	10202.98
役畜	Draught Animals	1058.15
产品畜	Commodity Animals	18370.43
非农产业固定资产原价	Original Value of Nonagricultural	4822.33

12－7 农牧民家庭平均每百户年末拥有固定资产数量

Number of Fixed Assets Owned Per 100 Rural Households (End of Year)

项 目	Item	2017
生产性用房及建筑物(平方米)	Production houses and buildings(sq. m)	4937.30
大中型农用拖拉机(台)	Large and Medium Tractors(unit)	9.88
小型农用拖拉机(台)	Mini － tractors and Walking Tractors(unit)	61.67
农用排灌动力机械(台)	Drainage and Irrigation Machinery(unit)	2.92
插秧机(台)	Rice Transplanter(unit)	0.45
收割机(台)	Harvesters(unit)	3.30
脱粒机(台)	Thresher(unit)	9.45
役畜(头)	Draught Animals(head)	19.03
产品畜(头)	Commodity Animals(head)	590.81

12-8 农业机械化、电气化情况
Basic Statistics on Agricultural Mechanization and Electrification

项 目	Item	2016	2017
农业机械化程度	**Level of Agricultural Mechanization**		
机耕地面积(万公顷)	Areas of Tractor Plowing(10 000 hectares)	611.55	606.10
占耕地面积的比重(%)	Percentage to Cultivated Areas(%)	92.60	
机械播种面积(万公顷)	Areas of Mechine Sowing(10 000 hectares)	688.22	706.90
占农作物总播种面积的比重(%)	Percentage to Total Sown Areas(%)	86.60	
机械收割面积(万公顷)	Areas of Machine Harvesting(10 000 hectares)	516.48	527.23
占农作物总播种面积的比重(%)	Percentage to Total Sown Areas(%)	64.99	
每公顷耕地拥有农业机械总动力(瓦特)	Total Power of Machinery for Per Hectare(w)	4191.68	
农业电气化情况	**Level of Agricultural Electrification**		
农村牧区用电量(亿千瓦小时)	Electricity Consumption by Rural Area and Pastoral Areas (100 million kwh)	71.09	78.90
乡村(嘎查)及村以下办水电站个数(个)	Number of Hydroelectric Stations Run by Villiges and Lower Level (unit)	40	42
发 电 量(万千瓦小时)	Number of Generating Electricity(10 000 kwh)	19700.00	15100.00

注:本表数据取自于农牧业厅农机局与水利厅。

a) Data in this table are obtained from Agricultural Machinery Bureau and Department of Water Resources.

12-9 草原建设及利用情况
Basic Statistics on Construction and Utilization of Grasslands

项 目	Item	2016	2017
草场面积(万公顷)	**Areas of Grasslands(10 000 hectares)**	**8800.00**	**8800.00**
#承包到户面积(万公顷)	Areas Contracted with Households (10 000 hectares)	6940.00	6940.00
草库伦面积(围栏草场面积)(万公顷)	**Areas of Fenced Grasslands(10 000 hectares)**	**3070.80**	**3130.04**
#当年新增面积(万公顷)	Annual Newly Increased Areas (10 000 hectares)	55.40	70.63
人工种草保有面积(万公顷)	**Areas of Grasslands Planted and Surviving (10 000 hectares)**	**385.80**	**368.54**
#当年种草面积(万公顷)	Annual Areas of Planted Grasslands (10 000 hectares)	182.85	230.52
天然草原冷季可食牧草储量(万吨)	**Cool-season Grasses Edible Natural Grassland Reserves(10 000 units)**	**1263.34**	**1043.51**
畜棚面积(万平方米)	Areas of Animal Sheds(10 000 sq. m)	15019.51	15175.02
每平米畜棚拥有牲畜数(只/平方米)	Number of Animals per Square meter in Sheds(head/sq. m)	1.18	1.1
畜圈面积(万平方米)	Areas of Animal Corrals(10 000 sq. m)	16483.10	16534.52
每平米畜圈拥有牲畜数(只/平方米)	Number of Animals per Square meter in Corrals(head/sq. m)	1.07	1.01

注:每平方米畜棚、畜圈拥有牲畜及草原载畜量均按标准羊单位计算;草原载畜量为每万公顷草场饲养牲畜数量。

a) Number of Animals per S. m in Sheds, Number of Animals per S. m Corrals and Animal Loading Capacity of Grasslands are Calculated at standardized sheep; Animal Loading Capacity of Grasslands is the number of animals which per 10000 hectares grassland can load.

12－10 耕地面积、造林面积和播种面积

Cultivated Areas, Afforested Areas and Sown Areas

单位:万公顷 (10 000 hectares)

年 份 Year	年末实有耕地面积 Cultivated Areas at Year end	水 田 Paddy Fields	旱 地 Dry Fields	# 水浇地 Irrigated Fields	当年造林面积 Annual Afforested Hilly Areas	总播种面积 Total Sown Areas	粮食作物播种面积 Sown Areas of Grain Crops	经济作物播种面积 Sown Areas of Industrial Crops
1947	396.7	0.8	395.9	29.5		347.9	318.9	20.4
1948	417.0	0.9	416.1	31.6		372.7	337.2	27.1
1949	433.1	1.4	431.7	32.1		389.6	352.8	28.0
1950	472.6	2.0	470.6	33.5	0.53	423.8	388.8	28.3
1951	506.3	1.8	504.5	39.8	1.66	469.7	416.0	46.2
1952	517.4	1.5	515.9	52.9	4.43	494.9	436.0	49.7
1953	531.9	1.6	530.3	54.3	3.68	477.6	428.7	40.5
1954	531.6	1.1	530.5	55.5	3.93	484.9	437.8	36.6
1955	542.3	1.4	540.9	57.9	3.73	488.6	435.8	41.9
1956	569.9	3.3	566.6	68.0	12.79	531.0	472.9	42.8
1957	571.5	4.3	567.2	64.5	8.27	527.9	463.2	48.6
1958	555.3	9.4	545.9	104.1	37.13	505.5	445.2	40.9
1959	539.3	9.7	529.6	100.1	31.93	487.0	414.2	56.6
1960	602.0	9.8	592.2	108.3	39.10	575.0	486.2	56.1
1961	609.7	7.0	602.7	78.3	7.41	580.0	503.1	43.8
1962	586.7	4.0	582.7	55.4	4.73	544.6	484.7	39.0
1963	554.2	3.6	550.6	56.3	5.23	526.1	471.6	36.4
1964	561.4	3.1	558.3	67.4	15.86	534.2	478.4	39.5
1965	561.5	1.9	559.6	86.9	20.00	528.1	470.9	37.9
1966	548.0	1.7	546.3	110.7	16.32	510.0	449.4	33.7
1967	540.3	1.7	538.6	99.4	15.55	510.2	448.5	35.9
1968	531.2	2.3	528.9	91.5	11.10	497.1	443.4	34.0
1969	534.3	2.9	531.4	87.0	9.61	499.3	445.7	35.7
1970	545.0	2.8	542.2	93.6	11.71	508.4	453.5	35.3
1971	544.1	1.9	542.2	95.1	16.33	503.5	451.0	32.2
1972	542.7	2.1	540.6	100.5	16.20	499.8	444.1	33.9
1973	541.2	1.7	539.5	107.0	18.77	498.9	441.0	35.5
1974	537.7	1.5	536.2	113.1	20.59	496.3	436.1	36.4
1975	534.1	1.5	532.6	124.7	23.68	490.9	429.0	37.7
1976	526.7	2.0	524.7	130.3	26.19	480.7	410.1	42.9
1977	525.1	2.7	522.4	122.8	34.52	478.1	406.5	44.7
1978	532.6	1.7	530.9	120.9	29.79	482.4	409.4	44.9
1979	534.7	1.7	533.0	115.2	30.47	488.1	404.2	52.8
1980	525.2	1.5	523.7	106.0	29.81	479.7	388.2	61.1

12－10 续表 continued

单位:万公顷 (10 000 hectares)

年 份 Year	年末实有耕地面积 Cultivated Areas at Year end	水 田 Paddy Fields	旱 地 Dry Fields	水浇地 Irrigated Fields	当年造林面积 Annual Afforested Hilly Areas	总播种面积 Total Sown Areas	粮食作物播种面积 Sown Areas of Grain Crops	经济作物播种面积 Sown Areas of Industrial Crops
1981	518.6	1.7	516.9	103.2	38.12	466.2	385.4	55.6
1982	510.9	1.6	509.3	101.1	51.65	464.1	384.3	58.2
1983	506.5	1.7	504.8	100.5	60.94	463.1	383.7	58.5
1984	500.6	1.9	498.7	96.1	69.91	463.1	376.2	63.9
1985	493.0	2.3	490.7	94.2	70.41	454.9	342.2	91.4
1986	489.5	2.7	486.8	97.9	22.63	455.6	358.1	71.6
1987	485.1	2.8	482.3	101.0	24.83	447.4	355.6	64.3
1988	487.1	3.6	483.5	104.3	26.60	455.9	363.6	66.8
1989	491.2	5.1	486.1	110.2	23.70	457.6	372.1	61.9
1990	496.6	7.6	489.0	117.3	29.80	472.2	387.5	62.6
1991	500.5	8.7	491.8	123.6	41.08	476.8	387.9	68.9
1992	508.1	9.5	498.6	127.3	51.82	485.4	392.5	72.4
1993	517.1	7.4	509.7	130.8	39.68	486.8	398.7	67.3
1994	531.0	6.5	524.5	132.1	37.19	492.5	402.7	66.3
1995	549.1	8.4	540.7	135.8	40.25	507.9	414.3	71.3
1996	592.4	9.1	583.3	146.5	43.59	529.1	442.4	64.9
1997	746.3	11.3	735.0	173.5	46.44	583.8	490.6	80.4
1998	722.4	11.3	711.0	171.7	47.78	602.7	503.1	85.9
1999	752.4	11.6	740.8	191.9	53.40	607.7	495.1	97.2
2000	731.7	12.1	719.6	194.6	59.00	591.4	443.6	122.9
2001	709.1	11.1	698.0	195.5	73.19	570.7	438.3	92.4
2002	709.1	11.6	697.5	202.1	90.74	588.7	434.3	104.0
2003	686.3	10.1	676.3	207.9	83.60	574.9	405.1	103.6
2004	711.5	10.9	700.6	244.7	63.09	592.4	418.1	100.0
2005	735.5	9.3	726.2	249.4	38.38	621.6	437.4	104.0
2006	713.3	8.3	525.9	179.1	47.98	659.0	493.7	87.8
2007	714.8	8.3	526.6	179.9	59.01	653.5	503.4	150.1
2008	714.9	8.4	514.4	192.1	71.86	675.1	529.5	145.5
2009	714.9	8.4	514.4	192.1	86.19	689.6	564.4	125.2
2010	714.9	8.4	514.4	192.1	62.52	736.2	584.6	151.6
2011	714.9	8.4	514.4	192.1	73.18	754.0	597.9	156.0
2012	910.9	8.7	621.8	280.4	78.16	767.1	612.4	154.7
2013	912.2	8.7	621.9	281.7	80.52	782.3	625.3	157.0
2014	915.5	8.7	622.7	284.1	55.63	807.9	638.9	169.0
2015	916.2	8.7	623.1	284.4	66.80	842.4	658.0	184.4
2016	925.9	8.7	631.4	285.9	61.84	895.7	680.3	215.4
2017	927.1	8.8	626.5	291.9	68.05	901.4	678.1	223.3

注:1. 2006 年以后耕地面积为国土资源厅提供的数据;且耕地面积＝水田＋旱地＋水浇地。

2. 自 2012 年始,总播面积＝粮食作物播种面积＋经济作物播种面积。

a) The Culitiaved Areas after 2006 are Provided by the Bureau of Land and Resource, Culitaved Area＝Paddy Field＋Dry Field＋Irrigated Field.

b) from 2012, Total Sown Areas＝Sown Areas of Grain ＋Sown Areas of Industrial Crops

12－11 主要粮食作物播种面积

Sown Areas of Major Grain Crops

单位:万公顷　　　　(10 000 hectares)

年份 Year	农作物总播种面积 Total Sown Area	粮食作物播种面积 Sown Areas of Grain Crops	谷物 Cereal							薯类 Tubers	豆类 Beans	
				小麦 Wheat	玉米 Corn	稻谷 Rice	谷子 Millet	燕麦 Oats	糜黍 Broom Corn Millet			#大豆 Soybean
1947	347.9	318.9		22.6	19.1	0.8	61.0	32.0	42.0	15.1		14.7
1948	372.7	337.2		25.0	20.1	0.9	63.8	33.1	46.0	16.2		14.9
1949	389.6	352.8		26.7	22.4	1.4	65.7	35.3	46.7	16.6		16.5
1950	423.8	388.8		29.6	24.7	2.0	73.3	40.3	49.3	17.1		11.7
1951	469.7	416.0		33.9	19.1	1.6	73.5	52.7	56.5	21.8		11.1
1952	494.9	436.0		43.9	22.9	1.5	79.8	60.8	71.5	22.1		15.8
1953	477.6	428.7		47.6	24.4	0.8	77.0	62.0	69.1	21.1		21.7
1954	484.9	437.8		58.0	26.4	1.0	73.3	60.4	70.4	20.6		22.7
1955	488.6	435.8		60.2	31.9	1.4	71.9	64.7	68.8	19.8		26.9
1956	531.0	472.9		60.1	50.6	2.9	88.7	59.6	71.9	21.9		24.2
1957	527.9	463.2		64.0	36.2	4.0	84.7	64.2	68.1	22.4		26.8
1958	505.5	445.2		57.9	57.6	8.9	81.8	55.5	48.1	39.4		21.2
1959	487.0	414.2		59.7	35.1	8.9	68.2	61.4	53.6	27.1		20.5
1960	575.0	486.2		73.7	52.2	8.9	79.1	63.2	66.6	29.6		23.0
1961	580.0	503.1		80.8	48.7	6.3	73.0	67.8	73.2	31.2		23.1
1962	544.6	484.7		67.1	50.1	3.9	79.7	69.7	68.8	26.7		23.5
1963	526.1	471.6		67.1	45.0	3.5	76.8	70.7	66.0	27.1		
1964	534.2	478.4		71.4	47.7	3.4	83.1	71.3	63.4	26.0		26.6
1965	528.1	470.9		72.5	50.1	1.8	85.3	66.3	63.9	24.2		24.4
1966	510.1	449.4		71.4	66.4	1.6	80.3	62.2	55.9	32.2		21.7
1967	510.2	448.5		74.1	62.3		82.2	63.3	52.4	24.4		
1968	497.1	443.4		72.3	56.2		78.1	61.7	55.1	23.7		
1969	499.3	445.7		78.3	53.3		81.1	64.2	45.7	22.5		
1970	508.4	453.5		84.8	52.4		82.1	65.2	53.7	21.8		
1971	503.5	451.0		85.7	63.5		79.7	58.7	50.3	22.9		
1972	499.8	444.1		83.8	61.6		72.3	54.8	53.1	23.6		
1973	498.9	441.0		86.9	59.7		78.0	50.5	51.1	25.6		
1974	496.3	436.1		87.0	66.5		74.7	48.6	45.0	25.6		
1975	490.9	429.0		92.1	70.9		68.5	47.3	40.3	26.9		
1976	480.7	410.1		105.5	70.7		57.2	39.1	34.7	25.3		
1977	478.1	406.5		108.4	65.2		55.9	40.4	31.2	26.6		
1978	482.4	409.4		108.6	66.8		56.7	38.6	29.6	29.2		
1979	488.1	404.2		95.2	67.0	1.6	56.4	45.4	37.6	27.7		18.3
1980	479.7	388.2		95.7	65.3	1.5	50.2	47.4	36.0	25.2		17.1

12－11 续表 continued

单位:万公顷 (10 000 hectares)

年份 Year	农作物总播种面积 Total Sown Area	粮食作物播种面积 Sown Areas of Grain Crops	谷物 Cereal	小麦 Wheat	玉米 Corn	稻谷 Rice	谷子 Millet	燕麦 Oats	糜黍 Broom Corn Millet	薯类 Tubers	豆类 Beans	#大豆 Soybean
1981	466.2	385.4		90.3	59.2	1.6	53.4	43.8	41.5	23.2		19.4
1982	464.1	384.3		87.8	50.5	1.6	57.0	44.4	39.7	24.3		23.9
1983	463.1	383.7		91.1	49.4	1.7	55.9	45.0	38.2	25.4		21.9
1984	463.1	376.3		93.2	46.4	1.8	51.9	41.4	40.9	24.6		19.3
1985	454.9	342.2		92.7	43.4	2.4	46.3	36.5	31.1	22.7		21.9
1986	455.6	358.1		93.7	54.8	2.7	41.4	34.0	32.4	22.5		26.4
1987	447.4	355.7		92.1	66.0	2.8	38.7	33.8	26.8	22.9		27.5
1988	455.9	363.6		97.4	66.9	3.5	38.5	28.9	26.8	25.3		31.1
1989	457.6	372.1		100.8	69.6	5.3	37.4	26.8	13.0	24.7		31.8
1990	472.2	387.5		115.4	77.4	7.9	35.7	26.5	11.7	24.6		30.1
1991	476.8	387.9		119.2	81.2	8.8	33.4	25.2	11.0	23.9		30.1
1992	485.4	392.5	318.8	133.4	77.5	9.4	28.5	18.7	9.8	25.0	48.7	35.6
1993	486.8	398.7	293.6	118.9	76.2	7.3	25.8	17.2	7.9	26.3	78.8	57.1
1994	492.5	402.7	292.1	103.4	83.7	6.8	23.3	16.9	8.5	25.3	85.3	60.4
1995	507.9	414.3	300.9	101.7	99.2	7.9	23.7	13.7	8.2	35.5	77.9	55.7
1996	529.1	442.4	323.2	109.4	111.6	9.0	25.2	13.0	17.1	41.6	77.6	55.5
1997	583.8	490.6	339.0	116.5	127.9	12.2	25.7	11.3	20.7	46.4	105.2	75.8
1998	602.7	503.1	340.5	109.3	147.1	11.8	22.4	10.2	14.9	50.1	112.5	77.1
1999	607.7	495.1	330.9	93.8	157.2	11.7	20.7	9.3	12.4	58.2	106.0	73.7
2000	591.4	443.6	264.8	61.7	129.8	11.8	16.4	6.2	12.8	65.0	113.7	79.4
2001	570.7	438.3	263.8	51.6	151.9	8.6	17.6	3.3	11.5	56.7	117.9	75.5
2002	588.7	434.3	271.8	46.5	155.2	9.0	17.7	4.5	10.0	58.0	104.6	59.6
2003	574.9	405.1	243.4	31.8	159.1	6.7	14.2	4.4	8.1	53.6	108.2	69.7
2004	592.4	418.1	258.3	41.9	167.6	8.1	12.6	3.8	7.4	52.8	107.0	75.3
2005	621.6	437.4	273.4	46.1	180.6	8.4	12.5	3.9	6.1	56.2	107.7	79.7
2006	659.0	493.7	302.4	48.4	191.6	9.1	14.3	5.0	6.9	59.5	131.8	97.3
2007	653.5	503.4	331.1	54.5	207.4	10.5	13.6	2.9	7.6	59.4	112.9	73.0
2008	675.1	529.5	359.6	46.3	240.2	9.9	14.6	4.6	5.9	59.8	110.2	72.9
2009	689.6	564.4	377.6	55.3	256.0	10.5	16.0	4.0	4.9	65.7	121.2	93.1
2010	736.2	584.6	395.4	59.0	271.0	9.5	18.2	3.8	4.4	67.2	122.0	94.3
2011	754.0	597.9	415.3	59.9	295.7	9.5	14.7	2.9	4.2	66.9	115.6	84.6
2012	767.1	612.4	445.5	65.9	317.5	9.7	16.1	4.3	5.0	63.7	103.2	80.0
2013	782.3	625.3	470.3	61.8	353.4	8.2	13.7	5.8	3.5	57.0	98.0	79.6
2014	807.9	638.9	501.6	61.9	382.9	8.6	18.5	7.3	3.2	48.4	88.9	74.5
2015	842.4	658.0	517.8	61.7	393.8	8.8	21.4	9.6	3.5	45.3	94.9	81.3
2016	895.7	680.3	526.6	65.9	384.4	10.9	23.0	17.0	3.1	45.0	108.7	92.3
2017	901.4	678.1	517.7	67.4	371.6	12.2	23.4	16.8	3.3	43.2	117.1	98.9

12－12 主要经济作物播种面积

Sown Areas of Major Industrial Crops

单位:万公顷 （10 000 hectares）

年 份 Year	经济作物播种面积 Sown Areas of Indus－trial Crops	油料 Oil bearing Crops	葵花籽 Sunflo－wer Seeds	胡麻籽 Flax Seeds	油菜籽 Rape Seeds	甜菜 Beet－roots	烟叶 Tob－acco	麻类 Fiber Crops	蔬菜 Vege－table	果用瓜 Melons (use on Fruit)	其它作物播种面积 Sown Areas of other Crops	# 青饲料 Green fodder
1947	20.4	18.7		7.8	2.3		0.2	0.8	2.3		8.6	
1948	27.1	25.0		8.5	2.4		0.2	1.0	4.7		8.4	
1949	28.0	25.8		9.2	1.9		0.2	1.0	5.0		8.8	
1950	28.3	25.0		9.4	3.4		0.1	0.8	3.7		6.6	
1951	46.2	36.4		14.3	5.0		0.2	0.9	4.2		7.5	
1952	49.7	46.6		17.7	6.9		0.2	1.5	5.1		9.3	
1953	40.5	38.4		17.2	6.0		0.2	1.2	4.7		8.3	
1954	36.7	34.9		17.3	4.8		0.2	0.9	5.6		10.4	
1955	41.9	39.6		21.5	4.8	0.8	0.3	0.9	6.0		11.0	
1956	42.8	39.8		21.6	5.6	1.0	0.3	0.9	6.3		15.3	
1957	48.6	43.1		22.7	5.4	1.4	0.3	1.7	6.6		16.1	
1958	40.9	35.9		18.9	4.6	1.6	0.3	1.6	7.4		19.4	
1959	56.6	48.6		23.8	5.8	2.4	0.4	2.1	8.8		16.1	
1960	56.1	48.1		21.8	8.1	3.7	0.3	2.0	15.2		32.7	
1961	43.8	38.3		16.6	7.3	1.9	0.5	1.9	19.1		33.1	
1962	39.0	34.4		14.3	6.3	0.7	0.5	2.1	12.2		20.8	
1963	36.4	31.8		14.9	4.5	0.8	0.4	2.1	9.5		18.1	
1964	39.5	33.5		14.8	5.1	1.5	0.4	1.9	8.1		16.3	
1965	37.9	31.4		14.7	4.7	1.9	0.3	1.8	7.9		19.3	
1966	33.7	27.8		13.1	4.1	2.2	0.3	1.6	8.2		26.9	
1967	35.9	28.9				2.8					25.8	
1968	34.0	27.4				2.8					19.7	
1969	35.7	38.3				3.1					17.9	
1970	35.3	28.9				2.9					19.6	
1971	32.2	26.7				2.4					20.3	
1972	33.9	27.2				3.6					21.8	
1973	35.5	27.2				4.6					22.4	
1974	36.4	28.4				4.1					23.8	
1975	37.7	28.8				4.7					24.2	
1976	42.9	32.4				5.7					27.7	
1977	44.7	34.2				5.3					26.9	
1978	44.9	34.8				4.8					28.1	
1979	52.8	41.9	5.7	19.1	7.1	4.5	0.4	1.6	8.9	2.0	31.1	15.3
1980	61.1	52.0	16.3	18.9	7.9	5.6	0.3	1.2	8.5	1.4	30.4	14.0

12－12 续表 continued

单位:万公顷　　　　(10 000 hectares)

年份 Year	经济作物播种面积 Sown Areas of Indus－trial Crops	油料 Oil bearing Crops	葵花籽 Sunflo－wer Seeds	胡麻籽 Flax Seeds	油菜籽 Rape Seeds	甜菜 Beet－roots	烟叶 Tob－acco	麻类 Fiber Crops	蔬菜 Vege－table	果用瓜 Melons (use on Fruit)	其它作物播种面积 Sown Areas of other Crops	#青饲料 Green fodder
1981	55.6	46.9	14.3	14.6	8.1	5.7	0.4	0.9	7.3	1.6	25.2	10.4
1982	58.2	49.3	15.0	16.4	7.8	6.1	0.5	0.4	6.8	1.5	21.6	9.7
1983	58.5	49.0	15.4	16.3	6.8	6.1	0.2	0.3	6.7	1.3	20.9	9.6
1984	63.9	54.3	21.5	15.4	6.9	6.1	0.2	0.2	6.1	1.7	23.0	11.8
1985	91.4	76.6	30.1	18.3	8.8	10.0	0.4	0.3	5.8	2.0	21.4	11.4
1986	71.6	60.4	25.8	15.6	6.7	7.5	0.4	0.3	5.7	2.0	26.0	14.4
1987	64.3	54.6	22.3	16.6	6.6	7.5	0.3	0.1	6.4	1.6	27.4	16.7
1988	66.8	53.7	19.0	17.4	7.3	10.3	0.5	0.1	6.1	1.7	25.6	14.6
1989	61.9	51.1	17.7	16.4	4.9	8.2	0.7	0.1	6.3	1.2	23.6	13.0
1990	62.6	51.8	17.2	16.8	6.0	9.5	0.5	0.3	6.4	0.9	22.2	12.4
1991	68.9	55.1	19.7	17.2	7.5	11.9	0.7	0.4	5.9	0.9	20.1	11.2
1992	72.4	58.2	22.6	16.9	9.1	10.8	0.4	0.5	7.8	1.5	20.5	9.8
1993	67.3	50.3	18.3	15.2	7.9	10.9	0.4	0.1	8.2	1.5	20.9	9.5
1994	66.3	53.1	20.7	15.2	10.8	11.8	0.2	0.4	7.1	1.3	23.5	10.6
1995	71.3	55.7	20.7	15.1	13.5	14.0	3.0	0.8	1.3	1.3	22.3	
1996	64.9	50.6	18.9	14.6	11.8	12.7	0.8	0.4	8.8	1.5	21.8	8.4
1997	78.8	49.9	21.6	13.5	11.7	12.6	1.6	0.4	11.8	1.8	14.4	9.8
1998	84.3	56.7	27.1	11.5	15.6	11.7	0.6	0.3	11.5	2.6	15.3	9.3
1999	97.2	68.0	35.1	10.5	17.5	6.6	0.7	0.6	16.4	4.1	15.4	9.0
2000	122.9	87.9	36.3	10.1	29.5	5.9	0.8	0.1	20.9	4.8	25.0	13.1
2001	92.4	60.8	32.0	3.8	19.9	5.8	0.6	0.3	18.2	3.5	40.0	33.3
2002	104.0	68.9	34.5	7.6	22.5	7.1	0.5	0.4	20.8	3.6	50.4	43.8
2003	103.6	72.3	32.8	6.8	28.0	3.7	0.7	0.5	19.2	3.8	66.2	56.5
2004	100.0	67.1	29.5	5.9	27.8	3.6	0.6	0.8	20.4	3.5	74.3	65.5
2005	104.0	69.5	35.6	5.6	25.6	3.8	0.8	1.0	22.1	3.9	80.2	72.2
2006	87.8	59.2	25.7	4.9	23.0	3.0	0.4	0.7	17.2	5.3	77.5	62.4
2007	150.1	57.2	30.3	4.1	17.7	4.1	0.5	0.4	19.6	3.9	62.3	47.9
2008	145.5	71.2	41.1	4.7	22.6	4.7	0.5	0.3	21.3	4.4	40.6	25.5
2009	125.2	60.6	41.0	4.6	11.9	3.1	0.4	0.1	21.6	4.4	32.9	19.0
2010	151.6	73.4	42.8	4.7	23.4	3.3	0.4	0.0	24.9	5.7	41.3	29.2
2011	156.0	77.0	45.4	5.4	23.6	3.6	0.4	0.0	25.7	5.5	41.3	22.4
2012	154.7	79.7	41.0	5.7	28.8	3.9	0.4	0.0	26.7	5.5	35.8	22.9
2013	157.0	84.8	43.8	6.2	31.1	4.1	0.3	0.0	24.1	5.3	35.5	23.8
2014	169.0	92.5	48.0	7.2	34.0	3.4	0.3	0.0	25.3	5.0	37.9	22.6
2015	184.4	99.5	55.0	6.8	34.3	4.3	0.3	0.0	24.7	4.2	45.5	25.0
2016	215.4	111.2	71.1	7.5	30.2	6.7	0.3	0.0	22.9	6.1	59.2	32.6
2017	223.3	111.3	71.3	6.3	31.0	8.3	0.2	0.1	21.9	6.7	63.0	35.3

注:2011年前,经济作物播种面积不包含其它作物播种面积。

a) Before 2011, sown areas of industrial crops not include sown areas of other crops.

12－13 主要年份主要农产品产量

Yield of Major Farm Crops in Major Years

单位:万吨 (10 000 tons)

年份 Year	粮食 Grain	谷物 Cereal	小麦 Wheat	玉米 Corn	稻谷 Rice	谷子 Millet	燕麦 Oats	糜子 Broom Corn Millet	薯类 Tubers	豆类 Beans	#大豆 Soybean
1957	302.5		52.5	34.5	4.2	51.0	32.7	33.8	29.2		14.6
1965	382.0		59.5	81.0	2.8	64.0	35.9	34.6	22.2		16.0
1970	469.5		66.0	101.0		95.0	46.5	42.0	25.0		
1975	519.5		93.5	157.0		71.5	34.0	36.0	37.5		
1978	499.0		88.0	173.5	3.6	60.0	25.0	26.5	42.0		
1980	396.5		82.7	139.2	4.1	39.7	21.3	19.0	30.0		12.4
1981	510.0		99.8	142.6	4.0	59.9	37.8	36.3	37.6		19.3
1982	530.0		126.7	105.9	4.7	71.2	37.2	23.3	41.6		24.3
1983	560.2		120.9	142.9	4.2	79.2	20.9	26.4	41.9		24.3
1984	594.4		144.2	148.3	6.0	73.6	32.5	26.4	49.9		24.3
1985	604.1		148.5	159.8	7.8	78.6	28.6	18.1	48.2		28.8
1986	528.5		130.8	192.7	8.3	38.3	15.9	12.3	36.4		41.0
1987	607.0		125.7	273.3	7.7	52.1	7.3	10.1	33.7		36.7
1988	738.3		163.4	305.5	12.0	46.4	20.9	15.5	61.2		47.5
1989	677.9		187.5	285.1	19.2	31.3	9.0	10.0	42.5		36.9
1990	973.0		261.7	393.1	31.1	59.4	25.3	13.6	61.3		47.7
1991	958.5		280.2	413.7	35.2	45.1	17.0	9.3	46.5		45.1
1992	1046.8	937.4	330.3	435.4	41.4	44.3	13.3	12.4	58.7	50.7	40.0
1993	1108.3	930.9	298.5	453.9	33.0	48.4	12.1	9.2	63.8	113.6	90.1
1994	1083.5	910.4	234.8	482.3	30.5	41.4	10.0	10.7	55.3	117.8	94.0
1995	1055.4	914.1	262.2	518.4	39.6	23.9	8.8	7.3	74.3	67.0	52.5
1996	1535.3	1301.7	318.9	751.5	51.0	49.3	13.4	11.4	124.0	109.6	83.4
1997	1421.0	1188.0	307.9	677.9	70.6	41.1	7.6	11.0	114.4	118.7	97.4
1998	1575.4	1319.9	282.7	839.8	60.3	44.3	10.0	10.8	127.0	128.5	93.8
1999	1428.5	1210.6	273.1	771.4	68.8	29.2	6.4	5.5	110.7	107.2	82.5
2000	1241.9	947.9	181.8	629.2	72.2	15.0	2.7	5.3	184.3	109.7	85.8
2001	1239.1	1016.5	127.1	757.0	56.7	25.7	1.3	5.1	108.8	113.8	83.4
2002	1406.1	1097.7	121.5	821.5	56.0	30.3	3.9	5.3	168.5	139.9	96.4
2003	1360.7	1092.3	79.0	888.7	45.0	21.4	5.9	5.5	174.5	93.9	53.6
2004	1505.4	1180.4	110.5	948.0	54.5	19.9	5.6	5.1	189.8	135.1	103.1
2005	1662.2	1342.1	143.6	1066.2	62.1	23.4	2.8	4.5	156.0	164.1	130.9
2006	1806.7	1486.0	172.2	1134.6	65.3	26.6	7.0	2.9	178.6	142.1	103.7
2007	1768.2	1523.0	171.1	1175.2	75.7	23.1	1.2	3.5	134.8	110.3	74.0
2008	2100.9	1773.7	150.8	1442.3	69.7	25.3	3.9	2.7	159.2	168.0	119.1
2009	2128.9	1820.6	188.4	1488.3	65.6	15.8	1.8	2.5	156.1	152.2	124.5
2010	2344.3	1983.3	174.3	1643.7	67.4	24.1	1.9	2.4	187.5	173.5	149.4
2011	2573.4	2221.3	171.9	1858.5	69.0	36.2	1.6	1.8	189.8	162.4	135.4
2012	2739.8	2401.8	186.3	2016.0	66.2	38.7	7.1	3.4	183.5	154.5	130.7
2013	3070.5	2748.3	184.3	2397.6	53.5	30.5	6.5	1.9	178.7	143.5	128.6
2014	3112.4	2833.1	174.8	2503.2	50.8	40.4	6.3	1.5	152.2	127.1	115.0
2015	3292.6	3012.2	179.1	2652.2	50.6	57.2	15.1	1.5	141.0	139.4	126.7
2016	3263.3	2960.1	187.7	2563.1	69.8	59.3	20.8	0.9	134.5	168.7	150.8
2017	3254.5	2930.8	189.1	2497.4	85.2	76.6	23.0	1.0	137.5	186.2	162.6

注:2007 年以后,莜麦指标取消,改为燕麦指标。

a) Since 2007, "Sweet－oats" has been cancelled, replaced by "Oats".

12－13 续表 continued

单位:万吨 （10 000 tons）

年份 Year	油料 Oil－bearing Crops	葵花籽 Sunflower Seeds	胡麻籽 Flax Seeds	油菜籽 Rape－seeds	甜菜 Beet－roots	烟叶 Tobacco	麻类 Fiber Crops	蔬菜 Veget－ables	果用瓜 Melons (Use on Fruit)
1957	13.0		7.5	1.5	22.1	0.2	0.6	66.4	
1965	9.0		4.7	0.9	20.9	0.2	0.5	110.7	
1970	10.5				34.0				
1975	10.5				37.1				
1978	12.5				43.1				
1980	25.0	16.5	4.6	1.8	81.2	0.2	0.4	157.6	9.7
1981	36.5	23.7	4.7	2.2	82.3	0.6	0.4	147.1	17.5
1982	49.0	32.0	8.2	3.0	115.2	0.9	0.2	156.8	16.3
1983	54.0	38.7	5.7	1.5	135.1	0.3	0.1	199.0	19.4
1984	60.0	42.1	8.4	3.0	141.0	0.3	0.1	158.5	23.3
1985	79.5	49.5	10.8	4.6	254.2	0.6	0.3	182.7	33.4
1986	66.0	48.4	7.6	2.2	159.0	0.6	0.2	220.9	36.9
1987	54.0	38.6	6.4	2.2	167.8	0.4	0.1	195.4	34.1
1988	56.5	35.0	10.3	3.2	219.0	0.8	0.1	203.0	36.3
1989	48.6	33.8	6.0	1.7	177.6	0.9	0.1	226.8	30.0
1990	69.4	41.7	11.5	4.4	236.4	0.8	0.7	243.3	22.8
1991	71.8	50.1	10.8	3.3	302.8	1.2	0.8	220.5	27.9
1992	81.4	56.8	11.1	5.5	260.1	0.8	1.4	271.2	50.9
1993	72.6	49.8	9.6	5.7	278.6	1.3	0.2	327.6	44.5
1994	65.0	44.5	8.7	8.3	233.6	0.9	0.9	267.9	121.8
1995	70.2	47.2	8.0	9.5	263.5	0.5	1.5	308.3	40.5
1996	81.4	53.9	11.2	10.5	320.7	1.8	1.0	365.4	49.6
1997	73.1	53.5	8.5	8.9	306.4	4.1	0.6	420.4	61.9
1998	90.3	59.4	10.6	14.1	259.2	1.3	0.3	433.4	84.4
1999	100.9	71.6	7.2	18.5	136.8	1.6		594.9	121.8
2000	116.4	69.1	6.5	30.5	141.3	1.4	0.1	759.9	161.7
2001	80.6	61.0	1.9	13.0	133.1	1.0	0.4	768.7	106.9
2002	108.9	70.4	6.5	28.2	195.0	1.0	1.0	755.3	120.8
2003	102.3	62.6	6.9	25.3	99.4	1.6	1.2	846.8	103.2
2004	103.7	58.9	7.3	31.3	96.3	1.3	1.9	872.8	109.6
2005	122.2	85.3	4.6	28.3	138.3	2.0	2.5	1009.1	156.8
2006	101.1	56.7	5.6	23.5	105.5	2.6	1.7	1171.4	190.8
2007	96.3	69.9	2.9	15.9	171.5	1.5	1.4	1045.4	154.9
2008	135.1	97.8	4.7	27.5	192.8	1.4	2.8	1050.9	176.8
2009	122.7	94.0	2.7	22.1	103.7	1.2	1.0	1083.4	152.7
2010	138.1	110.0	2.7	22.3	145.1	1.5	0.1	1326.1	220.8
2011	149.0	114.9	3.0	27.8	141.4	1.5	0.0	1388.6	207.8
2012	142.2	104.3	3.1	31.7	149.4	1.4	0.0	1354.8	198.6
2013	161.8	120.1	3.8	34.5	161.3	1.3	0.0	1300.1	165.7
2014	180.7	130.4	4.5	41.6	143.9	1.1	0.0	1318.9	185.3
2015	206.3	154.2	5.9	42.8	200.5	1.2	0.0	1284.9	158.3
2016	228.8	173.7	7.7	41.7	268.4	0.9	0.2	1251.8	242.2
2017	240.7	191.5	5.9	35.6	344.3	0.6	0.7	1111.3	267.5

12－14 主要农产品产量及单位面积产量

Yield of Major Farm Crops and Yield of Major Farm Crops Per Hectare

年 份	Item	2016		2017	
		总产量（万吨）Total Yield（10000 tons）	单位面积产量（千克/公顷）Yield Per Hectare（kg/hectare）	总产量（万吨）Total Yield（10000 tons）	单位面积产量（千克/公顷）Yield Per Hectare（kg/hectare）
粮 食	**Grain**	**3263.3**	**4797**	**3254.5**	**4800**
谷 物	Cereal	2960.1	5621	2930.8	5661
#稻 谷	Rice	69.8	6415	85.2	6975
小 麦	Wheat	187.7	2849	189.1	2805
玉 米	Corn	2563.1	6669	2497.4	6720
高 粱	Sorghum	33.3	3676	31.5	3494
谷 子	Millet	59.3	2575	76.6	3268
燕 麦	Oats	20.8	1225	23.0	1367
糜 子	Broom Corn Millet	0.9	709	1.0	757
荞 麦	Buckwheat	14.2	1761	17.1	1780
豆 类	Beans	168.7	1551	186.2	1590
#大 豆	Soybean	150.8	1633	162.6	1644
薯 类	Tubers	134.5	2992	137.5	3182
油 料	**Oil bearing Crops**	**228.8**	**2058**	**240.7**	**2162**
#葵花籽	Sunflower Seeds	173.7	2443	191.5	2686
油菜籽	Rape seeds	41.7	1378	35.6	1150
胡麻籽	Flax Seeds	7.7	1038	5.9	937
甜 菜	**Beetroots**	**268.4**	**39875**	**344.3**	**41627**
棉 花	**Cotton**	**0.02**	**1493**	**0.03**	**1493**
麻 类	**Fiber Crops**	**0.2**	**6616**	**0.7**	**5837**
蔬 菜	**Vegetables**	**1251.8**	**54754**	**1111.3**	**50812**
瓜类（果用瓜）	**Melons（Use on Fruit）**	**242.2**	**39959**	**267.5**	**40097**
园林水果	**Garden fruits**	**54.4**	**9012**	**55.4**	**9261**

12－15 自然灾害面积

Areas Covered by Natural Disaster

单位：万公顷 (10 000 hectares)

项 目	Item	2016	2017
农作物受灾面积	**Areas Covered**	**362.99**	**410.65**
#旱 灾	Drought	277.05	345.71
洪 涝 灾	Flood	25.62	18.29
风 雹 灾	Windstorm and Hail	41.87	25.46
低温冷冻灾	Freeze Injury	18.45	21.19
农作物绝收面积	**Areas Without Output**	**54.74**	**36.25**
#旱 灾	Drought	48.94	24.69
洪 涝 灾	Flood	1.47	2.15
风 雹 灾	Windstorm and Hail	2.31	3.81
低温冷冻灾	Freeze Injury	2.03	5.60

12－16 林业基本情况

Basic Statistics on Forestry

单位：万公顷、个 (10 000 hectares、unit)

项 目	Item	2016	2017
营造林面积	**Total Area of Afforestation**	**123.85**	**140.36**
造林、封育面积	Areas of Afforesting and closing hill for afforestation	61.84	68.05
人工造林	Artificial Afforestation	31.10	34.63
飞播造林	Afforestation by Plane	7.41	6.83
当年封山育林面积	Area of Closing Hill for Afforestation this Year	13.60	13.81
退化林分修复及人工更新	Restoration of Degraded Forest and Artificial Regeneration	9.73	12.78
森林抚育	Tending of Woods	62.01	72.32
按六大林业重点工程分	**Classified by Six Key Projects**		
天然林资源保护工程造林、封山育林	Afforestation of Protection of Natural Forest and Closing Hill for Afforestation	58.99	59.89
退耕还林工程造林、封山育林	Afforestation of Returning Land for Farming to Forestry and Closing Hill for Afforestation	4.77	3.20
#退耕地造林	Afforesting on the Returned Farmland	3.66	3.20
京津风沙源治理工程造林、封山育林	Afforestation & Closing Hill for Afforestation of Controlling Sand Sround Beijing & Tianjin	13.16	8.56
"三北"五期防护林工程造林、封山育林	Afforestation & Closing Hill for Afforestation of the Fifth Stage of The Three North Shelter Forest Project	8.83	12.64
自然保护区个数	Number of Nature Reserve	144	144
#国家级	National Nature Reserve	27	24
自然保护区面积	Area of Nature Reserve	935.74	921.02
造林面积按经济成份分	**Afforestation by Sector of the Economy**		
#公有经济造林	Aforestation by Publicily－owned	34.47	34.81
国有经济造林	Aforestation by State－owned	11.34	17.71
集体经济造林	Aforestation by Collective－owned	23.14	17.10
非公有经济造林	Aforestation by Non－publicily－owned	17.17	18.02
造林面积按林种分	**Areas of Afforestation classified by sorts of forests**		
#用材林	Timber Forest	0.94	0.75
经济林	Economic Forest	1.48	1.86
防护林	Shelter Forest	49.15	50.17
薪炭林	Firewood Forest		
其他林	Others	0.07	0.05
森林覆盖率(%)	**Forest Cover Rate(%)**	**21.03**	**21.03**

12－17 牲畜总头数和总增头数

Total Number of Livestock and Livestock Added

单位:万头(只) (10 000 heads)

项 目	Item	2016 总头数 年中数 Year－middle	2016 总头数 年末数 Year－end	2016 总增头数 Total Number Added of Live－stocks	2017年末总头数 Total Number of Livestock at Year－end
大牲畜和羊合计	**Total Number of Large Animals, Sheep and Goats**	**12119.53**	**6897.99**	**6825.82**	**6936.34**
大牲畜	Large Animals	1389.01	796.39	479.74	824.41
牛	Cattles	1151.06	635.35	413.65	656.17
#良种及改良种乳牛	Fine Breed and Improved Milk Cows	256.03	215.31	105.72	
马	Horses	93.48	63.38	25.33	64.37
驴	Donkeys	108.59	69.29	34.52	75.45
骡	Mules	17.88	13.00	2.00	11.51
骆驼	Camels	17.99	15.37	4.23	16.91
羊	Sheep and Goats	10730.53	6101.60	6346.08	6111.93
绵羊	Sheep	8345.21	4425.81	5241.23	4417.76
#细毛羊及改良羊	Nap Sheep or Improved Sheep	2143.10	1109.68		
半细毛羊及改良羊	Semi－nap Sheep or Improved Sheep	837.51	350.33		
山羊	Goats	2385.32	1675.79	1104.86	1694.17
猪	**Hogs**	**1478.39**	**453.97**	**1021.19**	**505.60**

注:总增头数是指牧业年度繁殖成活仔畜头数减去期内成幼畜死亡头数。

a) Total Number of Livestoks Added refers to survival number of newborn livestocks in the period subtract death livestocks.

12－18 牲畜总头数

Total Number of Livestock

单位:万头(只) (10 000 heads)

年份 Year	年中数 Year－middle 合计 Total	大牲畜 Large Animals	羊 Sheep & Goats	猪 Hogs	年末数 Year－end 合计 Total	大牲畜 Large Animals	羊 Sheep & Goats	猪 Hogs
1947	931.9	271.0	570.8	90.1	851.8	262.9	510.8	78.1
1948	949.9	286.5	571.6	91.8	869.1	277.9	511.6	79.6
1949	1058.6	313.7	642.6	102.3	968.6	304.3	575.6	88.7
1950	1191.4	343.1	731.8	116.5	1068.4	331.1	636.3	101.0
1951	1418.1	388.0	902.0	128.1	1278.6	372.5	795.0	111.1
1952	1749.9	450.6	1143.2	156.1	1467.6	430.3	902.0	135.3
1953	2105.2	504.5	1434.4	166.3	1844.7	442.5	1235.0	167.2
1954	2428.6	558.4	1672.2	198.0	1959.0	494.7	1292.6	171.7
1955	2501.3	586.9	1724.4	190.0	1912.3	514.7	1232.9	164.7
1956	2635.2	591.6	1874.9	168.7	2094.4	496.9	1451.2	146.3
1957	2438.9	552.7	1713.9	172.3	1809.9	450.5	1210.0	149.4
1958	2674.0	550.7	1879.7	243.6	2184.9	468.1	1505.6	211.2
1959	3070.8	589.0	2244.2	237.6	2576.7	537.2	1833.5	206.0
1960	3315.5	612.9	2431.7	270.9	2709.4	553.5	1921.0	234.9
1961	3305.4	623.4	2494.8	187.2	2671.2	550.5	1958.4	162.3
1962	3497.3	643.3	2621.0	233.0	2801.4	568.1	2031.3	202.0
1963	3981.7	699.7	3005.5	276.5	3242.4	628.3	2374.4	239.7
1964	4282.5	750.1	3242.1	290.3	3315.5	664.6	2399.2	251.7
1965	4488.4	787.9	3388.3	312.2	3606.1	716.2	2619.2	270.7
1966	4012.8	748.5	2969.0	295.3	3231.4	680.4	2295.0	256.0
1967	4164.6	730.0	3140.6	294.0	3469.4	680.9	2531.0	257.5
1968	4150.7	750.2	3067.6	332.9	3288.2	679.8	2349.0	259.4
1969	3844.5	721.7	2823.1	299.7	3213.0	665.1	2311.2	236.7
1970	3865.2	726.4	2840.3	298.5	3319.6	689.1	2356.4	274.1
1971	4032.5	754.3	2922.0	356.2	3419.7	712.2	2363.4	344.1
1972	4197.2	775.6	2985.5	436.1	3478.5	717.2	2372.3	389.0
1973	4317.2	781.3	3092.7	443.2	3654.6	738.2	2519.4	397.0
1974	4425.5	805.8	3160.3	459.4	3707.0	752.3	2532.6	422.1
1975	4628.5	820.3	3307.9	500.3	3757.6	766.8	2638.1	352.7
1976	4465.4	808.4	3058.0	599.0	3649.0	748.7	2397.8	502.5
1977	4428.6	784.1	3056.4	588.1	3643.4	715.3	2394.6	533.5
1978	4162.3	697.5	2860.5	604.3	3586.5	659.3	2378.1	549.1
1979	4513.4	724.6	3177.6	611.2	3873.1	685.3	2633.2	554.6
1980	4656.8	741.3	3317.0	598.5	3753.3	681.3	2553.4	518.6

12 –18 续表 continued

单位:万头(只) (10 000 heads)

年 份 Year	年中数 Year – middle				年末数 Year – end			
	合 计 Total	大牲畜 Large Animals	羊 Sheep & Goats	猪 Hogs	合 计 Total	大牲畜 Large Animals	羊 Sheep & Goats	猪 Hogs
1981	4565.6	723.2	3307.2	535.2	3817.2	678.9	2670.0	468.3
1982	4721.9	744.3	3474.0	503.6	3903.9	708.0	2735.0	460.9
1983	4413.6	739.9	3177.9	495.8	3539.8	694.7	2418.0	427.1
1984	4259.5	740.9	3053.7	464.9	3488.3	698.2	2377.3	412.8
1985	4341.8	775.3	3060.7	505.8	3667.4	736.6	2468.4	462.4
1986	4434.5	799.5	3082.7	552.3	3734.5	751.3	2502.2	481.0
1987	4555.2	811.5	3219.9	523.8	3731.0	730.8	2544.7	455.5
1988	4685.9	792.3	3408.8	484.8	4093.8	734.6	2892.8	466.4
1989	5301.5	812.7	3945.0	543.8	4215.4	718.6	3009.5	487.3
1990	5307.5	784.9	3955.2	567.4	4254.4	707.5	3023.9	523.0
1991	5568.2	783.8	4160.0	624.4	4220.5	699.8	2960.9	559.8
1992	5558.0	774.4	4067.4	716.2	4168.4	690.2	2856.7	621.5
1993	5577.9	771.8	3942.1	864.0	4231.9	685.7	2860.3	685.9
1994	5711.3	756.6	4038.9	915.8	4450.7	682.4	3028.1	740.2
1995	6065.7	783.8	4302.5	979.4	4795.0	708.3	3321.0	765.7
1996	6697.7	825.5	4804.3	1067.9	5066.8	734.9	3561.8	770.1
1997	7112.4	840.8	5164.8	1106.8	5180.4	714.0	3656.7	809.7
1998	7387.2	817.8	5383.5	1185.9	5206.3	677.3	3712.9	816.1
1999	7436.2	802.8	5491.6	1141.7	5147.6	667.4	3702.6	777.6
2000	7300.5	803.3	5406.2	1090.9	4912.0	622.1	3551.6	738.3
2001	7135.0	702.3	5427.8	1004.9	4817.6	536.3	3515.9	765.4
2002	7260.1	652.0	5675.2	932.9	5176.9	543.4	3951.7	681.8
2003	7987.6	718.1	6396.1	873.5	5713.3	615.4	4450.1	647.7
2004	9274.4	814.5	7514.7	945.2	6722.9	718.2	5318.5	686.2
2005	10615.3	934.2	8713.0	968.1	6903.5	783.2	5420.0	700.3
2006	11050.5	986.8	9002.6	1061.1	6508.8	786.2	5102.5	620.1
2007	10854.4	1039.4	8774.6	1040.5	6554.5	815.5	5116.5	622.5
2008	10677.7	1063.8	8442.9	1170.5	6720.8	858.7	5231.6	630.5
2009	10858.5	1084.6	8512.2	1261.7	6842.6	851.0	5359.8	631.8
2010	10798.5	1140.1	8408.0	1250.5	6983.4	853.1	5498.4	631.9
2011	10762.6	1176.7	8347.5	1238.4	6907.4	819.9	5497.3	590.2
2012	11263.0	1238.7	8605.4	1418.9	6870.8	807.9	5470.8	592.1
2013	11819.8	1266.5	9024.7	1528.5	6968.8	788.6	5629.6	550.6
2014	12915.8	1308.5	10091.0	1516.3	7358.9	804.3	6046.0	508.6
2015	13585.7	1358.3	10736.5	1491.0	7657.1	846.3	6337.1	473.7
2016	13597.9	1389.0	10730.5	1478.4	7352.0	796.4	6101.6	454.0
2017					7441.9	824.4	6111.9	505.6

注:2017 年牲畜年中数据尚未最终核实确定。下表同。

a) Date on livestock year 2017 have not yet been verified. The same as in the following table.

12－19 大牲畜和羊(年中数)

Total Number of Large Animals, Sheep and Goats(Year－middle)

单位:万头(只) (10 000 heads)

年份 Year	合计 Total	牛 Cattles	马 Horses	驴 Donkeys	骡 Mules	骆驼 Camels	绵羊 Sheep	山羊 Goats
1947	841.8	174.6	48.7	33.7	3.0	11.0	342.6	228.2
1948	858.1	186.7	48.1	37.6	3.2	10.9	348.0	223.6
1949	956.3	208.5	45.3	44.9	3.2	11.8	403.8	238.8
1950	1074.9	232.1	45.0	94.1	3.7	13.2	457.3	274.5
1951	1290.1	262.6	50.5	56.3	4.3	14.3	550.2	351.9
1952	1593.8	307.1	59.7	63.6	4.9	15.3	692.4	450.8
1953	1938.9	348.9	67.0	66.4	5.4	16.8	853.7	580.7
1954	2230.6	385.6	73.8	74.7	6.2	18.1	991.3	680.9
1955	2311.3	394.2	83.5	81.2	7.8	20.2	1030.6	693.8
1956	2466.5	389.0	90.9	82.1	8.5	21.2	1098.8	776.1
1957	2266.6	353.2	94.5	74.6	8.1	22.3	992.5	721.4
1958	2430.4	346.9	95.9	77.5	8.2	22.2	1097.9	781.8
1959	2833.2	380.7	103.1	73.5	8.5	23.2	1281.0	963.2
1960	3044.6	402.8	109.5	66.0	9.0	25.6	1379.0	1052.7
1961	3118.2	415.7	116.3	57.1	8.9	25.4	1417.8	1077.0
1962	3264.3	421.2	125.3	61.1	8.9	26.8	1453.3	1167.7
1963	3705.2	454.2	140.4	68.6	9.3	27.2	1696.3	1309.2
1964	3992.2	476.7	155.6	78.7	10.4	28.7	1875.7	1366.4
1965	4176.2	493.2	166.9	85.3	11.6	30.9	2017.4	1370.9
1966	3717.5	454.3	165.9	88.6	13.4	26.3	1844.2	1124.8
1967	3870.6	436.7	163.0	88.8	16.0	25.5	1952.8	1187.8
1968	3817.8	427.5	180.7	92.2	19.2	30.6	1935.8	1131.8
1969	3544.8	396.9	184.9	86.0	22.4	31.5	1755.1	1068.0
1970	3566.7	390.5	196.7	86.7	23.2	29.3	1815.4	1024.9
1971	3676.3	400.2	205.5	88.8	27.2	32.6	1887.8	1034.2
1972	3761.1	409.8	212.7	90.9	28.8	33.4	1974.6	1010.9
1973	3874.0	410.2	218.9	90.6	30.6	31.0	2119.0	973.7
1974	3966.1	418.1	231.4	93.1	32.3	30.9	2186.8	973.5
1975	4128.2	422.7	239.0	91.2	34.2	33.2	2304.2	1003.7
1976	3866.4	423.2	231.2	84.4	35.2	34.4	2162.4	895.6
1977	3840.5	412.3	224.9	76.3	34.7	35.9	2183.5	872.9
1978	3558.0	358.5	192.8	75.9	34.4	35.9	1986.7	873.8
1979	3902.2	376.2	198.2	78.0	34.1	38.2	2212.4	965.2
1980	4058.3	391.1	196.3	80.9	34.1	38.9	2354.7	962.3

12－19 续表 continued

单位:万头(只) (10 000 heads)

年份 Year	合计 Total	牛 Cattles	马 Horses	驴 Donkeys	骡 Mules	骆驼 Camels	绵羊 Sheep	山羊 Goats
1981	4030.4	381.6	187.7	79.8	33.9	40.2	2408.7	898.5
1982	4218.3	404.2	189.1	75.2	35.0	40.8	2543.8	930.2
1983	3917.8	407.4	185.1	74.3	37.6	35.6	2394.8	783.1
1984	3794.6	404.0	184.2	78.1	40.8	33.8	2273.4	780.3
1985	3836.0	424.0	189.4	85.2	44.6	32.2	2263.2	797.5
1986	3882.2	437.3	192.3	90.8	48.5	30.6	2255.5	827.2
1987	4031.4	445.2	194.2	93.2	51.9	27.0	2365.3	854.6
1988	4201.1	438.4	184.1	91.4	53.8	24.6	2454.1	954.7
1989	4757.7	457.8	180.9	92.1	56.5	25.4	2776.0	1169.0
1990	4740.1	439.8	169.2	93.0	58.2	24.7	2734.3	1220.9
1991	4943.8	434.9	166.8	96.7	61.8	23.6	2847.4	1312.6
1992	4841.9	426.4	164.1	97.6	65.3	21.0	2779.8	1287.7
1993	4713.8	424.2	161.9	100.1	68.0	17.7	2652.3	1289.8
1994	4795.5	415.4	158.2	96.8	69.7	16.6	2694.6	1344.3
1995	5086.3	442.7	158.0	97.6	69.4	16.1	2779.6	1522.9
1996	5629.8	477.2	161.5	100.4	70.1	16.3	3083.4	1720.9
1997	6005.6	488.0	161.3	102.9	72.2	16.5	3285.0	1879.9
1998	6201.3	478.6	149.9	101.8	71.8	15.7	3419.0	1964.5
1999	6294.5	475.2	140.4	100.9	71.6	14.8	3544.0	1947.6
2000	6209.6	490.2	130.5	99.5	69.5	13.6	3537.4	1868.8
2001	6130.1	431.4	108.4	87.9	62.3	12.3	3408.1	2019.7
2002	6327.2	419.6	87.6	80.4	55.5	8.9	3476.8	2198.4
2003	7114.1	499.3	79.2	81.1	49.4	9.1	3974.0	2422.1
2004	8329.2	600.0	74.6	82.9	47.0	10.1	4936.7	2578.0
2005	9647.2	721.9	74.5	84.3	43.0	10.6	5904.3	2808.7
2006	9989.4	780.1	73.5	80.1	41.9	11.2	6054.3	2948.3
2007	9814.0	820.1	75.9	91.3	40.7	11.4	5724.1	3050.5
2008	9506.7	838.9	78.7	96.3	38.7	11.3	5441.0	3001.9
2009	9596.8	881.8	70.9	88.2	32.1	11.6	5552.5	2959.7
2010	9548.1	929.4	70.3	97.2	30.7	12.1	5782.0	2626.0
2011	9524.2	956.3	77.0	102.1	28.7	12.6	5885.6	2461.9
2012	9844.1	1015.8	79.4	102.4	26.1	14.9	6245.8	2359.6
2013	10291.3	1047.4	74.7	103.9	25.0	15.5	6668.7	2356.0
2014	11399.5	1078.5	80.8	110.5	23.2	15.5	7716.8	2374.3
2015	12094.8	1126.0	86.8	106.9	20.8	17.8	8266.8	2469.7
2016	12119.5	1151.1	93.5	108.6	17.9	18.0	8345.2	2385.3

12－20 主要畜禽产品产量

Output of Major Livestock and Poultry

项 目	Item	2016	2017
当年出栏肉猪头数(万头)	Annual Number of Sold Fatten Hogs (10 000head)	644.95	918.96
当年出售和自宰的肉用牛(万头)	Annual Number of Sold and Killed Meat Cattles (10 000head)	339.75	363.19
当年出售和自宰的肉用羊(万只)	Annual Numberof Sold and Killed Mutton Goats and Sheep (10 000head)	6112.82	6257.87
当年肉类总产量(吨)	Annual Output of Meat (ton)	2363006	2651630
#猪肉产量(吨)	Pork (ton)	511302	735240
牛肉产量(吨)	Beef (ton)	555926	594841
羊肉产量(吨)	Mutton (ton)	1013085	1041276
奶类产品(吨)	Milks (ton)	5928746	5596304
#牛 奶(吨)	Cow Millk (ton)	5856545	5528578
山羊毛产量(吨)	Goat Wool (ton)	18691	16801
山羊粗毛(吨)	Goat Wool (ton)	10193	8775
山羊绒产量(吨)	Cashmere (ton)	8498	8026
绵羊毛产量(吨)	Sheep Wool (ton)	132925	126682
蜂蜜产量(吨)	Honey (ton)	5124	4563
禽蛋产量(吨)	Poultry Eggs (ton)	538154	532092
年末实有家禽(万只)	Number of Poultry at Yearend (10 000 heads)	4500.97	4416.32
水 产 品(吨)	Aquatic Products (ton)	158298	156181

主要统计指标解释

农林牧渔业总产值 指以货币表现的农、林、牧、渔业全部产品的总量,它反映一定时期内农业生产总规模和总成果。农业总产值的计算方法通常是按农林牧渔业产品及其副产品的产量分别乘以各自单位产品价格求得;少数生产周期较长,当年没有产品或产品产量不易统计的,则采用间接方法匡算其产值;然后将四业产品产值相加即为农业总产值。

粮食产量 指全社会的产量。包括国有经济经营的、集体统一经营的和农民家庭经营的粮食产量,还包括工矿企业办的农场和其他生产单位的产量。粮食除包括稻谷、小麦、玉米、高粱、谷子及其他杂粮外,还包括薯类和豆类。其产量计算方法,豆类按去豆荚后的干豆计算;薯类(包括甘薯和马铃薯,不包括芋头和木薯)1963 年以前按每 4 公斤鲜薯折 1 公斤粮食计算,从 1964 年开始改为按 5 公斤鲜薯折 1 公斤粮食计算。城市郊区作为蔬菜的薯类(如马铃薯等)按鲜品计算,并且不作粮食统计。其他粮食一律按脱粒后的原粮计算。

油料产量 指全部油料作物的生产量。包括花生、油菜籽、芝麻、向日葵籽、胡麻籽(亚麻籽)和其他油料。不包括大豆,木本油料和野生油料。花生以带壳干花生计算。

水产品产量 指人工养殖的水产品和天然生长的水产品的捕捞量。包括海水的鱼类、虾蟹类、贝类和藻类以及内陆水域的鱼类、虾蟹类和贝类,不包括淡水生植物。

猪、牛、羊肉产量 指当年出栏并已屠宰、除去头蹄下水后带骨肉(即胴体重)的重量。

牲畜总增头数 是反映牲畜的总体增长情况、牲畜头数增殖情况和死亡损失情况的一项数量指标,以大畜、小畜和猪分畜种计算。

总增头数 = 期内繁殖成活仔畜头数 - 期内成幼畜死亡头数

期末牲畜存栏头数 指调查期末农村各种合作经济组织和国营农场,农民个人,机关、团体、学校、工矿企业,部队等单位以及城镇居民饲养的大牲畜、猪、羊的存栏头数。

耕地面积 指可以用来种植农作物、经常进行耕锄的田地,包括熟地、当年新开荒地、连续撂荒未满三年的耕地和当年的休闲地(轮歇地),还包括以种植农作物为主并附带种植桑树、茶树、果树和其他林木的土地,以及沿海、沿湖地区已围垦利用的“海涂”、“湖田”等面积。不包括属于专业性的桑园、茶园、果园、果木苗圃、林地、芦苇地、天然或人工草地面积。

农作物播种面积 指实际播种或移植有农作物的面积。凡是实际种植有农作物的面积,不论种植在耕地上还是种植在非耕地上,均包括在农作物播种面积中。在播种季节基本结束后,因遭灾而重新改种和补种的农作物面积,也包括在内。

有效灌溉面积 指具有一定的水源,地块比较平整,灌溉工程或设备已经配套,在一般年景下当年能够进行正常灌溉的耕地面积。

农用化肥施用量 指本年内实际用于农业生产的化肥数量,包括氮肥、磷肥、钾肥和复合肥。化肥施用量要求按折纯量计算数量。折纯量是把氮肥、磷肥、钾肥分别按含氮、含五氧化二磷、含氧化钾的百分之一百成份进行折算后的数量。复合肥按其所含主要成分折算。

农业机械总动力 指主要用于农、林、牧、渔业的各种动力机械的动力总和。包括耕作机械、排灌机械、收获机械、农用运输机械、植物保护机械、牧业机械、林业机械、渔业机械和其他农业机械[内燃机按引擎马力折成瓦(特)计算、电动机按功率折成瓦(特)计算]。不包括专门用于乡、镇、村、组办工业、基本建设、非农业运输、科学试验和教学等非农业生产方面用的动力机械与作业机械。

农林牧渔业劳动力 指全社会直接参加农林牧渔业生产活动的劳动力。

Explanatory Notes on Main Statistical Indicators

Gross Output Value of Farming, Forestry, Animal Husbandry and Fishery refers to the total value of products of farming, forestry, animal husbandry and fishery, which reflects the total scale and result of agricultural production during a given period. Gross output value of agriculture is obtained by first multiplying the output of each product or by product by its price, resulting in the output value of each single item. For a small number of products, annual output of which is not available or difficult to get due to the long production growing process involved, the output value is estimated through an indirect approach. The sum of output value of all products of farming, forestry, animal husbandry, and fishery is then equal to the gross output value of agriculture.

Grain Yield refers to the yield in the whole country including grains produced by state farms, collective units, industrial enterprises and mines. Grain includes rice, wheat, corn, sorghum, millet and other miscellaneous grains as well as tubers and beans. Output of beans refers to dry beans without pods. The output of tubers (sweet potatoes and potatoes, not including taros and cassava) was converted into that of grain at the ratio 4:1, i. e. 4 kilograms of fresh tubers was equivalent to 1 kilogram of grain up to 1963. Since 1964 the ratio for conversion has been 5:1. Tubers supplied as vegetables (such as potatoes) in cities and suburbs are calculated as fresh vegetables and their output is not included in the output of grain . Output of all other grains refers to husked grain.

Yield of Oil – bearing Crops refers to the total yield of oil bearing crops of various kinds, including peanuts, (dry, in shell) rape seeds, sesame, sunflower seeds, flax seeds, and other oil bearing crops, Soybeans, oil bearing woody plants, and wild oil bearing crops are not included.

Output of Aquatic Products refers to catches of both artificially cultured and naturally grown aquatic products, including fish, shrimps, crabs and shellfish in sea and inland water as well as seaweed. Freshwater plants are not included.

Output of Pork, Beef, and Mutton refers to the meat of slaughtered hogs, cattle, sheep and goats with head, feet, and offal taken away.

Total Number of Livestock Added is a kind of numeral index which reflects the total statistics of increase, breeding and death of livestock, it is calculated at different kinds of livestock

Total Number of Livestock Added = Survival Number of Newborn Livestock in the given Period – Death Number of Livestock

Number of Livestock in stock at Beginning(or End) refers to the total number of large animals, pigs, sheep, etc. raised by rural cooperative organizations, state farms, rural individuals, government agencies, schools, industrial and mining enterprises, army, and urban residents at the beginning(or end) of the reference period.

Cultivated Area refers to farmland which is plowed constantly for growing crops, including cultivated land, newly cultivated land in the current year(Area under cultivation), farmland left without cultivation for less than three years and fallow land in the current year, rotation land, rotation land of grass and crops, farmland with some fruit trees, mulberry trees and other trees and cultivated seashore land, lake land and etc. The land of mulberry fields, tea plantations, orchards, nurseries of young plants, forestland, reed land, natural and manmade grassland and other land are not included in cultivated land.

Sown Area of Crops refers to area of land sown or transplanted with crops regardless of being in cultivated area or non – cultivated area. Area of land re sown due to natural disasters is also included.

Irrigated Area refers to areas that are effectively irrigated, i. e. level land which has water source and complete sets of irrigation facilities to lift and move adequate water for irrigation purpose under normal conditions.

Consumption of Chemical Fertilizers in Agriculture refers to the quantity of chemical fertilizers applied in agriculture in the year, including nitrogenous fertilizer, phosphate fertilizer, potash fertilizer, and compound fertilizer. The consumption of chemical fertilizers is required in calculation to convert the gross weight into weight containing 100% effective component. Compound fertilizer is converted with its major component.

Total Power of Farm Machinery refers to total mechanical power of machinery used in farming, forestry, animal husbandry, and fishery, including ploughing, irrigation and drainage, harvesting, transport, plant protection, stock breeding, forestry and fishery. The power of internal combustion engines is required to convert horsepower into watts and the power of electric motors is required to be converted into watts. Machinery employed for non – agricultural purposes, such as the machines used in township run and village run industry, construction, non agricultural transport, scientific experiments and teaching, is excluded.

Labour Force Engaged in Farming, Forestry, Animal Husbandry and Fishery refers to the total laborers who are directly engaged in production of farming, forestry, animal husbandry and fishery.

13 工 业

Industry

资料整理：张恩铭　马芸芸
Arranged By Zhang En ming，Ma Yun yun

13 - 1 工业企业单位数和工业总产值

Number of Industrial Enterprises and Gross Industrial Output Value by Ownership

项 目	Item	2000	2005	2010	2014
企业单位数(个)	**Number of Industrial Enterprises(unit)**	**147769**	**130898**	**122718**	**119659**
在总计中:	Of the Total:				
国有及国有控股企业	State - owned Enterprises(including enterprises with controlling share hold by the state)	757	525	517	661
在总计中:	Of the Total:				
轻工业	Light Industry	97464	81391	75631	73629
重工业	Heavy Industry	50305	49507	47087	46030
在总计中:	Of the Total:				
国有企业	State - owned Enterprises	545	353	228	129
集体企业	Collective - owned Enterprises	3874	1207	1933	1835
个体企业	Individual - owned Enterprises	133421	119446	104305	
其他经济类型企业	Enterprises of Other Types of Ownership	9929	9892	16252	
# 股份制经济	Share - holding Corporations	371	2382	2762	2627
外商及港澳台商投资企业	Enterprises Funded by Foreigners or by Entre - preneurs from Hong Kong, Macao and Taiwan	90	245	221	172
工业总产值(亿元)	**Gross Industrial Output Value (100 million yuan)**	**1202.85**	**3861.58**	**16020.00**	**23820.79**
在总计中:	Of the Total:				
国有及国有控股企业	State - owned Enterprises(including enterprises with controlling share hold by the state)	636.95	1684.26	4455.52	6327.41
在总计中:	Of the Total:				
轻工业	Light Industry	464.26	1171.70	4645.80	6908.03
重工业	Heavy Industry	738.59	2689.88	11374.20	16912.76
在总计中:	Of the Total:				
国有企业	State - owned Enterprises	245.68	415.17	1393.64	805.31
集体企业	Collective - owned Enterprises	65.64	60.94	206.59	280.56
个体企业	Individual - owned Enterprises	245.29	405.69	1269.10	
其他经济类型企业	Enterprises of Other Types of Ownership	646.24	2979.78	13150.67	
# 股份制经济	Share - holding Corporations	410.35	1927.37	9264.92	12804.84
外商及港澳台商投资企业	Enterprises Funded by Foreigners or by Ent - repreneurs from Hong Kong, Macao and Taiwan	58.10	358.39	1180.70	1247.36

注:工业总产值按核算口径工业总产出计算。

a) The gross industrial output value is calculated at gross industrial output of national accounts.

13-2 工业总产值指数

Indices of Gross Industrial Output Value

(上年=100) (preceding year=100)

年份 Year	工业总产值 Total Industry	按轻重工业分 Grouped by Light & Heavy Industry		按经济类型分 Grouped by Ownership			
		轻工业 Light Industry	重工业 Heavy Industry	国有及国有控股企业 State-owned or Controlling Share Hold Industry	集体企业 Collective-owned Industry	个体企业 Individual-Owned Industry	其他经济类型企业 Industry of Other Types of Ownership
1979	106.7	101.5	110.3	108.4	112.9		
1980	104.8	112.3	99.9	104.0	107.5		
1981	100.6	110.9	92.9	102.7	92.8	191.7	300.0
1982	115.1	107.9	121.1	114.9	115.5	200.5	96.7
1983	109.6	108.4	110.5	110.3	106.3	173.2	120.0
1984	108.1	107.4	108.6	108.0	107.1	252.9	87.0
1985	116.6	116.8	116.6	113.9	93.6	444.7	157.5
1986	109.6	112.8	107.2	107.7	146.0	168.3	188.7
1987	112.5	115.6	110.0	111.5	113.5	130.8	136.2
1988	113.9	116.1	112.2	110.7	121.1	152.1	229.2
1989	112.6	107.7	116.7	110.7	117.0	122.1	217.9
1990	104.1	102.8	105.0	104.1	100.7	120.7	134.0
1991	108.1	108.1	108.0	106.4	107.8	138.4	156.1
1992	111.3	108.0	113.5	107.9	118.4	133.8	148.5
1993	113.8	106.0	117.2	105.1	124.5	143.9	272.5
1994	114.0	118.0	113.2	103.7	122.1	142.0	295.0
1995	112.0	115.5	111.0	107.2	97.0	186.8	126.3
1996	111.5	112.5	110.1	101.6	124.6	158.9	161.1
1997	115.0	117.2	112.0	101.5	118.0	127.4	140.0
1998	110.0	109.7	110.4	106.5	86.6	114.8	145.3
1999	111.0	117.2	105.9	109.6	91.3	111.1	123.6
2000	112.0	120.7	106.8	106.7	67.2	125.5	135.6
2001	111.1	114.1	108.6	106.3	76.6	110.3	125.4
2002	114.0	116.8	112.5	115.1	108.4	112.4	137.4
2003	125.0	123.6	125.9	109.1	119.9	108.3	146.1
2004	129.7	127.5	130.8	126.2	68.0	93.1	149.6
2005	130.7	126.0	133.2	134.7	113.4	111.0	133.6
2006	132.1	126.1	134.7	122.6	126.9	115.4	153.9
2007	127.8	122.3	130.1	125.0	129.6	129.9	141.1
2008	123.1	113.7	125.5	117.0	133.5	125.7	136.9
2009	120.6	123.4	119.8	113.5	118.7	131.8	121.9
2010	118.8	116.6	119.3	119.6	114.3	128.5	118.9
2011	119.0	112.5	120.5	112.6	115.7	128.9	119.1
2012	114.8	114.4	114.9	112.4	120.0	125.3	115.2
2013	112.0	111.3	112.2	110.6	110.3	123.2	114.7
2014	110.0	110.6	109.8	103.7	97.2	112.1	110.6
2015	108.6	111.3	108.0	103.2	107.2	110.5	109.4
2016	107.2	105.9	107.5	101.4	100.9	109.8	108.6
2017	103.1	90.3	105.4	115.3	44.8	106.4	102.8

注:本表按可比价格计算,以上年为100。

a) Data in this table are calculated at comparable prices, preceding year = 100.

13－3 规模以上工业企业工业总产值增速

Gross Industrial Output Value Growth of Industrial Enterprises above Designated Size

单位:%　　(%)

行业	Item	2017年工业总产值增速 Gross Industrial Output Value Growth in 2017
总计	**Total**	**10.8**
按经济类型分	Grouped by Ownership	
在总计中:	Of the Total:	
国有及国有控股企业	State－owned Enterprises(including with controlling share hold by the state)	25.9
在总计中:	Of the Total:	
集体企业	Collective－owned Enterprises	－67.0
股份有限公司	Share－holding Corporation	21.2
外商投资企业	Foreign Funded Enterprises	16.2
港澳台商投资企业	Enterprises Funded by Entrepreneurs from Hong Kong, Macao and Taiwan	8.0
按轻重工业分	**Grouped by Light & Heavy Industry**	
轻工业	Light Industry	－13.9
重工业	Heavy Industry	15.6
按企业规模分	**Grouped by Size of Enterprises**	
大型企业	Large	32.9
中型企业	Medium－sized	8.7
小型企业	Small	－14.1
微型企业	Tiny	6.9
按行业分	**Grouped by Sector**	
煤炭开采和洗选业	Coal Mining & Processing	34.0
石油和天然气开采业	Petroleum & Natural Gas Pumped	2.1
黑色金属矿采选业	Mining & Dressing of Ferrous Metals	－30.6
有色金属矿采选业	Mining & Dressing of Nonferrous Metals	14.8
非金属矿采选业	Mining & Dressing of Nonmetal Minerals	－37.0
开采辅助活动	Support Activities for Mining	49.4
其他采矿业	Mining of Other Mineral	－95.7
农副食品加工业	Processing of Agricultural Side－Line Food	－30.5
食品制造业	Food Manufacturing	－0.2

13－3 续表 1 continued

单位:% (%)

行 业	Item	2017 年工业总产值增速 Gross Industrial Output Value Growth in 2017
酒、饮料和精制茶制造业	Wine, Beverage and Refined Tea Manufacturing	－14.0
烟草制品业	Tobacco Products	15.6
纺织业	Textile Industry	－18.2
纺织服装、服饰业	Textile, Apparel Industry	－23.6
皮革、毛皮、羽毛及其制品和制鞋业	Leather, Fur, Feathers and Their Products and Footwear	－32.8
木材加工和木、竹、藤、棕、草制品业	Timber Processing, Bamboo, Cane, Palm Fiber & Straw Products	－68.8
家具制造业	Furniture Manufacturing	－69.9
造纸和纸制品业	Paper－making & Paper Products	5.8
印刷和记录媒介复制业	Printing and Record Medium Reproduction	－71.3
文教、工美、体育和娱乐用品制造业	Manufacturing of Cultural, Educational & Arts, Crafts & Sports and Entertainment Goods	－27.7
石油加工、炼焦和核燃料加工业	Petroleum Processing, Coke Products & Processing of Nuclear Fuel	52.3
化学原料和化学制品制造业	Raw Chemical Materials & Chemical Products	19.2
医药制造业	Medicine Manufacturing	4.9
化学纤维制造业	Chemical Fiber Manufacturing	－43.7
橡胶和塑料制品业	Rubber and Plastic Products	－52.3
非金属矿物制品业	Nonmetal Mineral Products	－14.2
黑色金属冶炼和压延加工业	Smelting & Pressing of Ferrous Metals	41.2

13－3 续表 2 continued

单位:%　　(%)

行 业	Item	2017 年工业总产值增速 Gross Industrial Output Value Growth in 2017
有色金属冶炼和压延加工业	Smelting & Pressing of Nonferrous Metals	12.7
金属制品业	Metal Products	－50.3
通用设备制造业	Manufacturing of General－Purpose Equipment	137.8
专用设备制造业	Special Purposes Equipment Manufacturing	－66.2
汽车制造业	Automotive Manufacturing	14.4
铁路、船舶、航空航天和其他运输设备制造业	Railroad, Ships, Aerospace and Other Transportation Equipment Manufacturing	－14.8
电气机械和器材制造业	Electric Equipment & Machinery	－53.6
计算机、通信和其他电子设备制造业	Manufacturing of Computer, Communications and Other Electronic Equipment	43.0
仪器仪表制造业	Manufacturing of Instrument	－74.5
其他制造业	Others	－72.0
废弃资源综合利用业	Comprehensive Utilization of Waste Resources	－35.3
金属制品、机械和设备修理业	Metal products, Machinery and Equipment Repair	－16.5
电力、热力生产和供应业	Production & Supply of Electric Power & Heating Power	8.7
燃气生产和供应业	Production & Supply of Gas	12.6
水的生产和供应业	Production & Supply of Water	11.4

13－4 主要工业产品生产能力

Production Capacity of Major Industrial Products

产品名称	Item	2017
原煤(万吨)	Coal(10 000 tons)	102849.00
焦炭(万吨)	Coke(10 000 tons)	4727.90
天然原油(万吨)	Crude Oil(10 000 tons)	97.00
碳化钙(电石)(万吨)	Calcium Carbide (10 000 tons)	1129.72
发电设备容量总计(万千瓦)	Capacity Of Generator (10 000 kw)	11298.10
卷烟(万支)	Cigarettes(10 000 pieces)	5040900.00
农用氮磷钾化学肥料(万吨)	Chemical Fertilizer(10 000 tons)	538.70
原铝(万吨)	Aluminum(10 000 tons)	393.70
水泥(万吨)	Cement(10 000 tons)	8138.08
平板玻璃(万重量箱)	Plate Glass(10 000 weight cases)	1050.00
生铁(万吨)	Pig Iron(10 000 tons)	1997.00
钢(万吨)	Steel(10 000 tons)	2877.00
钢材(万吨)	Rolled Steel(10 000 tons)	2876.21
铁合金(万吨)	Ferroalloy(10 000 tons)	872.16
汽车(辆)	Vehicle(unit)	160000.00
电视机(万台)	Television Sets(10 000 sets)	250.00
#彩色电视机(万台)	Color TV Sets(10 000 sets)	250.00

主要统计指标解释

工业 指从事自然资源的开采，对采掘品和农产品进行加工和再加工的物质生产部门。具体包括：(1)对自然资源的开采，如采矿、晒盐、森林采伐等（但不包括禽兽捕猎和水产捕捞）(2)对农副产品的加工、再加工，如粮油加工、食品加工、轧花、缫丝、纺织、制革等；(3)对采掘品的加工、再加工，如炼铁、炼钢、化工生产、石油加工、机器制造、木材加工等，以及电力、自来水、煤气的生产和供应等；(4)对工业品的修理、翻新，如机器设备的修理，交通运输工具（包括小卧车）的修理等。

工业统计调查单位 工业统计调查单位分为两类：独立核算法人工业企业和工业活动单位。

(1)独立核算法人工业企业 是指从事工业生产经营活动的单位。独立核算法人工业企业应同时具备以下条件：①依法成立，有自己的名称、组织机构和场所，能够承担民事责任；②独立拥有和使用资产，承担负债，有权与其他单位签订合同；③独立核算盈亏，并能够编制资产负债表。

(2)工业活动单位 是指在一个场所从事一种或主要从事一种工业生产活动的经济单位。它包括独立核算工业企业按主营业务活动（即工业生产活动）划分的主营业务活动单位和非工业企业所属的工业生产活动单位（即原非独立核算工业生产单位）。工业活动单位，一般应同时具备以下三个条件：①具有一个场所，从事一种或主要从事一种工业活动；②单独组织工业生产、经营或业务活动；③单独核算收入和支出。

轻工业 指主要提供生活消费品和制作手工工具的工业。按其所使用的原料不同，可分为两大类：(1)以农产品为原料的轻工业，是指直接或间接以农产品为基本原料的轻工业。主要包括食品制造、饮料制造、烟草加工、纺织、缝纫、皮革和毛皮制作、造纸以及印刷等工业；(2)以非农产品为原料的轻工业，是指以工业品为原料的轻工业。主要包括文教体育用品、化学药品制造、合成纤维制造、日用化学制品、日用玻璃制品、日用金属制品、手工工具制造、医疗器械制造、文化和办公用机械制造等工业。

重工业 是指为国民经济各部门提供物质技术基础的主要生产资料的工业。按其生产性质和产品用途，可以分为下列三类：(1)采掘（伐）工业，是指对自然资源的开采，包括石油开采、煤炭开采、金属矿开采、非金属矿开采和木材采伐等工业；(2)原材料工业，指向国民经济各部门提供基本材料、动力和燃料的工业。包括金属冶炼及加工、炼焦及焦炭、化学、化工原料、水泥、人造板以及电力、石油和煤炭加工等工业；(3)加工工业，是指对工业原材料进行再加工制造的工业。包括装备国民经济各部门的机械设备制造工业、金属结构、水泥制品等工业，以及为农业提供的生产资料如化肥、农药等工业。

根据上述划分原则，修理业中以重工业产品为修理作业对象的划为重工业，反之划为轻工业。

工业总产值 是以货币表现的工业企业在一定时期内生产的已出售或可供出售工业产品总量，它反映一定时间内工业生产的总规模和总水平。它包括：在本企业内不再进行加工，经检验、包装入库（规定不需包装的产品除外）的成品价值，对外加工费收入，自制半成品、在产品期末期初差额价值。工业总产值采用“工厂法”计算，即以工业企业作为一个整体，按企业工业生产活动的最终成果来计算，企业内部不允许重复计算，不能把企业内部各个车间（分厂）生产的成果相加。但在企业之间、行业之间、地区之间存在着重复计算。

工业增加值 是指工业行业在报告期内以货币表现的工业生产活动的最终成果。

实收资本 指企业实际收到的投资人投入的资本。按投资主体可分为国家资本、集体资本、法人资本、个人资本、港澳台资本和外商资本等。

资产合计 指企业拥有或控制的能以货币计量的经济资源。包括各种财产、债权和其他权利。资产按其流动性划分为流动资产、长期投资、固定资产、无形及递延资产和其他资产。

(1)流动资产 指企业可以在一年内或者超过一年的一个生产周期内变现或耗用的资产合计。包括现金及各种存款、短期投资、应收及预付款项、存货等。

(2)固定资产 指企业固定资产净值、固定资产清理、在建工程、待处理固定资产损失所占用的资金合计。

(3)无形资产 指企业长期使用而没有实物形态的资产。包括专利权、非专利技术、商标权、著作权、土地使用权、商誉等。

负债合计 指企业承担的能以货币计量，将以资产或劳务偿付的债务。负债一般按偿还期长短分为流动负债和长期负债、递延税项等。

(1)流动负债 指企业在一年内或者超过一年的一个营业周期内需要偿还的债务合计，其中包括短期借款、应付及预收款项、应付工资、应交税金和应交利润等。

(2)长期负债 指企业在一年以上或者超过一年的一个营业周期以上需要偿还的债务合计，其中包括长期借款、应付债务、长期应付款项等。

所有者权益　指企业投资人对企业净资产的所有权。企业净资产等于企业全部资产减去全部负债后的余额，其中包括投资者对企业的最初投入，以及资本公积金、盈余公积金和未分配利润，对股份制企业即为股东权益。

固定资产原价　指企业在建造、购置、安装、改建、扩建、技术改造某项固定资产时所支出的全部货币总额。它一般包括买价、包装费、运杂费和安装费等。

固定资产净值　是指固定资产原价减去历年已提折旧额后的净额。

流动资产　是指可以在一年或者超过一年的一个营业周期内变现或者耗用的资产，包括现金及各种存款、短期投资、应收及预付货款、存货等。

产品销售收入　指企业销售产品和提供劳务等主要经营业务取得的业务总额。

产品销售成本　指企业销售产品和提供劳务等主要经营业务的实际成本。

产品销售税金及附加　指企业销售产品和提供工业性劳务等主要经营业务应负担的城市维护建设税、消费税、资源税和教育费附加。

产品销售利润　指企业销售产品和提供工业性劳务等主要经营业务收入扣除其成本、费用、税金后的利润。

利润总额　指企业实现的利润。

应交增值税　指企业在报告期内应交纳的增值税额。

总资产贡献率　反映企业全部资产的获利能力，是企业经营业绩和管理水平的集中体现，是评价和考核企业盈利能力的核心指标。计算公式为：

总资产贡献率(%)=(利润总额+税金总额+利息支出)/平均资产总额×100%

资产负债率　该指标既反映企业经营风险的大小，也反映企业利用债权人提供的资金从事经营活动的能力。计算公式为：

总资产负债率(%)=负债总额/资产总额×100%

工业成本费用利润率　指在一定时期内实现的利润与成本费用之比，是反映工业生产成本及费用投入的经济效益指标，同时也是反映降低成本的经济效益的指标。

计算公式为：

工业成本费用利润率(%)=利润总额/成本费用总额×100%

工业增加值率　指在一定时期内工业增加值占同期工业总产值的比重，反映降低中间消耗的经济效益。计算公式为：

工业增加值率(%)=工业增加值(现价)/工业总产值(现价)×100%

流动资金周转次数　指在一定时期内流动资产完成的周转次数，反映流动资产的周转速度。计算公式为：

流动资金周转次数=产品销售收入/全部流动资产平均余额

产品销售率　指报告期工业销售产值与同期全部工业总产值之比，是反映工业产品已实现销售的程度，分析工业产销衔接情况，研究工业产品满足社会需求程度的指标。计算公式为：

产品销售率(%)=工业销售产值/工业总产值(现价)×100%

全员劳动生产率　指根据产品的价值量指标计算的平均每一个从业人员在单位时间内的产品生产量。是考核企业经济活动的重要指标，是企业生产技术水平、经营管理水平、职工技术熟练程度和劳动积极性的综合表现。目前我国的全员劳动生产率是将工业企业的工业增加值除以同一时期全部从业人员的平均人数来计算的。计算公式为：

全员劳动生产率=工业增加值/全部从业人员平均人数

为了使各年度的全员劳动生产率数字可以比较，1990年以前各年的全员劳动生产率均按指数换算成1990年不变价格。

Explanatory Notes on Main Statistical Indicators

Industry refers to the material production sector which is engaged in extraction of natural resources and processing and reprocessing of minerals and agricultural products, including (1) extraction of natural resources, such as mining, salt production, logging (but not including hunting and fishing) ; (2) processing and reprocessing of farm and sideline produces, such as rice husking, flour milling, wine making, oil pressing, cotton ginning, silk reeling, spinning and weaving, and leather making; (3) manufacture of industrial products, such as steel making, iron smelting, chemicals manufacturing, petroleum processing, machine building, timber processing; water and gas production and electricity generation and supply; (4) repairing of industrial products such as the repairing of machinery and means of transport(including cars) .

Units of Industrial Statistics and Inquiry They are classified into two categories (1) corporate industrial enterprises with independent accounting system (2) industrial establishments.

(1) Corporate industrial enterprises with independent accounting system refer to enterprises engaging in industrial production activities, which meet the following requirements: ①They are established legally, having their own names, organizations, location, able to take civil liability; ②They possess and use their assets independently, assume liabilities, and are entitled to sign contracts with other units; ③They are financially independent and compile their own balance sheets.

(2) Industrial establishments refer to economic units which located in one single place and engaged entirely or primarily in one kind of industrial activity, including financially independent industrial enterprises and units engaged in industrial activities under the non industrial enterprises (or financially dependent) . Industrial establishments generally meet the following requirements: ①They have each one location and are engaged in one kind of industrial activity each; ②They operate and manage their industrial production activities separately; ③They have accounts of income and expenditures separately.

Light Industry refers to the industry that produces consumer goods and hand tools. It consists of two categories, depending on the materials used:

(1) Industries using farm products as raw materials. These are branches of light industry which directly or indirectly use farm products as basic raw materials, including the manufacture of food and beverages, tobacco processing, textile, clothing, fur and leather manufacturing, paper making printing, etc.

(2) Industries using non – farm products as raw materials. These are branches of light industry which use manufactured goods as raw materials, including the manufacture of cultural, educational articles and sports goods, chemicals, synthetic fiber, chemical products for daily use, glass products for daily use, metal products for daily use, hand tools, medical apparatus and instruments, and the manufacture of cultural and clerical machinery

Heavy Industry refers to the industry which produces capital goods, and provides various sectors of the national economy with necessary material and technical basis. It consists of the following three branches according to the purpose of production or the use of products:

(1) Mining, quarrying and logging industry refers to the industry that extracts natural resources, including extraction of petroleum, coal, metal and non metal and logging.

(2) Raw materials industry refers to the industry that provides various sectors of the national economy with raw materials, fuels and power. It includes smelting and processing of metals, coking and coke chemistry, chemical materials and building materials such as cement, plywood, and power, petroleum refining and coal dressing.

(3) Manufacturing industry refers to the industry that processes raw materials. It includes machine building industry which equips sectors of the national economy, industries of metal structure and cement products, industries producing means of agricultural production, such as chemical fertilizers and pesticides. According to the above principle of classification, the repairing trades which are engaged primarily in repairing products of heavy industry are classified into heavy industry while these engaged in repairing products of light industry are classified into light industry.

Gross Industrial Output Value is the total volume of industrial products sold or available for sale in value terms which reflects the total achievements and overall scale of industrial production during a given period. It includes the value of the finished products, which are not to be further processed in the enterprises and have been inspected, packed and put in storage, the value of industrial services rendered to other units, and the changes in the value of the semi finished products and products in process between the beginning and closing of the period. The gross industrial output value is calculated with "factory method". No double calculations are to be made within the same enterprise. However, double counting does occur among different enterprises.

Value – added of Industry refers to the final results of industrial production of the industrial trade in money terms during the reference period.

Capital Obtained refers to capital actually received by the enterprise from investors. It can be further classified by investors as state capital, collective capital, corporate capital, individual capital, capital from Hong Kong, Macao and Taiwan and foreign capital.

Total Assets refer to all economic resources, owned or controlled by enterprises that could be measured in monetary terms, including properties, creditors equity and other economic rights of all forms. Classified by the degree of equitability, total assets include circulating assets, long term investment, fixed assets, intangible assets and deferred assets, and other assets.

(1) Circulating assets (working capital) refer to assets which can be cashed in or spent or consumed in an operating cycle of one year or over one year, including cash, all kinds of deposits, short term investment, receivables, advance payment, stock, etc.

(2) Fixed assets refer to the net value of fixed assets, clearance of fixed assets, project under construction, fixed assets losses in suspense. These are corporations, fund holdings.

(3) Intangible assets refer to the assets without material form used by enterprises over a long time, such as patents, non patent technologies, trade marks, copyright, land use right, business reputation, etc.

Total Liabilities refer to the debts, measured in monetary terms, that enterprises are responsible for repayment in the form of cash, assets or labour. Classified by terms of repayment, liability includes liquid liabilities and long – term liabilities.

(1) Liquid liabilities (also called quick liabilities or immediate liabilities) refer to enterprises′total debt payable within an operating cycle of one year or over one year, including short term loans, payables and advance payments, wages payable, taxes payable and profit payable, etc.

(2) Long term liabilities refers to total debt payable within an operating cycle of one year or over one year, including long term loans, payable liabilities, long term payables, etc.

Creditors′Equity refers to investors′ownership of net assets of the enterprise. It is equal to the total assets of the enterprise minus its total liabilities, including the primary input from investors, capital accumulation fund, surplus accumulation fund and undistributed profit. It is the shareholder′s equity in shareholding companies.

Original Value of Fixed Assets refers to the original value of all fixed assets owned by industrial enterprises, calculated at the cost paid at the time of purchase, installation, reconstruction, expansion, and technical innovation and transformation of the said assets, which includes expenses on purchase, package, transportation, and installation, etc.

Net Value of Fixed Assets is obtained by deducting depreciation over years from the original value of fixed assets.

Working Capital (Circulating Assets) refers to assets which can be cashed in or spent or consumed in an operating cycle of one year or over one year, which includes cash, various deposits, short term investment, and receivable payments, and advance payments, stock, etc.

Sales Revenue of Industrial Products refers to the revenue from the sales of products by industrial enterprises and the revenue from services provided and etc.

Sales Cost of Industrial Products refers to the actual cost of products of industrial enterprises and industrial services provided, etc. .

Tax and Extra Charges on Sales of Products refer to the tax on city maintenance and construction, consumption tax, resources tax and extra charges for education, which should be borne by the enterprises in selling products and providing industrial services.

Sales Profit of Products refers to the profit gained by the enterprises by deducting cost, charges and taxes from the business income of the enterprises obtained in selling products and providing industrial services.

Total Profits refer to the profits gained by the enterprises.

Value – added Tax Payable refers to the amount of the value added tax which should be paid by the enterprises in the reporting period.

Ratio of Profits, Taxes and Interests to Average Assets reflects the profit making capability of all assets of the enterprise and is a key indicator manifesting the performance and management and evaluating the profit making potential of the enterprise. It is calculated as follows:

Ratio of profits, taxes and interests to average assets(%) =

[(Total profits + total Taxes + interest payment) ÷ average assets] × 100%

Ratio of Debts to Assets reflect both the operation risk and the capability of the enterprise in making use of the capital from the creditors. It is calculated as follows:

Ratio of debts to assets (%) = (Total debts ÷ total assets) × 100%

Ratio of Profits to Total Industrial Costs refers to the ratio of profits realized in a given period to the total costs in the same period, which reflects the economic efficiency of input cost and is calculated as follows:

Ratio of Profits to Total Industrial Cost(%) = (Total Profits ÷ Total Costs) × 100%

Value – added Rate of Industry refers to the ratio of value added of industry in a given period to the gross output value in the same period, which reflects the economic efficiency of cutting down the intermediate input and is calculated as follows:

Value added Rate of Industry(%) = [Value added of Industry(at current prices)] ÷ [Gross Output Value(at Current Prices)] × 100%

Turnover of Working Capital refers to the number of times of turnover of working capital in a given period of time, which reflects the speed of the turnover of working capital and is calculated as follows:

Turnover of Working Capital (%) = (Sales Revenue of Products) ÷ (Average Balance of Total Working Capital) × 100%

Ratio of Sales to Gross Output Value refers to the sales of industrial products to the gross industrial output value during the reference period, and is important in

reflecting the linkage between production and sales and the extent of the needs of the society that has been met by the supply of industrial products. It is calculated as follows:

Ratio of Sales to Gross Output Value = Industrial sales ÷ Gross industrial output value (at current prices) × 100%

Overall Labour Productivity of Industrial Enterprises refers to the average output per employed person in industrial enterprises in value terms. At present, the value added and the average number of staff and workers of an industrial enterprise in a given period are used to calculate the overall labour productivity. The formula used is:

Overall Labour Productivity = (Value Added of Industry) ÷ (Average Number of Staff and Workers)

For the purpose of comparison of the overall labour productivity among different years, the data on the overall labour productivity of the years prior to 1990 have been adjusted on the basis of 1990 constant prices.

14 建筑业

Construction

资料整理：范莉蕾
Arranged By Fan Lilei

14－1 建筑业企业基本情况

Basic Statistics on Construction Enterprises

年份 Year	总计 Total	国有 State－owned	城镇集体 Urban Collective－owned	其他经济 Others
企业单位数(个) Number of Enterprises(unit)				
2002	726	56	67	603
2003	674	39	31	604
2004	674	18	9	647
2005	676	20	14	642
2006	703	17	7	679
2007	734	18	11	705
2008	790	14	7	769
2009	820	14	9	797
2010	873	16	8	849
2011	896	14	5	877
2012	917	11	4	902
2013	951	6	1	944
2014	960	5	1	954
2015	955	7	1	947
2016	991	3	1	987
2017	1010	3	1	1006
年末从业人员(万人) Number of Persons Engaged(10 000 persons)				
2002	27.68	5.00	1.88	20.80
2003	26.63	2.10	0.67	23.86
2004	27.53	1.69	0.15	25.69
2005	26.35	1.57	0.32	24.46
2006	29.62	2.84	0.14	26.64
2007	38.62	3.88	0.22	34.52
2008	42.80	4.74	0.24	37.82
2009	49.89	4.83	0.37	44.69
2010	44.34	1.87	0.18	42.30
2011	41.05	1.35	0.05	39.65
2012	36.89	1.06	0.03	35.80
2013	39.58	0.33		39.25
2014	33.70	0.26		33.44
2015	28.64	0.25		28.39
2016	27.06	0.21		26.85
2017	27.82	0.2		27.61
建筑业总产值(亿元) Gross Output Value (100 million yuan)				
2002	220.02	50.53	13.68	155.81
2003	257.66	36.34	9.92	211.40
2004	354.51	29.42	2.44	322.65
2005	381.30	38.78	3.10	339.42
2006	467.00	38.17	2.74	426.09
2007	681.10	76.64	2.53	601.93
2008	780.05	69.90	4.13	706.02
2009	964.73	66.60	6.21	891.91
2010	1125.58	72.71	4.52	1048.35
2011	1394.68	50.85	0.40	1343.43
2012	1441.00	50.48	0.54	1389.97
2013	1571.16	13.05	0.04	1558.07
2014	1401.91	8.98	0.02	1392.91
2015	1123.21	7.69	0.02	1115.51
2016	1220.81	4.26		1216.55
2017	1122.19	1.58		1120.61

14－2 建筑业企业主要经济指标

Main Economic Indicators on Construction Enterprices

指 标	Item	2016	2017
建筑业企业个数(个)	Number of Construction Enterprises(unit)	991	1010
签订的合同额(万元)	Value of Contracts(10 000 yuan)	21132477	22498970
建筑业总产值(万元)	Gross Output Value(10 000 yuan)	12208089	11221932
其中:装饰装修产值	Output of Decoration	292020	263941
其中:在外省完成的产值	Output Value Outside the Province	703131	1016964
竣工产值(万元)	Output of Buildings Completed(10 000 yuan)	6954467	5235625
房屋建筑施工面积(万平方米)	Floor Space of Constructing(10 000 sq. m)	6296.04	5443.86
房屋建筑竣工面积(万平方米)	Floor Space of Buildings Completed(10 000 sq. m)	2541.01	2031.49
房屋建筑面积竣工率(%)	Rate of Floor Space of Buildings Completed(%)	40.4	37.3
自有机械设备净价(万元)	Machinery & Equipment Owned (net valued)(10 000 yuan)	522918	513847
自有机械设备台数(万台)	Machinery and Equipment Owned(10 000 sets)	8.05	8.15
自有机械设备总功率(万千瓦)	Total Power of Machinery and Equipment Owned(10 000 kw)	200.53	188.53
技术装备率(元/人)	Value of Machines per Laborer(yuan/person)	19326	18472
动力装备率(千瓦/人)	Power of Machines per Laborer(kw/person)	7.41	6.78
按总产值计算的劳动生产率(元/人)	Overall Labor Productivity by Gross Output Value(yuan/person)	350383	311715
年末从业人员(万人)	Number of Persons Engaged(10 000 persons)	27.06	27.82
其中:工程技术人员	Engineering Techinal Personel	5.14	5.14
利润总额(万元)	Total Profits(10 000 yuan)	609534	519449
税金总额(万元)	Total Tax(10 000 yuan)	436741	426102
产值利润率(%)	Ratio of Profit to Gross Output Value(%)	5.0	4.6
产值利税率(%)	Ratio of Pre－tax Profit to Gross Output Value(%)	8.6	8.4

14－3 劳务分包建筑业企业主要经济指标(2017 年)

Main Economic Indicators on Constructional Labour Subcontractors(2017)

项 目	Item	企业个数(个) Enterprises (unit)	建筑业总产值(万元) Gross Output (10 000 yuan)	期末从业人数(人) Engaged Persons (person)
总 计	**Total**	**92**	**50778**	**7359**
按企业登记注册类型分	**Grouped by Type Registered**			
内资企业	Domestic Investment	92	50778	7359
国有企业	State－owned			
集体企业	Collective－owned			
股份合作企业	Share Holding Cooperative			
联营企业	Joint－owned			
有限责任公司	Limited－liability Company	23	14045	823
股份有限公司	Share Holding Company	2	143	7
私营企业	Private	67	36590	6529
其他企业	Others			
港、澳、台商投资企业	Hong kong, Macao & Taiwan Funded			
外商投资企业	Foreign Funded			
按行业类别分	**Grouped by Sector**			
房屋建筑业	Housing Construction Industry	34	16198	4516
土木工程建筑业	Civil Engineering Industry	6	995	29
建筑安装业	Construction and Installation Industry	10	8293	1205
建筑装饰业和其他建筑业	Construction and Decoration Industry and Other Construction Industries	42	25293	1609
按企业资质等级分	**Grouped by Intelligent Grade**			
一 级	First	65	42171	6523
二 级	Second	13	3781	245
三 级及以下	Third and below	14	4826	591

14－4 建筑施工企业主要生产指标(2017 年)

项 目	Item	建筑业企业个数(个) Enterprises (unit)	签订的合同额(万元) Value of Contracts (10 000 yuan)	上年结转合同额 Signed in Last year	本年新签合同额 Signed in this Year
总 计	**Total**	**1010**	**22498970**	**9173491**	**13325480**
按企业登记注册类型分	**Grouped by Type Registered**				
内资企业	Domestic Investment	1010	22498970	9173491	13325480
国有企业	State－owned	3	28894	25409	3485
集体企业	Collective－owned	1	18		18
股份合作企业	Share Holding Cooperative	5	113243	735	112508
联营企业	Joint－owned				
有限责任公司	Limited－liability Company	511	13622213	5603837	8018377
股份有限公司	Share Holding Company	34	2586914	1020369	1566545
私营企业	Private	456	6147688	2523141	3624547
其他企业	Others				
港、澳、台商投资企业	Hong kong, Macao & Taiwan Funded				
外商投资企业	Foreign Funded				
按行业类别分	**Grouped by Sector**				
房屋建筑业	Housing Construction Industry	562	14166496	5669101	8497395
土木工程建筑业	Civil Engineering Industry	296	7775627	3421166	4354462
建筑安装业	Construction and Installation Industry	86	389781	57042	332739
建筑装饰业和其他建筑业	Construction and Decoration Industry and Other Construction Industries	66	167066	26183	140884
按企业资质等级分	**Grouped by Intelligent Grade**				
施工总承包	General Contractors	830	21688372	9014860	12673512
#特 级	#Special Grade	2	4245437	1328184	2917254
一 级	First	85	8281679	4031946	4249733
二 级	Second	269	5122107	2532382	2589725
三 级	Third	473	4036094	1122294	2913801
专业承包	Professional Contractors	180	810598	158631	651968
一 级	First	21	246323	64157	182166
二 级	Second	60	246982	49881	197101
三 级	Third	99	317294	44593	272701
其 他	Others				

Main Production Indicators on Construction Enterprises(2017)

建筑业总产值(万元) Gross Output Value (10 000 yuan)			建筑业总产值按构成分 By Composition of Gross Value of Construction		
	其中:装饰装修产值 Decoration	其中:在外省完成的产值 Outside the Province	建筑工程产值 Building	安装工程产值 Installation	其他产值 Others
11221932	**263941**	**1016964**	**9655554**	**694558**	**871820**
11221932	263941	1016964	9655554	694558	871820
15776			15776		
18			18		
109574			97050	1124	11400
6746201	137014	736292	5589873	532397	623931
1329492	39853	14004	1249096	40191	40205
3020873	87074	266668	2703743	120846	196284
6794176	234235	524095	6103284	322243	368649
3965581	798	450608	3351209	191999	422373
304099	30	37755	104126	153882	46091
158076	28878	4506	96935	26435	34707
10578646	234243	967248	9387229	391465	799952
744944	57555	441592	671783	73162	
4704257	102511	282310	4098206	214426	391625
2772580	51119	238387	2467979	45368	259232
2354728	23059	4959	2147131	58504	149093
643286	29698	49716	268325	303093	71868
180333	17343	8414	56073	118767	5494
192946	4611	38528	47779	117938	27229
270007	7745	2574	164473	66389	39145

14－4 续表

项 目	Item	竣工产值（万元）Output of Buildings Completed (10 000 yuan)	房屋建筑施工面积（万平方米）Floor Space Constructing Buildins (10 000 sq. m)	房屋建筑竣工面积（万平方米）Buildings Completed (10 000 sq. m)
总 计	**Total**	**5235625**	**5443.9**	**2031.5**
按企业登记注册类型分	**Grouped by Type Registered**			
内资企业	Domestic Investment	5235625	5443.9	2031.5
国有企业	State－owned	5449		
集体企业	Collective－owned	22		
股份合作企业	Share Holding Cooperative	109656	79.8	69.8
联营企业	Joint－owned			
有限责任公司	Limited－liability Company	2881554	3248.6	1077.8
股份有限公司	Share Holding Company	344409	254.9	102.6
私营企业	Private	1894536	1860.5	781.3
其他企业	Others			
港、澳、台商投资企业	Hong kong, Macao & Taiwan Funded			
外商投资企业	Foreign Funded			
按行业类别分	**Grouped by Sector**			
房屋建筑业	Housing Construction Industry	3593068	5394.6	1980.3
土木工程建筑业	Civil Engineering Industry	1379238	11.8	19.5
建筑安装业	Construction and Installation Industry	186767	37.4	31.7
建筑装饰业和其他建筑业	Construction and Decoration Industry and Other Construction Industries	76552		
按企业资质等级分	**Grouped by Intelligent Grade**			
施工总承包	General Contractors	4903268	5441.3	2022.2
#特 级	#Special Grade	119339	883.8	96.4
一 级	First	1893028	1862.9	566.5
二 级	Second	1656935	1566	762.2
三 级	Third	1231830	1128.4	596.9
专业承包	Professional Contractors	332357	2.6	9.3
一 级	First	94490		
二 级	Second	114904	2.6	9.3
三 级	Third	122963		
其他	Others			

continued

自有机械设备 Machinery & Equipment Owned			期末从业人数（万人）Engaged Persons（10 000 persons）	
净价（万元）net valued（10 000 yuan）	台数（万台）Number（10 000 sets）	总功率（万千瓦）Numbers（10 000 kw）		其中:工程技术人员 Engineer
513847	**8.15**	**188.53**	**27.82**	**5.14**
513847	8.15	188.53	27.82	5.14
9520	0.04	0.46	0.2	0.05
5		0.01		
4548	0.36	2.26	0.34	0.06
279709	5.2	130.2	14.69	3.04
19089	0.39	11.24	2.48	0.35
200977	2.16	44.37	10.11	1.64
272045	6.68	104.8	19.86	3.1
217048	1.14	76.89	6.24	1.76
9133	0.27	2.59	1.15	0.19
15621	0.07	4.25	0.56	0.08
495042	7.77	181.7	26.17	4.84
36497	0.4	7.85	2.29	0.14
152398	3.34	59.42	8.5	1.81
165622	2.26	77.81	8.47	1.62
140021	1.77	36.61	6.9	1.26
18805	0.38	6.83	1.64	0.3
3144	0.16	3.7	0.35	0.07
10553	0.14	1.38	0.61	0.12
5108	0.07	1.75	0.68	0.12

14－5 建筑施工企业主要财务指标(2017 年)

单位:万元

项 目	Item	资产合计 Total Assets	流动资产合计 Total Circul－ating Assets	#存 货 Stock
总 计	**Total**	**21860219**	**17223576**	**2370531**
按企业登记注册类型分	Grouped by Type Registered			
内资企业	Domestic Investment	21860219	17223576	2370531
国有企业	State－owned	193973	132833	36835
集体企业	Collective－owned	1332	416	15
股份合作企业	Share Holding Cooperative	20856	10633	523
联营企业	Joint－owned			
有限责任公司	Limited－liability Company	10839334	8482936	1422721
股份有限公司	Share Holding Company	2669090	2239566	153644
私营企业	Private	8135634	6357192	756793
其他企业	Others			
港、澳、台商投资企业	Hong kong, Macao & Taiwan Funded			
外商投资企业	Foreign Funded			
按行业类别分	**Grouped by Sector**			
房屋建筑业	Housing Construction Industry	10031414	8157952	1240384
土木工程建筑业	Civil Engineering Industry	10852745	8259490	1030204
建筑安装业	Construction and Installation Industry	644889	542269	77031
建筑装饰业和其他建筑业	Construction and Decoration Industry and Other Construction Industries	331171	263865	22911
按企业资质等级分	**Grouped by Intelligent Grade**			
施工总承包	General Contractors	20498886	16346494	2270317
#特 级	# Special Grade	1090142	906363	245105
一 级	First	8406513	7095022	916936
二 级	Second	5943029	4437351	511650
三 级	Third	5058164	3906769	596626
专业承包	Professional Contractors	1361334	877082	100214
#一 级	#First	505581	228435	16787
二 级	Second	375568	289594	45327
三 级	Third	480185	359052	38100

Main Financial Indicators on Construction Enterprises with Independent Accounting System(2017)

(10 000 yuan)

固定资产合计 Total Fixed Assets	固定资产原价 Original Value of Fixed Assets	累计折旧 Accumul - ative Dep - reciation	# 本年折旧 Of this Year	在建工程 Under Constru - ction
2001068	**2677929**	**1111824**	**133386**	**316679**
2001068	2677929	1111824	133386	316679
56189	86740	30552	14271	
185	93	12	12	92
10013	12663	2650	112	
1239472	1547361	655591	70213	267052
85388	142026	61502	7266	767
609822	889047	361518	41512	48769
1060211	1170044	453206	49464	274888
848188	1362112	594278	76598	36700
48150	73158	30614	3149	945
44519	72616	33726	4175	4147
1864934	2460981	1009952	123901	304181
113407	126938	44355	5811	30824
540966	883255	394228	60688	26824
661881	873353	362488	35391	97620
548629	577385	208881	22011	148913
136134	216948	101872	9485	12498
20810	50255	36506	861	4390
45447	65729	27997	4076	3349
69878	100964	37370	4548	4759

14－5 续表 1

单位:万元

项 目	Item	负债合计 Total Liabilities	流动负债合计 Total Circulating Liabilities	非流动负债合计 Non－current Liabilities	所有者权益合计 Owners´ Equity
总 计	**Total**	**14332663**	**13300966**	**588017**	**7527556**
按企业登记注册类型分	**Grouped by Type Registered**				
内资企业	Domestic Investment	14332663	13300966	588017	7527556
国有企业	State－owned	55833	55833		138140
集体企业	Collective－owned	1202	960		130
股份合作企业	Share Holding Cooperative	5223	4123	1100	15633
联营企业	Joint－owned				
有限责任公司	Limited－liability Company	6902265	6560718	158067	3937068
股份有限公司	Share Holding Company	2055684	1914352	130491	613406
私营企业	Private	5312456	4764980	298358	2823179
其他企业	Others				
港、澳、台商投资企业	Hong kong, Macao & Taiwan Funded				
外商投资企业	Foreign Funded				
按行业类别分	**Grouped by Sector**				
房屋建筑业	Housing Construction Industry	6709753	6271688	147807	3321661
土木工程建筑业	Civil Engineering Industry	7029397	6497531	439111	3823348
建筑安装业	Construction and Installation Industry	408425	348389	694	236465
建筑装饰业和其他建筑业	Construction and Decoration Industry and Other Construction Industries	185088	183358	405	146083
按企业资质等级分	**Grouped by Intelligent Grade**				
施工总承包	General Contractors	13647931	12641402	585274	6850955
#特 级	#Special Grade	945910	878874	67036	144232
一 级	First	6072194	5715816	252847	2334319
二 级	Second	3749429	3435331	117300	2193600
三 级	Third	2880363	2611346	148091	2177801
专业承包	Professional Contractors	684732	659564	2743	676602
#一 级	#First	215059	213868	1130	290522
二 级	Second	221606	219798	856	153962
三 级	Third	248067	225898	757	232118

continued

(10 000 yuan)

实收资本 Paid - in Capitals	国家资本 State	集体资本 Collective	法人资本 Institu - tionnal Units	个人资本 Indivi - duals	港澳台资本 Hong kong, Macao &Taiwan	外商资本 Foreign	主营业务收入 Revenue from Principal Business
3913326	**546151**	**171915**	**962545**	**2232109**		**605**	**11935987**
3913326	546151	171915	962545	2232109		605	11935987
124066	124066						15776
68		68					296
12656		3244	3400	6012			109504
1985006	368730	142566	588598	885112			6936592
347749	52447	9970	46838	237888		605	1358606
1443780	909	16066	323709	1103097			3515214
1738242	160280	94095	332906	1150961			6934704
1959874	373752	43020	546371	996126		605	4432242
111264	7502	15243	35816	52704			377974
103945	4617	19557	47453	32318			191066
3669838	510331	125452	887969	2145481		605	11188481
99629	68329			31300			771368
1299735	342567	44044	358691	554433			4835973
1214874	70261	45070	286091	813451			3085214
1054601	29174	36338	243187	745296		605	2493788
243487	35820	46463	74576	86628			747506
44451	23786	7000	1260	12405			204520
84434	8400	14428	28519	33086			231477
114603	3634	25035	44797	41137			311509

14－5 续表 2

单位:万元

项 目	Item	主营业务成本 Costs of Principal Business	主营业务税金及附加 Tax and Associate Charge
总 计	**Total**	**10242512**	**161274**
按企业登记注册类型分	**Grouped by Type Registered**		
内资企业	Domestic Investment	10242512	161274
国有企业	State－owned	13063	439
集体企业	Collective－owned	262	1
股份合作企业	Share Holding Cooperative	89180	6537
联营企业	Joint－owned		
有限责任公司	Limited－liability Company	5971780	86099
股份有限公司	Share Holding Company	1092809	11382
私营企业	Private	3075418	56817
其他企业	Others		
港、澳、台商投资企业	Hong kong, Macao & Taiwan Funded		
外商投资企业	Foreign Funded		
按行业类别分	**Grouped by Sector**		
房屋建筑业	Housing Construction Industry	5958829	118425
土木工程建筑业	Civil Engineering Industry	3815016	37338
建筑安装业	Construction and Installation Industry	311118	4103
建筑装饰业和其他建筑业	Construction and Decoration Industryand Other Construction Industries	157549	1408
按企业资质等级分	**Grouped by Intelligent Grade**		
施工总承包	General Contractors	9617856	155783
#特 级	# Special Grade	708529	1744
一 级	First	4136861	47299
二 级	Second	2702780	58958
三 级	Third	2069686	47782
专业承包	Professional Contractors	624656	5491
#一 级	#First	179253	898
二 级	Second	186076	1387
三 级	Third	259327	3206

continued

(10 000 yuan)

其他业务利润 Profits from Other Business	管理费用 Manage - ment Expenses	财务费用 Financial Expense	# 利息支出 Interest Expendi - ture	营业利润 Operating Profits	利润总额 Total Profits
6481	**494142**	**134219**	**96217**	**502756**	**519449**
6481	494142	134219	96217	502756	519449
	1992	216		65	65
	11	10	10		
	1146	202	102	11053	11055
6004	312718	65151	49325	206795	215613
773	46044	14262	14315	124531	127297
-296	132231	54378	32466	160312	165419
3068	216146	66028	52000	233276	244913
3376	229116	65180	42567	229128	233724
	30011	871	921	29482	29849
37	18869	2141	728	10870	10964
6476	422854	129656	92561	465344	479236
93	25273	23532	22651	8543	10248
3612	181749	44525	32856	155737	168507
2979	112028	36254	14557	109766	111857
-208	103783	25345	22497	191272	188599
5	71288	4554	3656	37412	40213
1	13225	3117	3200	6185	8521
6	28565	371	247	14506	14545
-2	29498	1076	208	16722	17148

14－5 续表 3 continued

单位:万元 (10 000 yuan)

项 目	Item	所得税费用 Income Taxes Expenses	本年应付职工薪酬总额 Employee compensation Payable	建筑业增加值 Value Added of Construction
总 计	**Total**	**133769**	**1201462**	**1998878**
按企业登记注册类型分	**Grouped by Type Registered**			
内资企业	Domestic Investment	133769	1201462	1998878
国有企业	State－owned	13	3326	18101
集体企业	Collective－owned		40	53
股份合作企业	Share Holding Cooperative	4319	9809	27511
联营企业	Joint－owned			
有限责任公司	Limited－liability Company	59333	778916	1142023
股份有限公司	Share Holding Company	23350	132452	275631
私营企业	Private	46755	276919	535560
其他企业	Others			
港、澳、台商投资企业	Hong kong, Macao & Taiwan Funded			
外商投资企业	Foreign Funded			
按行业类别分	**Grouped by Sector**			
房屋建筑业	Housing Construction Industry	74093	837771	1238936
土木工程建筑业	Civil Engineering Industry	49912	307749	650813
建筑安装业	Construction and Installation Industry	7592	43282	80016
建筑装饰业和其他建筑业	Construction and Decoration Industryand Other Construction Industries	2172	12660	29113
按企业资质等级分	**Grouped by Intelligent Grade**			
施工总承包	General Contractors	124241	1128459	1873487
#特 级	#Special Grade	1490	54828	70926
一 级	First	38970	533355	797079
二 级	Second	39382	321737	525852
三 级	Third	44399	218540	479605
专业承包	Professional Contractors	9528	73003	125391
#一 级	#First	1234	22149	30093
二 级	Second	4366	29098	49067
三 级	Third	3928	21756	46232

主要统计指标解释

建筑业统计单位 指从事房屋、构筑物建造和设备安装活动的法人企业。建筑业法人企业应同时具备的条件是:①依法成立,有自己的名称、组织机构和场所,能够承担民事责任;②独立拥有和使用资产,承担负债,有权与其他单位签订合同;③独立核算盈亏,能够编制资产负债表。

建筑业总产值(即自行完成施工产值) 是以货币表现的建筑安装企业在一定时期内生产的建筑业产品的总和。建筑业总产值包括:

(1)建筑工程产值:指列入建筑工程预算内的各种工程价值。

(2)安装工程产值:指设备安装工程价值,不包括被安装设备本身价值。

(3)其他产值:建筑业总产值中,除建筑工程、安装工程以外的产值。包括房屋、构筑物修理产值、非标准设备制造产值、总包企业向分包企业收取的管理费以及不能明确划分的施工活动所完成的产值。

a 房屋、构筑物修理产值:指房屋、构筑物修理所完成的价值,但不包括被修理房屋、构筑物本身的价值和生产设备的修理价值。

b 非标准设备制造产值:指加工制造没有定型的、非标准的生产设备的加工费和原材料价值,以及附属加工厂为本企业承建工程制作的非标准设备的价值。

建筑业增加值 指建筑业企业在报告期内以货币表现的建筑业生产经营活动的最终成果。目前建筑业增加值采用分配法(收入法)计算,即从收入的角度出发,根据生产要素在生产过程中应得的收入份额计算。具体计算公式为:

建筑业增加值 = 本年提取的固定资产折旧 + 主营业务应付工资 + 主营业务应付福利费 + 管理费用中的劳动待业保险金、税金 + 工程结算税金及附加 + 工程结算利润

房屋建筑施工面积 指在报告期内施工的全部房屋建筑面积、包括本期新开工的房屋面积、上期施工跨入本期继续施工的房屋面积、上期停缓建在本期恢复施工的房屋面积、本期竣工的房屋面积及本期施工后又停缓建的房屋面积。

房屋建筑竣工面积 指在报告期内房屋建筑按照设计要求全部完工,达到了住人和使用条件,经验收鉴定合格,正式移交使用单位的房屋建筑面积。

自有机械设备年末总台数 指归本企业所有,属于本企业固定资产的生产性机械设备年末总台数。包括施工机械、生产设备、运输设备以及其他设备。

自有机械设备年末总功率 指本企业自有施工机械、生产设备、运输设备以及其他设备等列为在册固定资产的生产性机械设备年末总功率,按设定能力或查定能力计算。包括机械本身的动力和为该机械服务的单独动力设备,如电动机等。计算单位用千瓦,动力换算可按 1 马力 = 0.735 千瓦折合成千瓦数。电焊机、变压器、锅炉不计算动力。

Explanatory Notes on Main Statistical Indicators

Statistical Unit in Construction refers to corporate enterprise engaged in the construction of buildings and structures and in the installation of equipment. A corporate construction enterprise should meet the following requirements: ①being set up in line with relevant legal basis, having its full name, organization and location, and capable of taking civil liabilities; ②independently possessing and using its assets and assuming its liabilities, and entitled to sign contracts with other institutions; ③ making independent accounts of its profits and losses, and capable of compiling its own balance sheet.

Gross Output Value of Construction (Output Value of Projects Under Construction) refers to total of construction products, expressed in money terms, completed by construction and installation enterprises during a given period of time. It includes:

(1) Output value of construction projects, that is the value of projects covered by the project budgets;

(2) Output value of installation projects, that is the value of the installation of equipment, (excluding the value of the equipment to be installed) ;

(3) Other Output value:

a. Output value of repair of buildings and structures, that is the value created through the repairs of buildings or structures, but does not include the value of buildings or structures being repaired and the value of the repair of production equipment;

b. Output value of manufactured nonstandard equipment, that is the value of nonstandard production equipment which including raw materials and manufacturing cost made for the construction project, and the equipment manufactured by subsidiary workshops.

Value added of Construction refers to the final result of the activities of production and management of construction in monetary terms in the reference period. At present, the value added of construction is calculated with the income approach. In other words, it is the sum of income of various production factors in the production process. The formula is as follows:

Value added of construction = depreciation of fixed assets in the year + wages payable of the major operation + welfare expenses payable of the major operation + insurance premium and tax for waiting for employment in the administrative expenses + taxes and surcharges on project settlement + profit gained from Project settlement.

Floor Space of Buildings Under Construction refers to floor space of buildings under construction during the reference period, including newly started buildings, buildings started earlier and continued during the reference period, and buildings suspended earlier but restarted during the reference period, buildings completed during the reference period, and buildings under construction , and then suspended during the reference period.

Floor Space of Buildings Completed refers to the floor space of buildings that are completed in the reference period in accordance with the requirements of the design, up to the standard for putting them into use, and have been checked and accepted by concerned departments as qualified ones.

Total Number of Machinery and Equipment Owned by the End of Year refers to the number of machines and equipment owned by the enterprises, and listed as the fixed assets of the enterprises by the end of the year, including machinery and equipment for construction, production and transportation.

15 运输和邮电

Transportation, Postal and Telecommunications Services

资料整理：程思敏

Arranged By Cheng Simin

15 -1 交通运输业基本情况

Basic Conditions of Transportation

指 标	Item	2016	2017
运输线路长度(公里)	**Length of Transportation Routes(km)**	**210628**	**214221**
国家铁路营业里程	National Railways	10885	11056
地方铁路营业里程	Local Railways	1279	1339
公路	Highways	196061	199423
内河	Navigable Inland Waterways	2403	2403
客运量总计(万人)	**Total Passenger Traffic(10 000 persons)**	**16697**	**16061**
国家铁路	National Railways	5387	5446
地方铁路	Local Railways	7	6
公路	Highways	10347	9421
民用航空	Civil Aviation	956	1188
旅客周转量总计(亿人公里)	**Total Passenger Kilometers(100 million passenger - km)**	**375.21**	**362.75**
国家铁路	National Railways	222.35	220.01
地方铁路	Local Railways	0.11	0.09
公路	Highways	152.75	142.65
货运量总计(万吨)	**Total Freight Traffic(10 000 tons)**	**200475**	**227459**
国家铁路	National Railways	32338	37185
地方铁路	Local Railways	37517	42784
公路	Highways	130613	147483
民用航空	Civil Aviation	7.16	7.51
货物周转量总计(亿吨公里)	**Total Freight Ton - kilometers(100 million ton - km)**	**4453.18**	**5206.49**
国家铁路	National Railways	1612.56	1948.06
地方铁路	Local Railways	416.98	493.96
公路	Highways	2423.64	2764.47
民用汽车拥有量(辆)	**Number of Civil Motor Vehicles Owned(unit)**	**4396893**	**4980159**
# 私人汽车拥有量(辆)	Number of Motor Vehicles Owned by Individuals(unit)	3983348	4553275
载客汽车辆数(辆)	Number of Buses and Cars(unit)	3646836	4217186
# 私人	Private - owned	3417850	3980584
载货汽车辆数(辆)	Number of Trucks(unit)	514168	559673
# 私人	Private - owned	371777	402598
民用运输船舶拥有量(艘)	**Number of Civil Transport Vessels(unit)**	**832**	**790**

注:1. 公路部门营运汽车统计口径为全社会营运汽车。

2. 表中民用航空客运量为机场旅客发运量,民航货运量为货邮发运量吞吐量口径,下同。

3. 2015 年起,公路客(货)运量、周转量采用新的统计调查方法,下同。

a) The statistical coverage of number of motor vehicles owned by highway departments has extended to motor vehicles of all society.

b) Passenger traffic of Civil Aviation in this table is The Passenger shipments of Airport. civil aviation cargo is contain cargo&mail carried and throughput. same as follow.

c) Since 2015, Highways passenger(freight) traffic and passenger(freight) kilometers adopt a new survey method, same as follow.

15－2 主要交通运输工具和线路里程

Major Tools and Length of Transports

年 份 Year	载货汽车（辆）Trucks（unit）	载客汽车（辆）Buses and Cars（unit）	铁 路 Railways		飞 机（架）Number of Civil Aircraft（unit）	铁路正线延展里程（公里）Extention Length of the Trunk Lines（km）	公路线路里程（公里）Total Length of Highways（km）
			机车（台）Locomotives（unit）	客车（辆）Passenger Coaches（unit）			
1947	76	18				1557	1974
1948	81	25				1557	1872
1949	89	25				1557	2394
1950	227	53				1557	3259
1951	343	78				1557	4037
1952	344	101				1574	4821
1953	617	173				1574	5495
1954	1066	269				1912	6253
1955	1750	391				1912	8325
1956	2459	496				2106	11501
1957	2828	641				2404	13020
1958	3492	797				2644	18020
1959	4100	996				3091	18752
1960	5198	1061				3222	21131
1961	5446	970				3219	21131
1962	5595	1003				3222	22804
1963	5398	1033				3190	22195
1964	5871	1000				3299	22103
1965	6335	1348				3541	25688
1966	7335	1718				3635	25180
1967	6905	1605				3496	24407
1968	7110	1669				3496	25234
1969	7007	1781				3590	25676
1970	8174	2027				3593	27605
1971	9140	2316				3491	31355
1972	11061	2852				3537	34676
1973	14388	3733				3747	29043
1974	15496	4237				3747	30308
1975	19611	5172				3747	31362
1976	23281	6046				3697	33414
1977	25001	6448				3755	36471

15－2 续表 continued

年份 Year	载货汽车（辆）Trucks (unit)	载客汽车（辆）Buses and Cars (unit)	铁路 Railways 机车（台）Locomotives (unit)	铁路 Railways 客车（辆）Passenger Coaches (unit)	飞机（架）Number of Civil Aircraft (unit)	铁路线路里程（公里）Length of the Railway Lines (km)	公路线路里程（公里）Total Length of Highways (km)	民航通航里程（公里）Length of Civil Aviation Routes (km)
1978	29027	7669				3803	37535	
1979	33011	8476				3760	23769	
1980	38647	9969				4361	35016	3734
1981	42482	11842	341	601	16	4379	35856	3734
1982	47125	13254	500	910	16	4360	36828	2933
1983	49674	14087	507	955	18	4360	37939	2933
1984	51663	15405	562	1003	18	4355	37456	7565
1985	57354	19078	532	838	21	4364	38198	7565
1986	66258	23409	627	1121	21	4416	40380	8824
1987	68618	24883	667	1282	19	4832	41984	10005
1988	71856	29940	706	1275	18	4836	42800	23193
1989	77909	32634	691	1339	19	4916	43080	21745
1990	87161	35763	676	1471	19	5001	43274	21431
1991	95489	41081	686	1522	21	5001	43396	20506
1992	103757	47958	661	1473	20	5034	43704	22496
1993	115807	58084	641	1561	19	5034	43789	38976
1994	118985	65374	668	1561	19	4991	44202	51951
1995	131055	85825	759	1302	18	5935	44753	48136
1996	111675	94187	789	1302	18	6027	45744	76116
1997	130350	118978	650	1771	19	6049	49992	66532
1998	142255	144216	745	1594	19	6049	58430	61199
1999	157377	169241	838	1595	13	6140	63824	64426
2000	167004	188154	883	1318	9	5967	67346	40469
2001	180481	241364	865	1386	11	6027	70408	51476
2002	182971	237719	898	1303	11	6191	72673	56890
2003	202306	286481	912	1757	10	6204	74135	78705
2004	240591	341371	892	1753	13	6108	75976	76725
2005	248809	384575	892	1753	15	6373	124465	55218
2006	284285	513375	980	1492	15	6525	128762	20656
2007	305163	643648	1123	1324	15	6006	138610	7528200
2008	338015	811922	1715	2033	11	7222	147288	2968910
2009	421962	1061527	837	1391	12	7630	150756	3987710
2010	485141	1371936	700	1528	8	9175	157994	3904050
2011	545221	1761036	726	1578	4	8745	160995	
2012	477214	2159439	831	1592	4	9788	163763	
2013	499608	2544640	1410	1593	20	10411	167515	
2014	511683	2886157	1362	1747	16	10423	172167	
2015	492265	3220350	1227	1956	22	11890	175374	
2016	514168	3646836	1335	2052	21	12164	196061	
2017	559673	4217186	1264	2031	19	12395	199423	

注：1. 2013 年起，铁路机车数、线路里程包含地方铁路数据，下同。
2. 2013 年起，飞机架数为驻港航空公司（国航和天津航空公司）驻内蒙古地区飞机数。
3. 1981 年起，铁路线路里程为铁路营业里程。

a) Since 2013, Railways locomotives and Length of the railwaiy lines include local railwaiys data. Same as follow.
b) Since 2013, Number of civil Aircrafts are number of airlines (CIA and Tianjin airlines) stationed in Inner Mongolia.
c) Since1981, Railway line mileage is bussiness mileage.

15－3 运输线路长度

Length of Transports Routes

单位:公里 (km)

指标	Item	2016	2017
国家铁路(含合资)	**National Railways (Including Joint Ventures)**		
正线延展里程	Extention Length of the Trunk Lines	17309	17953
呼铁局	Huhhot Railway Bureau	11254	11863
哈铁局(内蒙地段)	Harbin Railway Bureau(Section of Inner Mongolia)	2582	2582
沈铁局(内蒙地段)	Shengyang Railway Bureau(Section of Inner Mongolia)	3331	3367
兰州铁路局(内蒙地段)	Lanzhou Railway Bureau(Section of Inner Mongolia)	142	142
营业里程	Length of Railways in Operations	10885	11056
呼铁局	Huhhot Railway Bureau	6409	6582
哈铁局(内蒙地段)	Harbin Railway Bureau(Section of Inner Mongolia)	1987	1987
沈铁局(内蒙地段)	Shengyang Railway Bureau(Section of Inner Mongolia)	2401	2400
兰州铁路局(内蒙地段)	Lanzhou Railway Bureau(Section of Inner Mongolia)	88	88
地方铁路	**Local Railways**		
正线延展里程	Extention Length of the Trunk Lines	1729	1761
营业里程	Length of Railways in Operations	1279	1339
公路	**Highways**		
公路里程	Total Length of Highways	196061	199423
等级公路	Expressway and Class I to IV Highway	188340	192222
#高速公路	Expressway	5153	6320
一级公路	First Class	6682	7056
二级公路	Second Class	16913	17235
等外路	Highway Below Class IV	7721	7201
内河	**Inland Rivers**		
航道里程	Length of Navigabe Inland Waterways	2403	2403

15－4 民用车辆船舶年末拥有量

Figure of Civil Vehicles and Shipping at Year－end

项 目	Item	2016 合计 Total	2016 #私人 Private－owned	2017 合计 Total	2017 #私人 Private－owned
铁路运输工具	Tool of Railway Transport				
中央铁路:机车(台)	Central Railways:Locomotives(unit)	1168		1101	
客车(辆)	Passenger Coaches(unit)	2044		2031	
民用汽车(辆)	Number of Civil Motor Vehicles(unit)	4396893	3983348	4980159	4553275
载货汽车(辆)	Number of Trucks(unit)	514168	371777	559673	402598
载客汽车(辆)	Buses and Cars(unit)	3646836	3417850	4217186	3980584
轮胎式拖拉机(台)	Type Tractors(unit)	1134053	1134053	1152846	1152846
摩托车(辆)	Motors(unit)	633998	630732	779669	775011
#两轮摩托车	Two－wheel Motors	532103	529364	663496	659787
载货车挂车(辆)	Trailer(unit)	75342	24809	88821	31234
民用运输船(艘)	Civil Transport Vessels(unit)	832		790	
机动运输船(艘)	Motor Vessels(unit)	623		616	
非机动船(艘)	Non－motor Vessels(unit)	171		136	
挂浆船(艘)	Vessels with Oar(unit)	38		38	
民航飞机(架)	Civil Aircraft(unit)	21		19	
#通用飞机	General Aircraft	21		19	

15－5 客货运输量

Passenger Traffic and Freight Traffic

年份 Year	客运量（万人） Passenger Traffic（10 000 persons）	铁路 Railways	公路 Highways	货运量（万吨） Freight Traffic（10 000 tons）	铁路 Railways	公路 Highways
1949			0.6		0.2	0.2
1950			0.8	0.2		0.2
1951			3.0	396	391	5
1952			16	447	417	30
1953			39	755	526	229
1954			58	1168	694	474
1955			87	1433	496	937
1956			131	2093	622	1471
1957			189	2224	739	1485
1958			181	3390	1039	2351
1959	1238	993	245	6911	2657	4254
1960	1754	1456	298	5986	3289	2697
1961	2022	1723	299	3749	2355	1394
1962	1869	1585	284	2729	1754	975
1963	1416	1118	298	2235	1434	801
1964	1268	914	354	2759	1640	1116
1965	1320	852	468	3614	2060	1554
1966	1463	836	627	4160	2425	1735
1967	1688	978	710	4409	2881	1528
1968	1651	990	661	3284	1889	1395
1969	1546	1046	500	3200	1792	1408
1970	1688	1016	672	4625	2882	1743
1971	1865	1080	785	4964	2749	2215
1972	2223	1164	1059	5387	2859	2528
1973	2338	1199	1139	5477	2668	2709
1974	2364	1161	1203	5453	2604	2849
1975	2599	1324	1275	6325	3190	3135
1976	2588	1300	1288	6487	3114	3373
1977	3017	1564	1453	7399	3529	3870

15－5 续表 continued

年 份 Year	客运量 (万人) Passenger Traffic (10 000 persons)	铁路 Railways	公路 Highways	航空 Civil Aviation	货运量 (万吨) Freight Traffic (10 000 tons)	铁路 Railways	公路 Highways	航空 Civil Aviation
1978	3422	1753	1669		8213	3861	4352	
1979	3470	1689	1781		8046	3924	4122	
1980	4162	1994	2164	4	7653	4142	3511	0.05
1981	4250	2071	2176	3	7305	3989	3316	0.05
1982	4926	2288	2635	3	8314	4317	3997	0.04
1983	5703	2556	3145	2	9103	4542	4561	0.04
1984	6313	2738	3573	2	10149	4957	5192	0.03
1985	6673	2784	3884	5	11588	5510	6078	0.13
1986	7612	2833	4775	4	15348	5638	9710	0.06
1987	8493	2965	5509	19	16979	6065	10914	0.06
1988	9518	3242	6242	34	18533	5296	13237	0.06
1989	9411	2997	6405	9	22515	6678	15837	0.06
1990	10475	2433	8012	30	26676	6909	19767	0.17
1991	9148	2565	6543	40	25678	7027	18651	0.24
1992	10406	2801	7567	38	29126	7198	21928	0.34
1993	11165	3014	8108	43	31708	7587	24121	0.41
1994	15294	3042	12162	90	31386	7812	23573	0.90
1995	18273	2909	15248	116	32732	8347	24384	1.13
1996	18099	2563	15418	118	34321	9435	24885	1.15
1997	19148	2735	16287	126	39008	9960	29047	1.27
1998	20205	2542	17552	111	39564	8227	31336	1.17
1999	21498	2824	18576	98	41652	8747	32903	1.90
2000	23549	3378	20061	110	44629	9648	34979	2.00
2001	24133	2956	21041	136	45970	9816	36145	0.90
2002	25376	2824	22421	132	47879	10639	37239	1.00
2003	23521	2552	20831	138	50046	11513	38532	1.10
2004	28954	3235	25510	209	61259	18560	42697	1.60
2005	32114	3259	28604	251	73082	22060	51020	2.00
2006	35512	3437	31817	258	84137	25157	58978	1.98
2007	38781	3489	35039	253	102907	29605	73300	1.79
2008	20259	3876	16207	176	100012	39070	60941	1.07
2009	22259	4093	17998	168	116508	45675	70832	1.00
2010	24343	4136	19830	377	132205	47040	85162	3.11
2011	26420	4156	21807	457	146589	42934	103651	4.63
2012	28188	4273	23310	605	168078	42813	125260	6.03
2013	21751	4866	16184	701	173913	76849	97058	7.01
2014	19034	4797	13495	742	204303	77593	126704	7.56
2015	16986	5117	11017	852	186160	66653	119500	8.14
2016	16697	5394	10347	956	200475	69855	130613	8.15
2017	16061	5452	9421	1188	227459	79969	147483	7.51

注:;2013年起,铁路客(货)运量包含地方铁路数据,下同。2011年起,民航货运量为货邮吞吐量口径。

a) Since 2013, Railway Passenger(Frieight) traffic include Local railway data, Same as follow. Since2011, civil aviation cargo is contain cargo&mail carried and throughput.

15-6 客货周转量

Passenger - kilometers and Freight Ton - kilometers

年份 Year	旅客周转量（亿人公里）Passenger - kilometers (100 million passenger - km)	铁路 Railways	公路 Highways	货物周转量（亿吨公里）Freight Ton - kilometers (100 milion ton km)	#铁路 Railways	#公路 Highways
1980	43.19	31.84	11.35	174.92	164.78	10.14
1981	45.70	34.33	11.22	252.36	243.98	8.38
1982	52.06	37.50	14.40	299.40	288.62	10.78
1983	61.41	43.92	17.36	348.97	335.57	13.40
1984	70.76	50.29	20.34	391.94	376.45	15.49
1985	82.53	58.34	23.86	442.51	424.30	18.20
1986	90.85	62.57	28.03	470.56	449.30	21.26
1987	100.92	65.55	33.78	492.62	469.12	23.50
1988	115.69	74.49	37.58	491.93	466.08	25.85
1989	111.29	68.18	39.84	579.63	501.93	77.70
1990	99.01	57.54	38.07	621.90	519.41	102.49
1991	104.90	60.64	40.06	608.08	505.15	102.93
1992	113.60	69.24	40.26	655.89	515.18	137.56
1993	152.95	74.44	74.03	697.86	546.50	151.36
1994	174.86	75.09	89.55	734.25	586.94	143.85
1995	173.58	71.97	89.85	785.12	625.56	159.56
1996	167.10	63.79	90.68	832.66	658.96	170.11
1997	180.27	69.14	97.69	881.49	695.86	182.18
1998	187.91	76.13	100.44	844.35	657.08	187.27
1999	205.50	88.00	108.18	898.80	701.00	197.75
2000	219.10	92.30	116.30	1041.20	828.60	211.80
2001	225.30	89.70	121.90	1090.10	869.70	220.30
2002	236.80	92.70	130.70	1132.00	900.50	231.40
2003	222.06	85.74	122.14	1218.22	976.18	241.91
2004	290.24	108.63	155.28	1441.39	1171.39	269.84
2005	323.12	113.22	178.98	1604.31	1280.75	323.35
2006	354.24	122.20	199.47	1798.35	1414.03	384.12
2007	377.11	134.75	219.46	2121.40	1629.40	492.00
2008	351.43	154.77	179.66	3548.36	1911.00	1637.36
2009	377.29	161.84	198.38	3963.12	2077.87	1885.25
2010	387.74	169.54	218.20	3949.24	1688.12	2261.12
2011	409.37	168.21	241.16	5138.15	2400.55	2737.60
2012	435.00	171.00	264.00	5582.00	2283.00	3299.00
2013	371.12	197.67	173.45	4514.15	2641.44	1872.71
2014	363.25	201.85	161.40	4550.29	2446.82	2103.47
2015	371.27	210.93	160.34	4263.86	2023.90	2239.96
2016	375.21	222.46	152.75	4453.18	2029.54	2423.64
2017	362.75	220.10	142.65	5206.49	2442.02	2764.47

注:2013 年起,旅客(货物)周转量包含地方铁路数据,下同。

a) Since 2013, Passenger(Freight) kilometers include Local railway data, Same as follow.

15-7 邮电业务基本情况

Basic Conditions of Post and Telecommunications Services

指标	Item	2016	2017
邮政业务总量(亿元)	Business Volume of Post Service(100 million yuan)	27.2	34.3
电信业务总量(亿元)	Business Volume of Telecommunications Service(100 million yuan)	249.6	482.6
函件(万件)	Number of Letters(10 000 pcs)	871	738
包件(万件)	Number of Parcels(10 000 pcs)	26	32
特快专递(万件)	Pieces of Express Mail Services(10 000 pcs)	8471	11035
报刊期发数(万份)	Number of Newspapers and Magazines Circulation(10 000 copies)	181	176
长途电话通话时长(万分钟)	Length of Long - distance Calls (10 000 minutes)	42315	34081
#国内长途电话通话时长	Length of Domestic Long - distance Calls	42226	34001
固定电话年末用户(万户)	Access to Telephone Subscribers (10 000 subscribers)	268.1	232.3
城市电话用户(万户)	Number of Urban Telephone Subscribers (10 000 subscribers)	233.0	204.6
# 住宅电话用户	Residential Telephone Subscribers	107.1	86.6
农村电话用户(万户)	Number of Rural Telephones Subscribers at Year - end (10 000 subscribers)	35.1	27.7
年末移动电话用户(万户)	Number of Mobile Telephones Subscribers at Year - end (10 000 subscribers)	2470.8	2841.2
移动短信业务量(万条)	Short Message Services (10 000 messages)	833294.0	673530.1
年末互联网用户(万户)	Number of Subscribers of Internet Service at Year - end (10 000 subscribers)	2462.4	2854.3
邮电局所(处)	Number of Post &Telecommunications Offices(unit)	1541	1462
邮路总长度(公里)	Length of Postal Routes (km)	72980	77596
#汽车邮路	Highway Routes	70207	74944
铁路邮路	Railway Routes	2316	2426
局用交换机容量(万门)	Capacity of Office Telephone Exchanges(10 000 lines)	327.40	238.09

15－8 城乡邮电局所和电话机数

Number of Post and Telecommunications Office and Telephones

年份 Year	邮电局所（处）Number of Telecommun－ications Offices（unit）	城市 Urban	乡村 Rural	每万人口中邮电局所（处）Number of Post and Telecoms Offices per 10 000 Person（unit）	固定电话机部数（万部）Number of Telephone Access to（10 000 set）	城市 Urban	乡村 Rural	每万人口中电话机数（部）Number of Telephones per 10 000 persons（set）
1957	563	149	414	0.60	1.03	0.90	0.13	18.71
1958	799	308	481	0.82	1.31	1.17	0.14	25.69
1965	951	161	790	0.73	3.33	2.23	1.10	13.88
1970	1111	216	895	0.75	2.07	1.49	0.58	15.13
1975	835	151	684	0.48	2.66	1.98	0.68	14.59
1978	857	163	694	0.48	3.10	2.36	0.74	17.00
1979	1513	206	1307	0.82	5.87	4.16	1.71	31.70
1980	1515	212	1303	0.81	6.04	4.34	1.70	32.19
1981	1519	212	1307	0.80	6.13	4.57	1.56	32.21
1982	1520	218	1302	0.78	6.47	4.97	1.50	33.32
1983	1517	216	1301	0.77	6.98	5.46	1.52	35.44
1984	1545	232	1313	0.78	7.63	6.14	1.49	38.28
1985	1603	232	1371	0.80	8.51	7.00	1.51	42.21
1986	1634	254	1380	0.80	9.07	7.56	1.51	44.45
1987	1615	229	1386	0.78	10.31	8.71	1.60	49.89
1988	1632	236	1396	0.78	12.67	10.98	1.69	60.51
1989	1636	232	1404	0.77	14.70	12.81	1.89	69.27
1990	1638	225	1413	0.76	16.83	14.80	2.03	77.82
1991	1645	230	1415	0.75	18.48	16.34	2.14	84.62
1992	1648	228	1420	0.75	21.18	18.66	2.52	95.98
1993	1651	233	1418	0.74	28.05	25.08	2.97	125.65
1994	1765	247	1518	0.78	62.47	59.51	2.96	276.35
1995	1804	419	1385	0.79	65.86	63.59	2.26	289.94
1996	1831	424	1407	0.80	85.98	85.07	0.91	374.60
1997	1837	407	1430	0.79	105.64	89.44	16.20	454.23
1998	1815	414	1401	1.20	150.08	128.66	21.42	640.05
1999	1739	413	1326	0.74				657.35
2000	1728	417	1311	0.73				872.11
2001	1671	446	1215	0.70				1087.51
2002	1671	521	1150	0.70				1308.64
2003	1678	551	1127	0.71				1807.19
2004	1672	559	1113	0.70				2107.30
2005	1743	600	1143	0.73				2270.78
2006	1711	615	1096	0.72				2260.49
2007	1702	617	1085	0.71				2183.85
2008	1570	516	1054	0.65				1914.05
2009	1599	561	1038	0.66				1824.93
2010	1588	549	1039	0.64				1679.38
2011	1483	506	977	0.60				1534.15
2012	1509	572	937	0.61				1481.23
2013	1479	557	922	0.59				1510.32
2014	1506	523	983	0.60				1473.84
2015	1505	505	1000	0.60				
2016	1541	494	1047	0.61				
2017	1462	498	964	0.58				

15－9 邮电业务量

Telecommunications Services

年 份 Year	邮电业务总量（万元）Business Volume of post & Tele－communications（10 000 yuan）	邮政业务总量 Business Volume of Post	电信业务总量 Business Volume of Telecommu－nications	邮电业务总量指数（1978 年＝100）Index of Bus－iness Volume of Post & Te－lecommunica－tions（1978＝100）	函 件（万件）Number of Letters（10 000 pcs）	特快专递（万件）Pieces of Express Mail Services（10 000 pcs）	报刊期发数（万份）Newspapers & Magazines Circulation（10 000 copies）
1980	8216			109	7146		329
1985	11471			153	9416		605
1986	11953			159	9589		507
1987	14436			192	9778		596
1988	17119			228	9946	1	515
1989	18652			248	8637	1	342
1990	21194	7373	13821	282	8080		
1991	25096	8126	16970	334	7782	3	419
1992	32195	10093	22102	428	8001	9	412
1993	46809	11866	34943	623	9539	28	560
1994	69688	15317	54371	927	10858	55	567
1995	96552	19031	77521	1284	16728	95	486
1996	128846	21677	107169	1714	10277	153	625
1997	174001	25413	148588	2314	9479	157	650
1998	247762	29003	218759	3295	8521	115	408
1999	391291	34591	356700	5204	8332	100	341
2000	562463	39463	523000	7481	9677	111	395
2001	580521	76007	504515	10956	12249	147	268
2002	903848	80448	823400	17058	14002	167	249
2003	1085474	85115	1000359	20486	22066	205	249
2004	1566250	86250	1480000	20842	6229	230	218
2005	1997246	89351	1907895	26577	3143	251	194
2006	2545460	98860	2446600	33872	4273	272	215
2007	3640097	107785	3532312	48438	4270	322	246
2008	4576036	118798	4457238	60892	4186	410	224
2009	5538489	116468	5422021	73699	3675	579	233
2010	2006940	119844	1887096	89913	3389	401	242
2011	2413465	99580	2313885	108126	3031	405	285
2012	2702939	112076	2590863	121094	2433	406	230
2013	3112277	175177	2937100	139433	1865	2839	248
2014	3378447	194664	3183783	151358	1639	4364	262
2015	4002912	232307	3770605	179335	1455	5410	194
2016		272479	2496428		871	8471	181
2017		343185	4825858		738	11035	176

注：1. 邮电业务总量 2000 年及以前按 1990 年不变价格计算，2001－2009 年按 2000 年价格计算，2010－2015 年按 2010 年价格计算。2016 年起，电信业务总量按 2015 年不变价格计算，邮政业务总量按 2010 年不变价格计算。

2. 自 2013 年起，邮政业务总量、特快专递数据来源于邮政管理局，包含内蒙古邮政公司及其他快递公司的数据。

a）Business Volume of Post and telecommunications before 2000 is calculated at 1990 constant Prices，and 2001－2009 it is calculated at 2000 constant Prices，and 2010－2015 is calculated at 2010 constant Prices. Since 2016，Business Volume of Telecommunications is cacculated at constant Prices of 2015 ，business volume of post is caculated at constant Prices of 2010.

b）Since2013，the data of Business Volume of Post and Pieces of Express Mail Services is provided of Post Office，includes Inner Mongolia Post Company and other Courier Companies.

15－9 续表 1 continued

年 份 Year	集邮业务（万元）Philately（10 000 yuan）	长途电话（万次）Number of Long Distance Telephone Calls（10 000 times）	无线寻呼用户（户）Number of Subscribers of Pageing Service（subscriber）	移动电话用户（户）Number of Mobile Telephone Subscribers（subscriber）	#3G 移动电话用户 3GMobile Phone Subscribers	#4G 移动电话用户 4GMobile Phone Subscribers	国际互联网络用户（户）Number of Subscribers of Internet Service（subscriber）
1980		495					
1985		792					
1986		856					
1987		923	175				
1988	287	1100	558				
1989		1071	1120				
1990	1373	1257	1747				
1991	2149	1722	3799	70			
1992	3959	2615	8246	636			
1993	4829	4856	24549	2298			
1994	4944	7623	52794	8351			
1995	4935	10422	102653	21852			
1996	6248	14349	179383	52388			25
1997	10173	15686	300692	127630			382
1998	11158	17429	420108	258881			1454
1999	10024	19101	530011	533000			10306
2000	7830	21088	780008	1153000			56556
2001	11768	22160	430000	2090000			161420
2002	12527	23358	315000	3172000			330133
2003	7095	23696	104000	4790500			547046
2004	4833	51408	51500	5945700			824000
2005	4996	49600	3000	7123000			1061143
2006	2759	34500	1467	8741300			1432319
2007	5301	77033		10469307			1417322
2008	11303	33071		13444000			1390000
2009	8901			16160000	38430		1760000
2010	12693			20340000	1459409		1910000
2011	15985			23161610	2509687		14982141
2012	18990			25501300	4512665		18260800
2013	19713			26906162	4743279		18322255
2014	10611			26346056	8714770	1359818	19892147
2015	10172			24253440	7427838	6277048	22081983
2016	10292			24707776	3382779	13179402	24623386
2017	9180			28411813	2886013	18811413	28542635

注：本表中国际互联网络用户 2010 年以前不包括移动互联网用户。

a) Before 2010, Number of Subscribers of Internet Service did not include mobile Internet users.

15－9 续表 2 continued

年 份 Year	固定电话年末用户（户）Number of Subscribers of Local Telephone at Year－end（subscriber）	城市电话用户 Number of Urban Telephone Subscribers	# 住宅电话 Residential Telephone Subscribers	乡村电话用户 Rural Telephone Subscribers	# 住宅电话 Residential Telephone Subscribers	#公用电话（户）Public Telephone（subscriber）
1980	60483	43435		17048		95
1985	86230	71101	733	15129	87	317
1986	97947	82004	2096	15943	156	386
1987	110409	93869	3047	16540	366	436
1988	127372	109781	6484	17591	484	467
1989	147108	128187	24732	18921	398	391
1990	168328	147964	32003	20364	518	278
1991	184856	163414	41193	21442	1785	376
1992	211796	186574	64151	25222	3319	679
1993	280512	250772	118788	29740	6139	1480
1994	440361	409220	265776	31141	10482	2958
1995	658577	635945	441383	22632	10586	6887
1996	859754	850652	615126	9102	3349	11759
1997	1056355	894372	697425	161983	118986	20400
1998	1254391	1040109	845015	214282	172736	32451
1999	1552582	1276323	1027119	276259	236006	41271
2000	2069000	1664000	1339000	405000	358000	48039
2001	2580000	2030000	1620000	550000	490000	70000
2002	3112000	2426000	1884000	686000	616000	74000
2003	4300400	3450900	2607300	849500	765400	168063
2004	5019600	3998600	3223000	1021000	823300	268800
2005	5419000	4339800	3455000	1079200	824000	382600
2006	5408300	4259700	3341200	1148600	1066500	430500
2007	5252301	4113873	3224093	1138428	1050367	408798
2008	4624600	3883200	3431200	741400	670000	350000
2009	4415923	3728456	2642711	687467	614185	334758
2010	4140000	3540000	2377786	600000	520000	300000
2011	3795159	3188791	1886621	606367	488398	279091
2012	3682000	3107000	1840900	575000	461500	255254
2013	3772185	3176934	1917926	595251	477898	248404
2014	3590789	3013493	1735678	577295	463494	235862
2015	3205263	2735731	1412999	469532	377220	191804
2016	2680993	2330275	1071413	350718	271845	
2017	2323189	2046420	865993	276769	205312	

15－10 年末邮电局所数及邮递线路

Postal and Telecommunications Services Facilities(Year－end)

年 份 Year	邮电局所(处) Number of Post and Telecommunica－tions Offices (unit)	信筒信箱(处) Number of Post Boxes (unit)	邮路总长度(公里) Length of Postal Routes (km)	# 汽车邮路 Highway Routes	# 铁路邮路 Railway Routes	农村投递线路(公里) Rural Delivery Routes (km)
1980	1515	3220	70944	35115	5740	
1985	1603	3557	59292	36174	6726	117800
1986	1634	3554	60831	37480	7023	110363
1987	1615	3671	60591	36485	7174	111786
1988	1632	3721	59203	35843	7024	110093
1989	1636	3637	63017	36037	7025	116686
1990	1638	3549	64495	36666	6802	109926
1991	1645	3600	67048	37235	6772	108231
1992	1648	3496	66966	37230	6772	107295
1993	1651	3590	66139	36401	6772	105501
1994	1765	3561	67551	39339	7050	101706
1995	1804	3576	68751	41030	6929	102757
1996	1831	3641	68873	43729	6929	104694
1997	1837	3616	71006	45955	6623	103991
1998	1815	3471	69261	44286	5936	107262
1999	1739	3059	64183	43747	5173	107280
2000	1728	3096	63759	43232	5514	106539
2001	1671	4502	72499	42969	5838	111394
2002	1671	3478	62307	42558	5764	111395
2003	1678	3022	62344	42799	5764	111636
2004	1672	5541	57762	43074	5699	110812
2005	1743	8630	60713	43895	6196	109398
2006	1711	8767	58523	44027	5946	109635
2007	1702	2567	61900	43851	5946	111007
2008	1570	2565	67905	43746	5836	111911
2009	1599	2521	72245	46726	6403	112612
2010	1588	2455	58391	44277	6205	114545
2011	1483	2368	59125	49983	5720	112903
2012	1509	2397	64421	58624	4066	109253
2013	1479	2361	65695	61496	2718	109302
2014	1506	2174	75186	70809	2718	115219
2015	1505	1229	76350	72941	2720	114098
2016	1541	1381	72980	70207	2316	114414
2017	1462	1540	77596	74944	2426	122016

15－11 年末电信电路及电信线路

Line of Telecommunications Facilities(Year－end)

年 份 Year	长话业务电路 (路/2M) Long Distance Telephone Lines(line/2M)	# 数字电路 Digital Lines	光缆线路长度 (公里) Length of Optical Cable Lines(km)	长途光缆线路长度(公里) Length of Long Distance Optical Cable Lines(km) P
1992	3191	881		309
1993	6593	2154		950
1994	10043	1658		3274
1995	11669	8578		8074
1996	17174	15920		9282
1997	19199	18833		9846
1998	30569	30559		11416
1999	26053	26053		11625
2000	48309	48309		16420
2001	84036	84036		15890
2002	166749	166749		25018
2003	247110	247110		28597
2004	213030	213030		31114
2005	364200	364200		35400
2006	451770	451770	103700	38031
2007	2837160	2837160	106300	34416
2008	3993105	3993105	154300	48146
2009	14542350	14542350	174784	42626
2010	21284190	21284190	204179	46831
2011	559741		271019	55514
2012			310453	56775
2013			338832	57600
2014			386759	66400
2015			432981	68583
2016			586797	77483
2017			985571	77865

注:从 2011 年起,长话业务电路单位由路改为 2M。

a) From 2011, the long distance telephone Lines'unit has changed from line to 2M.

15－12 邮电通信水平

Level of Postal and Telecommunications Services

指 标	Item	1995	2000	2005	2010	2015	2017
全区邮电通信水平	**Autonomous Regional Level**						
平均每人每年发函件数(件)	Annual Average Number of Letters Mailed per Capita(piece)	4.72	4.09	1.32	1.37	0.58	0.29
平均每百人每年订报刊数(份)	Annual Average Number of Newspaper and Magazine Subscribed per 100 Persons(copy)	21.39	16.69	8.13	9.82	13.9	6.95
平均每百人拥有本地网电话机部数(部)	Number of Local Telephone Sets Owned per 100 Persons(set)	2.90	8.75	22.70	16.80		
农村邮电通信水平	Rural Level						
设有邮电局、所的乡(镇)比重(%)	Percentage of Townships with Post and Telephone Communications Offices(%)		82	88	92	93	100
通电话的乡(镇)比重(%)	Percentage of Townships with Telephone Communication(%)	94.20	100	100	100	100	100
进入长话自动网的乡(镇)比重(%)	Percentage of Townships with Connected Autoexchange Net of Long Distance Call(%)	37.60	100	100	100	100	100

15－13 电信设备年末拥有量

Telecommunications Facilities at Year－end

年份 Year	长途自动交换机容量（路端） Capacity of Long－distance Telehone Exchanges (circuit)	本地电话局用交换机容量（门） Capacity of Local－office Telehone Exchanges (line)	#中央国有 Central State－owned	电话机（部） Number of Telephone (set)	#中央国有 Central State－owned
1980		104050	60450	106473	74235
1985		156280	108230	156929	128360
1986		163960	113930	181936	149191
1987		179070	128820	164123	129670
1988	200	193155	141190	232159	194589
1989	1560	222675	169540	266627	226723
1990	1560	241305	188020	296601	253525
1991	2249	268605	212950	329689	283773
1992	5342	351793	251230	363537	312632
1993	9906	449154	358984	454013	398342
1994	25895	682979	618964	624729	595081
1995	68127	1059151	1029828	854869	838265
1996	70336	1284301	1260288	1100640	1088151
1997	81050	1554614	1226356	1313097	1063609
1998	92200	1889691	1508344	1500674	1200539
1999	94200	2119776	1769500	2086000	1748959
2000	96320	2543000	2122789	3222000	2577600
2001	110000	3034400	3034400	4670000	4670000
2002	137060	3463000	3463000	6284000	6284000
2003	68640	3705538	3705538	9090500	9090500
2004	74000	7224000	7224000	10966000	10966000
2005	79211	4304500	4304500	12543000	12543000
2006	158974	4277900	4277900	14149600	14149600
2007	339509	7230000	7230000	15721608	15721608
2008	344765	7290000	7290000	18064000	18064000
2009	248814	7137435	7137435	20575837	20575837
2010	202524	7114721	7114721	24480903	24480903
2011	202524	6826400	6826400	26957000	26957000
2012	202524	8635286	8635286	29183000	29183000
2013	220734	8085838	8085838	30678347	30678347
2014	221574	6673726	6673726	29936845	29936845
2015	127944	3984618			
2016	100800	3274000			
2017	45924	2380900			

主要统计指标解释

铁路营业里程 又称营业长度（包括正式营业和临时营业里程），指办理客货运输业务的铁路正线总长度。凡是全线或部分建成双线及以上的线路，以第一线的实际长度计算；复线、站线、段管线、岔线和特殊用途线以及不计算运费的联络线都不计算营业里程。铁路营业里程是反映铁路运输业基础设施发展水平的重要指标，也是计算客货周转量、运输密度和机车车辆运用效率等指标的基础资料。

铁路正线延展里程 指正线第一线、第二线、第三线和其他正线建筑里程之和，不包括站线、段管线、岔线及特殊用途线的延展里程。它是作为计算铁路上钢轨、枕木及路基砂石需要量的主要依据。

公路里程 指在一定时期内实际达到《公路工程技术标准 JTJ01－88》规定的等级公路，并经公路主管部门正式验收交付使用的公路里程数。包括大中城市的郊区公路以及通过小城镇街道部分的公路里程和桥梁、渡口的长度，不包括大中城市的街道、厂矿、林区生产用道和农业生产用道的里程。两条或多条公路共同经由同一路段，只计算一次，不得重复计算里程长度。它是反映公路建设发展规模的重要指标，也是计算运输网密度等指标的基础资料。

内河航道里程 也称内河通航里程，指在一定时期内，能通航运输船舶及排筏的天然河流、湖泊水库、运河及通航渠道的长度。包括全年季节性通航累计三个月以上的航道，不包括仅供零散流放竹、木排的河道。它是内河水运网规模、水平和发展情况的主要指标。

民用航空线里程 指民航运输定期班机飞行的航线长度的总和。航线长度按机场之间的距离计算，通常有两种计算方法：一是将每条航线长度相加称为重复计算航线里程；二是将两线或两条以上航线经过同一区段里程，只计算一次航线长度称为不重复计算航线里程，一般常用的是后者，它能确切反映民航运输网的规模，是表明民航事业为国民经济服务和方便人民生活程度的主要指标。

货（客）运量 指在一定时期内，各种运输工具实际运送的货物（旅客）数量。它是反映运输业为国民经济和人民生活服务的数量指标，也是制定和检查运输生产计划、研究运输发展规模和速度的重要指标。货运按吨计算，客运按人计算。货物不论运输距离长短、货物类别，均按实际重量统计。旅客不论行程远近或票价多少，均按一人一次客运量统计；半价票、小孩票也按一人统计。

货（客）运密度 指在一定时期内某种运输方式在营运线路的某一区段平均每公里线路通过的货物（旅客）运输周转量。计算公式为：

货（客）运密度＝货物（旅客）周转量/营业线路长度

货（客）运密度是反映交通运输线路上货物（旅客）运输量运输繁忙程度的主要指标，是平衡运输线路运输能力和通过能力，规划线路建设及改造、配备技术设备，研究运输网布局的重要依据。

货物（旅客）周转量 指在一定时期内，由各种运输工具运送的货物（旅客）数量与其相应运输距离的乘积之总和。它是反映运输业生产总成果的重要指标，也是编制和检查运输生产计划，计算运输效率、劳动生产率以及核算运输单位成本的主要基础资料。计算货物周转量通常按发出站与到达站之间的最短距离，也就是计费距离计算。计算公式为：

货物（旅客）周转量＝∑货物（旅客）运输量×运输距离

邮电业务总量 指以货币形式表现的邮电通信企业为社会提供各类邮电通信服务的总数量。计算方法为各类邮电通信服务业务的实物量分别乘以相应的不变单价，求出各类业务的货币量后加总求得。该指标反映了一定时期邮电通信业务发展的总成果，是观察邮电通信业务发展变化总趋势的综合性指标，分别按邮政业务总量和电信业务总量统计。计算公式为：

邮电业务总量＝∑（各类邮电业务量×不变单价）＋出租代维及其他业务收入

固定电话用户 指在电信企业登记注册，且在报告期末实际已经接入电信企业固定电话网（包括局用电话交换机、接入网设备、软交换用户接入设备、无线市话设备）上的全部电话用户。包括普通电话用户、无线接入电话用户、公用电话用户、窄带综合业务数字网（N－ISDN）用户、集中用户交换机（CENTREX）用户、模拟中继线用户等。

移动电话用户 指在移动电话营业部门登记，通过移动电话交换机进入电话网、占有移动电话号码的电话用户。用户数量以实际办理登记手续进入邮电部门移动电话网的户数进行计算，一部或一台移动电话统计为一户。

城市电话用户 指话机安装地的行政区划属于中央直辖市、省辖市、地级市、县级市的市区、市郊区及县城区范围内的固定电话用户，还包括分布在农村地区的县团级以上建制的独立工矿区、林区、驻军的电话用户。

农村电话用户 指话机安装地的行政区划属于城市范围以外的乡（镇）、村的固定电话用户。

住宅电话用户 指私人付费或安装在居民住宅并按照住宅电话用户登记注册和收费的各类电话用户。不包括安装在居民住宅，属于经营性的电话用户。住宅电话用户按行政区划分为城市住宅电话用户和农村住宅电话用户。

长途光缆线路长度 指用以实现光信号传输的长途光缆线路的实际长度。架空的光缆按实际杆路长度统计；埋设于地下、管道、水底、海底的光缆按沟长统计。

局用交换机容量 指安装在电信企业内用于接续本地固定电话的交换机容量，不含接入网设备容量。

函件 指邮政企业为用户传递以书面信息为主的邮件，包括信件、印刷品和邮送广告等。

包裹 指符合准寄范围，按一般时限规定传递处理的物品。

Explanatory Notes on Main Statistical Indicators

Length of Railways in Operation refers to the total length of the trunk line for passenger and freight transportation (including both full operation and temporary operation). The calculation is based on the actual length of the first line even if this line has a full or partial double track or more tracks, excluding double tracks, station sidings, tracks under the charge of station, branch lines, special purpose lines and the non payable connecting lines, The length of railways in operation is an important indicator to show the development of the infrastructure for the railway transport, and also the essential data to calculate volume of passenger freight transport, traffic density and utilization efficiency of the locomotives and carriages.

Extenuation Length of Trunk Lines refers to the sum of the first, the second, the third lines and other constructed length of the trunk railways, excluding the extenuation length of the station lines, lines under the jurisdiction of depots, sidings and lines for special purpose. It provides important information for the calculation of the needs for rails, sleepers, sand and stone for the construction of railways.

Length of Highways refers to the length of highways which are built in conformity with the grades specified by the highway engineering standard formulated by the Ministry of Communications, and have been formally checked and accepted by departments of highways and put into use. The length of highways includes that of the suburb highways at large and medium sized cities, highways passing through streets at small cities and towns, and also the length of bridges and ferries. It does not include the length of streets in big and medium sized cities and highways built for the production purpose at factories, mines, forest areas and agricultural areas. If two or more highways go the same section of the way, the length of the section is only calculated for once and no duplication is allowed. The length of highways is an important indicator to show the development of the highway construction and to provide essential information to calculate the transport network density.

Length of Navigable Inland Waterways refers to the length of natural rivers, lakes, reservoirs and canals and ditches that are open to navigation for ships and rafts during a given period. It includes the channels open tonavigation for more than 3 months in a year, yet this does not include the river courses which are only used to float odd logs and bamboo rafts.

Length of Civil Aviation Routes refers to the length of all routes for regular civil aviation flights. There are usually two ways to calculate the distance between airports connected by the route length: One is to put the length of all air routes together, called duplicated calculation of the length of the routes, the other is not to allow the duplication in calculation when two or more routes passing the same section of aviation routes. The latter is usually used, as it can precisely show the size of the civil aviation network and indicate the extent of civil aviation serving the national economy and the people.

Freight (Passenger) Traffic refers to the weight of freight (number of passenger) transported with various means within a specific period of time. This indicator reflects the service of the transport industry towards the national economy and people's living conditions, as well as an important indicator used in formulating and monitoring transport production plans and research into the scale and pace of transport development. Freight transport is calculated in tons and passenger traffic is calculated in terms of number of persons. Freight transport is calculated in terms of the actual weight of the goods and takes no account of the type of freight and distance of travel. Passenger traffic is calculated by the principle that one person can be counted only once in one trip and takes no account of the travelling distance and ticket price. The passengers who travel with a half price ticket or a child's ticket is also calculated as one person.

Freight (Passenger) Traffic Density refers to the freight (passenger) traffic volume carried by a particular means of transportation during a given period through one kilometre of a specific section of transportation route. The formula is as follows:

Freight (Passenger) Traffic Density = [Freight Ton - kilometers (Passenger - kilometers)] ÷ (Length of Route in Operation)

Freight (passenger) traffic density reflects how busy freight (passenger) traffic is on transportation routes. It provides an important basis for balancing transport capability and throughput capability, planning construction and upgrading of transport routes, installing technical facilities and studying the distribution of transport networks.

Freight Ton - kilometres (Passenger - kilometres) refers to the sum of the product of the volume of transported cargo (passengers) multiplied by the transport distance. It is an important indicator to reflect the achievement of the transportation industry. This is an important indicator to show the total results of the transport industry; to prepare and examine the transport plan; and to serve as the main basic data for calculating the efficiency, labour productivity and unit cost of transport. Normally, the shortest distance between the departure station and the destination station (i. e., the payable distance) is the basis in calculating the freight ton - kilometres. The formula is as follows:

Freight Ton - kilometers (Passenger - kilometers) = {Freight (Passenger) Traffic × Distance of Transportation}

Business Volume of Post and Telecommunications refers to the total amount of postal and telecommunication services, expressed in value terms, provided by the post and telecommunications departments for society. Calculation methods for all types of post and telecommunications services in kind amounts are multiplied by the corresponding constant price, after obtaining various services plus total amount of money obtained. This indicator reflects the overall results development of postal and telecommunications services, it is to observe the development and changes in business trends in post and telecommunications total comprehensive index, respectively, according to the total business volume of post and telecommunications services statistics.

The formula is follows:

Business Volume of Post and Telecommunications

= Σ (Transaction of Post and Telecommunication Service × Constant Price) + Income from Leasing, Maintenance and other Services

Local telephone subscribers refer to all subscribers who have gone through registration , procedures in the operation points of enterprises engaged in telecommunications , and in the reporting period have access to the actual telecommunications business fixed telephone network (including central office telephone switches, access equipment, Softswitch subscriber access equipment, PHS device) on all phone users. Included are general subscribers, wireless local telephone subscribers, public telephones subscribers, N – ISDN subscribers , centralized user switch (CENTREX) users, analog trunk users. and intelligent network terminal subscribers.

Mobile Telephone Subscribers refer to persons who have gone through registration procedures in the operation points of enterprises engaged in telecommunications and are hence connected with the mobile telephone communication network through the mobile telephone switchboards and occupy mobile phone numbers. The number of subscribers is calculated only when the subscribers who have gone through all the register formalities and entered into the mobile telephone network. One mobile telephone is treated as a subscriber.

Urban Telephone subscribers refer to the number of telephone subscribers, located at the municipalities directly under the Central Government, cities under the jurisdiction of province, cities at prefecture level, downtown and suburb of city at county level town and county towns according to the administrative division, including subscribers in rural mineral area, forest area, military area that are at or above county level.

Rural Telephone subscribers refer to telephone subscribers, located at the towns and villages outside the coverage of urban areas according to the administrative division.

Household Telephone Subscribers refer to all kinds of subscribers with telephone sets paid privately or installed in the dwelling units of residents, and registered as private subscribers or residence subscribers for payment. Installation is not included in the residential, pertaining to the operation of phone users. Residential telephone subscribers by administrative divided into urban residential telephone users and rural residential telephone users.

Long – distance fiber optic line length refers to the actual length of the optical signal transmission to achieve long – distance optical cable lines. Overhead cable length according to the actual path length of the lever statistics; buried in the ground, pipes, underwater, undersea cable channel length according to the statistics.

Capacity of Office Telephone Exchanges refers to the capacity (measured in gate) of telephone exchanges installed in the offices of telecommunication service providers for communication between fixed telephones. It is not includes the capacity of access network equipment .

Letter refers to postal companies passed in writing information to the user' s mail, including letters, printed and mailed advertising.

Package refers to send prospective range, as stipulated in the General limit of delivery service items.

16 国内贸易

Domestic Trade

资料整理：沙仁高娃　柳美玲　赵　孔

Arranged By Sha Rengaowa, Liu Meiling, Zhao Kong

16 - 1 社会消费品零售总额(按销售单位所在地和行业分)

Total Retail Sale of Consumer Goods by Location of Retailers and by Sector

单位:万元 (10 000 yuan)

年 份 Year	社会消费品零售总额 Total Retail Sales of Consumer Goods	市 City	县 County	县以下 Under County Level
1978	368336	109765	173880	84691
1979	396306	115097	212109	69100
1980	443085	134370	234472	74243
1981	473558	151209	220104	102245
1982	521169	168509	184330	168330
1983	576479	213026	190936	172517
1984	682854	272508	219274	191072
1985	827012	379587	242756	204669
1986	926482	459731	255630	211121
1987	1054027	539840	281796	232391
1988	1304955	675461	350485	279009
1989	1385861	743528	367718	274615
1990	1462149	804703	378731	278715
1991	1631688	950829	424749	256109
1992	1865604	1082284	465677	317643
1993	2222885	1274436	520515	427934
1994	2656752	1556018	612519	488215
1995	3133114	1787351	764355	581408
1996	3644208	2046368	935855	661985
1997	4171634	2494448	987127	690059
1998	4699727	2834462	1093481	771784
1999	5326021	3274132	1212618	839271
2000	6085451	3782591	1382488	920372
2001	6959858	4408005	1549876	1001977
2002	8253061	5255468	1805237	1192356
2003	9561995	6208135	2036284	1317576
2004	11607118	7720880	2398047	1488191
2005	13581000	9086000	2813000	1682000
2006	16286000	11052000	3328000	1906000
2007	19640000	13436000	3916000	2288000
2008	24630000	16957000	4844000	2829000
2009	28553067	19546789	5625019	3381259

16－1 续表 continued

单位:万元 (10 000 yuan)

年 份 Year	批发零售贸易业 Wholesale and Retail Sale Trade	住宿餐饮 业 Hotels and Catering	制 造 业 Manufacturing	农业生产者 Agriculture	其 他 行 业 Others
1978	324557	9176	18424	4500	11679
1979	349203	9873	19823	4806	12601
1980	377210	12425	26812	11745	14893
1981	395242	13436	32747	12613	19520
1982	429129	15383	40642	16000	20015
1983	468060	17180	49112	18419	23708
1984	540456	21996	64587	28201	27614
1985	639621	26309	83076	43560	34446
1986	717482	31180	83815	51319	42686
1987	822095	37134	84602	60161	50035
1988	1022036	45026	110832	72734	54327
1989	1097906	44454	121209	81943	40349
1990	1154732	46081	126464	93257	41615
1991	1277458	54716	138160	111773	49581
1992	1424440	61275	166494	138677	74718
1993	1812421	274859			135605
1994	2182469	326337			147946
1995	2558304	396339			178471
1996	2972167	472720			199321
1997	3400261	563531			207842
1998	3807265	658848			233614
1999	4284513	786023			255485
2000	4875210	941049			269192
2001	5569681	1102355			287822
2002	6609147	1348192			295722
2003	7640622	1601569			319804
2004	9207247	2026590			373281
2005	10780965	2364654			435381
2006	12890755	2899876			495369
2007	15486890	3682236			470874
2008	21081856	3028123			520021
2009	24307808	3604645			640614

16－2 社会消费品零售总额（按销售单位所在地和消费形态分）

Total Retail Sale of Consumer Goods by Location of Retailers and by Consumption Patterns

单位：万元 (10 000 yuan)

年份 Year	社会消费品零售总额 Total Retail Sale of Consumer Goods	按销售单位所在地分 Grouped by Location of Retailers				按消费形态分 Grouped by consumption patterns	
		城镇 Cities	城区 City	镇区 Towns	乡村 Village	商品零售收入 Revenue from Commodities	餐费收入 Revenue from Meals
2010	33840040	29612820	22487335	7125485	4227220	29465115	4374925
2011	39917091	34949210	27031440	7917770	4967881	34953080	4964011
2012	45725464	40059900	31217663	8842237	5665564	40036406	5689058
2013	51142643	44752893	34297614	10455279	6389750	44830519	6312124
2014	56576427	49494081	37413524	12080557	7082346	49503293	7073134
2015	61077027	53429831	40388145	13041686	7647196	51704586	9372441
2016	67007606	58553978	44218712	14335266	8453628	56734208	10273398
2017	71602319	62394261	47042723	15351538	9208058	60397271	11205048

16－3 社会消费品销售额

Total Sales Volume Grand of Consumer Goods

单位：万元 (10 000 yuan)

指标	Item	2016	2017
销售额(营业额)总计	**Sales Volume (turnover) Grand Total**	**185505584**	**211195678**
销售额	**Sales volume**	**171103101**	**194956487**
批发业	Whole－sale Trade	93331288	108492722
零售业	Retail Sale Trade	77771813	86463765
营业额	**Turnover**	**14402483**	**16239191**
住宿业	Hotels Trade	2283930	2557766
餐饮业	Catering Trade	12118553	13681426

16－4 限额以上住宿业企业及个体户经营情况(2017 年)

Above Designated Size Hotel Enterprises and Self－Employed Trade(2017)

单位:万元 (10 000 yuan)

指标	Item	营业额 Business Revenue	#客房收入 Revenue from Hotel Rooms	#餐费收入 Revenue from Meals	#商品销售收入 Revenue from Commodities
总　计	**Total**	**463889**	**240787**	**195090**	**2420**
旅游饭店	Tourist Hotel	303839	142422	138720	896
一般旅馆	General Hotel	143027	90465	48994	666
其他住宿服务	Others	17024	7901	7377	858

16－5 限额以上餐饮业企业及个体户经营情况(2017 年)

Above Designated Size Catering Enterprises and Self－Employed Trade(2017)

单位:万元 (10 000 yuan)

指标	Item	营业收入 Business Revenue	# 商品零售额 Retail Sales of Commodities
总　计	**Total**	**876233**	**742392**
正餐服务	Dinner Services	832211	700354
快餐服务	Fast Food Services	35686	34354
饮料及冷饮服务	Cold/Ice drink, and Services	2369	2369
其他餐饮服务	Others	5966	5315

16－6 亿元以上商品交易市场情况(2017 年)

Statistics on Commodity Exchange Markets of Transaction Value Over 100 Million Yuan(2017)

指标	Item	市场数（个）Markets (unit)	总摊位数（个）Booths (unit)	年末出租摊位（个）Rent Booths At Year－end (unit)	成交额（万元）Turn Over (10000 yuan)
总 计	**Total**	**69**	**41693**	**39726**	**6934970**
综合市场	**Integrated Markets**	**11**	**11549**	**10279**	**2029536**
生产资料	Productions Markets	1	40	40	39417
工业消费品	Industrial Markets	2	3402	3362	99509
农产品	Farm Produce Markets	5	4062	3129	1474235
其他	Others	3	4045	3748	416375
专业市场	**Special Markets**	**58**	**30144**	**29447**	**4905434**
生产资料	Productions Markets	12	3373	3356	1357175
农业生产用具	Agricultural implements	2	84	84	30735
农用生产资料	Agricultural Productions	2	242	242	50850
煤炭	Coal and Charcoal				
木材	Wood	1	134	128	118950
建材	Building Materials	4	1355	1355	258648
化工材料及制品	Chemical Materials				
金属材料	Metal Materials	2	330	330	380181
机械设备	Mechanical Equipment				
其他生产资料	Others	1	1228	1217	517811
农产品	Farm Produce Markets	21	9822	9421	1238783
粮油	Grain & Oil	3	156	156	123379
肉禽蛋	Meat, Poultry & Eggs	3	684	589	37217
水产品	Aquatic Products				
蔬菜	Vegetables	6	6074	5836	558020
干鲜果品	Dried & Fresh Fruits				
棉麻土畜、烟叶	Local & lives tocks	2	700	700	81000
其他农产品	Others	7	2208	2140	439167
食品、饮料及烟酒	Food, Beverages, Tobacco & Liquor				
纺织、服装、鞋帽	Textile, Garments, Footwear & Hat Wear	11	8072	7928	388906
日用品及文化用品	Commodity & Cultural Articles				
黄金、珠宝、玉器等首饰	Jewelry	2	2335	2335	140643
电器、通讯器材、电子设备	Electrical Equipment	2	835	735	107729
医药、医疗用品及器材	Medicament	1	174	174	28749
家具、五金及装饰材料	Furniture, Hardware, Decorating	4	1123	1118	152482
汽车、摩托车及零配件	Autocar, Accessories				
花、鸟、鱼、虫	Flower, Bird, Fish & Insect				
旧货	Second Hand				
其他专业市场	Others	5	4410	4380	1490967

16－7 限额以上批发和零售业、住宿和餐饮业企业及个体户基本情况(2017 年，按登记注册类型分)

Basic Conditions of Enterprises above Designated Size of Wholesale，Retail Sale，Hotels，Catering Trades and Self－employed by Registration(2017)

指 标	Item	法人企业(个) Number of Corporation Unit (unit)	产业活动单位数及个体户(个) Number of Active Unit and Self－Employed (unit)	从业人数(人) Persons Engaged (person)
总 计	**Total**	**2559**	**1091**	**203787**
一、批发业合计	**Wholesale Trade**	**662**	**26**	**32122**
内资企业	Domestic Funded Enterprises	661	7	31784
国有企业	State－owned Enterprises	38	4	7032
集体企业	Collective－owned Enterprises	3		60
股份合作企业	Cooperative Enterprises			
联营企业	Joint Ownership Enterprises			
国有联营公司	State Joint Ownership Enterprises			
集体联营企业	Collective Joint Ownership Enterprises			
国有与集体联营企业	Joint State collective Enterprises			
其他联营企业	Other Joint Ownership Enterprises			
有限责任公司	Limited Liability Corporations	264	2	13858
国有独资企业	State funded Corporations	24		4566
其他有限责任公司	Other Limited Liability Corporations	240	2	9292
股份有限公司	Share－holding Corporations Ltd.	24	1	1642
私营企业	Private Enterprises	331		9179
私营独资企业	Private－funded Enterprises	1		12
私营合伙企业	Private Partnership Enterprises			
私营有限责任公司	Private Limited Liability Corporations	313		8473
私营股份有限公司	Private Share－holding Corporations Ltd.	17		694
其他企业	Other Enterprises	1		13
港、澳、台商投资企业	**Enterprises with Investment from Hong Kong, Macao & Taiwan**	**1**	**1**	**67**
港澳台资合资经营	Joint－venture Enterprises			
港澳台资合作经营	Cooperative Enterprises			
港澳台商独资企业	Sole Investment	1	1	67
港澳台商投资股份有限公司	Share－holding Co.，Ltd			
其它港澳台投资	Others			
外商投资企业	**Enterprises With Foreign Investment**			
中外合资经营	Joint venture Enterprises			
中外合作经营	Cooperation Enterprises			
外资企业	Enterprises with Sole			
外商投资股份有限公司	Share－holding Co.， Ltd.			
其它外商投资	Others			
个体工商户	**Self－employed Individuals**		**18**	**271**
二、零售业合计	**Retail Trade**	**1271**	**402**	**97289**
内资企业	**Domestic Funded Enterprises**	**1262**	**8**	**86113**
国有企业	State－owned Enterprises	10	2	379
集体企业	Collective－owned Enterprises	5		144
股份合作企业	Cooperative Enterprises	1		17
联营企业	Joint Ownership Enterprises			
国有联营公司	State Joint Ownership Enterprises			
集体联营企业	Collective Joint Ownership Enterprises			
国有与集体联营企业	Joint－State－collective Enterprises			
其他联营企业	Other Joint Ownership Enterprises			
有限责任公司	Limited Liability Corporations	494	3	41203
国有独资企业	State funded Corporations	14		2855
其他有限责任公司	Other Limited Liability Corporations	480	3	38348
股份有限公司	Share－holding Corporations Ltd.	49	1	12049

16－7 续表 1 continued

指 标	Item	法人企业(个) Number of Corporation Unit (unit)	产业活动单位数及个体户(个) Number of Active Unit and Self－Employed (unit)	从业人数(人) Persons Engaged (person)
私营企业	Private Enterprises	693	2	31994
私营独资企业	Private funded Enterprises	38	1	1118
私营合伙企业	Private Partnership Enterprises	1		7
私营有限责任公司	Private Limited Liability Corporations	636	1	27249
私营股份有限公司	Private Share holding Corporations Ltd.	18		3620
其他企业	Other Enterprises	10		327
港、澳、台商投资企业	**Enterprises with Investment from Hong Kong, Macao & Taiwan**	**8**	**4**	**1231**
港澳台资合资经营	Joint－venture Enterprises	4		268
港澳台资合作经营	Cooperative Enterprises			
港澳台商独资企业	Sole Investment	3	3	842
港澳台商投资股份有限公司	Share－holding Co.,Ltd. from		1	115
其它港澳台投资	Others	1		6
外商投资企业	**Enterprises With Foreign Investment**	**1**	**3**	**422**
中外合资经营企业	Joint venture Enterprises		1	20
中外合作经营企业	Cooperation Enterprises			
外资企业	Enterprises with Sole Foreign Investment	1	2	402
外商投资股份有限公司	Share－holding Co., Ltd			
其它外商投资	Others			
个体工商户	**Self－employed Individuals**		**387**	**9523**
三、住宿业合计	**Hotels**	**296**	**130**	**29863**
内资企业	**Domestic Funded Enterprises**	**291**	**16**	**25817**
国有企业	State owned Enterprises	26	4	2446
集体企业	Collective owned Enterprises	1		47
股份合作企业	Cooperative Enterprises	1		80
联营企业	Joint Ownership Enterprises	1		57
国有联营公司	State Joint Ownership Enterprises			
集体联营企业	Collective Joint Ownership Enterprises	1		57
国有与集体联营企业	Joint State collective Enterprises			
其他联营企业	Other Joint Ownership Enterprises			
有限责任公司	Limited Liability Corporations	116	7	13022
国有独资企业	State funded Corporations	6		1585
其他有限责任公司	Other Limited Liability Corporations	110	7	11437
股份有限公司	Share holding Corporations Ltd.	10		870
私营企业	Private Enterprises	132	4	8982
私营独资企业	Private funded Enterprises	13		527
私营合伙企业	Private Partnership Enterprises	1		47
私营有限责任公司	Private Limited Liability Corporations	113	4	8263
私营股份有限公司	Private Share holding Corporations Ltd.	5		145
其他企业	Other Enterprises	4	1	313
港、澳、台商投资企业	**Enterprises with Investment from Hong Kong, Macao Taiwan**	**4**		**938**
港澳台资合资经营	Joint－venture Enterprises			
港澳台资合作经营	Cooperative Enterprises			
港澳台商独资企业	Sole Investment	2		768
港澳台商投资股份有限公司	Share－holding Co.,Ltd.	1		152
其它港澳台投资	Others	1		18
外商投资企业	**Enterprises With Foreign Investment**	**1**	**1**	**47**
中外合资经营企业	Joint venture Enterprises			
中外合作经营企业	Cooperation Enterprises			
外资企业	Enterprises with Sole Foreign Investment	1	1	47
外商投资股份有限公司	Share－holding Co., Ltd.			
其它外商投资	Others			
个体工商户	**Self－employed Individuals**		**113**	**3061**

16 - 7 续表 2 continued

指 标	Item	法人企业(个) Number of Corporation Unit (unit)	产业活动单位数及个体户(个) Number of Active Unit and Self - Employed (unit)	从业人数(人) Persons Engaged (person)
四、餐饮业合计	**Catering Trade**	**330**	**533**	**44513**
内资企业	**Domestic Funded Enterprises**	**327**	**17**	**26712**
国有企业	State owned Enterprises	10	1	1246
集体企业	Collective owned Enterprises	1		70
股份合作企业	Cooperative Enterprises			
联营企业	Joint Ownership Enterprises			
国有联营公司	State Joint Ownership Enterprises			
集体联营企业	Collective Joint Ownership Enterprises			
国有与集体联营企业	Joint State collective Enterprises			
其他联营企业	Other Joint Ownership Enterprises			
有限责任公司	Limited Liability Corporations	134	6	11572
国有独资企业	State funded Corporations	2		171
其他有限责任公司	Other Limited Liability Corporations	132	6	11401
股份有限公司	Share holding Corporations Ltd.	7	1	2070
私营企业	Private Enterprises	171	9	11519
私营独资企业	Private funded Enterprises	14	1	767
私营合伙企业	Private Partnership Enterprises		1	20
私营有限责任公司	Private Limited Liability Corporations	152	7	10417
私营股份有限公司	Private Share holding Corporations Ltd.	5		315
其他企业	Other Enterprises	4		235
港、澳、台商投资企业	**Enterprises with Investment from Hong Kong, Macao Taiwan**	**1**		**180**
港澳台资合资经营	Joint - venture Enterprises			
港澳台资合作经营	Cooperative Enterprises			
港澳台商独资企业	Sole Investment	1		180
港澳台商投资股份有限公司	Share - holding Co. ,Ltd.			
其它港澳台投资	Others			
外商投资企业	**Enterprises With Foreign Investment**	**2**		**784**
中外合资经营企业	Joint venture Enterprises	1		71
中外合作经营企业	Cooperation Enterprises			
外资企业	Enterprises with Sole Foreign Investment	1		713
外商投资股份有限公司	Share - holding Co. , Ltd.			
其它外商投资	Others			
个体工商户	**Self - employed Individuals**		**516**	**16837**

16-8 限额以上批发、零售贸易业企业及个体户商品销售总额（2017年，按行业分）

Total Sales of Enterprise above Designated Size in Wholesale, Retail Trade and Self-employed by Sector(2017)

单位:万元 (10 000 yuan)

指标	Item	销售总额 Total Sales	批发 Whole sale	零售 Retail
总 计	**Total**	**44560312**	**30372596**	**14187716**
批发业合计	**Wholesale Trade**	**30269219**	**28747577**	**1521641**
农、林、牧产品	Agriculture, Forestry, Husbandry Products	1340768	1253894	86875
#谷物、豆及薯类	Cereal, Beans & Tubers	1091942	1049452	42490
食品、饮料及烟草制品	Food, Beverages & Tobaccos	3246439	3210713	35726
#米、面制品及食用油	Grains & Edible Oil	202757	184221	18536
果品、蔬菜	Fruits & Vegetables	55872	47954	7917
肉、禽、蛋、奶及水产品	Meat, poultry, eggs, milk and aquatic	54218	50143	4075
纺织、服装及家庭用品	Textile, Clothing and Household Goods	326473	268010	58463
#纺织品、针织品及原料	Textile, Kintwear	16867	16867	
服装	Garment	193681	136963	56718
文化、体育用品及器材	Cultural, Sports & Equipment	124145	123562	583
医药及医疗器材	Medicines & Medical Appliances	1421534	1294460	127075
矿产品、建材及化工产品	Minerals, Building & Chemicals	22766061	21621897	1144164
#煤炭及制品	Coal & Related Products	12377239	11979970	397270
石油及制品	Petroleum & Related Products	4487556	3930100	557456
化肥	Chemical Materials	229691	229498	193
机械设备、五金产品及电子产品	Machinery, Metal and Electronic Products	945492	880192	65300
#农业机械	Agricultural Machinery	80956	71069	9887
贸易经纪与代理	Trading Brokerage & Agency	77439	77433	6
其他	Others	20868	17417	3451
零售业合计	**Retail Trade**	**14291093**	**1625019**	**12666074**
综合零售	Comprehensive Retail	2040617	31082	2009535
#百货	Consumer Goods	1444920	8793	1436127
食品、饮料及烟草制品	Food, Drink & Tobaccos	399257	91677	307580
#粮油	Grains & Edible Oil	118073	49326	68747
纺织、服装及日用品	Textile , Garment & Household	485570	9717	475853
#纺织品及针织品	Textile & Kintwear Products	6989	333	6656
服装	Garments	365109	6961	358148
鞋帽	Shoes & Hats	33186		33186
文化、体育用品及器材	Cultural, Sports Goods	174655	7835	166820
#文具用品	Cultural Goods	661		661
体育用品及器材	Sporting Goods and Equipment	24322		24322
图书、报刊	Books, Newspapers and Magazines	64388	5131	59257
医药及医疗器材	Medicines & Medical Appliances	429965	88504	341460
汽车、摩托车、燃料及零配件	Auto, Motorbikes, Fuel & Accessory	9313959	1202633	8111326
# 汽车	Automobile	4761578	112947	4648632
家用电器及电子产品	Electronic Products	870000	125124	744875
# 计算机、软件及辅助设备	Computers, Software	63875	4042	59834
五金、家具及室内装修材料	Hardware, Furniture & Home Decoration Material	267762	21720	246042
货摊、无店铺及其他零售	Stall, NOn-Shop and Other Retails	309309	46727	262583

16-9 限额以上批发零售贸易业商品分类销售额

Total Sales of Enterprises above Designated Size in Wholesale and Retail Sale by Category of Main Commodities

单位:万元 (10 000 yuan)

项 目	Item	合 计 Total		批 发 Wholesale		零 售 Retail Sale	
		2016	2017	2016	2017	2016	2017
粮油食品类	Foodstuffs	4572430	3005573	2324986	1617781	2247444	1387793
# 肉禽蛋类	Meat, Poultry and Eggs	549333	233286	235558	32061	313775	201225
饮料类	Beverages	313737	173028	89808	30195	223929	142833
烟酒类	Tobacco and Liquor	3039660	3062566	2660514	2836489	379146	226076
服装、鞋帽类	Garments, Footwear and Hats	2382594	1558291	260325	237118	2122270	1321173
针、纺织品类	Knitwear and Textiles	277193	217157	44774	72849	232419	144309
化妆品类	Cosmetics	305868	257371	1925	1954	303943	255417
金银珠宝类	Gold, Silver and Jewelry	453471	363622	33127	41400	420343	322221
日用品类	Articles for Daily Use	465153	338886	46801	24233	418352	314654
# 洗涤用品类	Washing Articles						
五金、电料类	Hardware and Electrical Materials	169876	145431	15119	18868	154757	126563
体育、娱乐用品类	Sports and Recreation Articles	62786	58959	22	5343	62764	53616
书报杂志类	Newspapers and Magazines	149491	143830	92203	75725	57288	68105
电子出版物及音像制品类	E journal and Video Products	7902	5430			7902	5430
家用电器和音像器材类	Household Appliances and Video Appliances	998030	888780	157108	192866	840922	695914
中西药品类	Traditional Chinese and Western Medicines	1225662	1319575	831461	838551	394201	481025
文化、办公用品类	Cultural and Official Goods	221891	164036	41118	21766	180772	142269
家具类	Furniture	554505	278620	336	147	554170	278473
通讯器材类	Communication Appliances	316361	296400	194660	185415	121701	110985
煤炭及制品类	Coal and Related Product	9425214	12240737	8883352	12088109	541862	152629
木材及制品类	Wood and Wooden Product	523289	513693	523289	513693		
石油及制品类	Petroleum and Related Product	8276472	8924413	3030105	4621228	5246367	4303185
化工材料类	Raw Chemical Materials	1437750	1809134	1437750	1809134		
黑色金属材料类	Ferrous Metals Materials						
有色金属材料类	Nonferrous Metals						
建筑及装潢材料类	Building and Decoration Materials	603345	833232	286371	632278	316974	200954
机电产品设备类	Mechanical and Electrical Products	369782	272197	221583	211188	148198	61008
# 农机类	Agricultural Machinery	114476	72439	114476	72439		
种子饲料类	Seed and Feedstuff	86831	61233	86831	61233		
棉麻、土畜类	Cotton, Hemp and Local livestock	16	2			16	2

16-10 限额以上批发零售贸易企业资产及负债（2017年，按登记注册类型分）

Assets and Liability of Enterprises above Designated Size in Whole sale and Retail Sale by Registration(2017)

单位:万元　　(10 000 yuan)

指 标	Item	资产合计 Total Assets	# 流动资产 Circula-ting Funds	# 固定资产 Fixed Asset	负债合计 Total Liabi-lities
总 计	**Total**	**24455324**	**17850459**	**2844977**	**19002916**
一、批发业合计	**Wholesale Trade**	**17410314**	**13131841**	**1415790**	**13282670**
内资企业	Domestic - Funded Enterprises	17398928	13120454	1415790	13277657
国有企业	State - owned	3976259	3686667	206137	3085806
集体企业	Collective owned	25780	22388	1960	8651
股份合作企业	Cooperative				
联营企业	Joint Ownership				
国有联营公司	State Joint Ownership				
集体联营企业	Collective Joint Ownership				
国有与集体联营企业	Joint State collective				
其他联营企业	Other Joint Ownership				
有限责任公司	Limited Liability Co.	8071066	5366726	822527	6080666
国有独资企业	State funded	3678294	1894543	362080	2822098
其他有限责任公司	Other Limited Liability Co.	4392772	3472183	460447	3258568
股份有限公司	Share holding Co. Ltd.	1114087	743656	109835	703002
私营企业	Private Enterprises	4210241	3299813	275040	3398568
私营独资企业	Private funded	5231	2675	2556	1086
私营合伙企业	Private Partnership				
私营有限责任公司	Private Limited Liability Co.	4094814	3208772	260398	3320140
私营股份有限公司	Private Share holding Co. Ltd.	110195	88367	12087	77342
其他企业	Other Enterprises	1494	1203	291	963
港、澳、台商投资企业	**Enterprises with Investment from Hong Kong, Macao & Taiwan**	**11386**	**11386**		**5013**
港澳台资合资经营	Joint - venture				
港澳台资合作经营	Cooperative				
港澳台商独资企业	Sole Investment	11386	11386		5013
港澳台商投资股份有限公司	Share - holding Co. Ltd.				
其它港澳台投资	Others				
外商投资企业	**Enterprises With Foreign Investment**				
中外合资经营企业	Joint venture				
中外合作经营企业	Cooperation				
外资企业	Enterprises with Sole				
外商投资股份有限公司	Share - holding Co. Ltd.				
其它外商投资	Others				

16－10 续表 continued

单位:万元 (10 000 yuan)

指 标	Item	资产合计 Total Assets	# 流动资产 Circula－ting Funds	# 固定资产 Fixed Asset	负债合计 Total Liabi－lities
二、零售业合计	**Retail Trade**	**7045010**	**4718619**	**1429186**	**5720246**
内资企业	**Domestic Funded Enterprises**	**6730349**	**4532788**	**1384806**	**5423447**
国有企业	State owned	23642	15527	7207	18308
集体企业	Collective owned	21307	10204	11088	9348
股份合作企业	Cooperative	748	284	245	224
联营企业	Joint Ownership				
国有联营公司	State Joint Ownership				
集体联营企业	Collective Joint Ownership				
国有与集体联营企业	Joint State collective				
其他联营企业	Other Joint Ownership				
有限责任公司	Limited Liability Co.	3483777	2316008	733556	2729584
国有独资企业	State funded	480234	199372	168857	467417
其他有限责任公司	Other Limited Liability Co.	3003542	2116636	564698	2262167
股份有限公司	Share holding Co. Ltd.	705154	276284	288149	703626
私营企业	Private Enterprises	2479702	1903985	342835	1950364
私营独资企业	Private funded	29736	23779	2423	16347
私营合伙企业	Private Partnership	29	14	15	1
私营有限责任公司	Private Limited Liability Co.	2349135	1794486	332292	1875212
私营股份有限公司	Private Share holding Co. Ltd.	100802	85707	8105	58804
其他企业	Other Enterprises	16020	10497	1727	11993
港、澳、台商投资企业	**Enterprises with Investment from Hong Kong, Macao & Taiwan**	**309734**	**183109**	**43484**	**281404**
港澳台资合资经营	Joint－venture	277193	173821	23140	256526
港澳台资合作经营	Cooperative				
港澳台商独资企业	Sole Investment	32319	9082	20344	24860
港澳台商投资股份有限公司	Share－holding Co. Ltd.				
其它港澳台投资	Others	223	206		19
外商投资企业	**Enterprises With Foreign Investment**	**4928**	**2722**	**897**	**15395**
中外合资经营企业	Joint venture				
中外合作经营企业	Cooperation				
外资企业	Enterprises with Sole	4928	2722	897	15395
外商投资股份有限公司	Share－holding Co. Ltd.				
其它外商投资	Others				

16－11 限额以上批发、零售贸易企业资产及负债（2017 年，按行业分）

Assets and Liability of Enterprises above Designated Size in Wholesale and Retail by Sector(2017)

单位：万元　　　　(10 000 yuan)

指 标	Item	资产合计 Total Assets	# 流动资产 Circula－ting Funds	# 固定资产 Fixed Asset	负债合计 Total Liabi－lities
总 计	**Total**	**24455324**	**17850459**	**2844977**	**19002916**
批发业合计	**Wholesale Trade**	**17410314**	**13131841**	**1415790**	**13282670**
农、林、牧产品	Agriculture, Forestry, Husbandry Products	3638822	3283229	248614	3223420
# 谷物、豆及薯类	Cereal, Beans & Tubers	3304684	3077296	172574	3091546
食品、饮料及烟草制品	Food, drink & Tobaccos	1486518	1253742	150096	635978
# 米、面制品及食用油	Grains & Edible Oil	270688	241313	23411	245168
果品、蔬菜	Fruits & Vegetables	10361	7017	2231	6393
肉、禽、蛋、奶及水产品	Meat, poultry, eggs, milk and aquatic	12860	11580	1024	15985
纺织、服装及家庭用品	Textile, Clothing and Household Goods	214287	184813	1463	192767
# 纺织品、针织品及原料	Textile, Kintwear & Material	36534	35894	9	37936
服装	Garment	151612	124644	654	141602
文化、体育用品及器材	Cultural, Sports Goods & Equipment	270613	203521	2537	146240
医药及医疗器材	Medicines & Medical Appliances	809719	749899	37951	611610
矿产品、建材及化工产品	Minerals, Building Materials & Chemicals	10047441	6626155	950657	7659115
# 煤炭及制品	Coal & Related Products	5883212	3970303	766635	4733624
石油及制品	Petroleum & Related Products	539004	362628	116328	495205
化肥	Chemical Materials	201046	166445	21522	164761
机械设备、五金产品及电子产品	Machinery, Metal and Electronic Products	875125	766142	22564	755750
# 农业机械	Agricultural Machinery	94393	68280	14266	60302
贸易经纪与代理	Trading Brokerage & Agency	2105	1597	508	1453
其他	Others	65685	62744	1400	56337
零售业合计	**Retail Trade**	**7045010**	**4718619**	**1429186**	**5720246**
综合零售	Comprehensive Retail	1299012	840552	302296	1061702
# 百货	Consumer Goods	1001501	640073	246780	793716
食品、饮料及烟草制品	Food, Drink & Tobaccos	240089	161840	42843	133025
# 粮油	Grains & Edible Oil	110094	74064	25578	64547
纺织、服装及日用品	Textile , Garment & Household	226161	183536	32040	188053
# 纺织品及针织品	Textile & Kintwear Products	6497	6227	270	6137
服装	Garments	195249	158552	28539	166957
鞋帽	Shoes & Hats	6581	4651	1930	4222
文化、体育用品及器材	Cultural, Sports Goods	176409	132725	20403	120277
# 文具用品	Cultural Goods				
体育用品及器材	Sporting Goods and Equipment	8271	7228	499	8655
图书、报刊	Books, Newspapers and Magazines	92269	74574	12825	74461
医药及医疗器材	Medicines & Medical Appliances	242174	208562	14254	187932
汽车、摩托车、燃料及零配件	Auto, Motorbikes, Fuel & Accessory	3839040	2462119	822791	3280658
# 汽车	Automobile	2678769	2040683	347339	2180776
家用电器及电子产品	Electronic Products	519040	386226	84114	346413
# 计算机、软件及辅助设备	Computers, Software	43456	38184	1499	21622
五金、家具及室内装修材料	Hardware, Furniture & Home Decoration Material	120817	102511	16006	100542
货摊、无店铺及其他零售	Stall, NOn－Shop and Other Retails	382269	240548	94441	301645

16－12 限额以上住宿企业资产及负债（2017 年，按登记注册类型和行业分）

Assets and Liability of Enterprises above Designated Size in Hotel by Registration and by Sector(2017)

单位：万元 (10 000 yuan)

指 标	Item	资产合计 Total Assets	# 流动资产 Circula－ting Funds	# 固定资产 Fixed Asset	负债合计 Total Liabi－lities
总 计	**Total**	**1282775**	**387672**	**683447**	**858496**
按登记注册类型分	**By Status of Registration**				
内资企业	**Domestic Funded Enterprises**	**1163850**	**378529**	**575979**	**791168**
国有企业	State owned	100457	20885	71749	40495
集体企业	Collective owned	1421	773	648	131
股份合作企业	Cooperative	431	257	174	269
联营企业	Joint Ownership	947	228	379	2557
国有联营公司	State Joint Ownership				
集体联营企业	Collective Joint Ownership	947	228	379	2557
国有与集体联营企业	Joint State collective				
其他联营企业	Other Joint Ownership				
有限责任公司	Limited Liability Co.	581686	162759	292383	402324
国有独资企业	State funded Co.	84262	16852	60648	45856
其他有限责任公司	Other Limited Liability Co.	497424	145907	231736	356468
股份有限公司	Share holding Co. Ltd.	36413	12035	21361	15990
私营企业	Private Enterprises	434797	179628	183581	324464
私营独资企业	Private funded	17350	5308	11435	15474
私营合伙企业	Private Partnership	1377	255	1122	449
私营有限责任公司	Private Limited Liability Co.	410482	171782	167841	306447
私营股份有限公司	Private Share holding Co. Ltd.	5587	2283	3183	2095
其他企业	Other Enterprises .	7698	1965	5704	4937
港、澳、台商投资企业	**Enterprises with Investment from HK , Macao & Taiwan**	**118819**	**9059**	**107446**	**67307**
港澳台资合资经营	Joint－venture Enterprises (HK,Macao & Taiwan)				
港澳台资合作经营	Cooperative Enterprises (HK,Macao & Taiwan)				
港澳台商独资企业	Sole Investment from HK, Macao & Taiwan	72970	6561	64094	48655
港澳台商投资股份有限公司	Share－holding Co. ,Ltd. from HK, Macao & Ttaiwan	45785	2469	43316	18618
其它港澳台投资	Others	64	29	35	34
外商投资企业	**Enterprises With Foreign Investment**	**107**	**83**	**23**	**21**
中外合资经营企业	Joint venture				
中外合作经营企业	Cooperation				
外资企业	Enterprises with Sole Foreign Investment	107	83	23	21
外商投资股份有限公司	Share－holding Co. Ltd. with Foreign Investment				
其它外商投资	Others				
按国民经济行业分	**By Sector**				
旅游饭店	Tourist Hotel	1014935	310499	560423	648493
一般旅馆	General Hotel	259937	72881	119486	204911
其他住宿业	Others	7903	4292	3538	5092

16－13 限额以上餐饮企业资产及负债（2017 年，按登记注册类型和行业分）

Assets and Liability of Enterprises above Designated Size in Catering Trades by Registration and by Sector(2017)

单位：万元 (10 000 yuan)

指 标	Item	资产合计 Total Assets	# 流动资产 Circulating Funds	# 固定资产 Fixed Asset	负债合计 Total Liabilities
总 计	**Total**	**1196486**	**404834**	**458691**	**955588**
按登记注册类型分	**By Status of Registration**				
内资企业	**Domestic Funded Enterprises**	**1142760**	**368980**	**450712**	**927193**
国有企业	State owned	115270	18484	37642	37745
集体企业	Collective owned	268	262	6	1006
股份合作企业	Cooperative				
联营企业	Joint Ownership				
国有联营公司	State Joint Ownership				
集体联营企业	Collective Joint Ownership				
国有与集体联营企业	Joint State collective				
其他联营企业	Other Joint Ownership				
有限责任公司	Limited Liability Co.	552428	174892	204789	559874
国有独资企业	State funded Co.	11739	894	10844	211
其他有限责任公司	Other Limited Liability Co.	540689	173997	193945	559663
股份有限公司	Share holding Co. Ltd.	110152	48226	51940	46747
私营企业	Private Enterprises	358952	125307	153545	278687
私营独资企业	Private funded	35936	14765	6644	31066
私营合伙企业	Private Partnership				
私营有限责任公司	Private Limited Liability Co.	310299	105200	142889	243691
私营股份有限公司	Private Share holding Co. Ltd.	12717	5342	4012	3931
其他企业	Other .	5691	1809	2790	3134
港、澳、台商投资企业	**Enterprises with Investment from HK , Macao & Taiwan**	**1681**	**1186**	**284**	**378**
港澳台资合资经营	Joint－venture Enterprises (HK, Macao & Taiwan)				
港澳台资合作经营	Cooperative Enterprises (HK, Macao & Taiwan)				
港澳台商独资企业	Sole Investment from HK, Macao & Taiwan	1681	1186	284	378
港澳台商投资股份有限公司	Share－holding Co. ,Ltd. from HK, Macao & Ttaiwan				
其它港澳台投资	Other Enterprises				
外商投资企业	**Enterprises With Foreign Investment**	**52044**	**34668**	**7695**	**28017**
中外合资经营企业	Joint venture				
中外合作经营企业	Cooperation				
外资企业	Enterprises with Sole Foreign Investment	52044	34668	7695	28017
外商投资股份有限公司	Share－holding Co. Ltd. with Foreign Investment				
其它外商投资	Others				
按服务业分	**By Business Categories**				
正餐服务	Dinner Services	1144096	359386	452666	904856
快餐服务	Fast Food Services	47559	42843	3800	46373
饮料及冷饮服务	Cold drink Services				
其他餐饮服务	Others	4831	2606	2225	4359

16－14 限额以上批发零售贸易企业主要财务指标（2017 年，按登记注册类型分）

Main Financial Indicators of Enterprises above Designated Size in Wholesale and Retail Sale by Registration(2017)

单位：万元 (10 000 yuan)

指 标	Item	商品销售收入 Sales Revenue	商品销售成本 Cost of Sales	商品销售税金及附加 Sales Tax and Extra Changes	销售费用 selling expenses	营业利润 Operating profit
批发零售贸易业总计	**Total**	**37279886**	**34086009**	**430318**	**1589738**	**360789**
一、批发业合计	**Wholesale Trades**	**25261039**	**23206030**	**386254**	**903786**	**211281**
内资企业	**Domestic Funded Enterprises**	**25197969**	**23144974**	**386103**	**902820**	**210804**
国有企业	State owned	2729388	2211041	321202	80459	214857
集体企业	Collective owned	148652	136758	972	4565	2060
股份合作企业	Cooperative					
联营企业	Joint Ownership					
国有联营公司	State Joint Ownership					
集体联营企业	Collective Joint Ownership					
国有与集体联营企业	Joint State collective					
其他联营企业	Other Joint Ownership					
有限责任公司	Limited Liability Co.	14056112	13174924	43293	378180	－52781
国有独资企业	State funded Co.	8091802	7841012	25593	81798	－209161
其他有限责任公司	Other Limited Liability Co.	5964310	5333912	17700	296381	156381
股份有限公司	Share holding Corporations Ltd.	3536196	3382826	2260	50890	83853
私营企业	Private	4722990	4234646	18375	388726	－36979
私营独资企业	Private funded	5429	5307	33	8	72
私营合伙企业	Private Partnership					
私营有限责任公司	Private Limited Liability Co.	4596646	4123038	18059	381159	－39668
私营股份有限公司	Private Share holding Co. Ltd.	120915	106301	283	7559	2618
其他企业	Other Enterprises	4631	4779	2		－208
港、澳、台商企业	**Enterprises from HK, Macao & Taiwan**	**63070**	**61056**	**151**	**966**	**477**
港澳台资合资经营	Joint－venture Enterprises (HK, Macao & Taiwan)					
港澳台资合作经营	Cooperative Enterprises (HK, Macao & Taiwan)					
港澳台商独资企业	Sole Investment from HK, Macao & Taiwan	63070	61056	151	966	477
港澳台商投资股份有限公司	Share－holding Co., Ltd. from HK, Macao & Ttaiwan					
其它港澳台投资	Others					
外商企业	**Enterprises Foreign Investment**					
中外合资经营企业	Joint venture					
中外合作经营企业	Cooperation					
外资企业	Sole Foreign Investment					
外商投资股份有限公司	Share－holding Co. Ltd. with Foreign Investment					
其它外商投资	Others					

16－14 续表 continued

单位:万元 (10 000 yuan)

指 标	Item	商品销售收入 Sales Revenue	商品销售成本 Cost of Sales	商品销售税金及附加 Sales Tax and Extra Changes	销售费用 Selling Expenses	营业利润 Operating Profit
二、零售企业合计	**Retail Sale Trades**	**12018846**	**10879979**	**44064**	**685953**	**149508**
内资企业	**Domestic Funded Enterprises**	**11835119**	**10726063**	**42850**	**668179**	**141568**
国有企业	State owned	35428	30581	76	2610	－100
集体企业	Collective owned	121207	118308	63	1008	1144
股份合作企业	Cooperative	2256	1901	2	114	158
联营企业	Joint Ownership					
国有联营公司	State Joint Ownership					
集体联营企业	Collective Joint Ownership					
国有与集体联营企业	Joint State collective					
其他联营企业	Other Joint Ownership					
有限责任公司	Limited Liability Co.	5118066	4572430	21230	293502	108728
国有独资企业	State funded Co.	981058	917596	2139	50532	2933
其他有限责任公司	Other Limited Liability Co.	4137008	3654835	19091	242970	105795
股份有限公司	Share holding Corporations Ltd.	2601631	2430290	4468	155856	－5712
私营企业	Private	3939445	3557482	16887	213743	37655
私营独资企业	Private funded	64381	54027	404	1833	1704
私营合伙企业	Private Partnership	549	515	1		－1
私营有限责任公司	Private Limited Liability Co.	3726531	3376889	15388	197985	28619
私营股份有限公司	Private Share holding Co. Ltd.	147983	126051	1095	13926	7333
其他企业	Other Enterprises	17086	15070	125	1347	－306
港、澳、台商投资企业	**Enterprises with Investment from Hong Kong, Macao & Taiwan**	**173721**	**145122**	**1201**	**14369**	**12017**
港澳台资合资经营	Joint－venture Enterprises (HK, Macao & Taiwan)	107363	95721	865	3998	6785
港澳台资合作经营	Cooperative Enterprises (HK, Macao & Taiwan)					
港澳台商独资企业	Sole Investment from HK, Macao & Taiwan	64722	47905	333	10283	5228
港澳台商投资股份有限公司	Share－holding Co., Ltd. frcm HK, Macao & Ttaiwan					
其它港澳台投资	Others	1636	1496	2	89	3
外商投资企业	**Enterprises With Foreign Investment**	**10006**	**8795**	**13**	**3404**	**－4076**
中外合资经营企业	Joint venture					
中外合作经营企业	Cooperation					
外资企业	Sole Foreign Investment	10006	8795	13	3404	－4076
外商投资股份有限公司	Share－holding Co. Ltd. with Foreign Investment					
其它外商投资	Others					

16-15 限额以上批发、零售贸易企业主要财务指标（2017年，按行业分）

Main Financial Indicators of Enterprises above Designated Size in Wholesale and Retail Sale by Sector(2017)

单位：万元 (10 000 yuan)

指 标	Item	商品销售收入 Sales Revenue	商品销售成本 Cost of Sales
总 计	**Total**	**37279886**	**34086009**
批发业合计	**Wholesale Trade**	**25261039**	**23206030**
农、林、牧产品	Agriculture, Forestry, Husbandry Products	1132229	1235485
# 谷物、豆及薯类	Cereal, Beans & Tubers	893341	1027947
食品、饮料及烟草制品	Food, Beverages & Tobaccos	2746178	2032545
# 米、面制品及食用油	Grains & Edible Oil	198963	196110
果品、蔬菜	Fruits & Vegetables	41644	38844
肉、禽、蛋、奶及水产品	Meat, poultry, eggs, milk and aquatic	41061	33717
纺织、服装及家庭用品	Textile, Clothing and Household Goods	281478	237895
# 纺织品、针织品及原料	Textile, Kintwear	14416	13575
服装	Garment	165539	127552
文化、体育用品及器材	Cultural, Sports & Equipment	101624	92453
医药及医疗器材	Medicines & Medical Appliances	1116582	963071
矿产品、建材及化工产品	Minerals, Building & Chemicals	19035332	17865835
# 煤炭及制品	Coal & Related Products	11460500	10671059
石油及制品	Petroleum & Related Products	3658467	3532021
化肥	Chemical Materials	215699	204588
机械设备、五金产品及电子产品	Machinery, Metal and Electronic Products	755197	694321
# 农业机械	Agricultural Machinery	80147	72046
贸易经纪与代理	Trading Brokerage & Agency	74054	71815
其他	Others	18366	12610
零售业合计	**Retail Trade**	**12018846**	**10879979**
综合零售	Comprehensive Retail	1443424	1193516
# 百货	Consumer Goods	1026042	834838
食品、饮料及烟草制品	Food, Drink & Tobaccos	311950	277457
# 粮油	Grains & Edible Oil	84929	80913
纺织、服装及日用品	Textile , Garment & Household	320191	265917
# 纺织品及针织品	Textile & Kintwear Products	5264	4519
服装	Garments	257578	217648
鞋帽	Shoes & Hats	18959	18122
文化、体育用品及器材	Cultural, Sports Goods	116472	90483
# 文具用品	Cultural Goods		
体育用品及器材	Sporting Goods and Equipment	15869	12627
图书、报刊	Books, Newspapers and Magazines	47566	34921
医药及医疗器材	Medicines & Medical Appliances	391745	311544
汽车、摩托车、燃料及零配件	Auto, Motorbikes, Fuel & Accessory	8300474	7750892
# 汽车	Automobile	4359509	4083271
家用电器及电子产品	Electronic Products	809419	708001
# 计算机、软件及辅助设备	Computers, Software	58226	52324
五金、家具及室内装修材料	Hardware, Furniture & Home Decoration Material	142381	129190
货摊、无店铺及其他零售	Stall, NOn - Shop and Other Retails	182790	152980

16－15 续表 continued

单位:万元 (10 000 yuan)

指 标	Item	商品销售税金及附加 Sales Tax and Extra Changes	销售费用 Management Cost	营业利润 Total Profits
总 计	**Total**	**430318**	**1589738**	**360789**
批发业合计	**Wholesale Trade**	**386254**	**903786**	**211281**
农、林、牧产品	Agriculture, Forestry, Husbandry Products	7955	69745	－47797
# 谷物、豆及薯类	Cereal, Beans & Tubers	6773	57890	－59838
食品、饮料及烟草制品	Food, Beverages & Tobaccos	322148	99323	226019
# 米、面制品及食用油	Grains & Edible Oil	9	14081	－9539
果品、蔬菜	Fruits & Vegetables	381	587	727
肉、禽、蛋、奶及水产品	Meat, poultry, eggs, milk and aquatic	115	5930	－378
纺织、服装及家庭用品	Textile, Clothing and Household Goods	471	17885	－1696
# 纺织品、针织品及原料	Textile, Kintwear		610	53
服装	Garment	247	14921	－3192
文化、体育用品及器材	Cultural, Sports & Equipment	89	2954	4046
医药及医疗器材	Medicines & Medical Appliances	3749	55110	59590
矿产品、建材及化工产品	Minerals, Building & Chemicals	47973	612935	－31050
# 煤炭及制品	Coal & Related Products	40909	448253	－177018
石油及制品	Petroleum & Related Products	1575	61540	54093
化肥	Chemical Materials	265	4627	－91
机械设备、五金产品及电子产品	Machinery, Metal and Electronic Products	1872	42501	2156
# 农业机械	Agricultural Machinery	109	3848	1211
贸易经纪与代理	Trading Brokerage & Agency	1882	174	94
其他	Others	115	3158	－82
零售业合计	**Retail Trade**	**44064**	**685953**	**149508**
综合零售	Comprehensive Retail	11037	150469	52330
# 百货	Consumer Goods	9468	100820	54184
食品、饮料及烟草制品	Food, Drink & Tobaccos	753	13807	816
# 粮油	Grains & Edible Oil	81	2733	－3151
纺织、服装及日用品	Textile , Garment & Household	2996	39795	9330
# 纺织品及针织品	Textile & Kintwear Products	8	394	－339
服装	Garments	2746	30934	6705
鞋帽	Shoes & Hats	22	716	－94
文化、体育用品及器材	Cultural, Sports Goods	2304	10917	3309
# 文具用品	Cultural Goods			
体育用品及器材	Sporting Goods and Equipment	443	2674	－569
图书、报刊	Books, Newspapers and Magazines	445	4399	3295
医药及医疗器材	Medicines & Medical Appliances	1924	45179	12980
汽车、摩托车、燃料及零配件	Auto, Motorbikes, Fuel & Accessory	20994	365178	34224
# 汽车	Automobile	14333	148848	21277
家用电器及电子产品	Electronic Products	2221	47070	25904
# 计算机、软件及辅助设备	Computers, Software	125	1832	1180
五金、家具及室内装修材料	Hardware, Furniture & Home Decoration Material	789	4500	2233
货摊、无店铺及其他零售	Stall, NOn－Shop and Other Retails	1048	9038	8383

16－16 限额以上住宿企业主要财务指标（2017 年，按登记注册类型和行业分）

Main Financial Indicators of Enterprises above Designated Size in Hotel by Registration and by Sector(2017)

单位：万元 (10 000 yuan)

指 标	Item	营业收入 Operating Income	营业成本 Operating Costs	营业税金及附加 Business Tax and Surcharges	销售费用 Selling Expenses	营业利润 Operating Profit
总 计	**Total**	**351986**	**137537**	**7906**	**121245**	**－23411**
按登记注册类型分	**By Status of Registration**					
内资企业	**Domestic Funded Enterprises**	**326532**	**123001**	**6709**	**116830**	**－23872**
国有企业	State owned	23310	12620	651	8233	－3364
集体企业	Collective owned	251	357	1	141	－106
股份合作企业	Cooperative	422	210	3	56	4
联营企业	Joint Ownership	766	386	1	294	－25
国有联营公司	State Joint Ownership					
集体联营企业	Collective Joint Ownership	766	386	1	294	－25
国有与集体联营企业	Joint State collective					
其他联营企业	Other Joint Ownership					
有限责任公司	Limited Liability Co.	171461	65039	3924	61552	－16734
国有独资企业	State funded Co.	23858	10278	629	6271	－2193
其他有限责任公司	Other Limited Liability Co.	147603	54761	3295	55281	－14541
股份有限公司	Share holding Co. Ltd.	9309	3660	66	3963	－1593
私营企业	Private Enterprises	119288	40022	2003	42022	－2167
私营独资企业	Private funded	4514	2030	78	1893	－724
私营合伙企业	Private Partnership	476	249	19	3	－2
私营有限责任公司	Private Limited Liability Co.	112964	37481	1890	39346	－1374
私营股份有限公司	Private Share holding Co. Ltd.	1334	262	16	780	－67
其他企业	Other Enterprises	1726	707	60	570	114
港、澳、台商投资企业	**Enterprises with Investment from HK , Macao & Taiwan**	**24520**	**14517**	**1195**	**3834**	**408**
港澳台资合资经营	Joint－venture Enterprises (HK, Macao & Taiwan)					
港澳台资合作经营	Cooperative Enterprises (HK, Macao & Taiwan)					
港澳台商独资企业	Sole Investment from HK, Macao & Taiwan	20411	12700	1178	1148	1334
港澳台商投资股份有限公司	Share－holding Co. ,Ltd. from HK, Macao & Ttaiwan	4020	1785	14	2669	－929
其它港澳台投资	Others	90	32	3	18	4
外商投资企业	With Foreign Investment	934	18	1	581	53
中外合资经营企业	Joint venture					
中外合作经营企业	Cooperation					
外资企业	Sole Foreign Investment	934	18	1	581	53
外商投资股份有限公司	Share－holding Co. Ltd. with Foreign Investment					
其它外商投资	Others					
按国民经济行业分	**By Sector**					
旅游饭店	Tourist Hotel	255385	100235	6102	86335	－18089
一般旅馆	General Hotel	91830	35036	1760	33146	－5189
其他住宿服务	Others	4770	2266	44	1764	－134

16－17 限额以上餐饮企业主要财务指标（2017年，按登记注册类型和行业分）

Main Financial Indicators of Enterprises above Designated Size in Catering Trades by Registration and by Sector(2017)

单位：万元 (10 000 yuan)

指 标	Item	营业收入 Operating Income	营业成本 Operating Costs	营业税金及附加 Business Tax and Surcharges	销售费用 Selling Expenses	营业利润 Operating Profit
总 计	**Total**	**467846**	**255759**	**5482**	**120665**	**－23304**
按登记注册类型分	**By Status of Registration**					
内资企业	**Domestic Funded Enterprises**	**431828**	**235551**	**5242**	**115036**	**－24071**
国有企业	State owned	8993	4636	93	4242	－7210
集体企业	Collective owned	398	196	2	147	－16
股份合作企业	Cooperative					
联营企业	Joint Ownership					
国有联营公司	State Joint Ownership					
集体联营企业	Collective Joint Ownership					
国有与集体联营企业	Joint State collective					
其他联营企业	Other Joint Ownership					
有限责任公司	Limited Liability Co.	142130	66797	2823	45727	－24005
国有独资企业	State funded Co.	1766	764	165	303	－235
其他有限责任公司	Other Limited Liability Co.	140365	66033	2658	45424	－23770
股份有限公司	Share holding Co. Ltd.	100289	74481	424	13891	4994
私营企业	Private Enterprises	178471	88453	1868	50729	2061
私营独资企业	Private funded	8552	4650	115	1241	1232
私营合伙企业	Private Partnership					
私营有限责任公司	Private Limited Liability Co.	158353	76112	1692	47054	140
私营股份有限公司	Private Share holding Co. Ltd.	11566	7691	60	2434	690
其他企业	Other Enterprises	1547	988	33	300	105
港、澳、台商投资企业	**Enterprises with Investment from HK，Macao & Taiwan**	**3503**	**1277**		**1866**	**130**
港澳台资合资经营	Joint－venture Enterprises (HK, Macao & Taiwan)					
港澳台资合作经营	Cooperative Enterprises (HK, Macao & Taiwan)					
港澳台商独资企业	Sole Investment from HK, Macao & Taiwan	3503	1277		1866	130
港澳台商投资股份有限公司	Share－holding Co., Ltd. from HK, Macao & Ttaiwan					
其它港澳台投资	Others					
外商投资企业	Enterprises With Foreign Investment	32514	18932	240	3763	638
中外合资经营企业	Joint venture	1064	903	60	41	－2
中外合作经营企业	Cooperation					
外资企业	Sole Foreign Investment	31451	18029	180	3722	640
外商投资股份有限公司	Share－holding Co. Ltd. with Foreign Investment					
其它外商投资	Others					
按国民经济行业分	**By Sector**					
正餐服务	Dinner Services	454080	247599	5322	117675	－23118
快餐服务	Fast Food Services	10454	5369	144	2747	181
饮料及冷饮服务	Cold drink Services					
其他餐饮服务	Others	3311	2792	16	243	－367

主要统计指标解释

社会消费品零售总额　指国民经济各行业直接售给城乡居民和社会集团的消费品总额。它是反映各行业通过多种商品流通渠道向居民和社会集团供应的生活消费品总量，是研究国内零售市场变动情况、反映经济景气程度的重要指标。

社会消费品零售总额包括：(1)售给城乡居民作为生活用的商品和修建房屋用的建筑材料；(2)售给社会集团的各种办公用品和公用消费品；(3)售给机关、团体、学校、部队、企业、事业单位的职工食堂和旅店(招待所)附设专门供本店旅客食用，不对外营业的食堂的各种食品、燃料；企业、单位和国营农场直接售给本单位职工和职工食堂的自己生产的产品；(4)售给部队干部、战士生活用的粮食、副食品、衣着品、日用品、燃料；(5)售给来华的外国人、华侨、港澳台同胞的消费品；(6)居民自费购买的中、西药品、中药材及医疗用品；(7)报社、出版社直接售给居民和社会集团的报纸、图书、杂志，集邮公司出售的新、旧纪念邮票、特种邮票、首日封、集邮册、集邮工具等；(8)旧货寄售商店自购、自销部分的商品；(9)煤气公司、液化石油气站售给居民和社会集团的煤气灶具和罐装液化石油气；(10)农民售给非农业居民和社会集团的商品。不包括售给国民经济各部门企业、事业单位(包括国有经济的农场)生产经营用的各种原材料、燃料、设备、工具等和售给批发零售贸易业、餐饮业作为转卖用的商品，旧货寄售商店受托寄售卖出的商品，服务业的营业收入，邮局出售邮票的收入，自来水、电力、煤气生产(供应)单位的产品供应收入，也不包括农民之间的商品销售。

批发零售贸易业商品购、销、存总额　指各种登记注册类型的批发、零售贸易业(不包括个体)企业(单位)以本企业(单位)为总体的商品购进、销售、库存总额。

商品购进总额　指从本企业(单位)以外的单位和个人购进(包括从境外直接进口)作为转卖或加工后转卖的商品总额。它反映批发零售贸易业从国内、国外市场上购进商品的总量。商品购进总额包括：(1)从工农业生产者购进的商品；(2)从出版社、报社的出版发行部门购进的图书、杂志和报纸；(3)从各种登记注册类型的批发零售贸易企业(单位)购进的商品；(4)从其他单位购进的商品，如从机关、团体、企业等单位购进的剩余物资，从餐饮业、服务业购进的商品，从海关、市场管理部门购进的缉私和没收的商品，从居民手中收购的废旧商品等；(5)从国(境)外直接进口的商品。不包括企业(单位)为自身经营用和未通过买卖行为而收入的商品以及销售退回、商品升溢等。

商品销售总额　指对本企业(单位)以外的单位和个人出售(包括对境外直接出口)的商品总额。它反映批发零售贸易业在国内市场上销售商品以及出口商品的总量。商品销售总额包括：(1)售给城乡居民和社会集团消费用的商品；(2)售给工业、农业、建筑业、运输邮电业、批发零售贸易业、餐饮业、服务业等作为生产、经营使用的商品；(3)售给批发零售贸易业作为转卖或加工后转卖的商品；(4)对国(境)外直接出口的商品。不包括出售本企业(单位)自用的废旧包装用品；未通过买卖行为付出的商品；经本单位介绍，由买卖双方直接结算，本单位只收取手续费的业务；购货退出的商品以及商品损耗和损失等。

批发零售贸易业库存　指报告期末各种登记注册类型的批发零售贸易企业(单位)已取得所有权的商品。它反映批发零售贸易企业(单位)的商品库存情况和对市场商品供应的保证程度。期末库存包括：(1)存放在批发零售贸易业经营单位(如门市部、批发站、经营处)仓库、货场、货柜和货架中的商品；(2)挑选、整理、包装中的商品；(3)已记入购进而尚未运到本单位的商品，即发货单或银行承兑凭证已到而货未到的部分，(4)寄放他处的商品，如因购货方拒绝承付而暂时存放在购货方的商品和已办完加工成品收回手续而未提回的商品；(5)委托其他单位代销(未作销售或调出)尚未售出的商品；(6)代其他单位购进尚未交付的商品。不包括所有权不属于本单位的商品、拨付除批发零售贸易业以外的其他行业所属独立核算加工厂等加工生产尚未收回成品的商品、代国家物资储备部门保管的商品等。

库存总额采用的计算价格是：农副产品采购单位按购进价计算；批发单位按进货价计算；零售单位按核算价格计算，即按什么价格核算就按什么价格计算。

餐饮业营业收入　指餐饮企业、活动单位或个体户的全部营业额，包括商品零售额和其他服务性收入。其主要反映餐饮企业、活动单位或个体户的经营情况及发展变化趋势。

餐饮业商品零售额　指餐饮企业、活动单位或个体户直接对居民和社会集团零售的各种商品。包括：(1)经烹饪、调制加工后出售的各种食品，如主食、炒菜、凉拌菜等；(2)不经加工直接转卖的各种外购商品，如卷烟、酒、饮料、熟食、水果等；(3)附设非独立核算的销售商品的小卖部出售的各种食品及其他商品。

消费品市场成交额　指从事消费品交易的商品市场的全部商品成交金额。消费品市场包括农副产品市场和工业消费品市场。

Explanatory Notes on Main Statistical Indicators

Total Retail Sales of Consumer Goods refer to the sum of retail sales of consumer goods sold by all sectors of the national economy to urban and rural residents and social groups. This indicator is used to show the supply of consumer goods through various channels to households and institutions, and is very important for the study on changes at the domestic retail market, and on economic cycles

The retail sales of consumer goods include: (1) commodities sold to urban and rural residents for their daily use and building materials sold to them for the construction or repair of houses; (2) office appliances and supplies sold to institutions; (3) food and fuels sold to canteens of institutions, enterprises, schools, military units and to canteens of hotels and hostels that only serve their guests, and commodities produced by enterprises, institutions or state farms and sold directly to their employees or their canteens; (4) grain and non staple food, clothing, daily articles and fuels sold to military personnel; (5) consumer goods sold to foreigners, overseas Chinese, and Chinese compatriots from Taiwan, Hong Kong and Macao during their stay in the mainland of China; (6) Chinese and western medicines, herbs and medical facilities purchased by residents; (7) newspapers, books and magazines directly sold to residents and social groups by publishers, new and old commemorative stamps, special stamps, first day covers, stamp albums and other stamp collection articles sold by stamp companies; (8) consumer goods purchased and then sold by second hand shops; (9) stoves and other heating facilities and liquefied gas sold by gas companies to households and institutions; and (10) commodities sold by farmers to non agricultural residents and social groups . Excluded under this heading are: raw materials, fuels, equipment, tools sold to enterprises, institutions and state farms for production purpose; commodities sold to trade establishments for reselling; commissioned sales at second hand shops; operational income of urban public utilities; stamps sold at post offices; income of water, power, gas production and supply establishments from the supply of their products; and sales of commodities among farmers.

Purchase, Sales and Stock of Commodities by Wholesale and Retail Trade refer to the purchase, sales and stock of commodities by wholesale and retail establishments of different status of registration (excluding individual sellers) .

Total Purchases of Commodities refer to the total value of purchases of commodities by the establishments from other establishments or individuals (including direct import from abroad) for the purpose of re selling, either with or without further processing of the commodities purchased. This indicator is used to show the total value of purchases of commodities by wholesale and retail establishments from domestic and overseas markets. The total purchases include: (1) agricultural and industrial products purchased from producers; (2) books, magazines and newspapers purchased from distribution departments of the publishers; (3) commodities purchased from wholesale and retail establishments of different status of registration; (4) commodities purchased from other units, such as surplus materials purchased from government agencies, enterprises or institutions, commodities purchased from catering and service establishments, confiscated goods purchased from customs authorities or market management agencies, second hand goods and wastes purchased from residents; and (5) commodities directly imported from abroad. Excluded are commodities purchased by establishments (units) for use in their own business operation, commodities obtained without buying or selling procedures, rejected commodities, etc.

Total Sales of Commodities refer to value of commodities sold by the establishments to other establishments and individuals (including direct export) . This indicator is used to show the total value of sales of commodities at domestic markets and export. The total sales include: (1) commodities sold to urban and rural residents and social groups for their consumption; (2) commodities sold to establishments in industry, agriculture, construction, transportation, post and telecommunications, wholesale and retail trades, catering trade and public utility for their production and operation; (3) commodities sold to wholesale and retail establishments for re selling, with or without further processing; and (4) commodities for direct export to other countries. Excluded are selling of waste packaging materials used by the establishments (units) themselves, commodities transferred without buying or selling procedures, commission income from brokerage in transactions whose settlement is directly handled by buyers and sellers, rejected commodities in the purchase, loss in commodities, etc.

Commodity Stock of Wholesale and Retail Enterprises refers to total commodities possessed by wholesale and retail enterprises (units) of various types of registration status at the end of the reference period, which reflects the commodity stock level of various wholesale and retail enterprises and the potential for market supply. It includes: (1) commodities located in storage, garages, counters, and shelves of operating units (such as sale stores, wholesale centers, and operating offices) of wholesale and retail enterprises; (2) commodities in the process of selecting, sorting, and packing; (3) commodities not arrived but recorded as purchase in the account, i. e. . commodities not arrived but payment receipts for the commodities from the sellers or the banks arrived; (4) commodities deposited in other places rather than places mentioned above, for instance: commodities in the hold of purchasers temporarily due to the refusal of payment and commodities not taken back after going through the formalities; (5) commodities entrusted to other units to sell but not sold yet; (6) commodities purchased for other units but not delivered yet. Commodities not included as stock are those not owned by the enterprises (units) , those allocated to financially independent factories rather than wholesale and retail enterprises for processing but not taken back yet, and finally those put in stock by wholesale and retail enterprises on behalf of the state material reserves units.

For the calculation of the value of commodities stock, the value is calculated at purchasing prices in agricultural goods purchasing units and wholesale units, and at the accounting prices in retail units.

Business Income of Catering Industry refer to the total turnover of catering businesses, establishments or individuals, including retail sales and other services income. It reflects the operational and managerial conditions and development trend of catering businesses, establishment s and individuals in t his sector.

Retail Sales of Commodities in Catering Indus try refer to retail sales to residents and social groups by catering enterprises, establishments and individual, including: (1) various food sold after cooking and processing, such as: staple food, cooked dishes, cold and dressed dishes and so on. (2) re – selling commodities without further processing, such as: cigarettes, liquor, beverage, cooked food, fruit s and son on. (3) various food and other commodities sold in and ascent buffets with dependant accounting system.

Volume of Transaction at Free Markets for Consumer Goods refers to the value of transaction or all goods at the free trade markets for consumer goods, where markets include both free markets for farm and sideline products and for manufactured consumer goods.

17 对外经济贸易

Foreign Trade and Economic Cooperation

资料整理：柏 丽

Arranged By Bai Li

17－1 对外经济贸易

Foreign Trade and Economic Cooperation

指 标	Item	2000	2005	2010	2015	2017
进出口总额(万元人民币)	**Total Imports and Exports (RMB10 000 yuan)**	**1687811**	**4165757**	**5774292**	**7925407**	**9408596**
出口总额	Total Exports	847114	1666408	2208571	3515123	3309115
进口总额	Total Imports	840697	2499349	3565721	4410284	6099481
进出口总额(万美元)	**Total Imports and Exports (USD 10 000)**	**203596**	**516190**	**871894**	**1278391**	**1387352**
出口总额	Total Exports	102185	206489	333485	567344	487796
进口总额	Total Imports	101411	309701	538409	711047	899556
外商投资企业进出口额(万美元)	**Total Imports and Exports of Foreign－funded Enterprises (USD 10 000)**	**13597**	**82872**	**161034**	**132100**	**104591**
出口总额	Total Exports	11535	41547	96009	70500	50898
进口总额	Total Imports	2062	41325	65025	61600	53693
对外签订利用外资协议(合同)项目(个)	**Number of Projects for Utilization of Foreign Capital in the Signed Agreements & Contracts (unit)**	**127**	**209**	**71**	**52**	
对外借款	Foreign Loans	32	12			
外商直接投资	Foreign Direct Investments	95	197	71	52	
对外签订利用外资协议(合同)金额(万美元)	**Total Amount of Foreign Capital to Be Utilized in the Signed Agreements & Contracts (USD 10 000)**	**51273**	**161700**			
对外借款	Foreign Loans	25475	23369			
外商直接投资	Foreign Direct Investments	25798	138331			
外商其他投资	Other Foreign Investments					
实际利用外资额(万美元)	**Total Amount of Foreign Capital Actually Used (USD 10 000)**	**54819**	**140007**	**355876**	**336629**	**314951**
境外筹资转贷款	Overseas Financing transferred loans	43583	21430	17420		
外商直接投资	Foreign Direct Investments	11236	118577	338456	336629	314951
外商其他投资	Other Foreign Investments					
外商投资企业基本情况	**Registered Foreign－funded Enterprises**					
年底登记户数(户)	Number of Registered Enterprises (unit)	874	914	3693	2967	3453
投资总额(万美元)	Total Investment (USD 10 000)	253634	1264645	2324266	3514212	4597937
注册资本(万美元)	Registered Capital (USD 10 000)	171773	627138	1223998	1730106	2072599
# 外方	Capital from Foreign Partners	84084	407333	910119	1061594	1328693
国外经济合作(万美元)	**Foreign economic cooperation (USD 10 000)**					
对外承包工程、设计咨询	Foreign contracted projects, design and consultation					
# 新签合同额	New contract amount				703	
完成营业额	The turnover				656	60
对外劳务合作	Foreign labor cooperation					
# 新签劳务人员合同工资总额	Total contract wages of newly signed labor service personnel				531	
劳务人员实际收入总额	Total real income of labor service personnel				83	

注：1. 境外筹资转贷款为2011年修改指标，2010年以前为外债余额。

2. 国外经济合作分项指标为2011年商务厅改后指标。

a) Lending of overseas financing is the revised index of the 2011, Before 2010 was the balance of foreign debts.

b) Item index of Foreign economic cooperation is the revised index of bureau of Commerce of the 2011.

17－2 外贸进出口贸易总额

Total Imports and Exports

年 份 Year	按人民币计算(万元) RMB 10 000 Yuan			按美元计算(万美元) USD 10 000		
	进出口总额 Total Imports & Exports	出口总额 Total Exports	进口总额 Total Imports	进出口总额 Total Imports & Exports	出口总额 Total Exports	进口总额 Total Imports
1965				333		333
1970				554	158	396
1975				925	394	531
1978	2674	1768	906	1552	1026	526
1980	6555	3970	2585	4397	2663	1734
1981	10676	8100	2576	6008	4558	1450
1982	15733	13881	1852	8173	7211	962
1983	17615	11176	6439	9001	5711	3290
1984	28557	20661	7896	10912	7895	3017
1985	59053	43880	15173	18448	13708	4740
1986	89086	63656	25430	23937	17104	6833
1987	113130	84310	28820	30398	22654	7744
1988	141303	109390	31913	37968	29393	8575
1989	161191	125158	36033	43312	33630	9682
1990	252898	169483	83415	48430	32456	15974
1991	321692	224597	97095	59964	41865	18099
1992	507068	319168	187901	93555	58887	34668
1993	1041650	561843	479807	120283	64878	55405
1994	914685	513373	401312	106128	59565	46563
1995	937671	506785	430886	112310	60840	51470
1996	1038914	569132	469782	124981	68590	56391
1997	1086188	609458	476730	131027	73519	57508
1998	1147173	681635	465538	138581	82343	56238
1999	1330986	750028	580958	160786	90605	70181
2000	1687811	847114	840697	203596	102185	101411
2001	2109035	943996	1165039	254819	114056	140763
2002	2487279	1134776	1352503	300494	137095	163399
2003	2576975	1192581	1384394	311353	144089	167264
2004	3350865	1391710	1959155	404865	168152	236713
2005	4165757	1666408	2499349	516190	206489	309701
2006	4643967	1672155	2971812	594717	214140	380577
2007	5657121	2152965	3504156	774460	294741	479719
2008	6105451	2446445	3659006	893315	357950	535365
2009	4618493	1581088	3037405	676395	231556	444839
2010	5774292	2208571	3565721	871894	333485	538409
2011	7522708	2953377	4569331	1193910	468723	725187
2012	7074817	2495428	4579389	1125667	397045	728622
2013	7311689	2495199	4816490	1199247	409257	789990
2014	8940400	3928200	5012200	1455400	639500	815900
2015	7925407	3515123	4410284	1278391	567344	711047
2016	7727800	2952600	4775200	1170100	447100	723000
2017	9408596	3309115	6099481	1387352	487796	899556

注:本表2003年以后数据由呼和浩特海关提供(下同)。

a) Data after 2003 in this table were obtained from the Hohhot Customs statistics. The same as in the following table.

17－3 内蒙古同“一带一路”主要沿线国家海关进出口总额(2017年)

Inner Mongolia With “The Belt and Road” Along the Main National Customs Import and Export Volume(2017)

单位：万美元 (USD 10 000)

项目	Item	进出口总额 Total Imports & Exports	出口总额 Total Exports	进口总额 Total Imports
总 计	**Total**	**893532**	**271566**	**621966**
蒙古	Mongolia	390918	41512	349406
俄罗斯	Russia	304357	50913	253444
伊朗	Iran	35832	35507	325
越南	Vietnam	25215	24984	231
印度	India	24691	21273	3418
泰国	Thailand	15246	12151	3095
菲律宾	Philippines	11144	11140	4
马来西亚	Malaysia	11714	8051	3663
印度尼西亚	Indonesia	14657	12719	1938
乌克兰	Ukraine	959	866	93
伊拉克	Iraq	5168	5168	
柬埔寨	Cambodia	2952	2946	6
埃及	Egypt	5762	5762	
新加坡	Singapore	3071	2295	776
沙特阿拉伯	Saudi Arabia	4218	2502	1716
缅甸	Myanmar	5114	5114	
阿联酋	United Arab Emirates	4011	3970	41
巴基斯坦	Pakistan	6052	6035	17
孟加拉国	Bangladesh	2147	2147	
土耳其	Turkey	8439	7134	1305
哈萨克斯坦	Kazakhstan	1754	921	833
以色列	Israel	1854	1808	46
立陶宛	Lithuania	1722	1722	
阿曼	Oman	795	691	104
波兰	Poland	1594	1530	64
罗马尼亚	Romania	1557	149	1408
斯洛文尼亚	Slovenia	659	657	2
格鲁吉亚	Georgia	136	118	18
黎巴嫩	Lebanon	842	842	
斯里兰卡	Sri Lanka	565	565	
斯洛伐克	Slovakia	13		13
土库曼斯坦	Turkmenistan	374	374	

17－4 按主要国别(地区)分海关进出口总额(2017年)

Total Value of Imports and Exports by Main Country (Region) (2017)

单位：万美元 (USD 10 000)

项目	Item	进出口总额 Total Imports & Exports	出口总额 Total Exports	进口总额 Total Imports
总 计	**Total**	**1222856**	**394604**	**828252**
蒙古	Mongolia	390918	41512	349406
俄罗斯	Russia	304357	50913	253444
日本	Japan	25449	20102	5347
韩国	South Korea	50534	44722	5812
美国	United States	53944	26986	26958
澳大利亚	Australia	58882	3197	55685
中国台湾	Taiwan, China	763		763
伊朗	Iran	35832	35507	325
越南	Vietnam	25215	24984	231
秘鲁	Peru	9942	2109	7833
智利	Chile	16752	3858	12894
印度	India	24691	21273	3418
中国香港	Hong Kong, China	9054	9013	41
德国	Germany	18260	6752	11508
泰国	Thailand	15246	12151	3095
英国	United Kingdom	25151	8610	16541
新西兰	New Zealand	16091	307	15784
瑞典	Sweden	17346	417	16929
墨西哥	Mexico	5425	2896	2529
巴西	Brazil	20943	9656	11287
荷兰	Netherlands	17426	8506	8920
菲律宾	Philippines	11144	11140	4
意大利	Italy	13952	8338	5614
马来西亚	Malaysia	11714	8051	3663
印度尼西亚	Indonesia	14657	12719	1938
乌克兰	Ukraine	959	866	93
毛里塔尼亚	Mauritania	2968	149	2819
加拿大	Canada	4600	4163	437
伊拉克	Iraq	5168	5168	
西班牙	Spain	5410	4108	1302
法国	France	7111	3485	3626
柬埔寨	Cambodia	2952	2946	6

17－5 进出口货物分类金额(2017年)

Value of Imports and Exports of Goods by HS Section and Division(2017)

单位：万美元　　　　(USD 10 000)

项目	Item	出口 Exports	进口 Imports
商品类别	**Category of Commodities**		
活动物;动物产品	Live Animals;Animal Products	3217.2	29864.7
植物产品	Vegetable Products	58862.8	17526.1
动植物油脂及分解产品;精制食用油脂;动植物蜡	Animal or Vegetable Fats and Oils and their Cleavage Products; Prepared Edible Fats; Animal or Vegetable Waxes	211.0	603.4
食品;饮料、酒及醋;烟草、烟草及烟草代用品的制品	Prepared Foodstuffs; Beverages, Spirits And Vinegar; Tobacco and Manufactured Tobacco Substitutes	19142.5	2702.9
矿产品	Mineral Products	15584.1	513644.0
化学工业及其相关工业的产品	Products of The Chemical or Industries Allied	119892.3	24804.0
塑料及其制品;橡胶及其制品	Plastics and Articles Thereof Rubber and Articles Thereof	23573.9	12854.4
生皮、皮革、毛皮及制品;鞍具挽具;旅行用品、手提包及类似物品;动物肠线制品	Raw Hides and Skins, Leather, Fur Skins and ArticlesThereof; Saddlery and Harness; Travel Goods,Handbags and Similar Containers; Articles of Animal Gut	2622.6	1082.2
木及木制品;木炭;软木及制品;稻草、秸秆、针茅或其他编结材料制品;篮筐及柳条编结品	Wood and Articles of Wood; Wood Charcoal;Cork and Articles of Cork; Manufactures of Straw, of Esparto or of Other Plaiting Materials; Basket Ware and Wickerwork	5136.5	188161.4
木浆及其他纤维状纤维素浆;纸及纸板的废碎品;纸、纸板及其制品	Pulp of Wood or of Other Fibrous Cellulosic Material; Waste and Scrap of Paper or Paperboard; Paper and Paperboard and Articles Thereof	2024.4	30041.8
纺织原料及纺织制品	Textiles and Textile Articles	47189.4	6648.7
鞋、帽、伞、杖、鞭及其零件;已加工的羽毛及其制品;人造花;人发制品	Footwear, Headgear, Umbrellas, Sun Umbrellas, Walking－Sticks, Seat－Sticks, Whips, Riding－Crops and Parts Thereof;Prepared Feathers and Articles Made Therewith; Artificial Flowers; Articles of Human Hair	3160.8	3.1
石料、石膏、水泥、石棉、云母及类似材料的制品;陶瓷产品;玻璃及其制品	Articles of Stone, Plaster, Cement, Asbestos, Mica or Similar Materials; Ceramic Products; Glass and Glassware	4869.5	2094.1
天然或养殖珍珠、宝石或半宝石、贵金属、包贵金属及其制品,仿首饰;硬币	Natural or Cultured Pearls, Precious or Semi－Precious Stones, Precious Metals,Metals Clad With Precious Metal and Stones, Precious Metals, Metals Clad With Precious Metal and Articles Thereof; Imitation Jewellery; Coin	199.5	78.9
贱金属及其制品	Base Metals and Articles of Base Metal	96940.7	6413.8
机器、机械器具、电气设备及零件;录音机及放声机、电视图象、声音的录制和重放设备及其零件、附件	Machinery and Mechanical Appliances;Electrical Equipment; Parts Thereof; Sound Recorders and Reproducers, Television Image and Sound Recorders and Reproducers; and Parts and Accessories of Recorders and Reproducers;and Parts and Accessories of Such Artic	33169.0	49674.7
车辆、航空器、船舶及有关运输设备	Vehicles, Aircraft, Vessels And Associated Transport Equipment	39820.5	3996.6
光学、照相、电影、计量、检验、医疗或外科用仪器及设备、精密仪器及设备;钟表;乐器; 上述物品的零件、附件	Optical, Photographic, Cinematographic, Measuring, Checking, Precision, Medical or Surgical Instruments and Apparatus; Clocks And Watches; Musical Instruments; Parts and Accessories Thereof	2548.7	5476.9
武器、弹药及其零件、附件	Arms and Ammunition; Parts and Accessories Thereof	1.0	0.0
杂项制品	Miscellaneous Manufactured Articles	9584.1	99.7
艺术品、收藏品及古物	Works of Art, Collectors´Pieces and Antiques	33.1	0.9
特殊交易品及未分类商品	Commodities and Transactions not Classified According to Kind	12.1	3783.3

17－6 利用外资

Utilization of Foreign Capital

单位:万美元 (USD 10 000)

年 份 Year	实际利用外资额 Total Amount of Foreign Capital Actually Used	境外筹资转贷款 Overseas Financing transferred loans	外商直接投资 Direct Foreign Investments	外商其他投资额 Other Foreign Investments
1984	178	178		
1985	530			530
1986	664	230	136	298
1987	1120	468	109	543
1988	961	491	337	133
1989	3050	2415	42	593
1990	2530	1199	1064	267
1991	5532	5422	110	
1992	7910	7300	610	
1993	19213	10713	8093	407
1994	29086	17484	11602	
1995	61801	37696	10605	13500
1996	38355	32931	5424	
1997	44209	29076	8433	6700
1998	44253	31771	9082	3400
1999	40133	30683	9450	
2000	54819	43583	11236	
2001	47342	36466	10876	
2002	58211	35410	22801	
2003	66529	29724	36805	
2004	89664	26921	62743	
2005	140007	21430	118577	
2006	196863	22797	174066	
2007	238780	23891	214889	
2008	285556	20482	265074	
2009	318019	19634	298385	
2010	355876	17420	338456	
2011	404125	20298	383827	
2012	417665	23346	394319	
2013	484258	19802	464456	
2014	417182	19434	397748	
2015	336629		336629	
2016	396672		396672	
2017	314951		314951	

注:境外筹资转贷款为2011年修改指标,2010年以前为外债余额。

a) Lending of overseas financing is the revised index of the 2011, Before 2010 was the balance of foreign debts.

17－7 按国别(地区)分实际利用外资额(2017 年)

Total Amount of Foreign Investment Actually Utilized By Country (Region) (2017)

单位：万美元 (USD 10 000)

项 目	Item	实际利用外资额 Total Amount of Foreign Investment Actually Utilized
总 计	**Total**	**314951**
中国香港	Hong Kong, China	204502
韩国	South Korea	61
澳大利亚	Australia	6800
法国	France	2174
日本	Japan	29
德国	Germany	43
荷兰	Netherlands	1970
美国	United States	43
西班牙	Virgin Islands, British	677
新加坡	Singapore	26210
中国台湾	Taiwan, China	1731
蒙古国	Mongolia	73
加拿大	Canada	
投资性公司	Investment Company	70638

17－8 外商实际直接投资额（2017 年）

Actually Used Amount of Foreign Direct Investment (2017)

单位：万美元 (USD 10 000)

行 业	Sector	2017
总 计	**Total**	**314951**
按登记注册类型分	**By Status of Registration**	
合资经营企业	Joint Ventures Enterprises	74961
合作经营企业	Cooperative Operation Enterprises	
外资企业	Foreign Investment Enterprises	96771
外商投资股份制企业	Foreign Investment Share Enterprises	143219
合作开发	Cooperative Development	
其 他	Others	
按国民经济行业分	**By Sector**	
农、林、牧、渔业	Farming, Forestry, Animal Husbandry and Fishery	24914
采矿业	Mining	158910
制造业	Manufacturing	89125
电力、燃气及水的生产和供应业	Production & Supply of Electric Power, Gas and Water	27837
建筑业	Construction	50
批发和零售业	Wholesale and Retail Trade	6349
交通运输、仓储和邮政业	Transportation, Storage and Postal Services	
住宿和餐饮业	Quarters and Catering	
信息传输、软件和信息技术服务业	Information Transmission, Software and IT Services	
金融业	Banking	
房地产业	Real Estate	
租赁和商务服务业	Leasing and Commercial Services	
科学研究和技术服务业	Scientific and Technical Services	1513
水利、环境和公共设施管理业	Water Conservancy, Environment and Public Facilities Administration	5548
居民服务、修理和其他服务业	Resident Services, Repairs and Other Services	255
教育	Education	
卫生和社会工作	Health and Social Work	
文化、体育和娱乐业	Culture, Sports & Recreational Services	450
公共管理、社会保障和社会组织	Public Administration ,Social Security and Social Organizations	
国际组织	International Organizations	

17－9 年末登记外商投资企业行业分布(2017 年)

Sector Distribution Registered of Foreign－Funded Enterprises(2017)

行业	Sector	企业数(户) Number of Registered Enterprises (unit)	投资总额(万美元) Total Investment (USD 10 000)	注册资本(万美元) Registeres Capital (USD 10 000)	# 外方 Capital Invested by Foreign Partner
总 计	**Total**	**3453**	**4597937**	**2072599**	**1328693**
农、林、牧、渔业	Farming, Forestry, Animal Husbandry and Fishery	70	492499	273128	185491
采矿业	Mining	59	214906	109943	94531
制造业	Manufacturing	302	1053294	494698	359609
电力、燃气及水的生产和供应业	Production & Supply of Electric Power, Gas and Water	96	1808413	641033	319892
建筑业	Construction	14	222288	181321	93246
批发和零售业	Wholesale and Retail Trade	468	241193	105231	80650
交通运输、仓储和邮政业	Transportation, Storage and Postal Services	54	132611	50747	37941
住宿和餐饮业	Quarters and Catering	200	50185	27882	24487
信息传输、软件和信息技术服务业	Information Transmission, Software and IT Services	1720	702	702	415
金融业	Banking	110	4515	2088	1653
房地产业	Real Estate	26	36370	20991	13389
租赁和商务服务业	Leasing and Commercial Services	215	257336	123702	89541
科学研究和技术服务业	Scientific and Technical Services	55	66108	28927	17711
水利、环境和公共设施管理业	Water Conservancy, Environment and Public Facilities Administration	11	11194	6578	6105
居民服务、修理和其他服务业	Resident Services, Repairs and Other Services	41	2526	1478	1300
教育	Education	1			
卫生和社会工作	Health and Social Work	2	309	309	108
文化、体育和娱乐业	Culture, Sports & Recreational Services	7	1508	2016	1077
公共管理、社会保障和社会组织	Public Administration ,Social Security and Social Organizations				
其他行业	Others	2	1980	1825	1547

17－10 对外经济合作

Economic Cooperation with Foreign Countries or Territories

年 份 Year	合同数 （份） Number of Contracts （copy）	合同金额 （万美元） Contracted Value （USD 10 000）	完成营业额 （万美元） Value of Business Fulfilled （USD 10 000）	派出劳务人员 （人） Dispatched Labor （10000 Persons）
1976－1988	2	613	337	
1989	32	11772	6150	
1990	99	5572	2787	
1991	72	2636	1450	
1992	242	8245	4536	
1993	143	12281	6755	
1994	124	6047	2176	
1995	151	6258	4281	
1996	164	8532	4636	
1997	100	2943	1853	
1998	103	4540	2393	
1999	102	5298	3173	
2000	80	5157	2549	
2001	84	5403	2511	
2002	110	7440	5092	
2003	120	7510	2742	
2004	120	55958	6082	
2005	92	18017	6100	
2006	109	19800	6710	
2007	129	22131	8032	
2008	120	18232	7110	
2009	41	3889	4776	
2010	19	2356	4511	
2011				1539
2012		8500	857	4641
2013		84500	4510	2139
2014		1016	408	1641
2015		703	656	685
2016		1704	300	1252
2017		270	270	643

17－10 续表 continued

年 份 Year	对外承包工程 Contracted Projects			对外劳务合作 Labor Cooperation		
	合同数 （份） Number of Contracts （copy）	合同金额 （万美元） Contracted Value （USD 10 000）	完成营业额 （万美元） Value of Business Fulfilled （USD 10 000）	合同数 （份） Number of Contracts （copy）	合同金额 （万美元） Contracted Value （USD 10 000）	完成营业额 （万美元） Value of Business Fulfilled （USD 10 000）
1976－1988				2	613	337
1989	5	938	191	27	10834	5959
1990	30	2070	1064	60	3507	1723
1991	3	220	121	69	2416	1329
1992	4	1003	694	238	7242	3842
1993	1	3360	1848	142	8921	4907
1994	3	2296	287	121	3751	1889
1995	5	756	1083	146	5502	3198
1996	14	1459	1182	150	7073	3454
1997	5	434	688	95	2509	1175
1998	25	1362	718	78	3178	1675
1999	21	2119	1269	81	3178	1903
2000	9	1730	404	71	3427	2145
2001	10	3630	1561	74	1773	950
2002	24	5040	2622	86	2400	2470
2003	16	3366	1385	104	4144	1357
2004	2	21	735	118	55937	5347
2005	8	4613	1986	84	13404	4114
2006	15	13595	4177	94	6205	2533
2007	3	13645	5057	126	8486	2975
2008	9	5233	4481	111	12999	2629
2009	2	701	3126	39	3188	1650
2010	3	681	3495	16	1675	1016
2011					1492	1357
2012	1	8500	857		5637	2094
2013	5	84500	4510		962	367
2014			1653		1016	408
2015	2	703	656		531	83
2016	4	1704	300		3184	2607
2017			60		270	270

主要统计指标解释

进出口总额 海关进出口总额指实际进出我国国境的货物总金额。包括对外贸易实际进出口货物,来料加工装配进出口货物,国家间、联合国及国际组织无偿援助物资和赠送品,华侨、港澳台同胞和外籍华人捐赠品,租赁期满归承租人所有的租赁货物,进料加工进出口货物,边境地方贸易及边境地区小额贸易进出口货物(边民互市贸易除外),中外合资经营企业、中外合作经营企业、外商独资企业进出口货物和公用物品,到日离岸价格在规定限额以上的进出口货样和广告品(无商业价值、无使用价值和免费提供出口的除外),从保税仓库提取在中国境内销售的进口货物,以及其他进出口货物。进出口总额用以观察一个国家在对外贸易方面的总规模。我国规定出口货物按离岸价格统计,进口货物按到岸价格统计。

商品经营单位所在地进、出口额 指所在地海关注册登记的有进出口经营权的企业实际进、出口额。

利用外资 指我国各级政府、部门、企业和其他经济组织通过对外 借款、吸收外商直接投资以及用其他方式筹措的境外现汇、设备、技术等。

对外借款 是我国利用外资的重要部分。指通过对外正式签订借款 协议,从境外筹措的资金 ,包括外国政府贷款、国际金融组织贷款、外国银行商业贷款、出口信贷以及对外发行债券等。1996 年及以前还包括对外发行股票。

外商直接投资 指外国企业和经济组织或个人(包括华侨、港澳台胞以及我国在境外注册的企业)按我国有关政策、法规,用现汇、实物、技术等在我国境内开办外商独资企业、与我国境内的企业或经济组织共同举办中外合资经营企业,合作经营企业或合作开发资源的投资(包括外商投资收益的再投资),以及经政府有关部门批准的项目投资总额内企业从境外借入的资金。

外商其他投资 指除对外借款和外商直接投资以外的各种利用外资的形式。包括企业在境内外股票市场公开发行的以外币计价的股票(目前主要是在香港证券市场发行的 H 股和在境内证券市场发行的 B 股)发行价总额,国际租赁进口设备的应付款,补偿贸易中外商提供的进口设备、技术、物料的价款,加工装配贸易中外商提供的进口设备、物料的价款。

对外承包工程 指各对外承包公司以招标议标承包方式承揽的下列业务:(1)承包国外工程建设项目,(2)承包我国对外经援项目,(3)承包我国驻外机构的工程建设项目,(4)承包我国境内利用外资进行建设的工程项目,(5)与外国承包公司合营或联合承包工程项目时我国公司分包部分,(6)对外承包兼营的房屋开发业务。对外承包工程的营业额是以货币表现的本期内完成的对外承包工程的工作量,包括以前年度签订的合同和本年度新签订的合同在报告期内完成的工作量。

对外劳务合作 指以收取工资的形式向业主或承包商提供技术和劳动服务的活动。我国对外承包公司在境外开办的合营企业,中国公司同时又提供劳务的,其劳务部分也纳入劳务合作统计。劳务合作营业额按报告期向雇主提交的结算数(包括工资、加班费和奖金等)统计。

对外设计咨询 指以服务成果向业主收费的技术服务项目。包括承担地形地貌测绘,地质资源勘探与普查,建设区域规划,提供设计文件、图纸、生产工艺技术资料和工程技术经济咨询,工程项目的可行性考察、研究和评估,进行技术指导和培训人员等;也包括承担国(境)内利用外资进行建设的工程项目的上述规定的设计咨询项目的收取外币部分。

Explanatory Notes on Main Statistical Indicators

Total Imports and Exports at Customs refer to the value of commodities imported into and exported from the boundary of China. They include the actual imports and exports through foreign trade, imported and exported goods under the processing and assembling trades and materials, supplies and gifts as aid given gratis between governments and by the United Nation and other international organizations, and contributions donated by over seas Chinese, compatriots in Hong Kong and Macao and Chinese with foreign citizenship, leasing commodities owned by tenant at the expiration of leasing period, the imported and exported commodities processed with imported materials, commodities trading in border areas (excluding mutual exchange goods), the imported and exported commodities and articles for public use of the Sino foreign joint ventures, cooperative enterprises and ventures exclusively with foreign own investment. Also included are import or export of samples and advertising goods for whose CIF or FOB value are beyond the permitted ceiling (excluding goods of no trading or use value and free commodities for export), imported goods sold in China from bonded warehouses and other imported or exported goods. The indicator of the total imports and exports at customs can be used to ob serve the total size of external trade in a country. In accordance with the stipulation of the Chinese government, imports are calculated at CIF, while exports are calculated at FOB

Import and Export Value by Location of China's Foreign Trade Managing Units refers to actual value of imports and exports carried out by corporations which have been registered by the local customhouse and are vested with right to run import export business.

Utilization of Foreign Capital refers to remittance, equipment and technology financed from abroad, by loans, foreign direct investment and other forms undertaken by the Chinese governments at all levels by various departments, enterprises and other economic units.

Foreign Borrowings an important part of China's utilization of foreign capital, it refers to funds borrowed from abroad through formal signing o f borrowing agreements with foreign institutions, including loans of foreign governments, loans of international financial institutions, commercial loans of foreign banks, export credit, and funds raised by Chinese bonds (and shares before 1996) issued abroad.

Direct Investment by Foreign Entrepreneurs refers to the investments inside China by foreign enterprises and economic organizations or individuals (including overseas Chinese, compatriots from Hong Kong and Macao, and Chinese enterprises registered abroad), following the relevant policies and laws of China, for the establishment of ventures exclusively with foreign own investment, Sino – foreign joint ventures and cooperative enterprises or for co operative exploration of resources with enterprises or economic organizations in China. It includes the re investment of the foreign entrepreneurs with the profits gained fro m the investment an d the funds that enterprises borrow from abroad in the total investment of projects which are approved by the relevant department of the government.

Other Investment by Foreign Entrepreneurs refers to all forms of utilization of foreign capitals other than foreign borrowings and foreign direct investment. It includes the total value of stock shares in foreign currencies issued by enterprises at domestic or foreign stock exchanges (now mainly consisting of H shares issued at Hong Kong Security Market and B shares issued at domestic security markets), rent payable for the imported equipment through international leasing arrangement, cost of imported equipment, technology and materials provided by foreign counterparts in compensation trade and processing and assembly trade.

Contracted Projects with Foreign Countries refer to projects undertaken by Chine se contractors (project contracting companies) through bidding process. They include: (1) overseas civil engineering construction projects financed by foreign investors; (2) overseas projects financed by the Chinese government through its foreign aid programs; (3) construction projects of Chinese diplomatic missions, trade offices and other institutions stationed abroad; (4) construction projects in China financed by foreign investment; (5) subcontracted projects to be taken by Chinese contractors through a joint umbrella project with foreign contractor; (6) housing development projects. The business income from international contracted projects is the work volume of contracted projects completed during the reference period, expressed in monetary terms, including completed work on projects signed in previous years.

Service Cooperation with Foreign Countries refers to the activities of providing technology and labour services to employers or contractors in the forms of receiving salaries and wages. Labour services providing by contractual joint venture s of Chinese international contracting corporations should be included in the statistics of service cooperation with foreign countries. The business income of labour service co – operation is the income in the form of wages and salaries, over time pay, bonuses and other remuneration received from the employers during the reference period.

Overseas Design and Consultation Service refers to projects wit h charges for technical services from overseas operators. It includes geographic and topographic mapping, geological resource prospecting and survey, planning of construction areas, provision of design documents, blueprints, materials on production process and techniques, as well as engineering, technical and economic consultation, and feasibility study, research and evaluation of projects. Also included under this category are the abovementioned services of foreign financed projects in China that are paid in foreign currencies.

18 旅 游

Tourism

资料整理：王亦兵

Arranged By Wang Yibing

18－1 旅游业基本情况

Basic Statistics on Tourism

指 标	Item	2000	2005	2010	2015	2017
旅行社总数(个)	**Total Number of Agencies(unit)**	**88**	**404**	**716**	**969**	**1433**
#组团社	Travel agents	1	10	23	76	96
边境社	Border community	10	13	15	41	70
旅行社分社	Travel agencies bureaus			31	163	114
旅行社职工人数(人)	**Number of Staff and Workers of Travel Agencies(person)**	**1075**	**2051**	**6309**	**7050**	**10520**
组团社	Travel agents	82	780	920	2460	3360
星级宾馆个数(个)	**Total Number of Stars Hotel(unit)**	**54**	**202**	**263**	**318**	**320**
入境旅游人数(人次)	**Total Number of International Tourists Inbound (person－times)**	**391970**	**1001635**	**1428015**	**1607816**	**1848321**
外国人	Foreigners	384000	995007	1400197	1533523	1757008
华 侨	Overseas Chinese					
港澳同胞	Compatriots from Hong Kong and Macao	2814	5550	17823	45176	60126
台湾同胞	Compatriots from Taiwan	5156	1078	9995	29117	31187
旅行社组织出境旅游总人数(人次)	**Number of outbound tourism of Travel Agency(person－times)**	**19425**	**25808**	**31100**	**147433**	**268341**
国内旅游人数(万人次)	**Number of Domestic Tourism (10 000 person times)**	**735**	**2062**	**4478**	**8352**	**11461**
旅游总收入(亿元人民币)	**Income of Tourism(100 million yuan)**	**42.72**	**208.09**	**732.70**	**2257.10**	**3440.11**
国际旅游外汇收入（万美元）	Earnings from International Tourism (USD 10 000)	12645	35207	60190	96249	124556
国内旅游收入(万元人民币)	Earnings from Domestic Tourism (10 000 yuan)	322300	1797200	6929200	21937700	33585900
国内旅游人均花费(元/天)	Per Capita Spending of Domestic Tourism (yuan/day)	272	363	520	799	875

18－2 接待外国旅游人数

Number of Foreign Tourists by Country

国别(地区)	country(district)	2016	2017
入境旅游人数总计(人次)	**Total Number of Entry Tourists(person times)**	**1779121**	**1848321**
外国人(包括外籍华人)	Foreigners(Including Chinese owning foreign nationality)	1682875	1757008
日 本	Japan	27382	4589
菲 律 宾	Philippines	1091	448
新 加 坡	Sigapore	6590	4180
美 国	United States	14425	5954
加 拿 大	Canada	5259	1508
英 国	United Kingdom	6132	1420
德 国	Federal Republic of Germany	4947	2080
法 国	France	7305	1996
意 大 利	Italy	2024	3244
瑞 士	Switzerland	1851	2544
荷 兰	Netherlands	2295	4403
澳 大 利 亚	Australia	4049	1578
新 西 兰	New Zealand		
俄 罗 斯	Russia	600102	779006
蒙 古	Mongolia	880912	922635
华 侨	Overseas Chinese		
港澳台同胞	Chinese Compatriots from Hong Kong, Macao and Taiwan	96246	91313
入境旅游者平均逗留天数(天)	**Average Days of Entry Tourist Staying(day)**	**3.33**	**3.05**
外国人(包括外籍华人)	Foreigners(Including Chinese owing foreign nationality)	3.22	2.95
华 侨	Overseas Chinese		
港澳台同胞	Chinese Compatriots from Hong Kong, Macao and Taiwan	4.25	3.49

18－3 国内旅游人均花费

Per Capita Spending of Domestic Tourism

项 目	Item	2016	2017
国内旅游人均花费(元/天)	**Per Capita Spending of Domestic Tourism (yuan/day)**	**822.09**	**874.74**
交通费	Long Distance Transportation	145.51	154.83
#飞 机	Air	69.14	73.57
火车高铁	Railway	4.52	4.81
长途汽车	Highway	31.98	34.03
市内交通	Local Transportation	39.87	42.42
住 宿	Accommodation	167.54	178.27
餐 饮	Cater	155.62	165.59
景区游览	Visiting	65.93	70.15
娱 乐	Entertainment	40.78	43.39
购 物	Shopping	194.92	207.40
其 他	Other	51.79	55.11

18－4 入境旅游情况

Condition of International Tourism

项 目	Item	2016	2017
入境旅游总人数(万人次)	**Overseas Visitor Arrivals (10 000 person－times)**	**177.91**	**184.83**
#满洲里	Manzhouli City	52.48	56.67
二连浩特	Erlianhaote City	64.51	66.62
入境旅游创汇(万美元)	**Foreign Exchange Earning (USD 10 000)**	**113903**	**124556**
#满洲里	Manzhouli City	34113	39510
二连浩特	Erlianhaote City	25093	29353

18－5 旅游事业发展情况

Development of International Tourism

年份 Year	旅行社总数(个) Total Number of Agencies (unit)	旅游接待人数(万人次) Number of tourist reception(10 000 person－times)			旅游总收入 Income of Tourism(100 million yuan)		
		合计 Total	接待入境旅游者人数 Total Number of International Tourists Inbound	国内旅游人数 Number of Domestic Tourism	合计 (亿元人民币) Total (100 million yuan)	国际旅游外汇收入(万美元) Earnings from International Tourism (USD 10 000)	国内旅游收入(亿元人民币) Earnings from Domestic Tourism (100 million yuan)
1980		0.98	0.98		0.04	50	
1981		1.05	1.05		0.05	55	
1982		1.02	1.02		0.05	64	
1983		1.06	1.06		0.05	61	
1984		1.03	1.03		0.06	70	
1985		1.43	1.43		0.07	82	
1986		1.20	1.20		0.06	73	
1987		1.93	1.93		0.09	108	
1988		1.71	1.71		0.12	141	
1989		0.78	0.78		0.06	68	
1990		1.23	1.23		0.11	137	
1991		146.11	6.11	140	2.21	1220	1.20
1992		220.13	10.13	210	3.78	2026	2.10
1993		338.87	18.87	320	6.13	3773	3.00
1994		381.65	31.65	350	11.76	8750	4.50
1995	23	410.09	30.09	380	13.21	9052	5.70
1996	31	431.48	31.48	400	13.76	9350	6.00
1997	39	514.84	34.84	480	16.88	10700	8.00
1998	27	616.89	36.89	580	20.42	12550	10.00
1999	41	687.15	37.15	650	21.98	12027	12.00
2000	88	774.19	39.19	735	42.72	12645	33.23
2001	141	947.99	39.99	908	62.60	13740	51.33
2002	149	1196.94	43.94	1153	82.20	14935	70.04
2003	220	1035.36	41.36	994	94.74	13836	83.29
2004	293	1590.98	79.98	1511	145.01	25313	124.09
2005	404	2162.20	100.20	2062	208.09	35207	179.72
2006	501	2574.95	123.25	2452	279.70	40379	248.24
2007	589	3057.45	149.45	2908	390.77	54500	351.01
2008	652	3352.93	154.93	3198	468.85	57700	429.50
2009	616	4008.96	128.96	3880	611.35	55831	573.22
2010	716	4620.80	142.80	4478	732.70	60190	692.92
2011	786	5329.52	151.52	5178	889.55	67097	847.28
2012	833	6046.17	159.17	5887	1128.51	77196	1080.65
2013	879	6774.61	161.61	6613	1403.46	96229	1343.73
2014	897	7582.12	167.12	7415	1805.29	100295	1744.97
2015	969	8512.78	160.78	8352	2257.10	96249	2193.77
2016	976	9805.32	177.91	9627.41	2714.70	113903	2635.56
2017	1433	11646.02	184.83	11461.19	3440.11	124556	3358.59

主要统计指标解释

旅游人数　包括入境国际旅游者人数、出境居民人数和国内旅游者人数。

(1)入境国际旅游者人数:指来中国参观、访问、旅行、探亲、访友、休养、考察、参加会议和从事经济、科技、文化、教育、宗教等活动的外国人、华侨、港澳同胞和台湾同胞的人数。不包括外国在我国的常驻机构,如使领馆、通讯社、企业办事处的工作人员;来我国常住的外国专家、留学生以及在岸逗留不过夜人员。

(2)出境居民人数:指大陆居民因公务活动或私人事务短期出境的人数。公务活动出境居民人数包括在国际交通工具上的中国服务员工,因私出境居民人数不包括在国际交通工具上的中国服务员工。

(3)国内旅游者人数:指我国大陆居民和在我国常住1年以上的外国人、华侨、港澳台同胞离开常住地在境内其他地方的旅游设施内至少停留一夜,最长不超过6个月的人数。

国际旅游(外汇)收入　指入境旅游的外国人、华侨、港澳同胞和台湾同胞在中国大陆旅游过程中发生的一切旅游支出,对于国家来说就是国际旅游(外汇)收入。

国际旅行社　指经营对外招徕并接待外国人、华侨、港澳同胞和台湾同胞来中国、归国或回内地旅游业务的旅行社。

国内旅行社　指负责经营招徕、组团、接待国内旅客的旅游业务,以及不对外招徕,负责经营接待国际旅行社或其它涉外部门组织的外国人、华侨、港澳同胞和台湾同胞来中国、归国或回内地的旅游业务的旅行社。

星级饭店　指已评定星级的饭店。

Explanatory Notes on Main Statistical Indicators

Number of Tourists Include international tourists entering into China, Chinese residents going abroad and domestic tourists.

(1) International tourists refer to foreigners, overseas Chinese, Chinese compatriots from Hong Kong, Macao and Taiwan coming to China for sightseeing, visits, tours, family reunions, vacations, study tours, conferences and other activities of a business, scientific and technological, cultural, educational and religious nature. It does not include representatives and employees of resident institutions of foreign countries in China such as embassies, consulates, news agencies and offices of foreign companies and organizations, nor does it include long term foreign experts or students residing in China, or persons in transition without spending a night in China.

(2) Chinese residents going abroad refer to Chinese residents going abroad for short terms for either public business or private purposes. Chinese employees working on international transport carriers are included in those going abroad for public business purpose, not in those for private purpose.

(3) Domestic tourists refer to residents of the mainland of China who stay for one night at least, but no more than 6 months at tourist facilities in other places

than their permanent residence within the territory of the mainland China, including foreigners, overseas Chinese and Chinese compatriots from Hong Kong, Macao and Taiwan who have resided in China for over one year.

Foreign Exchange Earnings from International Tourism refer to the total expenditures of foreigners, overseas Chinese, Chinese compatriots from Hong Kong, Macao and Taiwan during their stay in the mainland of China, which are earnings of foreign exchange from international tourism from the point of view from China.

International Travel Agencies refer to travel agencies engaged in the promotion, solicitation, organization and reception of tours to the mainland of China by foreigners, overseas Chinese, Chinese compatriots from Hong Kong, Macao and Taiwan.

Domestic Travel Agencies refer to travel agencies engaged in the promotion, solicitation, organization and reception of domestic tourists, and in the reception of foreigners, overseas Chinese, Chinese compatriots from Hong Kong, Macao and Taiwan organized by international travel agencies or other departments concerned, without their own promotion and solicitation programs.

Star - hotels refer to hotels rated with stars.

19 金融和保险

Banking and Insurance

资料整理：曹源源

Arranged By Cao Yuanyuan

19－1 银行业金融机构、人员数(2017 年末)

Number of Institutions and Persons Engaged in Finance System(End of 2017)

项 目	Item	机构数(个) Number of Institutions (unit)	年末人数(人) Number of Staff and Workers (person)
总计	**Total**	**5821**	**99785**
政策性银行	**Policy－related Bank**	**87**	**2293**
国家开发银行	State Development Bank	1	160
进出口银行	Export－import Bank	1	41
中国农业发展银行	Agricultural Development Bank of China	85	2092
国有商业银行	**State－owned Commercial Bank**	**1601**	**38781**
中国工商银行	Industrial and Commercial Bank of China	374	11437
中国农业银行	Agricultural Bank of China	583	11993
中国银行	Bank of China	271	6343
中国建设银行	Construction Bank of China	337	8192
交通银行	Bank of Communications	36	816
股份制商业银行	**Joint－stock Commercial Bank**	**210**	**4715**
中信银行	China Citic Bank	40	946
中国光大银行	China Everbright Bank	20	546
华夏银行	Hua Xia Bank	20	568
招商银行	China Merchants Bcmk	21	600
上海浦东发展银行	Shanghai pudong Development Bank	30	591
兴业银行	Industrial Bank	44	924
民生银行	Min Sheng Bank	31	400
渤海银行	China Commercial Bank	4	140
城市商业银行	**City Commercial Bank**	**576**	**13179**
农村合作金融机构	**Rural Cooperative Financial Institutions**	**2524**	**31974**
农村信用社	Rural Credit Cooperatives	1354	15634
农村商业银行	Rural Commercial Bank	905	11105
农村合作银行	Rural Coopeyation Bank	61	757
村镇银行	Rural and Taon Bank	202	4460
贷款公司	Loan Corporation		
农村资金互助社	Rural Fund Cooperation Society	2	18
非银行金融机构	**Non－bank Finance Institutions**	**8**	**475**
企业集团财务公司	Corporate Finance Companies	6	161
信托公司	Trust Corporation	2	314
邮政储蓄银行	**Postal Savings Bank**	**810**	**8025**
资产管理公司	**Asset Management Corporation**	**3**	**166**
消费金融公司	**Consumer Financial Company**	**1**	**172**
外资金融机构	**Foreign Financial Institutions**	**1**	**5**

19－2 金融机构人民币存、贷款年末余额

Saving Deposits and Loans of Financial Institutions at Year－end

单位:万元　　　　(10 000 yuan)

年 份 Year	各项存款余额合计 Depoits	# 企业存款 Depoits of Enterprises	# 城乡储蓄存款 Urban and Rural Savings Deposits	各项贷款余额合计 Loans	# 工业贷款 Loans to Industrial Enterprises	# 商业贷款 Loans to Commercial Enterprises	# 农业贷款 Agricultural Loans
1949	140	120		195	92	91	12
1950	1525	635	119	767	75	459	233
1951	4227	1619	219	3312	402	2163	747
1952	9034	3161	397	7089	593	5017	1479
1953	9937	3543	590	16492	1367	13360	1765
1954	12477	4223	1256	33777	2146	29908	1723
1955	17259	4126	1235	40223	2445	36242	1536
1956	15456	6427	2426	40576	3745	30496	6330
1957	19212	5527	3456	45042	3536	36810	4696
1958	50202	14707	5481	66279	12923	48083	5273
1959	62204	11976	7776	140589	49725	86119	4745
1960	83174	14756	10272	177063	85910	84703	6450
1961	76297	19608	5616	173300	59865	105884	7551
1962	66097	31248	3708	140530	37211	93696	9623
1963	63565	27446	4144	107154	25294	73514	8346
1964	86304	19796	5885	98027	25451	72465	111
1965	76946	22060	6913	102246	24133	77336	777
1966	91036	29410	7386	134554	30299	92977	11278
1967	85323	29687	7814	146590	44634	89084	12872
1968	94204	34411	8380	154190	51580	89045	13565
1969	84049	33112	7068	174312	61467	97906	14939
1970	98931	35109	7844	233001	68242	150137	14622
1971	105614	39136	9504	268530	82034	172315	14181
1972	102931	40288	11994	260678	77738	165836	17104
1973	127154	51746	14163	279108	88418	167532	23158
1974	123097	50332	15959	292432	91734	174258	26440
1975	148439	68452	17464	318410	92559	196711	29140
1976	153865	70737	18552	345268	95167	216124	33977
1977	162209	67821	21908	367586	97370	231722	38494

19 – 2 续表 continued

单位:万元 (10 000 yuan)

年 份 Year	各项存款余额合计 Deposits	# 企业存款 Deposits of Enterp – rises	# 城乡储蓄存款 Urban & Rural Savings Deposits	各项贷款余额合计 Loans	# 工业贷款 Loans to Industrial Enterprises	# 商业贷款 Loans to Commercial Enterprises	# 农业贷款 Agricu – ltural Loans	# 基建贷款 Loans for Capital Constr – uction	# 技改贷款 Loans for Technical Innovation
1978	164678	67214	25307	403314	110930	246495	45889		
1979	206997	75522	33092	436393	120396	256689	52236		
1980	231227	82688	48642	492949	129636	289980	67516		5677
1981	296065	103970	63106	558697	141810	330354	68239		14667
1982	364613	114791	84452	620194	148745	355038	73375	15587	26437
1983	442119	121952	112569	710563	175272	402264	75706	24778	28525
1984	500609	169826	155599	809114	219008	434714	86724	24767	32332
1985	560822	165393	210077	905412	275658	490451	89030	22465	42905
1986	782114	291284	290738	1291351	373446	590163	99373	48935	82523
1987	971166	337985	389691	1520239	436267	689530	114882	93458	188982
1988	1198527	401268	508287	1802119	537013	819194	126932	66132	119188
1989	1360860	382088	679584	2127588	681802	944070	139861	78510	139794
1990	1697712	424678	934355	2729173	869405	1272231	158545	109050	158675
1991	2057796	483906	1193618	3268535	1017327	1447576	188438	229244	201602
1992	2628246	783031	1497165	3951616	1153695	1683779	229783	353655	275853
1993	3505394	773581	2321390	5297191	1379014	2033053	427737	603560	327876
1994	4577562	1135970	3183199	6743662	1617514	2290203	229180	1054354	382402
1995	5663419	1303563	4108239	8198675	1879398	2566713	428884	1535360	466283
1996	7037693	1651490	5053804	10029833	2215841	3025593	510457	2011886	547128
1997	8455291	1993334	6050130	11721737	2518926	3467961	582678	2565495	587911
1998	9966107	2233337	7075160	13187511	2813556	3764324	533490	2885535	652933
1999	10923695	2512228	7976283	13641685	2649791	3794411	614282	3005261	636275
2000	12701349	3041165	8757399	13407383	2313181	3565930	692289	2513615	577427
2001	14987869	3750596	9867305	14707493	2570704	3437091	874092	3041254	594685
2002	17352559	4227073	11381038	16497795	2795982	3402539	1041324	4280175	139797
2003	20909846	5442363	13556610	19241312	3264636	3121745	1136558	5342779	222438
2004	25763691	6900717	16038752	22397621	3330576	2956277	1412981	6897652	302228
2005	32981538	8448175	19735996	25885704	3216173	3465313	1750056	8841665	358323
2006	40365605	10326769	22713442	32051943	4561123	3548955	1921286	11503692	259640
2007	49537024	13645713	25419224	37677360	4953807	3763969	2294291	13216458	188389
2008	63410312	17526198	32116628	45278595	5447082	4196462	3138133	15953891	410905
2009	83736999	26590936	39139510	62925233	6408156	4908094	4514951	23102340	668800
2010	102786934	31072851	46181090	79194745					

19－3 金融机构人民币信贷收支年末余额

Sources and Uses of Credit Funds of Financial Institutions At Year－end

单位：万元 (10 000 yuan)

项 目	Item	2017
各项存款	**Deposits**	**229527959.79**
境内存款	**In－country Deposit**	**229471255.35**
住户存款	Household	107300446.58
活期存款	Demand	50618881.32
定期及其他存款	Time Deposit and others	56681565.26
非金融企业存款	Deposit of Non－financial Enterprises	67481380.25
活期存款	Demand	41961416.51
定期及其他存款	Time Deposit and others	25519963.74
广义政府存款	The General Government Deposits	42864852.92
财政性存款	Fiscal Deposit	6299472.55
机关团体存款	Deposits of Government Departments&Organizations	36565380.37
非银行业金融机构存款	Non－banking Finacial Institutions Deposits	11824575.60
境外存款	**Overseas Deposit**	**56704.44**
各项贷款	**Loans**	**214560253.47**
境内贷款	**Domestic Loans**	**214548951.49**
住户贷款	Household Loans	52200553.04
短期贷款	Short－term Loans	25042381.50
消费贷款	Consumer Loans	7580549.80
经营贷款	Business Loans	17461831.70
中长期贷款	Medium－term & Long－term Loans	27158171.55
消费贷款	Consumer Loans	20089949.50
经营贷款	Business Loans	7068222.05
非金融企业及机关团体贷款	Non－financial Enterprises and Organizations Loans	162348398.45
短期贷款	Short－term Loans	51812511.19
中长期贷款	Medium－term&Long－term Loans	102646451.97
票据融资	Circulated Fund by Bills	7374698.60
融资租赁	Renting by Circulated Fund	19500.00
各项垫款	Money Advanced	495236.69
非银行业金融机构贷款	Non－banking Finacial Institutions Loans	
境外贷款	**Overseas Loans**	**11301.98**

19 - 4 大型商业银行人民币信贷收支年末余额

Sources and Uses of Credit Funds of Large Commercial Banks At Year - end

单位:万元　　　　(10 000 yuan)

项 目	Item	2017
各项存款	**Deposits**	**111695479.88**
境内存款	**In - country Deposit**	**111650852.20**
个人存款	Individual Deposit	59489948.51
#活期储蓄存款	Demand	30868407.93
定期储蓄存款	Time	16643261.88
结构性存款	Structured Deposits	1537593.58
单位存款	Corporate Deposit	50874527.08
#活期存款	Demand	35972026.63
定期存款	Time	5197093.04
保证金存款	Margin Deposit	1498222.60
结构性存款	Structured Deposits	659361.89
国库定期存款	Treasury Deposit	
非存款类金融机构存款	Non - deposit Finacial Institutions Deposit	1286376.60
境外存款	**Overseas Deposit**	**44627.68**
各项贷款	**Loans**	**113899115.90**
境内贷款	**Domestic Loans**	**113898661.83**
短期贷款	Short - term Loans	20527444.34
个人贷款及透支	Personal Loans & Overdraw	5245098.41
#个人消费贷款	Personal Consumption Loans	3638180.05
单位贷款及透支	Unit Loans & Overdraw	15282345.93
经营贷款及透支	Business Loans& Overdraw	14736633.38
固定资产贷款	Fixed Assets Loans	40071.00
并购贷款	M&A Loans	
贸易融资	Trade Financing	505641.56
非存款类金融机构贷款	Non - deposit Finacial Institutions Loans	
中长期贷款	Medium - term & Long - term Loans	90566637.49
个人贷款	Personal Loans & Overdraw	16440142.85
#个人消费贷款	Personal Consumption Loans	14783128.45
单位贷款	Unit Loans & Overdraw	74126494.65
经营贷款	Business Loans	6698544.99
固定资产贷款	Fixed Assets Loans	67122311.00
并购贷款	M&A Loans	270609.61
贸易融资	Trade Financing	35029.05
非存款类金融机构贷款	Non - deposit Finacial Institutions Loans	
票据融资	Circulated Fund by Bills	2733126.59
融资租赁	Renting by Circulated Fund	
各项垫款	Money Advanced	71453.41
境外贷款	**Overseas Loans**	**454.07**

19－5 金融机构人民币存款基准利率

Legal Interest Rates on Deposits of Financial Institutions

单位:年利率%　　　　(annual interest rate%)

项 目	Item	2014 年 11 月 22 日 Nov. 22,2014	2015 年 3 月 1 日 Mar. 1,2015	2015 年 5 月 11 日 May. 11,2015	2015 年 6 月 28 日 June. 28,2015	2015 年 8 月 26 日 Aug. 26,2015	2015 年 10 月 24 日 Oct. 24,2015
活期存款	**Demand**	**0.35**	**0.35**	**0.35**	**0.35**	**0.35**	**0.35**
定期存款	**Time**						
#整存整取	Lump－sum time						
三个月	3Months	2.35	2.10	1.85	1.60	1.35	1.10
半年	6Months	2.55	2.30	2.05	1.80	1.55	1.30
一年	1Year	2.75	2.50	2.25	2.00	1.75	1.50
二年	2Years	3.35	3.10	2.85	2.60	2.35	2.10
三年	3Years	4.00	3.75	3.50	3.25	3.00	2.75
#零存整取、整存零取、存本取息	Installment fixed deposits admission is the entire deposit						
一年	1Year	2.35	2.10	1.85	1.60	1.35	1.10
三年	3Years	2.55	2.30	2.05	1.80	1.55	1.30
五年	5Years	2.75	2.50				
#定活两便	Time－demand Deposit	一年内定期整存整取同档次利率打六折					
协定存款	**Negotiated Deposit**	**1.15**	**1.15**	**1.15**	**1.15**	**1.15**	**1.15**
通知存款	**Call Deposit**						
一天	1day	0.80	0.80	0.80	0.80	0.80	0.80
七天	7days	1.35	1.35	1.35	1.35	1.35	1.35

19－6 金融机构人民币法定贷款基准利率

Legal Interest Rates on Loans of Financial Institutions

单位:年利率%　　　　(annual interest rate%)

项 目	Item	2014年11月12日 Nov. 12,2014	2015年3月1日 Mar. 1,2015	2015年5月11日 May. 11,2015	2015年6月28日 June. 28,2015	2015年8月26日 Aug. 26,2015	2015年10月24日 Oct. 24,2015
短期贷款	**Short－term Loans**						
一年以内（含一年）	Less than one year	5.60	5.35	5.10	4.85	4.60	4.35
中长期贷款	**Medium－term & Long－term Loans**						
一至五年（含五年）	1 to 5 years	6.00	5.75	5.50	5.25	5.00	4.75
五年以上	More than 5 years	6.15	5.90	5.65	5.40	5.15	4.90
贴现	**Discounting**	**以再贴现利率为下限加点确定**					
个人住房公积金贷款	**Personal HousingAccumulation Fund Loan**						
五年以下（含五年）	Less than 5 years	3.75	3.50	3.25	3.00	2.75	2.75
五年以上	More than 5 years	4.25	4.00	3.75	3.50	3.25	3.25

19－7 上市公司情况

Summary for Number of Listed Companies

单位:个　　　　(unit)

年份 Year	全区合计 All Region	上交所 Shanghai Stock Exchange	深交所 Shenzhen Stock Exchange	#仅发A股公司 A share Only	#仅发B股公司 B share Only	H股 H share	增发A股公司 A Share Add
1995	1	1			1		
1996	4	1	3	4			
1997	5	3	2	4	1		
1998	2	2		2			
1999	1	1		1			
2000	5	5		5			
2001	1	1		1			1
2002							2
2003							
2004	2	1		1		1	
2005	1	1		1			
2006							
2007	1		1	1			
2008							
2009							
2010	1		1	1			
2011	2	1	1	2			
2012	2		2	2			
2013	1	1		1			
2014							4
2015							8
2016							7
2017							3

19－8 新上市公司股票发行筹资情况

Issuing Summary for Stocks of New Listed Companies

年 份 Year	股票发行量 （万股） Amount Issued （10 000 shares）	A 股 A share	B 股 B share	A、B 股配股 A & B Shares Rights Issued	H 股 H share	股票筹资额 （亿元） Raised Capital （100 million yuan）	A 股 A share	B 股 B share	A、B 股配股 A & B Shares Rights Issued	H 股 H share
1989	1820	1820				0.5	0.5			
1994	5000	5000				1.95	1.95			
1995	11000		11000			4.38	4.38			
1996	6520	5020		1500		3.46	2.86		0.60	
1997	51800	22200	16600	13000		25.36	10.83	5.61	8.92	
1998	32852	13100	19752	22.72		8.37		14.35		
1999	13095			13095		9.71		9.71		
2000	38230	30800		7430		32.58	24.10		8.48	
2001	44720	43000		1720		33.84	31.57		2.27	
2002	15896	15896				17.95	17.95			
2003	1258			1258		7.84			7.84	
2004	40000	5000			35000	17.78	3.49			14.29
2005	14000	14000				4.68	4.68			
2006										
2007	7800	7800				7.64	7.64			
2008						57.21	57.21			
2009						47.88	47.88			
2010	1900	1900				5.50	5.50			
2011	13900	13900				31.71	31.71			
2012	6159	6159				8.95	8.95			
2013	2500	2500				2.27	2.27			

19－9 保险公司主要指标(2017 年)

Main Indicators of Insurance Companies Funded(2017)

项 目	Item	原保险保费收入（万元）Premium (10 000 yuan)	赔付支出（万元）Claim and Payment (10 000 yuan)
总 计	**Total**	**5699122.05**	**1864820.52**
财产保险公司	**Property Insurance**	**1912501.44**	**1210238.95**
企业财产保险	Enterprise Property Insurance	70140.51	33177.19
家庭财产保险	Family Property Insurance	5703.34	3941.31
机动车辆保险	Motor Vehicle Insurance	1243711.21	609280.69
工程保险	Construction and Installation Projects	11584.92	6833.93
责任保险	Liability Insurance	52865.98	25262.13
信用保险	Credit Insurance	11151.04	4090.24
保证保险	Guarantee Insurance	65830.57	14373.81
船舶保险	Ship Insurance	18.47	3.47
货物运输保险	Freight Transport Insurance	5289.59	2009.01
特殊风险保险	Other Property Insurance	5278.28	246.96
农业保险	Agriculture Insurance	325354.32	432478.83
健康保险	Health Insurance	73875.98	64713.64
意外伤害保险	Unforeseen Human Injury Insurance	40325.43	12888.18
其他保险	Other Insurance	1371.80	939.56
人身保险公司	**Life Insurance**	**3786620.62**	**654581.57**
人寿保险	Life Insurance	3059606.03	494171.26
健康保险	Health Insurance	653032.65	142443.89
意外伤害保险	Unforeseen Human Injury Insurance	73981.94	17966.42

19－10 财产保险公司主要业务指标（2017 年）

Main Indicators of property Insurance (2017)

项 目	Item	保险金额（亿元）Amount Insured (100 million yuan)	签单数量（万件）Number Sign (10 000 items)	已决赔款（万元）Indrmnity (10 000 yuan)	未决赔款（万元）Loss Assessment of Unsrttled Claims (10 000 yuan)
财产保险	**Property Insurance**	**136859.30**	**2483.69**	**1190222.70**	**319492.18**
企业财产险	Enterprise Property	17118.56	2.80	30797.17	41382.71
家庭财产险	Family Property	1361.07	55.22	3786.07	656.36
机动车辆险	Motor Vehicle Insurance	26714.76	751.33	586864.11	219551.82
货物运输保险	Freight Transport Insurance	774.70	22.10	1452.87	959.62
责任险	Liability Insurance	9294.30	28.14	23520.96	17198.09
产品责任险	Products Liability Insurance	54.95		275.56	589.43
雇主责任险	Employers Liability Insurance	1609.60	1.50	5920.22	3439.98
公众责任险	Public Liability Insurance	7139.88	22.30	12178.64	10428.09
其他责任险	Other Liability Insurance	489.87	4.34	5146.54	2740.59
保证保险	Guarantee Insurance	131.36	163.25	17608.74	3663.17
农业保险	Agriculture Insurance	3095.54	4.69	441247.03	17794.25
种植险	Planting Insurance	2985.88	4.01	410875.73	16025.93
养殖险	Animal Husbandry Insurance	109.66	0.68	30371.30	1768.32
其他保险	Other Insurance	78369.01	1456.16	84945.75	18286.16

19－11 人身保险公司主要业务指标（2017 年）

Main Indicators of Life Insurance (2017)

项 目	Item	期末有效承保人次（万人）New Person of Insurance (10 000 persons)	保险金额（亿元）Premiums (100 million yuan)	赔款支出（万元）Claim (10 000 yuan)	死伤医疗给付（万元）Death and Injury Payment (10 000 yuan)	满期给付（万元）Value of Expiration Payment (10 000 yuan)
总 计	**Total**	**6073.59**	**55689.94**	**83513.78**	**133960.04**	**271563.84**
寿险	Life Insurance	1174.29	8403.00		57188.00	271439.34
普通寿险	Ordinary Life Insurance	701.69	6274.72		33892.70	98610.88
分红寿险	Share out Bonus Products	302.99	1261.51		12547.74	170474.33
投资连接保险	Products Link to Insvestment	0.56	6.26			91.77
万能保险	All－purpose Products	169.07	860.51		10747.47	2262.37
意外伤害保险	Unforeseen Human Injury Insurance	1742.72	19196.39	17966.42		
一年期以内	Less than one Year	96.47	1558.26	255.56		
一年期及以上	One Year(More than one Year)	1646.25	17638.13	17710.86		
健康保险	Health Insurance	3156.58	28090.55	65547.36	76772.03	124.50
一年期及以内	One Year(Less than one Year)	2435.83	23985.09	65547.36		
一年期以上	Over One Year	720.75	4105.46		76772.03	124.50

19－12 银行卡业务基本情况

Basic Conditions of Bank card business

项 目	Item	2016	2017
银行卡累计发放量(万张)	**Total Payment Amount of Bank Card(10 000 pieces)**	**13772.29**	**14207.49**
借记卡	Debit Card	12658.82	13058.84
#银联标准卡	Standard Bank Card	10722.72	11061.56
信用卡	Credit Card	1113.47	1148.66
#银联标准卡	Standard Bank Card	815.87	841.65
银行卡受理商户、机具	**Accepting Bank Card Business, Equipment**		
特约商户(户)	Special Merchant(enterprise)	434487	512201
销售终端(台)	POS(set)	481758	568421
自动柜员机(台)	ATM(set)	25187	27171
银行卡跨行交易量(本年累计)	**Volume of Inter Bank Trading**		
清算笔数(万笔)	Settlement Amount(10 000 items)	26408.46	27424.36
ATM 交易量	Volume of ATM	7006.58	5366.83
POS 机交易量	Volume of POS	18974.32	21591.81
非传统渠道交易量	Volume of Non traditional channel	427.56	465.72
清算金额(亿元)	Amount of Settlement(100 million yuan)	8024.18	8583.11
ATM 交易量	Volume of ATM	1472.45	953.38
POS 机交易量	Volume of POS	6204.86	7214.56
非传统渠道交易量	Volume of Non traditional channel	346.87	415.17

主要统计指标解释

信贷资金 指金融机构以信用方式积聚和分配的货币资金。金融机构信贷资金的来源有各项存款、对国际金融机构负债、流通中货币、银行自有资金及当年结益等;信贷资金的运用有各项贷款、黄金占款、外汇占款、财政借款及在国际金融机构中的资产等。

存款 指企业、机关、团体或居民根据资金必须收回的原则,把货币资金存入银行或其他信用机构保管并取得一定利息的一种信用活动形式。根据存款对象的不同可划分为企业存款、财政存款、机关团体存款、基本建设存款、城镇储蓄存款、农村存款等科目。它是银行信贷资金的主要来源。

贷款 指银行或其他信用机构根据资金必须归还的原则,按一定利率,为企业、个人等提供资金的一种信用活动形式。我国银行贷款分为流动资金贷款、固定资产贷款、城乡个体工商户贷款以及农业贷款等科目。

中资保险公司 指中国公民、法人或其他组织出资(含外资参股)设立的保险公司。

保险金额 指保险人承担赔偿或者给付保险金责任的最高限额。

保费 指投保人为取得保险人在约定范围内所承担赔偿责任而支付给保险人的费用。

赔款 指保险人根据保险合同的规定,向被保险人支付的赔偿保险责任损失的金额。

给付 包括死伤医疗给付和满期给付。死伤医疗给付是指保险人根据人寿保险及长期健康保险合同的规定,因被保险人在保险期内发生保险责任范围内的保险事故支付给被保险人(或受益人)的金额。满期给付是指被保险人生存期满,保险人按人寿保险合同规定支付给被保险人的满期保险金额。

Explanatory Notes on Main Statistical Indicators

Credit Funds refer to the funds issued as loans by banking institutions. The sources of credit funds of the banking institutions included deposits, Liabilities to international financial institutions, currency in circulation, self-owned funds and current retained profits, etc. The credit funds can be used in forms of loans, gold, foreign exchange, government debt and assets in the international financial institutions.

Deposit is a form of credit by which enterprises, institutions, organizations or households can put money into banks and other credit institutions for safekeeping and interest earning under the principle of free withdrawal. According to different depositors, deposits are divided into enterprise deposits, treasury deposits, deposits of government agencies and organizations, capital construction deposits, urban savings deposits, rural deposits and other deposits. Deposits are major sources of the credit funds of banks.

Loan is a form of credit by which banks and other credit institutions provide funds at certain interest rate to enterprises and individuals in the light of the principle of unconditional repayment. Loans from Chinese banks include circulating capital loans, fixed assets loans, loans to urban and rural individuals engaged in industrial and commercial business and agricultural loans.

Insurance Companies Funded with Chinese Capital refer to insurance companies established with capitals from Chinese citizens, corporate institutions or other organizations (including companies with shares from foreign capital).

Amount Insured refers to the maximum that the insurant will get for the claim of the case insured.

Premium is the fee paid by the insurant to the insurer to obtain the obligation of compensation from the insurance within the agreed terms.

Settled Claim is the compensation paid by the insurer to the insurant in accordance with the insurance contract.

Payment includes payment for death, injury or medical treatment and mature payment. Payment for death, injury or medical treatment refers to the money paid to the insurant (or the beneficiary) in accordance with the life or health insurance contract when the insurant encounters accidents within the insured period covered in the contract. Mature payment refers to the mature payment to the insurant in accordance with the life insurance contract at the end of the insured period.

20 教育、科技和文化

Education, Technology and Culture

资料整理：赵冬梅

Arranged By Zhao Dongmei

20－1 教育事业基本情况
Basic Statistics on Education

项 目	Item	2016	2017
学校数(所)	**Number of Schools(unit)**	**6730**	**6824**
普通高等学校	Regular Institutions of Higher Education	53	53
普通中等学校	Secondary Schools	1229	1224
#中等专业学校	Specialized Secondary Schools	136	136
中等技术学校	Technical Secondary Schools	75	76
中等师范学校	Teacher Secondary Schools		
普通中学	Regular Secondary Schools	982	976
职业中学	Vocational Secondary Schools	111	112
小 学	Primary Schools	1730	1658
幼儿园	Kindergartens	3672	3845
特殊教育	Special Schools	46	44
专任教师(人)	**Number of Full time Teachers(person)**	**271904**	**277291**
普通高等学校	Regular Instiutions of Higher Education	25935	26408
普通中等学校	Secondary Schools	105665	106992
#中等专业学校	Specialized Secondary Schools	5611	5602
中等技术学校	Technical Secondary Schools	3892	3920
中等师范学校	Teacher Secondary Schools		
普通中学	Regular Secondary Schools	91892	93256
职业中学	Vocational Secondary Schools	8162	8134
小 学	Primary Schools	99358	99653
幼儿园	Kindergartens	39633	42833
特殊教育	Special Schools	1313	1405
招生数(人)	**New Student Enrollment(person)**	**1013417**	**1023999**
普通高等学校	Regular Institutions of Higher Education	133153	135888
普通中等学校	Secondary Schools	416092	436298
#中等专业学校	Specialized Secondary Schools	41755	38267
中等技术学校	Technical Secondary Schools	37730	33874
中等师范学校	Teacher Secondary Schools		
普通中学	Regular Secondary Schools	344285	368385
职业中学	Vocational Secondary Schools	30052	29646
小 学	Primary Schools	227594	215879
幼儿园	Kindergartens	236023	234981
特殊教育	Special Schools	555	953
在校学生(人)	**Student Enrollment(person)**	**3650513**	**3665322**
普通高等学校	Regular Institutions of Higher Education	436699	448092
普通中等学校	Secondary Schools	1264042	1247102
#中等专业学校	Specialized Secondary Schools	115902	109765
中等技术学校	Technical Secondary Schools	110176	102514
中等师范学校	Teacher Secondary Schools		
普通中学	Regular Secondary Schools	1061370	1054482
高 中	Senior Secondary Schools	448994	435827
初 中	Junior Secondary Schools	612376	618655
职业中学	Vocational Secondary Schools	86770	82855
小 学	Primary Schools	1338134	1325442
幼儿园	Kindergartens	607529	640024
特殊教育	Special Schools	4109	4662
毕业生数(人)	**Graduates(person)**	**971949**	**982581**
普通高等学校	Regular Institutions of Higher Education	111516	117798
普通中等学校	Secondary Schools	449601	435219
#中等专业学校	Specialized Secondary Schools	39665	39452
中等技术学校	Technical Secondary Schools	32306	36128
中等师范学校	Teacher Secondary Schools		
普通中学	Regular Secondary Schools	380485	367893
高 中	Senior Secondary Schools	160737	153262
初 中	Junior Secondary Schools	219748	214631
职业中学	Vocational Secondary Schools	29451	27874
小 学	Primary Schools	198507	225839
幼儿园	Kindergartens	212124	203426
特殊教育	Special Schools	201	299

注:1. 普通中学的高中学校数包括高级中学和完全中学。

2. 毕业生数、招生数、在校学生数不包括成人高校附设普通班学生数。

a) Number of senior secondary schools in regular secondary schools include senior secondary schools & whole secondary schools.

b) The number of graduates, new student enrollment and student enrollment studing in general class except adult university.

20－2 在校学生民族构成

Composition of Student Enrollment by Nationality

单位：人 (person)

项 目	Item	2016	2017
普通高等教育	**Regular Institutions of Higher Education**	**436699**	**448092**
蒙 古 族	Mongolian	98537	101403
其他少数民族	Other Minority Nationality	15134	15268
高等教育中研究生	Postgradate Students Enrollment	18520	20782
蒙 古 族	Mongolian	4508	4907
其他少数民族	Other Minority Nationality	599	673
中等专业学校	**Specialized Secondary Schools**	**110176**	**102514**
中等技术学校	Technical Schools	110176	102514
蒙 古 族	Mongolian	18067	16915
其他少数民族	Other Minority Nationality	3229	3344
中等师范学校	Teacher Training Schools Secondary		
蒙 古 族	Mongolian		
其他少数民族	Other Minority Nationality		
普通中学	**Rogular Secondary Schools**	**1061370**	**1054482**
高 中	Senior	448994	435827
蒙 古 族	Mongolian	122417	118677
其他少数民族	Other Minority Nationality	11704	13140
初 中	Junior	612376	618655
蒙 古 族	Mongolian	155958	157545
其他少数民族	Other Minority Nationality	17456	20102
职业中学	**Vocational Secondary Schools**	**86770**	**82855**
蒙 古 族	Mongalian	15789	14814
其他少数民族	Other Minority Nationality	2943	2344
小 学	**Primary Schools**	**1338134**	**1325442**
蒙 古 族	Mongolian	350926	351101
其他少数民族	Other Minority Nationality	40864	45149

注：1. 普通高等教育指普通本专科。
2. 本表中中等专业学校不含成人中专。

a) Ordinary higher education refers to Undergraduate and specialist.
b) Secondary specialized school does not contain adult technical secondary school.

20－3 普通高等学校分类情况(2017 年)

Basic Statistics of Colleges and Universities by Different Types(2017)

项 目	Item	学校数(所) Number (unit)	毕业生数(人) Graduates (person)	招生数(人) New Student Enrollment (person)	在校学生(人) Student Enrollment (person)
普通高校	**Colleges and Universities**	**53**	**117798**	**135888**	**448092**
综合大学	Comprehensive Universities	22	51069	59203	202140
理工院校	Science and Engineering	16	32333	38252	113344
农业大学	Agricultural Universities	1	7925	8569	31821
医药院校	Medicinal Universities	2	4435	4920	16935
师范院校	Normal Universities	3	11738	13709	46255
语文院校	Language Colleges	1	82	174	410
财经院校	Economics and Finance	3	9330	9028	31803
政法院校	Law Universities	1	398	451	1332
体育院校	Physical Universities	1	89	152	464
艺术院校	Arts Universities	3	399	1430	3588

注:毕业生、在校生数不含成人高校附设普通班学生数。

a) The number of student does not include the number of student who as studing in general class belonging to adult university.

20－3 续表 continued

项 目	Item	教职工合计(人) Number of Staff and Workers (person)	# 专任教师 Teachers	正、副教授 Professors and Asso. Prof.	讲 师 Lecturers	助教、教员 Assistants and Instructors
普通高校	**Universities and Colleges**	**39598**	**26408**	**11310**	**10310**	**4788**
综合大学	Comprehensive Universities	19227	12599	5706	4553	2340
理工院校	Science and Engineering	9127	6570	2304	2845	1421
农业大学	Agricultural Universities	2639	1582	787	569	226
医药院校	Medicinal Universities	1829	1141	586	363	192
师范院校	Normal Universities	3226	2136	955	946	235
语文院校	Language Colleges	132	87	6	67	14
财经院校	Economics & Finance	2085	1309	628	576	105
政法院校	Law Universities	269	187	77	42	68
体育院校	Physical Universities	150	103	15	36	52
艺术院校	Arts Universities	914	694	246	313	135

20－4 普通高等院校基本情况(2017年)

Basic Statistics of Colleges and Universities(2017)

项　　目	Item	毕业生数(人) Graduates (person)	招生数(人) New Student Enrollment (person)	在校生数(人) Student Enrollment (person)
内蒙古大学	Inner Mongolia University	5757	4506	19524
内蒙古科技大学	Inner Mongolia Sci. & Tech. University	10992	12040	45736
内蒙古工业大学	Inner Mongolia Eng. University	5283	6189	23244
内蒙古农业大学	Inner Mongolia Agriculture University	7925	8569	31821
内蒙古医科大学	Inner Mongolia Medical University	3253	3408	13125
内蒙古师范大学	Inner Mongolia Normal University	8376	8768	31838
内蒙古民族大学	Inner Mongolia Nationality University	4829	5292	21226
赤峰学院	Chifeng College	3209	3474	12674
内蒙古财经大学	Inner Mongolia Finance University	5194	5751	21066
呼伦贝尔学院	Hulunbeier College	3147	3390	12921
内蒙古建筑职业技术学院	Inner Mongolia Pro. And Tech. College	2361	3115	9079
集宁师范学院	Jining Teacher Training Academy	2991	3723	11658
内蒙古丰州职业学院	Inner Mongolia Fengzhou College	694	1037	2794
河套学院	Hetao College	3172	3377	10126
呼和浩特民族学院	Inner Mongolia Nationality Academy	1879	2375	8410
包头职业技术学院	Baotou Pro. & Tech. College	2985	3021	9414
兴安职业技术学院	Xingan Pro. & Tech. College	1510	2148	5761
呼和浩特职业学院	Hohhot Vocational College	4281	4346	12235
包头轻工职业技术学院	"Baotou Light Industry Professional and Technical College"	2942	3648	9819
内蒙古电子信息职业技术学院	Inner Mongolia Electronics College	3483	3585	10045
内蒙古机电职业技术学院	"Inner Mongolia Machinery & Electronics Professional and Technical College"	2988	3021	9387
内蒙古化工职业学院	Inner Mongolia Chemical Eng. College	3009	3012	8698
内蒙古商贸职业学院	Inner Mongolia Trade College	3354	3153	9700
锡林郭勒职业学院	Xilingguole Vocational College	2662	3530	8994
内蒙古警察职业学院	Inner Mongolia Police College	398	451	1332
内蒙古体育职业学院	Inner Mongolia Sport College	89	152	464
乌兰察布职业学院	Wulanchabu Vocational College	1495	2252	6084
通辽职业学院	Tongliao Vocational College	2023	2497	7000
科尔沁艺术职业学院	Keerqin Arts Vocational College	206	235	703
内蒙古交通职业技术学院	Inner Mongolia Transport Tech College	2366	2521	7192
包头钢铁职业技术学院	Baotou Iron and Steel Vocational College	1624	1155	4260
乌海职业技术学院	Wuhai Vocational College	1044	1917	5030
内蒙古科技职业学院	Inner Mongolia Technical and Vocational College	255	565	1692
内蒙古北方职业技术学院	Inner Mongolia North Tech College	758	955	2783
赤峰职业技术学院	Chifeng Vocational College			
内蒙古经贸外语职业学院	Inner Mongolia Trade & Language College	782	124	1037
包头铁道职业技术学院	Baotou Railway Vocational & Tech College	2199	2949	6748
内蒙古大学创业学院	Pioneer College of Inner Mongolia University	1549	1986	7915
内蒙古师范大学鸿德学院	Honder of Inner Mongolia Normal University	1870	2486	9227
乌兰察布医学高等专科学校	Wulanchabu Medicine Academy	1182	1512	3810
鄂尔多斯职业学院	Erdos Vocational College	686	1295	3340
内蒙古工业职业学院	Inner Mongolia Gongye Vocational College	17		
呼伦贝尔职业技术学院	Hulunbeier Pro. And Tech College	1022	1584	3921
满洲里俄语职业学院	Manlouli Russian College	82	174	410
内蒙古能源职业学院	Inner Mongolia Energy Vocational College	562	580	1606
赤峰工业职业技术学院	Chifeng College of Industry Technology	511	1210	2725
阿拉善职业技术学院	Alashan Pro. And Tech College	203	524	1359
内蒙古美术职业学院	Inner Mongolia Vocational College of Fine Arts	193	230	577
内蒙古民族幼儿师范高等专科学校	Inner Mongolia National Kindergarten Teachers College	371	1218	2759
鄂尔多斯生态环境职业学院	Erdos Ecological Environment of Career Academy	35	469	1065
内蒙古艺术学院	Inner Mongolia University of Arts		965	2308
鄂尔多斯应用技术学院	Ordos College,Inner Mongolia University		751	1992
扎兰屯职业学院	Zhalantun Vocational College		653	1458

注:学生数中不含成人高校附设普通班学生数。

a)The number of student does not include the number of student who was studing in general class belonging toadult university.

20－4 续表 continued

项 目	Item	教职工总数（人）Number of Staff & Workers (person)	#专任教师 Teacher	#中级职称以上教师 Medium over Professional Certification
内蒙古大学	Inner Mongolia University	1976	1152	1136
内蒙古科技大学	Inner Mongolia Sci. & Tech. University	3612	2622	2251
内蒙古工业大学	Inner Mongolia Eng. University	2006	1355	1273
内蒙古农业大学	Inner Mongolia Agriculture University	2639	1582	1356
内蒙古医科大学	Inner Mongolia Medical	1476	933	829
内蒙古师范大学	Inner Mongolia Normal University	2178	1360	1285
内蒙古民族大学	Inner Mongolia Nationality University	1747	1190	1075
赤峰学院	Chifeng College	1687	1039	949
内蒙古财经大学	Inner Mongolia Finance University	1442	913	851
呼伦贝尔学院	Hulunbeier College	1119	698	653
内蒙古建筑职业技术学院	Inner Mongolia Pro. And Tech. College	590	462	395
集宁师范学院	Jining Teacher Training Academy	839	596	478
内蒙古丰州职业学院	Inner Mongolia Fengzhou College	165	95	63
河套学院	Hetao College	1019	591	499
呼和浩特民族学院	Inner Mongolia Nationality Academy	571	395	317
包头职业技术学院	Baotou Pro. & Tech. College	790	492	422
兴安职业技术学院	Xingan Pro. & Tech. College	613	386	287
呼和浩特职业学院	Hohhot Vocational College	1149	730	629
包头轻工职业技术学院	Baotou Light Industry Professional and Technical College	911	646	534
内蒙古电子信息职业技术学院	Inner Mongolia Electronics College	543	407	249
内蒙古机电职业技术学院	Inner Mongolia Machinery & Electronics Professional and Technical College	588	437	273
内蒙古化工职业学院	Inner Mongolia Chemical Eng. College	488	340	311
内蒙古商贸职业学院	Inner Mongolia Trade College	596	372	343
锡林郭勒职业学院	Xilingguole Vocational College	1482	731	335
内蒙古警察职业学院	Inner Mongolia Police College	269	187	119
内蒙古体育职业学院	Inner Mongolia Sport College	150	103	51
乌兰察布职业学院	Wulanchabu Vocational College	507	387	277
通辽职业学院	Tongliao Vocational College	665	521	314
科尔沁艺术职业学院	Keerqin Arts Vocational College	258	193	123
内蒙古交通职业技术学院	Inner Mongolia Transport Tech College	574	459	305
包头钢铁职业技术学院	Baotou Iron and Steel Vocational College	502	298	238
乌海职业技术学院	Wuhai Vocational College	271	243	219
内蒙古科技职业学院	Inner Mongolia Technical and Vocational College	144	94	60
内蒙古北方职业技术学院	Inner Mongolia North Tech College	155	82	41
赤峰职业技术学院	Chifeng Vocational College			
内蒙古经贸外语职业学院	Inner Mongolia Trade & Language College	47	24	10
包头铁道职业技术学院	Baotou Railway Vocational & Tech College	627	489	260
内蒙古大学创业学院	Pioneer College of Inner Mongolia University	280	216	164
内蒙古师范大学鸿德学院	Honder of Inner Mongolia Normal University	491	382	237
乌兰察布医学高等专科学校	Wulanchabu Medicine Acadymy	353	208	120
鄂尔多斯职业学院	Erdos Vocational College	254	215	163
内蒙古工业职业学院	Inner Mongolia Gongye Vocational College			
呼伦贝尔职业技术学院	Hulunbeier Pro. And Tech College	758	536	377
满洲里俄语职业学院	Manlouli Russian College	132	87	73
内蒙古能源职业学院	Inner Mongolia Energy Vocational College	71	46	6
赤峰工业职业技术学院	Chifeng College of Industry Technology	523	393	290
阿拉善职业技术学院	Alashan Pro. And Tech College	410	239	181
内蒙古美术职业学院	Inner Mongolia Vocational College of Fine Arts	88	66	52
内蒙古民族幼儿师范高等专科学校	Inner Mongolia National Kindergarten Teachers College	209	180	138
鄂尔多斯生态环境职业学院	Erdos Ecological Environment of Career Academy	245	194	151
内蒙古艺术学院	Inner Mongolia University of Arts	568	435	384
鄂尔多斯应用技术学院	Ordos College, Inner Mongolia University	398	291	210
扎兰屯职业学院	Zhalantun Vocational College	423	316	264

20－5 科技活动基本情况

Basic Statistics on Scientific and Technological Activities

项 目	Item	2017
科技活动	**Scientific and Technological Activities**	
研究与试验发展人员(人)	Research and Experimental Development(person)	48755
#研究人员	Researchers	23607
研究与试验发展折合全时当量(人年)	Number of Full－time Persons in Research and Developmeut Activities(man－year)	33030
# 研究人员	Researchers	15129
研究与试验发展经费内部支出(万元)	Research and Development Expenses(10 000 yuan)	1323278
# 基础研究	Fundamental Research	37402
应用研究	Applied Research	104900
试验发展	Experimental Development	1180976
研究与试验发展经费支出占生产总值比重(%)	Proportion of Research and Development Expenses to GDP(%)	
技术成果和国家奖励	**Achievements in Scientific and Technological Research and National Prizes Won**	
自治区科技进步奖(项)	Number of Major Achievements in Science and Technology(item)	86
国家发明奖(项)	Number of National Invention Prizes Awarded(item)	
国家科学技术进步奖(项)	Number of National Scientific and Technological Progress Prizes Awarded(item)	1
技术市场成交额(万元)	Transaction Value in Technical Market(10 000 yuan)	1627852
专 利	**Patent**	
申请受理量(件)	Accepted(piece)	11701
发明	Creation and Inventions	2845
实用新型	Utility Models	7468
外观设计	Designs	1388
授权量(件)	Granted(piece)	6271
发明	Creation and Inventions	848
实用新型	Utility Models	4453
外观设计	Designs	970

20－6 地方国有单位各类专业技术人员

Special Technical Personnel of State－owned Units

单位：人 (person)

年份 Year	合 计 Total	#工程技术人员 Engineering	#农业技术人员 Agriculture	#科学研究人员 Scientific Research	#卫生技术人员 Health Care	#教学人员 Teaching
1986	298360	50544	16026	1561	43130	137854
1987	344667	58353	17665	1794	44962	166079
1988	385181	66901	18436	1646	47332	158905
1989	428612	71848	18649	1845	49311	175621
1990	442659	75686	19644	1803	51184	180408
1991	453193	78705	20168	1839	53585	184784
1992	461901	79224	20710	2174	54257	187739
1993	454591	77474	18534	2043	54236	192023
1994	463501	77624	19096	2026	54873	199488
1995	471197	78640	18781	1877	56045	205952
1996	476610	78450	18946	1832	56854	214200
1997	477411	77127	19010	1792	60806	218651
1998	476012	74538	18499	1762	60990	223704
1999	504045	78903	19246	1992	65578	242551
2000	509470	77348	19076	2002	68954	250740
2001	497202	69548	18979	2084	69156	257165
2002	486215	64635	18288	1927	68725	260445
2003	514746	68669	22202	2029	72508	274565
2004	532891	65362	26978	2631	80287	286581
2005	534906	62700	27393	2401	81181	291842
2006	536071	59529	27465	1985	81658	300322
2007	553733	70527	27645	2160	82346	303470
2008	559013	67777	32659	2431	86965	302841
2009	556413	64790	32144	2205	88058	305803
2010	543015	60725	27792	1864	87458	304574
2011	559597	63173	33396	2346	90276	306684
2012	559502	65166	31234	2883	92393	308157
2013	553400	63919	28404	3183	90202	311647
2014	545108	64970	24058	3166	89489	302635
2015	540633	62363	25537	3539	90166	301568
2016	546717	65784	24839	3362	91353	301504
2017	540579	63719	24095	3686	92093	298676

20－7 政府属研究机构、人员、经费(2017 年)

Number of State－owned Research and Development Institutions, Persons and Funds(2017)

项 目	Item	政府属研究机构合计 State－Owend R&D Institu－tions	自然科学与技术领域 Natural Sciences and Techonology	社会与人文科学领域 Social Sciences & Humanities	科技信息与文献机构 Scientific Technological Information & Literature Institutions
机构数(个)	Institutions(unit)	91	69	11	11
从业人员数(人)	Staff & workers(person)	8024	7355	470	199
#从事科技活动人员	Scientific & Tech Activities	6219	5587	442	190
#大学本科及以上学历	Scientists & Engineers	4476	3937	403	136
科技经费筹集总额(万元)	Funds For Science and Technology (10 000 yuan)	222762	208604	11227	2932
#政府资金	Government Funds	216305	202174	11199	2932
科技经费内部支出总额(万元)	Intramural Expenditures (10 000 yuan)	238107	225863	9851	2393
# R&D 经费支出额	Fands of R&D	73300	66527	6773	
资产性支出(万元)	Asset Expenditures(10 000 yuan)	103059	102345	692	23
科技活动课题数(个)	Number of Science and Technology Topics(unit)	1030	846	169	15
科技活动课题经费内部支出(万元)	Science and Technology Activities Subject Intramural Expenditures (10 000 yuan)	53509	47361	5448	700
# R&D 课题经费支出	Funds of R&D Subject	38148	32865	5283	
课题投入人员(人年)	Persons of Topics(man－year)	2254	1948	259	47
# R&D 课题投入	R&D of Topics	1611	1360	251	
专利申请受理数(件)	Number of Patent Applications Accepted(piece)	104	101	1	2
专利申请授权数(件)	Number of Patent Applications Granted(piece)	76	76		
科技论文(篇)	Science Papers(piece)	1255	985	263	7

注:R&D 为研究与发展(Research and Development)的缩写。

a) R&D is abridge of Research and Development.

20－8 政府属自然科学与技术领域研究机构、人员、经费(2017 年)

Number of State－Owned Natural Scientific and Technological Institutions, Staff and Expenditure (2017)

项 目	Item	机构数(个) Institutions (unit)	从业人数(人) Staff & workers (person)	# 从事科技活动 Science & Technology	R&D 人员 R&D
总 计	**Total**	**69**	**7355**	**5587**	**2583**
按隶属关系分	**Grouped by Level**				
中央部门属	Central Departments	3	448	435	266
自治区属	Autonomous Region	18	2077	1884	1045
盟市属	Leaguesand Cities	48	4830	3268	1272
按行政地域分	**Grouped by Region**				
呼和浩特市	Hohhot City	25	3421	2468	1251
包 头 市	Baotou City	3	167	124	61
呼伦贝尔市	Hulunbeier City	8	350	299	159
兴 安 盟	Xingan League	5	82	66	45
通 辽 市	Tongliao City	4	343	219	147
赤 峰 市	Chifeng City	2	284	280	233
锡林郭勒盟	Xilinguole League	2	1099	964	220
乌兰察布市	Wulanchabu City	4	211	168	65
鄂尔多斯市	Erdos City	6	486	404	96
巴彦淖尔市	Bayannaoer City	6	523	516	294
乌 海 市	Wuhai City	1	20	20	
阿拉善盟	Alashan League	3	369	59	12

20－8 续表 continued

单位:万元 (10 000 yuan)

项 目	Item	科技经费筹集总额 Funds For Science and Technology	# 政府资金 Government Funds	科技经费内部支出 Intramural Expenditures	R&D 经费内部支出 Fands of R&D	资产性支出 Asset Expenditures	课题经费支出 Funds of Topics	# 政府资金 Government Funds
总 计	**Total**	**208604**	**202174**	**225863**	**66527**	**102345**	**47361**	**42153**
按隶属关系分	**Grouped by Level**							
中央部门属	Central Departments	15256	14501	13695	7661	1168	7405	7206
自治区属	Autonomous Region	77686	74333	76735	41412	21678	24663	24427
盟市属	Leaguesand Cities	115662	113340	135432	17454	79499	15293	10520
按行政地域分	**Grouped by Region**							
呼和浩特市	Hohhot City	150898	146791	154497	48809	82282	31826	30872
包 头 市	Baotou City	3995	3995	2816	1358	770	769	769
呼伦贝尔市	Hulunbeier City	7560	7560	5304	1657	168	1562	1527
兴 安 盟	Xingan League	2648	2648	1734	905	623	474	474
通 辽 市	Tongliao City	7284	7218	6581	2533	93	2157	2157
赤 峰 市	Chifeng City	5632	4911	5010	2850	950	4156	929
锡林郭勒盟	Xilinguole League	9063	8386	26605	2666	13103	1322	876
乌兰察布市	Wulanchabu City	2558	2558	2082	591	34	297	297
鄂尔多斯市	Erdos City	8223	8107	11164	1228	1961	1426	1078
巴彦淖尔市	Bayannaoer City	9458	8849	8503	3821	1930	3097	2998
乌 海 市	Wuhai City	312	312	311		1	167	167
阿拉善盟	Alashan League	973	840	1257	109	432	108	9

20－9 大中型工业企业科技活动基本情况

Basic Statistics on Scientific and Technological Activities of Large and Medium－sized Industrial Enterprises

项　目	Item	2016	2017
单位数(个)	**Number of units(unit)**	**765**	**584**
#有 R&D 活动单位数	Units Having Activities of R&D	191	172
R&D 人员(人)	**Persons in R&D(person)**	**31871**	**26745**
R&D 人员全时当量(人年)	**Persons in R&D into Full－time(man－year)**	**25235**	**20065**
# 研究人员	Researchers	9847	7476
按活动类型分	According to active type		
基础研究	Fundamental Research	37	30
应用研究	Applied Research	1281	599
试验发展	Experiment and Development	23917	19435
R&D 经费内部支出(万元)	**Inter Expenditures of Funds of R&D(10 000 yuan)**	**1003491**	**889817**
按活动类型分	According to active type		
基础研究	Fundamental Research	198	363
应用研究	Applied Research	39079	22033
试验发展	Experiment and Development	964214	867421
按支出用途分	According to disbursement and use		
日常性支出	Quotidienne	842541	782429
#人员劳务费	Labor Expenses	218418	205946
资产性支出	Capital Nature	160950	107389
#仪器和设备	Equipment and Facilities	157182	105153

20－10 高等学校科技活动基本情况

Basic Statistics on Scientific and Technological Activities of Colleges and Universities

项　目	Item	2016	2017
单位数(个)	**Number of units(unit)**	**98**	**94**
#有 R&D 活动单位数	Units Having Activities of R&D	68	79
研究与试验发展人员(人)	**Research and Experimental Development(person)**	**7440**	**7938**
#研究人员	Researchers	3560	7015
R&D 人员全时当量(人年)	**Persons in R&D into Full－time(man－year)**	**3328**	**3329**
# 研究人员	Researchers	2954	2997
按活动类型分	According to active type		
基础研究	Fundamental Research	1277	1457
应用研究	Applied Research	1714	1634
试验发展	Experiment and Development	337	238
R&D 经费内部支出(万元)	**Inter Expenditures of Funds of R&D(10 000 yuan)**	**38646**	**44745**
按活动类型分	According to active type		
基础研究	Fundamental Research	10610	14995
应用研究	Applied Research	21233	22355
试验发展	Experiment and Development	6803	7394
按支出用途分	According to disbursement and use		
日常性支出	Quotidienne	35544	40934
#人员劳务费	Labor Expenses	4800	5639
资产性支出	Capital Nature	3101	3811
#仪器和设备	Equipment and Facilities	3101	3811

20－11 科技成果获奖

Number of Achievements in Scientific and Technological Research and National Prizes Won

单位:项 (item)

年 份 Year	国家发明奖 Number of National Invention Prizes Awarded	国家科技进步奖 Number of National Scientific & Technological Prizes Awarded	国家自然科学奖 Number of National Natural Sciences Prizes Awarded	自治区科技进步奖 Number of Autonomous Regional Scientific & Technological Prizes Awarded				自治区自然科学奖 Number of Natural Science Reward			
					一等奖 First Class Prize	二等奖 Second Class Prize	三等奖 Third Class Prize		一等奖 First Class Prize	二等奖 Second Class Prize	三等奖 Third Class Prize
1985	1	4		167	12	36	119				
1986				96	8	20	68				
1987			1	121	12	35	74				
1988	2	3		103	3	22	78				
1989		4		102	7	20	75				
1990		3		103	5	20	78				
1991		2	1	130	6	14	110				
1992		4		105	3	15	87				
1993	1	3		123	3	18	102				
1994				104	4	14	86				
1995	1	2		124	7	22	95				
1996		3		129	5	21	103				
1997		2		115	3	25	87				
1998		1		123	4	22	97				
1999	1	3	2	142	4	20	118				
2000		1		89	5	16	68				
2001		1		100	5	20	75				
2002				93	4	20	69				
2003		1		80	5	18	57				
2004		1		83	7	21	55				
2005		1		100	8	23	69				
2006		1		98	8	24	66				
2007		1		100	12	26	62	16	3	5	8
2008		1		107	14	22	71	15	3	5	7
2009		1		91	8	21	62	13	2	6	5
2010		2		100	6	23	71	14	2	7	5
2011				104	9	25	70	13	2	7	4
2012		1		101	10	25	66	13	2	5	6
2013		1		93	8	29	56	13	1	8	4
2014				102	9	23	70	10	2	3	5
2015		1		85	9	27	49	13	3	7	3
2016		1		108	8	35	65	16	3	5	8
2017		1		86	8	27	51	13	2	3	8

20－12 三种专利申请受理量及授权量

Three Types of Patent Applications Accepted and Granted

单位:件 (piece)

年份 Year	申请受理量合计 Number of Patent Applications Examined	发明 Inventions	实用新型 Utility Models	外观设计 Designs	授权量合计 Number of Patent Applications Granted	发明 Inventions	实用新型 Utility Models	外观设计 Designs
1986	90	31	48	11	17		16	1
1987	154	39	108	7	48	3	36	9
1988	228	46	176	6	63	7	53	3
1989	231	43	179	9	128	10	110	8
1990	347	54	270	23	170	5	158	7
1991	431	86	310	35	153	6	130	17
1992	510	102	366	42	242	14	212	16
1993	601	137	438	26	438	14	381	43
1994	731	124	474	133	337	7	296	34
1995	647	117	449	81	415	8	293	114
1996	859	215	507	137	326	6	265	55
1997	940	244	534	162	372	11	264	97
1998	785	125	519	141	523	12	375	136
1999	971	198	557	216	723	17	521	185
2000	1138	234	602	302	775	60	530	185
2001	1089	185	664	240	743	73	440	230
2002	1202	233	643	326	679	53	428	198
2003	1394	242	716	436	816	82	419	315
2004	1457	286	699	472	831	108	437	286
2005	1455	307	708	440	845	98	452	295
2006	1946	430	915	601	978	108	543	327
2007	2015	565	966	484	1313	120	788	405
2008	2221	695	980	546	1328	140	866	322
2009	2484	719	1266	499	1494	178	762	554
2010	2912	932	1406	574	2096	262	1276	558
2011	3841	1267	2034	540	2262	364	1415	483
2012	4732	1492	2566	674	3090	570	1900	620
2013	6388	1935	3213	1240	3836	549	2494	793
2014	6359	1924	3562	873	4031	458	2908	665
2015	8876	2254	5609	1013	5522	797	3757	968
2016	10672	2878	6401	1393	5846	871	3981	994
2017	11701	2845	7468	1388	6271	848	4453	970

20－13 文化艺术和文物事业机构、人员(2017 年)

Number of Institutions and Personnel in Culture, Art and Cultural Relics(2017)

机构类别	Category of Institution	机构数(个) Number of Institutions (unit)	从业人数(人) Number of Persons Engaged (person)
文化事业合计	**Culture**	**1636**	**14995**
艺术事业	Art Institutions	118	5992
艺术表演团体	Art Performance Troupes	98	5701
话剧、儿童剧、滑稽剧团	Drama, Children Plays, Comedy	1	47
歌舞音乐类	Song and Dance, Music	16	1449
乌兰牧骑	Ulanmuchi	71	2595
地方戏曲类	Local Opera	3	154
京剧类	Local Beijing Opera Troupes		
曲杂类	QuYi		
综合性艺术表演团体	Comprehensive performing arts	6	1456
艺术表演场所	Art Centers	21	291
剧场、影剧院	Theaters and Music Halls	21	291
书场、曲艺场	Storytelling Places, Recitation and Ballad Places		
杂技、马戏场	Acrobatics, Circus Places		
音乐厅	Concert Halls		
图书馆事业	Libraries	117	1913
群众文化事业	Mass Culture	1231	4924
群众艺术馆	Mass Art Centers		
文化馆	Cultural Centers	120	1962
文化站	Cultural Stations	1111	2962
# 乡镇文化站	Township Cultural Stations	897	2457
艺术教育事业	Culture and Education	4	390
其他文化事业	Other Cultural Units	166	1776
艺术创作机构	Art Creation Institutions	5	21
艺术研究机构	Art Research Institutions	11	136
艺术展览机构	Art Exhibition Institutions	28	260
# 美术馆	Art Gallery	24	245
其他	Others	122	1359
文物事业合计	**Cultural Relics**	**194**	**2528**
文物保护管理机构	Agency of Historical Relics Preservation	91	717
文物科研机构	Scientific and Research Historical Relics	2	58
其他文物机构	Other Historical Relics Agency	7	43
博物馆	Museums	93	1705
综合性博物馆	Comprehensive Museum	68	1358
历史类博物馆	Special Museum	22	313
自然科技类博物馆	Nature Science and Technology Museum	1	23
其他博物馆	Memorial Museum	2	11
文物商店	Cultural Relics Agencies	1	5

20－14 图书、杂志、报纸出版

Books, Magazines and Newspapers Published

项目	Item	2016	2017
图书	**Books Published**		
种数(种)	Number of Publications(kind)	3249	3411
#蒙文(种)	Mongol(kind)		
新出(种)	New Books(kind)	1791	1554
重印(种)	Republication(kind)	1458	1857
总印数(万册)	Total Printed Copies(10 000 copies)	6171.66	6017.78
总印张数(万印张)	Printed Sheets(10 000 sheets)	50371.13	47459.60
定价总金额(万元)	Total of Fixed Price(10 000 yuan)	75861.69	66940.89
杂志	**Magazines Publised**		
种数(种)	Number of Publications(kind)	146	151
#蒙文(种)	Mongol(kind)		45
总印数(万册)	Total Printed Copies(10 000 copies)	1713.68	1398.46
总印张数(万印张)	Printed Sheets(10 000 sheets)	9021.70	7298.25
定价总金额(万元)	Total of Fixed Price(10 000 yuan)	10723.36	9159.60
报纸	**Newspapers Publised**		
种数(种)	Number of News Published(kind)	58	58
#蒙文(种)	Mongol(kind)		13
总印数(万份)	Total Printed Copies(10 000 copies)	30227.34	28289.07
总印张数(万印张)	Printed Signatures(10 000 sheets)	69181.87	62949.24
定价总金额(万元)	Total of Fixed Price(10 000 yuan)	29828.68	27747.96

20－15 广播电视事业

Statistics on Broadcasting and Television Stations

项目	Item	2016	2017
广播	**Broadcasting**		
调频转播发射台座数(座)	Transmission Stations of Frequency Modulation(set)	800	749
中短波转播发射台座数(座)	Transmission Stations of Short and medium Wave(set)	58	45
广播人口覆盖率(%)	Listener Rating(%)	99.21	99.24
节目套数(套)	Number of Programs(set)	126	126
广播节目全年播出情况	**Annual Statistics on Broadcasting**	**665279:16**	**662208:48**
新闻资讯类(小时:分)	News Programs(hour:minute)	126561:10	129439:02
专题服务类(小时:分)	Special Subject Programs(hour:minute)	159580:13	158977:25
综艺类(小时:分)	Programs of Entertainment(hour:minute)	191363:20	192812:15
广播剧类(小时:分)	Radio Play(hour:minute)	44727:30	41849:40
广告类(小时:分)	Programs of Advertisment(hour:minute)	42419:45	40161:25
其他类(小时:分)	Other Programs(hour:minute)	100627:18	98969:01
广播节目全年制作情况	Annual Statistics on Production of Broadcasting	250845:12	277842:47
新闻资讯类(小时:分)	News Programs(hour:minute)	41614:49	56471:08
专题服务类(小时:分)	Special Subject Programs(hour:minute)	85258:05	86234:41
综艺类(小时:分)	Programs of Entertainment(hour:minute)	80082:05	89800:05
广播剧类(小时:分)	Radio Play(hour:minute)	5284:00	9310:40
广告类(小时:分)	Programs of Advertisment(hour:minute)	23185:18	21893:58
其他类(小时:分)	Other Programs(hour:minute)	15420:55	14132:15
电视	**Television**		
电视转播发射台座数(座)	Transmission and Relaying Stations(set)	800	749
卫星地球站(座)	Satellits Television Station(set)	2	2
电视人口覆盖率(%)	Viewer Rating(%)	99.18	99.22
节目套数(套)	Number of Programs(set)	126	126
电视节目全年播出情况	**Annual Statistics on Dissemination of TV Programs**	**634066:51**	**623673:20**
新闻资讯类(小时:分)	News Programs(hour:minute)	85042:59	85236:46
专题服务类(小时:分)	Special Subject Programs(hour:minute)	69524:30	69012:40
综艺益智类(小时:分)	Programs of Entertainment(hour:minute)	57953:45	57437:57
影视剧类(小时:分)	Programs of Film and TV Play (hour:minute)	295334:35	284025:49
广告类(小时:分)	Programs of Advertisment(hour:minute)	59120:05	58347:32
其他类(小时:分)	Other Programs(hour:minute)	67090:57	69612:36
电视节目全年制作情况	**Annual Statistics on Production of TV Programs**	**81356:53**	**75639:59**
新闻资讯类(小时:分)	News Programs(hour:minute)	32216:14	28023:55
专题服务类(小时:分)	Special Subject Programs(hour:minute)	20873:21	19445:49
综艺益智类(小时:分)	Programs of Entertainment(hour:minute)	10236:54	11172:39
影视剧类(小时:分)	Programs of Film and TV Play (hour:minute)	19:00	60:00
广告类(小时:分)	Programs of Advertisment(hour:minute)	11980:24	12044:27
其他类(小时:分)	Other Programs(hour:minute)	6031:00	4893:09
播出机构	**Broadcasters**		
省级(座)	Provincial(set)		1
地级(座)	Municipal(set)		12
县级(座)	County(set)		77

主要统计指标解释

普通高等学校 指按照国家规定的设置标准和审批程序批准举办,通过国家统一招生考试,招收高中毕业生为主要培养对象,实施高等教育的全日制大学、独立设置的学院和高等专科学校、短期职业大学。

成人高等学校 指按照国家有关规定审批,招收通过全国成人高教统一招生考试的具有高中毕业或同等学历的在职从业人员,利用脱产、半脱产、业余或函授等多种形式对其实施高等学历教育,培养高等教育专科或本科毕业水平的专门人才,修业年限,课程设置和总学时数均按高等学历教育要求付诸实施的学校。包括广播电视大学、职工高等学校、农民高等学校、管理干部学院、教育学院、独立设备的函授学院等。

小学学龄儿童入学率 指调查范围内已入小学学习的学龄儿童占校内外学龄儿童总数(包括弱智儿童,不包括盲聋哑儿童)的比重。计算公式为:

小学学龄儿童入学率 = 已入学的小学学龄儿童数/校内外小学学龄儿童总数 × 100%

科技活动 指在自然科学、农业科学、医药科学、工程与技术科学、人文与社会科学领域(简称科学技术领域)中,与科技知识的产生、发展、传播和应用密切相关的有组织的活动。可分为研究与试验发展(R&D)、研究与试验发展成果应用及相关的科技服务三类活动。该定义是联合国教科文组织考虑成员国特别是发展中国家开展科技统计工作的需要,而对科技活动所作的统计界定。

科技活动人员 指直接从事科技活动、以及专门从事科技活动管理和为科技活动提供直接服务,累计的实际工作时间占全年制度工作时间10%及以上的人员。(1)直接从事科技活动的人员包括:在独立核算的科学研究与技术开发机构、高等学校、各类企业及其他事业单位内设的研究室、实验室、技术开发中心及中试车间(基地)等机构中从事科技活动的研究人员、工程技术人员、技术工人及其它人员;虽不在上述机构工作,但编入科技活动项目(课题)组的人员;科技信息与文献机构中的专业技术人员;从事论文设计的研究生等。(2)专门从事科技活动管理和为科技活动提供直接服务的人员,包括:独立核算的科学研究与技术开发机构、科技信息与文献机构、高等学校、各类企业及其他事业单位主管科技工作的负责人,专门从事科技活动的计划、行政、人事、财务、物资供应、设备维护、图书资料管理等工作的各类人员,但不包括保卫、医疗保健人员、司机、食堂人员、茶炉工、水暖工、清洁工等为科技活动提供间接服务的人员。该指标用来反映投入科技活动人力的规模。

科学家与工程师 指科技活动人员中具有高、中级技术职称(职务)的人员和不具有高、中级技术职称(职务)的大学本科及以上学历人员。该指标用来反映投入科技活动人力的素质。

专业技术人员 指从事专业技术工作和专业技术管理工作的人员,即企事业单位中已经聘任专业技术职务从事专业技术工作和专业技术管理工作的人员,以及未聘任专业技术职务,现在专业技术岗位上工作的人员。包括工程技术人员,农业技术人员,科学研究人员,卫生技术人员,教学人员,经济人员,会计人员,统计人员,翻译人员,图书资料、档案、文博人员,新闻出版人员,律师、公证人员,广播电视播音人员,工艺美术人员,体育人员,艺术人员及企业政治思想工作人员,共十七个专业技术职务类别。用来反映科技人力资源情况。

研究与试验发展(R&D) 指在科学技术领域,为增加知识总量、以及运用这些知识去创造新的应用进行的系统的创造性的活动,包括基础研究、应用研究、试验发展三类活动。国际上通常采用R&D活动的规模和强度指标反映一国的科技实力和核心竞争力。

科技活动经费筹集 指从各种渠道筹集到的计划用于科技活动的经费,包括政府资金、企业资金、事业单位资金、金融机构贷款、国外资金和其他资金等。反映各社会经济主体对促进科技进步所做的努力。

专利 是专利权的简称,是对发明人的发明创造经审查合格后,由专利局依据专利法授予发明人和设计人对该项发明创造享有的专有权。包括发明、实用新型和外观设计。反映拥有自主知识产权的科技和设计成果情况。

发明 是专利法及其实施细则所称的发明,指对有关产品、方法或其改进所提出的新的技术方案。

实用新型 是专利法及其实施细则所称的实用新型,指对产品的形状、构造或者其结合所提出的适于实用的新的技术方案。

外观设计 是专利法及其实施细则所称的外观设计,指对产品的形状、图案、色彩或者其结合所作出的富有美感并适于工业上应用的新设计。

文化事业机构 指从事专业文化工作和为专业文化工作服务的独立建制的单位。不包括这些单位另外举办独立核算的其他机构和各部门的业余文化组织。

艺术表演团体 指从事戏曲、音乐、舞蹈、杂技等专业艺术表演,有独立帐户的单位,不包括半工半艺、半农半艺和民间职业剧团。

电影放映单位 指具有放映机器设备、固定或不固定的放映场所与专职或兼职的放映技术人员,经有关部门登记批准,经常为一定的观众对象放映电影的机构。

艺术表演观众人数(人次) 指售票、包场演出或民族地区免费演出的艺术表演观众人次数,不包括彩排审查和内部观摩演出的观看人次数。

Explanatory on Main Statistical Indicators

Regular Institutions of Higher Learning refer to educational establishments set up according to the government evaluation and approval procedures, enrolling graduates from senior secondary schools and providing higher education courses and training for senior professionals. They include fulltime universities, colleges, high professional schools and short - term professional universities.

Institutions of Higher Learning for Adults refer to educational establishments, set up in line with relevant rules approved by the government, enrolling staff and workers with senior secondary school or equivalent education, and providing higher education courses in many forms of full time, pray time, spare time, or correspondence for adults. Professionals thus trained receive a qualification equivalent to graduates studying regular courses at regular universities, colleges and professional colleges. Institutions of higher learning for adults include Radio and TV universities, schools of high education for staff and workers and peasants, colleges for management cadres, pedagogical colleges, independent correspondence colleges.

Enrollment Rate of Primary School age Children refers to the proportion of school age children enrolled at schools to the total number of school age children both in and outside schools (including retarded children, but excluding blind, deaf and mute children). The formula is: Enrollment Rate of Primary School age Children = (Total Primary School age Children at Schools) ÷ (Total Primary School age Children Both at and Outside Schools) ×100%

Scientific and Technological Activities (S&T Activities) refer to organized activities which are closely related with the creation, development, dissemination and application of the scientific and technical knowledge in t he fields of natural sciences, agricultural science, medical science, engineering and technological science, humanities and social sciences (referred to as scientific and technological fields). S&T activities can be classified in to 3 categories: research and development (R&D) activities, application of R&D results, and related S&T services. This statistical definition is made by UNICHIEF for scientific and technological activities to meet the need of carrying out statistical work in this field for its member countries in particular those developing countries.

Personnel Engaged in S&T Activities refer to personnel directly engaged in S&T activities, in the management of S&T activities, and in providing direct service to S&T activities, who spend over 10% of the total working hours in a year in S&T activities. (1) Personnel directly engaged in S&T activities include researchers, engineers, technicians and other related personnel engaged in S&T activities in independent - accounting R&D institutions, institutions of higher learning, and in research institutes, laboratories, technology development centers and central experiment workshops under enterprises and institutions. Also included are people working in S&T research project teams, professional and technical personnel working in S&T information archiving institutes, and graduate students working on the design of their thesis. (2) Personnel engaged in the management of S&T activities and in providing direct service to S&T activities include senior management people responsible for S&T activities in independent - accounting R&D institutions, S&T information archiving institutes, institutions of higher learning, and in enterprises and institutions where S&T activities are undertaken. Also included are people responsible for the planning, administration, personnel management, financial management, logistics supply, equipment maintenance, information and library management that are related with S&T activities. People providing indirect services are excluded, such as security, medical service, drivers, plumbers, cleaners and those providing catering and related service. This indicator reflects the size of personnel engaged in S&T activities.

Scientists and Engineers refer to persons engaged in S&T activities who have obtained titles of senior and middle level professional positions, and those without such position but have completed university or higher education. This indicator reflects the quality of personnel engaged in S&T activities.

Professional and Technical Personnel refer to persons engaged in professional and technical work or in the management of professional and technical activities, i. e. , people with professional or technical posit ions who are engaged in professional and technical work or in the management of professional and technical activities, and people without professional or technical positions but are working on professional or technical posts. They include professionals and technicians working in 17 categories of technical occupations including engineering, agriculture, scientific researches, medical service, teaching, economic research and application, accounting, statistics, translation, libraries, archives, cultural and museum service, journalism and publication, lawyers, notarization service, radio and television broadcasting, handicraft and fine arts, sports, performing art, and political workers in enterprises. This indicator reflects the condition of human resources in S&T.

Research and Development (**R&D**) refers to systematic and creative activities in the field of science and technology aiming at increasing the knowledge and using the knowledge for new application. R&D includes 3 categories of activities: basic research, applied research and experiments and development. The scale and intensity of R&D are widely us ed internationally to reflect the strength of S&T and the core competitiveness of a country in the world.

Funding for S&T Activities refers to funds obtained from various sources for S&T activities, including government funds, self – raised funds by enterprises, self – raised funds by institutions, loans from financial institutions, foreign funds and other funds . This indicator reflects the efforts made by various social economic entities in promoting the development of S&T.

Patent is an abbreviation for the patent right and refers to the exclusive right of ownership by the inventors or designers for the creation or inventions, given from the patent offices after due process of assessment and approval in accordance wit h the Patent Law. Patents are grant ed for inventions, utility model sand designs. This indicator reflects the achievements of S&T and design with in dependent intellectual property.

Inventions refer to the inventions as specified by the patent law and its detailed rules and regulations for implementation. They refer to the new technical proposals to the products or methods or their modifications.

Utility Models refer to the utility models as specified by the patent law and its detailed rules and regulations for implementation. They refer to the practical and new technical proposals on the shape and structure of the product or the combination of both.

Designs refer to the designs as specified by the Patent law and its detailed rules and regulation for implementation. They refer to the aesthetics and industry applicable new designs for the shape, pattern and color of the product, or their combinations.

Cultural Institutions refer to units which have their own organizational system and independent accounting system and specialize in or serve cultural development. They exclude other establishments run by these cultural institutions and amateur cultural groups established by various departments.

Art Troupe refers to the troupe which is engaged in drama, opera, music, dance, acrobatics or other art performance, opens independent accounts with banks and has self supporting accounting system; excluding the troupes which are engaged partly in industrial or agricultural activities, partly in art performance and the professional troupes organized by the people.

Film Projection Units refer to units with film projection equipment, full or part time projectionists, permanent or non permanent places, approved by related administrative departments to show films regularly for certain groups of audience, including those film projection units which have been approved to give commercial shows and run business with independent accounting system as well as those film renting units of the military system.
Number of Spectators at Art performance refers to the number of attendants at commercial shows, completely booked shows or free shows given in minority national areas, and does not include the number of spectators at rehearsals for examination and internal shows for study.

21 体育、卫生、社会福利和其它

Sports, Public Health, Social Welfare and Others

资料整理：赵冬梅

Arranged By Zhao Dongmei

21－1 等级运动员分项发展情况(2017 年)

Development of Athletes in Grade By Type of Sports(2017)

单位：人 (person)

项 目	Item	合 计 Total	国际级健将 Interna－tional Master of Sports	国家级运动健将 National Master of Sports	一 级 First Grade Sportsmen	二 级 Second Grade Sportsmen
总 计	**Total**	**1440**		**52**	**342**	**1046**
田 径	Track and Field	238		1	21	266
游 泳	Swimming	38			2	36
举 重	Weightlifting	3				3
拳 击	Boxing	53		1	14	38
摔 跤	Wrestling	56		3	21	32
中国式摔跤	Chinese－style Wrestling	44		21	22	1
跆拳道	Tackwonde	52		2	19	31
柔 道	Judo	49			15	34
射 击	Shooting	11		2	6	3
射 箭	Archery	8		1	2	5
足 球	Football	31				81
篮 球	Basketball	176			16	160
排 球	Volleyball	121			53	68
乒乓球	Table Tennis	36			36	50
羽毛球	Badminton	2				2
网 球	Tennis	53				63
曲棍球	Hockey	75		4	43	28
速度滑冰	Speed Skating	27		3	9	15
短道速滑	Short Track Speed Skating	13		4	5	4
武 术	Wu Shu	32		1	1	80
马 术	Horsemanship	16		2	4	10
橄榄球	Rugby	74		3	47	24
自行车	Bicycle	10		4	4	2
单板滑雪	Snowboarding	2				2
围棋	Weiqi	1				1
越野滑雪	Cross－country skiing	7				7
现代五项	Modern pentathlon	2			2	

21－2 运动员获奖牌情况(2017 年)

Medals Won by Athletes(2017)

单位:枚 (piece)

项 目	Item	金 牌 Gold Medal	银 牌 Silver Medal	铜 牌 Copper Medal
总 计	**Total**	**77**	**55**	**90**
国际比赛	International Race	17	8	10
国内比赛	National Race	60	47	80

21－3 等级裁判员分项发展情况(2017 年)

Development of Referees in Grades by Type of Sports(2017)

单位：人 (person)

项 目	Item	合 计 Total	国际裁判 International Referees	国家级 National Referees	一 级 First Grade Referees	二 级 Second Grade Referees
总 计	**Total**	**2060**			**509**	**1551**
田 径	Track and Field	244			54	190
游 泳	Swimming	16			12	4
举 重	Weightlifting	7			7	
拳 击	Boxing	2			2	
摔 跤	Wrestling	2			2	
跆拳道	Tackwonde	37			35	2
柔 道	Judo	2			2	
射 击	Shooting	7			3	4
射 箭	Archery	10			10	
足 球	Football	662			32	630
篮 球	Basketball	305			53	252
排 球	Volleyball	78			18	60
乒乓球	Table Tennis	170			14	156
羽毛球	Badminton	154			28	126
网 球	Tennis	72			23	49
曲棍球	Soft Tennis	2			2	
速度滑冰	Speed Skating	20			20	
越野滑雪	Cross – country skiing	1			1	
冬季两项	Biathlon	1			1	
武 术	Wu Shu	33			33	
马 术	Horsemanship	18			18	
自行车	Bicycle	17			15	2
围 棋	Weiqi	5			5	
国际象棋	Chess	1			1	
钓 鱼	Fishing	17				17
毽 球	Shuttlecock	2				2
门 球	Doorball	36			14	22
信 鸽	Pigeon	10			10	
健身气功	Fitness Qigong	102			87	15
现代五项	The five Modern	1			1	
橄榄球	Football	1			1	
定向	Directional	23			3	20
轮滑	Roller Skating	2			2	

21－4 医疗卫生事业

Basic Statistics of Public Health

项 目	Item	2016	2017
卫生机构(个)	**Health Institutions(unit)**	**23998**	**24217**
#医院	Hospitals	720	775
乡镇卫生院	Health Center at Town	1321	1312
社区卫生服务中心(站)	Health Service Center for Community	1194	1195
疗养院、所	Sanatoriums	5	4
门诊部	Clinics	285	309
妇幼保健所、站	Maternity and Child Care Centers	113	113
疾病预防控制机构	CDC(Center for Disease Control)	117	119
专科疾病防治院(所、站)	Disease Prevention Specialist Hospital	54	51
诊所、医务室、卫生所及护理站	Clinics, clinic, clinics and nursing stations	6173	6427
床位(张)	**Beds(unit)**	**139190**	**150335**
#医院	Hospitals	109695	118697
乡镇卫生院	Health Center at Town	19983	21807
社区卫生服务中心(站)	Health Service Center for Community	4533	4721
疗养院、所	Sanatoriums	516	552
妇幼保健所、站	Maternity and Child Care Centers	3848	3950
专科疾病防治院(所、站)	Disease Prevention Specialist Hospital	393	373
职工人数(人)	**Persons Engaged in Health Institution(person)**	**221338**	**233075**
#卫生技术人员	Medical Technical Personnel	170466	18401
#执业医师	Permitted Doctors	57030	60478
执业助理医师	Practicing Physician Assistant	9405	9844
注册护师、护士	Registered Senior and Junior Nurses	66461	71871
药剂人员	Pharmacists	10430	10827
检验人员	Laboratory Technical	6010	6401
其他技术人员	Other Technical Personnel	9147	9937
管理人员	Managerical Personnel	10224	11066
工勤人员	Logistics Workers	13368	13542

注：本表中数据包含村卫生室数据。

a) Data in the table includes the village clinics.

21 - 5 卫生机构

Number of Health Care Institutions

单位:个 (unit)

年 份 Year	总 计 Total	医 院、卫生院 Hospitals & Public Health Clinic	疗养院所 Sanat - oriums	专科防治所站 Specialized Prevention & Treatment Centers or Stations	疾病预防控制中心 CDC	妇幼保健所站 Maternity & Child Care Centers	每万人口拥有卫生机构数 Number of Health Institutions Per 10000 Population
1952	538	103	9	14	5	93	0.75
1957	2152	136	3	28	59	234	2.30
1965	3820	436	16	18	116	116	2.95
1970	4952	1582	4	4	88	50	3.32
1975	3621	1612	9	8	113	110	2.08
1978	4000	1723	8	26	118	117	2.19
1979	4146	1743	8	34	117	116	2.24
1980	4350	1760	9	39	126	118	2.32
1981	4630	1794	12	42	136	120	2.43
1982	4660	1796	14	43	138	121	2.41
1983	4632	1819	14	45	135	120	2.37
1984	4711	1841	14	53	139	121	2.37
1985	4749	1763	14	55	141	120	2.37
1986	4905	1770	13	57	140	122	2.42
1987	4991	1780	12	60	143	123	2.42
1988	5120	1787	13	61	144	123	2.45
1989	5152	1810	11	62	150	118	2.43
1990	5161	1856	12	64	153	122	2.39
1991	5172	1927	12	66	155	122	2.37
1992	5253	1928	12	61	157	120	2.38
1993	4932	1987	11	64	190	119	2.21
1994	4918	2000	11	65	189	119	2.18
1995	4915	2003	11	64	188	117	2.16
1996	5037	2016	11	53	143	107	2.19
1997	4863	1991	11	63	183	113	2.10
1998	4641	1991	11	63	182	110	1.99
1999	4468	1982	11	63	183	108	1.89
2000	4427	1988	11	63	185	108	1.87
2001	4296	1892	11	61	187	107	1.85
2002	3768	1857	10	58	147	118	1.58
2003	3595	1819	9	57	146	117	1.51
2004	3715	1831	9	54	147	117	1.56
2005	3774	1834	9	54	146	116	1.58
2006	3693	1820	8	51	140	113	1.54
2007	7853	1815	8	54	140	114	3.30
2008	7423	1799	6	54	137	115	3.09
2009	7919	1803	6	50	133	116	3.29
2010	8052	1807	6	50	127	117	3.32
2011	22931	1818	6	50	121	117	9.24
2012	23046	1848	6	52	119	117	9.26
2013	23264	1898	6	53	119	116	9.31
2014	23426	1974	6	53	119	117	9.35
2015	23885	2024	6	53	119	114	9.51
2016	23998	2041	5	54	117	113	9.52
2017	24217	2087	4	51	119	113	9.58

注:卫生机构2010年以前不包含村卫生室,下表同。

a) Number of Health Care Institutions does not include the village clinics before 2010, Same in the following tables.

21－6 卫生机构床位

Number of Beds in Health Institutions

单位:张 (unit)

年 份 Year	总 计 Total	医院、卫生院 Hospitals & Public Health Clinic	疗养院所 Sanat－oriums	专科防治所站 Specialized Prevention & Treatment Centers or Stations	疾病预防控制中心 CDC	妇幼保健所站 Maternity & Child Care Centers	每万人口卫生机构床位数 Number of Public Health Orgon Beds Per 10 000 Population
1949	726	639	70				1.05
1952	2890	1274	1567				1.78
1957	7733	5700	194				6.09
1965	23241	15820	1669				12.20
1970	25614	24833	280				16.66
1975	22198	21089	500				21.87
1978	25023	24079	500				24.23
1979	48769	46495	1290				25.11
1980	49630	47271	1295				25.19
1981	51319	47942	1948				25.19
1982	51002	47339	2270				24.44
1983	52436	48739	2217				24.92
1984	52911	49307	2274				24.84
1985	53572	50567	2194				25.20
1986	54726	51566	2053			344	25.41
1987	57651	54354	1933	6		401	26.30
1988	59414	55867	2143	36		421	26.68
1989	60090	56776	1863	88		402	26.75
1990	60727	57558	1871	87		404	26.62
1991	62929	59268	2182	66	4	452	27.14
1992	64446	60730	2182	66	4	514	27.52
1993	65221	60893	2062	97	12	584	27.28
1994	65464	61425	2007	65		500	27.17
1995	66515	61933	2124	144	15	574	27.25
1996	65247	61667	2260	105	4	716	26.86
1997	65387	61918	2260	123		749	26.73
1998	65794	62499	2080	83		766	26.76
1999	66367	62832	2102	147		740	28.10
2000	66903	63156	1984	176		1000	28.24
2001	66682	63071	1884	191	25	1580	28.75
2002	64742	61909	1773	409	54	1944	27.30
2003	65072	60438	1768	224	26	1920	27.37
2004	66699	61155	1757	174	95	2269	28.00
2005	69440	64002	1554	234	77	2422	29.10
2006	70284	64816	1397	253	150	2388	29.38
2007	73830	65780	1217	202		2441	30.76
2008	81407	73205	670	201	24	2600	33.85
2009	87321	77702	910	246		2921	36.05
2010	97811	87882	640	250		2716	40.38
2011	100805	89954	640	227		2895	40.80
2012	110788	99761	640	286		3075	44.50
2013	120065	109474	640	304		3272	48.07
2014	129011	118010	690	340		3471	51.51
2015	133892	124676	844	354		3474	53.32
2016	139190	129678	516	393		3848	55.23
2017	150335	140504	552	373		3950	59.45

注:医院、卫生院2002年以前为医院口径。

a) The Data about Hospitals and Public Health Clinic Refer to Date of Hospitals before 2002.

21-7 卫生机构人员

Number of Persons Engaged in Health Institutions

单位：人 (person)

年份 Year	总计 Total	卫生技术人员 Medical Technical Personnel	#医生 Doctors	#执业医师 Certified Doctors	#执业助理医师 Practicing physician assistant	#注册护师、护士 Registered Senior and Junior Nurses	每万人口医生数 Number of Doctors per 10 000 Population
1952	12233	10727	6097			552	9
1957	21848	18290	10556			1977	11
1965	40695	33215	18027			4664	14
1970	42097	33333	17101			6490	11
1975	60529	47845	22114			7932	13
1978	75123	59277	26724			8225	15
1979	82855	65615	28417			7949	16
1980	88188	70022	31068			9129	17
1981	98165	77647	32184			10426	17
1982	101637	80450	32975			10969	17
1983	104446	82873	33456			11768	17
1984	107234	85185	34903			12264	18
1985	109210	87130	36467			12598	18
1986	112011	89257	38103			13427	19
1987	115164	91437	37781			14458	18
1988	117779	94095	42794			18605	20
1989	119044	94969	44579			21310	21
1990	121443	96764	41453			22123	19
1991	123935	97984	42520			22797	19
1992	126859	100365	46612			23157	21
1993	127494	99878	47171			23425	21
1994	129101	102220	48962			24575	22
1995	129483	102187	49345			24617	22
1996	130368	103606	50263			25313	22
1997	129306	102983	52438			25953	22
1998	129765	104890	56384			26163	24
1999	125632	101312	51602			25766	22
2000	124362	100688	52299			25726	22
2001	131931	109147	53021			26755	22
2002	120628	100665	48866	39901	8965	25740	21
2003	120264	101073	49304	40241	9063	25555	21
2004	120253	101730	50177	41252	8925	26517	21
2005	121180	102587	50308	41646	8662	27052	21
2006	120571	102336	50409	42116	8293	27601	21
2007	126155	105790	48403	40398	8005	29732	20
2008	131879	110042	49806	41990	7816	31652	21
2009	139488	117197	51947	43964	7983	34895	22
2010	146610	123232	54161	46148	8013	37765	22
2011	175563	131806	57214	48399	8815	42522	23
2012	183875	139876	59528	50100	9428	46774	24
2013	195943	148176	62055	52500	9555	52358	25
2014	202999	154483	62182	52624	9558	56723	25
2015	212500	162328	64239	54863	9376	61224	26
2016	221338	170466	66435	57030	9405	66461	26
2017	233075	180401	70322	60478	9844	71871	28

21－8 社会保障基本情况

Basic Statistics on Social Security

项目	Item	2016	2017
一、最低生活保障	**Minimum Standard of Living for Residents**		
城市居民(万人)	Residents in Urban Area(10 000 persons)	49.14	43.04
城市居民(万户)	Housholds in Urban Area(10 000 households)	30.45	27.18
农村居民(万人)	Residents in Rural Area(10 000 persons)	112.76	119.87
农村居民(万户)	Housholds in Rural Area(10 000 households)	87.29	82.74
二、社会福利事业	**Social Welfare**		
收养性单位(个)	Adopting Social Welfare Institutions(unit)	718	732
优抚类单位	Adopting Institution of Social Special Relief	31	32
福利类单位	Adopting Institution of Social Welfare	70	69
城市养老服务机构	Urban Institutions for the Aged	307	322
农村养老服务机构	Rural Institutions for the Aged	308	307
其他社会福利机构	Others	2	2
收养性单位床位数(张)	Adopting Social Welfare Instiutions(bed)	89975	91488
优抚类单位	Adopting Institution of Social Special Relief	2671	2784
福利类单位	Adopting Institution of Social Welfare	13965	14044
城市养老服务机构	Urban Institutions for the Aged	42973	44395
农村养老服务机构	Rural Institutions for the Aged	29825	30051
其他社会福利机构	Others	541	214
年末收养人数(人)	Persons Adopted at the year－end(person)	46471	46097
优抚类单位	Adopting Institution of Social Special Relief	3091	1751
福利类单位	Adopting Institution of Social Welfare	6449	6476
城市养老服务机构	Urban Institutions for the Aged	22791	24487
农村养老服务机构	Rural Institutions for the Aged	13903	13346
其他社会福利机构	Others	237	37
社会福利事业支出(万元)	Expenditure for Social Welfare(10 000 yuan)	1400525	1530139
#抚恤、离退休和社会福利救济	Pensions and Relief Funds for Social Welfare	1128036	1211583.5
自然灾害生活救助	Life Salvation of Natural Calamity	57931	43767
三、社区服务	**Community Service**		
城镇社区服务设施(个)	Number of Urban Welfare Facilities(unit)	4159	4495
城镇便民利民服务网点(个)	Number of Urban Service Points for Civilian(unit)	381	

21－8 续表 continued

项目	Item	2016	2017
四、社会保障	**Social Security**		
基本养老保险	**Basic Pension Insurance**		
城镇职工基本养老保险参保人数(万人)	Persons joined(10 000 persons)	655	694
#参加基本养老保险离退休人数(万人)	Retirees joined(10 000 persons)	237	227
城乡居民养老保险参保人数(万人)	Contributors of Urban(10 000 persons)	736	743
城镇职工基本养老保险基金当年支出额(亿元)	Expenses of Insurance Fund(100 million yuan)	819.80	740.94
城乡居民养老保险基金当年支出额(亿元)	Expenses of Insurance Fund(100 million yuan)	40.89	43.82
失业保险	**Unemployment Insurance**		
参加失业保险人数(万人)	Persons joined(10 000 persons)	241.13	247.08
累计领取失业金人数(万人)	Beneficiaries(10 000 persons)	6.50	5.31
失业保险基金当年支出额(亿元)	Expenses of Insurance Fund(100 million yuan)	16.27	9.51
医疗保险	**Basic Medical Insurance**		
参加基本医疗保险人数(万人)	Persons joined(10 000 persons)	1019.34	2161.51
#参加大病统筹的人数(万人)	Contributors of Comprehensive Arrangement for Serious Disease(10 000 persons)	488.79	495.07
#城乡居民参加基本医疗保险人数(万人)	Contributors of Urban and Residents(10 000 persons)		1666.44
城镇职工基本医疗保险基金当年支出额(亿元)	Expenses of Insurance Fund(100 million yuan)	150.95	164.34
城镇居民基本医疗保险基金当年支出额(亿元)	Expenses of Insurance Fund(100 million yuan)	22.46	110.48
工伤保险	**Work Injury Insurance**		
参加工伤保险人数(万人)	Persons joined(10 000 persons)	303.13	307.66
#参加工伤保险的农牧民人数(万人)	Farmers and Herdsmen(10 000 persons)		
工伤保险基金当年支出额(亿元)	Expenses of Insurance Fund(100 million yuan)	12.17	12.57
生育保险	**Maternity Insurance**		
参加生育保险人数(万人)	Persons joined(10 000 persons)	305.24	307.57
生育保险基金当年支出额(亿元)	Expenses of Insurance Fund(100 million yuan)	5.88	8.72
社会保险基金收支情况			
养老、失业、医疗、工伤、生育保险基金收入(亿元)	Revenue of Pension, Unemployment, Medical, Work injury, Maternity insurance Fun(100 million yuan)	1117.61	1301.88
养老、失业、医疗、工伤、生育保险基金支出(亿元)	Expenses of Pension, Unemployment, Medical, Work injury, Maternity insurance Fun(100 million yuan)	1068.40	1090.38
养老、失业、医疗、工伤、生育保险基金累计节余(亿元)	Balance of Pension, Unemployment, Medical, Work injury, Maternity insurance Fun(100 million yuan)	943.61	1185.45

注:1. 社会保险基金收支情况包含城乡居民养老、医疗保险基金情况。

2. 2016 年起,城镇便民利民服务网点数统计口径变化,与以前年度不可比,下表同。

a) The balance of social insurance funds including pension, medical insurance fund for urban and rural residents.

b) Since 2016, number of urban service points for civilian in table are not compared. The following table is the same.

21－9 社会服务机构基本情况

Basic Statistics on Social Service Institutions

项目	Item	机构(个) Number of Institutions or Enterprises(unit)		工作人员(人) Number of Persons Engaged(person)	
		2016	2017	2016	2017
社会服务	**Social**	**32389**	**34087**	**193245**	**207833**
社会工作	**Social Work**	**5133**	**5364**	**36265**	**28498**
提供住宿的社会服务机构	Social Welfare Institutions with Accommodations	784	801	8607	8903
老年人与残疾人服务机构	Institutions for the Aged and Disabled	714	728	7158	7464
智障与精神疾病服务机构	Social Welfare Institutions for Mental Retardation and Meental Diseases	7	7	534	510
儿童收养救助服务机构	Social Welfare Institutions for Children	8	9	339	350
其他提供住宿的服务机构	Other Social Welfare Institutions with Accommodations	55	57	576	579
不提供住宿的社会服务机构	Social Welfare Institutions without Accommodations	4349	4563	27658	19595
成员组织和其他社会服务机构	**Membership Organizations and Othet Social Service**	**27235**	**28697**	**156754**	**179089**
其他	**Others**	**21**	**26**	**226**	**246**

21－10 收养性社会福利事业单位基本情况(2017年)

Basic Statistics on Social Welfare Institutions(2017)

项目	Item	院数(个) Homes (unit)	工作人员(人) Staff and Workers (person)	床位(张) Beds (unit)	年末收养人数(人) Persons Housed year－end (person)
全区总计	**Autonomous Regional Total**	**732**	**8524**	**91488**	**46097**
优抚类收养性单位	Adopting Institutions of the special care	32	554	2784	1751
荣誉军人康复医院	Disable Veteran Hospital	1	68	100	19
复员军人疗养院	Sanatorium of Demobilized Soldier	1	5	210	17
复退军人精神病院	Psychiatric Hospital of Veteran	2	202	902	902
光荣院	Homes for Disabled Veterans	28	279	1572	813
福利类收养性单位	Adopting Institutions of the welfare	69	1972	14044	6476
社会福利院	Social Welfare Homes	48	882	9906	4222
儿童福利机构	Baby Welfare Homes	16	782	2606	1173
社会福利医院	Social Welfare Hospitals	5	308	1532	1081
城市养老服务福利机构	The urban old－age service welfare agencies	322	4114	44395	24487
农村养老福利机构	Rural old－age welfare institutions	307	1858	30051	13346
其他社会福利机构	Others	2	26	214	37

21－11 享受补助、救济人员情况

Persons Receiving Subsidies or Relief Funds

单位:人、户、人次 (person)(household)(person－time)

项 目	Item	2017
传统救济人数	**Number of Persons Receiving Traditional Relief Funds**	**17318**
城市社会救济情况	Social Relief in Urban Area	
城市居民最低生活保障人数	Number of Persons Receiving Lowest Cost－of－Living in Urban Area	430372
城市居民最低生活保障家庭数	Number of Households Receiving Lowest Cost－of－Living in Urban Area	271798
城市临时救助家庭户次数	Number of Urban Households Interim Relief	
农村社会救济情况	**Social Relief in Rural Area**	
农村居民最低生活保障人数	Number of Persons Receiving Lowest Cost－of－Living in Rural Area	1198720
农村居民最低生活保障家庭数	Number of Housholds Receiving Lowest Cost－of－Living in Rural Area	827369
农村五保救济人数	Number of Persons of Rural Guaranteed Five Aspects	83810
农村临时救助家庭人次数	Number of Rural Households Interim Relief	

21－12 城镇社区服务设施

Statistics on Urban Community Service Facilities

单位:个 (unit)

项 目	Item	2016	2017
社区服务机构数	Number of Urban Welfare Facilities	4159	4495
社区服务指导中心数	Number of Community Service Facilities	2	2
社区服务中心数	Community Service Guidance Centers	852	984
社区服务站数	Community Service Stations	1013	1090
其他社区服务机构	Other Community Service Facilities	2292	2419
便民利民网点数	Number of Convenience Networks	381	
社区服务机构覆盖率(%)	Coverage Rate of Community Service Facilities(%)	31.0	33.5

21－13 火灾、交通事故情况(2017 年)

Basic Statistics on Fires and Traffic Accidents(2017)

项　目	Item	发生(起) Accured (case)	死亡(人) Death (person)	受伤(人) Injuries (person)	财产损失(万元) Property Loss (10 000 yuan)
一、火灾事故情况	**Fires**	**8046**	**29**	**15**	**7562.7**
特 大	Extraordinarily				
重 大	Serious				
较 大	Larger	1	5		5.2
一 般	Ordinary	8045	24	15	7557.5
二、交通事故情况	**Traffic Accidents**	**3384**	**1014**	**3480**	**1638.1**
死亡事故	Deaths	903	1014	576	931.5
伤人事故	Injuries	2277		2904	637.2
财产损失事故	Property Loss	204			69.4

21－14 民间组织管理情况

Statistics on Non Governmental Organizations

单位:个、人　　(unit)(person)

项 目	Item	2017
社团管理	**Mass Organizations**	
年末实有社团数	The Number of Mass Organizations at Year－end	7954
社团负责人	The Number of Leaders of Mass Organizations	15382
# 女性	Female	2995
民办非企业单位	**Nonbusinesses Run by Local People**	
年末实有民办非企业单位	Nonbusinesses Run by Local People at Year－end	7042
民办非企业单位负责人	Leaders of Nonbusinesses	10431
# 女性	Female	3507

主要统计指标解释

等级运动员人数　指经考核正式批准授予等级运动员称号的人数。运动员等级分为国际级运动健将，运动健将、一级运动员、二级运动员、三级运动员、少年级运动员。

等级裁判员人数　指经考核正式批准授予等级裁判员称号的人数。裁判员等级分为国际裁判、国家级裁判、一级裁判、二级裁判、三级裁判。

体育场　指有400米跑道(中心含足球场)，有固定道牙，跑道6条以上，并有固定看台的室外田径场地。体育场按看台容纳观众人数分为：甲级25000人以上，乙级15000－25000人，丙级5000－15000人，丁级5000人以下。

体育馆　指有固定看台，可供篮球、排球、羽毛球、乒乓球、体操等项目训练比赛活动用的室内运动场地。体育馆按看台容纳观众人数分为：甲级6000人以上，乙级4000－6000人，丙级2000－4000人，丁级2000人以下。

卫生机构　包括医疗机构、疾病预防控制中心(防疫站)、采供血机构、卫生监督及监测(检验)机构、医学科研和在职培训机构、健康教育所等。医疗机构包括医院、社区卫生服务中心(站)、疗养院、卫生院、门诊部、诊所(卫生所、医务室)、妇幼保健院(所、站)、专科疾病防治院(所、站)、急救中心(站)和临床检验中心。医疗机构分为非赢利性医疗机构和赢利性医疗机构。

医院　包括综合医院、中医医院、中西医结合医院、民族医院、各类专科医院和护理院。

卫生技术人员　指卫生机构中医生、护理人员、药剂人员、检验人员等卫生技术人员。

医生　指在医疗、预防保健机构工作且取得《执业医师证书》的执业医师和执业助理医师。

社会福利事业单位　指集中收养社会孤老、残、幼的机构，包括由民政部门管理的社会福利院、儿童福利院、精神病人福利院和城镇集体举办的福利院及农村集体举办的敬老院以及优抚医院和具有收养能力的社区服务中心等。该指标主要反映我国在社会福利性单位投入的水平。

社会福利事业单位收养人数　包括民政部门管理和城镇、农村集体举办的社会福利事业单位中收养的老人、少年儿童、缺乏生活自理能力的残疾人员和精神病人。

社会福利企业单位　指以安置城镇有一定劳动能力的盲、聋、哑和肢体残疾人员就业为目的，享受国家减免税待遇的国有或集体企业。包括福利工厂、福利商业和服务业、假肢厂和安置农场等单位。

农村五保户　指农村中既无劳动能力，又无经济来源的老、弱、孤、残的农民，其生活由集体供养，实行保吃、保穿、保住、保医、保葬(孤儿保教)，简称"五保"。享受五保待遇的家庭叫五保户。

基本养老保险

1. 参加保险人数：指报告期末按照国家法律、法规和有关政策规定参加基本养老保险的职工人数。包括不能正常缴费、已中断缴费但未终止保险关系的职工人数。

2. 社会统筹基金收入：指根据国家规定，由纳入基本养老保险范围的单位，按照国家规定的缴费基数和缴费比例缴纳的社会统筹基金，以及通过其他方式取得的形成基金来源的收入，包括：单位缴纳的社会统筹基金收入、财政补贴收入、利息收入、其他收入。

3. 社会统筹基金支出：指按照国家政策规定的开支范围和开支标准从社会统筹基金中支付给参加基本养老保险的离休、退休、退职人员个人的养老金、丧葬抚恤补助，以及由于保险关系转移、上下级之间调剂资金等原因而发生的支出。包括：基础性养老金、过渡性养老金、离休金、退休金、退职金、补贴、丧葬抚恤补助、其他支出。

4. 社会统筹基金结余：指截止报告期末基本养老保险的社会统筹基金结余金额。包括银行存款、财政专户、债券投资和其他。

基本医疗保险

1. 参加保险人数：指报告期末按国家有关规定参加基本医疗保险的人数。包括参加保险的职工人数和退休人员人数。

2. 社会统筹基金收入：指根据国家有关规定，由纳入基本医疗保险范围的缴费单位，按国家规定的缴费基数和缴费比例缴纳的社会统筹基金，以及通过其他方式取得的形成基金来源的款项，包括：单位缴纳的社会统筹基金收入、财政补贴收入、利息收入、其他收入。

3. 社会统筹基金支出：指按照国家政策规定的开支范围和开支标准从社会统筹基金中支付给参加基本医疗保险的职工和退休人员的医疗保险待遇支出及其他支出。包括：住院医疗费用支出、门急诊医疗费用支出、其他支出。

4. 社会统筹基金结余：指截止报告期末基本医疗保险的社会统筹基金结余金额。包括银行存款、财政专户、债券投资和其他。

失业保险

1. 参加保险人数：指报告期末按照国家法律、法规和有关政策规定参加了失业保险的城镇企业事业单位的职工及地方政府规定参加失业保险的其他人员的人数。

2. 失业保险金：指为保障失业人员的基本生活而按规定支付的失业保险金金额。保险福利费用总额指各单位在工资以外支付给职工和离休、退休、退职人员个人和用于集体的保险福利费用，不包括用于职工的劳动保护费用，由保险福利费用开支的医务人员工资，集体福利机构工作人员和病伤休息期满6个月以上人员的工资。

保险福利费用总额 指各单位在工资以外支付给职工和离休、退休、退职人员、个人和集体的保险福利费用，不包括月于职工的劳动保护费用，由保险福利费用开支的医务人员二资，具体福利机构工作人员和病伤休息期满6个月以上人员的工资。

离休、退休、退职人员 指正式办理了离休、退休、退职手续，并享受相应的离休、退休、退职待遇的人员。

离休、退休、退职人员保险福利费用 包括：

1. 离休金：指发给离休干部的工资和按1982年国务院《关于老干部离职休养制度的几项规定的通知》发给符合规定的离休干部相当于一至两个月标准工资的生活补贴及1988年增发的生活补贴。

2. 退休金：指按照国家有关规定发给退休职工的退休费和1988年增发的生活补贴。

3. 退职生活费：指按照1978年国务院《关于工人退休、退职的暂行办法》发给退职人员的生活费用和1988年增发的生活补贴。

以上离退休、退职人员的离退休金、退职生活费还应包括发给离退休、退职人员的生活补贴和物价补贴。

4. 医疗卫生费：指离休、退休、退职人员的医疗费、住院费以及住院伙食补助等费用。

5. 其他：指上述费用以外的其他保险福利费用，如丧葬抚恤救济费、交通费补贴、冬季取暖补贴等。

Explanatory Notes on Main Statistical Indicators

Number of Athletes in Grades refers to the number of athletes who have been given titles through examination. The titles of athletes include international masters of sports, masters of sports, first grade, second grade and third grade sportsmen and young athletes.

Number of Referees in Grades refers to the number of referees who have been given titles after examination. They are classified as international referees, national referees and referees of the first, second and third grades.

Stadiums refer to stadiums for track and field events with six lane 400 meter tracks around soccer fields, permanent track marks and permanent bleachers. Stadiums are classified according to seating capacity. They include: Class A stadiums seating 25000 people each. Class B stadiums seating 15000 to 25000 people each. Class C stadiums seating 5000 to 15000 people each, and Class D stadiums seating fewer than 5000 people.

Gymnasiums refer to indoor sports grounds with permanent seats in which basketball, volleyball. Badminton, table tennis and gymnastics competitions can be held. Gymnasiums are classified according to seating capacity. They include Class A gymnasiums seating over 6000 people. Class B gymnasiums seating 4000 to 6000 people. Class C gymnasiums seating 2000 to 4000 people, and Class D gymnasiums seating fewer than 2000 people.

Medical Organizations include: hospitals, health service centers (stations) of communities, nursing homes, health centers, clinics, clinics (health stations and infirmaries), maternity and child care agencies (centers and stations), special disease prevention and curing agencies (centers and stations), first aid centers (stations) and clinical inspection centers. Medical organizations are grouped by two types: profit – making and non – profit – making medical organizations.

Hospitals include: polyclinics, traditional Chinese medical hospitals, hospitals integrated with traditional Chinese therapeutics and western therapeutics, ethical hospitals, various specialties hospitals and nursing hospitals.

Medical Technical Personnel refers to doctors, assistant nurses, pharmacists, and laboratory technicians working in medical institutions.

Doctors refer to certified physicians and certified assistant physicians with certifications working in medical and health care and prevention agencies.

Social Welfare Institutions refer to institutions taking care of old pople without children, handicapped people and orphans. They include social welfare institutions run by civil affairs departments, children welfare institutions, social welfare institutions for mental patients, collective – owned old peoples homes in rural areas, convalescent homes and community service centers with the capaCity of receiving those people. This indicator reflects the input in social welfare institutions.

Number of People Taken in by Social Welfare Institutions refers to the number of old people, children, totally dependent handicapped people and mental patients taken in by social welfare institutions run by civil affairs departments and those run by collective units in urban and rural areas.

Social Welfare Enterprises are collective – owned enterprises which employ the blind, deaf mute, and other handicapped people who are able to work in cities and towns and enjoy exemption from state taxes, including welfare plants, welfare commercial services, artificial limb plants and farms, etc.

Rural Households with Livelihood Guaranteed in Five Aspects refer to the households in which there are old people without child, orphans and handicapped people who are unable to work and without financial resources in rural areas. They are taken care of by the collective units and their food, clothing, housing, medical care, funeral expenses (or schooling for orphans) are guaranteed to be provided for.

Households in the Poor Household Support Program refer to the households of martyrs and disabled servicemen, and poor households, who are able to work but in poor conditions, receiving government or collective relief funds. In this way, the households can get to work and make them break away from poverty.

Basic Endowment Insurance

1. Number of people participating in the insurance program: by the end of reference period, number of staff and workers participating in the insurance program in line with national laws, regulations and related policies, including those who can not make regular payment or interrupt payment but not terminate the insurance program.

2. Revenue of social comprehensive funds: according to na-

tional provision, payments made by units covered in basic endowment insurance program, and income from other resources, including: income of social comprehensive funds paid by unites, financial subsidies, interest income and others.

3. Expenditure of social comprehensive funds: refer to payment made to those retired and resigned people covered in endowment insurance program in terms of pens ion or compensation within the expenditure scope and standards according to related national policies, and the expenditure occurred due to shift of the insurance relationship or adjustment funds among agencies, including: basic pension, transitional pension, pension for resigned people, pension for retired people, pension for people quitting jobs, subsidies, funeral subsidies and other expenditure.

4. Balance of social comprehensive funds: refer to the balance of basic endowment insurance of social comprehensive funds at the end of the reference period, including: bank savings, special fiscal account, investment in bonds and others.

Basic Medical Care Insurance:

1. Number of people participated in the insurance program refer to number of people participated in the basic medical care insurance program according to related regulation by the end of reference period, including: number of staff and workers and retired persons participated in this insurance program.

2. Revenue of social comprehensive funds: according to national provision, payments made by units covered in basic medical care insurance program, and income from other resources, including: income of social comprehensive funds paid by unites, financial subsidies, interest income and others.

3. Expenditure of social comprehensive funds: refer to payment made to those retired and resigned people covered in basic medical care insurance within the expenditure scope and standards according to related national policies, including: expenditure on fee – for – service in hospital, expenditure on fee – for – service in clinic and other expenditure.

4. Balance of social comprehensive funds: refer to the balance of medical care insurance of social comprehensive funds at the end of the reference period, including: bank savings, special fiscal account, investment in bonds and others.

Unemployment Insurance

1. Number of people participated in unemployment insurance program: number of staff and workers in urban enterprises or institutions and other people according to local government regulations participated in unemployment insurance program in line with national law, regulations and related policies by the end of the reference period.

2. Sum of Unemployment Insurance: refer to total amount of insurance paid to un – employees to guarantee their basic lives according to related regulations.

Insurance and Welfare Funds refers to labor insurance and welfare fund paid by enterprises, organizations and institutions to their staff and workers as well as retired and resigned persons in addition to their wages and salaries excluding labor protection fees, wages paid to medical workers from insurance and welfare fund and wages paid to staff members working in collective welfare agencies and to people with over 6 months of sick – leave.

Retired or Resigned Personnel refers to the persons who have formally gone through the formalities for their retirement or quitting work and enjoy the corresponding treatments.

Insurance and Welfare Funds for Retired and Resigned Staff and Workers

1. Pensions for retired veteran cadres: They refer to pensions, other subsidies, and additional allowances paid to retired in line with relevant government documents.

2. Pensions for Retirement: They refer to living allowance; other subsidies and additional allowances paid to retired staff and workers in line with the relevant government documents.

3. Resignation Allowances for Living Expenses: They refer to living allowance, and additional allowances subsidies paid to resigned staff and workers in line with relevant government instructions.

It also includes living subsidies and prices subsidies paid to retired and resigned staff and workers.

4. Medical Care Allowance: refer to fee – for – service, cost of medical care and per diem subsidies during hospitalizations of retired and resigned staff and workers.

5. Others: They refer to other expenses, including other types of insurance and welfare fund, fees for funerals, traveling subsidies and heating subsidies during the winter time.

22 盟市资料

Statistics of Leagues and Cities

资料整理：于 瑾

Arranged By Yu Jin

22－1 各盟市行政区域土地面积和城市建设(2017 年)

Administrative Areas and Construction in Cities by Region(2017)

地 区	Region	行政区域土地面积（万平方公里）Gross Area（10 000 sq. km）	城市面积（平方公里）Areas of City（sq. km）	城市建成区面积（平方公里）Urban Developed Area（sq. km）	公园个数（个）Parks（unit）	公园面积（公顷）Area of Parks（hectare）	建成区绿化覆盖面积（公顷）Green Coverage Developed Area(hectare)
总 计	**Total**	**118.30**	**4884.54**	**1269.16**	**296**	**14929**	**51050**
呼和浩特市	Hohhot City	1.72	265.05	260.00	46	3032	10366
包 头 市	Baotou City	2.77	885.00	210.02	44	3073	9304
呼伦贝尔市	Hulunbeier City	25.30	2061.44	161.40	18	742	5874
兴 安 盟	Xingan League	5.98	101.50	55.70	27	738	2131
通 辽 市	Tongliao City	5.95	111.67	78.20	14	930	3395
赤 峰 市	Chifeng City	9.00	560.00	106.07	28	734	4140
锡林郭勒盟	Xilinguole League	20.26	457.78	73.05	12	600	2543
乌兰察布市	Wulanchabu City	5.50	95.00	95.00	24	2400	3799
鄂尔多斯市	Erdos City	8.68	199.42	116.42	57	1588	4981
巴彦淖尔市	Bayannaoer City	6.44	80.51	51.00	17	397	1837
乌 海 市	Wuhai City	0.17	67.17	62.30	9	696	2679
阿拉善盟	Alashan League	27.02					

22－2 各盟市年末常住人口(2017 年)

Number of Population at Year－end by Region(2017)

单位:万人 (10 000 persons)

地 区	Region	年末常住人口 Total Population	#男 Male	女 Female	#市镇人口 Urban	乡村人口 Rural
呼和浩特市	Hohhot City	311.48	158.65	152.83	215.17	96.31
包 头 市	Baotou City	287.77	147.70	140.07	239.65	48.12
呼伦贝尔市	Hulunbeier City	252.92	129.54	123.38	182.43	70.49
兴 安 盟	Xingan League	160.42	81.88	78.54	77.58	82.84
通 辽 市	Tongliao City	312.87	158.64	154.23	151.93	160.94
赤 峰 市	Chifeng City	431.48	220.95	210.53	213.06	218.42
锡林郭勒盟	Xilinguole League	105.16	54.36	50.80	68.49	36.67
乌兰察布市	Wulanchabu City	210.25	106.97	103.28	103.04	107.21
鄂尔多斯市	Erdos City	206.87	115.46	91.41	153.19	53.68
巴彦淖尔市	Bayannaoer City	168.48	88.54	79.94	91.27	77.21
乌 海 市	Wuhai City	56.11	29.22	26.89	53.16	2.95
阿拉善盟	Alashan League	24.80	13.26	11.54	19.27	5.53

22－3 各盟市生产总值构成(2017 年)

Composition of Gross Domestic Product by Region(2017)

单位:%　　(%)

地 区	Region	生产总值 Gross Domestic Product	第一产业 Primary Industry	第二产业 Secondary Industry	工 业 Industry	建筑业 Construction	第三产业 Tertiary Industry
呼和浩特市	Hohhot City	100	3.9	27.5	20.1	7.4	68.6
包 头 市	Baotou City	100	3.2	41.1	32.2	8.9	55.7
呼伦贝尔市	Hulunbeier City	100	21.0	30.0	23.2	7.0	49.0
兴 安 盟	Xingan League	100	30.0	29.8	19.2	10.6	40.2
通 辽 市	Tongliao City	100	21.5	26.9	20.1	7.8	51.6
赤 峰 市	Chifeng City	100	19.9	35.7	25.0	10.7	44.4
锡林郭勒盟	Xilinguole League	100	14.8	44.7	39.2	5.5	40.5
乌兰察布市	Wulanchabu City	100	17.9	40.0	32.6	7.4	42.1
鄂尔多斯市	Erdos City	100	3.1	52.7	45.9	6.8	44.2
巴彦淖尔市	Bayannaoer City	100	21.5	39.5	30.7	8.8	39.0
乌 海 市	Wuhai City	100	1.2	57.7	48.6	9.1	41.1
阿拉善盟	Alashan League	100	5.7	57.3	47.1	10.2	37.0

注:本表按当年价格计算。

Data in value terms in this table are calculated at current prices.

22－4 各盟市生产总值指数(2017 年)

Indices of Gross Domestic Product by Region(2017)

(上年＝100)　　(preceding year＝100)

地 区	Region	生产总值 Gross Domestic Product	第一产业 Primary Industry	第二产业 Secondary Industry	工 业 Industry	建筑业 Construction	第三产业 Tertiary Industry	人均生产总值 Per Capita GDP
呼和浩特市	Hohhot City	105.0	102.8	102.6	105.8	95.2	106.1	104.1
包 头 市	Baotou City	105.5	103.6	104.5	105.9	99.3	106.5	104.6
呼伦贝尔市	Hulunbeier City	100.1	103.8	90.3	97.3	73.1	104.9	100.1
兴 安 盟	Xingan League	104.0	105.1	102.9	104.1	100.6	103.9	103.8
通 辽 市	Tongliao City	100.3	103.6	90.6	90.6	90.5	104.3	100.2
赤 峰 市	Chifeng City	103.6	104.5	99.8	99.8	99.9	106.1	103.5
锡林郭勒盟	Xilinguole League	104.3	104.8	100.8	105.3	78.6	107.9	103.9
乌兰察布市	Wulanchabu City	105.3	103.7	104.0	105.6	97.4	106.7	105.5
鄂尔多斯市	Erdos City	105.8	103.8	104.5	106.1	95.5	107.4	105.2
巴彦淖尔市	Bayannaoer City	103.7	105.2	98.7	101.3	91.1	108.0	103.5
乌 海 市	Wuhai City	105.3	103.9	106.4	109.8	92.5	103.8	104.8
阿拉善盟	Alashan League	103.9	104.6	104.3	104.6	107.2	103.3	103.0

注:本表按可比价格计算。

a)The indices in this table are calculated at comparable prices.

22－5 各盟市按三次产业分的年末就业人员(2017 年)

Number of Employed Persons at Year－end by Type of Industry and by Region(2017)

地 区	Region	就业人员（万人） Number of Employed Persons (10 000 persons)				构 成(合计＝100) Composition in Percentage(total＝100)		
			第一产业 Primary Industry	第二产业 Secondary Industry	第三产业 Tertiary Industry	第一产业 Primary Industry	第二产业 Secondary Industry	第三产业 Tertiary Industry
呼和浩特市	Hohhot City	179.50	36.10	54.50	88.90	20.1	30.4	49.5
包 头 市	Baotou City	160.73	21.20	42.03	97.50	13.2	26.1	60.7
呼伦贝尔市	Hulunbeier City	154.08	60.76	16.65	76.67	39.4	10.8	49.8
兴 安 盟	Xingan League	91.55	51.80	9.51	30.24	56.6	10.4	33.0
通 辽 市	Tongliao City	193.00	106.53	25.04	61.43	55.2	13.0	31.8
赤 峰 市	Chifeng City	265.02	135.39	46.78	82.85	51.1	17.7	31.3
锡林郭勒盟	Xilinguole League	63.40	25.95	9.81	27.64	40.9	15.5	43.6
乌兰察布市	Wulanchabu City	113.60	64.00	14.00	35.60	56.3	12.3	31.3
鄂尔多斯市	Erdos City	112.55	29.12	31.30	52.13	25.9	27.8	46.3
巴彦淖尔市	Bayannaoer City	90.20	53.70	9.50	27.00	59.5	10.5	29.9
乌 海 市	Wuhai City	33.89	1.34	8.67	23.88	4.0	25.6	70.5
阿拉善盟	Alashan League	18.21	4.34	4.26	9.60	23.8	23.4	52.7

22－6 各盟市城镇年末就业人员(2017 年)

Number of Employed Persons at Year－end in Urban Areas by Region(2017)

单位:人　　(person)

地 区	Region	合 计 Total	国有单位 State－owned Units	集体单位 Collective－owned Units	其他单位 Units of Other Types of Ownership
呼和浩特市	Hohhot City	1233700	194006	8272	200045
包 头 市	Baotou City	766093	127688	5867	226158
呼伦贝尔市	Hulunbeier City	940427	181632	3802	100244
兴 安 盟	Xingan League	267360	99250	2453	26183
通 辽 市	Tongliao City	546697	188141	5596	70373
赤 峰 市	Chifeng City	747522	192885	7683	113447
锡林郭勒盟	Xilinguole League	457727	86815	2818	51135
乌兰察布市	Wulanchabu City	369333	115958	2045	41777
鄂尔多斯市	Erdos City	675391	144785	3324	171281
巴彦淖尔市	Bayannaoer City	318674	98459	2642	38950
乌 海 市	Wuhai City	200129	29128	15	53798
阿拉善盟	Alashan League	101066	26350	638	20486
直报单位	Units of Direct Reporting	162182	157571	4584	27

22－6 续表 continued

单位：人 (person)

地 区	Region	# 港澳台商投资单位 Economic Units Funded by Entrepreneurs from H. K, Macao and Taiwan	# 外商投资单位 Foreign Funded Units	私营企业 Private Enterprises	个 体 Self－employed Individuals
呼和浩特市	Hohhot City	7382	4566	194202	637175
包 头 市	Baotou City	3234	2518	170160	236220
呼伦贝尔市	Hulunbeier City	397	763	109368	545381
兴 安 盟	Xingan League	46	1882	28796	110678
通 辽 市	Tongliao City	4664	6037	107859	174728
赤 峰 市	Chifeng City	1305	3562	180345	253162
锡林郭勒盟	Xilinguole League	210	198	75017	241942
乌兰察布市	Wulanchabu City	1100	341	62385	147168
鄂尔多斯市	Erdos City	4273	16500	136638	219363
巴彦淖尔市	Bayannaoer City	1083	539	44738	133885
乌 海 市	Wuhai City	612	109	64200	52988
阿拉善盟	Alashan League	422	226	20745	32847
直报单位	Units of Direct Reporting				

22－7 各盟市按登记注册类型分年末职工人数(2017年)

Number of Staff and Workers at Year－end by Status of Registration and by Region(2017)

单位：人 (person)

地 区	Region	合 计 Total	国有单位 State－owned Units	城镇集体单位 Urban Collective－owned Units	其他单位 Units of Other Types of Ownership
呼和浩特市	Hohhot City	394226	192494	8265	193467
包 头 市	Baotou City	336323	123037	5402	207884
呼伦贝尔市	Hulunbeier City	275977	174142	3730	98105
兴 安 盟	Xingan League	117261	92001	2434	22826
通 辽 市	Tongliao City	260004	186562	5404	68038
赤 峰 市	Chifeng City	308393	190498	7552	110343
锡林郭勒盟	Xilinguole League	136751	84295	2734	49722
乌兰察布市	Wulanchabu City	153560	111543	1957	40060
鄂尔多斯市	Erdos City	312101	141427	3241	167433
巴彦淖尔市	Bayannaoer City	136562	95733	2590	38239
乌 海 市	Wuhai City	82325	28972	15	53338
阿拉善盟	Alashan League	46652	25887	626	20139
直报单位	Units of Direct Reporting	157246	155073	2146	27

22-8 各盟市按登记注册类型分女性年末就业人员(2017年)

Number of Female Employed by Registration Status and by Region at Year-end(2017)

单位:人 (person)

地区	Region	合计 Total	国有单位 State-owned Units	城镇集体单位 Urban Collective-owned Units	其他单位 Units of Other Types of Ownership
呼和浩特市	Hohhot City	167441	86798	4125	76518
包头市	Baotou City	134729	61433	2534	70762
呼伦贝尔市	Hulunbeier City	108276	81009	1730	25537
兴安盟	Xingan League	51297	41434	1051	8812
通辽市	Tongliao City	105216	81711	2631	20874
赤峰市	Chifeng City	122390	89114	3774	29502
锡林郭勒盟	Xilinguole League	55715	38709	1337	15669
乌兰察布市	Wulanchabu City	62464	45385	787	16292
鄂尔多斯市	Erdos City	113483	62500	1810	49173
巴彦淖尔市	Bayannaoer City	59448	43895	1480	14073
乌海市	Wuhai City	30173	14922	5	15246
阿拉善盟	Alashan League	18504	11831	342	6331
直报单位	Units of Direct Reporting	26286	25594	678	14

22-9 各盟市私营企业年末就业人员(2017年)

Number of Employed Persons in Private Enterprises at the Year-end by Region(2017)

单位:户、人 (enterprise, person)

地区	Region	合计 Total			城镇 Urban Areas			乡村 Rural Areas		
		户数 Enter-prises	就业人数 Employed Persons	#投资者 Emp-oyers	户数 Enter-prises	就业人数 Employed Persons	#投资者 Empl-oyers	户数 Enter-prises	就业人数 Employed Persons	#投资者 Empl-oyers
自治区本级	Autonomous Region	125	945	808	123	941	804	2	4	4
呼和浩特市	Hohhot City	68479	446312	127309	59349	391873	118015	9130	54439	9294
包头市	Baotou City	45505	596713	85902	38729	522006	78806	6776	74707	7096
呼伦贝尔市	Hulunbeier City	23201	144448	38047	18488	123129	34850	4713	21319	3197
兴安盟	Xingan League	9958	71877	15437	7475	55506	12807	2483	16371	2630
通辽市	Tongliao City	25494	143912	37540	20051	111024	32609	5443	32888	4931
赤峰市	Chifeng City	41448	317587	58752	30320	241747	46598	11128	75840	12164
锡林郭勒盟	Xilinguole League	18313	153214	28124	16361	137040	26373	1952	16174	1751
乌兰察布市	Wulanchabu City	19276	160063	32922	14571	115818	27306	4705	44245	5616
鄂尔多斯市	Erdos City	42868	294929	74138	34805	229542	63248	8063	65387	10890
巴彦淖尔市	Bayannaoer City	17503	137586	28772	13844	115076	24865	3659	22510	3907
乌海市	Wuhai City	9714	115156	16740	8779	110083	16110	935	5073	630
阿拉善盟	Alashan League	5615	59711	9106	4925	54624	8633	690	5087	473

注:数据来自自治区工商行政管理局。

a) Data from the Inner Mongolia Administration For Indllstry & Commerce.

22－10 各盟市年末个体就业人员(2017 年)

Number of Self－Employed Individuals at Year－end by Region(2017)

单位:户、人 (enterprise, person)

地 区	Region	合 计 Total		城 镇 Urban Areas		乡 村 Rural Areas	
		户 数 Number of Households	就业人数 Number of Employed Individuals	户 数 Number of Households	就业人数 Number of Employed Individuals	户 数 Number of Households	就业人数 Number of Employed Individuals
总 计	**Total**	**1402958**	**3243815**	**1134331**	**2785537**	**268627**	**458278**
呼和浩特市	Hohhot City	171581	715657	141985	637175	29596	78482
包 头 市	Baotou City	142907	281129	118672	236220	24235	44909
呼伦贝尔市	Hulunbeier City	175464	577918	156506	545381	18958	32537
兴 安 盟	Xingan League	88102	138416	68232	110678	19870	27738
通 辽 市	Tongliao City	156317	238236	111812	174728	44505	63508
赤 峰 市	Chifeng City	191520	316579	132493	253162	59027	63417
锡林郭勒盟	Xilinguole League	100794	253977	94812	241942	5982	12035
乌兰察布市	Wulanchabu City	84936	190035	69711	147168	15225	42867
鄂尔多斯市	Erdos City	140006	262504	115640	219363	24366	43141
巴彦淖尔市	Bayannaoer City	99862	176264	77262	133885	22600	42379
乌 海 市	Wuhai City	30005	53981	29302	52988	703	993
阿拉善盟	Alashan League	21464	39119	17904	32847	3560	6272

注:本资料由工商部门提供。

a) The Statistics are provided by the Department of Industry and Commerce.

22－11 各盟市城镇年末实有登记失业人数

Number of Registered Unemployed Persons at the Year－end in Urban Areas by Region

单位:人 (person)

地 区	Region	1995	2000	2005	2010	2015	2017
总 计	**Total**	**139713**	**126478**	**177483**	**208110**	**258694**	**270819**
呼和浩特市	Hohhot City	11781	13120	24465	29749	38355	41697
包 头 市	Baotou City	27205	20412	31972	39203	51253	55240
呼伦贝尔市	Hulunbeier City	25887	29283	24601	27855	30368	31279
兴 安 盟	Xingan League	4079	5564	8539	11345	11719	13248
通 辽 市	Tongliao City	12559	8696	15027	16503	17554	17466
赤 峰 市	Chifeng City	14266	14374	21000	25050	28558	28349
锡林郭勒盟	Xilinguole League	4783	4943	7809	9550	12239	13071
乌兰察布市	Wulanchabu City	11337	9155	14271	17039	20379	23360
鄂尔多斯市	Erdos City	5900	3653	9620	7901	22831	21952
巴彦淖尔市	Bayannaoer City	11511	9562	11074	13150	14728	13976
乌 海 市	Wuhai City	8359	5715	6860	7915	7613	8625
阿拉善盟	Alashan League	2046	2001	2245	2850	3097	2556

22－12 各盟市城镇登记失业率

Registered Unemployment Rate in Urban Areas by Region

单位:%　　(%)

地 区	Region	1995	2000	2005	2010	2011	2012	2013	2014	2015	2017
总 计	**Total**	**3.17**	**3.34**	**4.26**	**3.90**	**3.80**	**3.73**	**3.66**	**3.59**	**3.65**	**3.63**
呼和浩特市	Hohhot City	2.41	3.01	4.29	3.90	3.70	3.63	3.85	3.54	3.56	3.65
包 头 市	Baotou City	3.81	3.44	4.14	3.83	3.87	3.87	3.87	3.87	3.88	3.87
呼伦贝尔市	Hulunbeier City	4.83	4.24	4.36	4.10	4.08	3.86	3.85	3.84	3.81	3.73
兴 安 盟	Xingan League	1.88	2.48	4.30	4.33	4.05	4.10	4.05	4.01	3.93	4.00
通 辽 市	Tongliao City	3.14	2.46	4.20	3.93	3.89	3.80	3.60	3.54	3.61	3.54
赤 峰 市	Chifeng City	3.13	2.90	4.22	4.18	4.17	3.88	3.87	3.96	3.98	3.98
锡林郭勒盟	Xilinguole League	2.77	3.25	4.65	3.70	3.42	3.51	3.24	3.20	2.87	3.08
乌兰察布市	Wulanchabu City	3.63	4.01	4.40	4.10	4.10	3.98	3.87	3.94	3.94	3.99
鄂尔多斯市	Erdos City	3.13	2.07	3.97	2.21	2.21	2.55	2.74	2.61	3.11	2.79
巴彦淖尔市	Bayannaoer City	4.49	3.84	4.25	4.10	3.90	3.77	3.65	3.50	3.88	3.86
乌 海 市	Wuhai City	5.12	4.40	4.50	4.30	4.30	4.20	3.60	3.25	3.39	3.46
阿拉善盟	Alashan League	4.00	3.46	4.12	3.95	3.77	3.44	3.40	3.26	3.16	2.40

22－13 各盟市职工工资总额和指数(2017 年)

Total Wages of Staff and Workers and Related Index by Region(2017)

地 区	Region	工资总额(万元) Total Wages(10 000 yuan)				指 数(上年＝100) Index(preceding year＝100)			
		合 计 Total	国有单位 State－owned Units	城镇集体单位 Urban Collect－iveowned Units	其他单位 Units of Other Types of Owner ship	合 计 Total	国有单位 State－owned Units	城镇集体单位 Urban Collect－iveowned Units	其他单位 Units of Other Types of Owner ship
呼和浩特市	Hohhot City	2532647	1327820	41350	1163478	108.1	111.5	104.4	104.6
包 头 市	Baotou City	2369047	994742	37285	1337021	99.8	104.5	73.1	97.6
呼伦贝尔市	Hulunbeier City	1806872	1151101	33705	622066	99.7	100.9	89.9	98.1
兴 安 盟	Xingan League	731102	577718	19615	133769	102.1	104.7	101.7	92.4
通 辽 市	Tongliao City	1594999	1134270	39540	421190	96.7	99.0	95.4	91.1
赤 峰 市	Chifeng City	1967162	1324248	51196	591718	99.8	100.5	83.4	99.9
锡林郭勒盟	Xilinguole League	978777	642163	25760	310854	108.1	103.0	99.1	121.5
乌兰察布市	Wulanchabu City	1012058	762667	12386	237005	102.6	104.0	94.4	98.8
鄂尔多斯市	Erdos City	2499110	1222229	23702	1253179	107.2	97.7	113.3	118.4
巴彦淖尔市	Bayannaoer City	909594	623975	20887	264732	112.9	112.8	133.0	111.7
乌 海 市	Wuhai City	607776	207947	76	399753	109.9	120.3	64.6	105.2
阿拉善盟	Alashan League	340588	216505	4638	119444	92.4	103.7	97.9	77.1

22－14 各盟市职工平均工资及指数(2017 年)

Average Wage of Staff and Workers and Related Indices by Region(2017)

地 区	Region	平均货币工资(元) Average Money Wage(yuan)				指数(上年＝100)Indices (preceding year＝100)			
		合 计 Total	国有单位 State－owned Units	城镇集体单位 Urban Collect－iveowned Units	其他单位 Units of Other Types of Owner ship	合 计 Total	国有单位 State－owned Units	城镇集体单位 Urban Collect－iveowned Units	其他单位 Units of Other Types of Owner ship
呼和浩特市	Hohhot City	63084	69292	50212	57708	112.2	113.6	106.1	110.6
包 头 市	Baotou City	69706	80849	68892	63178	108.9	102.3	148.2	110.4
呼伦贝尔市	Hulunbeier City	65045	66101	89999	62261	109.9	106.0	91.0	117.4
兴 安 盟	Xingan League	62458	63795	81221	58514	106.3	107.9	109.9	104.7
通 辽 市	Tongliao City	61470	60799	73440	61867	107.8	104.3	105.1	116.0
赤 峰 市	Chifeng City	63809	69515	67899	53406	107.1	102.7	102.8	114.3
锡林郭勒盟	Xilinguole League	71677	76180	94082	62739	107.1	104.9	98.9	114.4
乌兰察布市	Wulanchabu City	66332	68374	63196	60303	101.6	102.3	97.9	98.8
鄂尔多斯市	Erdos City	78166	86421	75533	71522	104.9	101.5	105.2	110.1
巴彦淖尔市	Bayannaoer City	64696	65179	81335	62462	118.9	116.2	130.5	123.6
乌 海 市	Wuhai City	67658	71775	50533	65780	116.0	113.4	90.5	116.9
阿拉善盟	Alashan League	72983	83635	73974	58895	112.1	105.5	101.8	112.5

22－15 各盟市房地产开发企业(单位)个数(2017 年)

Number of Enterprises for Real Estate Development by Region(2017)

单位:个 (unit)

地 区	Region	企业个数 Number of Enterprises	内资企业 Domestic Funded Enterprises	＃国 有 State－owned Enterprises	＃集 体 Collective Owned Enterprises	港、澳、台投资企业 Funded by Entrepreneurs from Hong Kong Macao & Taiwan	外商投资企业 Foreign Funded Enterprises
呼和浩特市	Hohhot City	206	205				1
包 头 市	Baotou City	319	316	3		2	1
呼伦贝尔市	Hulunbeier City	190	190				
兴 安 盟	Xingan League	94	94	1			
通 辽 市	Tongliao City	138	138				
赤 峰 市	Chifeng City	236	236				
锡林郭勒盟	Xilinguole League	120	120				
乌兰察布市	Wulanchabu City	91	91				
鄂尔多斯市	Erdos City	177	177				
巴彦淖尔市	Bayannaoer City	82	82				
乌 海 市	Wuhai City	115	115				
阿拉善盟	Alashan League	35	35				

22－16 各盟市房地产开发企业(单位)年底从业人员(2017 年)

Number of Employed Persons in Enterprises for Real Estate Development by Region(end of 2017)

单位:人 (person)

地 区	Region	年末从业人数 Number of Employed Persons	内资企业 Domestic Funded Enterprises	# 国 有 State－owned Enterprises	# 集 体 Collective Owned Enterprises	港、澳、台投资企业 Funded by Entrepreneurs from Hong Kong Macao & Taiwan	外商投资企业 Foreign Funded Enterprises
呼和浩特市	Hohhot City	5721	5704				17
包 头 市	Baotou City	8915	8836	85		18	61
呼伦贝尔市	Hulunbeier City	3410	3410				
兴 安 盟	Xingan League	1222	1222	9			
通 辽 市	Tongliao City	3405	3405				
赤 峰 市	Chifeng City	3766	3766				
锡林郭勒盟	Xilinguole League	1715	1715				
乌兰察布市	Wulanchabu City	1389	1389				
鄂尔多斯市	Erdos City	3529	3529				
巴彦淖尔市	Bayannaoer City	2002	2002				
乌 海 市	Wuhai City	1534	1534				
阿拉善盟	Alashan League	514	514				

22－17 各盟市按用途分的房地产开发企业(单位)完成投资额(2017 年)

Actually Completed Investment of Enterprises for Real Estate Development by Region and by Use(2017)

单位:万元 (10 000 yuan)

地 区	Region	本年完成投资额 Investment Made This Year	住 宅 Residential Buildings	办 公 楼 Office Buildings	商业营业用房 Houses for Business Use	其 他 Others
呼和浩特市	Hohhot City	2383997	1798519	64075	361680	159723
包 头 市	Baotou City	1553863	1166520	33027	228902	125414
呼伦贝尔市	Hulunbeier City	1163288	762537	14442	180848	205461
兴 安 盟	Xingan League	155739	99957	26	43892	11864
通 辽 市	Tongliao City	485491	403007	2853	48330	31301
赤 峰 市	Chifeng City	1400538	1011897	26137	252084	110420
锡林郭勒盟	Xilinguole League	196915	155936	1210	25228	14541
乌兰察布市	Wulanchabu City	208603	161025	2665	36764	8149
鄂尔多斯市	Erdos City	803381	541377	25182	149953	86869
巴彦淖尔市	Bayannaoer City	328652	239347	2080	66471	20754
乌 海 市	Wuhai City	204816	110578	1150	77693	15395
阿拉善盟	Alashan League	11950	7849		4016	85

22－18 各盟市商品房建筑面积和造价（2017 年）

Floor Space of Buildings and Cost in Commercial House by Region（2017）

地 区	Region	施工房屋面积（万平方米）Floor Space of Buildings under Construction（10 000 sq. m）	竣工房屋面积（万平方米）Floor Space of Buildings Completed（10 000 sq. m）	房屋建筑面积竣工率（%）Rate of Floor Space of Buildings Completed（%）	竣工房屋价值（万元）Value of Buildings Completed（10 000 yuan）	竣工房屋造价（元/平方米）Cost of Buildings Completed（yuan/sq. m）
呼和浩特市	Hohhot City	4170.59	379.83	9.11	1264441	3328.97
包 头 市	Baotou City	2505.70	421.07	16.80	1081173	2567.68
呼伦贝尔市	Hulunbeier City	1175.47	281.97	23.99	607571	2154.74
兴 安 盟	Xingan League	485.94	47.93	9.86	87360	1822.66
通 辽 市	Tongliao City	826.26	141.27	17.10	227824	1612.68
赤 峰 市	Chifeng City	1209.89	103.73	8.57	258611	2493.12
锡林郭勒盟	Xilinguole League	437.56	76.02	17.37	144274	1897.84
乌兰察布市	Wulanchabu City	678.44	70.98	10.46	147803	2082.32
鄂尔多斯市	Erdos City	2566.04	64.20	2.50	133093	2073.10
巴彦淖尔市	Bayannaoer City	1102.78	121.17	10.99	322681	2663.04
乌 海 市	Wuhai City	541.24	1.04	0.19	2757	2650.96
阿拉善盟	Alashan League	115.49	5.96	5.16	12715	2133.39

22－19 各盟市商品房屋销售情况（2017 年）

Selling of Commercial Houses by Region（2017）

地 区	Region	房屋销售面积（万平方米）Floor Space of Selling House（10 000 sq. m）	# 住 宅 Residential Buildings	商品房销售额（万元）Total Sales of Commerical Houses（10 000 yuan）	# 住 宅 Residential Buildings
呼和浩特市	Hohhot City	316.51	249.97	2060524	1415232
包 头 市	Baotou City	449.46	386.40	2293913	1874595
呼伦贝尔市	Hulunbeier City	300.28	229.32	1127011	715332
兴 安 盟	Xingan League	93.98	74.36	307356	233133
通 辽 市	Tongliao City	225.54	198.62	858151	716605
赤 峰 市	Chifeng City	241.27	218.90	1156677	1039587
锡林郭勒盟	Xilinguole League	76.26	66.70	254805	205982
乌兰察布市	Wulanchabu City	31.04	27.89	89892	77461
鄂尔多斯市	Erdos City	158.11	116.17	657026	419508
巴彦淖尔市	Bayannaoer City	114.35	105.01	488009	402918
乌 海 市	Wuhai City	52.55	46.45	248726	196372
阿拉善盟	Alashan League	8.26	6.38	26006	20195

22-20 各盟市一般公共预算收支(2017年)

General Public Budget Revenue and Expenditure by Region(2017)

单位:万元 (10 000 yuan)

地区	Region	一般公共预算收入 General Public Budget Revenue	一般公共预算支出 General Public Budget Expenditure
呼和浩特市	Hohhot City	2015020	4030357
包头市	Baotou City	1376126	3303194
呼伦贝尔市	Hulunbeier City	852516	4350520
兴安盟	Xingan League	288970	2251232
通辽市	Tongliao City	704603	3169892
赤峰市	Chifeng City	1006776	4625060
锡林郭勒盟	Xilinguole League	743124	2378400
乌兰察布市	Wulanchabu City	431063	3181106
鄂尔多斯市	Erdos City	3568432	4733742
巴彦淖尔市	Bayannaoer City	572326	2464211
乌海市	Wuhai City	377944	903911
阿拉善盟	Alashan League	217445	842472

22-21 各盟市一般公共预算收入(2017年)

General Public Budget Revenue by Region(2017)

单位:万元 (10 000 yuan)

地区	Region	收入合计 Total Revenue	#增值税 Value-added Tax	#企业所得税 Enterprises Income Tax	#契税和耕地占用税 Contract Tax and Tax on The Occupancy of Cultuvated Land
呼和浩特市	Hohhot City	2015020	570423	182065	355425
包头市	Baotou City	1376126	322427	101612	139403
呼伦贝尔市	Hulunbeier City	852516	220007	56556	121392
兴安盟	Xingan League	288970	67396	14445	49209
通辽市	Tongliao City	704603	184722	52381	51876
赤峰市	Chifeng City	1006776	259108	76988	100481
锡林郭勒盟	Xilinguole League	743124	169630	35401	143187
乌兰察布市	Wulanchabu City	431063	127131	22064	49390
鄂尔多斯市	Erdos City	3568432	1319891	324639	55165
巴彦淖尔市	Bayannaoer City	572326	147021	37677	92097
乌海市	Wuhai City	377944	136019	9962	57422
阿拉善盟	Alashan League	217445	63244	13080	21889

22－22 各盟市一般公共预算支出(2017年)

General Public Budget Expenditure by Region(2017)

单位:万元 (10 000 yuan)

地区	Region	支出合计 Total Expenditure	#一般公共服务 General Public Services	#教育支出 Expenditure for Education	#科学技术 Science and Technology
呼和浩特市	Hohhot City	4030357	308081	535916	36607
包头市	Baotou City	3303194	264269	505189	39163
呼伦贝尔市	Hulunbeier City	4350520	345843	487322	18871
兴安盟	Xingan League	2251232	165327	307000	6188
通辽市	Tongliao City	3169892	250237	519228	13238
赤峰市	Chifeng City	4625060	343974	872383	12202
锡林郭勒盟	Xilinguole League	2378400	237801	318494	6982
乌兰察布市	Wulanchabu City	3181106	255900	387189	7579
鄂尔多斯市	Erdos City	4733742	431908	626359	23874
巴彦淖尔市	Bayannaoer City	2464211	204581	278987	7707
乌海市	Wuhai City	903911	64672	106873	7506
阿拉善盟	Alashan League	842472	78348	71061	3313

22－22 续表 continued

单位:万元 (10 000 yuan)

地区	Region	#社会保障和就业 Social Security and Employment	#医疗卫生支出 Expenditure for Medical treatment and Health	#节能环保 Energy saving and environmental protection	#农林水事务 Expenses of Agriculture, Forestry and Water
呼和浩特市	Hohhot City	446778	261883	78449	312659
包头市	Baotou City	763336	220935	165890	243772
呼伦贝尔市	Hulunbeier City	856374	329014	195407	814250
兴安盟	Xingan League	386487	197212	56631	508226
通辽市	Tongliao City	633201	314811	43551	444828
赤峰市	Chifeng City	825179	435368	123088	745319
锡林郭勒盟	Xilinguole League	311156	174274	61600	454527
乌兰察布市	Wulanchabu City	809510	265272	85366	493990
鄂尔多斯市	Erdos City	533042	341809	111918	531336
巴彦淖尔市	Bayannaoer City	482693	194786	72840	516260
乌海市	Wuhai City	203789	94850	26606	80746
阿拉善盟	Alashan League	65625	52023	26616	233265

22－23 各盟市金融机构人民币存、贷款余额(2017年末)

Saving Deposits and loans of Financial Institutions by Region(end of 2017)

单位:亿元 (100 million yuan)

地区	Region	金融机构存款 Deposits	#非金融企业存款 Deposit of Non－financial Enterprises	活期 Demand	定期及其他 Time Deposit and others	#住户存款 Household Deposit	活期 Demand	定期及其他 Time Deposit and others
呼和浩特市	Hohhot City	6312.61	2732.84	1684.00	1048.84	1953.41	915.48	1037.93
包头市	Baotou City	3886.61	1140.05	487.13	652.92	1457.22	680.25	776.96
呼伦贝尔市	Hulunbeier City	1538.29	284.28	211.39	72.89	900.13	416.48	483.65
兴安盟	Xingan League	583.25	118.22	84.96	33.26	320.09	183.22	136.87
通辽市	Tongliao City	1066.52	161.53	110.16	51.38	690.00	398.18	291.82
赤峰市	Chifeng City	2161.91	517.61	424.39	93.22	1277.43	598.07	679.36
锡林郭勒盟	Xilinguole League	760.21	142.05	112.45	29.60	456.30	262.07	194.23
乌兰察布市	Wulanchabu City	1138.52	207.26	179.75	27.51	762.64	341.54	421.11
鄂尔多斯市	Erdos City	3374.26	984.99	553.91	431.08	1694.24	651.56	1042.68
巴彦淖尔市	Bayannaoer City	966.71	161.86	130.37	31.49	658.95	387.11	271.85
乌海市	Wuhai City	796.70	212.99	156.85	56.14	358.03	155.05	202.98
阿拉善盟	Alashan League	367.18	84.46	60.78	23.67	201.59	72.88	128.71

22－23 续表 continued

单位:亿元 (100 million yuan)

地区	Region	金融机构贷款 Loans	#住户贷款 Household Loans	短期贷款 Short－term Loans	中长期贷款 Medium－term & Long－term Loans	#非金融企业及机关团体贷款 Non－financial Enterprises and Organizations Loans	短期贷款 Short－term Loans	中长期贷款 Medium－term & Long－term Loans
呼和浩特市	Hohhot City	7646.01	1043.09	268.80	774.29	6602.64	1218.92	5080.29
包头市	Baotou City	2960.39	976.91	465.32	511.59	1982.66	1029.52	827.95
呼伦贝尔市	Hulunbeier City	1186.55	307.44	163.44	144.00	879.10	452.53	410.89
兴安盟	Xingan League	666.13	197.45	113.31	84.14	468.68	295.77	169.79
通辽市	Tongliao City	1044.16	329.66	155.98	173.68	714.50	452.10	255.80
赤峰市	Chifeng City	1653.87	806.43	375.33	431.10	847.44	229.65	608.46
锡林郭勒盟	Xilinguole League	677.42	222.33	123.17	99.15	455.09	102.10	348.69
乌兰察布市	Wulanchabu City	703.02	292.69	183.70	108.99	410.32	79.67	320.80
鄂尔多斯市	Erdos City	3078.80	408.71	233.64	175.07	2670.09	844.82	1717.12
巴彦淖尔市	Bayannaoer City	855.18	473.84	330.34	143.49	381.34	172.80	193.01
乌海市	Wuhai City	612.78	91.95	40.20	51.74	520.81	181.88	154.46
阿拉善盟	Alashan League	371.71	69.56	51.00	18.56	302.15	121.49	177.40

22－24 各盟市保险公司主要指标(2017 年)

Main Indicators of Insurance Companies Funded by Region(2017)

单位:亿元 (100 million yuan)

地 区	Region	保险金额 Amount Insured	财产保险公司 Property Insurance Co	人身保险公司 Accident in Insurance Co	原保险保费收入 Premium	财产保险公司 Property Insurance Co	人身保险公司 Accident in Insurance Co
呼和浩特市	Hohhot City	63588.53	47504.40	16084.13	119.30	39.00	80.30
包头市	Baotou City	16905.59	10972.70	5932.89	70.07	21.57	48.50
呼伦贝尔市	Hulunbeier City	15755.88	12362.07	3393.81	51.83	18.13	33.70
兴安盟	Xingan League	12119.72	2993.80	9125.92	24.93	9.82	15.10
通辽市	Tongliao City	14995.76	12255.03	2740.73	47.09	19.61	27.48
赤峰市	Chifeng City	24637.26	19761.94	4875.32	75.08	25.88	49.20
锡林郭勒盟	Xilinguole League	4894.43	3608.93	1285.50	21.12	7.58	13.54
乌兰察布市	Wulanchabu City	7725.26	6680.70	1044.56	23.48	9.71	13.78
鄂尔多斯市	Erdos City	16960.99	14022.15	2938.84	59.11	19.88	39.23
巴彦淖尔市	Bayannaoer City	9694.88	3413.15	6281.73	48.97	11.65	37.33
乌海市	Wuhai City	3176.23	1611.57	1564.66	19.60	4.48	15.12
阿拉善盟	Alashan League	2094.71	1672.86	421.85	9.34	3.95	5.39

22－24 续表 continued

地 区	Region	赔款及给付 Claim and Payment	财产保险公司 Property Insurance Co	人身保险公司 Accident in Insurance Co	机构数(个) Number of Institution (unit)	财产保险公司 Property Insurance Co	人身保险公司 Accident in Insurance Co
呼和浩特市	Hohhot City	31.75	18.79	12.95	315	179	136
包头市	Baotou City	17.31	10.53	6.77	270	181	89
呼伦贝尔市	Hulunbeier City	28.90	21.66	7.24	342	211	131
兴安盟	Xingan League	16.61	12.84	3.77	143	94	49
通辽市	Tongliao City	18.32	13.34	4.98	282	162	120
赤峰市	Chifeng City	24.99	15.46	9.53	414	225	189
锡林郭勒盟	Xilinguole League	5.96	3.53	2.43	192	144	48
乌兰察布市	Wulanchabu City	9.17	5.24	3.93	224	153	71
鄂尔多斯市	Erdos City	15.54	10.29	5.24	281	192	89
巴彦淖尔市	Bayannaoer City	11.00	5.72	5.28	237	136	101
乌海市	Wuhai City	4.18	1.87	2.31	77	49	28
阿拉善盟	Alashan League	2.77	1.75	1.02	50	35	15

22－25 各盟市财产保险业务收入与赔付(2017 年)

Insurance Business Income of Property and Claim & Payment by Region(2017)

单位:万元 (10 000 yuan)

地 区	Region	原保险保费收入合计 Total Premium	# 企业财产保险 Enterprise Property Insurance	机动车辆保险 Motor Vehicle Insurance	货物运输保险 Freight Transport Insurance	责任保险 Insurance of Duty	农业保险 Agriculture Insurance
呼和浩特市	Hohhot City	389970.93	21496.15	269571.23	1631.72	11166.35	26299.74
包 头 市	Baotou City	215675.41	10633.06	162447.31	809.71	6565.72	7695.48
呼伦贝尔市	Hulunbeier City	181251.66	5665.68	79619.37	334.63	4286.44	78314.34
兴 安 盟	Xingan League	98218.54	1078.13	51847.24	64.17	2082.13	36193.70
通 辽 市	Tongliao City	196122.14	2387.76	118798.41	495.55	3091.86	48672.68
赤 峰 市	Chifeng City	258758.90	5366.76	173835.13	378.41	6692.34	41128.08
锡林郭勒盟	Xilinguole League	75806.84	2367.13	51599.59	146.57	3260.14	11476.96
乌兰察布市	Wulanchabu City	97080.18	2429.08	63955.92	181.72	2534.76	19916.99
鄂尔多斯市	Erdos City	198758.04	12486.54	140250.19	203.32	6033.48	22244.44
巴彦淖尔市	Bayannaoer City	116491.04	1687.02	73091.77	457.42	3331.00	24523.05
乌 海 市	Wuhai City	44845.82	2088.00	36048.23	63.43	2096.59	591.23
阿拉善盟	Alashan League	39521.93	2455.19	22646.84	522.93	1725.18	8297.63

22－25 续表 continued

单位:万元 (10 000 yuan)

地 区	Region	赔付支出合计 Claim and Payment	# 企业财产保险 Enterprise Property Insurance	机动车辆保险 Motor Vehicle Insurance	货物运输保险 Freight Transport Insurance	责任保险 Insurance of Duty	农业保险 Agriculture Insurance
呼和浩特市	Hohhot City	187948.39	8609.80	132476.52	781.54	5383.93	22565.87
包 头 市	Baotou City	105330.48	5944.70	76062.46	229.35	3548.33	8577.08
呼伦贝尔市	Hulunbeier City	216583.90	2105.07	42197.85	87.02	2000.80	162431.89
兴 安 盟	Xingan League	128416.51	731.60	27292.39	41.75	914.64	95485.11
通 辽 市	Tongliao City	133391.23	1362.39	64897.21	64.45	1467.54	49125.17
赤 峰 市	Chifeng City	154565.35	3720.53	94555.45	169.00	2367.16	31972.49
锡林郭勒盟	Xilinguole League	35263.44	709.85	21175.48	59.81	2038.82	7484.27
乌兰察布市	Wulanchabu City	52378.20	486.95	34168.99	128.73	1179.54	12681.73
鄂尔多斯市	Erdos City	102940.70	6671.79	57376.73	110.59	3534.41	22176.09
巴彦淖尔市	Bayannaoer City	57205.66	1148.79	33934.83	147.37	1584.86	15876.25
乌 海 市	Wuhai City	18694.49	579.45	15507.24	23.23	615.60	546.08
阿拉善盟	Alashan League	17520.60	1106.27	9635.53	166.16	626.52	3556.80

22－26 各盟市人身保险业务收入与赔付(2017 年)

Insurance Business Income and Settled Claim & Payment of Accident in Insurance by Region(2017)

单位:万元 (10 000 yuan)

地 区	Region	原保险保费收入 Remium	寿险 Life Insurance Business	意外伤害险 Personal Insurance Accident	健康险 Health Insurance
呼和浩特市	Hohhot City	803003.36	649646.43	16964.10	136392.83
包 头 市	Baotou City	484977.86	408610.79	7635.97	68731.11
呼伦贝尔市	Hulunbeier City	337013.87	263466.46	7636.17	65911.24
兴 安 盟	Xingan League	151049.59	107959.19	3795.06	39295.34
通 辽 市	Tongliao City	274795.05	210707.24	7441.03	56646.78
赤 峰 市	Chifeng City	491991.83	405158.25	10972.28	75861.30
锡林郭勒盟	Xilinguole League	135439.51	110492.56	2348.93	22598.03
乌兰察布市	Wulanchabu City	137758.04	116623.70	2714.67	18419.67
鄂尔多斯市	Erdos City	392321.57	335206.61	5703.95	51411.01
巴彦淖尔市	Bayannaoer City	373257.96	281142.70	6178.69	85936.57
乌 海 市	Wuhai City	151152.79	126249.02	1826.28	23077.50
阿拉善盟	Alashan League	53859.17	44343.08	764.83	8751.26

22－26 续表 continued

单位:万元 (10 000 yuan)

地 区	Region	赔付支出合计 Benefit Paidand Expenditare of Payment	寿险 Life Insurance Business	意外伤害险 Personal Insurance Accident	健康险 Health Insurance
呼和浩特市	Hohhot City	129548.94	90174.53	2618.98	36755.43
包 头 市	Baotou City	67721.37	50994.66	1240.14	15486.56
呼伦贝尔市	Hulunbeier City	72382.71	57543.69	1585.77	13253.24
兴 安 盟	Xingan League	37691.02	21753.37	1064.35	14873.30
通 辽 市	Tongliao City	49796.71	35219.47	2493.09	12084.15
赤 峰 市	Chifeng City	95322.30	74779.10	4004.65	16538.56
锡林郭勒盟	Xilinguole League	24312.33	19335.07	707.73	4269.53
乌兰察布市	Wulanchabu City	39272.87	34357.65	502.57	4412.65
鄂尔多斯市	Erdos City	52445.23	43305.75	1129.67	8009.81
巴彦淖尔市	Bayannaoer City	52837.24	38378.94	1888.05	12570.25
乌 海 市	Wuhai City	23077.48	19345.75	363.66	3368.07
阿拉善盟	Alashan League	10173.38	8983.28	367.76	822.34

22－27 各盟市银行卡跨行交易情况(2017 年)

Inter－bank Bank card transactions by Region(2017)

地 区	Region	银行卡跨行清算笔数(万笔) Inter－bank liquidation items(10000 items)		银行卡跨行清算金额(亿元) The amount of Inter－bank liquidation(100 milllion yuan)	
		自动柜员机 ATM	销售终端 POS	自动柜员机 ATM	销售终端 POS
总 计	**Total**	**5366.83**	**21591.81**	**953.38**	**7214.56**
呼和浩特市	Hohhot City	1158.74	6687.71	193.73	2738.05
包 头 市	Baotou City	721.42	3782.26	123.59	1207.97
呼伦贝尔市	Hulunbeier City	418.78	957.04	75.44	237.47
兴 安 盟	Xingan League	263.52	426.07	50.62	159.10
通 辽 市	Tongliao City	507.78	1278.28	86.40	423.18
赤 峰 市	Chifeng City	645.11	2077.37	100.50	543.82
锡林郭勒盟	Xilinguole League	231.38	992.24	45.47	243.78
乌兰察布市	Wulanchabu City	275.01	973.05	54.28	269.33
鄂尔多斯市	Erdos City	575.09	2190.63	105.60	675.64
巴彦淖尔市	Bayannaoer City	326.86	1202.06	66.23	409.37
乌 海 市	Wuhai City	138.57	741.35	30.35	222.74
阿拉善盟	Alashan League	104.57	283.75	21.17	84.11

22－28 各盟市全体居民人均收入情况(2017 年)

Per Capita Income of All Residents by Region(2017)

单位:元　　(yuan)

地区	Region	可支配收入 Disposable Income	工资性收入 Income of Wage	经营净收入 Operational Income	第一产业净收入 Net Income of Primary industry	农业净收入 Net Income of Agriculture	牧业净收入 Net Income of Animal－Husbandry
全 区	**Autonomous Regional Total**	**26212**	**13900**	**6364**	**2647**	**1674**	**943**
呼和浩特市	Hohhot City	33115	16297	7885	918	591	298
包 头 市	Baotou City	38749	20924	5176	776	585	191
呼伦贝尔市	Hulunbeier City	26332	13235	6566	2572	1758	786
兴 安 盟	Xingan League	16822	7577	4882	3335	2468	835
通 辽 市	Tongliao City	19996	8105	7283	5532	4636	845
赤 峰 市	Chifeng City	19321	10149	5663	3138	2081	793
锡林郭勒盟	Xilinguole League	27777	13798	7751	3123	426	2641
乌兰察布市	Wulanchabu City	18885	8808	4982	2675	1756	917
鄂尔多斯市	Erdos City	35648	21242	7555	2047	1165	848
巴彦淖尔市	Bayannaoer City	22783	9402	9627	6803	5244	1502
乌 海 市	Wuhai City	38625	29377	3314	89	5	85
阿拉善盟	Alashan League	33229	17714	8360	2414	686	1707

22－28 续表 Continued

单位:元 (yuan)

地 区	Region	第二产业净收入 Net income of secondary industry	第三产业净收入 Net income of third industry	财产净收入 Net income of property	转移净收入 Net income of transfer
全 区	**Autonomous Regional Total**	**427**	**3289**	**1288**	**4661**
呼和浩特市	Hohhot City	578	6389	2955	5978
包 头 市	Baotou City	831	3569	3525	9124
呼伦贝尔市	Hulunbeier City	292	3702	887	5644
兴 安 盟	Xingan League	190	1357	552	3811
通 辽 市	Tongliao City	45	1705	751	3857
赤 峰 市	Chifeng City	364	2161	708	2801
锡林郭勒盟	Xilinguole League	357	4271	1180	5048
乌兰察布市	Wulanchabu City	217	2090	579	4515
鄂尔多斯市	Erdos City	676	4832	4208	2643
巴彦淖尔市	Bayannaoer City	473	2351	887	2867
乌 海 市	Wuhai City	371	2853	1490	4443
阿拉善盟	Alashan League	15	5931	1897	5258

22－29 各盟市全体居民人均消费支出情况(2017 年)

Per Capita Expenditure of All Residents by Region(2017)

单位:元 (yuan)

地区	Region	消费支出 Consumer Spending	食品烟酒 Food Tobacco and Liquor	衣着 Clothing	居住 Residence	生活用品及服务 Articles for Daily Use and Service	交通和通讯 Transportation and Communications	交通 Transportation
全 区	**Autonomous Regional Total**	**18946**	**5205**	**1866**	**3324**	**1200**	**2915**	**2062**
呼和浩特市	Hohhot City	24698	5958	2631	5139	1514	3463	2508
包 头 市	Baotou City	26502	7788	3221	4342	2390	2475	1703
呼伦贝尔市	Hulunbeier City	18081	5138	2090	3088	1290	2409	1538
兴 安 盟	Xingan League	11534	3396	1052	2459	632	1726	1191
通 辽 市	Tongliao City	14254	3758	1393	2485	881	2370	1523
赤 峰 市	Chifeng City	12868	3533	1046	2329	806	1903	1226
锡林郭勒盟	Xilinguole League	22950	7353	2468	3559	1596	3448	2542
乌兰察布市	Wulanchabu City	12037	4365	1104	2020	591	1256	823
鄂尔多斯市	Erdos City	23994	5616	2312	4804	1562	4991	3830
巴彦淖尔市	Bayannaoer City	15652	4584	1630	2951	945	2030	1427
乌 海 市	Wuhai City	27717	7809	3999	3654	2029	4348	2833
阿拉善盟	Alashan League	25382	6506	2132	4285	1491	5476	4416

22－29 续表 Continued

单位:元 (yuan)

地区	Region	通讯 Communications	教育文化娱乐 Education, Cultural and Entertainment	教育 Education	文化娱乐 Cultural and Entertainment	医疗保健 Medicine and Medical Service	其它用品和服务 Other Commodities and Services
全 区	**Autonomous Regional Total**	**853**	**2228**	**1303**	**925**	**1654**	**554**
呼和浩特市	Hohhot City	955	3055	1642	1413	1934	1004
包 头 市	Baotou City	772	2995	1000	1995	2447	844
呼伦贝尔市	Hulunbeier City	871	1749	1138	611	1618	699
兴 安 盟	Xingan League	535	1182	867	315	874	213
通 辽 市	Tongliao City	847	1642	1148	494	1366	359
赤 峰 市	Chifeng City	677	1608	1153	455	1365	278
锡林郭勒盟	Xilinguole League	906	1866	909	957	1866	794
乌兰察布市	Wulanchabu City	433	1318	963	355	1185	198
鄂尔多斯市	Erdos City	1161	2344	1339	1005	1646	719
巴彦淖尔市	Bayannaoer City	603	1446	1060	386	1635	431
乌 海 市	Wuhai City	1515	3706	1436	2269	1302	869
阿拉善盟	Alashan League	1060	2486	1568	918	2034	972

22－30 各盟市城镇常住居民人均收入情况(2017 年)

Per Capita Income of Urban Permanent residents by Region(2017)

单位:元 (yuan)

地区	Region	可支配收入 Disposable Income	工资性收入 Income of Wage	经营净收入 Operational Income	第一产业净收入 Net Income of Primary Industry	农业净收入 Net Income of Agriculture	牧业净收入 Net Income of Animal－husbandry
全 区	**Autonomous Regional Total**	**35670**	**21707**	**6349**	**639**	**541**	**96**
呼和浩特市	Hohhot City	43518	22333	9062	93	43	50
包 头 市	Baotou City	44231	27733	4998	111	108	3
呼伦贝尔市	Hulunbeier City	31195	18834	5078	193	123	63
兴 安 盟	Xingan League	26367	16293	3910	460	306	143
通 辽 市	Tongliao City	29667	16403	6411	2908	2705	166
赤 峰 市	Chifeng City	29660	17875	6395	1551	1124	401
锡林郭勒盟	Xilinguole League	35634	20547	7270	360	49	310
乌兰察布市	Wulanchabu City	28796	17208	5298	388	377	10
鄂尔多斯市	Erdos City	43559	28535	7115	465	223	240
巴彦淖尔市	Bayannaoer City	28308	16987	5897	1238	1043	151
乌 海 市	Wuhai City	39400	30195	3225			
阿拉善盟	Alashan League	37585	23065	8363	1139	126	1010

22－30 续表 Continued

单位:元 (yuan)

地 区	Region	第二产业净收入 Net income of Secondary industry	第三产业净收入 Net income of Third Industry	财产净收入 Net Income of Property	转移净收入 Net Income of Transfer
全 区	**Autonomous Regional Total"**	**678**	**5033**	**1824**	**5789**
呼和浩特市	Hohhot City	704	8265	4019	8104
包 头 市	Baotou City	1016	3871	4335	7165
呼伦贝尔市	Hulunbeier City	307	4578	923	6360
兴 安 盟	Xingan League	402	3048	924	5240
通 辽 市	Tongliao City	60	3443	1132	5721
赤 峰 市	Chifeng City	746	4098	1351	4039
锡林郭勒盟	Xilinguole League	565	6345	1599	6218
乌兰察布市	Wulanchabu City	372	4538	995	5295
鄂尔多斯市	Erdos City	848	5802	4905	3004
巴彦淖尔市	Bayannaoer City	946	3713	1340	4084
乌 海 市	Wuhai City	389	2837	1501	4479
阿拉善盟	Alashan League	24	7200	1924	4232

22－31 各盟市城镇常住居民人均消费支出情况(2017 年)

Per Capita Expenditure of Urban Pernanent Residents by Region(2017)

单位:元 (yuan)

地区	Region	消费支出 Consumer Spending	食品烟酒 Food Tobacco and Liquor	衣着 Clothing	居住 Residence	生活用品及服务 Articles for Daily Use and Service	交通和通讯 Transportation and Communications	交通 Transportation
全 区	**Autonomous Regional Total**	**23638**	**6469**	**2577**	**4108**	**1670**	**3511**	**2489**
呼和浩特市	Hohhot City	29458	7291	2864	5996	2006	4015	2885
包 头 市	Baotou City	29806	8210	3382	5107	2311	3990	2728
呼伦贝尔市	Hulunbeier City	19829	5865	2524	3217	1521	2499	1537
兴 安 盟	Xingan League	15978	4891	1593	2875	1034	2209	1441
通 辽 市	Tongliao City	18880	4561	2183	3381	1281	2839	1660
赤 峰 市	Chifeng City	16308	4359	1507	3325	1134	2245	1405
锡林郭勒盟	Xilinguole League	27842	8672	2987	4494	2196	4006	2913
乌兰察布市	Wulanchabu City	16952	5784	2020	2788	951	1759	1217
鄂尔多斯市	Erdos City	26963	6367	2836	5268	1860	5557	4270
巴彦淖尔市	Bayannaoer City	17349	4915	2150	3160	1194	2040	1398
乌 海 市	Wuhai City	28102	7835	4186	3775	2095	4439	2886
阿拉善盟	Alashan League	27703	7133	2630	4297	1614	5688	4729

22－31 续表 Continued

单位:元 (yuan)

地区	Region	通讯 Communications	教育文化娱乐 Education, Cultural and Entertainment	教育 Education	文化娱乐 Cultural and Entertainment	医疗保健 Medicine and Medical Service	其它用品和服务 Other Commodities and Services
全 区	**Autonomous Regional Total**	**1022**	**2637**	**1272**	**1365**	**1907**	**759**
呼和浩特市	Hohhot City	1130	3679	1782	1897	2411	1196
包 头 市	Baotou City	1262	3705	1108	2597	2074	1027
呼伦贝尔市	Hulunbeier City	962	1733	965	768	1608	862
兴 安 盟	Xingan League	768	1590	1030	560	1422	364
通 辽 市	Tongliao City	1179	2347	1593	754	1753	535
赤 峰 市	Chifeng City	840	1794	1208	586	1559	385
锡林郭勒盟	Xilinguole League	1093	2376	973	1403	2051	1060
乌兰察布市	Wulanchabu City	542	1849	1186	663	1372	429
鄂尔多斯市	Erdos City	1287	2615	1419	1196	1578	882
巴彦淖尔市	Bayannaoer City	642	1670	1131	539	1794	426
乌 海 市	Wuhai City	1552	3611	1367	2244	1306	855
阿拉善盟	Alashan League	959	3019	1898	1121	2062	1260

22－32 各盟市农村牧区常住居民人均收入情况(2017年)

Per Capita Income of Rural and Pastoral Areas Residents by Region(2017)

单位:元 (yuan)

地区	Region	可支配收入 Disposable Income	工资性收入 Income of Wage	经营净收入 Operational Income	第一产业净收入 Net Income of Primary Industry	农业净收入 Net Income of Agriculture	牧业净收入 Net Income of Animal－husbandry
全 区	**Autonomous Regional Total**	**12584**	**2649**	**6385**	**5542**	**3307**	**2164**
呼和浩特市	Hohhot City	15710	7338	5115	2135	1392	671
包 头 市	Baotou City	15901	5200	8889	5138	3603	1535
呼伦贝尔市	Hulunbeier City	13581	2293	7387	5708	3915	1737
兴 安 盟	Xingan League	9242	1403	5421	4781	3312	1362
通 辽 市	Tongliao City	12566	1919	7749	7383	6048	1270
赤 峰 市	Chifeng City	10352	3446	5027	4515	2912	1133
锡林郭勒盟	Xilinguole League	14309	2231	8576	7861	1067	6635
乌兰察布市	Wulanchabu City	9848	1972	4544	4153	2714	1400
鄂尔多斯市	Erdos City	16729	3507	8850	6063	3555	2392
巴彦淖尔市	Bayannaoer City	15707	1708	12093	11181	8536	2578
乌 海 市	Wuhai City	16821	8369	4405	1898	192	1706
阿拉善盟	Alashan League	18186	2414	7353	3588	1097	2467

22－32 续表 Continued

单位:元 (yuan)

地 区	Region	第二产业净收入 Net Income of Secondary Industry	第三产业净收入 Net Income of Third Industry	财产净收入 Net Income of Property	转移净收入 Net Income of Transfer
全 区	**Autonomous Regional Total**	**66**	**777**	**515**	**3036**
呼和浩特市	Hohhot City	369	2611	1499	1758
包 头 市	Baotou City	300	3451	684	1128
呼伦贝尔市	Hulunbeier City	201	1478	816	3085
兴 安 盟	Xingan League	163	477	521	1897
通 辽 市	Tongliao City	32	334	405	2493
赤 峰 市	Chifeng City	32	480	151	1728
锡林郭勒盟	Xilinguole League	1	714	461	3041
乌兰察布市	Wulanchabu City	19	372	181	3151
鄂尔多斯市	Erdos City	263	2524	2568	1804
巴彦淖尔市	Bayannaoer City	4	908	240	1666
乌 海 市	Wuhai City	269	2238	788	3260
阿拉善盟	Alashan League		3765	1051	7368

22－33 各盟市农村牧区常住居民人均消费支出情况(2017年)

Per Capita Expenditure of rural and pastoral areas permanent residents by Region(2017)

单位:元 (yuan)

地区	Region	消费支出 Consumer Spending	食品烟酒 Food Tobacco and Liquor	衣着 Clothing	居住 Residence	生活用品及服务 Articles for Daily Use and Service	交通和通讯 Transportation and Communications	交通 Transportation
全 区	**Autonomous Regional Total"**	**12184**	**3385**	**842**	**2194**	**522**	**2056**	**1445**
呼和浩特市	Hohhot City	15257	3904	1125	3282	757	2613	1936
包 头 市	Baotou City	11435	3551	966	2506	562	1628	973
呼伦贝尔市	Hulunbeier City	13446	3360	1089	2635	745	2080	1448
兴 安 盟	Xingan League	7880	2519	567	1593	348	1350	948
通 辽 市	Tongliao City	10700	3235	723	1901	519	2046	1449
赤 峰 市	Chifeng City	10092	2866	675	1525	541	1627	1082
锡林郭勒盟	Xilinguole League	13980	4934	1515	1845	497	2424	1860
乌兰察布市	Wulanchabu City	8199	3292	470	1250	260	872	496
鄂尔多斯市	Erdos City	15256	3429	875	3532	732	3153	2405
巴彦淖尔市	Bayannaoer City	14138	4170	1051	2947	671	2028	1466
乌 海 市	Wuhai City	15265	4471	1152	2839	946	2142	1384
阿拉善盟	Alashan League	16687	4287	1141	2740	855	3935	3277

22－33 续表 continued

单位:元 (yuan)

地区	Region	通讯 Communications	教育文化娱乐 Education, Cultural and Entertainment	教育 Education	文化娱乐 Cultural and Entertainment	医疗保健 Medicine and Medical Service	其它用品和服务 Other Commodities and Services
全 区	**Autonomous Regional Total"**	**610**	**1639**	**1347**	**291**	**1288**	**258**
呼和浩特市	Hohhot City	677	2093	1512	581	1201	282
包 头 市	Baotou City	655	995	604	391	1030	197
呼伦贝尔市	Hulunbeier City	632	1672	1414	258	1535	330
兴 安 盟	Xingan League	402	749	637	112	620	134
通 辽 市	Tongliao City	597	1041	763	278	1016	219
赤 峰 市	Chifeng City	545	1459	1111	348	1208	191
锡林郭勒盟	Xilinguole League	564	931	793	138	1528	306
乌兰察布市	Wulanchabu City	376	902	786	116	1035	118
鄂尔多斯市	Erdos City	748	1537	1066	471	1728	270
巴彦淖尔市	Bayannaoer City	562	1266	1034	232	1568	437
乌 海 市	Wuhai City	758	2056	1407	649	968	690
阿拉善盟	Alashan League	658	1385	841	544	1930	414

22－34 各盟市农村基层组织情况(2017 年)

Basic Conditions of Rural Grassroots Units by Region(2017)

地 区	Region	乡镇数(个) Number of Township & Town Governments (unit)	# 镇数 Town Governments	村民委员会(个) Number of Villagers' Committees (unit)	乡村户数(万户) Number of Households (10 000 households)	乡村人口数(万人) Rural Population (10 000 persons)	乡村从业人员(万人) Number of Rural Employers (10 000 persons)	男 Male	女 Female
呼和浩特市	Hohhot City	40	24	962	37.65	110.46	61.37	34.52	26.85
包 头 市	Baotou City	39	29	520	21.21	55.80	32.57	18.86	13.71
呼伦贝尔市	Hulunbeier City	98	59	794	37.42	112.90	61.42	34.52	26.90
兴 安 盟	Xingan League	54	34	865	35.68	118.47	66.34	35.74	30.60
通 辽 市	Tongliao City	85	56	2092	69.70	238.89	128.38	70.36	58.02
赤 峰 市	Chifeng City	125	81	2057	115.65	344.83	184.13	99.77	84.36
锡林郭勒盟	Xilinguole League	61	25	846	15.47	47.64	30.10	15.77	14.32
乌兰察布市	Wulanchabu City	86	43	1327	46.27	134.96	77.40	44.60	32.79
鄂尔多斯市	Erdos City	46	37	737	20.76	56.04	39.19	21.58	17.62
巴彦淖尔市	Bayannaoer City	53	40	650	31.34	104.05	58.76	32.08	26.68
乌 海 市	Wuhai City	5	5	13	0.97	2.47	1.91	0.98	0.93
阿拉善盟	Alashan League	30	15	198	2.65	7.27	4.71	2.47	2.24

注:本表中各盟市乡镇个数不包括城关镇、城市街道办事处、二矿区。

a) The number of Township in This Table are not including County seats、Street agencies、Mining areas。

22－35 各盟市乡村年末从业人员(2017年)

Rural Employers Force by Sector at Year－end by Region(2017)

单位:人 (person)

地 区	Region	农林牧渔业 Farming Forestry Animal Husbandry and Fishery	工 业 Industry	建筑业 Construc－tion	交通运输仓储业和邮政业 Transportation, Storage and Postal Services	信息传输、计算机服务和软件业 Information Transmission, Computer Service & Computer Software	批发与零售业 Wholesale & Retail Trade	住宿和餐饮业 Quarters and Catering	其他行业 Others
呼和浩特市	Hohhot City	349126	44983	76717	30826	7126	40002	34364	30565
包头市	Baotou City	207565	22943	27268	13843	2315	23542	14330	13886
呼伦贝尔市	Hulunbeier City	495237	22206	20609	12210	3598	25634	15977	18720
兴安盟	Xingan League	493838	38170	44233	9625	7725	26693	24034	19086
通辽市	Tongliao City	992801	55365	88494	16435	8312	50438	36691	35228
赤峰市	Chifeng City	1327767	113150	177141	39093	10697	75548	38232	59635
锡林郭勒盟	Xilinguole League	254538	4378	9540	4694	1009	7298	9317	10180
乌兰察布市	Wulanchabu City	633486	20250	55106	14497	2030	18004	12752	17825
鄂尔多斯市	Erdos City	306838	16597	13135	17669	2421	17122	14873	3257
巴彦淖尔市	Bayannaoer City	511048	15580	8568	6720	1459	23043	9486	11720
乌海市	Wuhai City	13425	1719	1698	743	31	498	666	346
阿拉善盟	Alashan League	39670	435	390	935	35	778	2299	2575

22－36 各盟市农林牧渔业总产值(2017年)

Gross Output Value of Farming, Forestry, Animal Husbandry and Fishery by Region(2017)

单位：万元 (10 000 yuan)

地 区	Region	农林牧渔业总产值 Total	农 业 Farming	林 业 Forestry	牧 业 Animal Husbandry	渔 业 Fishery	农林牧渔服务业 Agricultural Services
呼和浩特市	Hohhot City	1901647	680748	29512	1134676	29628	27082
包头市	Baotou City	1566592	581414	9457	938128	12553	25040
呼伦贝尔市	Hulunbeier City	4186338	2142191	295791	1564456	112701	71199
兴安盟	Xingan League	2130971	1095346	74859	911144	18678	30945
通辽市	Tongliao City	4439406	2420417	123896	1817248	22156	55689
赤峰市	Chifeng City	4708869	2697589	191891	1711626	28463	79299
锡林郭勒盟	Xilinguole League	2068350	527618	23920	1482201	3086	31524
乌兰察布市	Wulanchabu City	2225591	1077782	71678	1009197	10698	56237
鄂尔多斯市	Erdos City	1883446	1018490	73396	728905	24742	37913
巴彦淖尔市	Bayannaoer City	2705793	1388701	77497	1146116	46401	47077
乌海市	Wuhai City	88581	37500	3085	44850	824	2322
阿拉善盟	Alashan League	248566	138485	11744	89959	2332	6046

注：本表绝对数按当年价格计算。

a) Data in value terms in this table are calculated at current prices.

22－37 各盟市营造林面积（2017 年）

Total Area of Afforestation by Region（2017）

单位：万公顷 （10 000 hectares）

地 区	Region	营造林面积 Total Area of Afforestation	造林面积 Area of Afforestation	人工造林 Artificial Afforestation	飞播造林 Afforestation by Plane	封山育林 Closing Hill for Afforestation	退化林分修复及人工更新 Restoration of Degraded Forest and Artificial Regeneration	森林抚育 Tending of woods
总　　计	**Total**	**140.36**	**68.05**	**34.63**	**6.83**	**13.81**	**12.78**	**72.32**
呼和浩特市	Hohhot City	3.00	2.67	1.94	0.00	0.07	0.67	0.33
包 头 市	Baotou City	3.67	3.57	2.30	0.00	0.97	0.30	0.10
呼伦贝尔市	Hulunbeier City	0.29	0.03	0.03	0.00	0.00	0.00	0.27
兴 安 盟	Xingan League	9.47	7.47	4.09	0.33	2.60	0.45	2.00
通 辽 市	Tongliao City	0.02	0.02	0.00	0.00	0.00	0.02	0.00
赤 峰 市	Chifeng City	24.21	4.17	2.89	0.00	0.79	0.49	20.03
锡林郭勒盟	Xilinguole League	9.45	4.78	2.35	0.07	1.97	0.40	4.67
乌兰察布市	Wulanchabu City	11.17	9.63	3.95	0.40	3.00	2.29	1.53
鄂尔多斯市	Erdos City	5.67	5.00	1.60	0.67	1.40	1.33	0.67
巴彦淖尔市	Bayannaoer City	5.51	4.85	3.01	0.00	0.53	1.30	0.67
乌 海 市	Wuhai City	10.13	8.07	4.94	0.46	0.31	2.35	2.07
阿拉善盟	Alashan League	6.13	5.67	1.69	1.30	2.01	0.67	0.47
满洲里市	Manzhouli City	10.01	9.68	5.36	3.60	0.00	0.71	0.33
二连浩特市	Erlianhaote City	0.20	0.20	0.03	0.00	0.17	0.00	0.00
内蒙古森工集团	Inner Mongolia Forest Group	41.43	2.25	0.44	0.00	0.00	1.80	39.18

22－38 各盟市农作物播种面积及农业生产条件（2017 年）

Sown Area Crops and Basic Conditions of Agricultural Production by Region（2017）

地 区	Region	农作物总播种面积（千公顷） Total Sown Area （1000 hectares）	# 粮食作物播种面积 Sown Area of Grain Crops	# 经济作物播种面积 Sown Area of Industrial Crops	有效灌溉面积（千公顷） Irrigated Area （1000 hectares）	农业机械总动力（万千瓦） Total Power of Agricultural Machinery （10 000 kw）	农村用电量（万千瓦小时） Electricity Consumed in Rural Area （10 000 kwh）	农药使用量（吨） Consumption of Pesticide （ton）	化肥施用量（折纯量）（吨） Consumption of Chemical Fertilizer （ton）
呼和浩特市	Hohhot City	472.33	336.40	135.93	212.67	226	53348	452	124958
包 头 市	Baotou City	313.10	211.57	101.53	129.77	122	36364	820	71971
呼伦贝尔市	Hulunbeier City	1952.73	1687.02	265.71	308.32	485	35531	9223	260124
兴 安 盟	Xingan League	1066.06	901.57	164.49	352.77	430	37457	7878	296009
通 辽 市	Tongliao City	1510.17	1267.09	243.09	644.43	616	109636	7857	688869
赤 峰 市	Chifeng City	1409.40	1075.48	333.92	415.83	497	255346	4360	351286
锡林郭勒盟	Xilinguole League	247.76	161.70	86.05	37.24	142	11293	538	20688
乌兰察布市	Wulanchabu City	728.31	507.57	220.75	168.1	200	49782	914	99092
鄂尔多斯市	Erdos City	482.79	275.73	207.06	245.92	225	117545	1614	138621
巴彦淖尔市	Bayannaoer City	744.51	333.11	411.40	652.72	506	52147	1552	279077
乌 海 市	Wuhai City	6.81	4.90	1.91	7.06	6	3394	30	3799
阿拉善盟	Alashan League	80.42	18.78	61.64		27	27168	381	15902

22－39 各盟市主要农产品产量(2017年)

Yield of Major Farm Crops by Region(2017)

单位:万吨 (10 000 tons)

地 区	Region	粮 食 Grain	谷 物 Cereal	#小 麦 Wheat	#玉 米 Corn	豆类 Beans	薯类 Tubers	油 料 Oil－bearing Crops
呼和浩特市	Hohhot City	142.35	125.61	4.42	110.05	2.25	14.49	11.38
包 头 市	Baotou City	109.98	100.09	10.14	84.53	0.00	9.89	6.94
呼伦贝尔市	Hulunbeier City	648.92	486.30	101.48	365.02	141.46	21.16	26.66
兴 安 盟	Xingan League	503.42	482.12	15.53	411.71	20.08	1.22	19.66
通 辽 市	Tongliao City	750.80	738.83	2.40	704.45	10.21	1.77	11.95
赤 峰 市	Chifeng City	552.20	534.63	10.83	424.49	7.76	9.81	24.43
锡林郭勒盟	Xilinguole League	37.10	19.25	6.13	5.92	0.05	17.81	2.21
乌兰察布市	Wulanchabu City	104.76	51.12	9.43	30.06	3.42	50.22	28.24
鄂尔多斯市	Erdos City	145.19	133.63	1.76	129.57	0.92	10.64	19.50
巴彦淖尔市	Bayannaoer City	239.87	239.38	26.03	212.98	0.05	0.44	87.76
乌 海 市	Wuhai City	3.99	3.98	0.24	3.58	0.00	0.01	0.12
阿拉善盟	Alashan League	15.96	15.91	0.68	15.08	0.00	0.05	1.84

22－40 各盟市规模以上工业增加值增速(2017年)

Value－added Growth of Above－scale Industry by Region(2017)

单位:% (%)

地 区	Region	规模以上工业增加值增速 Value－added Growth of Above－scale Industry	#轻工业 Light Industry	重工业 Heavy Industry	#国有及国有控股企业 State－owned or Controlling Share Hold Industry	#大中型企业 Large and Medium sized enterprises
全 区	**Autonomous Regional Total**	**3.1**	**-9.7**	**5.4**	**15.3**	**9.4**
呼和浩特市	Hohhot City	6.1	6.6	5.8	9.2	7.3
包 头 市	Baotou City	6.0	-20.7	8.1	33.3	8.5
呼伦贝尔市	Hulunbeier City	0.3	-14.1	3.6	20.1	13.5
兴 安 盟	Xingan League	4.1	-0.7	10.9	6.7	15.5
通 辽 市	Tongliao City	0.1	-11.3	5.5	31.5	22.9
赤 峰 市	Chifeng City	0.5	5.4	-1.1	17.1	13.4
锡林郭勒盟	Xilinguole League	6.0	-11.3	8.1	13.5	15.9
乌兰察布市	Wulanchabu City	6.4	-14.5	8.8	6.7	11.8
鄂尔多斯市	Erdos City	7.0	-1.8	7.2	12.3	7.5
巴彦淖尔市	Bayannaoer City	1.8	-0.1	2.7	6.0	9.9
乌 海 市	Wuhai City	11.0	11.8	11.0	-7.6	6.3
阿拉善盟	Alashan League	4.1	8.4	3.8	7.4	1.5

22－41 各盟市建筑业企业情况(2017 年)

Main Indicators on Construction Enterprises by Region(2017)

地 区	Region	企业单位数(个) Enter－prises (unit)	# 国有 State－owned	# 集体 Colle－ctive owned	从业人员(人) Persons Employed (person)	# 国有 State－owned	# 集体 Colle－ctive owned	建筑业总产值(万元) Gross Output Value (10 000 yuan)	# 国有 State－owned	# 集体 Colle－ctive owned
呼和浩特市	Hohhot City	165	2		43013	1323		2545690	13812	
包 头 市	Baotou City	113			50419			2102614		
呼伦贝尔市	Hulunbeier City	74			24623			869472		
兴 安 盟	Xingan League	34			9476			465837		
通 辽 市	Tongliao City	65	1		13957	705		442817	1964	
赤 峰 市	Chifeng City	151		1	65618		22	1659746		18
锡林郭勒盟	Xilinguole League	40			3983			125055		
乌兰察布市	Wulanchabu City	40			10841			446998		
鄂尔多斯市	Erdos City	205			29942			1519756		
巴彦淖尔市	Bayannaoer City	61			9784			480516		
乌 海 市	Wuhai City	46			14669			427653		
阿拉善盟	Alashan League	16			1844			135779		

22－42 各盟市房屋建筑面积(2017 年)

Floor Space of Building by Region(2017)

单位:万平方米 (10 000 sq. m)

地 区	Region	房屋建筑面积 Floor Space of Building Construction		
		施工面积 Floor Space Under Constru－ction	竣工面积 Floor Space Compl－eted	# 住宅 Resid－ential Buildings
呼和浩特市	Hohhot City	858.90	281.76	179.41
包 头 市	Baotou City	1466.25	343.44	186.57
呼伦贝尔市	Hulunbeier City	418.19	273.25	215.85
兴 安 盟	Xingan League	158.01	71.35	52.99
通 辽 市	Tongliao City	209.02	88.20	58.38
赤 峰 市	Chifeng City	1143.64	457.86	402.96
锡林郭勒盟	Xilinguole League	53.80	30.07	26.65
乌兰察布市	Wulanchabu City	403.96	226.68	199.34
鄂尔多斯市	Erdos City	233.40	123.74	62.58
巴彦淖尔市	Bayannaoer City	269.45	91.22	84.93
乌 海 市	Wuhai City	211.22	30.77	26.58
阿拉善盟	Alashan League	18.02	13.14	4.92

22-43 各盟市城镇自来水情况(2017年)

Basic Statistics on Tap Water Supply in Towns and Cities by Region(2017)

地 区	Region	年末供水管道长度(公里) Length of Water Supply Pipelines (year-end)(km)	全年供水总量(万立方米) Total Annual Volume of Water Supply (10 000 cu. m)	#生产运营用水 For Productive Use	#居民家庭用水 For Residential Use	用水人口(万人) Number of Residents with Access to Tap water (10 000 persons)
总 计	**Total**	**9304**	**82591**	**26539**	**23503**	**882.67**
呼和浩特市	Hohhot City	970	16885	2829	3909	204.10
包 头 市	Baotou City	1796	18843	8640	4376	189.82
呼伦贝尔市	Hulunbeier City	1214	7236	2558	2883	91.27
兴 安 盟	Xingan League	368	2276	451	763	31.22
通 辽 市	Tongliao City	962	6832	2064	1916	57.69
赤 峰 市	Chifeng City	939	11725	6822	3203	95.69
锡林郭勒盟	Xilinguole League	956	1800	148	704	28.38
乌兰察布市	Wulanchabu City	536	2807	495	1309	42.38
鄂尔多斯市	Erdos City	816	3868	497	1865	49.52
巴彦淖尔市	Bayannaoer City	354	2200	293	1070	37.60
乌 海 市	Wuhai City	394	8120	1742	1505	55.00
阿拉善盟	Alashan League					

22-44 各盟市城镇煤气、液化石油气、天然气(2017年)

Basic Statistics on Supply of Gas, Liquefied Petroleum Gas and Natural Gas in Towns and Cities by Region(2017)

地 区	Region	煤气供气量(万立方米) Coal Gas Supply (10 000 cu. m)	#家庭用量 For Residential Use	天然气供气量(万立方米) Natural Gas Supply (10 000 cu. m)	#家庭用量 For Residential Use	液化石油气供气量(吨) Liquefied Petroleum Gas Supply (ton)	#家庭用量 For Residential Use
总计	**Total**	**4581**	**2720**	**181191**	**86047**	**52364**	**46981**
呼和浩特市	Hohhot City			51605	36774		
包 头 市	Baotou City	4581	2720	72465	37000	7720	7700
呼伦贝尔市	Hulunbeier City			1501	970	16160	14954
兴 安 盟	Xingan League			178	45	439	429
通 辽 市	Tongliao City			2565	970	1162	990
赤 峰 市	Chifeng City			2856	1765	16732	14764
锡林郭勒盟	Xilinguole League			3055	215	3540	3310
乌兰察布市	Wulanchabu City			3727	691	4452	3970
鄂尔多斯市	Erdos City			11139	2613	2160	864
巴彦淖尔市	Bayannaoer City			3567	1600		
乌 海 市	Wuhai City			28532	3404		
阿拉善盟	Alashan League						

22-45 各盟市城镇市政工程(2017 年)

Basic Statistics on Municipal Engineering in Towns and Cities by Region(2017)

地 区	Region	污水排放量(万吨) Volume of Waste Water Discharged (10 000 tons)	污水处理厂日处理能力(万吨) Daily Disposal Capacity of Sewage (10 000 tons)	排水管道长度(公里) Length of Sewer Pipelines (km)	生活垃圾清运量(万吨) Volume of Garbage Disposal (10 000 tons)	生活垃圾无害化处理量(万吨) Volume of Garbage Treated (10 000 tons)
总 计	**Total**	**65960**	**245.1**	**12923**	**369.2**	**367.0**
呼和浩特市	Hohhot City	14028	52.0	2053	87.5	87.5
包 头 市	Baotou City	12229	41.4	2387	62.3	61.0
呼伦贝尔市	Hulunbeier City	6577	23.9	1191	46.5	46.1
兴 安 盟	Xingan League	1869	7.0	481	19.7	19.7
通 辽 市	Tongliao City	6824	25.5	1151	26.9	26.9
赤 峰 市	Chifeng City	10081	36.5	689	47.7	47.7
锡林郭勒盟	Xilinguole League	1413	5.5	656	16.8	16.8
乌兰察布市	Wulanchabu City	2303	9.5	613	12.9	12.5
鄂尔多斯市	Erdos City	3155	18.8	2191	13.0	13.0
巴彦淖尔市	Bayannaoer City	1926	10.0	1223	14.6	14.6
乌 海 市	Wuhai City	5555	15.0	289	21.4	21.2
阿拉善盟	Alashan League					

22-46 各盟市年末公路运输线路长度和运量(2017 年)

Length of Highways for Transportation Routes and Traffic by Region(End of 2017)

地 区	Region	公路里程(公里) Total Length of Highways (km)	等级路 Expressway & Class I to IV Highway	等外路 Highway Below Class IV	客运量(万人) Passenger Traffic (10 000 persons)	旅客周转量(万人公里) Passenger-Kilometers (10 000 passenger-km)	货运量(万吨) Freight Traffic (10 000 tons)	货物周转量(万吨公里) Freight Ton-Kilometers (10 000 ton-km)
呼和浩特市	Hohhot City	7712	7488	224	434	116011	19076	3717243
包 头 市	Baotou City	9061	8692	369	675	108438	33664	6386834
呼伦贝尔市	Hulunbeier City	27501	26824	677	1428	161590	11358	2244461
兴 安 盟	Xingan League	13087	12984	103	365	74222	4075	827970
通 辽 市	Tongliao City	21455	20371	1084	1560	215262	10520	2043590
赤 峰 市	Chifeng City	26870	26768	102	2368	271325	15293	3159286
锡林郭勒盟	Xilinguole League	19875	19830	45	391	154043	4783	888520
乌兰察布市	Wulanchabu City	16374	16374		298	39524	7197	1536932
鄂尔多斯市	Erdos City	23079	22436	643	578	130853	19689	2539362
巴彦淖尔市	Bayannaoer City	22750	18796	3954	1165	118045	10009	2292143
乌 海 市	Wuhai City	1143	1143		99	17850	6643	942003
阿拉善盟	Alashan League	10515	10515		58	19339	5176	1066341

22-47 各盟市邮政业务基本情况(2017年)

Basic Conditions of Post Services by Region(2017)

地区	Region	邮政业务总量(万元) Business Volume of Post Service (10 000 yuan)	函件(万件) Number of Letters (10 000 Pcs)	报刊期发数(万份) Newspapers and Magazines Circulation (10 000 copies)	邮政局所总数(处) Number of Post and Telecommunications Offices (unit)
呼和浩特市	Hohhot City	103625	473	30	116
包头市	Baotou City	37660	20	18	109
呼伦贝尔市	Hulunbeier City	27302	49	16	187
兴安盟	Xingan League	11875	12	7	108
通辽市	Tongliao City	25144	15	17	131
赤峰市	Chifeng City	50250	54	24	264
锡林郭勒盟	Xilinguole League	13323	65	13	120
乌兰察布市	Wulanchabu City	18508	13	11	123
鄂尔多斯市	Erdos City	21763	16	16	105
巴彦淖尔市	Bayannaoer City	20970	12	15	131
乌海市	Wuhai City	9158	7	5	29
阿拉善盟	Alashan League	3608	2	5	39

22-48 各盟市社会消费品零售总额(2017年,按销售单位所在地分)

Total Retail Sale of Consumer Goods by Location of Retailers by Region(2017)

单位:万元 (10 000 yuan)

地区	Region	社会消费品零售总额 Total Retail Sales of Consumer Goods	城镇 Cities and towns		乡村 Villages
			城区 Cities	镇区 Towns	
呼和浩特市	Hohhot City	15709522	14169021	12833927	1335094	1540501
包头市	Baotou City	14864066	14482397	13234949	1247449	381669
呼伦贝尔市	Hulunbeier City	6443039	5837263	4891657	945606	605776
兴安盟	Xingan League	2469995	1970172	1269239	700933	499823
通辽市	Tongliao City	5510895	3827128	2170899	1656229	1683767
赤峰市	Chifeng City	7586697	6229707	3957248	2272459	1356990
锡林郭勒盟	Xilinguole League	2628298	2151738	1038400	1113338	476560
乌兰察布市	Wulanchabu City	3416593	2650573	1251051	1399522	766020
鄂尔多斯市	Erdos City	7779034	6502927	3674971	2827956	1276106
巴彦淖尔市	Bayannaoer City	2781383	2417621	1144073	1273548	363762
乌海市	Wuhai City	1618385	1618385	1425194	193192	
阿拉善盟	Alashan League	794413	713739	435370	278369	80674

22－49 各盟市商品销售额(营业额)(2017 年，按行业分)

Sale of Commodities Goods(Turnover) by Sector by Region(2017)

单位:万元 (10 000 yuan)

地 区	Region	批发业 Whole－sale Trade	零售业 Retail Sale Trade	住宿业 Hotels Trade	餐饮业 Catering Trade
呼和浩特市	Hohhot City	37419120	19468886	670030	2830743
包 头 市	Baotou City	23008572	23148964	477145	2937493
呼伦贝尔市	Hulunbeier City	6705568	6624709	282472	1343982
兴 安 盟	Xingan League	1048503	2551533	38888	270912
通 辽 市	Tongliao City	4978932	5391447	127631	969385
赤 峰 市	Chifeng City	9419700	7781665	264607	1074858
锡林郭勒盟	Xilinguole League	2910646	3032979	114392	361469
乌兰察布市	Wulanchabu City	2730982	3083948	91527	600380
鄂尔多斯市	Erdos City	15920040	10621642	319008	2381293
巴彦淖尔市	Bayannaoer City	2355168	2582068	26088	465648
乌 海 市	Wuhai City	1258356	1142143	85136	189128
阿拉善盟	Alashan League	737135	1033781	60840	256135

22－50 各盟市限额以上批发零售贸易、住宿餐饮业法人企业(2017 年)

Number of Corporation Units above Designated Size in Wholesale and Retail Sale, Catering Trades (2017)

单位:个 (unit)

地 区	Region	合 计 Total	批 发 业 Wholesale Trade	零 售 业 Retail Trade	住宿业 Hotels	餐 饮 业 Catering Trade
呼和浩特市	Hohhot City	560	109	331	58	62
包 头 市	Baotou City	331	82	161	31	57
呼伦贝尔市	Hulunbeier City	318	116	122	44	36
兴 安 盟	Xingan League	69	19	36	8	6
通 辽 市	Tongliao City	202	46	126	22	8
赤 峰 市	Chifeng City	181	48	75	32	26
锡林郭勒盟	Xilinguole League	130	31	53	28	18
乌兰察布市	Wulanchabu City	90	10	47	14	19
鄂尔多斯市	Erdos City	395	94	205	26	70
巴彦淖尔市	Bayannaoer City	87	35	31	5	16
乌 海 市	Wuhai City	146	64	64	13	5
阿拉善盟	Alashan League	50	8	20	15	7

22－51 各盟市限额以上批发零售贸易、住宿餐饮业产业活动单位及个体户(2017年)

Number of Active Units above Designated Size in Wholesale, Retail Sale, Catering and Trades and Self－Employed (2017)

单位:个 (unit)

地 区	Region	合 计 Total	批 发 业 Wholesale Trade	零 售 业 Retail Trade	住宿业 Hotels	餐 饮 业 Catering Trade
呼和浩特市	Hohhot City	99	3	11	13	72
包 头 市	Baotou City	127	2	17	13	95
呼伦贝尔市	Hulunbeier City	146	6	54	24	62
兴 安 盟	Xingan League	10		5	2	3
通 辽 市	Tongliao City	164		92	14	58
赤 峰 市	Chifeng City	114	9	47	12	46
锡林郭勒盟	Xilinguole League	65	1	30	13	21
乌兰察布市	Wulanchabu City	62	2	23	4	33
鄂尔多斯市	Erdos City	234		108	25	101
巴彦淖尔市	Bayannaoer City	5				5
乌 海 市	Wuhai City	55	2	11	10	32
阿拉善盟	Alashan League	10	1	4		5

22－52 各盟市限额以上批发零售贸易、住宿餐饮业企业及个体户从业人员(2017年)

Number of Persons Engaged in Enterprises above Designated Size in Wholesale ,Retail Sale and Self－Employed Catering Trades (2017)

单位:人 (person)

地 区	Region	合 计 Total	批 发 业 Wholesale Trade	零 售 业 Retail Trade	住宿业 Hotels	餐 饮 业 Catering Trade
呼和浩特市	Hohhot City	54144	8050	29355	8255	8484
包 头 市	Baotou City	26164	2962	10674	3688	8840
呼伦贝尔市	Hulunbeier City	18006	3330	7620	3676	3380
兴 安 盟	Xingan League	5237	1165	2603	652	817
通 辽 市	Tongliao City	15256	2195	8603	2675	1783
赤 峰 市	Chifeng City	20044	2687	10953	3054	3350
锡林郭勒盟	Xilinguole League	8401	1040	3963	1730	1668
乌兰察布市	Wulanchabu City	12614	1080	7244	1256	3034
鄂尔多斯市	Erdos City	26391	4528	9935	1891	10037
巴彦淖尔市	Bayannaoer City	7207	3327	1902	520	1458
乌 海 市	Wuhai City	6619	1192	3029	1171	1227
阿拉善盟	Alashan League	3704	566	1408	1295	435

22－53 各盟…市限额以上批发零售贸易业企业及个体…户商品销售总额(2017年)

Tota…ales of Enterprise above Designated Size in Wh…, Retail Sale Trades Self－Employed(2017)

单位:万元 (10 000 yuan)

地区	销售总额 Total Sales	批发 Wholesale Trade	零售 Retail Trade
	10438362	6407883	4030479
	7264272	4918348	2345924
	3005923	2060857	945067
	1247782	760031	487751
	1857131	700865	1156266
	2372047	1186835	1185212
	1460223	1016961	443262
	968553	616721	351832
	12335495	10095664	2239830
	1630528	1256206	374322
	1276310	805375	470936
	703686	546851	156834

-4113 -3366 -5675 -11010 -1968 -3717 3728

22－54 各盟市限额以上批发零售贸易业企业主要财务指标(2017年)

Main Financial Indicators of Enterprises above Designated Size in Wholesale and Retail by Region(2017)

单位:万元 (10 000 yuan)

地 区	Region	商品销售收入 Sales Revenue	商品销售成本 Cost of Sales	商品销售税金及附加 Sales Tax and Extra Changes	销售费用 Selling Expenses	营业利润 Operating Profit
呼和浩特市	Hohhot City	8514756	7750634	74828	330198	209692
包 头 市	Baotou City	4988526	4530657	64196	182082	150193
呼伦贝尔市	Hulunbeier City	2664395	2427478	34458	146388	19938
兴 安 盟	Xingan League	948861	1003851	17279	53575	－35521
通 辽 市	Tongliao City	1533092	1390006	19375	94703	14196
赤 峰 市	Chifeng City	2044843	1816902	41670	87040	53472
锡林郭勒盟	Xilinguole League	1286501	1154357	24718	46091	37068
乌兰察布市	Wulanchabu City	680911	543846	29800	42895	44791
鄂尔多斯市	Erdos City	11356484	10540454	77564	470135	－196075
巴彦淖尔市	Bayannaoer City	1438239	1260347	27580	66929	33642
乌 海 市	Wuhai City	1158592	1054310	13261	48223	17407
阿拉善盟	Alashan League	664685	613167	5589	21480	11987

22－55 各盟市限额以上住宿和餐饮企业主要财务指标(2017年)

Main Financial Indicators of Enterprises above Designated Size in Catering Trade by Region(2017)

单位:万元 (10 000 yuan)

地 区	Region	营业收入 Sales Revenue	营业成本 Cost of Sales	营业税金及附加 Business Tax and Surcharges	Se…
呼和浩特市	Hohhot City	197064	76616	5079	[illegible]
包 头 市	Baotou City	236886	145119	1690	[illegible]
呼伦贝尔市	Hulunbeier City	65067	22556	1046	[illegible]
兴 安 盟	Xingan League	10349	5022	311	3
通 辽 市	Tongliao City	30649	14962	520	872
赤 峰 市	Chifeng City	50653	26055	958	15396
锡林郭勒盟	Xilinguole League	22545	8930	717	9017
乌兰察布市	Wulanchabu City	27082	12368	447	8550
鄂尔多斯市	Erdos City	119807	54974	1587	34992
巴彦淖尔市	Bayannaoer City	22719	10215	250	8459
乌 海 市	Wuhai City	14260	5979	299	6540
阿拉善盟	Alashan League	22750	10500	485	7274

22－56 各盟市海关进出口总值(2017年)

Total Imports & Exports by Region(2017)

地 区	Region	按人民币计算(亿元)(RMB 100 million yuan)			按美元计算(亿美元)(USD 100 million)		
		进出口总额 Total Imports & Exports	出口总额 Total Exports	进口总额 Total Imports	进出口总额 Total Imports & Exports	出口总额 Total Exports	进口总额 Total Imports
呼和浩特市	Hohhot City	109.05	51.68	57.37	16.08	7.62	8.46
包 头 市	Baotou City	134.78	87.79	46.98	19.87	12.90	6.97
呼伦贝尔市	Hulunbeier City	203.95	47.86	156.09	30.07	7.06	23.01
兴 安 盟	Xingan League	0.61	0.46	0.14	0.09	0.07	0.02
通 辽 市	Tongliao City	24.94	20.63	4.31	3.68	3.05	0.63
峰 市	Chifeng City	61.89	16.59	45.31	9.12	2.44	6.67
郭勒盟	Xilinguole League	97.36	15.50	81.86	14.35	2.29	12.06
布市	Wulanchabu City	16.89	15.93	0.96	2.47	2.33	0.14
斯市	Erdos City	53.01	36.03	16.97	7.84	5.34	2.50
市	Bayannaoer City	190.90	28.79	162.11	28.14	4.26	23.88
	Wuhai City	4.13	3.90	0.22	0.61	0.57	0.03
	Alashan League	43.37	5.75	37.62	6.42	0.85	5.57

22－57 各盟市入境旅游人数和外汇收入(2017 年)

Number of Foreign Tourists and Foreign Exchange Earnings by Region(2017)

地区	Region	入境旅游人数（人次）Total Number of International Tourists Inbound (person－times)	#外国人 Foreigners	旅游外汇收入（万美元）Earnings from International Tourism(USD 10 000)
呼和浩特市	Hohhot City	139561	97869	16471
包头市	Baotou City	39954	32616	4602
呼伦贝尔市	Hulunbeier City	715613	708934	50830
兴安盟	Xingan League	1542	1340	126
通辽市	Tongliao City	26724	16789	2267
赤峰市	Chifeng City	45382	40710	3719
锡林郭勒盟	Xilinguole League	709327	708805	32865
乌兰察布市	Wulanchabu City	42354	29618	3583
鄂尔多斯市	Erdos City	34856	28841	2764
巴彦淖尔市	Bayannaoer City	39071	38579	3047
乌海市	Wuhai City	1921	1111	157
阿拉善盟	Alashan League	52016	51796	4125

22－58 各地区旅行社单位数和国内旅游情况(2017 年末)

Number of Travel Agencies and Domestic Tourism by Region(End of 2017)

地区	Region	旅行社数(个) Total Number of Travel Agencies (unit)	国内旅游人数(万人次) Number of Tourists (10 000 person times)	国内旅游收入(亿元) Earnings (100 million yuan)
全区	**Autonomous Regional Total**	**1433**	**11461.19**	**3358.59**
呼和浩特市	Hohhot City	454	1915.58	732.22
包头市	Baotou City	123	1427.63	502.21
呼伦贝尔市	Hulunbeier City	326	1649.54	574.13
兴安盟	Xingan League	70	323.13	57.22
通辽市	Tongliao City	39	642.18	158.33
赤峰市	Chifeng City	96	1132.45	290.55
锡林郭勒盟	Xilinguole League	63	1477.01	348.47
乌兰察布市	Wulanchabu City	50	639.68	93.45
鄂尔多斯市	Erdos City	155	1225.11	376.44
巴彦淖尔市	Bayannaoer City	22	319.55	58.45
乌海市	Wuhai City	16	293.11	64.61
阿拉善盟	Alashan League	19	416.22	102.51

22－59 各地区星级宾馆个数(2017年末)

Number of Stars Hotels by Region(End of 2017)

单位:个 (unit)

地区	Region	星级宾馆个数 Total Number of Stars Hotels	五星级 Five Stars	四星级 Four Stars	三星级 Three Stars	二星级 Two Stars	一星级 One Stars
全　　区	**Autonomous Regional Total**	**320**	**10**	**39**	**138**	**133**	**0**
呼和浩特市	Hohhot City	33	5	8	10	10	0
包　头　市	Baotou City	22	2	4	13	3	0
呼伦贝尔市	Hulunbeier City	51	1	4	30	16	0
兴　安　盟	Xingan League	29	0	1	10	18	0
通　辽　市	Tongliao City	28	0	2	12	14	0
赤　峰　市	Chifeng City	34	0	6	12	16	0
锡林郭勒盟	Xilinguole League	22	1	1	10	10	0
乌兰察布市	Wulanchabu City	19	0	1	5	13	0
鄂尔多斯市	Erdos City	32	1	7	19	5	0
巴彦淖尔市	Bayannaoer City	22	0	1	7	14	0
乌　海　市	Wuhai City	9	0	0	3	6	0
阿拉善盟	Alashan League	19	0	4	7	8	0

22－60 各盟市普通高等学校基本情况(2017年)

Basic Statistics on Higher Education by Region(2017)

地区	Region	学校数(所) Number of Schools (unit)	毕业生数(人) Number of Graduates (person)	招生数(人) New Student Enrollment (person)	在校学生数(人) Student Enrollment (person)	教职工数(人) Number of Staff and Teachers (person)	#专任教师 Full－time Teachers
总计	**Total**	**53**	**117798**	**135888**	**448092**	**39598**	**26408**
呼和浩特市	Hohhot City	24	64117	69099	239330	18582	12102
包头市	Baotou City	5	20742	22813	75977	6442	4547
呼伦贝尔市	Hulunbeier City	4	4251	5801	18710	2432	1637
兴安盟	Xingan League	1	1510	2148	5761	613	386
通辽市	Tongliao City	3	7058	8024	28929	2670	1904
赤峰市	Chifeng City	4	6086	7205	22591	2784	1891
锡林郭勒盟	Xilinguole League	1	2662	3530	8994	1482	731
乌兰察布市	Wulanchabu City	3	5668	7487	21552	1699	1191
鄂尔多斯市	Erdos City	4	1092	3733	9156	1106	880
巴彦淖尔市	Bayannaoer City	2	3365	3607	10703	1107	657
乌海市	Wuhai City	1	1044	1917	5030	271	243
阿拉善盟	Alashan League	1	203	524	1359	410	239

注:毕业生数、招生数、在校学生数不包括成人高校附设普通班学生数。

a) The number of graduates, new student enrollment and student enrollment studing in general class except adult university.

22－61 各盟市成人高等学校基本情况(2017 年)

Basic Statistics on Adult Education by Region(2017)

地 区	Region	学校数(所) Number of Schools (unit)	毕业生数(人) Number of Graduates (person)	招生数(人) New Student Enrollment (person)	在校学生数(人) Student Enrollment (person)	教职工数(人) Number of Staff and Teachers (person)	# 专任教师 Full－time Teachers
总 计	**Total**	**1**	**16157**	**7462**	**21362**	**420**	**221**
呼和浩特市	Hohhot City	1	8124	3793	10933	420	221
包 头 市	Baotou City		3520	812	2087		
呼伦贝尔市	Hulunbeier City		1052	504	1800		
兴 安 盟	Xingan League		37		11		
通 辽 市	Tongliao City		1020	622	1571		
赤 峰 市	Chifeng City		1223	1208	3782		
锡林郭勒盟	Xilinguole League		243	80	204		
乌兰察布市	Wulanchabu City		741	34	135		
鄂尔多斯市	Erdos City						
巴彦淖尔市	Bayannaoer City		197	409	739		
乌 海 市	Wuhai City				100		
阿拉善盟	Alashan League						

注:毕业生数、招生数,在校学生数中包含普通高校附设成人班学生数。

a) Number of graduates and new student enrollment and student enrodment include the number of students of ordinary classes attached adult colleges.

22－62 各盟市中等专业学校基本情况(2017 年)

Basic Statistics on Specialized Secondary Schools by Region(2017)

地 区	Region	学校数(所) Number of Schools (unit)	毕业生数(人) Number of Graduates (person)	招生数(人) New Student Enrollment (person)	在校学生数(人) Student Enrollment (person)	教职工数(人) Number of Staff and Teachers (person)	# 专任教师 Full－time Teachers
总 计	**Total**	**76**	**36128**	**33874**	**102514**	**5704**	**3920**
呼和浩特市	Hohhot City	41	11683	10354	31881	2016	1170
包 头 市	Baotou City	14	8405	8046	22402	1544	1158
呼伦贝尔市	Hulunbeier City	3	2053	2224	7164	294	183
兴 安 盟	Xingan League	2	663	1015	2569	42	34
通 辽 市	Tongliao City	4	1053	913	3358	148	119
赤 峰 市	Chifeng City	2	3759	3359	10292	392	272
锡林郭勒盟	Xilinguole League		1956	2430	7091		
乌兰察布市	Wulanchabu City	3	1285	664	2482	267	187
鄂尔多斯市	Erdos City	3	2529	2414	7337	426	342
巴彦淖尔市	Bayannaoer City	3	1379	1048	3216	364	283
乌 海 市	Wuhai City	1	771	1170	3768	211	172
阿拉善盟	Alashan League		592	237	954		

注:本表数据不包含成人中专。

a) Date in the Table doesnt include Adult secondary schools.

22－63 各盟市普通中学基本情况(2017年)

Basic Statistics on Regular Secondary Schools by Region(2017)

地区	Region	学校数(所) Number of Schools (unit)	毕业生数(人) Number of Graduates (person)	初中 Junior Secondary Schools	高中 Senior Secondary Schools	招生数(人) New Student Enrollment (person)	初中 Junior Secondary Schools	高中 Senior Secondary Schools
总计	**Total**	**976**	**367893**	**214631**	**153262**	**368385**	**224753**	**143632**
呼和浩特市	Hohhot City	104	48439	29119	19320	50195	30200	19995
包头市	Baotou City	94	38775	23103	15672	37691	23203	14488
呼伦贝尔市	Hulunbeier City	159	29969	17249	12720	29240	18636	10604
兴安盟	Xingan League	77	21553	12640	8913	23354	14808	8546
通辽市	Tongliao City	138	52368	29986	22382	53878	30948	22930
赤峰市	Chifeng City	143	69366	40011	29355	71157	44110	27047
锡林郭勒盟	Xilinguole League	38	17372	10364	7008	16167	9138	7029
乌兰察布市	Wulanchabu City	68	27389	15222	12167	25338	14501	10837
鄂尔多斯市	Erdos City	69	28511	17064	11447	30208	19795	10413
巴彦淖尔市	Bayannaoer City	48	22231	12816	9415	19570	12575	6995
乌海市	Wuhai City	21	8487	5055	3432	8260	5005	3255
阿拉善盟	Alashan League	17	3433	2002	1431	3327	1834	1493

22－63 续表 continued

地区	Region	在校学生数(人) Student Enrollment (person)	初中 Junior Secondary Schools	高中 Senior Secondary Schools	教职工数(人) Number of Staff and Teachers (person)	#专任教师 Full－time Teacher
总计	**Total**	**1054482**	**618655**	**435827**	**131690**	**93256**
呼和浩特市	Hohhot City	140697	82932	57765	14864	9910
包头市	Baotou City	106938	61930	45008	13043	10340
呼伦贝尔市	Hulunbeier City	88544	54244	34300	15871	9948
兴安盟	Xingan League	64508	39372	25136	9395	6357
通辽市	Tongliao City	155503	87531	67972	17091	12450
赤峰市	Chifeng City	205057	122035	83022	22630	16889
锡林郭勒盟	Xilinguole League	47630	26424	21206	5510	4434
乌兰察布市	Wulanchabu City	72830	40552	32278	10233	6615
鄂尔多斯市	Erdos City	80368	49566	30802	10657	8117
巴彦淖尔市	Bayannaoer City	58779	35339	23440	7615	4789
乌海市	Wuhai City	23381	13186	10195	3072	2211
阿拉善盟	Alashan League	10247	5544	4703	1709	1196

22－64 各盟市职业中学基本情况(2017 年)

Basic Statistics on Vocational Secondary Schools by Region(2017)

地 区	Region	学校数(所) Number of Schools (unit)	毕业生数(人) Number of Graduates (person)	招生数(人) New Student Enrollment (person)	在校学生数(人) Student Enrollment (person)	教职工数(人) Number of Staff and Teachers (person)	# 专任教师 Full－time Teachers
总 计	**Total**	**112**	**27874**	**29646**	**82855**	**10623**	**8134**
呼和浩特市	Hohhot City	14	2481	3134	8473	1188	786
包 头 市	Baotou City	2	875	721	2431	216	190
呼伦贝尔市	Hulunbeier City	13	1718	2640	6673	872	681
兴 安 盟	Xingan League	8	1577	2550	5987	702	545
通 辽 市	Tongliao City	12	2613	2496	6739	820	679
赤 峰 市	Chifeng City	30	8234	7912	21973	2524	2005
锡林郭勒盟	Xilinguole League	9	704	888	2133	874	666
乌兰察布市	Wulanchabu City	10	2202	1934	6239	1203	865
鄂尔多斯市	Erdos City	7	2620	3402	9014	1150	922
巴彦淖尔市	Bayannaoer City	5	4764	3894	13017	1025	749
乌 海 市	Wuhai City		59	52	102		
阿拉善盟	Alashan League	2	27	23	74	49	46

注:本表中职业中学指职业高中。

a) In the table Vocational Secondary Schools refer to Vocational high schools.

22－65 各盟市小学基本情况(2017 年)

Basic Statistics on Primary Schools by Region(2017)

地 区	Region	学校数(所) Number of Schools (unit)	毕业生数(人) Number of Graduates (person)	招生数(人) New Student Enrollment (person)	在校学生数(人) Student Enrollment (person)	教职工数(人) Number of Staff and Teachers (person)	# 专任教师 Full－time Teachers
总 计	**Total**	**1658**	**225839**	**215879**	**1325442**	**117298**	**99653**
呼和浩特市	Hohhot City	206	29025	28613	174718	10997	9797
包 头 市	Baotou City	134	23237	23801	138930	9448	9239
呼伦贝尔市	Hulunbeier City	140	18698	17180	104584	10704	9929
兴 安 盟	Xingan League	120	14857	13493	85152	9346	8259
通 辽 市	Tongliao City	222	31199	27005	177887	16132	14771
赤 峰 市	Chifeng City	383	43927	37683	246979	24546	18406
锡林郭勒盟	Xilinguole League	69	9434	9435	58639	5634	4510
乌兰察布市	Wulanchabu City	122	15634	12178	81567	9990	6830
鄂尔多斯市	Erdos City	134	19886	27792	143098	10559	9290
巴彦淖尔市	Bayannaoer City	88	12743	12101	73479	7163	5394
乌 海 市	Wuhai City	24	5256	4591	28674	1921	2124
阿拉善盟	Alashan League	16	1943	2007	11735	858	1104

22－66 各盟市幼儿园基本情况(2017 年)

Basic Statistics on Kindergartens by Region(2017)

地 区	Region	园 数（所） Number of Kindergartens (unit)	幼儿数（人） Student Enrollment (person)	教职工数（人） Number of Staff and Teachers (person)	# 教 师 Teachers
总 计	**Total**	**3845**	**640024**	**69529**	**42833**
呼和浩特市	Hohhot City	359	72658	9439	5061
包 头 市	Baotou City	326	61334	8283	4924
呼伦贝尔市	Hulunbeier City	333	49343	5551	3388
兴 安 盟	Xingan League	361	39091	3966	2358
通 辽 市	Tongliao City	673	88046	8077	4985
赤 峰 市	Chifeng City	969	119486	11466	6877
锡林郭勒盟	Xilinguole League	119	24905	2690	1737
乌兰察布市	Wulanchabu City	157	28648	3065	1922
鄂尔多斯市	Erdos City	328	93225	11036	8070
巴彦淖尔市	Bayannaoer City	141	41136	3127	1722
乌 海 市	Wuhai City	49	14299	1836	1095
阿拉善盟	Alashan League	30	7853	993	694

22－67 各盟市文化艺术、文物事业单位数(2017 年)

Number of Institutions for Culture, Art and Cultural Relics by Region(2017)

单位:个 (unit)

地 区	Region	艺术表演团体 Art Performance Troupes	艺术表演场所 Art Performance Places	文 化 馆 Cultural Centers	公共图书馆 Public Libraries	博 物 馆 Museums
总 计	**Total**	**98**	**21**	**120**	**117**	**93**
呼和浩特市	Hohhot City	5	1	10	10	4
包 头 市	Baotou City	5	3	12	10	3
呼伦贝尔市	Hulunbeier City	12	1	15	15	20
兴 安 盟	Xingan League	6	2	7	7	3
通 辽 市	Tongliao City	9	0	9	9	6
赤 峰 市	Chifeng City	10	0	13	14	12
锡林郭勒盟	Xilinguole League	13	1	14	14	12
乌兰察布市	Wulanchabu City	14	4	13	12	9
鄂尔多斯市	Erdos City	10	4	10	9	9
巴彦淖尔市	Bayannaoer City	7	2	8	8	7
乌 海 市	Wuhai City	1	1	4	4	3
阿拉善盟	Alashan League	4	1	4	4	4
自治区直属	Units Attached to Autonomous Region	1	1	1	1	1

22－68 各盟市县以上政府属研究机构及科技信息与文献机构、人员（2017 年）

State－owned R & D and Information Literature Institutions at Above County Level & Persons Engaged by Region（2017）

地 区	Region	合 计 Total Number			自然科学技术领域研究机构 Field of Natural Sciences & Technology		
		机 构（个）Institutions（unit）	从业人员（人）Employees（person）	# 科技活动人员 S&T personnel	机 构（个）Institutions（unit）	从业人员（人）Employees（person）	# 科技活动人员 S&T personnel
总 计	**Total**	**91**	**8024**	**6219**	**69**	**7355**	**5587**
呼和浩特市	Hohhot City	36	3909	2926	25	3421	2468
包 头 市	Baotou City	4	186	143	3	167	124
呼伦贝尔市	Hulunbeier City	9	362	311	8	350	299
兴 安 盟	Xingan League	6	96	79	5	82	66
通 辽 市	Tongliao City	6	369	243	4	343	219
赤 峰 市	Chifeng City	2	284	280	2	284	280
锡林郭勒盟	Xilinguole League	2	1099	964	2	1099	964
乌兰察布市	Wulanchabu City	5	238	193	4	211	168
鄂尔多斯市	Erdos City	8	530	446	6	486	404
巴彦淖尔市	Bayannaoer City	7	546	539	6	523	516
乌 海 市	Wuhai City	2	26	26	1	20	20
阿拉善盟	Alashan League	4	379	69	3	369	59

22－68 续表 continued

地 区	Region	社会、人文科学技术领域 Field of Social Sciences & Humanities			科技信息和文献机构 Technical Information & Literature Institutions		
		机 构（个）Institutions（unit）	从业人员（人）Employees（person）	# 科技活动人员 S&T personnel	机 构（个）Institutions（unit）	从业人员（人）Employees（person）	# 科技活动人员 S&T personnel
总 计	**Total**	**11**	**470**	**442**	**11**	**199**	**190**
呼和浩特市	Hohhot City	9	427	400	2	61	58
包 头 市	Baotou City				1	19	19
呼伦贝尔市	Hulunbeier City				1	12	12
兴 安 盟	Xingan League				1	14	13
通 辽 市	Tongliao City	1	8	8	1	18	16
赤 峰 市	Chifeng City						
锡林郭勒盟	Xilinguole League						
乌兰察布市	Wulanchabu City				1	27	25
鄂尔多斯市	Erdos City	1	35	34	1	9	8
巴彦淖尔市	Bayannaoer City				1	23	23
乌 海 市	Wuhai City				1	6	6
阿拉善盟	Alashan League				1	10	10

22－69 各盟市旗县以上政府属研究机构及科技信息与文献机构科技活动收入和科技经费支出总额(2017年)

Total Funds & Expenditures of State－Owned Research & Technical Information and Literature Institutions above County Level by Region(2017)

单位:万元 (10 000 yuan)

地 区	Region	合计 Total				自然科学技术领域研究机构 Field of Natural Sciences & Tech & Trasformed Institution			
		科技经费筹集总额 Funds For Science and Technology	# 政府资金 Government Funds	科技经费内部支出总额 Intramural Expenditures	R&D 经费支出 Funds of R&D	科技经费筹集总额 Funds For Science and Technology	# 政府资金 Government Funds	科技经费内部支出总额 Intramural Expenditures	R&D 经费支出 Funds of R&D
总 计	**Total**	**222762**	**216305**	**238107**	**73300**	**208604**	**202174**	**225863**	**66527**
呼和浩特市	Hohhot City	162193	158058	164224	55582	150898	146791	154497	48809
包 头 市	Baotou City	4265	4265	3076	1358	3995	3995	2816	1358
呼伦贝尔市	Hulunbeier City	7761	7761	5483	1657	7560	7560	5304	1657
兴 安 盟	Xingan League	2792	2792	1889	905	2648	2648	1734	905
通 辽 市	Tongliao City	7837	7771	6948	2533	7284	7218	6581	2533
赤 峰 市	Chifeng City	5632	4911	5010	2850	5632	4911	5010	2850
锡林郭勒盟	Xilinguole League	9063	8386	26605	2666	9063	8386	26605	2666
乌兰察布市	Wulanchabu City	2859	2859	2357	591	2558	2558	2082	591
鄂尔多斯市	Erdos City	9061	8945	11953	1228	8223	8107	11164	1228
巴彦淖尔市	Bayannaoer City	9729	9120	8730	3821	9458	8849	8503	3821
乌 海 市	Wuhai City	437	437	447		312	312	311	
阿拉善盟	Alashan League	1133	1000	1385	109	973	840	1257	109

22－69 续表 continued

单位:万元 (10 000 yuan)

地 区	Region	社会、人文科学技术领域 Field of Social Sciences and Humanities				科技信息和文献机构 Scientific Technical Information and Literature Institutions			
		科技经费筹集总额 Funds For Science and Technology	# 政府资金 Government Funds	科技经费内部支出总额 Intramural Expenditures	R&D 经费支出 Funds of R&D	科技经费筹集总额 Funds For Science and Technology	# 政府资金 Government Funds	科技经费内部支出总额 Intramural Expenditures	R&D 经费支出 Funds of R&D
总 计	**Total**	**11227**	**11199**	**9851**	**6773**	**2932**	**2932**	**2393**	
呼和浩特市	Hohhot City	10068	10040	8922	6773	1227	1227	805	
包 头 市	Baotou City					270	270	260	
呼伦贝尔市	Hulunbeier City					201	201	179	
兴 安 盟	Xingan League					144	144	155	
通 辽 市	Tongliao City	455	455	276		98	98	91	
赤 峰 市	Chifeng City								
锡林郭勒盟	Xilinguole League								
乌兰察布市	Wulanchabu City					301	301	275	
鄂尔多斯市	Erdos City	704	704	653		134	134	136	
巴彦淖尔市	Bayannaoer City					271	271	227	
乌 海 市	Wuhai City					125	125	136	
阿拉善盟	Alashan League					160	160	128	

22－70 各盟市卫生机构、床位(2017 年)

Number of Health Institutions, Beds by Region(2017)

地 区	Region	机构数(个) Health Institutions (unit)	# 医院、卫生院 Hospital	#疾病预防控制中心 CDC	# 妇幼保健所、站 Maternity and Child Care Centers	床位合计(张) Beds Total (unit)	# 医院、卫生院 Hospital
总 计	**Total**	**24217**	**2087**	**119**	**113**	**150335**	**140504**
呼和浩特市	Hohhot City	2065	188	12	11	20680	19303
包 头 市	Baotou City	1779	151	11	10	18845	17041
呼伦贝尔市	Hulunbeier City	1973	219	16	15	14385	13854
兴 安 盟	Xingan League	1663	123	7	6	8936	8410
通 辽 市	Tongliao City	4558	242	9	8	18821	18270
赤 峰 市	Chifeng City	4750	339	13	13	27423	25873
锡林郭勒盟	Xilinguole League	1377	167	14	14	5245	4943
乌兰察布市	Wulanchabu City	2114	226	12	12	8702	8001
鄂尔多斯市	Erdos City	1640	183	9	9	11679	11007
巴彦淖尔市	Bayannaoer City	1642	163	8	8	10685	9325
乌 海 市	Wuhai City	311	30	4	4	3551	3175
阿拉善盟	Alashan League	345	56	4	3	1383	1302

22－71 各盟市卫生机构人员(2017 年)

Number of Persons Engaged in Health Institutions by Region(2017)

单位:人 (person)

地 区	Region	卫生机构人员 Total	卫生技术人员 Medical Technical Personnel	执业医师、执业助理医师 Doctors	# 执业医师 Physician	注册护师、护士 Registered Senior and Junior Nurses
总 计	**Total**	**233075**	**180401**	**70322**	**60478**	**71871**
呼和浩特市	Hohhot City	34183	26498	10225	9274	11672
包 头 市	Baotou City	28758	23854	8588	7880	11023
呼伦贝尔市	Hulunbeier City	26496	20978	7969	6726	8633
兴 安 盟	Xingan League	13454	10133	3891	3010	3774
通 辽 市	Tongliao City	25266	17480	7114	5865	6011
赤 峰 市	Chifeng City	39112	29682	11945	10000	11305
锡林郭勒盟	Xilinguole League	10225	8031	3380	2902	2900
乌兰察布市	Wulanchabu City	14054	9713	3942	3161	3426
鄂尔多斯市	Erdos City	17709	14599	5652	5038	5581
巴彦淖尔市	Bayannaoer City	15054	12353	4956	4268	4696
乌 海 市	Wuhai City	5816	4776	1686	1536	2026
阿拉善盟	Alashan League	2948	2304	974	818	824

注:本表数据包含村卫生室数。
a) Date in the Table include the Village clinics.

22－72 各盟市交通事故(2017年)

Basic Statistics on Traffic Accidents by Region(2017)

地 区	Region	发生数(起) Number of Traffic Accidents (case)	死亡人数(人) Number of Deaths (person)	受伤人数(人) Number of Injuries (person)	直接经济损失(万元) Direct Losses (10000yuan)
总 计	**Total**	**3384**	**1014**	**3480**	**1638.1**
呼和浩特市	Hohhot City	751	100	786	186.6
包 头 市	Baotou City	1032	85	1085	92.4
呼伦贝尔市	Hulunbeier City	142	140	150	124.7
兴 安 盟	Xingan League	63	54	56	91.4
通 辽 市	Tongliao City	447	101	489	140.1
赤 峰 市	Chifeng City	145	148	77	58.7
锡林郭勒盟	Xilinguole League	67	51	93	110.1
乌兰察布市	Wulanchabu City	131	56	139	37.5
鄂尔多斯市	Erdos City	230	117	210	129.6
巴彦淖尔市	Bayannaoer City	61	57	35	10.9
乌 海 市	Wuhai City	51	43	27	24.8
阿拉善盟	Alashan League	189	20	220	118.0
高速公路支队	Expressway Detachment	75	42	113	513.3

22－73 各盟市火灾事故(2017年)

Basic Statistics on Fires by Region(2017)

地 区	Region	发生数(起) Number of Traffic Accidents (case)	死亡人数(人) Number of Deaths (person)	受伤人数(人) Number of Injuries (person)	直接经济损失(万元) Direct Losses (10000yuan)
总 计	**Total**	**8046**	**29**	**15**	**7562.7**
呼和浩特市	Hohhot City	2115	5	4	469.9
包 头 市	Baotou City	776			485.7
呼伦贝尔市	Hulunbeier City	998	4	4	1883.3
兴 安 盟	Xingan League	115	1	2	472.2
通 辽 市	Tongliao City	497	2	1	360.8
赤 峰 市	Chifeng City	956	3		1104.5
锡林郭勒盟	Xilinguole League	360	1	2	434.3
乌兰察布市	Wulanchabu City	509	5		418.9
鄂尔多斯市	Erdos City	438		1	544.0
巴彦淖尔市	Bayannaoer City	686	2		768.1
乌 海 市	Wuhai City	544	6	1	262.3
阿拉善盟	Alashan League	43			243.4
内蒙古森工集团	Inner Mongolia Forest Industry Group	9			115.1

22－74 各盟市能源消费(2017 年)

Consumption of Energy By Region(2017)

地 区	Region	能源消费总量(万吨标准煤) Total Consumption of Energy (10 000 tons of SCE)	能源消费比上年增长(%) Growth Rate of Energy Consumption over Preceding Year (%)	单位 GDP 能耗变化率(±%) Change rate of Energy Consumption Per Unit of GDP (±%)
呼和浩特市	Hohhot City	1649.40	6.93	1.87
包 头 市	Baotou City	4197.70	1.05	-4.24
呼伦贝尔市	Hulunbeier City	1257.94	-1.87	-1.92
兴 安 盟	Xingan League	380.53	-0.28	-4.08
通 辽 市	Tongliao City	1943.86	2.29	1.96
赤 峰 市	Chifeng City	1666.30	-0.78	-4.27
锡林郭勒盟	Xilinguole League	902.59	8.43	3.97
乌兰察布市	Wulanchabu City	1499.10	3.21	-1.96
鄂尔多斯市	Erdos City	3748.94	6.68	0.85
巴彦淖尔市	Bayannaoer City	923.94	-1.81	-5.34
乌 海 市	Wuhai City	1587.29	-1.67	-6.58
阿拉善盟	Alashan League	641.07	-1.28	-4.98

注:各盟市单位 GDP 能耗采用 2015 年不变价 GDP 计算。
a) The Energy Consumption Per Unit of GDP is calculated at 2015 constant prices.

22－74 续表 continued

地 区	Region	规模以上工业综合能源消费量(万吨标准煤) Consumption of Overall Energy by Industrial Branch (10 000 tons of SCE)	规模以上工业综合能源消费量比上年增长(%) Growth Rate of Consumption of Overall Energy by Industrial Branch over Preceding Year (%)
呼和浩特市	Hohhot City	1465.45	20.4
包 头 市	Baotou City	2669.48	3.2
呼伦贝尔市	Hulunbeier City	906.72	1.0
兴 安 盟	Xingan League	146.97	-2.9
通 辽 市	Tongliao City	1313.56	1.9
赤 峰 市	Chifeng City	805.90	-3.6
锡林郭勒盟	Xilinguole League	923.08	22.1
乌兰察布市	Wulanchabu City	1402.80	0.2
鄂尔多斯市	Erdos City	4135.82	12.9
巴彦淖尔市	Bayannaoer City	461.98	-9.9
乌 海 市	Wuhai City	1275.43	-5.9
阿拉善盟	Alashan League	376.48	3.1

23 旗县区资料

Statistics of Banners, Counties and Districts

资料整理：寇 珍

Arranged By Kou Zhen

23-1 各旗县(区)按年末常住人口排序(2017年)

Banners, Counties and Districts Ranked by Permanet Resident Population (Year end of 2017)

单位:万人 (10 000 persons)

位次 Order	旗县(区)名称	Name of Banners, Counties and Districts	年末常住人口 Permanet Resident Population Year-end
1	通辽市科尔沁区	Keerqin District in Tongliao City	92.51
2	包头市昆都仑区	Kundulun District in Baotou City	79.32
3	呼和浩特市赛罕区	Saihan District in Hohhot City	70.66
4	包头市青山区	Qingshan District in Baotou City	67.17
5	呼和浩特市新城区	Xincheng District in Hohhot City	61.00
6	赤峰市松山区	Songshan District in Chifeng City	60.14
7	巴彦淖尔市临河区	Linhe District in Bayannaoer City	55.40
8	包头市东河区	Donghe District in Baotou City	55.19
9	赤峰市宁城县	Ningcheng County in Chifeng City	53.46
10	赤峰市敖汉旗	Aohan Banner in Chifeng City	53.12
11	鄂尔多斯市东胜区	Dongsheng District in Erdos City	51.24
12	通辽市科尔沁左翼中旗	Keerqinzuoyizhong Banner in Tongliao City	49.27
13	赤峰市红山区	Hongshan District in Chifeng City	46.20
14	呼和浩特市回民区	Huimin District in Hohhot City	44.33
15	赤峰市翁牛特旗	Wengniute Banner in Chifeng City	43.88
16	呼和浩特市玉泉区	Yuquan District in Hohhot City	42.37
17	通辽市奈曼旗	Naiman Banner in Tongliao City	42.33
18	乌兰察布市集宁区	Jining District in Wulanchabu City	40.92
19	兴安盟扎赉特旗	Zhalaite Banner in Xingan League	39.01
20	鄂尔多斯市准格尔旗	Zhungeer Banner in Erdos City	37.48
21	通辽市开鲁县	Kailu County in Tongliao City	36.93
22	赤峰市巴林左旗	Balinzuo Banner in Chifeng City	36.06
23	通辽市科尔沁左翼后旗	Keerqinzuoyihou Banner in Tongliao City	35.71
24	呼伦贝尔市海拉尔区	Hailaer District in Hulunbeier City	35.15
25	呼伦贝尔市扎兰屯市	Zhalantun City in Hulunbeier City	34.18
26	兴安盟科尔沁右翼前旗	Keerqinyouyiqian Banner in Xingan League	34.00
27	赤峰市元宝山区	Yuanbaoshan District in Chifeng City	33.53
28	鄂尔多斯市达拉特旗	Dalate Banner in Erdos City	33.30
29	兴安盟乌兰浩特市	Wulanhaote City in Xingan League	33.19
30	呼伦贝尔市牙克石市	Yakeshi City in Hulunbeier City	33.10
31	呼和浩特市土默特左旗	Tumotezuo Banner in Hohhot City	32.88
32	乌海市海勃湾区	Haibowan District in Wuhai City	31.55
33	通辽市扎鲁特旗	Zhalute Banner in Tongliao City	31.15
34	包头市土默特右旗	Tumoteyou Banner in Baotou City	29.97

23－1 续表 1 Continued

单位:万人 (10 000 persons)

位次 Order	旗县(区)名称	Name of Banners, Counties and Districts	年末常住人口 Permanet Resident Population Year－end
35	赤峰市阿鲁科尔沁旗	Alukeerqin Banner in Chifeng City	29.82
36	巴彦淖尔市乌拉特前旗	Wulateqian Banner in Bayannaoer City	29.64
37	呼伦贝尔市阿荣旗	Arong Banner in Hulunbeier City	28.21
38	呼伦贝尔市莫力达瓦达斡尔自治旗	Molidawadawoer National Autonomous Banner in Hulunbeier City	28.08
39	赤峰市喀喇沁旗	Kalaqin Banner in Chifeng City	27.65
40	兴安盟突泉县	Tuquan County in Xingan League	26.78
41	锡林郭勒盟锡林浩特市	Xilinhaote City in Xilinguole League	26.70
42	巴彦淖尔市杭锦后旗	Hangjinhou Banner in Bayannaoer City	25.84
43	巴彦淖尔市五原县	Wuyuan County in Bayannaoer City	25.81
44	乌兰察布市丰镇市	Fengzhen City in Wulanchabu City	25.24
45	兴安盟科尔沁右翼中旗	Keerqinyouyizhong Banner in Xingan League	24.88
46	包头市九原区	Jiuyuan District in Baotou City	22.93
47	呼伦贝尔市满洲里市	Manzhouli City in Hulunbeier City	22.50
48	乌兰察布市兴和县	Xinghe County in Wulanchabu City	22.00
49	呼和浩特市托克托县	Tuoketuo Counry in Hohhot City	21.17
50	鄂尔多斯市伊金霍洛旗	Yijinhuoluo Banner in Erdos City	20.94
51	呼伦贝尔市鄂伦春自治旗	Elunchun National Autonomous Banner in Hulunbeier City	20.58
52	阿拉善盟阿拉善左旗	Alashanzuo Banner in Alashan League	20.04
53	赤峰市克什克腾旗	Keshiketeng Banner in Chifeng City	19.98
54	赤峰市林西县	Linxi County in Chifeng City	19.86
55	乌兰察布市商都县	Shangdu County in Wulanchabu City	19.65
56	乌兰察布市凉城县	Liangcheng County in Wulanchabu City	18.30
57	呼和浩特市和林格尔县	Helingeer County in Hohhot City	18.17
58	赤峰市巴林右旗	Balinyou Banner in Chifeng City	17.30
59	包头市固阳县	Guyang County in Baotou City	16.95
60	通辽市库伦旗	Kulun Banner in Tongliao City	16.37
61	鄂尔多斯市鄂托克旗	Etuoke Banner in Erdos City	16.22
62	鄂尔多斯市康巴什区	Kangbashi District in Erdos City	15.55
63	乌兰察布市察哈尔右翼后旗	Chahaeryouyihou Banner in Wulanchabu City	15.48
64	乌兰察布市四子王旗	Siziwang Banner in Wulanchabu City	15.14
65	乌兰察布市察哈尔右翼中旗	Chahaeryouyizhong Banner in Wulanchabu City	14.20
66	乌海市乌达区	Wuda District in Wuhai City	13.76
67	呼伦贝尔市根河市	Genhe City in Hulunbeier City	13.73
68	呼伦贝尔市鄂温克族自治旗	Ewenke National Autonomous Banner in Hulunbeier City	13.48

23－1 续表 2 Continued

单位:万人 (10 000 persons)

位次 Order	旗县(区)名称	Name of Banners, Counties and Districts	年末常住人口 Permanet Resident Population Year－end
69	巴彦淖尔市乌拉特中旗	Wulatezhong Banner in Bayannaoer City	13.48
70	鄂尔多斯市乌审旗	Wushen Banner in Erdos City	13.45
71	乌兰察布市卓资县	Zhuozi County in Wulanchabu City	13.10
72	乌兰察布市察哈尔右翼前旗	Chahaeryouyiqian Banner in Wulanchabu City	12.49
73	呼和浩特市武川县	Wuchuan County in Hohhot City	12.12
74	乌兰察布市化德县	Huade County in Wulanchabu City	12.10
75	通辽市霍林郭勒市	Huolinguole City in Tongliao City	11.75
76	巴彦淖尔市磴口县	Dengkou County in Bayannaoer City	11.66
77	鄂尔多斯市杭锦旗	Hangjin Banner in Erdos City	11.40
78	锡林郭勒盟太仆寺旗	Taipusi Banner in Xilinguole League	11.10
79	呼和浩特市清水河县	Qingshuihe County in Hohhot City	11.00
80	乌海市海南区	Hainan District in Wuhai City	10.80
81	锡林郭勒盟多伦县	Duolun County in Xilinguole League	10.28
82	包头市达尔罕茂明安联合旗	Daerhanmaomingan Union Banner in Baotou City	9.68
83	锡林郭勒盟东乌珠穆沁旗	Dongwuzhumuqin Banner in Xilinguole League	9.57
84	锡林郭勒盟西乌珠穆沁旗	Xincheng District in Hohhot City	9.36
85	锡林郭勒盟正蓝旗	Zhenglan Banner in Xilinguole League	8.32
86	呼伦贝尔市满洲里扎赉诺尔区	Zhalainuoer District of Manzhouli City in Hulunbeier City	8.09
87	呼伦贝尔市额尔古纳市	Eerguna City in Hulunbeier City	7.47
88	锡林郭勒盟二连浩特市	Erlianhaote City in Xilinguole League	7.35
89	鄂尔多斯市鄂托克前旗	Etuokeqian Banner in Erdos City	7.15
90	锡林郭勒盟苏尼特右旗	Suniteyou Banner in Xilinguole League	6.80
91	兴安盟阿尔山市	Aershan City in Xingan League	6.77
92	巴彦淖尔市乌拉特后旗	Wulatehou Banner in Bayannaoer City	6.65
93	呼伦贝尔市陈巴尔虎旗	Chenbaerhu Banner in Hulunbeier City	6.19
94	锡林郭勒盟正镶白旗	Zhengxiangbai Banner in Xilinguole League	5.25
95	锡林郭勒盟阿巴嘎旗	Abaga Banner in Xilinguole League	4.30
96	呼伦贝尔市新巴尔虎左旗	Xinbaerhuzuo Banner in Hulunbeier City	4.20
97	包头市石拐区	Shiguai District in Baotou City	3.78
98	呼伦贝尔市新巴尔虎右旗	Xinbaerhuyou Banner in Hulunbeier City	3.43
99	锡林郭勒盟苏尼特左旗	Sunitezuo Banner in Xilinguole League	3.23
100	阿拉善盟额济纳旗	Ejina Banner in Alashan League	3.14
101	锡林郭勒盟镶黄旗	Xianghuang Banner in Xilinguole League	2.90
102	包头市白云矿区	Baiyun Mineral District in Baotou City	2.78
103	阿拉善盟阿拉善右旗	Alashanyou Banner in Alashan League	2.69

23－2 各旗县(区)按粮食产量排序(2017年)

Banners, Counties and Districts Ranked by Output of Grain (2017)

单位:吨　　(ton)

位次 Order	旗县(区)名称	Name of Banners, Counties and Districts	粮食产量 Output of Grain
1	通辽市科尔沁左翼中旗	Keerqinzuoyizhong Banner in Tongliao City	1896335
2	呼伦贝尔市莫力达瓦达斡尔自治旗	Molidawadawoer National Autonomous Banner in Hulunbeier City	1887266
3	呼伦贝尔市阿荣旗	Arong Banner in Hulunbeier City	1730891
4	兴安盟扎赉特旗	Zhalaite Banner in Xingan League	1600001
5	通辽市科尔沁区	Keerqin District in Tongliao City	1251139
6	兴安盟科尔沁右翼前旗	Keerqinyouyiqian Banner in Xingan League	1199429
7	通辽市开鲁县	Kailu County in Tongliao City	1170088
8	呼伦贝尔市扎兰屯市	Zhalantun City in Hulunbeier City	1141801
9	通辽市科尔沁左翼后旗	Keerqinzuoyihou Banner in Tongliao City	1128227
10	兴安盟突泉县	Tuquan County in Xingan League	1098484
11	通辽市奈曼旗	Naiman Banner in Tongliao City	985419
12	赤峰市松山区	Songshan District in Chifeng City	840000
13	赤峰市敖汉旗	Aohan Banner in Chifeng City	830902
14	兴安盟科尔沁右翼中旗	Keerqinyouyizhong Banner in Xingan League	811215
15	赤峰市宁城县	Ningcheng County in Chifeng City	802823
16	包头市土默特右旗	Tumoteyou Banner in Baotou City	785678
17	赤峰市翁牛特旗	Wengniute Banner in Chifeng City	767340
18	呼伦贝尔市鄂伦春自治旗	Elunchun National Autonomous Banner in Hulunbeier City	711281
19	鄂尔多斯市达拉特旗	Dalate Banner in Erdos City	568413
20	呼和浩特市托克托县	Tuoketuo Counry in Hohhot City	567288
21	赤峰市阿鲁科尔沁旗	Alukeerqin Banner in Chifeng City	562533
22	通辽市扎鲁特旗	Zhalute Banner in Tongliao City	558171
23	巴彦淖尔市临河区	Linhe District in Bayannaoer City	557749
24	通辽市库伦旗	Kulun Banner in Tongliao City	510965
25	赤峰市巴林左旗	Balinzuo Banner in Chifeng City	508865
26	巴彦淖尔市乌拉特前旗	Wulateqian Banner in Bayannaoer City	500225
27	呼伦贝尔市牙克石市	Yakeshi City in Hulunbeier City	466553
28	巴彦淖尔市杭锦后旗	Hangjinhou Banner in Bayannaoer City	420178
29	巴彦淖尔市五原县	Wuyuan County in Bayannaoer City	419202
30	鄂尔多斯市杭锦旗	Hangjin Banner in Erdos City	367324
31	呼伦贝尔市额尔古纳市	Eerguna City in Hulunbeier City	355361
32	赤峰市喀喇沁旗	Kalaqin Banner in Chifeng City	336020
33	呼和浩特市和林格尔县	Helingeer County in Hohhot City	280684
34	兴安盟乌兰浩特市	Wulanhaote City in Xingan League	265055

23-2 续表 1 Continued

单位:吨 (ton)

位次 Order	旗县(区)名称	Name of Banners, Counties and Districts	粮食产量 Output of Grain
35	巴彦淖尔市乌拉特中旗	Wulatezhong Banner in Bayannaoer City	250923
36	乌兰察布市凉城县	Liangcheng County in Wulanchabu City	250348
37	赤峰市林西县	Linxi County in Chifeng City	245709
38	赤峰市巴林右旗	Balinyou Banner in Chifeng City	226761
39	呼和浩特市清水河县	Qingshuihe County in Hohhot City	220004
40	锡林郭勒盟太仆寺旗	Taipusi Banner in Xilinguole League	215983
41	赤峰市元宝山区	Yuanbaoshan District in Chifeng City	193076
42	巴彦淖尔市磴口县	Dengkou County in Bayannaoer City	190998
43	呼和浩特市武川县	Wuchuan County in Hohhot City	166748
44	赤峰市克什克腾旗	Keshiketeng Banner in Chifeng City	151000
45	阿拉善盟阿拉善左旗	Alashanzuo Banner in Alashan League	150053
46	乌兰察布市四子王旗	Siziwang Banner in Wulanchabu City	133716
47	鄂尔多斯市乌审旗	Wushen Banner in Erdos City	124001
48	鄂尔多斯市准格尔旗	Zhungeer Banner in Erdos City	109625
49	乌兰察布市察哈尔右翼中旗	Chahaeryouyizhong Banner in Wulanchabu City	109454
50	包头市固阳县	Guyang County in Baotou City	103392
51	鄂尔多斯市鄂托克前旗	Etuokeqian Banner in Erdos City	92851
52	鄂尔多斯市鄂托克旗	Etuoke Banner in Erdos City	92335
53	乌兰察布市丰镇市	Fengzhen City in Wulanchabu City	89893
54	乌兰察布市商都县	Shangdu County in Wulanchabu City	85973
55	乌兰察布市察哈尔右翼后旗	Chahaeryouyihou Banner in Wulanchabu City	84816
56	鄂尔多斯市伊金霍洛旗	Yijinhuoluo Banner in Erdos City	83711
57	乌兰察布市察哈尔右翼前旗	Chahaeryouyiqian Banner in Wulanchabu City	83437
58	呼伦贝尔市陈巴尔虎旗	Chenbaerhu Banner in Hulunbeier City	82898
59	包头市达尔罕茂明安联合旗	Daerhanmaomingan Union Banner in Baotou City	82239
60	乌兰察布市兴和县	Xinghe County in Wulanchabu City	82007
61	呼和浩特市赛罕区	Saihan District in Hohhot City	79733
62	呼和浩特市土默特左旗	Tumotezuo Banner in Hohhot City	78788
63	包头市九原区	Jiuyuan District in Baotou City	64188
64	乌兰察布市卓资县	Zhuozi County in Wulanchabu City	62495
65	兴安盟阿尔山市	Aershan City in Xingan League	60000
66	巴彦淖尔市乌拉特后旗	Wulatehou Banner in Bayannaoer City	59384
67	锡林郭勒盟多伦县	Duolun County in Xilinguole League	57956
68	赤峰市红山区	Hongshan District in Chifeng City	56976

23－2 续表 2 Continued

单位:吨 (ton)

位次 Order	旗县(区)名称	Name of Banners, Counties and Districts	粮食产量 Output of Grain
69	乌兰察布市化德县	Huade County in Wulanchabu City	55472
70	呼伦贝尔市海拉尔区	Hailaer District in Hulunbeier City	53458
71	包头市东河区	Donghe District in Baotou City	43455
72	呼伦贝尔市鄂温克族自治旗	Ewenke National Autonomous Banner in Hulunbeier City	38596
73	锡林郭勒盟锡林浩特市	Xilinhaote City in Xilinguole League	31257
74	呼和浩特市玉泉区	Yuquan District in Hohhot City	28252
75	锡林郭勒盟正蓝旗	Zhenglan Banner in Xilinguole League	26664
76	乌海市海南区	Hainan District in Wuhai City	26524
77	锡林郭勒盟东乌珠穆沁旗	Dongwuzhumuqin Banner in Xilinguole League	20625
78	鄂尔多斯市东胜区	Dongsheng District in Erdos City	13670
79	呼伦贝尔市新巴尔虎左旗	Xinbaerhuzuo Banner in Hulunbeier City	12353
80	乌海市海勃湾区	Haibowan District in Wuhai City	9987
81	乌兰察布市集宁区	Jining District in Wulanchabu City	9977
82	阿拉善盟阿拉善右旗	Alashanyou Banner in Alashan League	8778
83	包头市昆都仑区	Kundulun District in Baotou City	8459
84	通辽市霍林郭勒市	Huolinguole City in Tongliao City	7646
85	包头市石拐区	Shiguai District in Baotou City	7222
86	包头市青山区	Qingshan District in Baotou City	5216
87	锡林郭勒盟正镶白旗	Zhengxiangbai Banner in Xilinguole League	5094
88	呼伦贝尔市根河市	Genhe City in Hulunbeier City	3414
89	乌海市乌达区	Wuda District in Wuhai City	3369
90	呼伦贝尔市满洲里市	Manzhouli City in Hulunbeier City	3050
91	呼伦贝尔市新巴尔虎右旗	Xinbaerhuyou Banner in Hulunbeier City	2295
92	呼和浩特市新城区	Xincheng District in Hohhot City	1240
93	阿拉善盟额济纳旗	Ejina Banner in Alashan League	804
94	呼和浩特市回民区	Huimin District in Hohhot City	720
95	锡林郭勒盟苏尼特右旗	Suniteyou Banner in Xilinguole League	333
96	锡林郭勒盟镶黄旗	Xianghuang Banner in Xilinguole League	15
97	包头市白云矿区	Baiyun Mineral District in Baotou City	
98	呼伦贝尔市满洲里扎赉诺尔区	Zhalainuoer District of Manzhouli City in Hulunbeier City	
99	锡林郭勒盟二连浩特市	Erlianhaote City in Xilinguole League	
100	锡林郭勒盟阿巴嘎旗	Abaga Banner in Xilinguole League	
101	锡林郭勒盟苏尼特左旗	Sunitezuo Banner in Xilinguole League	
102	锡林郭勒盟西乌珠穆沁旗	Xincheng District in Hohhot City	
103	鄂尔多斯市康巴什区	Kangbashi District in Erdos City	

23－3 各旗县(区)按肉类总产量排序(2017 年)

Banners, Counties and Districts Ranked by Output of Pork, Beef &Mutton (2017)

单位:吨　　(ton)

位次 Order	旗县(区)名称	Name of Banners, Counties and Districts	肉类总产量 Output of Pork, Beef &Mutton
1	通辽市科尔沁区	Keerqin District in Tongliao City	130697
2	通辽市开鲁县	Kailu County in Tongliao City	101764
3	通辽市科尔沁左翼中旗	Keerqinzuoyizhong Banner in Tongliao City	99998
4	通辽市扎鲁特旗	Zhalute Banner in Tongliao City	98211
5	赤峰市松山区	Songshan District in Chifeng City	93499
6	赤峰市宁城县	Ningcheng County in Chifeng City	93080
7	兴安盟扎赉特旗	Zhalaite Banner in Xingan League	80267
8	兴安盟科尔沁右翼前旗	Keerqinyouyiqian Banner in Xingan League	76972
9	巴彦淖尔市临河区	Linhe District in Bayannaoer City	75584
10	赤峰市敖汉旗	Aohan Banner in Chifeng City	71194
11	包头市土默特右旗	Tumoteyou Banner in Baotou City	71076
12	呼伦贝尔市阿荣旗	Arong Banner in Hulunbeier City	59491
13	呼伦贝尔市扎兰屯市	Zhalantun City in Hulunbeier City	58591
14	通辽市科尔沁左翼后旗	Keerqinzuoyihou Banner in Tongliao City	55412
15	鄂尔多斯市乌审旗	Wushen Banner in Erdos City	55326
16	鄂尔多斯市达拉特旗	Dalate Banner in Erdos City	50383
17	巴彦淖尔市杭锦后旗	Hangjinhou Banner in Bayannaoer City	46838
18	锡林郭勒盟东乌珠穆沁旗	Dongwuzhumuqin Banner in Xilinguole League	43674
19	兴安盟科尔沁右翼中旗	Keerqinyouyizhong Banner in Xingan League	43393
20	包头市固阳县	Guyang County in Baotou City	41618
21	通辽市奈曼旗	Naiman Banner in Tongliao City	41376
22	通辽市库伦旗	Kulun Banner in Tongliao City	39777
23	呼和浩特市土默特左旗	Tumotezuo Banner in Hohhot City	38435
24	锡林郭勒盟西乌珠穆沁旗	Xincheng District in Hohhot City	37408
25	锡林郭勒盟正蓝旗	Zhenglan Banner in Xilinguole League	36443
26	赤峰市巴林右旗	Balinyou Banner in Chifeng City	36358
27	赤峰市翁牛特旗	Wengniute Banner in Chifeng City	36231
28	锡林郭勒盟阿巴嘎旗	Abaga Banner in Xilinguole League	36181
29	赤峰市喀喇沁旗	Kalaqin Banner in Chifeng City	36079
30	巴彦淖尔市五原县	Wuyuan County in Bayannaoer City	35015
31	乌兰察布市四子王旗	Siziwang Banner in Wulanchabu City	34046
32	包头市九原区	Jiuyuan District in Baotou City	29776
33	巴彦淖尔市乌拉特前旗	Wulateqian Banner in Bayannaoer City	28962
34	呼伦贝尔市莫力达瓦达斡尔自治旗	Molidawadawoer National Autonomous Banner in Hulunbeier City	28218

23－3 续表 1 Continued

单位:吨 (ton)

位次 Order	旗县(区)名称	Name of Banners, Counties and Districts	肉类总产量 Output of Pork, Beef &Mutton
35	乌兰察布市察哈尔右翼前旗	Chahaeryouyiqian Banner in Wulanchabu City	27317
36	乌兰察布市丰镇市	Fengzhen City in Wulanchabu City	26357
37	呼和浩特市和林格尔县	Helingeer County in Hohhot City	26200
38	呼伦贝尔市牙克石市	Yakeshi City in Hulunbeier City	25394
39	锡林郭勒盟锡林浩特市	Xilinhaote City in Xilinguole League	25331
40	乌兰察布市察哈尔右翼中旗	Chahaeryouyizhong Banner in Wulanchabu City	24607
41	赤峰市巴林左旗	Balinzuo Banner in Chifeng City	23942
42	锡林郭勒盟苏尼特右旗	Suniteyou Banner in Xilinguole League	23886
43	兴安盟突泉县	Tuquan County in Xingan League	23695
44	鄂尔多斯市鄂托克旗	Etuoke Banner in Erdos City	23671
45	赤峰市阿鲁科尔沁旗	Alukeerqin Banner in Chifeng City	23455
46	呼伦贝尔市新巴尔虎右旗	Xinbaerhuyou Banner in Hulunbeier City	23121
47	包头市达尔罕茂明安联合旗	Daerhanmaomingan Union Banner in Baotou City	22781
48	锡林郭勒盟多伦县	Duolun County in Xilinguole League	22053
49	巴彦淖尔市乌拉特中旗	Wulatezhong Banner in Bayannaoer City	21499
50	呼伦贝尔市新巴尔虎左旗	Xinbaerhuzuo Banner in Hulunbeier City	21145
51	赤峰市克什克腾旗	Keshiketeng Banner in Chifeng City	20845
52	呼伦贝尔市鄂温克族自治旗	Ewenke National Autonomous Banner in Hulunbeier City	19154
53	乌兰察布市凉城县	Liangcheng County in Wulanchabu City	18951
54	呼伦贝尔市陈巴尔虎旗	Chenbaerhu Banner in Hulunbeier City	18352
55	鄂尔多斯市杭锦旗	Hangjin Banner in Erdos City	18351
56	锡林郭勒盟太仆寺旗	Taipusi Banner in Xilinguole League	18284
57	乌兰察布市察哈尔右翼后旗	Chahaeryouyihou Banner in Wulanchabu City	17985
58	赤峰市林西县	Linxi County in Chifeng City	17861
59	鄂尔多斯市鄂托克前旗	Etuokeqian Banner in Erdos City	17807
60	锡林郭勒盟苏尼特左旗	Sunitezuo Banner in Xilinguole League	17323
61	乌兰察布市卓资县	Zhuozi County in Wulanchabu City	16813
62	呼和浩特市赛罕区	Saihan District in Hohhot City	15995
63	巴彦淖尔市磴口县	Dengkou County in Bayannaoer City	15919
64	呼和浩特市托克托县	Tuoketuo Counry in Hohhot City	14966
65	兴安盟乌兰浩特市	Wulanhaote City in Xingan League	14224
66	赤峰市元宝山区	Yuanbaoshan District in Chifeng City	12717
67	乌兰察布市化德县	Huade County in Wulanchabu City	12136
68	呼伦贝尔市鄂伦春自治旗	Elunchun National Autonomous Banner in Hulunbeier City	11928

23－3 续表 2 Continued

单位:吨 (ton)

位次 Order	旗县(区)名称	Name of Banners, Counties and Districts	肉类总产量 Output of Pork, Beef &Mutton
69	锡林郭勒盟正镶白旗	Zhengxiangbai Banner in Xilinguole League	11661
70	鄂尔多斯市准格尔旗	Zhungeer Banner in Erdos City	10874
71	阿拉善盟阿拉善左旗	Alashanzuo Banner in Alashan League	10713
72	呼伦贝尔市额尔古纳市	Eerguna City in Hulunbeier City	9857
73	锡林郭勒盟镶黄旗	Xianghuang Banner in Xilinguole League	7715
74	乌海市海南区	Hainan District in Wuhai City	7517
75	巴彦淖尔市乌拉特后旗	Wulatehou Banner in Bayannaoer City	7448
76	乌兰察布市兴和县	Xinghe County in Wulanchabu City	7306
77	乌兰察布市商都县	Shangdu County in Wulanchabu City	7182
78	呼和浩特市清水河县	Qingshuihe County in Hohhot City	6988
79	通辽市霍林郭勒市	Huolinguole City in Tongliao City	6160
80	鄂尔多斯市伊金霍洛旗	Yijinhuoluo Banner in Erdos City	6022
81	呼伦贝尔市海拉尔区	Hailaer District in Hulunbeier City	5658
82	乌海市海勃湾区	Haibowan District in Wuhai City	4995
83	呼和浩特市武川县	Wuchuan County in Hohhot City	4458
84	乌兰察布市集宁区	Jining District in Wulanchabu City	3890
85	阿拉善盟阿拉善右旗	Alashanyou Banner in Alashan League	3301
86	呼伦贝尔市满洲里市	Manzhouli City in Hulunbeier City	3300
87	赤峰市红山区	Hongshan District in Chifeng City	3052
88	呼伦贝尔市根河市	Genhe City in Hulunbeier City	2776
89	鄂尔多斯市东胜区	Dongsheng District in Erdos City	2562
90	乌海市乌达区	Wuda District in Wuhai City	2402
91	包头市东河区	Donghe District in Baotou City	2339
92	呼和浩特市玉泉区	Yuquan District in Hohhot City	2100
93	兴安盟阿尔山市	Aershan City in Xingan League	2078
94	呼伦贝尔市满洲里扎赉诺尔区	Zhalainuoer District of Manzhouli City in Hulunbeier City	1999
95	呼和浩特市新城区	Xincheng District in Hohhot City	1976
96	包头市青山区	Qingshan District in Baotou City	1946
97	锡林郭勒盟二连浩特市	Erlianhaote City in Xilinguole League	1749
98	包头市昆都仑区	Kundulun District in Baotou City	1600
99	呼和浩特市回民区	Huimin District in Hohhot City	1558
100	阿拉善盟额济纳旗	Ejina Banner in Alashan League	1472
101	包头市石拐区	Shiguai District in Baotou City	759
102	包头市白云矿区	Baiyun Mineral District in Baotou City	235
103	鄂尔多斯市康巴什区	Kangbashi District in Erdos City	8

23－4 各旗县（区）按城镇常住居民人均可支配收入排序（2017 年）

Banners, Counties and Districts Ranked by The per capita disposable income of urban permanent residents (2017)

单位：元　　　　(yuan)

位次 Order	旗县（区）名称	Name of Banners, Counties and Districts	城镇常住居民人均可支配收入 The per capita disposable income of urban permanent residents
1	呼和浩特市新城区	Xincheng District in Hohhot City	49149
2	呼和浩特市赛罕区	Saihan District in Hohhot City	47560
3	包头市昆都仑区	Kundulun District in Baotou City	47348
3	包头市白云矿区	Baiyun Mineral District in Baotou City	47326
5	包头市青山区	Qingshan District in Baotou City	47187
6	包头市九原区	Jiuyuan District in Baotou City	45818
7	鄂尔多斯市东胜区	Dongsheng District in Erdos City	45095
8	鄂尔多斯市康巴什区	Kangbashi District in Erdos City	45052
9	鄂尔多斯市准格尔旗	Zhungeer Banner in Erdos City	44969
10	鄂尔多斯市伊金霍洛旗	Yijinhuoluo Banner in Erdos City	44960
11	呼和浩特市回民区	Huimin District in Hohhot City	43356
12	鄂尔多斯市鄂托克旗	Etuoke Banner in Erdos City	42881
13	呼和浩特市玉泉区	Yuquan District in Hohhot City	42101
14	锡林郭勒盟二连浩特市	Erlianhaote City in Xilinguole League	41786
15	锡林郭勒盟锡林浩特市	Xilinhaote City in Xilinguole League	41753
16	鄂尔多斯市鄂托克前旗	Etuokeqian Banner in Erdos City	41537
17	鄂尔多斯市乌审旗	Wushen Banner in Erdos City	41452
18	通辽市霍林郭勒市	Huolinguole City in Tongliao City	40681
19	乌海市海勃湾区	Haibowan District in Wuhai City	40476
20	包头市东河区	Donghe District in Baotou City	40174
21	鄂尔多斯市达拉特旗	Dalate Banner in Erdos City	39315
22	鄂尔多斯市杭锦旗	Hangjin Banner in Erdos City	39108
23	包头市石拐区	Shiguai District in Baotou City	38580
24	阿拉善盟额济纳旗	Ejina Banner in Alashan League	38450
25	阿拉善盟阿拉善右旗	Alashanyou Banner in Alashan League	38348
26	乌海市海南区	Hainan District in Wuhai City	38044
27	乌海市乌达区	Wuda District in Wuhai City	37908
28	阿拉善盟阿拉善左旗	Alashanzuo Banner in Alashan League	37331
29	包头市达尔罕茂明安联合旗	Daerhanmaomingan Union Banner in Baotou City	37223
30	锡林郭勒盟西乌珠穆沁旗	Xincheng District in Hohhot City	36388
31	锡林郭勒盟东乌珠穆沁旗	Dongwuzhumuqin Banner in Xilinguole League	36204
32	锡林郭勒盟镶黄旗	Xianghuang Banner in Xilinguole League	35877
33	锡林郭勒盟多伦县	Duolun County in Xilinguole League	35717
34	呼和浩特市托克托县	Tuoketuo Counry in Hohhot City	35664

23－4 续表 1 Continued

单位:元 (yuan)

位次 Order	旗县(区)名称	Name of Banners, Counties and Districts	城镇常住居民人均可支配收入 The per capita disposable income of urban permanent residents
35	呼伦贝尔市海拉尔区	Hailaer District in Hulunbeier City	35512
36	锡林郭勒盟苏尼特左旗	Sunitezuo Banner in Xilinguole League	35491
37	锡林郭勒盟正蓝旗	Zhenglan Banner in Xilinguole League	35011
38	锡林郭勒盟阿巴嘎旗	Abaga Banner in Xilinguole League	34994
39	锡林郭勒盟苏尼特右旗	Suniteyou Banner in Xilinguole League	34754
40	包头市土默特右旗	Tumoteyou Banner in Baotou City	34503
41	呼伦贝尔市满洲里市	Manzhouli City in Hulunbeier City	34469
42	呼和浩特市和林格尔县	Helingeer County in Hohhot City	34120
43	呼和浩特市土默特左旗	Tumotezuo Banner in Hohhot City	33832
44	赤峰市红山区	Hongshan District in Chifeng City	33114
45	锡林郭勒盟太仆寺旗	Taipusi Banner in Xilinguole League	33034
46	锡林郭勒盟正镶白旗	Zhengxiangbai Banner in Xilinguole League	32362
47	赤峰市元宝山区	Yuanbaoshan District in Chifeng City	32327
48	通辽市科尔沁区	Keerqin District in Tongliao City	32121
49	呼伦贝尔市满洲里扎赉诺尔区	Zhalainuoer District of Manzhouli City in Hulunbeier City	31683
50	呼伦贝尔市扎兰屯市	Zhalantun City in Hulunbeier City	31625
51	赤峰市松山区	Songshan District in Chifeng City	31356
52	乌兰察布市集宁区	Jining District in Wulanchabu City	30877
53	呼伦贝尔市牙克石市	Yakeshi City in Hulunbeier City	30293
54	呼伦贝尔市陈巴尔虎旗	Chenbaerhu Banner in Hulunbeier City	29773
55	包头市固阳县	Guyang County in Baotou City	29410
56	呼伦贝尔市阿荣旗	Arong Banner in Hulunbeier City	29197
57	巴彦淖尔市临河区	Linhe District in Bayannaoer City	29176
58	呼伦贝尔市鄂温克族自治旗	Ewenke National Autonomous Banner in Hulunbeier City	29148
59	巴彦淖尔市乌拉特中旗	Wulatezhong Banner in Bayannaoer City	29120
60	兴安盟乌兰浩特市	Wulanhaote City in Xingan League	29010
61	巴彦淖尔市乌拉特后旗	Wulatehou Banner in Bayannaoer City	28849
62	乌兰察布市化德县	Huade County in Wulanchabu City	28791
63	赤峰市宁城县	Ningcheng County in Chifeng City	28761
64	呼伦贝尔市新巴尔虎右旗	Xinbaerhuyou Banner in Hulunbeier City	28632
65	巴彦淖尔市杭锦后旗	Hangjinhou Banner in Bayannaoer City	28434
66	乌兰察布市卓资县	Zhuozi County in Wulanchabu City	28190
67	巴彦淖尔市五原县	Wuyuan County in Bayannaoer City	28098
68	乌兰察布市凉城县	Liangcheng County in Wulanchabu City	27807

23－4 续表 2 Continued

单位:元 (yuan)

位次 Order	旗县(区)名称	Name of Banners, Counties and Districts	城镇常住居民人均可支配收入 The per capita disposable income of urban permanent residents
69	巴彦淖尔市乌拉特前旗	Wulateqian Banner in Bayannaoer City	27659
70	巴彦淖尔市磴口县	Dengkou County in Bayannaoer City	27624
71	乌兰察布市察哈尔右翼后旗	Chahaeryouyihou Banner in Wulanchabu City	27525
72	乌兰察布市丰镇市	Fengzhen City in Wulanchabu City	27423
73	乌兰察布市察哈尔右翼前旗	Chahaeryouyiqian Banner in Wulanchabu City	27387
74	乌兰察布市察哈尔右翼中旗	Chahaeryouyizhong Banner in Wulanchabu City	27198
75	通辽市开鲁县	Kailu County in Tongliao City	26971
76	呼伦贝尔市额尔古纳市	Eerguna City in Hulunbeier City	26885
77	乌兰察布市四子王旗	Siziwang Banner in Wulanchabu City	26833
78	通辽市扎鲁特旗	Zhalute Banner in Tongliao City	26715
79	赤峰市克什克腾旗	Keshiketeng Banner in Chifeng City	26695
80	赤峰市喀喇沁旗	Kalaqin Banner in Chifeng City	26276
81	赤峰市敖汉旗	Aohan Banner in Chifeng City	26275
82	赤峰市巴林左旗	Balinzuo Banner in Chifeng City	26273
83	兴安盟阿尔山市	Aershan City in Xingan League	26053
84	赤峰市林西县	Linxi County in Chifeng City	26013
85	赤峰市翁牛特旗	Wengniute Banner in Chifeng City	25978
86	乌兰察布市商都县	Shangdu County in Wulanchabu City	25801
87	呼和浩特市清水河县	Qingshuihe County in Hohhot City	25747
88	乌兰察布市兴和县	Xinghe County in Wulanchabu City	25464
89	呼和浩特市武川县	Wuchuan County in Hohhot City	25125
90	呼伦贝尔市根河市	Genhe City in Hulunbeier City	24994
91	通辽市科尔沁左翼后旗	Keerqinzuoyihou Banner in Tongliao City	24954
92	通辽市奈曼旗	Naiman Banner in Tongliao City	24862
93	兴安盟扎赉特旗	Zhalaite Banner in Xingan League	24767
94	通辽市科尔沁左翼中旗	Keerqinzuoyizhong Banner in Tongliao City	24685
95	呼伦贝尔市新巴尔虎左旗	Xinbaerhuzuo Banner in Hulunbeier City	24683
96	兴安盟科尔沁右翼前旗	Keerqinyouyiqian Banner in Xingan League	24626
97	赤峰市阿鲁科尔沁旗	Alukeerqin Banner in Chifeng City	24593
98	赤峰市巴林右旗	Balinyou Banner in Chifeng City	24592
99	兴安盟突泉县	Tuquan County in Xingan League	24063
100	通辽市库伦旗	Kulun Banner in Tongliao City	23894
101	呼伦贝尔市鄂伦春自治旗	Elunchun National Autonomous Banner in Hulunbeier City	23885
102	兴安盟科尔沁右翼中旗	Keerqinyouyizhong Banner in Xingan League	23525
103	呼伦贝尔市莫力达瓦达斡尔自治旗	Molidawadawoer National Autonomous Banner in Hulunbeier City	21849

23－5 各旗县(区)按农村牧区常住居民人均可支配收入排序(2017年)

Banners, Counties and Districts Ranked by The per capita disposable income of permanent residents of rural and pastoral areas (2017)

单位:元 (yuan)

位次 Order	旗县(区)名称	Name of Banners, Counties and Districts	农村牧区常住居民人均可支配收入 The per capita disposable income of permanent residents of rural and pastoral areas
1	锡林郭勒盟东乌珠穆沁旗	Dongwuzhumuqin Banner in Xilinguole League	27708
2	呼伦贝尔市海拉尔区	Hailaer District in Hulunbeier City	25689
3	锡林郭勒盟二连浩特市	Erlianhaote City in Xilinguole League	25434
4	锡林郭勒盟锡林浩特市	Xilinhaote City in Xilinguole League	24069
5	锡林郭勒盟西乌珠穆沁旗	Xincheng District in Hohhot City	23662
6	呼伦贝尔市额尔古纳市	Eerguna City in Hulunbeier City	23658
7	锡林郭勒盟阿巴嘎旗	Abaga Banner in Xilinguole League	23589
8	呼伦贝尔市鄂温克族自治旗	Ewenke National Autonomous Banner in Hulunbeier City	20581
9	包头市东河区	Donghe District in Baotou City	20471
10	阿拉善盟阿拉善右旗	Alashanyou Banner in Alashan League	20025
11	呼伦贝尔市陈巴尔虎旗	Chenbaerhu Banner in Hulunbeier City	19989
12	呼和浩特市回民区	Huimin District in Hohhot City	19719
13	呼伦贝尔市新巴尔虎右旗	Xinbaerhuyou Banner in Hulunbeier City	19704
14	呼伦贝尔市新巴尔虎左旗	Xinbaerhuzuo Banner in Hulunbeier City	19649
15	包头市九原区	Jiuyuan District in Baotou City	19342
16	呼和浩特市新城区	Xincheng District in Hohhot City	18955
17	呼和浩特市玉泉区	Yuquan District in Hohhot City	18858
18	乌海市海勃湾区	Haibowan District in Wuhai City	18351
19	阿拉善盟额济纳旗	Ejina Banner in Alashan League	18109
20	呼和浩特市赛罕区	Saihan District in Hohhot City	17862
21	赤峰市红山区	Hongshan District in Chifeng City	17536
22	赤峰市元宝山区	Yuanbaoshan District in Chifeng City	17334
23	阿拉善盟阿拉善左旗	Alashanzuo Banner in Alashan League	17326
24	鄂尔多斯市鄂托克前旗	Etuokeqian Banner in Erdos City	16929
25	鄂尔多斯市伊金霍洛旗	Yijinhuoluo Banner in Erdos City	16774
26	鄂尔多斯市准格尔旗	Zhungeer Banner in Erdos City	16756
26	鄂尔多斯市鄂托克旗	Etuoke Banner in Erdos City	16724
28	鄂尔多斯市乌审旗	Wushen Banner in Erdos City	16709
29	通辽市科尔沁区	Keerqin District in Tongliao City	16699
30	巴彦淖尔市临河区	Linhe District in Bayannaoer City	16659
31	鄂尔多斯市杭锦旗	Hangjin Banner in Erdos City	16644
32	巴彦淖尔市五原县	Wuyuan County in Bayannaoer City	16634
33	鄂尔多斯市达拉特旗	Dalate Banner in Erdos City	16618
34	巴彦淖尔市杭锦后旗	Hangjinhou Banner in Bayannaoer City	16569

23－5 续表 1 Continued

单位:元 (yuan)

位次 Order	旗县(区)名称	Name of Banners, Counties and Districts	农村牧区常住居民人均可支配收入 The per capita disposable income of permanent residents of rural and pastoral areas
35	呼伦贝尔市阿荣旗	Arong Banner in Hulunbeier City	16469
36	巴彦淖尔市磴口县	Dengkou County in Bayannaoer City	16113
37	包头市土默特右旗	Tumoteyou Banner in Baotou City	16045
38	锡林郭勒盟正蓝旗	Zhenglan Banner in Xilinguole League	15997
39	乌海市海南区	Hainan District in Wuhai City	15932
40	巴彦淖尔市乌拉特前旗	Wulateqian Banner in Bayannaoer City	15636
41	呼伦贝尔市扎兰屯市	Zhalantun City in Hulunbeier City	15418
42	呼和浩特市土默特左旗	Tumotezuo Banner in Hohhot City	15308
43	巴彦淖尔市乌拉特中旗	Wulatezhong Banner in Bayannaoer City	15254
44	呼和浩特市托克托县	Tuoketuo Counry in Hohhot City	14873
45	乌兰察布市集宁区	Jining District in Wulanchabu City	14807
46	包头市石拐区	Shiguai District in Baotou City	14544
47	通辽市开鲁县	Kailu County in Tongliao City	14106
48	锡林郭勒盟苏尼特左旗	Sunitezuo Banner in Xilinguole League	13869
49	巴彦淖尔市乌拉特后旗	Wulatehou Banner in Bayannaoer City	13776
50	包头市达尔罕茂明安联合旗	Daerhanmaomingan Union Banner in Baotou City	13757
51	通辽市扎鲁特旗	Zhalute Banner in Tongliao City	13727
52	赤峰市松山区	Songshan District in Chifeng City	13571
53	兴安盟乌兰浩特市	Wulanhaote City in Xingan League	13531
54	锡林郭勒盟镶黄旗	Xianghuang Banner in Xilinguole League	13212
55	锡林郭勒盟多伦县	Duolun County in Xilinguole League	12902
56	包头市固阳县	Guyang County in Baotou City	12543
57	呼和浩特市和林格尔县	Helingeer County in Hohhot City	11957
58	乌兰察布市丰镇市	Fengzhen City in Wulanchabu City	11640
59	通辽市科尔沁左翼后旗	Keerqinzuoyihou Banner in Tongliao City	11116
60	乌兰察布市凉城县	Liangcheng County in Wulanchabu City	11068
61	锡林郭勒盟太仆寺旗	Taipusi Banner in Xilinguole League	10621
62	锡林郭勒盟苏尼特右旗	Suniteyou Banner in Xilinguole League	10615
63	通辽市科尔沁左翼中旗	Keerqinzuoyizhong Banner in Tongliao City	10571
64	乌兰察布市察哈尔右翼后旗	Chahaeryouyihou Banner in Wulanchabu City	10302
65	通辽市奈曼旗	Naiman Banner in Tongliao City	10277
66	赤峰市克什克腾旗	Keshiketeng Banner in Chifeng City	10246
67	乌兰察布市察哈尔右翼前旗	Chahaeryouyiqian Banner in Wulanchabu City	10236
68	赤峰市敖汉旗	Aohan Banner in Chifeng City	10221

23－5 续表 2 Continued

单位:元 (yuan)

位次 Order	旗县(区)名称	Name of Banners, Counties and Districts	农村牧区常住居民人均可支配收入 The per capita disposable income of permanent residents of rural and pastoral areas
69	赤峰市喀喇沁旗	Kalaqin Banner in Chifeng City	10205
70	锡林郭勒盟正镶白旗	Zhengxiangbai Banner in Xilinguole League	10150
71	赤峰市宁城县	Ningcheng County in Chifeng City	10018
72	赤峰市阿鲁科尔沁旗	Alukeerqin Banner in Chifeng City	9997
73	通辽市库伦旗	Kulun Banner in Tongliao City	9974
74	乌兰察布市卓资县	Zhuozi County in Wulanchabu City	9963
75	乌兰察布市四子王旗	Siziwang Banner in Wulanchabu City	9937
76	赤峰市巴林右旗	Balinyou Banner in Chifeng City	9498
77	赤峰市翁牛特旗	Wengniute Banner in Chifeng City	9470
78	呼伦贝尔市莫力达瓦达斡尔自治旗	Molidawadawoer National Autonomous Banner in Hulunbeier City	9424
79	兴安盟阿尔山市	Aershan City in Xingan League	9275
80	乌兰察布市商都县	Shangdu County in Wulanchabu City	9257
81	兴安盟科尔沁右翼前旗	Keerqinyouyiqian Banner in Xingan League	9230
82	赤峰市巴林左旗	Balinzuo Banner in Chifeng City	9222
83	兴安盟扎赉特旗	Zhalaite Banner in Xingan League	9157
84	乌兰察布市兴和县	Xinghe County in Wulanchabu City	8941
85	兴安盟突泉县	Tuquan County in Xingan League	8867
86	呼伦贝尔市鄂伦春自治旗	Elunchun National Autonomous Banner in Hulunbeier City	8763
87	赤峰市林西县	Linxi County in Chifeng City	8717
88	兴安盟科尔沁右翼中旗	Keerqinyouyizhong Banner in Xingan League	8592
89	乌兰察布市化德县	Huade County in Wulanchabu City	8301
90	乌兰察布市察哈尔右翼中旗	Chahaeryouyizhong Banner in Wulanchabu City	8134
91	呼和浩特市清水河县	Qingshuihe County in Hohhot City	7942
92	呼和浩特市武川县	Wuchuan County in Hohhot City	7655
93	包头市昆都仑区	Kundulun District in Baotou City	
94	包头市青山区	Qingshan District in Baotou City	
95	包头市白云矿区	Baiyun Mineral District in Baotou City	
96	呼伦贝尔市满洲里扎赉诺尔区	Zhalainuoer District of Manzhouli City in Hulunbeier City	
97	呼伦贝尔市满洲里市	Manzhouli City in Hulunbeier City	
98	呼伦贝尔市牙克石市	Yakeshi City in Hulunbeier City	
99	呼伦贝尔市根河市	Genhe City in Hulunbeier City	
100	通辽市霍林郭勒市	Huolinguole City in Tongliao City	
101	鄂尔多斯市东胜区	Dongsheng District in Erdos City	
102	鄂尔多斯市康巴什区	Kangbashi District in Erdos City	
103	乌海市乌达区	Wuda District in Wuhai City	

23－6 各旗县(区)按在岗职工平均工资排序(2017年)

Banners, Counties and Districts Ranked by Average Wage of Staff and Workers Employed in(2017)

单位:元 (yuan)

位次 Order	旗县(区)名称	Name of Banners, Counties and Districts	职工平均工资 Average Wage
1	呼伦贝尔市陈巴尔虎旗	Chenbaerhu Banner in Hulunbeier City	95099
2	鄂尔多斯市准格尔旗	Zhungeer Banner in Erdos City	91436
3	包头市石拐区	Shiguai District in Baotou City	89038
4	鄂尔多斯市康巴什区	Kangbashi District in Erdos City	88900
5	锡林郭勒盟阿巴嘎旗	Abaga Banner in Xilinguole League	86530
6	乌兰察布市察哈尔右翼中旗	Chahaeryouyizhong Banner in Wulanchabu City	85463
7	锡林郭勒盟多伦县	Duolun County in Xilinguole League	85009
8	乌兰察布市凉城县	Liangcheng County in Wulanchabu City	83505
9	鄂尔多斯市东胜区	Dongsheng District in Erdos City	81463
10	鄂尔多斯市伊金霍洛旗	Yijinhuoluo Banner in Erdos City	79264
11	呼伦贝尔市鄂温克族自治旗	Ewenke National Autonomous Banner in Hulunbeier City	79017
12	阿拉善盟阿拉善左旗	Alashanzuo Banner in Alashan League	78994
13	锡林郭勒盟苏尼特左旗	Sunitezuo Banner in Xilinguole League	78986
14	锡林郭勒盟镶黄旗	Xianghuang Banner in Xilinguole League	78755
15	阿拉善盟额济纳旗	Ejina Banner in Alashan League	78334
16	包头市九原区	Jiuyuan District in Baotou City	77796
17	通辽市霍林郭勒市	Huolinguole City in Tongliao City	77341
18	巴彦淖尔市乌拉特中旗	Wulatezhong Banner in Bayannaoer City	76967
19	鄂尔多斯市杭锦旗	Hangjin Banner in Erdos City	75805
20	鄂尔多斯市乌审旗	Wushen Banner in Erdos City	75511
21	乌兰察布市商都县	Shangdu County in Wulanchabu City	75253
22	乌兰察布市四子王旗	Siziwang Banner in Wulanchabu City	74693
23	包头市土默特右旗	Tumoteyou Banner in Baotou City	74349
24	巴彦淖尔市乌拉特后旗	Wulatehou Banner in Bayannaoer City	74144
25	锡林郭勒盟正镶白旗	Zhengxiangbai Banner in Xilinguole League	73105
26	赤峰市元宝山区	Yuanbaoshan District in Chifeng City	72749
27	锡林郭勒盟二连浩特市	Erlianhaote City in Xilinguole League	72372
28	锡林郭勒盟苏尼特右旗	Suniteyou Banner in Xilinguole League	72053
29	包头市青山区	Qingshan District in Baotou City	71925
30	锡林郭勒盟正蓝旗	Zhenglan Banner in Xilinguole League	71814
31	包头市白云矿区	Baiyun Mineral District in Baotou City	71792
32	呼伦贝尔市根河市	Genhe City in Hulunbeier City	71202
33	赤峰市喀喇沁旗	Kalaqin Banner in Chifeng City	71156
34	呼伦贝尔市海拉尔区	Hailaer District in Hulunbeier City	70919

23-6 续表1 Continued

单位：元 (yuan)

位次 Order	旗县(区)名称	Name of Banners, Counties and Districts	职工平均工资 Average Wage
35	锡林郭勒盟锡林浩特市	Xilinhaote City in Xilinguole League	70468
36	兴安盟乌兰浩特市	Wulanhaote City in Xingan League	70347
37	锡林郭勒盟西乌珠穆沁旗	Xincheng District in Hohhot City	70300
38	呼伦贝尔市满洲里扎赉诺尔区	Zhalainuoer District of Manzhouli City in Hulunbeier City	70193
39	呼伦贝尔市新巴尔虎左旗	Xinbaerhuzuo Banner in Hulunbeier City	69993
40	呼伦贝尔市满洲里市	Manzhouli City in Hulunbeier City	69843
41	乌海市海勃湾区	Haibowan District in Wuhai City	69548
42	乌兰察布市卓资县	Zhuozi County in Wulanchabu City	68725
43	呼和浩特市托克托县	Tuoketuo Counry in Hohhot City	68684
44	阿拉善盟阿拉善右旗	Alashanyou Banner in Alashan League	68605
45	鄂尔多斯市鄂托克前旗	Etuokeqian Banner in Erdos City	68417
46	呼和浩特市玉泉区	Yuquan District in Hohhot City	68381
47	包头市昆都仑区	Kundulun District in Baotou City	68149
48	乌兰察布市察哈尔右翼前旗	Chahaeryouyiqian Banner in Wulanchabu City	68123
49	呼和浩特市赛罕区	Saihan District in Hohhot City	68074
50	巴彦淖尔市临河区	Linhe District in Bayannaoer City	68031
51	锡林郭勒盟东乌珠穆沁旗	Dongwuzhumuqin Banner in Xilinguole League	68020
52	乌兰察布市丰镇市	Fengzhen City in Wulanchabu City	66877
53	包头市东河区	Donghe District in Baotou City	66431
54	兴安盟阿尔山市	Aershan City in Xingan League	66325
55	包头市达尔罕茂明安联合旗	Daerhanmaomingan Union Banner in Baotou City	66263
56	呼伦贝尔市牙克石市	Yakeshi City in Hulunbeier City	66164
57	赤峰市林西县	Linxi County in Chifeng City	65907
58	乌兰察布市察哈尔右翼后旗	Chahaeryouyihou Banner in Wulanchabu City	65806
59	鄂尔多斯市达拉特旗	Dalate Banner in Erdos City	65079
60	呼伦贝尔市新巴尔虎右旗	Xinbaerhuyou Banner in Hulunbeier City	64973
61	兴安盟突泉县	Tuquan County in Xingan League	64526
62	通辽市科尔沁区	Keerqin District in Tongliao City	64309
63	赤峰市松山区	Songshan District in Chifeng City	64111
64	赤峰市巴林右旗	Balinyou Banner in Chifeng City	64059
65	乌海市乌达区	Wuda District in Wuhai City	63667
66	通辽市扎鲁特旗	Zhalute Banner in Tongliao City	63161
67	锡林郭勒盟太仆寺旗	Taipusi Banner in Xilinguole League	62770
68	赤峰市敖汉旗	Aohan Banner in Chifeng City	62304

23－6 续表 2 Continued

单位:元 (yuan)

位次 Order	旗县(区)名称	Name of Banners, Counties and Districts	职工平均工资 Average Wage
69	赤峰市红山区	Hongshan District in Chifeng City	62023
70	兴安盟扎赉特旗	Zhalaite Banner in Xingan League	61613
71	赤峰市巴林左旗	Balinzuo Banner in Chifeng City	61541
72	赤峰市克什克腾旗	Keshiketeng Banner in Chifeng City	61530
73	乌兰察布市集宁区	Jining District in Wulanchabu City	61488
74	巴彦淖尔市乌拉特前旗	Wulateqian Banner in Bayannaoer City	61484
75	呼和浩特市清水河县	Qingshuihe County in Hohhot City	61428
76	呼和浩特市土默特左旗	Tumotezuo Banner in Hohhot City	61042
77	赤峰市翁牛特旗	Wengniute Banner in Chifeng City	61029
78	鄂尔多斯市鄂托克旗	Etuoke Banner in Erdos City	60958
79	呼和浩特市新城区	Xincheng District in Hohhot City	60878
80	赤峰市宁城县	Ningcheng County in Chifeng City	60788
81	乌兰察布市化德县	Huade County in Wulanchabu City	60589
82	通辽市奈曼旗	Naiman Banner in Tongliao City	60364
83	巴彦淖尔市杭锦后旗	Hangjinhou Banner in Bayannaoer City	59962
84	巴彦淖尔市磴口县	Dengkou County in Bayannaoer City	59911
85	乌海市海南区	Hainan District in Wuhai City	59431
86	呼伦贝尔市鄂伦春自治旗	Elunchun National Autonomous Banner in Hulunbeier City	58890
87	通辽市开鲁县	Kailu County in Tongliao City	58887
88	呼和浩特市回民区	Huimin District in Hohhot City	57728
89	通辽市库伦旗	Kulun Banner in Tongliao City	57727
90	呼伦贝尔市额尔古纳市	Eerguna City in Hulunbeier City	57508
91	通辽市科尔沁左翼中旗	Keerqinzuoyizhong Banner in Tongliao City	57098
92	赤峰市阿鲁科尔沁旗	Alukeerqin Banner in Chifeng City	56880
93	通辽市科尔沁左翼后旗	Keerqinzuoyihou Banner in Tongliao City	56868
94	呼和浩特市武川县	Wuchuan County in Hohhot City	56562
95	包头市固阳县	Guyang County in Baotou City	55971
96	兴安盟科尔沁右翼前旗	Keerqinyouyiqian Banner in Xingan League	54869
97	呼和浩特市和林格尔县	Helingeer County in Hohhot City	54221
98	乌兰察布市兴和县	Xinghe County in Wulanchabu City	53931
99	呼伦贝尔市莫力达瓦达斡尔自治旗	Molidawadawoer National Autonomous Banner in Hulunbeier City	53345
100	巴彦淖尔市五原县	Wuyuan County in Bayannaoer City	53006
101	呼伦贝尔市扎兰屯市	Zhalantun City in Hulunbeier City	52255
102	兴安盟科尔沁右翼中旗	Keerqinyouyizhong Banner in Xingan League	49398
103	呼伦贝尔市阿荣旗	Arong Banner in Hulunbeier City	48897

23 - 7 各旗县(区)按一般公共预算收入排序(2017 年)

Banners, Counties and Districts Ranked by General Public Budget Revenue(2017)

单位:万元　　　　(10 000 yuan)

位次 Order	旗县(区)名称	Name of Banners, Counties and Districts	一般公共预算收入 General Public Budget Revenue
1	鄂尔多斯市准格尔旗	Zhungeer Banner in Erdos City	673831
2	鄂尔多斯市伊金霍洛旗	Yijinhuoluo Banner in Erdos City	635395
3	鄂尔多斯市东胜区	Dongsheng District in Erdos City	416549
4	呼和浩特市赛罕区	Saihan District in Hohhot City	390315
5	呼和浩特市新城区	Xincheng District in Hohhot City	369589
6	赤峰市红山区	Hongshan District in Chifeng City	217247
7	鄂尔多斯市鄂托克旗	Etuoke Banner in Erdos City	207542
8	锡林郭勒盟锡林浩特市	Xilinhaote City in Xilinguole League	196283
9	包头市昆都仑区	Kundulun District in Baotou City	190167
10	呼和浩特市土默特左旗	Tumotezuo Banner in Hohhot City	184377
11	锡林郭勒盟西乌珠穆沁旗	Xincheng District in Hohhot City	183959
12	包头市青山区	Qingshan District in Baotou City	181237
13	呼和浩特市玉泉区	Yuquan District in Hohhot City	177350
14	巴彦淖尔市临河区	Linhe District in Bayannaoer City	172804
15	鄂尔多斯市乌审旗	Wushen Banner in Erdos City	163144
16	乌海市海勃湾区	Haibowan District in Wuhai City	157690
17	呼和浩特市和林格尔县	Helingeer County in Hohhot City	138724
18	赤峰市松山区	Songshan District in Chifeng City	135363
19	包头市土默特右旗	Tumoteyou Banner in Baotou City	132067
20	包头市九原区	Jiuyuan District in Baotou City	132007
21	鄂尔多斯市达拉特旗	Dalate Banner in Erdos City	130103
22	呼和浩特市托克托县	Tuoketuo Counry in Hohhot City	126626
23	呼和浩特市回民区	Huimin District in Hohhot City	125437
24	赤峰市元宝山区	Yuanbaoshan District in Chifeng City	120000
25	通辽市霍林郭勒市	Huolinguole City in Tongliao City	115734
26	乌兰察布市集宁区	Jining District in Wulanchabu City	113907
27	乌海市海南区	Hainan District in Wuhai City	108169
28	通辽市科尔沁区	Keerqin District in Tongliao City	107083
29	包头市东河区	Donghe District in Baotou City	107045
30	呼伦贝尔市海拉尔区	Hailaer District in Hulunbeier City	103632
31	乌海市乌达区	Wuda District in Wuhai City	92348
32	锡林郭勒盟东乌珠穆沁旗	Dongwuzhumuqin Banner in Xilinguole League	89955
33	阿拉善盟阿拉善左旗	Alashanzuo Banner in Alashan League	89927
34	巴彦淖尔市乌拉特后旗	Wulatehou Banner in Bayannaoer City	84757

23-7 续表 1 Continued

单位:万元 (10 000 yuan)

位次 Order	旗县(区)名称	Name of Banners, Counties and Districts	一般公共预算收入 General Public Budget Revenue
35	兴安盟乌兰浩特市	Wulanhaote City in Xingan League	82675
36	鄂尔多斯市鄂托克前旗	Etuokeqian Banner in Erdos City	80060
37	巴彦淖尔市乌拉特中旗	Wulatezhong Banner in Bayannaoer City	78758
38	巴彦淖尔市乌拉特前旗	Wulateqian Banner in Bayannaoer City	74196
39	呼伦贝尔市满洲里市	Manzhouli City in Hulunbeier City	71495
40	通辽市扎鲁特旗	Zhalute Banner in Tongliao City	69482
41	呼伦贝尔市新巴尔虎右旗	Xinbaerhuyou Banner in Hulunbeier City	64949
42	呼伦贝尔市鄂温克族自治旗	Ewenke National Autonomous Banner in Hulunbeier City	64696
43	包头市达尔罕茂明安联合旗	Daerhanmaomingan Union Banner in Baotou City	55006
44	赤峰市克什克腾旗	Keshiketeng Banner in Chifeng City	53600
45	赤峰市巴林左旗	Balinzuo Banner in Chifeng City	52410
46	呼伦贝尔市扎兰屯市	Zhalantun City in Hulunbeier City	50269
47	鄂尔多斯市康巴什区	Kangbashi District in Erdos City	49856
48	呼伦贝尔市陈巴尔虎旗	Chenbaerhu Banner in Hulunbeier City	49147
49	赤峰市宁城县	Ningcheng County in Chifeng City	46500
50	赤峰市敖汉旗	Aohan Banner in Chifeng City	44519
51	乌兰察布市丰镇市	Fengzhen City in Wulanchabu City	43417
52	赤峰市翁牛特旗	Wengniute Banner in Chifeng City	42145
53	呼伦贝尔市牙克石市	Yakeshi City in Hulunbeier City	40511
54	赤峰市喀喇沁旗	Kalaqin Banner in Chifeng City	39157
55	巴彦淖尔市杭锦后旗	Hangjinhou Banner in Bayannaoer City	37846
56	兴安盟扎赉特旗	Zhalaite Banner in Xingan League	36979
57	鄂尔多斯市杭锦旗	Hangjin Banner in Erdos City	35566
58	通辽市开鲁县	Kailu County in Tongliao City	35461
59	锡林郭勒盟正蓝旗	Zhenglan Banner in Xilinguole League	35349
60	通辽市科尔沁左翼后旗	Keerqinzuoyihou Banner in Tongliao City	35058
61	锡林郭勒盟二连浩特市	Erlianhaote City in Xilinguole League	35003
62	通辽市科尔沁左翼中旗	Keerqinzuoyizhong Banner in Tongliao City	34367
63	赤峰市林西县	Linxi County in Chifeng City	34189
64	巴彦淖尔市五原县	Wuyuan County in Bayannaoer City	33017
65	通辽市奈曼旗	Naiman Banner in Tongliao City	32427
66	呼伦贝尔市满洲里扎赉诺尔区	Zhalainuoer District of Manzhouli City in Hulunbeier City	30660
67	包头市固阳县	Guyang County in Baotou City	30302
68	乌兰察布市察哈尔右翼前旗	Chahaeryouyiqian Banner in Wulanchabu City	30135

23－7 续表 2 Continued

单位:万元 (10 000 yuan)

位次 Order	旗县(区)名称	Name of Banners, Counties and Districts	一般公共预算收入 General Public Budget Revenue
69	赤峰市巴林右旗	Balinyou Banner in Chifeng City	29990
70	包头市石拐区	Shiguai District in Baotou City	29193
71	包头市白云矿区	Baiyun Mineral District in Baotou City	27675
72	赤峰市阿鲁科尔沁旗	Alukeerqin Banner in Chifeng City	27297
73	兴安盟科尔沁右翼前旗	Keerqinyouyiqian Banner in Xingan League	27283
74	巴彦淖尔市磴口县	Dengkou County in Bayannaoer City	26641
75	呼伦贝尔市莫力达瓦达斡尔自治旗	Molidawadawoer National Autonomous Banner in Hulunbeier City	26487
76	呼和浩特市清水河县	Qingshuihe County in Hohhot City	26319
77	锡林郭勒盟苏尼特右旗	Suniteyou Banner in Xilinguole League	25370
78	呼伦贝尔市阿荣旗	Arong Banner in Hulunbeier City	24974
79	呼和浩特市武川县	Wuchuan County in Hohhot City	23434
80	锡林郭勒盟多伦县	Duolun County in Xilinguole League	21102
81	乌兰察布市凉城县	Liangcheng County in Wulanchabu City	21018
82	乌兰察布市卓资县	Zhuozi County in Wulanchabu City	20443
83	兴安盟突泉县	Tuquan County in Xingan League	20275
84	呼伦贝尔市新巴尔虎左旗	Xinbaerhuzuo Banner in Hulunbeier City	19319
85	呼伦贝尔市鄂伦春自治旗	Elunchun National Autonomous Banner in Hulunbeier City	18000
86	阿拉善盟额济纳旗	Ejina Banner in Alashan League	16970
87	锡林郭勒盟苏尼特左旗	Sunitezuo Banner in Xilinguole League	16812
88	乌兰察布市察哈尔右翼后旗	Chahaeryouyihou Banner in Wulanchabu City	16014
89	乌兰察布市兴和县	Xinghe County in Wulanchabu City	15823
90	锡林郭勒盟镶黄旗	Xianghuang Banner in Xilinguole League	15813
91	乌兰察布市商都县	Shangdu County in Wulanchabu City	15608
92	兴安盟科尔沁右翼中旗	Keerqinyouyizhong Banner in Xingan League	15527
93	呼伦贝尔市额尔古纳市	Eerguna City in Hulunbeier City	14099
94	锡林郭勒盟阿巴嘎旗	Abaga Banner in Xilinguole League	13977
95	乌兰察布市化德县	Huade County in Wulanchabu City	13916
96	锡林郭勒盟太仆寺旗	Taipusi Banner in Xilinguole League	13654
97	乌兰察布市察哈尔右翼中旗	Chahaeryouyizhong Banner in Wulanchabu City	12604
98	兴安盟阿尔山市	Aershan City in Xingan League	11556
99	通辽市库伦旗	Kulun Banner in Tongliao City	11507
100	锡林郭勒盟正镶白旗	Zhengxiangbai Banner in Xilinguole League	11333
101	乌兰察布市四子王旗	Siziwang Banner in Wulanchabu City	9618
102	呼伦贝尔市根河市	Genhe City in Hulunbeier City	8581
103	阿拉善盟阿拉善右旗	Alashanyou Banner in Alashan League	8440

23－8 呼和浩特市新城区

Xincheng District in Hohhot City

指　　标	Item	2017	增长(%) Increase Rate (%)
行政区域土地面积(平方公里)	**Area of Administration(Sq. km)**	**661**	**0.0**
人口	**Population**		
年末常住人口(万人)	Permanet Resident Population Year－end(10 000 persons)	61.00	－2.1
年末户籍人口(万人)	The Registered Population Year－end(10 000 persons)	40.56	1.9
国民经济综合指标	**Summary Item on the National Economy**		
生产总值(万元)	Gross Domestic Product(10 000 yuan)		5.3
第一产业(万元)	Primary Industry(10 000 yuan)		0.9
第二产业(万元)	Secondary Industry(10 000 yuan)		－1.4
# 工业(万元)	Industry(10 000 yuan)		8.3
第三产业(万元)	Tertiary Industry(10 000 yuan)		6.0
人均生产总值(元)	Per Capita GDP(yuan)		4.3
一般公共预算收入(万元)	General Public Budget Revenue(10 000 yuan)	369589	－18.7
一般公共预算支出(万元)	General Public Budget Expenditure(10 000 yuan)	341508	－20.7
在岗职工平均工资(元)	Average Wage of Staff & Workers Employed in(yuan)	60878	15.7
全体居民人均可支配收入(元)	The per capita disposable income of all residents(yuan)	49080	8.0
城镇常住居民人均可支配收入(元)	The per capita disposable income of urban permanent residents(yuan)	49149	8.2
农村牧区常住居民人均可支配收入(元)	The per capita disposable income of permanent residents of rural and pastoral areas(yuan)	18955	8.2
农村牧区经济	**Economic Development in Rural & Pastoral Area**		
农作物总播种面积(公顷)	Total Sown Area(hectare)	968	－19.0
农业机械总动力(万千瓦时)	Total Power of Machinery(10 000 kwh)	5.77	0.0
粮食产量(吨)	Yield of Grain(ton)	1240	－31.3
肉类总产量(吨)	Output of Pork, Beef & Mutton(ton)	1976	－19.0
年末生猪存栏(头)	Total Livestock of Hogs at the Year－end(head)	2060	2.5
年末牛存栏(头)	Total Livestock of Cattles at the Year－end(head)	616	4.2
年末羊存栏(只)	Total Livestock of Sheep&Goats at the Year－end(head)	16619	－7.3
规模以上工业	**Industrial Enterprises above Designated Size**		
工业企业单位数(个)	Number of Industrial Enterprises(unit)		
工业总产值(万元)	Gross Industrial Output Value(10 000 yuan)		
工业企业增加值增速(%)	Value Added of Industrial Enterprises(%)		8.6
投资、建筑业	**Investment and Construction**		
固定资产投资(万元)	Total Investment in Fixed Assets(10 000 yuan)		
房地产开发投资(万元)	Investment in Real Estate Development(10 000 yuan)	1044310	－33.5
建筑企业单位数(个)	Number of Construction Enterprises(unit)	62	－3.1
贸易	**Trade**		
社会消费品零售总额(万元)	Total Retail Sales of Consumer Goods(10 000 yuan)	4653264	6.0
实际使用外资金额(万美元)	Utilization of Foreign Capital(USD 10 000)		
交通运输邮电通信业	**Transportation, Post & Telecommunications**		
公路里程(公里)	Total Length of Highways(km)	346	0.0
固定电话用户(户)	Number of Subscribers of Local Telephone(subscriber)	119900	－20.0
移动电话用户(户)	Number of Mobile Telephone Subscribers (subscriber)	884371	－4.3
互联网接入用户(户)	Number of Subscribers of Internet Service(subscriber)	812523	20.0
科技教育卫生社会保障	**Science, Education & Public Health**		
专业技术人员(人)	Special Technical Personnel(person)	8855	3.0
小学学校数(所)	Number of Primary Schools(unit)	38	－7.3
普通中学学校数(所)	Number of Regular Secondary Schools(unit)	18	0.0
体育场馆数(个)	Stadium and Gymnasium(unit)	5	0.0
医疗卫生机构床位数(张)	Number of Beds(unit)	2945	0.0
医疗卫生技术人员(人)	Medical Technical Personnel(person)	3510	0.0
城镇基本养老保险参保人数(人)	Persons Covered of Urban Basic Medical Care Insurance(person)	124010	20.5
新型农村合作医疗参保人数(人)	Persons Covered of New Cooperative Medical System(person)	37744	－17.2

23－9 呼和浩特市回民区

Huimin District in Hohhot City

指　　标	Item	2017	增长(％) Increase Rate (％)
行政区域土地面积(平方公里)	**Area of Administration(Sq. km)**	**194**	**0.0**
人口	**Population**		
年末常住人口(万人)	Permanet Resident Population Year－end(10 000 persons)	44.33	1.3
年末户籍人口(万人)	The Registered Population Year－end(10 000 persons)	23.69	0.4
国民经济综合指标	**Summary Item on the National Economy**		
生产总值(万元)	Gross Domestic Product(10 000 yuan)		4.7
第一产业(万元)	Primary Industry(10 000 yuan)		0.8
第二产业(万元)	Secondary Industry(10 000 yuan)		－1.5
#工业(万元)	Industry(10 000 yuan)		6.6
第三产业(万元)	Tertiary Industry(10 000 yuan)		5.4
人均生产总值(元)	Per Capita GDP(yuan)		3.4
一般公共预算收入(万元)	General Public Budget Revenue(10 000 yuan)	125437	－22.7
一般公共预算支出(万元)	General Public Budget Expenditure(10 000 yuan)	150409	－8.1
在岗职工平均工资(元)	Average Wage of Staff & Workers Employed in(yuan)	57728	13.5
全体居民人均可支配收入(元)	The per capita disposable income of all residents(yuan)	40121	8.3
城镇常住居民人均可支配收入(元)	The per capita disposable income of urban permanent residents(yuan)	43356	8.1
农村牧区常住居民人均可支配收入(元)	The per capita disposable income of permanent residents of rural and pastoral areas(yuan)	19719	8.0
农村牧区经济	**Economic Development in Rural & Pastoral Area**		
农作物总播种面积(公顷)	Total Sown Area(hectare)	189	－59.4
农业机械总动力(万千瓦时)	Total Power of Machinery(10 000 kwh)	0.74	0.0
粮食产量(吨)	Yield of Grain(ton)	720	－66.2
肉类总产量(吨)	Output of Pork, Beef & Mutton(ton)	1558	0.0
年末生猪存栏(头)	Total Livestock of Hogs at the Year－end(head)	1000	0.0
年末牛存栏(头)	Total Livestock of Cattles at the Year－end(head)	120	0.0
年末羊存栏(只)	Total Livestock of Sheep&Goats at the Year－end(head)	4200	0.0
规模以上工业	**Industrial Enterprises above Designated Size**		
工业企业单位数(个)	Number of Industrial Enterprises(unit)		
工业总产值(万元)	Gross Industrial Output Value(10 000 yuan)		
工业企业增加值增速(％)	Value Added of Industrial Enterprises(％)		6.5
投资、建筑业	**Investment and Construction**		
固定资产投资(万元)	Total Investment in Fixed Assets(10 000 yuan)		
房地产开发投资(万元)	Investment in Real Estate Development(10 000 yuan)	413400	－54.5
建筑企业单位数(个)	Number of Construction Enterprises(unit)	102	0.0
贸易	**Trade**		
社会消费品零售总额(万元)	Total Retail Sales of Consumer Goods(10 000 yuan)	4837893	6.1
实际使用外资金额(万美元)	Utilization of Foreign Capital(USD 10 000)		
交通运输邮电通信业	**Transportation, Post & Telecommunications**		
公路里程(公里)	Total Length of Highways(km)	118	0.0
固定电话用户(户)	Number of Subscribers of Local Telephone(subscriber)	81407	－25.8
移动电话用户(户)	Number of Mobile Telephone Subscribers (subscriber)	623079	56.1
互联网接入用户(户)	Number of Subscribers of Internet Service(subscriber)	361007	－12.7
科技教育卫生社会保障	**Science, Education & Public Health**		
专业技术人员(人)	Special Technical Personnel(person)	9860	－0.1
小学学校数(所)	Number of Primary Schools(unit)	31	0.0
普通中学学校数(所)	Number of Regular Secondary Schools(unit)	21	0.0
体育场馆数(个)	Stadium and Gymnasium(unit)	4	0.0
医疗卫生机构床位数(张)	Number of Beds(unit)	4792	0.0
医疗卫生技术人员(人)	Medical Technical Personnel(person)	6848	0.0
城镇基本养老保险参保人数(人)	Persons Covered of Urban Basic Medical Care Insurance(person)	4069	0.1
新型农村合作医疗参保人数(人)	Persons Covered of New Cooperative Medical System(person)	23795	－0.8

23－10 呼和浩特市玉泉区

Yuquan District in Hohhot City

指　标	Item	2017	增长(%) Increase Rate (%)
行政区域土地面积(平方公里)	**Area of Administration(Sq. km)**	**207**	**0.0**
人口	**Population**		
年末常住人口(万人)	Permanet Resident Population Year－end(10 000 persons)	42.37	1.2
年末户籍人口(万人)	The Registered Population Year－end(10 000 persons)	20.20	－0.3
国民经济综合指标	**Summary Item on the National Economy**		
生产总值(万元)	Gross Domestic Product(10 000 yuan)		4.8
第一产业(万元)	Primary Industry(10 000 yuan)		3.0
第二产业(万元)	Secondary Industry(10 000 yuan)		4.4
# 工业(万元)	Industry(10 000 yuan)		8.2
第三产业(万元)	Tertiary Industry(10 000 yuan)		5.0
人均生产总值(元)	Per Capita GDP(yuan)		3.7
一般公共预算收入(万元)	General Public Budget Revenue(10 000 yuan)	177350	－5.4
一般公共预算支出(万元)	General Public Budget Expenditure(10 000 yuan)	187962	28.7
在岗职工平均工资(元)	Average Wage of Staff & Workers Employed in(yuan)	68381	18.0
全体居民人均可支配收入(元)	The per capita disposable income of all residents(yuan)	37330	8.5
城镇常住居民人均可支配收入(元)	The per capita disposable income of urban permanent residents(yuan)	42101	8.3
农村牧区常住居民人均可支配收入(元)	The per capita disposable income of permanent residents of rural and pastoral areas(yuan)	18858	8.1
农村牧区经济	**Economic Development in Rural & Pastoral Area**		
农作物总播种面积(公顷)	Total Sown Area(hectare)	4747	0.6
农业机械总动力(万千瓦时)	Total Power of Machinery(10 000 kwh)	7.47	－5.4
粮食产量(吨)	Yield of Grain(ton)	28252	2.5
肉类总产量(吨)	Output of Pork, Beef & Mutton(ton)	2100	－0.8
年末生猪存栏(头)	Total Livestock of Hogs at the Year－end(head)	7237	－18.2
年末牛存栏(头)	Total Livestock of Cattles at the Year－end(head)	6609	－6.1
年末羊存栏(只)	Total Livestock of Sheep&Goats at the Year－end(head)	25521	－28.2
规模以上工业	**Industrial Enterprises above Designated Size**		
工业企业单位数(个)	Number of Industrial Enterprises(unit)		
工业总产值(万元)	Gross Industrial Output Value(10 000 yuan)		
工业企业增加值增速(%)	Value Added of Industrial Enterprises(%)		8.4
投资、建筑业	**Investment and Construction**		
固定资产投资(万元)	Total Investment in Fixed Assets(10 000 yuan)		
房地产开发投资(万元)	Investment in Real Estate Development(10 000 yuan)	453959	－49.2
建筑企业单位数(个)	Number of Construction Enterprises(unit)	15	－40.0
贸易	**Trade**		
社会消费品零售总额(万元)	Total Retail Sales of Consumer Goods(10 000 yuan)	2475060	6.0
实际使用外资金额(万美元)	Utilization of Foreign Capital(USD 10 000)		
交通运输邮电通信业	**Transportation, Post & Telecommunications**		
公路里程(公里)	Total Length of Highways(km)	326	0.0
固定电话用户(户)	Number of Subscribers of Local Telephone(subscriber)	77808	－24.2
移动电话用户(户)	Number of Mobile Telephone Subscribers (subscriber)	595531	59.6
互联网接入用户(户)	Number of Subscribers of Internet Service(subscriber)	345045	－0.9
科技教育卫生社会保障	**Science, Education & Public Health**		
专业技术人员(人)	Special Technical Personnel(person)	2124	2.1
小学学校数(所)	Number of Primary Schools(unit)	35	0.0
普通中学学校数(所)	Number of Regular Secondary Schools(unit)	10	0.0
体育场馆数(个)	Stadium and Gymnasium(unit)	1	0.0
医疗卫生机构床位数(张)	Number of Beds(unit)	2388	0.0
医疗卫生技术人员(人)	Medical Technical Personnel(person)	4372	3.0
城镇基本养老保险参保人数(人)	Persons Covered of Urban Basic Medical Care Insurance(person)	10489	1.8
新型农村合作医疗参保人数(人)	Persons Covered of New Cooperative Medical System(person)	40495	4.0

23－11 呼和浩特市赛罕区

Saihan District in Hohhot City

指　标	Item	2017	增长(%) Increase Rate (%)
行政区域土地面积(平方公里)	**Area of Administration(Sq. km)**	**1025**	**0.0**
人口	**Population**		
年末常住人口(万人)	Permanet Resident Population Year－end(10 000 persons)	70.66	0.8
年末户籍人口(万人)	The Registered Population Year－end(10 000 persons)	50.12	3.0
国民经济综合指标	**Summary Item on the National Economy**		
生产总值(万元)	Gross Domestic Product(10 000 yuan)		4.3
第一产业(万元)	Primary Industry(10 000 yuan)		2.7
第二产业(万元)	Secondary Industry(10 000 yuan)		4.8
#工业(万元)	Industry(10 000 yuan)		8.1
第三产业(万元)	Tertiary Industry(10 000 yuan)		4.0
人均生产总值(元)	Per Capita GDP(yuan)		2.3
一般公共预算收入(万元)	General Public Budget Revenue(10 000 yuan)	390315	－18.3
一般公共预算支出(万元)	General Public Budget Expenditure(10 000 yuan)	323425	－16.3
在岗职工平均工资(元)	Average Wage of Staff & Workers Employed in(yuan)	68074	9.4
全体居民人均可支配收入(元)	The per capita disposable income of all residents(yuan)	38153	8.2
城镇常住居民人均可支配收入(元)	The per capita disposable income of urban permanent residents(yuan)	47560	8.0
农村牧区常住居民人均可支配收入(元)	The per capita disposable income of permanent residents of rural and pastoral areas(yuan)	17862	8.1
农村牧区经济	**Economic Development in Rural & Pastoral Area**		
农作物总播种面积(公顷)	Total Sown Area(hectare)	32296	0.0
农业机械总动力(万千瓦时)	Total Power of Machinery(10 000 kwh)	20.00	0.0
粮食产量(吨)	Yield of Grain(ton)	79733	0.2
肉类总产量(吨)	Output of Pork, Beef & Mutton(ton)	15995	0.0
年末生猪存栏(头)	Total Livestock of Hogs at the Year－end(head)	31133	－31.5
年末牛存栏(头)	Total Livestock of Cattles at the Year－end(head)	24210	－6.6
年末羊存栏(只)	Total Livestock of Sheep&Goats at the Year－end(head)	75376	24.5
规模以上工业	**Industrial Enterprises above Designated Size**		
工业企业单位数(个)	Number of Industrial Enterprises(unit)		
工业总产值(万元)	Gross Industrial Output Value(10 000 yuan)		
工业企业增加值增速(%)	Value Added of Industrial Enterprises(%)		8.1
投资、建筑业	**Investment and Construction**		
固定资产投资(万元)	Total Investment in Fixed Assets(10 000 yuan)		
房地产开发投资(万元)	Investment in Real Estate Development(10 000 yuan)	272794	－84.4
建筑企业单位数(个)	Number of Construction Enterprises(unit)	34	－67.9
贸易	**Trade**		
社会消费品零售总额(万元)	Total Retail Sales of Consumer Goods(10 000 yuan)	2169408	5.9
实际使用外资金额(万美元)	Utilization of Foreign Capital(USD 10 000)		
交通运输邮电通信业	**Transportation, Post & Telecommunications**		
公路里程(公里)	Total Length of Highways(km)	641	－4.2
固定电话用户(户)	Number of Subscribers of Local Telephone(subscriber)	171170	－19.9
移动电话用户(户)	Number of Mobile Telephone Subscribers (subscriber)	993160	27.8
互联网接入用户(户)	Number of Subscribers of Internet Service(subscriber)	575428	－25.5
科技教育卫生社会保障	**Science, Education & Public Health**		
专业技术人员(人)	Special Technical Personnel(person)	4726	0.3
小学学校数(所)	Number of Primary Schools(unit)	41	2.5
普通中学学校数(所)	Number of Regular Secondary Schools(unit)	22	0.0
体育场馆数(个)	Stadium and Gymnasium(unit)	3	－75.0
医疗卫生机构床位数(张)	Number of Beds(unit)	7320	22.3
医疗卫生技术人员(人)	Medical Technical Personnel(person)	9857	54.0
城镇基本养老保险参保人数(人)	Persons Covered of Urban Basic Medical Care Insurance(person)	4061	0.1
新型农村合作医疗参保人数(人)	Persons Covered of New Cooperative Medical System(person)	107597	－0.4

23－12 呼和浩特市土默特左旗

Tumotezuo Banner in Hohhot City

指　　标	Item	2017	增长(%) Increase Rate (%)
行政区域土地面积(平方公里)	**Area of Administration(Sq. km)**	**2765**	**0.0**
人口	**Population**		
年末常住人口(万人)	Permanet Resident Population Year－end(10 000 persons)	32.88	2.0
年末户籍人口(万人)	The Registered Population Year－end(10 000 persons)	36.27	－0.9
国民经济综合指标	**Summary Item on the National Economy**		
生产总值(万元)	Gross Domestic Product(10 000 yuan)		3.5
第一产业(万元)	Primary Industry(10 000 yuan)		1.3
第二产业(万元)	Secondary Industry(10 000 yuan)		3.2
# 工业(万元)	Industry(10 000 yuan)		5.1
第三产业(万元)	Tertiary Industry(10 000 yuan)		4.6
人均生产总值(元)	Per Capita GDP(yuan)		2.9
一般公共预算收入(万元)	General Public Budget Revenue(10 000 yuan)	184377	－3.3
一般公共预算支出(万元)	General Public Budget Expenditure(10 000 yuan)	311215	－16.1
在岗职工平均工资(元)	Average Wage of Staff & Workers Employed in(yuan)	61042	13.2
全体居民人均可支配收入(元)	The per capita disposable income of all residents(yuan)	20157	8.5
城镇常住居民人均可支配收入(元)	The per capita disposable income of urban permanent residents(yuan)	33832	8.7
农村牧区常住居民人均可支配收入(元)	The per capita disposable income of permanent residents of rural and pastoral areas(yuan)	15308	8.2
农村牧区经济	**Economic Development in Rural & Pastoral Area**		
农作物总播种面积(公顷)	Total Sown Area(hectare)	104348	－1.1
农业机械总动力(万千瓦时)	Total Power of Machinery(10 000 kwh)	62.51	－17.7
粮食产量(吨)	Yield of Grain(ton)	78788	1.3
肉类总产量(吨)	Output of Pork, Beef & Mutton(ton)	38435	13.3
年末生猪存栏(头)	Total Livestock of Hogs at the Year－end(head)	34411	－11.0
年末牛存栏(头)	Total Livestock of Cattles at the Year－end(head)	154460	－2.7
年末羊存栏(只)	Total Livestock of Sheep&Goats at the Year－end(head)	560850	15.6
规模以上工业	**Industrial Enterprises above Designated Size**		
工业企业单位数(个)	Number of Industrial Enterprises(unit)		
工业总产值(万元)	Gross Industrial Output Value(10 000 yuan)		
工业企业增加值增速(%)	Value Added of Industrial Enterprises(%)		4.8
投资、建筑业	**Investment and Construction**		
固定资产投资(万元)	Total Investment in Fixed Assets(10 000 yuan)		
房地产开发投资(万元)	Investment in Real Estate Development(10 000 yuan)	41102	58.8
建筑企业单位数(个)	Number of Construction Enterprises(unit)	6	0.0
贸易	**Trade**		
社会消费品零售总额(万元)	Total Retail Sales of Consumer Goods(10 000 yuan)	429575	5.8
实际使用外资金额(万美元)	Utilization of Foreign Capital(USD 10 000)		
交通运输邮电通信业	**Transportation, Post & Telecommunications**		
公路里程(公里)	Total Length of Highways(km)	1416	0.6
固定电话用户(户)	Number of Subscribers of Local Telephone(subscriber)	9567	－47.8
移动电话用户(户)	Number of Mobile Telephone Subscribers (subscriber)	232591	5.3
互联网接入用户(户)	Number of Subscribers of Internet Service(subscriber)	31500	37.8
科技教育卫生社会保障	**Science, Education & Public Health**		
专业技术人员(人)	Special Technical Personnel(person)	3783	－4.3
小学学校数(所)	Number of Primary Schools(unit)	27	0.0
普通中学学校数(所)	Number of Regular Secondary Schools(unit)	12	9.1
体育场馆数(个)	Stadium and Gymnasium(unit)	2	0.0
医疗卫生机构床位数(张)	Number of Beds(unit)	715	0.0
医疗卫生技术人员(人)	Medical Technical Personnel(person)	799	12.2
城镇基本养老保险参保人数(人)	Persons Covered of Urban Basic Medical Care Insurance(person)	22663	190.6
新型农村合作医疗参保人数(人)	Persons Covered of New Cooperative Medical System(person)	261453	0.6

23-13 呼和浩特市托克托县
Tuoketuo Counry in Hohhot City

指　标	Item	2017	增长(%) Increase Rate (%)
行政区域土地面积(平方公里)	**Area of Administration(Sq. km)**	**1408**	**0.0**
人口	**Population**		
年末常住人口(万人)	Permanet Resident Population Year - end(10 000 persons)	21.17	0.5
年末户籍人口(万人)	The Registered Population Year - end(10 000 persons)	20.23	-0.8
国民经济综合指标	**Summary Item on the National Economy**		
生产总值(万元)	Gross Domestic Product(10 000 yuan)		5.7
第一产业(万元)	Primary Industry(10 000 yuan)		2.9
第二产业(万元)	Secondary Industry(10 000 yuan)		5.9
#工业(万元)	Industry(10 000 yuan)		7.4
第三产业(万元)	Tertiary Industry(10 000 yuan)		6.5
人均生产总值(元)	Per Capita GDP(yuan)		5.2
一般公共预算收入(万元)	General Public Budget Revenue(10 000 yuan)	126626	-8.0
一般公共预算支出(万元)	General Public Budget Expenditure(10 000 yuan)	219393	-15.2
在岗职工平均工资(元)	Average Wage of Staff & Workers Employed in(yuan)	68684	16.7
全体居民人均可支配收入(元)	The per capita disposable income of all residents(yuan)	21903	8.4
城镇常住居民人均可支配收入(元)	The per capita disposable income of urban permanent residents(yuan)	35664	8.5
农村牧区常住居民人均可支配收入(元)	The per capita disposable income of permanent residents of rural and pastoral areas(yuan)	14873	8.2
农村牧区经济	**Economic Development in Rural & Pastoral Area**		
农作物总播种面积(公顷)	Total Sown Area(hectare)	59609	-0.8
农业机械总动力(万千瓦时)	Total Power of Machinery(10 000 kwh)	44.22	3.6
粮食产量(吨)	Yield of Grain(ton)	567288	1.0
肉类总产量(吨)	Output of Pork, Beef & Mutton(ton)	14966	3.1
年末生猪存栏(头)	Total Livestock of Hogs at the Year - end(head)	16114	2.4
年末牛存栏(头)	Total Livestock of Cattles at the Year - end(head)	51341	-2.7
年末羊存栏(只)	Total Livestock of Sheep&Goats at the Year - end(head)	278375	1.7
规模以上工业	**Industrial Enterprises above Designated Size**		
工业企业单位数(个)	Number of Industrial Enterprises(unit)		
工业总产值(万元)	Gross Industrial Output Value(10 000 yuan)		
工业企业增加值增速(%)	Value Added of Industrial Enterprises(%)		7.5
投资、建筑业	**Investment and Construction**		
固定资产投资(万元)	Total Investment in Fixed Assets(10 000 yuan)		
房地产开发投资(万元)	Investment in Real Estate Development(10 000 yuan)	76174	-23.5
建筑企业单位数(个)	Number of Construction Enterprises(unit)	9	0.0
贸易	**Trade**		
社会消费品零售总额(万元)	Total Retail Sales of Consumer Goods(10 000 yuan)	335435	5.7
实际使用外资金额(万美元)	Utilization of Foreign Capital(USD 10 000)		
交通运输邮电通信业	**Transportation, Post & Telecommunications**		
公路里程(公里)	Total Length of Highways(km)	964	-18.0
固定电话用户(户)	Number of Subscribers of Local Telephone(subscriber)	23500	21.5
移动电话用户(户)	Number of Mobile Telephone Subscribers (subscriber)	297554	198.8
互联网接入用户(户)	Number of Subscribers of Internet Service(subscriber)	25996	1.6
科技教育卫生社会保障	**Science, Education & Public Health**		
专业技术人员(人)	Special Technical Personnel(person)	3161	-0.4
小学学校数(所)	Number of Primary Schools(unit)	18	5.9
普通中学学校数(所)	Number of Regular Secondary Schools(unit)	6	0.0
体育场馆数(个)	Stadium and Gymnasium(unit)	1	0.0
医疗卫生机构床位数(张)	Number of Beds(unit)	564	0.0
医疗卫生技术人员(人)	Medical Technical Personnel(person)	759	0.0
城镇基本养老保险参保人数(人)	Persons Covered of Urban Basic Medical Care Insurance(person)	14101	-5.8
新型农村合作医疗参保人数(人)	Persons Covered of New Cooperative Medical System(person)	138943	-0.1

23－14 呼和浩特市和林格尔县

Helingeer County in Hohhot City

指　　标	Item	2017	增长(%) Increase Rate (%)
行政区域土地面积(平方公里)	**Area of Administration(Sq. km)**	**3448**	**0.0**
人口	**Population**		
年末常住人口(万人)	Permanet Resident Population Year－end(10 000 persons)	18.17	2.0
年末户籍人口(万人)	The Registered Population Year－end(10 000 persons)	20.25	0.1
国民经济综合指标	**Summary Item on the National Economy**		
生产总值(万元)	Gross Domestic Product(10 000 yuan)		4.8
第一产业(万元)	Primary Industry(10 000 yuan)		2.7
第二产业(万元)	Secondary Industry(10 000 yuan)		2.7
# 工业(万元)	Industry(10 000 yuan)		4.2
第三产业(万元)	Tertiary Industry(10 000 yuan)		7.8
人均生产总值(元)	Per Capita GDP(yuan)		3.2
一般公共预算收入(万元)	General Public Budget Revenue(10 000 yuan)	138724	14.8
一般公共预算支出(万元)	General Public Budget Expenditure(10 000 yuan)	255818	12.4
在岗职工平均工资(元)	Average Wage of Staff & Workers Employed in(yuan)	54221	0.4
全体居民人均可支配收入(元)	The per capita disposable income of all residents(yuan)	19295	22.4
城镇常住居民人均可支配收入(元)	The per capita disposable income of urban permanent residents(yuan)	34120	8.4
农村牧区常住居民人均可支配收入(元)	The per capita disposable income of permanent residents of rural and pastoral areas(yuan)	11957	8.3
农村牧区经济	**Economic Development in Rural & Pastoral Area**		
农作物总播种面积(公顷)	Total Sown Area(hectare)	72919	4.1
农业机械总动力(万千瓦时)	Total Power of Machinery(10 000 kwh)	42.00	1.5
粮食产量(吨)	Yield of Grain(ton)	280684	0.5
肉类总产量(吨)	Output of Pork, Beef & Mutton(ton)	26200	6.3
年末生猪存栏(头)	Total Livestock of Hogs at the Year－end(head)	57665	120.9
年末牛存栏(头)	Total Livestock of Cattles at the Year－end(head)	76462	－17.0
年末羊存栏(只)	Total Livestock of Sheep&Goats at the Year－end(head)	398193	12.5
规模以上工业	**Industrial Enterprises above Designated Size**		
工业企业单位数(个)	Number of Industrial Enterprises(unit)		
工业总产值(万元)	Gross Industrial Output Value(10 000 yuan)		
工业企业增加值增速(%)	Value Added of Industrial Enterprises(%)		3.7
投资、建筑业	**Investment and Construction**		
固定资产投资(万元)	Total Investment in Fixed Assets(10 000 yuan)		
房地产开发投资(万元)	Investment in Real Estate Development(10 000 yuan)	60363	11.2
建筑企业单位数(个)	Number of Construction Enterprises(unit)	28	－12.5
贸易	**Trade**		
社会消费品零售总额(万元)	Total Retail Sales of Consumer Goods(10 000 yuan)	301850	5.8
实际使用外资金额(万美元)	Utilization of Foreign Capital(USD 10 000)	9144	0.0
交通运输邮电通信业	**Transportation, Post & Telecommunications**		
公路里程(公里)	Total Length of Highways(km)	1286	0.0
固定电话用户(户)	Number of Subscribers of Local Telephone(subscriber)	14000	7.7
移动电话用户(户)	Number of Mobile Telephone Subscribers (subscriber)	180000	1.4
互联网接入用户(户)	Number of Subscribers of Internet Service(subscriber)	21352	3.0
科技教育卫生社会保障	**Science, Education & Public Health**		
专业技术人员(人)	Special Technical Personnel(person)	2580	0.0
小学学校数(所)	Number of Primary Schools(unit)	15	－6.3
普通中学学校数(所)	Number of Regular Secondary Schools(unit)	6	0.0
体育场馆数(个)	Stadium and Gymnasium(unit)	1	－66.7
医疗卫生机构床位数(张)	Number of Beds(unit)	1204	0.0
医疗卫生技术人员(人)	Medical Technical Personnel(person)	523	29.5
城镇基本养老保险参保人数(人)	Persons Covered of Urban Basic Medical Care Insurance(person)	20908	16.4
新型农村合作医疗参保人数(人)	Persons Covered of New Cooperative Medical System(person)	147960	0.0

23－15 呼和浩特市清水河县

Qingshuihe County in Hohhot City

指　　标	Item	2017	增长(%) Increase Rate (%)
行政区域土地面积(平方公里)	**Area of Administration(Sq. km)**	**2818**	**0.0**
人口	**Population**		
年末常住人口(万人)	Permanet Resident Population Year－end(10 000 persons)	11.00	0.0
年末户籍人口(万人)	The Registered Population Year－end(10 000 persons)	14.20	－0.4
国民经济综合指标	**Summary Item on the National Economy**		
生产总值(万元)	Gross Domestic Product(10 000 yuan)		3.7
第一产业(万元)	Primary Industry(10 000 yuan)		3.1
第二产业(万元)	Secondary Industry(10 000 yuan)		－4.9
#工业(万元)	Industry(10 000 yuan)		－3.0
第三产业(万元)	Tertiary Industry(10 000 yuan)		7.9
人均生产总值(元)	Per Capita GDP(yuan)		3.7
一般公共预算收入(万元)	General Public Budget Revenue(10 000 yuan)	26319	24.4
一般公共预算支出(万元)	General Public Budget Expenditure(10 000 yuan)	151921	12.4
在岗职工平均工资(元)	Average Wage of Staff & Workers Employed in(yuan)	61428	16.0
全体居民人均可支配收入(元)	The per capita disposable income of all residents(yuan)	17123	－33.2
城镇常住居民人均可支配收入(元)	The per capita disposable income of urban permanent residents(yuan)	25747	8.8
农村牧区常住居民人均可支配收入(元)	The per capita disposable income of permanent residents of rural and pastoral areas(yuan)	7942	10.6
农村牧区经济	**Economic Development in Rural & Pastoral Area**		
农作物总播种面积(公顷)	Total Sown Area(hectare)	51827	0.0
农业机械总动力(万千瓦时)	Total Power of Machinery(10 000 kwh)	16.03	6.4
粮食产量(吨)	Yield of Grain(ton)	220004	9.9
肉类总产量(吨)	Output of Pork, Beef & Mutton(ton)	6988	－6.0
年末生猪存栏(头)	Total Livestock of Hogs at the Year－end(head)	13834	－11.9
年末牛存栏(头)	Total Livestock of Cattles at the Year－end(head)	9044	－10.3
年末羊存栏(只)	Total Livestock of Sheep&Goats at the Year－end(head)	203749	－12.4
规模以上工业	**Industrial Enterprises above Designated Size**		
工业企业单位数(个)	Number of Industrial Enterprises(unit)		
工业总产值(万元)	Gross Industrial Output Value(10 000 yuan)		
工业企业增加值增速(%)	Value Added of Industrial Enterprises(%)		4.0
投资、建筑业	**Investment and Construction**		
固定资产投资(万元)	Total Investment in Fixed Assets(10 000 yuan)		
房地产开发投资(万元)	Investment in Real Estate Development(10 000 yuan)	46987	
建筑企业单位数(个)	Number of Construction Enterprises(unit)	6	0.0
贸易	**Trade**		
社会消费品零售总额(万元)	Total Retail Sales of Consumer Goods(10 000 yuan)	89311	5.7
实际使用外资金额(万美元)	Utilization of Foreign Capital(USD 10 000)		
交通运输邮电通信业	**Transportation, Post & Telecommunications**		
公路里程(公里)	Total Length of Highways(km)	1375	0.5
固定电话用户(户)	Number of Subscribers of Local Telephone(subscriber)	5610	－7.5
移动电话用户(户)	Number of Mobile Telephone Subscribers (subscriber)	127202	34.8
互联网接入用户(户)	Number of Subscribers of Internet Service(subscriber)	10128	0.0
科技教育卫生社会保障	**Science, Education & Public Health**		
专业技术人员(人)	Special Technical Personnel(person)	1658	－5.8
小学学校数(所)	Number of Primary Schools(unit)	6	－68.4
普通中学学校数(所)	Number of Regular Secondary Schools(unit)	4	0.0
体育场馆数(个)	Stadium and Gymnasium(unit)		
医疗卫生机构床位数(张)	Number of Beds(unit)	342	0.0
医疗卫生技术人员(人)	Medical Technical Personnel(person)	265	－5.0
城镇基本养老保险参保人数(人)	Persons Covered of Urban Basic Medical Care Insurance(person)	5814	－29.1
新型农村合作医疗参保人数(人)	Persons Covered of New Cooperative Medical System(person)	99310	－3.9

23 - 16 呼和浩特市武川县

Wuchuan County in Hohhot City

指　　标	Item	2017	增长(%) Increase Rate (%)
行政区域土地面积(平方公里)	**Area of Administration(Sq. km)**	**4682**	**0.0**
人口	**Population**		
年末常住人口(万人)	Permanet Resident Population Year - end(10 000 persons)	12.12	-0.9
年末户籍人口(万人)	The Registered Population Year - end(10 000 persons)	17.19	-1.0
国民经济综合指标	**Summary Item on the National Economy**		
生产总值(万元)	Gross Domestic Product(10 000 yuan)		2.1
第一产业(万元)	Primary Industry(10 000 yuan)		3.0
第二产业(万元)	Secondary Industry(10 000 yuan)		-5.9
# 工业(万元)	Industry(10 000 yuan)		-0.1
第三产业(万元)	Tertiary Industry(10 000 yuan)		6.2
人均生产总值(元)	Per Capita GDP(yuan)		3.0
一般公共预算收入(万元)	General Public Budget Revenue(10 000 yuan)	23434	9.2
一般公共预算支出(万元)	General Public Budget Expenditure(10 000 yuan)	155706	-9.3
在岗职工平均工资(元)	Average Wage of Staff & Workers Employed in(yuan)	56562	19.4
全体居民人均可支配收入(元)	The per capita disposable income of all residents(yuan)	16263	9.2
城镇常住居民人均可支配收入(元)	The per capita disposable income of urban permanent residents(yuan)	25125	8.5
农村牧区常住居民人均可支配收入(元)	The per capita disposable income of permanent residents of rural and pastoral areas(yuan)	7655	10.4
农村牧区经济	**Economic Development in Rural & Pastoral Area**		
农作物总播种面积(公顷)	Total Sown Area(hectare)	140199	5.2
农业机械总动力(万千瓦时)	Total Power of Machinery(10 000 kwh)	33.14	-10.5
粮食产量(吨)	Yield of Grain(ton)	166748	-4.6
肉类总产量(吨)	Output of Pork, Beef & Mutton(ton)	4458	-7.6
年末生猪存栏(头)	Total Livestock of Hogs at the Year - end(head)	4069	-35.8
年末牛存栏(头)	Total Livestock of Cattles at the Year - end(head)	6623	6.7
年末羊存栏(只)	Total Livestock of Sheep&Goats at the Year - end(head)	276431	2.1
规模以上工业	**Industrial Enterprises above Designated Size**		
工业企业单位数(个)	Number of Industrial Enterprises(unit)		
工业总产值(万元)	Gross Industrial Output Value(10 000 yuan)		
工业企业增加值增速(%)	Value Added of Industrial Enterprises(%)		4.2
投资、建筑业	**Investment and Construction**		
固定资产投资(万元)	Total Investment in Fixed Assets(10 000 yuan)		
房地产开发投资(万元)	Investment in Real Estate Development(10 000 yuan)	4000	
建筑企业单位数(个)	Number of Construction Enterprises(unit)	1	0.0
贸易	**Trade**		
社会消费品零售总额(万元)	Total Retail Sales of Consumer Goods(10 000 yuan)	133333	5.7
实际使用外资金额(万美元)	Utilization of Foreign Capital(USD 10 000)		
交通运输邮电通信业	**Transportation, Post & Telecommunications**		
公路里程(公里)	Total Length of Highways(km)	1031	0.0
固定电话用户(户)	Number of Subscribers of Local Telephone(subscriber)	4224	-13.8
移动电话用户(户)	Number of Mobile Telephone Subscribers (subscriber)	113244	-14.0
互联网接入用户(户)	Number of Subscribers of Internet Service(subscriber)	13926	-1.4
科技教育卫生社会保障	**Science, Education & Public Health**		
专业技术人员(人)	Special Technical Personnel(person)	2677	4.6
小学学校数(所)	Number of Primary Schools(unit)	6	0.0
普通中学学校数(所)	Number of Regular Secondary Schools(unit)	2	0.0
体育场馆数(个)	Stadium and Gymnasium(unit)	2	0.0
医疗卫生机构床位数(张)	Number of Beds(unit)	448	-1.3
医疗卫生技术人员(人)	Medical Technical Personnel(person)	569	7.8
城镇基本养老保险参保人数(人)	Persons Covered of Urban Basic Medical Care Insurance(person)	12993	4.6
新型农村合作医疗参保人数(人)	Persons Covered of New Cooperative Medical System(person)	116244	-2.1

23－17 包头市东河区
Donghe District in Baotou City

指　　标	Item	2017	增长(%) Increase Rate (%)
行政区域土地面积(平方公里)	**Area of Administration(Sq. km)**	**470**	**0.0**
人口	**Population**		
年末常住人口(万人)	Permanet Resident Population Year－end(10 000 persons)	55.19	0.7
年末户籍人口(万人)	The Registered Population Year－end(10 000 persons)	41.31	－0.8
国民经济综合指标	**Summary Item on the National Economy**		
生产总值(万元)	Gross Domestic Product(10 000 yuan)		5.7
第一产业(万元)	Primary Industry(10 000 yuan)		3.5
第二产业(万元)	Secondary Industry(10 000 yuan)		3.9
＃工业(万元)	Industry(10 000 yuan)		3.3
第三产业(万元)	Tertiary Industry(10 000 yuan)		6.5
人均生产总值(元)	Per Capita GDP(yuan)		5.0
一般公共预算收入(万元)	General Public Budget Revenue(10 000 yuan)	107045	－34.8
一般公共预算支出(万元)	General Public Budget Expenditure(10 000 yuan)	163788	－26.4
在岗职工平均工资(元)	Average Wage of Staff & Workers Employed in(yuan)	66431	7.8
全体居民人均可支配收入(元)	The per capita disposable income of all residents(yuan)	38447	8.0
城镇常住居民人均可支配收入(元)	The per capita disposable income of urban permanent residents(yuan)	40174	7.7
农村牧区常住居民人均可支配收入(元)	The per capita disposable income of permanent residents of rural and pastoral areas(yuan)	20471	7.8
农村牧区经济	**Economic Development in Rural & Pastoral Area**		
农作物总播种面积(公顷)	Total Sown Area(hectare)	9561	5.7
农业机械总动力(万千瓦时)	Total Power of Machinery(10 000 kwh)	6.78	－67.3
粮食产量(吨)	Yield of Grain(ton)	43455	12.1
肉类总产量(吨)	Output of Pork, Beef & Mutton(ton)	2339	－17.6
年末生猪存栏(头)	Total Livestock of Hogs at the Year－end(head)	6259	－26.8
年末牛存栏(头)	Total Livestock of Cattles at the Year－end(head)	2135	－58.6
年末羊存栏(只)	Total Livestock of Sheep&Goats at the Year－end(head)	47371	2.3
规模以上工业	**Industrial Enterprises above Designated Size**		
工业企业单位数(个)	Number of Industrial Enterprises(unit)		
工业总产值(万元)	Gross Industrial Output Value(10 000 yuan)		
工业企业增加值增速(%)	Value Added of Industrial Enterprises(%)		4.0
投资、建筑业	**Investment and Construction**		
固定资产投资(万元)	Total Investment in Fixed Assets(10 000 yuan)		
房地产开发投资(万元)	Investment in Real Estate Development(10 000 yuan)	154696	26.8
建筑企业单位数(个)	Number of Construction Enterprises(unit)	16	－5.9
贸易	**Trade**		
社会消费品零售总额(万元)	Total Retail Sales of Consumer Goods(10 000 yuan)	3015915	6.1
实际使用外资金额(万美元)	Utilization of Foreign Capital(USD 10 000)	7000	－22.2
交通运输邮电通信业	**Transportation, Post & Telecommunications**		
公路里程(公里)	Total Length of Highways(km)	265	0.0
固定电话用户(户)	Number of Subscribers of Local Telephone(subscriber)	68400	－3.1
移动电话用户(户)	Number of Mobile Telephone Subscribers (subscriber)	397300	0.4
互联网接入用户(户)	Number of Subscribers of Internet Service(subscriber)	88750	0.4
科技教育卫生社会保障	**Science, Education & Public Health**		
专业技术人员(人)	Special Technical Personnel(person)	12223	0.4
小学学校数(所)	Number of Primary Schools(unit)	22	－4.3
普通中学学校数(所)	Number of Regular Secondary Schools(unit)	19	－5.0
体育场馆数(个)	Stadium and Gymnasium(unit)	2	0.0
医疗卫生机构床位数(张)	Number of Beds(unit)	4892	7.2
医疗卫生技术人员(人)	Medical Technical Personnel(person)	5884	5.5
城镇基本养老保险参保人数(人)	Persons Covered of Urban Basic Medical Care Insurance(person)	68299	11.3
新型农村合作医疗参保人数(人)	Persons Covered of New Cooperative Medical System(person)	64177	－14.6

23－18 包头市昆都仑区

Kundulun District in Baotou City

指　　标	Item	2017	增长(%) Increase Rate (%)
行政区域土地面积(平方公里)	**Area of Administration(Sq. km)**	**301**	**0.0**
人口	**Population**		
年末常住人口(万人)	Permanet Resident Population Year－end(10 000 persons)	79.32	0.9
年末户籍人口(万人)	The Registered Population Year－end(10 000 persons)	51.67	0.3
国民经济综合指标	**Summary Item on the National Economy**		
生产总值(万元)	Gross Domestic Product(10 000 yuan)		6.4
第一产业(万元)	Primary Industry(10 000 yuan)		3.9
第二产业(万元)	Secondary Industry(10 000 yuan)		5.8
# 工业(万元)	Industry(10 000 yuan)		6.0
第三产业(万元)	Tertiary Industry(10 000 yuan)		6.7
人均生产总值(元)	Per Capita GDP(yuan)		5.2
一般公共预算收入(万元)	General Public Budget Revenue(10 000 yuan)	190167	－59.2
一般公共预算支出(万元)	General Public Budget Expenditure(10 000 yuan)	215598	－55.9
在岗职工平均工资(元)	Average Wage of Staff & Workers Employed in(yuan)	68149	9.5
全体居民人均可支配收入(元)	The per capita disposable income of all residents(yuan)	47348	7.8
城镇常住居民人均可支配收入(元)	The per capita disposable income of urban permanent residents(yuan)	47348	7.8
农村牧区常住居民人均可支配收入(元)	The per capita disposable income of permanent residents of rural and pastoral areas(yuan)		
农村牧区经济	**Economic Development in Rural & Pastoral Area**		
农作物总播种面积(公顷)	Total Sown Area(hectare)	1513	－16.5
农业机械总动力(万千瓦时)	Total Power of Machinery(10 000 kwh)	0.64	－56.2
粮食产量(吨)	Yield of Grain(ton)	8459	－21.9
肉类总产量(吨)	Output of Pork, Beef & Mutton(ton)	1600	4.1
年末生猪存栏(头)	Total Livestock of Hogs at the Year－end(head)	8688	26.2
年末牛存栏(头)	Total Livestock of Cattles at the Year－end(head)	1223	－24.1
年末羊存栏(只)	Total Livestock of Sheep&Goats at the Year－end(head)	33786	20.1
规模以上工业	**Industrial Enterprises above Designated Size**		
工业企业单位数(个)	Number of Industrial Enterprises(unit)		
工业总产值(万元)	Gross Industrial Output Value(10 000 yuan)		
工业企业增加值增速(%)	Value Added of Industrial Enterprises(%)		8.0
投资、建筑业	**Investment and Construction**		
固定资产投资(万元)	Total Investment in Fixed Assets(10 000 yuan)		
房地产开发投资(万元)	Investment in Real Estate Development(10 000 yuan)	278629	－44.4
建筑企业单位数(个)	Number of Construction Enterprises(unit)	33	0.0
贸易	**Trade**		
社会消费品零售总额(万元)	Total Retail Sales of Consumer Goods(10 000 yuan)	4934657	6.2
实际使用外资金额(万美元)	Utilization of Foreign Capital(USD 10 000)	19500	21.7
交通运输邮电通信业	**Transportation, Post & Telecommunications**		
公路里程(公里)	Total Length of Highways(km)	516	4.0
固定电话用户(户)	Number of Subscribers of Local Telephone(subscriber)	126530	－7.6
移动电话用户(户)	Number of Mobile Telephone Subscribers (subscriber)	836893	1.2
互联网接入用户(户)	Number of Subscribers of Internet Service(subscriber)	160065	34.0
科技教育卫生社会保障	**Science, Education & Public Health**		
专业技术人员(人)	Special Technical Personnel(person)	31064	0.3
小学学校数(所)	Number of Primary Schools(unit)	33	－2.9
普通中学学校数(所)	Number of Regular Secondary Schools(unit)	26	0.0
体育场馆数(个)	Stadium and Gymnasium(unit)	6	0.0
医疗卫生机构床位数(张)	Number of Beds(unit)	5629	5.2
医疗卫生技术人员(人)	Medical Technical Personnel(person)	7493	2.5
城镇基本养老保险参保人数(人)	Persons Covered of Urban Basic Medical Care Insurance(person)	56200	41.0
新型农村合作医疗参保人数(人)	Persons Covered of New Cooperative Medical System(person)	32689	0.3

23-19 包头市青山区

Qingshan District in Baotou City

指　　标	Item	2017	增长(%) Increase Rate (%)
行政区域土地面积(平方公里)	**Area of Administration(Sq. km)**	**430**	**0.0**
人口	**Population**		
年末常住人口(万人)	Permanet Resident Population Year-end(10 000 persons)	67.17	0.7
年末户籍人口(万人)	The Registered Population Year-end(10 000 persons)	43.98	12.0
国民经济综合指标	**Summary Item on the National Economy**		
生产总值(万元)	Gross Domestic Product(10 000 yuan)		6.0
第一产业(万元)	Primary Industry(10 000 yuan)		4.0
第二产业(万元)	Secondary Industry(10 000 yuan)		5.0
#工业(万元)	Industry(10 000 yuan)		6.7
第三产业(万元)	Tertiary Industry(10 000 yuan)		6.6
人均生产总值(元)	Per Capita GDP(yuan)		5.3
一般公共预算收入(万元)	General Public Budget Revenue(10 000 yuan)	181237	-58.7
一般公共预算支出(万元)	General Public Budget Expenditure(10 000 yuan)	199438	-51.1
在岗职工平均工资(元)	Average Wage of Staff & Workers Employed in(yuan)	71925	6.8
全体居民人均可支配收入(元)	The per capita disposable income of all residents(yuan)	47187	7.9
城镇常住居民人均可支配收入(元)	The per capita disposable income of urban permanent residents(yuan)	47187	7.9
农村牧区常住居民人均可支配收入(元)	The per capita disposable income of permanent residents of rural and pastoral areas(yuan)		
农村牧区经济	**Economic Development in Rural & Pastoral Area**		
农作物总播种面积(公顷)	Total Sown Area(hectare)	1982	11.7
农业机械总动力(万千瓦时)	Total Power of Machinery(10 000 kwh)	2.60	0.0
粮食产量(吨)	Yield of Grain(ton)	5216	-0.8
肉类总产量(吨)	Output of Pork, Beef & Mutton(ton)	1946	58.6
年末生猪存栏(头)	Total Livestock of Hogs at the Year-end(head)	7180	51.9
年末牛存栏(头)	Total Livestock of Cattles at the Year-end(head)	3437	2.8
年末羊存栏(只)	Total Livestock of Sheep&Goats at the Year-end(head)	87726	100.1
规模以上工业	**Industrial Enterprises above Designated Size**		
工业企业单位数(个)	Number of Industrial Enterprises(unit)		
工业总产值(万元)	Gross Industrial Output Value(10 000 yuan)		
工业企业增加值增速(%)	Value Added of Industrial Enterprises(%)		8.2
投资、建筑业	**Investment and Construction**		
固定资产投资(万元)	Total Investment in Fixed Assets(10 000 yuan)		
房地产开发投资(万元)	Investment in Real Estate Development(10 000 yuan)	771926	-14.0
建筑企业单位数(个)	Number of Construction Enterprises(unit)	45	-2.2
贸易	**Trade**		
社会消费品零售总额(万元)	Total Retail Sales of Consumer Goods(10 000 yuan)	5053733	6.3
实际使用外资金额(万美元)	Utilization of Foreign Capital(USD 10 000)	18500	-49.6
交通运输邮电通信业	**Transportation, Post & Telecommunications**		
公路里程(公里)	Total Length of Highways(km)	331	1.6
固定电话用户(户)	Number of Subscribers of Local Telephone(subscriber)	113780	-11.1
移动电话用户(户)	Number of Mobile Telephone Subscribers (subscriber)	131210	-5.6
互联网接入用户(户)	Number of Subscribers of Internet Service(subscriber)	21950	21.7
科技教育卫生社会保障	**Science, Education & Public Health**		
专业技术人员(人)	Special Technical Personnel(person)	55922	1.4
小学学校数(所)	Number of Primary Schools(unit)	27	0.0
普通中学学校数(所)	Number of Regular Secondary Schools(unit)	26	8.3
体育场馆数(个)	Stadium and Gymnasium(unit)	5	-61.5
医疗卫生机构床位数(张)	Number of Beds(unit)	4943	15.3
医疗卫生技术人员(人)	Medical Technical Personnel(person)	6450	6.4
城镇基本养老保险参保人数(人)	Persons Covered of Urban Basic Medical Care Insurance(person)	78612	43.3
新型农村合作医疗参保人数(人)	Persons Covered of New Cooperative Medical System(person)	26115	-2.7

23－20 包头市九原区

Jiuyuan District in Baotou City

指　　标	Item	2017	增长(%) Increase Rate (%)
行政区域土地面积(平方公里)	**Area of Administration(Sq. km)**	**734**	**0.0**
人口	**Population**		
年末常住人口(万人)	Permanet Resident Population Year－end(10 000 persons)	22.93	1.8
年末户籍人口(万人)	The Registered Population Year－end(10 000 persons)	12.42	1.1
国民经济综合指标	**Summary Item on the National Economy**		
生产总值(万元)	Gross Domestic Product(10 000 yuan)		5.2
第一产业(万元)	Primary Industry(10 000 yuan)		3.6
第二产业(万元)	Secondary Industry(10 000 yuan)		4.5
#工业(万元)	Industry(10 000 yuan)		5.7
第三产业(万元)	Tertiary Industry(10 000 yuan)		6.5
人均生产总值(元)	Per Capita GDP(yuan)		3.3
一般公共预算收入(万元)	General Public Budget Revenue(10 000 yuan)	132007	－35.0
一般公共预算支出(万元)	General Public Budget Expenditure(10 000 yuan)	175815	－26.0
在岗职工平均工资(元)	Average Wage of Staff & Workers Employed in(yuan)	77796	11.3
全体居民人均可支配收入(元)	The per capita disposable income of all residents(yuan)	38515	8.5
城镇常住居民人均可支配收入(元)	The per capita disposable income of urban permanent residents(yuan)	45818	8.1
农村牧区常住居民人均可支配收入(元)	The per capita disposable income of permanent residents of rural and pastoral areas(yuan)	19342	8.2
农村牧区经济	**Economic Development in Rural & Pastoral Area**		
农作物总播种面积(公顷)	Total Sown Area(hectare)	20300	1.0
农业机械总动力(万千瓦时)	Total Power of Machinery(10 000 kwh)	9.40	－26.7
粮食产量(吨)	Yield of Grain(ton)	64188	0.8
肉类总产量(吨)	Output of Pork, Beef & Mutton(ton)	29776	3.4
年末生猪存栏(头)	Total Livestock of Hogs at the Year－end(head)	56220	6.0
年末牛存栏(头)	Total Livestock of Cattles at the Year－end(head)	48200	－21.1
年末羊存栏(只)	Total Livestock of Sheep&Goats at the Year－end(head)	128600	18.7
规模以上工业	**Industrial Enterprises above Designated Size**		
工业企业单位数(个)	Number of Industrial Enterprises(unit)		
工业总产值(万元)	Gross Industrial Output Value(10 000 yuan)		
工业企业增加值增速(%)	Value Added of Industrial Enterprises(%)		7.8
投资、建筑业	**Investment and Construction**		
固定资产投资(万元)	Total Investment in Fixed Assets(10 000 yuan)		
房地产开发投资(万元)	Investment in Real Estate Development(10 000 yuan)	262187	19.2
建筑企业单位数(个)	Number of Construction Enterprises(unit)	10	11.1
贸易	**Trade**		
社会消费品零售总额(万元)	Total Retail Sales of Consumer Goods(10 000 yuan)	735738	6.2
实际使用外资金额(万美元)	Utilization of Foreign Capital(USD 10 000)		
交通运输邮电通信业	**Transportation, Post & Telecommunications**		
公路里程(公里)	Total Length of Highways(km)	815	75.3
固定电话用户(户)	Number of Subscribers of Local Telephone(subscriber)	16200	－13.9
移动电话用户(户)	Number of Mobile Telephone Subscribers (subscriber)	247650	3.8
互联网接入用户(户)	Number of Subscribers of Internet Service(subscriber)	24177	2.0
科技教育卫生社会保障	**Science, Education & Public Health**		
专业技术人员(人)	Special Technical Personnel(person)	2607	0.5
小学学校数(所)	Number of Primary Schools(unit)	15	－6.3
普通中学学校数(所)	Number of Regular Secondary Schools(unit)	8	14.3
体育场馆数(个)	Stadium and Gymnasium(unit)	2	0.0
医疗卫生机构床位数(张)	Number of Beds(unit)	1287	17.2
医疗卫生技术人员(人)	Medical Technical Personnel(person)	1321	3.8
城镇基本养老保险参保人数(人)	Persons Covered of Urban Basic Medical Care Insurance(person)	26638	1.6
新型农村合作医疗参保人数(人)	Persons Covered of New Cooperative Medical System(person)	67874	－2.9

23－21 包头市石拐区

Shiguai District in Baotou City

指　　标	Item	2017	增长(%) Increase Rate (%)
行政区域土地面积(平方公里)	**Area of Administration(Sq. km)**	**761**	**0.0**
人口	**Population**		
年末常住人口(万人)	Permanet Resident Population Year－end(10 000 persons)	3.78	－0.3
年末户籍人口(万人)	The Registered Population Year－end(10 000 persons)	4.98	－4.4
国民经济综合指标	**Summary Item on the National Economy**		
生产总值(万元)	Gross Domestic Product(10 000 yuan)		4.8
第一产业(万元)	Primary Industry(10 000 yuan)		3.7
第二产业(万元)	Secondary Industry(10 000 yuan)		4.5
#工业(万元)	Industry(10 000 yuan)		4.4
第三产业(万元)	Tertiary Industry(10 000 yuan)		6.0
人均生产总值(元)	Per Capita GDP(yuan)		5.9
一般公共预算收入(万元)	General Public Budget Revenue(10 000 yuan)	29193	－26.3
一般公共预算支出(万元)	General Public Budget Expenditure(10 000 yuan)	85903	12.7
在岗职工平均工资(元)	Average Wage of Staff & Workers Employed in(yuan)	89038	12.4
全体居民人均可支配收入(元)	The per capita disposable income of all residents(yuan)	33056	8.6
城镇常住居民人均可支配收入(元)	The per capita disposable income of urban permanent residents(yuan)	38580	8.0
农村牧区常住居民人均可支配收入(元)	The per capita disposable income of permanent residents of rural and pastoral areas(yuan)	14544	8.3
农村牧区经济	**Economic Development in Rural & Pastoral Area**		
农作物总播种面积(公顷)	Total Sown Area(hectare)	2526	－14.0
农业机械总动力(万千瓦时)	Total Power of Machinery(10 000 kwh)	0.69	－62.9
粮食产量(吨)	Yield of Grain(ton)	7222	19.0
肉类总产量(吨)	Output of Pork, Beef & Mutton(ton)	759	29.1
年末生猪存栏(头)	Total Livestock of Hogs at the Year－end(head)	712	－29.0
年末牛存栏(头)	Total Livestock of Cattles at the Year－end(head)	409	－49.3
年末羊存栏(只)	Total Livestock of Sheep&Goats at the Year－end(head)	25343	－17.8
规模以上工业	**Industrial Enterprises above Designated Size**		
工业企业单位数(个)	Number of Industrial Enterprises(unit)		
工业总产值(万元)	Gross Industrial Output Value(10 000 yuan)		
工业企业增加值增速(%)	Value Added of Industrial Enterprises(%)		6.5
投资、建筑业	**Investment and Construction**		
固定资产投资(万元)	Total Investment in Fixed Assets(10 000 yuan)		
房地产开发投资(万元)	Investment in Real Estate Development(10 000 yuan)	15409	－64.2
建筑企业单位数(个)	Number of Construction Enterprises(unit)	1	0.0
贸易	**Trade**		
社会消费品零售总额(万元)	Total Retail Sales of Consumer Goods(10 000 yuan)	67091	5.8
实际使用外资金额(万美元)	Utilization of Foreign Capital(USD 10 000)	9000	0.0
交通运输邮电通信业	**Transportation, Post & Telecommunications**		
公路里程(公里)	Total Length of Highways(km)	339	0.0
固定电话用户(户)	Number of Subscribers of Local Telephone(subscriber)	1550	－11.9
移动电话用户(户)	Number of Mobile Telephone Subscribers (subscriber)	21230	3.3
互联网接入用户(户)	Number of Subscribers of Internet Service(subscriber)	1293	2.7
科技教育卫生社会保障	**Science, Education & Public Health**		
专业技术人员(人)	Special Technical Personnel(person)	423	－70.0
小学学校数(所)	Number of Primary Schools(unit)	2	0.0
普通中学学校数(所)	Number of Regular Secondary Schools(unit)	2	0.0
体育场馆数(个)	Stadium and Gymnasium(unit)	2	0.0
医疗卫生机构床位数(张)	Number of Beds(unit)	41	－19.6
医疗卫生技术人员(人)	Medical Technical Personnel(person)	70	11.1
城镇基本养老保险参保人数(人)	Persons Covered of Urban Basic Medical Care Insurance(person)	26858	54.9
新型农村合作医疗参保人数(人)	Persons Covered of New Cooperative Medical System(person)	27508	19.1

23－22 包头市白云矿区

Baiyun Mineral District in Baotou City

指　　标	Item	2017	增长(%) Increase Rate (%)
行政区域土地面积(平方公里)	**Area of Administration(Sq. km)**	**329**	**0.0**
人口	**Population**		
年末常住人口(万人)	Permanet Resident Population Year－end(10 000 persons)	2.78	0.4
年末户籍人口(万人)	The Registered Population Year－end(10 000 persons)	1.66	－2.4
国民经济综合指标	**Summary Item on the National Economy**		
生产总值(万元)	Gross Domestic Product(10 000 yuan)		5.6
第一产业(万元)	Primary Industry(10 000 yuan)		4.0
第二产业(万元)	Secondary Industry(10 000 yuan)		5.2
#工业(万元)	Industry(10 000 yuan)		5.9
第三产业(万元)	Tertiary Industry(10 000 yuan)		6.2
人均生产总值(元)	Per Capita GDP(yuan)		5.2
一般公共预算收入(万元)	General Public Budget Revenue(10 000 yuan)	27675	－21.1
一般公共预算支出(万元)	General Public Budget Expenditure(10 000 yuan)	51156	－17.2
在岗职工平均工资(元)	Average Wage of Staff & Workers Employed in(yuan)	71792	－0.1
全体居民人均可支配收入(元)	The per capita disposable income of all residents(yuan)	47326	7.8
城镇常住居民人均可支配收入(元)	The per capita disposable income of urban permanent residents(yuan)	47326	7.8
农村牧区常住居民人均可支配收入(元)	The per capita disposable income of permanent residents of rural and pastoral areas(yuan)		
农村牧区经济	**Economic Development in Rural & Pastoral Area**		
农作物总播种面积(公顷)	Total Sown Area(hectare)		
农业机械总动力(万千瓦时)	Total Power of Machinery(10 000 kwh)		
粮食产量(吨)	Yield of Grain(ton)		
肉类总产量(吨)	Output of Pork, Beef & Mutton(ton)	235	78.0
年末生猪存栏(头)	Total Livestock of Hogs at the Year－end(head)	513	－56.0
年末牛存栏(头)	Total Livestock of Cattles at the Year－end(head)	139	14.9
年末羊存栏(只)	Total Livestock of Sheep&Goats at the Year－end(head)	3217	704.3
规模以上工业	**Industrial Enterprises above Designated Size**		
工业企业单位数(个)	Number of Industrial Enterprises(unit)		
工业总产值(万元)	Gross Industrial Output Value(10 000 yuan)		
工业企业增加值增速(%)	Value Added of Industrial Enterprises(%)		8.0
投资、建筑业	**Investment and Construction**		
固定资产投资(万元)	Total Investment in Fixed Assets(10 000 yuan)		
房地产开发投资(万元)	Investment in Real Estate Development(10 000 yuan)		
建筑企业单位数(个)	Number of Construction Enterprises(unit)		
贸易	**Trade**		
社会消费品零售总额(万元)	Total Retail Sales of Consumer Goods(10 000 yuan)	83791	6.0
实际使用外资金额(万美元)	Utilization of Foreign Capital(USD 10 000)		
交通运输邮电通信业	**Transportation, Post & Telecommunications**		
公路里程(公里)	Total Length of Highways(km)	79	0.0
固定电话用户(户)	Number of Subscribers of Local Telephone(subscriber)	27340	－9.2
移动电话用户(户)	Number of Mobile Telephone Subscribers (subscriber)	33000	－29.1
互联网接入用户(户)	Number of Subscribers of Internet Service(subscriber)	6700	30.7
科技教育卫生社会保障	**Science, Education & Public Health**		
专业技术人员(人)	Special Technical Personnel(person)	1425	0.0
小学学校数(所)	Number of Primary Schools(unit)	3	0.0
普通中学学校数(所)	Number of Regular Secondary Schools(unit)	2	0.0
体育场馆数(个)	Stadium and Gymnasium(unit)	3	0.0
医疗卫生机构床位数(张)	Number of Beds(unit)	110	0.0
医疗卫生技术人员(人)	Medical Technical Personnel(person)	179	7.2
城镇基本养老保险参保人数(人)	Persons Covered of Urban Basic Medical Care Insurance(person)	6112	2.6
新型农村合作医疗参保人数(人)	Persons Covered of New Cooperative Medical System(person)		

23-23 包头市土默特右旗

Tumoteyou Banner in Baotou City

指　　标	Item	2017	增长(%) Increase Rate (%)
行政区域土地面积(平方公里)	**Area of Administration(Sq. km)**	**2368**	**0.0**
人口	**Population**		
年末常住人口(万人)	Permanet Resident Population Year-end(10 000 persons)	29.97	0.4
年末户籍人口(万人)	The Registered Population Year-end(10 000 persons)	36.42	-0.4
国民经济综合指标	**Summary Item on the National Economy**		
生产总值(万元)	Gross Domestic Product(10 000 yuan)		3.1
第一产业(万元)	Primary Industry(10 000 yuan)		3.8
第二产业(万元)	Secondary Industry(10 000 yuan)		-0.2
#工业(万元)	Industry(10 000 yuan)		3.0
第三产业(万元)	Tertiary Industry(10 000 yuan)		6.1
人均生产总值(元)	Per Capita GDP(yuan)		1.9
一般公共预算收入(万元)	General Public Budget Revenue(10 000 yuan)	132067	-40.7
一般公共预算支出(万元)	General Public Budget Expenditure(10 000 yuan)	275567	-15.3
在岗职工平均工资(元)	Average Wage of Staff & Workers Employed in(yuan)	74349	20.2
全体居民人均可支配收入(元)	The per capita disposable income of all residents(yuan)	24057	8.6
城镇常住居民人均可支配收入(元)	The per capita disposable income of urban permanent residents(yuan)	34503	8.2
农村牧区常住居民人均可支配收入(元)	The per capita disposable income of permanent residents of rural and pastoral areas(yuan)	16045	8.2
农村牧区经济	**Economic Development in Rural & Pastoral Area**		
农作物总播种面积(公顷)	Total Sown Area(hectare)	110563	3.6
农业机械总动力(万千瓦时)	Total Power of Machinery(10 000 kwh)	48.77	-22.6
粮食产量(吨)	Yield of Grain(ton)	785678	0.1
肉类总产量(吨)	Output of Pork, Beef & Mutton(ton)	71076	-0.1
年末生猪存栏(头)	Total Livestock of Hogs at the Year-end(head)	105260	1.1
年末牛存栏(头)	Total Livestock of Cattles at the Year-end(head)	80220	0.2
年末羊存栏(只)	Total Livestock of Sheep&Goats at the Year-end(head)	859377	0.2
规模以上工业	**Industrial Enterprises above Designated Size**		
工业企业单位数(个)	Number of Industrial Enterprises(unit)		
工业总产值(万元)	Gross Industrial Output Value(10 000 yuan)		
工业企业增加值增速(%)	Value Added of Industrial Enterprises(%)		4.0
投资、建筑业	**Investment and Construction**		
固定资产投资(万元)	Total Investment in Fixed Assets(10 000 yuan)		
房地产开发投资(万元)	Investment in Real Estate Development(10 000 yuan)	5178	-80.2
建筑企业单位数(个)	Number of Construction Enterprises(unit)	6	0.0
贸易	**Trade**		
社会消费品零售总额(万元)	Total Retail Sales of Consumer Goods(10 000 yuan)	502401	5.9
实际使用外资金额(万美元)	Utilization of Foreign Capital(USD 10 000)	3117	0.0
交通运输邮电通信业	**Transportation, Post & Telecommunications**		
公路里程(公里)	Total Length of Highways(km)	2615	22.1
固定电话用户(户)	Number of Subscribers of Local Telephone(subscriber)	6400	-9.4
移动电话用户(户)	Number of Mobile Telephone Subscribers (subscriber)	273473	0.9
互联网接入用户(户)	Number of Subscribers of Internet Service(subscriber)	23692	15.1
科技教育卫生社会保障	**Science, Education & Public Health**		
专业技术人员(人)	Special Technical Personnel(person)	4100	-10.8
小学学校数(所)	Number of Primary Schools(unit)	21	0.0
普通中学学校数(所)	Number of Regular Secondary Schools(unit)	7	0.0
体育场馆数(个)	Stadium and Gymnasium(unit)	1	0.0
医疗卫生机构床位数(张)	Number of Beds(unit)	921	9.1
医疗卫生技术人员(人)	Medical Technical Personnel(person)	949	-0.4
城镇基本养老保险参保人数(人)	Persons Covered of Urban Basic Medical Care Insurance(person)	40229	59.0
新型农村合作医疗参保人数(人)	Persons Covered of New Cooperative Medical System(person)	225688	-11.0

23－24 包头市固阳县

Guyang County in Baotou City

指　　标	Item	2017	增长(%) Increase Rate (%)
行政区域土地面积(平方公里)	**Area of Administration(Sq. km)**	**5025**	**0.0**
人口	**Population**		
年末常住人口(万人)	Permanet Resident Population Year－end(10 000 persons)	16.95	－0.2
年末户籍人口(万人)	The Registered Population Year－end(10 000 persons)	20.01	－0.1
国民经济综合指标	**Summary Item on the National Economy**		
生产总值(万元)	Gross Domestic Product(10 000 yuan)		2.6
第一产业(万元)	Primary Industry(10 000 yuan)		3.4
第二产业(万元)	Secondary Industry(10 000 yuan)		0.4
# 工业(万元)	Industry(10 000 yuan)		3.1
第三产业(万元)	Tertiary Industry(10 000 yuan)		6.3
人均生产总值(元)	Per Capita GDP(yuan)		2.8
一般公共预算收入(万元)	General Public Budget Revenue(10 000 yuan)	30302	－8.0
一般公共预算支出(万元)	General Public Budget Expenditure(10 000 yuan)	188260	22.6
在岗职工平均工资(元)	Average Wage of Staff & Workers Employed in(yuan)	55971	12.1
全体居民人均可支配收入(元)	The per capita disposable income of all residents(yuan)	18625	8.8
城镇常住居民人均可支配收入(元)	The per capita disposable income of urban permanent residents(yuan)	29410	8.0
农村牧区常住居民人均可支配收入(元)	The per capita disposable income of permanent residents of rural and pastoral areas(yuan)	12543	8.5
农村牧区经济	**Economic Development in Rural & Pastoral Area**		
农作物总播种面积(公顷)	Total Sown Area(hectare)	110517	－14.4
农业机械总动力(万千瓦时)	Total Power of Machinery(10 000 kwh)	26.10	－21.8
粮食产量(吨)	Yield of Grain(ton)	103392	9.6
肉类总产量(吨)	Output of Pork, Beef & Mutton(ton)	41618	11.5
年末生猪存栏(头)	Total Livestock of Hogs at the Year－end(head)	39401	－8.6
年末牛存栏(头)	Total Livestock of Cattles at the Year－end(head)	5361	－24.5
年末羊存栏(只)	Total Livestock of Sheep&Goats at the Year－end(head)	533178	9.4
规模以上工业	**Industrial Enterprises above Designated Size**		
工业企业单位数(个)	Number of Industrial Enterprises(unit)		
工业总产值(万元)	Gross Industrial Output Value(10 000 yuan)		
工业企业增加值增速(%)	Value Added of Industrial Enterprises(%)		4.0
投资、建筑业	**Investment and Construction**		
固定资产投资(万元)	Total Investment in Fixed Assets(10 000 yuan)		
房地产开发投资(万元)	Investment in Real Estate Development(10 000 yuan)	23733	280.4
建筑企业单位数(个)	Number of Construction Enterprises(unit)	1	0.0
贸易	**Trade**		
社会消费品零售总额(万元)	Total Retail Sales of Consumer Goods(10 000 yuan)	225339	6.0
实际使用外资金额(万美元)	Utilization of Foreign Capital(USD 10 000)	3000	0.0
交通运输邮电通信业	**Transportation, Post & Telecommunications**		
公路里程(公里)	Total Length of Highways(km)	1260	0.0
固定电话用户(户)	Number of Subscribers of Local Telephone(subscriber)	3580	－9.5
移动电话用户(户)	Number of Mobile Telephone Subscribers (subscriber)	168341	2.0
互联网接入用户(户)	Number of Subscribers of Internet Service(subscriber)	14136	7.7
科技教育卫生社会保障	**Science, Education & Public Health**		
专业技术人员(人)	Special Technical Personnel(person)	3249	0.2
小学学校数(所)	Number of Primary Schools(unit)	5	0.0
普通中学学校数(所)	Number of Regular Secondary Schools(unit)	3	0.0
体育场馆数(个)	Stadium and Gymnasium(unit)	2	0.0
医疗卫生机构床位数(张)	Number of Beds(unit)	517	22.5
医疗卫生技术人员(人)	Medical Technical Personnel(person)	523	2.1
城镇基本养老保险参保人数(人)	Persons Covered of Urban Basic Medical Care Insurance(person)	30228	7.5
新型农村合作医疗参保人数(人)	Persons Covered of New Cooperative Medical System(person)	134232	0.8

23-25 包头市达尔罕茂明安联合旗

Daerhanmaomingan Union Banner in Baotou City

指　　标	Item	2017	增长(%) Increase Rate (%)
行政区域土地面积(平方公里)	**Area of Administration(Sq. km)**	**17482**	**0.0**
人口	**Population**		
年末常住人口(万人)	Permanet Resident Population Year-end(10 000 persons)	9.68	-0.2
年末户籍人口(万人)	The Registered Population Year-end(10 000 persons)	11.16	-0.2
国民经济综合指标	**Summary Item on the National Economy**		
生产总值(万元)	Gross Domestic Product(10 000 yuan)		2.6
第一产业(万元)	Primary Industry(10 000 yuan)		3.3
第二产业(万元)	Secondary Industry(10 000 yuan)		-0.8
#工业(万元)	Industry(10 000 yuan)		3.9
第三产业(万元)	Tertiary Industry(10 000 yuan)		6.0
人均生产总值(元)	Per Capita GDP(yuan)		2.8
一般公共预算收入(万元)	General Public Budget Revenue(10 000 yuan)	55006	-66.8
一般公共预算支出(万元)	General Public Budget Expenditure(10 000 yuan)	187501	-30.9
在岗职工平均工资(元)	Average Wage of Staff & Workers Employed in(yuan)	66263	-2.0
全体居民人均可支配收入(元)	The per capita disposable income of all residents(yuan)	26756	8.9
城镇常住居民人均可支配收入(元)	The per capita disposable income of urban permanent residents(yuan)	37223	8.3
农村牧区常住居民人均可支配收入(元)	The per capita disposable income of permanent residents of rural and pastoral areas(yuan)	13757	8.4
农村牧区经济	**Economic Development in Rural & Pastoral Area**		
农作物总播种面积(公顷)	Total Sown Area(hectare)	53569	-3.3
农业机械总动力(万千瓦时)	Total Power of Machinery(10 000 kwh)	27.45	-4.1
粮食产量(吨)	Yield of Grain(ton)	82239	-7.1
肉类总产量(吨)	Output of Pork, Beef & Mutton(ton)	22781	-8.7
年末生猪存栏(头)	Total Livestock of Hogs at the Year-end(head)	14090	-6.8
年末牛存栏(头)	Total Livestock of Cattles at the Year-end(head)	34184	-14.0
年末羊存栏(只)	Total Livestock of Sheep&Goats at the Year-end(head)	498169	10.5
规模以上工业	**Industrial Enterprises above Designated Size**		
工业企业单位数(个)	Number of Industrial Enterprises(unit)		
工业总产值(万元)	Gross Industrial Output Value(10 000 yuan)		
工业企业增加值增速(%)	Value Added of Industrial Enterprises(%)		5.0
投资、建筑业	**Investment and Construction**		
固定资产投资(万元)	Total Investment in Fixed Assets(10 000 yuan)		
房地产开发投资(万元)	Investment in Real Estate Development(10 000 yuan)	42105	161.1
建筑企业单位数(个)	Number of Construction Enterprises(unit)	1	0.0
贸易	**Trade**		
社会消费品零售总额(万元)	Total Retail Sales of Consumer Goods(10 000 yuan)	245401	5.9
实际使用外资金额(万美元)	Utilization of Foreign Capital(USD 10 000)	0	
交通运输邮电通信业	**Transportation, Post & Telecommunications**		
公路里程(公里)	Total Length of Highways(km)	2879	3.1
固定电话用户(户)	Number of Subscribers of Local Telephone(subscriber)	2350	-9.6
移动电话用户(户)	Number of Mobile Telephone Subscribers (subscriber)	86700	-19.5
互联网接入用户(户)	Number of Subscribers of Internet Service(subscriber)	14300	114.7
科技教育卫生社会保障	**Science, Education & Public Health**		
专业技术人员(人)	Special Technical Personnel(person)	1957	-1.5
小学学校数(所)	Number of Primary Schools(unit)	6	20.0
普通中学学校数(所)	Number of Regular Secondary Schools(unit)	3	0.0
体育场馆数(个)	Stadium and Gymnasium(unit)	1	0.0
医疗卫生机构床位数(张)	Number of Beds(unit)	470	2.4
医疗卫生技术人员(人)	Medical Technical Personnel(person)	533	-1.3
城镇基本养老保险参保人数(人)	Persons Covered of Urban Basic Medical Care Insurance(person)	17653	10.8
新型农村合作医疗参保人数(人)	Persons Covered of New Cooperative Medical System(person)	68957	-5.2

23－26 呼伦贝尔市海拉尔区

Hailaer District in Hulunbeier City

指　　标	Item	2017	增长(%) Increase Rate (%)
行政区域土地面积(平方公里)	**Area of Administration(Sq. km)**	**1308**	**0.0**
人口	**Population**		
年末常住人口(万人)	Permanet Resident Population Year－end(10 000 persons)	35.15	0.3
年末户籍人口(万人)	The Registered Population Year－end(10 000 persons)	28.44	0.6
国民经济综合指标	**Summary Item on the National Economy**		
生产总值(万元)	Gross Domestic Product(10 000 yuan)		1.4
第一产业(万元)	Primary Industry(10 000 yuan)		2.7
第二产业(万元)	Secondary Industry(10 000 yuan)		－8.4
# 工业(万元)	Industry(10 000 yuan)		－11.9
第三产业(万元)	Tertiary Industry(10 000 yuan)		6.5
人均生产总值(元)	Per Capita GDP(yuan)		0.7
一般公共预算收入(万元)	General Public Budget Revenue(10 000 yuan)	103632	－39.1
一般公共预算支出(万元)	General Public Budget Expenditure(10 000 yuan)	293290	－17.5
在岗职工平均工资(元)	Average Wage of Staff & Workers Employed in(yuan)	70919	6.7
全体居民人均可支配收入(元)	The per capita disposable income of all residents(yuan)	34988	8.2
城镇常住居民人均可支配收入(元)	The per capita disposable income of urban permanent residents(yuan)	35512	7.8
农村牧区常住居民人均可支配收入(元)	The per capita disposable income of permanent residents of rural and pastoral areas(yuan)	25689	7.8
农村牧区经济	**Economic Development in Rural & Pastoral Area**		
农作物总播种面积(公顷)	Total Sown Area(hectare)	27087	4.6
农业机械总动力(万千瓦时)	Total Power of Machinery(10 000 kwh)	11.52	－4.1
粮食产量(吨)	Yield of Grain(ton)	53458	16.4
肉类总产量(吨)	Output of Pork, Beef & Mutton(ton)	5658	－20.2
年末生猪存栏(头)	Total Livestock of Hogs at the Year－end(head)	9739	－4.1
年末牛存栏(头)	Total Livestock of Cattles at the Year－end(head)	24944	－19.7
年末羊存栏(只)	Total Livestock of Sheep&Goats at the Year－end(head)	176430	190.2
规模以上工业	**Industrial Enterprises above Designated Size**		
工业企业单位数(个)	Number of Industrial Enterprises(unit)		
工业总产值(万元)	Gross Industrial Output Value(10 000 yuan)		
工业企业增加值增速(%)	Value Added of Industrial Enterprises(%)		－13.5
投资、建筑业	**Investment and Construction**		
固定资产投资(万元)	Total Investment in Fixed Assets(10 000 yuan)		
房地产开发投资(万元)	Investment in Real Estate Development(10 000 yuan)	748223	63.4
建筑企业单位数(个)	Number of Construction Enterprises(unit)	29	－14.7
贸易	**Trade**		
社会消费品零售总额(万元)	Total Retail Sales of Consumer Goods(10 000 yuan)	1595087	6.9
实际使用外资金额(万美元)	Utilization of Foreign Capital(USD 10 000)	2	
交通运输邮电通信业	**Transportation, Post & Telecommunications**		
公路里程(公里)	Total Length of Highways(km)	549	－0.2
固定电话用户(户)	Number of Subscribers of Local Telephone(subscriber)	72393	－12.7
移动电话用户(户)	Number of Mobile Telephone Subscribers (subscriber)	652248	0.1
互联网接入用户(户)	Number of Subscribers of Internet Service(subscriber)	85293	－0.4
科技教育卫生社会保障	**Science, Education & Public Health**		
专业技术人员(人)	Special Technical Personnel(person)		
小学学校数(所)	Number of Primary Schools(unit)	15	0.0
普通中学学校数(所)	Number of Regular Secondary Schools(unit)	18	0.0
体育场馆数(个)	Stadium and Gymnasium(unit)		
医疗卫生机构床位数(张)	Number of Beds(unit)	3441	0.6
医疗卫生技术人员(人)	Medical Technical Personnel(person)	4833	9.4
城镇基本养老保险参保人数(人)	Persons Covered of Urban Basic Medical Care Insurance(person)	86433	13.6
新型农村合作医疗参保人数(人)	Persons Covered of New Cooperative Medical System(person)		

23－27 呼伦贝尔市满洲里扎赉诺尔区

Zhalainuoer District of Manzhouli City in Hulunbeier City

指　　标	Item	2017	增长(%) Increase Rate (%)
行政区域土地面积(平方公里)	**Area of Administration(Sq. km)**	**270**	**0.0**
人口	**Population**		
年末常住人口(万人)	Permanet Resident Population Year－end(10 000 persons)	8.09	0.4
年末户籍人口(万人)	The Registered Population Year－end(10 000 persons)	8.64	－1.4
国民经济综合指标	**Summary Item on the National Economy**		
生产总值(万元)	Gross Domestic Product(10 000 yuan)		5.1
第一产业(万元)	Primary Industry(10 000 yuan)		2.5
第二产业(万元)	Secondary Industry(10 000 yuan)		3.1
＃工业(万元)	Industry(10 000 yuan)		8.2
第三产业(万元)	Tertiary Industry(10 000 yuan)		6.7
人均生产总值(元)	Per Capita GDP(yuan)		4.7
一般公共预算收入(万元)	General Public Budget Revenue(10 000 yuan)	30660	－0.5
一般公共预算支出(万元)	General Public Budget Expenditure(10 000 yuan)	56747	20.0
在岗职工平均工资(元)	Average Wage of Staff & Workers Employed in(yuan)	70193	19.0
全体居民人均可支配收入(元)	The per capita disposable income of all residents(yuan)	31683	7.8
城镇常住居民人均可支配收入(元)	The per capita disposable income of urban permanent residents(yuan)	31683	7.8
农村牧区常住居民人均可支配收入(元)	The per capita disposable income of permanent residents of rural and pastoral areas(yuan)		
农村牧区经济	**Economic Development in Rural & Pastoral Area**		
农作物总播种面积(公顷)	Total Sown Area(hectare)	97	0.0
农业机械总动力(万千瓦时)	Total Power of Machinery(10 000 kwh)	0.20	0.0
粮食产量(吨)	Yield of Grain(ton)		
肉类总产量(吨)	Output of Pork, Beef & Mutton(ton)	1999	－33.1
年末生猪存栏(头)	Total Livestock of Hogs at the Year－end(head)	16803	－31.1
年末牛存栏(头)	Total Livestock of Cattles at the Year－end(head)	876	18.9
年末羊存栏(只)	Total Livestock of Sheep&Goats at the Year－end(head)	11044	－5.1
规模以上工业	**Industrial Enterprises above Designated Size**		
工业企业单位数(个)	Number of Industrial Enterprises(unit)		
工业总产值(万元)	Gross Industrial Output Value(10 000 yuan)		
工业企业增加值增速(%)	Value Added of Industrial Enterprises(%)		8.0
投资、建筑业	**Investment and Construction**		
固定资产投资(万元)	Total Investment in Fixed Assets(10 000 yuan)		
房地产开发投资(万元)	Investment in Real Estate Development(10 000 yuan)		
建筑企业单位数(个)	Number of Construction Enterprises(unit)	2	0.0
贸易	**Trade**		
社会消费品零售总额(万元)	Total Retail Sales of Consumer Goods(10 000 yuan)	512336	7.7
实际使用外资金额(万美元)	Utilization of Foreign Capital(USD 10 000)		
交通运输邮电通信业	**Transportation, Post & Telecommunications**		
公路里程(公里)	Total Length of Highways(km)	117	0.9
固定电话用户(户)	Number of Subscribers of Local Telephone(subscriber)	4950	－27.7
移动电话用户(户)	Number of Mobile Telephone Subscribers (subscriber)	99213	2.7
互联网接入用户(户)	Number of Subscribers of Internet Service(subscriber)	18700	7.9
科技教育卫生社会保障	**Science, Education & Public Health**		
专业技术人员(人)	Special Technical Personnel(person)		
小学学校数(所)	Number of Primary Schools(unit)	7	0.0
普通中学学校数(所)	Number of Regular Secondary Schools(unit)	6	0.0
体育场馆数(个)	Stadium and Gymnasium(unit)	3	50.0
医疗卫生机构床位数(张)	Number of Beds(unit)	336	0.0
医疗卫生技术人员(人)	Medical Technical Personnel(person)	755	26.3
城镇基本养老保险参保人数(人)	Persons Covered of Urban Basic Medical Care Insurance(person)	30040	20.9
新型农村合作医疗参保人数(人)	Persons Covered of New Cooperative Medical System(person)		

23－28 呼伦贝尔市阿荣旗

Arong Banner in Hulunbeier City

指　　标	Item	2017	增长(%) Increase Rate (%)
行政区域土地面积(平方公里)	**Area of Administration(Sq. km)**	**11073**	**0.0**
人口	**Population**		
年末常住人口(万人)	Permanet Resident Population Year－end(10 000 persons)	28.21	3.9
年末户籍人口(万人)	The Registered Population Year－end(10 000 persons)	32.06	－0.1
国民经济综合指标	**Summary Item on the National Economy**		
生产总值(万元)	Gross Domestic Product(10 000 yuan)		0.2
第一产业(万元)	Primary Industry(10 000 yuan)		3.9
第二产业(万元)	Secondary Industry(10 000 yuan)		－11.8
# 工业(万元)	Industry(10 000 yuan)		1.2
第三产业(万元)	Tertiary Industry(10 000 yuan)		3.3
人均生产总值(元)	Per Capita GDP(yuan)		0.0
一般公共预算收入(万元)	General Public Budget Revenue(10 000 yuan)	24974	－60.7
一般公共预算支出(万元)	General Public Budget Expenditure(10 000 yuan)	309566	2.3
在岗职工平均工资(元)	Average Wage of Staff & Workers Employed in(yuan)	48897	－2.8
全体居民人均可支配收入(元)	The per capita disposable income of all residents(yuan)	20632	8.7
城镇常住居民人均可支配收入(元)	The per capita disposable income of urban permanent residents(yuan)	29197	8.2
农村牧区常住居民人均可支配收入(元)	The per capita disposable income of permanent residents of rural and pastoral areas(yuan)	16469	8.6
农村牧区经济	**Economic Development in Rural & Pastoral Area**		
农作物总播种面积(公顷)	Total Sown Area(hectare)	313712	－0.2
农业机械总动力(万千瓦时)	Total Power of Machinery(10 000 kwh)	91.00	4.6
粮食产量(吨)	Yield of Grain(ton)	1730891	－1.3
肉类总产量(吨)	Output of Pork, Beef & Mutton(ton)	59491	2.8
年末生猪存栏(头)	Total Livestock of Hogs at the Year－end(head)	63500	0.6
年末牛存栏(头)	Total Livestock of Cattles at the Year－end(head)	153450	0.5
年末羊存栏(只)	Total Livestock of Sheep&Goats at the Year－end(head)	1560550	1.3
规模以上工业	**Industrial Enterprises above Designated Size**		
工业企业单位数(个)	Number of Industrial Enterprises(unit)		
工业总产值(万元)	Gross Industrial Output Value(10 000 yuan)		
工业企业增加值增速(%)	Value Added of Industrial Enterprises(%)		－1.0
投资、建筑业	**Investment and Construction**		
固定资产投资(万元)	Total Investment in Fixed Assets(10 000 yuan)		
房地产开发投资(万元)	Investment in Real Estate Development(10 000 yuan)	66215	－52.8
建筑企业单位数(个)	Number of Construction Enterprises(unit)	31	－13.9
贸易	**Trade**		
社会消费品零售总额(万元)	Total Retail Sales of Consumer Goods(10 000 yuan)	387205	7.7
实际使用外资金额(万美元)	Utilization of Foreign Capital(USD 10 000)		
交通运输邮电通信业	**Transportation, Post & Telecommunications**		
公路里程(公里)	Total Length of Highways(km)	3574	0.0
固定电话用户(户)	Number of Subscribers of Local Telephone(subscriber)	9663	－28.6
移动电话用户(户)	Number of Mobile Telephone Subscribers (subscriber)	270061	14.0
互联网接入用户(户)	Number of Subscribers of Internet Service(subscriber)	16750	1.0
科技教育卫生社会保障	**Science, Education & Public Health**		
专业技术人员(人)	Special Technical Personnel(person)	4193	－0.8
小学学校数(所)	Number of Primary Schools(unit)	17	－15.0
普通中学学校数(所)	Number of Regular Secondary Schools(unit)	17	0.0
体育场馆数(个)	Stadium and Gymnasium(unit)	2	0.0
医疗卫生机构床位数(张)	Number of Beds(unit)	1164	－3.6
医疗卫生技术人员(人)	Medical Technical Personnel(person)	1330	19.3
城镇基本养老保险参保人数(人)	Persons Covered of Urban Basic Medical Care Insurance(person)	37050	－4.1
新型农村合作医疗参保人数(人)	Persons Covered of New Cooperative Medical System(person)	192890	0.6

23－29 呼伦贝尔市莫力达瓦达斡尔自治旗
Molidawadawoer National Autonomous Banner in Hulunbeier City

指　　标	Item	2017	增长(%) Increase Rate (%)
行政区域土地面积(平方公里)	**Area of Administration(Sq. km)**	**10356**	**0.0**
人口	**Population**		
年末常住人口(万人)	Permanet Resident Population Year－end(10 000 persons)	28.08	1.7
年末户籍人口(万人)	The Registered Population Year－end(10 000 persons)	32.03	0.3
国民经济综合指标	**Summary Item on the National Economy**		
生产总值(万元)	Gross Domestic Product(10 000 yuan)		－3.0
第一产业(万元)	Primary Industry(10 000 yuan)		3.8
第二产业(万元)	Secondary Industry(10 000 yuan)		－49.7
#工业(万元)	Industry(10 000 yuan)		－9.9
第三产业(万元)	Tertiary Industry(10 000 yuan)		4.2
人均生产总值(元)	Per Capita GDP(yuan)		－3.2
一般公共预算收入(万元)	General Public Budget Revenue(10 000 yuan)	26487	－0.5
一般公共预算支出(万元)	General Public Budget Expenditure(10 000 yuan)	328882	11.3
在岗职工平均工资(元)	Average Wage of Staff & Workers Employed in(yuan)	53345	17.8
全体居民人均可支配收入(元)	The per capita disposable income of all residents(yuan)	13548	8.5
城镇常住居民人均可支配收入(元)	The per capita disposable income of urban permanent residents(yuan)	21849	7.7
农村牧区常住居民人均可支配收入(元)	The per capita disposable income of permanent residents of rural and pastoral areas(yuan)	9424	8.6
农村牧区经济	**Economic Development in Rural & Pastoral Area**		
农作物总播种面积(公顷)	Total Sown Area(hectare)	450814	－1.7
农业机械总动力(万千瓦时)	Total Power of Machinery(10 000 kwh)	115.00	10.6
粮食产量(吨)	Yield of Grain(ton)	1887266	2.4
肉类总产量(吨)	Output of Pork, Beef & Mutton(ton)	28218	－8.9
年末生猪存栏(头)	Total Livestock of Hogs at the Year－end(head)	60115	14.9
年末牛存栏(头)	Total Livestock of Cattles at the Year－end(head)	90655	－20.4
年末羊存栏(只)	Total Livestock of Sheep&Goats at the Year－end(head)	926536	－15.8
规模以上工业	**Industrial Enterprises above Designated Size**		
工业企业单位数(个)	Number of Industrial Enterprises(unit)		
工业总产值(万元)	Gross Industrial Output Value(10 000 yuan)		
工业企业增加值增速(%)	Value Added of Industrial Enterprises(%)		－13.8
投资、建筑业	**Investment and Construction**		
固定资产投资(万元)	Total Investment in Fixed Assets(10 000 yuan)		
房地产开发投资(万元)	Investment in Real Estate Development(10 000 yuan)	44631	105.6
建筑企业单位数(个)	Number of Construction Enterprises(unit)	4	－33.3
贸易	**Trade**		
社会消费品零售总额(万元)	Total Retail Sales of Consumer Goods(10 000 yuan)	371371	7.1
实际使用外资金额(万美元)	Utilization of Foreign Capital(USD 10 000)		
交通运输邮电通信业	**Transportation, Post & Telecommunications**		
公路里程(公里)	Total Length of Highways(km)	2693	2.7
固定电话用户(户)	Number of Subscribers of Local Telephone(subscriber)	16348	－14.0
移动电话用户(户)	Number of Mobile Telephone Subscribers (subscriber)	267140	9.5
互联网接入用户(户)	Number of Subscribers of Internet Service(subscriber)	29238	－5.7
科技教育卫生社会保障	**Science, Education & Public Health**		
专业技术人员(人)	Special Technical Personnel(person)	4746	0.0
小学学校数(所)	Number of Primary Schools(unit)	13	0.0
普通中学学校数(所)	Number of Regular Secondary Schools(unit)	8	0.0
体育场馆数(个)	Stadium and Gymnasium(unit)	3	50.0
医疗卫生机构床位数(张)	Number of Beds(unit)	892	－3.0
医疗卫生技术人员(人)	Medical Technical Personnel(person)	1321	5.1
城镇基本养老保险参保人数(人)	Persons Covered of Urban Basic Medical Care Insurance(person)	39320	2.2
新型农村合作医疗参保人数(人)	Persons Covered of New Cooperative Medical System(person)	165914	0.0

23－30 呼伦贝尔市鄂伦春自治旗

Elunchun National Autonomous Banner in Hulunbeier City

指　　标	Item	2017	增长(%) Increase Rate (%)
行政区域土地面积(平方公里)	**Area of Administration(Sq. km)**	**54688**	**0.0**
人口	**Population**		
年末常住人口(万人)	Permanet Resident Population Year－end(10 000 persons)	20.58	－3.2
年末户籍人口(万人)	The Registered Population Year－end(10 000 persons)	25.21	－1.1
国民经济综合指标	**Summary Item on the National Economy**		
生产总值(万元)	Gross Domestic Product(10 000 yuan)		3.9
第一产业(万元)	Primary Industry(10 000 yuan)		4.0
第二产业(万元)	Secondary Industry(10 000 yuan)		－3.4
# 工业(万元)	Industry(10 000 yuan)		－2.0
第三产业(万元)	Tertiary Industry(10 000 yuan)		5.1
人均生产总值(元)	Per Capita GDP(yuan)		4.5
一般公共预算收入(万元)	General Public Budget Revenue(10 000 yuan)	18000	－5.4
一般公共预算支出(万元)	General Public Budget Expenditure(10 000 yuan)	289782	3.7
在岗职工平均工资(元)	Average Wage of Staff & Workers Employed in(yuan)	58890	5.2
全体居民人均可支配收入(元)	The per capita disposable income of all residents(yuan)	19575	8.7
城镇常住居民人均可支配收入(元)	The per capita disposable income of urban permanent residents(yuan)	23885	8.2
农村牧区常住居民人均可支配收入(元)	The per capita disposable income of permanent residents of rural and pastoral areas(yuan)	8763	8.6
农村牧区经济	**Economic Development in Rural & Pastoral Area**		
农作物总播种面积(公顷)	Total Sown Area(hectare)	214207	2.7
农业机械总动力(万千瓦时)	Total Power of Machinery(10 000 kwh)	64.00	1.6
粮食产量(吨)	Yield of Grain(ton)	711281	2.0
肉类总产量(吨)	Output of Pork, Beef & Mutton(ton)	11928	0.7
年末生猪存栏(头)	Total Livestock of Hogs at the Year－end(head)	45840	12.7
年末牛存栏(头)	Total Livestock of Cattles at the Year－end(head)	29082	46.0
年末羊存栏(只)	Total Livestock of Sheep&Goats at the Year－end(head)	340838	15.3
规模以上工业	**Industrial Enterprises above Designated Size**		
工业企业单位数(个)	Number of Industrial Enterprises(unit)		
工业总产值(万元)	Gross Industrial Output Value(10 000 yuan)		
工业企业增加值增速(%)	Value Added of Industrial Enterprises(%)		－4.5
投资、建筑业	**Investment and Construction**		
固定资产投资(万元)	Total Investment in Fixed Assets(10 000 yuan)		
房地产开发投资(万元)	Investment in Real Estate Development(10 000 yuan)	38716	107.1
建筑企业单位数(个)	Number of Construction Enterprises(unit)	5	－28.6
贸易	**Trade**		
社会消费品零售总额(万元)	Total Retail Sales of Consumer Goods(10 000 yuan)	298812	7.0
实际使用外资金额(万美元)	Utilization of Foreign Capital(USD 10 000)		
交通运输邮电通信业	**Transportation, Post & Telecommunications**		
公路里程(公里)	Total Length of Highways(km)	2558	－9.9
固定电话用户(户)	Number of Subscribers of Local Telephone(subscriber)	9620	4.1
移动电话用户(户)	Number of Mobile Telephone Subscribers (subscriber)	215137	－10.7
互联网接入用户(户)	Number of Subscribers of Internet Service(subscriber)	41483	6.9
科技教育卫生社会保障	**Science, Education & Public Health**		
专业技术人员(人)	Special Technical Personnel(person)	4646	－2.7
小学学校数(所)	Number of Primary Schools(unit)	19	0.0
普通中学学校数(所)	Number of Regular Secondary Schools(unit)	9	0.0
体育场馆数(个)	Stadium and Gymnasium(unit)	3	0.0
医疗卫生机构床位数(张)	Number of Beds(unit)	837	8.3
医疗卫生技术人员(人)	Medical Technical Personnel(person)	1373	0.1
城镇基本养老保险参保人数(人)	Persons Covered of Urban Basic Medical Care Insurance(person)	65697	－6.1
新型农村合作医疗参保人数(人)	Persons Covered of New Cooperative Medical System(person)	59453	5.2

23-31 呼伦贝尔市鄂温克族自治旗

Ewenke National Autonomous Banner in Hulunbeier City

指　　标	Item	2017	增长(%) Increase Rate (%)
行政区域土地面积(平方公里)	**Area of Administration(Sq. km)**	**18657**	**0.0**
人口	**Population**		
年末常住人口(万人)	Permanet Resident Population Year-end(10 000 persons)	13.48	4.4
年末户籍人口(万人)	The Registered Population Year-end(10 000 persons)	13.86	-0.6
国民经济综合指标	**Summary Item on the National Economy**		
生产总值(万元)	Gross Domestic Product(10 000 yuan)		5.0
第一产业(万元)	Primary Industry(10 000 yuan)		3.5
第二产业(万元)	Secondary Industry(10 000 yuan)		6.1
#工业(万元)	Industry(10 000 yuan)		6.4
第三产业(万元)	Tertiary Industry(10 000 yuan)		2.7
人均生产总值(元)	Per Capita GDP(yuan)		5.4
一般公共预算收入(万元)	General Public Budget Revenue(10 000 yuan)	64696	-16.9
一般公共预算支出(万元)	General Public Budget Expenditure(10 000 yuan)	207962	-3.3
在岗职工平均工资(元)	Average Wage of Staff & Workers Employed in(yuan)	79017	8.2
全体居民人均可支配收入(元)	The per capita disposable income of all residents(yuan)	28516	8.6
城镇常住居民人均可支配收入(元)	The per capita disposable income of urban permanent residents(yuan)	29148	8.1
农村牧区常住居民人均可支配收入(元)	The per capita disposable income of permanent residents of rural and pastoral areas(yuan)	20581	8.5
农村牧区经济	**Economic Development in Rural & Pastoral Area**		
农作物总播种面积(公顷)	Total Sown Area(hectare)	24880	17.4
农业机械总动力(万千瓦时)	Total Power of Machinery(10 000 kwh)	20.22	0.3
粮食产量(吨)	Yield of Grain(ton)	38596	21.8
肉类总产量(吨)	Output of Pork, Beef & Mutton(ton)	19154	-49.0
年末生猪存栏(头)	Total Livestock of Hogs at the Year-end(head)	12400	12.7
年末牛存栏(头)	Total Livestock of Cattles at the Year-end(head)	104066	26.1
年末羊存栏(只)	Total Livestock of Sheep&Goats at the Year-end(head)	528636	15.4
规模以上工业	**Industrial Enterprises above Designated Size**		
工业企业单位数(个)	Number of Industrial Enterprises(unit)		
工业总产值(万元)	Gross Industrial Output Value(10 000 yuan)		
工业企业增加值增速(%)	Value Added of Industrial Enterprises(%)		6.4
投资、建筑业	**Investment and Construction**		
固定资产投资(万元)	Total Investment in Fixed Assets(10 000 yuan)		
房地产开发投资(万元)	Investment in Real Estate Development(10 000 yuan)	15330	-87.1
建筑企业单位数(个)	Number of Construction Enterprises(unit)	4	0.0
贸易	**Trade**		
社会消费品零售总额(万元)	Total Retail Sales of Consumer Goods(10 000 yuan)	189085	8.0
实际使用外资金额(万美元)	Utilization of Foreign Capital(USD 10 000)		
交通运输邮电通信业	**Transportation, Post & Telecommunications**		
公路里程(公里)	Total Length of Highways(km)	1306	7.0
固定电话用户(户)	Number of Subscribers of Local Telephone(subscriber)	12279	-71.7
移动电话用户(户)	Number of Mobile Telephone Subscribers (subscriber)	142154	-16.3
互联网接入用户(户)	Number of Subscribers of Internet Service(subscriber)	29769	10.5
科技教育卫生社会保障	**Science, Education & Public Health**		
专业技术人员(人)	Special Technical Personnel(person)	3125	0.3
小学学校数(所)	Number of Primary Schools(unit)	10	-28.6
普通中学学校数(所)	Number of Regular Secondary Schools(unit)	11	0.0
体育场馆数(个)	Stadium and Gymnasium(unit)	2	100.0
医疗卫生机构床位数(张)	Number of Beds(unit)	832	6.5
医疗卫生技术人员(人)	Medical Technical Personnel(person)	1045	-0.2
城镇基本养老保险参保人数(人)	Persons Covered of Urban Basic Medical Care Insurance(person)	37429	35.2
新型农村合作医疗参保人数(人)	Persons Covered of New Cooperative Medical System(person)	17951	-0.2

23 - 32 呼伦贝尔市陈巴尔虎旗

Chenbaerhu Banner in Hulunbeier City

指　　标	Item	2017	增长(%) Increase Rate (%)
行政区域土地面积(平方公里)	**Area of Administration(Sq. km)**	**17458**	**0.0**
人口	**Population**		
年末常住人口(万人)	Permanet Resident Population Year - end(10 000 persons)	6.19	-2.4
年末户籍人口(万人)	The Registered Population Year - end(10 000 persons)	5.59	-8.8
国民经济综合指标	**Summary Item on the National Economy**		
生产总值(万元)	Gross Domestic Product(10 000 yuan)		4.9
第一产业(万元)	Primary Industry(10 000 yuan)		2.9
第二产业(万元)	Secondary Industry(10 000 yuan)		5.0
# 工业(万元)	Industry(10 000 yuan)		6.4
第三产业(万元)	Tertiary Industry(10 000 yuan)		5.9
人均生产总值(元)	Per Capita GDP(yuan)		5.6
一般公共预算收入(万元)	General Public Budget Revenue(10 000 yuan)	49147	7.9
一般公共预算支出(万元)	General Public Budget Expenditure(10 000 yuan)	152884	13.3
在岗职工平均工资(元)	Average Wage of Staff & Workers Employed in(yuan)	95099	26.8
全体居民人均可支配收入(元)	The per capita disposable income of all residents(yuan)	28506	17.6
城镇常住居民人均可支配收入(元)	The per capita disposable income of urban permanent residents(yuan)	29773	8.1
农村牧区常住居民人均可支配收入(元)	The per capita disposable income of permanent residents of rural and pastoral areas(yuan)	19989	8.4
农村牧区经济	**Economic Development in Rural & Pastoral Area**		
农作物总播种面积(公顷)	Total Sown Area(hectare)	89882	13.8
农业机械总动力(万千瓦时)	Total Power of Machinery(10 000 kwh)	21.21	-2.8
粮食产量(吨)	Yield of Grain(ton)	82898	-31.2
肉类总产量(吨)	Output of Pork, Beef & Mutton(ton)	18352	-0.3
年末生猪存栏(头)	Total Livestock of Hogs at the Year - end(head)	3316	-15.4
年末牛存栏(头)	Total Livestock of Cattles at the Year - end(head)	89733	-18.4
年末羊存栏(只)	Total Livestock of Sheep&Goats at the Year - end(head)	750482	35.9
规模以上工业	**Industrial Enterprises above Designated Size**		
工业企业单位数(个)	Number of Industrial Enterprises(unit)		
工业总产值(万元)	Gross Industrial Output Value(10 000 yuan)		
工业企业增加值增速(%)	Value Added of Industrial Enterprises(%)		6.4
投资、建筑业	**Investment and Construction**		
固定资产投资(万元)	Total Investment in Fixed Assets(10 000 yuan)		
房地产开发投资(万元)	Investment in Real Estate Development(10 000 yuan)		
建筑企业单位数(个)	Number of Construction Enterprises(unit)	1	0.0
贸易	**Trade**		
社会消费品零售总额(万元)	Total Retail Sales of Consumer Goods(10 000 yuan)	66241	6.7
实际使用外资金额(万美元)	Utilization of Foreign Capital(USD 10 000)		
交通运输邮电通信业	**Transportation, Post & Telecommunications**		
公路里程(公里)	Total Length of Highways(km)	1592	7.1
固定电话用户(户)	Number of Subscribers of Local Telephone(subscriber)	5550	-29.7
移动电话用户(户)	Number of Mobile Telephone Subscribers (subscriber)	69900	-5.2
互联网接入用户(户)	Number of Subscribers of Internet Service(subscriber)	12800	17.6
科技教育卫生社会保障	**Science, Education & Public Health**		
专业技术人员(人)	Special Technical Personnel(person)	1502	-1.1
小学学校数(所)	Number of Primary Schools(unit)	7	0.0
普通中学学校数(所)	Number of Regular Secondary Schools(unit)	3	0.0
体育场馆数(个)	Stadium and Gymnasium(unit)	3	0.0
医疗卫生机构床位数(张)	Number of Beds(unit)	334	0.6
医疗卫生技术人员(人)	Medical Technical Personnel(person)	457	0.0
城镇基本养老保险参保人数(人)	Persons Covered of Urban Basic Medical Care Insurance(person)	33823	9.9
新型农村合作医疗参保人数(人)	Persons Covered of New Cooperative Medical System(person)	8589	-7.5

23－33 呼伦贝尔市新巴尔虎左旗

Xinbaerhuzuo Banner in Hulunbeier City

指　　标	Item	2017	增长(%) Increase Rate (%)
行政区域土地面积(平方公里)	**Area of Administration(Sq. km)**	**20107**	**0.0**
人口	**Population**		
年末常住人口(万人)	Permanet Resident Population Year－end(10 000 persons)	4.20	0.0
年末户籍人口(万人)	The Registered Population Year－end(10 000 persons)	4.20	0.0
国民经济综合指标	**Summary Item on the National Economy**		
生产总值(万元)	Gross Domestic Product(10 000 yuan)		－6.0
第一产业(万元)	Primary Industry(10 000 yuan)		3.5
第二产业(万元)	Secondary Industry(10 000 yuan)		－32.7
#工业(万元)	Industry(10 000 yuan)		－7.9
第三产业(万元)	Tertiary Industry(10 000 yuan)		6.5
人均生产总值(元)	Per Capita GDP(yuan)		－6.1
一般公共预算收入(万元)	General Public Budget Revenue(10 000 yuan)	19319	102.0
一般公共预算支出(万元)	General Public Budget Expenditure(10 000 yuan)	143386	20.1
在岗职工平均工资(元)	Average Wage of Staff & Workers Employed in(yuan)	69993	8.1
全体居民人均可支配收入(元)	The per capita disposable income of all residents(yuan)	22330	8.6
城镇常住居民人均可支配收入(元)	The per capita disposable income of urban permanent residents(yuan)	24683	7.9
农村牧区常住居民人均可支配收入(元)	The per capita disposable income of permanent residents of rural and pastoral areas(yuan)	19649	8.5
农村牧区经济	**Economic Development in Rural & Pastoral Area**		
农作物总播种面积(公顷)	Total Sown Area(hectare)	27850	0.0
农业机械总动力(万千瓦时)	Total Power of Machinery(10 000 kwh)	19.10	－2.1
粮食产量(吨)	Yield of Grain(ton)	12353	－78.6
肉类总产量(吨)	Output of Pork, Beef & Mutton(ton)	21145	－3.7
年末生猪存栏(头)	Total Livestock of Hogs at the Year－end(head)	511	－22.7
年末牛存栏(头)	Total Livestock of Cattles at the Year－end(head)	149268	12.3
年末羊存栏(只)	Total Livestock of Sheep&Goats at the Year－end(head)	577698	－15.2
规模以上工业	**Industrial Enterprises above Designated Size**		
工业企业单位数(个)	Number of Industrial Enterprises(unit)		
工业总产值(万元)	Gross Industrial Output Value(10 000 yuan)		
工业企业增加值增速(%)	Value Added of Industrial Enterprises(%)		－8.7
投资、建筑业	**Investment and Construction**		
固定资产投资(万元)	Total Investment in Fixed Assets(10 000 yuan)		
房地产开发投资(万元)	Investment in Real Estate Development(10 000 yuan)	1040	
建筑企业单位数(个)	Number of Construction Enterprises(unit)	1	
贸易	**Trade**		
社会消费品零售总额(万元)	Total Retail Sales of Consumer Goods(10 000 yuan)	74798	6.8
实际使用外资金额(万美元)	Utilization of Foreign Capital(USD 10 000)		
交通运输邮电通信业	**Transportation, Post & Telecommunications**		
公路里程(公里)	Total Length of Highways(km)	2077	－0.3
固定电话用户(户)	Number of Subscribers of Local Telephone(subscriber)	3095	－11.5
移动电话用户(户)	Number of Mobile Telephone Subscribers (subscriber)	51891	－0.4
互联网接入用户(户)	Number of Subscribers of Internet Service(subscriber)	8160	13.7
科技教育卫生社会保障	**Science, Education & Public Health**		
专业技术人员(人)	Special Technical Personnel(person)	1247	2.4
小学学校数(所)	Number of Primary Schools(unit)	4	100.0
普通中学学校数(所)	Number of Regular Secondary Schools(unit)	4	100.0
体育场馆数(个)	Stadium and Gymnasium(unit)	1	0.0
医疗卫生机构床位数(张)	Number of Beds(unit)	149	－1.3
医疗卫生技术人员(人)	Medical Technical Personnel(person)	326	2.8
城镇基本养老保险参保人数(人)	Persons Covered of Urban Basic Medical Care Insurance(person)	3650	－54.1
新型农村合作医疗参保人数(人)	Persons Covered of New Cooperative Medical System(person)		

23－34 呼伦贝尔市新巴尔虎右旗
Xinbaerhuyou Banner in Hulunbeier City

指　　标	Item	2017	增长(%) Increase Rate (%)
行政区域土地面积(平方公里)	**Area of Administration(Sq. km)**	**24840**	**0.0**
人口	**Population**		
年末常住人口(万人)	Permanet Resident Population Year－end(10 000 persons)	3.43	0.9
年末户籍人口(万人)	The Registered Population Year－end(10 000 persons)	3.51	0.3
国民经济综合指标	**Summary Item on the National Economy**		
生产总值(万元)	Gross Domestic Product(10 000 yuan)		3.7
第一产业(万元)	Primary Industry(10 000 yuan)		3.6
第二产业(万元)	Secondary Industry(10 000 yuan)		2.5
#工业(万元)	Industry(10 000 yuan)		2.0
第三产业(万元)	Tertiary Industry(10 000 yuan)		7.4
人均生产总值(元)	Per Capita GDP(yuan)		3.4
一般公共预算收入(万元)	General Public Budget Revenue(10 000 yuan)	64949	17.6
一般公共预算支出(万元)	General Public Budget Expenditure(10 000 yuan)	164672	41.7
在岗职工平均工资(元)	Average Wage of Staff & Workers Employed in(yuan)	64973	1.5
全体居民人均可支配收入(元)	The per capita disposable income of all residents(yuan)	24441	-7.8
城镇常住居民人均可支配收入(元)	The per capita disposable income of urban permanent residents(yuan)	28632	8.0
农村牧区常住居民人均可支配收入(元)	The per capita disposable income of permanent residents of rural and pastoral areas(yuan)	19704	8.3
农村牧区经济	**Economic Development in Rural & Pastoral Area**		
农作物总播种面积(公顷)	Total Sown Area(hectare)	2703	7.6
农业机械总动力(万千瓦时)	Total Power of Machinery(10 000 kwh)	6.00	0.0
粮食产量(吨)	Yield of Grain(ton)	2295	8.3
肉类总产量(吨)	Output of Pork, Beef & Mutton(ton)	23121	-7.3
年末生猪存栏(头)	Total Livestock of Hogs at the Year－end(head)	383	-7.9
年末牛存栏(头)	Total Livestock of Cattles at the Year－end(head)	79951	22.7
年末羊存栏(只)	Total Livestock of Sheep&Goats at the Year－end(head)	1246864	8.4
规模以上工业	**Industrial Enterprises above Designated Size**		
工业企业单位数(个)	Number of Industrial Enterprises(unit)		
工业总产值(万元)	Gross Industrial Output Value(10 000 yuan)		
工业企业增加值增速(%)	Value Added of Industrial Enterprises(%)		2.0
投资、建筑业	**Investment and Construction**		
固定资产投资(万元)	Total Investment in Fixed Assets(10 000 yuan)		
房地产开发投资(万元)	Investment in Real Estate Development(10 000 yuan)		
建筑企业单位数(个)	Number of Construction Enterprises(unit)		
贸易	**Trade**		
社会消费品零售总额(万元)	Total Retail Sales of Consumer Goods(10 000 yuan)	71029	7.2
实际使用外资金额(万美元)	Utilization of Foreign Capital(USD 10 000)		
交通运输邮电通信业	**Transportation, Post & Telecommunications**		
公路里程(公里)	Total Length of Highways(km)	1144	2.4
固定电话用户(户)	Number of Subscribers of Local Telephone(subscriber)	3400	-12.7
移动电话用户(户)	Number of Mobile Telephone Subscribers (subscriber)	47424	-3.4
互联网接入用户(户)	Number of Subscribers of Internet Service(subscriber)	8707	16.9
科技教育卫生社会保障	**Science, Education & Public Health**		
专业技术人员(人)	Special Technical Personnel(person)	1327	0.8
小学学校数(所)	Number of Primary Schools(unit)	2	0.0
普通中学学校数(所)	Number of Regular Secondary Schools(unit)	2	0.0
体育场馆数(个)	Stadium and Gymnasium(unit)	5	0.0
医疗卫生机构床位数(张)	Number of Beds(unit)	168	-7.2
医疗卫生技术人员(人)	Medical Technical Personnel(person)	371	1.6
城镇基本养老保险参保人数(人)	Persons Covered of Urban Basic Medical Care Insurance(person)	3105	1.7
新型农村合作医疗参保人数(人)	Persons Covered of New Cooperative Medical System(person)	15600	3.7

23－35 呼伦贝尔市满洲里市

Manzhouli City in Hulunbeier City

指　　标	Item	2017	增长(%) Increase Rate (%)
行政区域土地面积(平方公里)	**Area of Administration(Sq. km)**	**735**	**－0.1**
人口	**Population**		
年末常住人口(万人)	Permanet Resident Population Year－end(10 000 persons)	22.50	2.3
年末户籍人口(万人)	The Registered Population Year－end(10 000 persons)	17.20	0.0
国民经济综合指标	**Summary Item on the National Economy**		
生产总值(万元)	Gross Domestic Product(10 000 yuan)		4.9
第一产业(万元)	Primary Industry(10 000 yuan)		2.6
第二产业(万元)	Secondary Industry(10 000 yuan)		－0.6
#工业(万元)	Industry(10 000 yuan)		3.1
第三产业(万元)	Tertiary Industry(10 000 yuan)		6.8
人均生产总值(元)	Per Capita GDP(yuan)		5.4
一般公共预算收入(万元)	General Public Budget Revenue(10 000 yuan)	71495	－44.7
一般公共预算支出(万元)	General Public Budget Expenditure(10 000 yuan)	348951	－10.2
在岗职工平均工资(元)	Average Wage of Staff & Workers Employed in(yuan)	69843	12.9
全体居民人均可支配收入(元)	The per capita disposable income of all residents(yuan)	34469	7.8
城镇常住居民人均可支配收入(元)	The per capita disposable income of urban permanent residents(yuan)	34469	7.8
农村牧区常住居民人均可支配收入(元)	The per capita disposable income of permanent residents of rural and pastoral areas(yuan)		
农村牧区经济	**Economic Development in Rural & Pastoral Area**		
农作物总播种面积(公顷)	Total Sown Area(hectare)	1046	－14.9
农业机械总动力(万千瓦时)	Total Power of Machinery(10 000 kwh)		
粮食产量(吨)	Yield of Grain(ton)	3050	154.2
肉类总产量(吨)	Output of Pork, Beef & Mutton(ton)	3300	13.5
年末生猪存栏(头)	Total Livestock of Hogs at the Year－end(head)	23340	1.0
年末牛存栏(头)	Total Livestock of Cattles at the Year－end(head)	2820	－0.4
年末羊存栏(只)	Total Livestock of Sheep&Goats at the Year－end(head)	30650	－7.6
规模以上工业	**Industrial Enterprises above Designated Size**		
工业企业单位数(个)	Number of Industrial Enterprises(unit)		
工业总产值(万元)	Gross Industrial Output Value(10 000 yuan)		
工业企业增加值增速(%)	Value Added of Industrial Enterprises(%)		2.0
投资、建筑业	**Investment and Construction**		
固定资产投资(万元)	Total Investment in Fixed Assets(10 000 yuan)		
房地产开发投资(万元)	Investment in Real Estate Development(10 000 yuan)		
建筑企业单位数(个)	Number of Construction Enterprises(unit)	10	25.0
贸易	**Trade**		
社会消费品零售总额(万元)	Total Retail Sales of Consumer Goods(10 000 yuan)	1563136	7.7
实际使用外资金额(万美元)	Utilization of Foreign Capital(USD 10 000)	430	－4.4
交通运输邮电通信业	**Transportation, Post & Telecommunications**		
公路里程(公里)	Total Length of Highways(km)	452	0.0
固定电话用户(户)	Number of Subscribers of Local Telephone(subscriber)	35000	0.0
移动电话用户(户)	Number of Mobile Telephone Subscribers (subscriber)	320000	0.0
互联网接入用户(户)	Number of Subscribers of Internet Service(subscriber)	42750	0.0
科技教育卫生社会保障	**Science, Education & Public Health**		
专业技术人员(人)	Special Technical Personnel(person)	4500	9.1
小学学校数(所)	Number of Primary Schools(unit)	11	0.0
普通中学学校数(所)	Number of Regular Secondary Schools(unit)	14	0.0
体育场馆数(个)	Stadium and Gymnasium(unit)	28	0.0
医疗卫生机构床位数(张)	Number of Beds(unit)	953	3.5
医疗卫生技术人员(人)	Medical Technical Personnel(person)	2118	4.2
城镇基本养老保险参保人数(人)	Persons Covered of Urban Basic Medical Care Insurance(person)	72839	5.4
新型农村合作医疗参保人数(人)	Persons Covered of New Cooperative Medical System(person)		

23－36 呼伦贝尔市牙克石市

Yakeshi City in Hulunbeier City

指　　标	Item	2017	增长(%) Increase Rate (%)
行政区域土地面积(平方公里)	**Area of Administration(Sq. km)**	**27803**	**0.0**
人口	**Population**		
年末常住人口(万人)	Permanet Resident Population Year－end(10 000 persons)	33.10	－1.4
年末户籍人口(万人)	The Registered Population Year－end(10 000 persons)	33.10	－1.4
国民经济综合指标	**Summary Item on the National Economy**		
生产总值(万元)	Gross Domestic Product(10 000 yuan)		－3.2
第一产业(万元)	Primary Industry(10 000 yuan)		3.5
第二产业(万元)	Secondary Industry(10 000 yuan)		－29.4
#工业(万元)	Industry(10 000 yuan)		－10.0
第三产业(万元)	Tertiary Industry(10 000 yuan)		6.1
人均生产总值(元)	Per Capita GDP(yuan)		－2.0
一般公共预算收入(万元)	General Public Budget Revenue(10 000 yuan)	40511	－39.9
一般公共预算支出(万元)	General Public Budget Expenditure(10 000 yuan)	338333	－4.9
在岗职工平均工资(元)	Average Wage of Staff & Workers Employed in(yuan)	66164	17.2
全体居民人均可支配收入(元)	The per capita disposable income of all residents(yuan)	30293	7.6
城镇常住居民人均可支配收入(元)	The per capita disposable income of urban permanent residents(yuan)	30293	7.6
农村牧区常住居民人均可支配收入(元)	The per capita disposable income of permanent residents of rural and pastoral areas(yuan)		
农村牧区经济	**Economic Development in Rural & Pastoral Area**		
农作物总播种面积(公顷)	Total Sown Area(hectare)	148339	－6.2
农业机械总动力(万千瓦时)	Total Power of Machinery(10 000 kwh)	36.00	0.3
粮食产量(吨)	Yield of Grain(ton)	466553	－2.6
肉类总产量(吨)	Output of Pork, Beef & Mutton(ton)	25394	0.4
年末生猪存栏(头)	Total Livestock of Hogs at the Year－end(head)	31570	22.2
年末牛存栏(头)	Total Livestock of Cattles at the Year－end(head)	54367	3.6
年末羊存栏(只)	Total Livestock of Sheep&Goats at the Year－end(head)	305864	47.2
规模以上工业	**Industrial Enterprises above Designated Size**		
工业企业单位数(个)	Number of Industrial Enterprises(unit)		
工业总产值(万元)	Gross Industrial Output Value(10 000 yuan)		
工业企业增加值增速(%)	Value Added of Industrial Enterprises(%)		－15.0
投资、建筑业	**Investment and Construction**		
固定资产投资(万元)	Total Investment in Fixed Assets(10 000 yuan)		
房地产开发投资(万元)	Investment in Real Estate Development(10 000 yuan)	94710	49.5
建筑企业单位数(个)	Number of Construction Enterprises(unit)	7	－12.5
贸易	**Trade**		
社会消费品零售总额(万元)	Total Retail Sales of Consumer Goods(10 000 yuan)	698247	7.3
实际使用外资金额(万美元)	Utilization of Foreign Capital(USD 10 000)		
交通运输邮电通信业	**Transportation, Post & Telecommunications**		
公路里程(公里)	Total Length of Highways(km)	1846	－9.8
固定电话用户(户)	Number of Subscribers of Local Telephone(subscriber)	27600	－8.0
移动电话用户(户)	Number of Mobile Telephone Subscribers (subscriber)	252000	－9.5
互联网接入用户(户)	Number of Subscribers of Internet Service(subscriber)	66810	27.2
科技教育卫生社会保障	**Science, Education & Public Health**		
专业技术人员(人)	Special Technical Personnel(person)	9148	2.5
小学学校数(所)	Number of Primary Schools(unit)	13	－18.8
普通中学学校数(所)	Number of Regular Secondary Schools(unit)	21	0.0
体育场馆数(个)	Stadium and Gymnasium(unit)	6	0.0
医疗卫生机构床位数(张)	Number of Beds(unit)	3296	－3.0
医疗卫生技术人员(人)	Medical Technical Personnel(person)	3454	－0.3
城镇基本养老保险参保人数(人)	Persons Covered of Urban Basic Medical Care Insurance(person)	126213	0.1
新型农村合作医疗参保人数(人)	Persons Covered of New Cooperative Medical System(person)		

23－37 呼伦贝尔市扎兰屯市

Zhalantun City in Hulunbeier City

指　　标	Item	2017	增长(%) Increase Rate (%)
行政区域土地面积(平方公里)	**Area of Administration(Sq. km)**	**16785**	**0.0**
人口	**Population**		
年末常住人口(万人)	Permanet Resident Population Year－end(10 000 persons)	34.18	－1.1
年末户籍人口(万人)	The Registered Population Year－end(10 000 persons)	40.90	－0.7
国民经济综合指标	**Summary Item on the National Economy**		
生产总值(万元)	Gross Domestic Product(10 000 yuan)		1.2
第一产业(万元)	Primary Industry(10 000 yuan)		4.0
第二产业(万元)	Secondary Industry(10 000 yuan)		－4.6
#工业(万元)	Industry(10 000 yuan)		0.6
第三产业(万元)	Tertiary Industry(10 000 yuan)		7.2
人均生产总值(元)	Per Capita GDP(yuan)		1.5
一般公共预算收入(万元)	General Public Budget Revenue(10 000 yuan)	50269	－3.3
一般公共预算支出(万元)	General Public Budget Expenditure(10 000 yuan)	380999	14.1
在岗职工平均工资(元)	Average Wage of Staff & Workers Employed in(yuan)	52255	6.1
全体居民人均可支配收入(元)	The per capita disposable income of all residents(yuan)	22739	8.6
城镇常住居民人均可支配收入(元)	The per capita disposable income of urban permanent residents(yuan)	31625	22.0
农村牧区常住居民人均可支配收入(元)	The per capita disposable income of permanent residents of rural and pastoral areas(yuan)	15418	8.5
农村牧区经济	**Economic Development in Rural & Pastoral Area**		
农作物总播种面积(公顷)	Total Sown Area(hectare)	240777	9.9
农业机械总动力(万千瓦时)	Total Power of Machinery(10 000 kwh)	73.00	0.0
粮食产量(吨)	Yield of Grain(ton)	1141801	2.9
肉类总产量(吨)	Output of Pork, Beef & Mutton(ton)	58591	－7.9
年末生猪存栏(头)	Total Livestock of Hogs at the Year－end(head)	74450	－1.3
年末牛存栏(头)	Total Livestock of Cattles at the Year－end(head)	119793	4.1
年末羊存栏(只)	Total Livestock of Sheep&Goats at the Year－end(head)	1130531	8.5
规模以上工业	**Industrial Enterprises above Designated Size**		
工业企业单位数(个)	Number of Industrial Enterprises(unit)		
工业总产值(万元)	Gross Industrial Output Value(10 000 yuan)		
工业企业增加值增速(%)	Value Added of Industrial Enterprises(%)		－0.8
投资、建筑业	**Investment and Construction**		
固定资产投资(万元)	Total Investment in Fixed Assets(10 000 yuan)		
房地产开发投资(万元)	Investment in Real Estate Development(10 000 yuan)	123336	13.1
建筑企业单位数(个)	Number of Construction Enterprises(unit)	9	0.0
贸易	**Trade**		
社会消费品零售总额(万元)	Total Retail Sales of Consumer Goods(10 000 yuan)	722215	7.5
实际使用外资金额(万美元)	Utilization of Foreign Capital(USD 10 000)		
交通运输邮电通信业	**Transportation, Post & Telecommunications**		
公路里程(公里)	Total Length of Highways(km)	4051	0.5
固定电话用户(户)	Number of Subscribers of Local Telephone(subscriber)	30392	－0.2
移动电话用户(户)	Number of Mobile Telephone Subscribers (subscriber)	467064	－0.2
互联网接入用户(户)	Number of Subscribers of Internet Service(subscriber)	45099	1.8
科技教育卫生社会保障	**Science, Education & Public Health**		
专业技术人员(人)	Special Technical Personnel(person)	8932	－1.2
小学学校数(所)	Number of Primary Schools(unit)	14	0.0
普通中学学校数(所)	Number of Regular Secondary Schools(unit)	21	10.5
体育场馆数(个)	Stadium and Gymnasium(unit)	2	0.0
医疗卫生机构床位数(张)	Number of Beds(unit)	2064	－1.1
医疗卫生技术人员(人)	Medical Technical Personnel(person)	2416	17.1
城镇基本养老保险参保人数(人)	Persons Covered of Urban Basic Medical Care Insurance(person)	68487	－5.6
新型农村合作医疗参保人数(人)	Persons Covered of New Cooperative Medical System(person)	304215	35.0

23-38 呼伦贝尔市额尔古纳市
Eerguna City in Hulunbeier City

指　　标	Item	2017	增长(%) Increase Rate (%)
行政区域土地面积(平方公里)	**Area of Administration(Sq. km)**	**28958**	**0.0**
人口	**Population**		
年末常住人口(万人)	Permanet Resident Population Year-end(10 000 persons)	7.47	-0.1
年末户籍人口(万人)	The Registered Population Year-end(10 000 persons)	8.06	-0.4
国民经济综合指标	**Summary Item on the National Economy**		
生产总值(万元)	Gross Domestic Product(10 000 yuan)		1.3
第一产业(万元)	Primary Industry(10 000 yuan)		3.6
第二产业(万元)	Secondary Industry(10 000 yuan)		-8.5
#工业(万元)	Industry(10 000 yuan)		-3.7
第三产业(万元)	Tertiary Industry(10 000 yuan)		3.4
人均生产总值(元)	Per Capita GDP(yuan)		1.6
一般公共预算收入(万元)	General Public Budget Revenue(10 000 yuan)	14099	-45.8
一般公共预算支出(万元)	General Public Budget Expenditure(10 000 yuan)	173819	3.1
在岗职工平均工资(元)	Average Wage of Staff & Workers Employed in(yuan)	57508	-2.1
全体居民人均可支配收入(元)	The per capita disposable income of all residents(yuan)	26062	8.5
城镇常住居民人均可支配收入(元)	The per capita disposable income of urban permanent residents(yuan)	26885	8.3
农村牧区常住居民人均可支配收入(元)	The per capita disposable income of permanent residents of rural and pastoral areas(yuan)	23658	7.9
农村牧区经济	**Economic Development in Rural & Pastoral Area**		
农作物总播种面积(公顷)	Total Sown Area(hectare)	164269	-10.5
农业机械总动力(万千瓦时)	Total Power of Machinery(10 000 kwh)	22.70	2.7
粮食产量(吨)	Yield of Grain(ton)	355361	-7.7
肉类总产量(吨)	Output of Pork, Beef & Mutton(ton)	9857	-4.9
年末生猪存栏(头)	Total Livestock of Hogs at the Year-end(head)	9446	-5.5
年末牛存栏(头)	Total Livestock of Cattles at the Year-end(head)	51803	-24.4
年末羊存栏(只)	Total Livestock of Sheep&Goats at the Year-end(head)	447065	89.3
规模以上工业	**Industrial Enterprises above Designated Size**		
工业企业单位数(个)	Number of Industrial Enterprises(unit)		
工业总产值(万元)	Gross Industrial Output Value(10 000 yuan)		
工业企业增加值增速(%)	Value Added of Industrial Enterprises(%)		-5.4
投资、建筑业	**Investment and Construction**		
固定资产投资(万元)	Total Investment in Fixed Assets(10 000 yuan)		
房地产开发投资(万元)	Investment in Real Estate Development(10 000 yuan)	7517	26.8
建筑企业单位数(个)	Number of Construction Enterprises(unit)	3	-25.0
贸易	**Trade**		
社会消费品零售总额(万元)	Total Retail Sales of Consumer Goods(10 000 yuan)	173700	7.6
实际使用外资金额(万美元)	Utilization of Foreign Capital(USD 10 000)		
交通运输邮电通信业	**Transportation, Post & Telecommunications**		
公路里程(公里)	Total Length of Highways(km)	2397	0.0
固定电话用户(户)	Number of Subscribers of Local Telephone(subscriber)	9320	-23.0
移动电话用户(户)	Number of Mobile Telephone Subscribers (subscriber)	90300	-5.4
互联网接入用户(户)	Number of Subscribers of Internet Service(subscriber)	21100	27.8
科技教育卫生社会保障	**Science, Education & Public Health**		
专业技术人员(人)	Special Technical Personnel(person)	1733	2.6
小学学校数(所)	Number of Primary Schools(unit)	10	0.0
普通中学学校数(所)	Number of Regular Secondary Schools(unit)	5	0.0
体育场馆数(个)	Stadium and Gymnasium(unit)	2	0.0
医疗卫生机构床位数(张)	Number of Beds(unit)	427	-5.5
医疗卫生技术人员(人)	Medical Technical Personnel(person)	617	-1.4
城镇基本养老保险参保人数(人)	Persons Covered of Urban Basic Medical Care Insurance(person)	46366	1.4
新型农村合作医疗参保人数(人)	Persons Covered of New Cooperative Medical System(person)		

23－39 呼伦贝尔市根河市
Genhe City in Hulunbeier City

指　　标	Item	2017	增长(%) Increase Rate (%)
行政区域土地面积(平方公里)	**Area of Administration(Sq. km)**	**20010**	**0.0**
人口	**Population**		
年末常住人口(万人)	Permanet Resident Population Year－end(10 000 persons)	13.73	－2.0
年末户籍人口(万人)	The Registered Population Year－end(10 000 persons)	13.73	－2.0
国民经济综合指标	**Summary Item on the National Economy**		
生产总值(万元)	Gross Domestic Product(10 000 yuan)		2.9
第一产业(万元)	Primary Industry(10 000 yuan)		2.9
第二产业(万元)	Secondary Industry(10 000 yuan)		－6.8
#工业(万元)	Industry(10 000 yuan)		6.6
第三产业(万元)	Tertiary Industry(10 000 yuan)		5.4
人均生产总值(元)	Per Capita GDP(yuan)		4.6
一般公共预算收入(万元)	General Public Budget Revenue(10 000 yuan)	8581	－29.9
一般公共预算支出(万元)	General Public Budget Expenditure(10 000 yuan)	165743	0.3
在岗职工平均工资(元)	Average Wage of Staff & Workers Employed in(yuan)	71202	7.5
全体居民人均可支配收入(元)	The per capita disposable income of all residents(yuan)	24994	8.2
城镇常住居民人均可支配收入(元)	The per capita disposable income of urban permanent residents(yuan)	24994	8.2
农村牧区常住居民人均可支配收入(元)	The per capita disposable income of permanent residents of rural and pastoral areas(yuan)		
农村牧区经济	**Economic Development in Rural & Pastoral Area**		
农作物总播种面积(公顷)	Total Sown Area(hectare)	2365	－13.2
农业机械总动力(万千瓦时)	Total Power of Machinery(10 000 kwh)	1.95	7.1
粮食产量(吨)	Yield of Grain(ton)	3414	－25.8
肉类总产量(吨)	Output of Pork, Beef & Mutton(ton)	2776	4.5
年末生猪存栏(头)	Total Livestock of Hogs at the Year－end(head)	22583	108.6
年末牛存栏(头)	Total Livestock of Cattles at the Year－end(head)	3484	108.1
年末羊存栏(只)	Total Livestock of Sheep&Goats at the Year－end(head)	8273	30.3
规模以上工业	**Industrial Enterprises above Designated Size**		
工业企业单位数(个)	Number of Industrial Enterprises(unit)		
工业总产值(万元)	Gross Industrial Output Value(10 000 yuan)		
工业企业增加值增速(%)	Value Added of Industrial Enterprises(%)		6.5
投资、建筑业	**Investment and Construction**		
固定资产投资(万元)	Total Investment in Fixed Assets(10 000 yuan)		
房地产开发投资(万元)	Investment in Real Estate Development(10 000 yuan)	2850	－5.0
建筑企业单位数(个)	Number of Construction Enterprises(unit)	6	－14.3
贸易	**Trade**		
社会消费品零售总额(万元)	Total Retail Sales of Consumer Goods(10 000 yuan)	232145	7.0
实际使用外资金额(万美元)	Utilization of Foreign Capital(USD 10 000)		
交通运输邮电通信业	**Transportation, Post & Telecommunications**		
公路里程(公里)	Total Length of Highways(km)	2668	－0.3
固定电话用户(户)	Number of Subscribers of Local Telephone(subscriber)	11285	18.3
移动电话用户(户)	Number of Mobile Telephone Subscribers (subscriber)	108675	14.4
互联网接入用户(户)	Number of Subscribers of Internet Service(subscriber)	26852	38.6
科技教育卫生社会保障	**Science, Education & Public Health**		
专业技术人员(人)	Special Technical Personnel(person)	3203	－5.0
小学学校数(所)	Number of Primary Schools(unit)	7	0.0
普通中学学校数(所)	Number of Regular Secondary Schools(unit)	7	0.0
体育场馆数(个)	Stadium and Gymnasium(unit)	2	0.0
医疗卫生机构床位数(张)	Number of Beds(unit)	537	－3.2
医疗卫生技术人员(人)	Medical Technical Personnel(person)	957	－6.2
城镇基本养老保险参保人数(人)	Persons Covered of Urban Basic Medical Care Insurance(person)	60684	15.5
新型农村合作医疗参保人数(人)	Persons Covered of New Cooperative Medical System(person)		

23－40 兴安盟乌兰浩特市

Wulanhaote City in Xingan League

指　　标	Item	2017	增长(%) Increase Rate (%)
行政区域土地面积(平方公里)	**Area of Administration(Sq. km)**	**2728**	**0.0**
人口	**Population**		
年末常住人口(万人)	Permanet Resident Population Year－end(10 000 persons)	33.19	0.0
年末户籍人口(万人)	The Registered Population Year－end(10 000 persons)	31.90	－0.9
国民经济综合指标	**Summary Item on the National Economy**		
生产总值(万元)	Gross Domestic Product(10 000 yuan)		4.8
第一产业(万元)	Primary Industry(10 000 yuan)		5.1
第二产业(万元)	Secondary Industry(10 000 yuan)		4.5
# 工业(万元)	Industry(10 000 yuan)		5.6
第三产业(万元)	Tertiary Industry(10 000 yuan)		5.0
人均生产总值(元)	Per Capita GDP(yuan)		4.5
一般公共预算收入(万元)	General Public Budget Revenue(10 000 yuan)	82675	5.3
一般公共预算支出(万元)	General Public Budget Expenditure(10 000 yuan)	326707	5.4
在岗职工平均工资(元)	Average Wage of Staff & Workers Employed in(yuan)	70347	6.5
全体居民人均可支配收入(元)	The per capita disposable income of all residents(yuan)	27530	9.0
城镇常住居民人均可支配收入(元)	The per capita disposable income of urban permanent residents(yuan)	29010	8.8
农村牧区常住居民人均可支配收入(元)	The per capita disposable income of permanent residents of rural and pastoral areas(yuan)	13531	8.5
农村牧区经济	**Economic Development in Rural & Pastoral Area**		
农作物总播种面积(公顷)	Total Sown Area(hectare)	48023	－1.9
农业机械总动力(万千瓦时)	Total Power of Machinery(10 000 kwh)	30.54	－4.0
粮食产量(吨)	Yield of Grain(ton)	265055	0.1
肉类总产量(吨)	Output of Pork, Beef & Mutton(ton)	14224	12.3
年末生猪存栏(头)	Total Livestock of Hogs at the Year－end(head)	23560	0.4
年末牛存栏(头)	Total Livestock of Cattles at the Year－end(head)	35102	1.2
年末羊存栏(只)	Total Livestock of Sheep&Goats at the Year－end(head)	315420	83.0
规模以上工业	**Industrial Enterprises above Designated Size**		
工业企业单位数(个)	Number of Industrial Enterprises(unit)		
工业总产值(万元)	Gross Industrial Output Value(10 000 yuan)		
工业企业增加值增速(%)	Value Added of Industrial Enterprises(%)		10.6
投资、建筑业	**Investment and Construction**		
固定资产投资(万元)	Total Investment in Fixed Assets(10 000 yuan)		
房地产开发投资(万元)	Investment in Real Estate Development(10 000 yuan)	62247	－73.4
建筑企业单位数(个)	Number of Construction Enterprises(unit)	28	7.7
贸易	**Trade**		
社会消费品零售总额(万元)	Total Retail Sales of Consumer Goods(10 000 yuan)	1293970	7.3
实际使用外资金额(万美元)	Utilization of Foreign Capital(USD 10 000)	275	
交通运输邮电通信业	**Transportation, Post & Telecommunications**		
公路里程(公里)	Total Length of Highways(km)	963	－14.8
固定电话用户(户)	Number of Subscribers of Local Telephone(subscriber)	39162	－5.4
移动电话用户(户)	Number of Mobile Telephone Subscribers (subscriber)	590690	6.8
互联网接入用户(户)	Number of Subscribers of Internet Service(subscriber)	93068	28.5
科技教育卫生社会保障	**Science, Education & Public Health**		
专业技术人员(人)	Special Technical Personnel(person)	9723	5.2
小学学校数(所)	Number of Primary Schools(unit)	26	13.0
普通中学学校数(所)	Number of Regular Secondary Schools(unit)	21	5.0
体育场馆数(个)	Stadium and Gymnasium(unit)	4	100.0
医疗卫生机构床位数(张)	Number of Beds(unit)	3110	9.7
医疗卫生技术人员(人)	Medical Technical Personnel(person)	3660	14.9
城镇基本养老保险参保人数(人)	Persons Covered of Urban Basic Medical Care Insurance(person)	107691	－1.1
新型农村合作医疗参保人数(人)	Persons Covered of New Cooperative Medical System(person)	72278	－4.7

23－41 兴安盟阿尔山市

Aershan City in Xingan League

指　　标	Item	2017	增长(%) Increase Rate (%)
行政区域土地面积(平方公里)	**Area of Administration(Sq. km)**	**7409**	**0.0**
人口	**Population**		
年末常住人口(万人)	Permanet Resident Population Year－end(10 000 persons)	6.77	－0.1
年末户籍人口(万人)	The Registered Population Year－end(10 000 persons)	4.58	－0.4
国民经济综合指标	**Summary Item on the National Economy**		
生产总值(万元)	Gross Domestic Product(10 000 yuan)		4.2
第一产业(万元)	Primary Industry(10 000 yuan)		4.9
第二产业(万元)	Secondary Industry(10 000 yuan)		－1.2
#工业(万元)	Industry(10 000 yuan)		7.0
第三产业(万元)	Tertiary Industry(10 000 yuan)		5.6
人均生产总值(元)	Per Capita GDP(yuan)		4.4
一般公共预算收入(万元)	General Public Budget Revenue(10 000 yuan)	11556	3.2
一般公共预算支出(万元)	General Public Budget Expenditure(10 000 yuan)	117970	3.9
在岗职工平均工资(元)	Average Wage of Staff & Workers Employed in(yuan)	66325	4.0
全体居民人均可支配收入(元)	The per capita disposable income of all residents(yuan)	23011	8.8
城镇常住居民人均可支配收入(元)	The per capita disposable income of urban permanent residents(yuan)	26053	8.6
农村牧区常住居民人均可支配收入(元)	The per capita disposable income of permanent residents of rural and pastoral areas(yuan)	9275	8.6
农村牧区经济	**Economic Development in Rural & Pastoral Area**		
农作物总播种面积(公顷)	Total Sown Area(hectare)	25311	12.1
农业机械总动力(万千瓦时)	Total Power of Machinery(10 000 kwh)	4.10	－26.8
粮食产量(吨)	Yield of Grain(ton)	60000	－6.3
肉类总产量(吨)	Output of Pork, Beef & Mutton(ton)	2078	5.4
年末生猪存栏(头)	Total Livestock of Hogs at the Year－end(head)	2962	11.6
年末牛存栏(头)	Total Livestock of Cattles at the Year－end(head)	5167	－5.3
年末羊存栏(只)	Total Livestock of Sheep&Goats at the Year－end(head)	143978	－7.5
规模以上工业	**Industrial Enterprises above Designated Size**		
工业企业单位数(个)	Number of Industrial Enterprises(unit)		
工业总产值(万元)	Gross Industrial Output Value(10 000 yuan)		
工业企业增加值增速(%)	Value Added of Industrial Enterprises(%)		11.8
投资、建筑业	**Investment and Construction**		
固定资产投资(万元)	Total Investment in Fixed Assets(10 000 yuan)		
房地产开发投资(万元)	Investment in Real Estate Development(10 000 yuan)	300	－60.5
建筑企业单位数(个)	Number of Construction Enterprises(unit)	1	0.0
贸易	**Trade**		
社会消费品零售总额(万元)	Total Retail Sales of Consumer Goods(10 000 yuan)	79743	7.1
实际使用外资金额(万美元)	Utilization of Foreign Capital(USD 10 000)		
交通运输邮电通信业	**Transportation, Post & Telecommunications**		
公路里程(公里)	Total Length of Highways(km)	853	0.0
固定电话用户(户)	Number of Subscribers of Local Telephone(subscriber)	3708	6.5
移动电话用户(户)	Number of Mobile Telephone Subscribers (subscriber)	55151	
互联网接入用户(户)	Number of Subscribers of Internet Service(subscriber)	9386	2.8
科技教育卫生社会保障	**Science, Education & Public Health**		
专业技术人员(人)	Special Technical Personnel(person)	1295	0.0
小学学校数(所)	Number of Primary Schools(unit)	4	0.0
普通中学学校数(所)	Number of Regular Secondary Schools(unit)	2	0.0
体育场馆数(个)	Stadium and Gymnasium(unit)		
医疗卫生机构床位数(张)	Number of Beds(unit)	158	0.0
医疗卫生技术人员(人)	Medical Technical Personnel(person)	310	1.3
城镇基本养老保险参保人数(人)	Persons Covered of Urban Basic Medical Care Insurance(person)	17995	3.3
新型农村合作医疗参保人数(人)	Persons Covered of New Cooperative Medical System(person)		

23 - 42 兴安盟科尔沁右翼前旗

Keerqinyouyiqian Banner in Xingan League

指　　标	Item	2017	增长(%) Increase Rate (%)
行政区域土地面积(平方公里)	**Area of Administration(Sq. km)**	**16964**	**0.0**
人口	**Population**		
年末常住人口(万人)	Permanet Resident Population Year - end(10 000 persons)	34.00	14.5
年末户籍人口(万人)	The Registered Population Year - end(10 000 persons)	33.20	-0.3
国民经济综合指标	**Summary Item on the National Economy**		
生产总值(万元)	Gross Domestic Product(10 000 yuan)		3.8
第一产业(万元)	Primary Industry(10 000 yuan)		5.2
第二产业(万元)	Secondary Industry(10 000 yuan)		1.5
# 工业(万元)	Industry(10 000 yuan)		2.7
第三产业(万元)	Tertiary Industry(10 000 yuan)		2.9
人均生产总值(元)	Per Capita GDP(yuan)		3.6
一般公共预算收入(万元)	General Public Budget Revenue(10 000 yuan)	27283	-14.8
一般公共预算支出(万元)	General Public Budget Expenditure(10 000 yuan)	349716	13.7
在岗职工平均工资(元)	Average Wage of Staff & Workers Employed in(yuan)	54869	3.4
全体居民人均可支配收入(元)	The per capita disposable income of all residents(yuan)	12289	8.7
城镇常住居民人均可支配收入(元)	The per capita disposable income of urban permanent residents(yuan)	24626	8.5
农村牧区常住居民人均可支配收入(元)	The per capita disposable income of permanent residents of rural and pastoral areas(yuan)	9230	8.3
农村牧区经济	**Economic Development in Rural & Pastoral Area**		
农作物总播种面积(公顷)	Total Sown Area(hectare)	269101	28.6
农业机械总动力(万千瓦时)	Total Power of Machinery(10 000 kwh)	95.70	-8.9
粮食产量(吨)	Yield of Grain(ton)	1199429	-6.2
肉类总产量(吨)	Output of Pork, Beef & Mutton(ton)	76972	482.5
年末生猪存栏(头)	Total Livestock of Hogs at the Year - end(head)	64152	0.6
年末牛存栏(头)	Total Livestock of Cattles at the Year - end(head)	123690	0.7
年末羊存栏(只)	Total Livestock of Sheep&Goats at the Year - end(head)	2156845	0.0
规模以上工业	**Industrial Enterprises above Designated Size**		
工业企业单位数(个)	Number of Industrial Enterprises(unit)		
工业总产值(万元)	Gross Industrial Output Value(10 000 yuan)		
工业企业增加值增速(%)	Value Added of Industrial Enterprises(%)		2.5
投资、建筑业	**Investment and Construction**		
固定资产投资(万元)	Total Investment in Fixed Assets(10 000 yuan)		
房地产开发投资(万元)	Investment in Real Estate Development(10 000 yuan)	7597	-88.1
建筑企业单位数(个)	Number of Construction Enterprises(unit)	4	0.0
贸易	**Trade**		
社会消费品零售总额(万元)	Total Retail Sales of Consumer Goods(10 000 yuan)	303847	6.8
实际使用外资金额(万美元)	Utilization of Foreign Capital(USD 10 000)		
交通运输邮电通信业	**Transportation, Post & Telecommunications**		
公路里程(公里)	Total Length of Highways(km)	3325	9.9
固定电话用户(户)	Number of Subscribers of Local Telephone(subscriber)	6700	-14.8
移动电话用户(户)	Number of Mobile Telephone Subscribers (subscriber)	237000	5.8
互联网接入用户(户)	Number of Subscribers of Internet Service(subscriber)	22855	5.1
科技教育卫生社会保障	**Science, Education & Public Health**		
专业技术人员(人)	Special Technical Personnel(person)	5649	0.2
小学学校数(所)	Number of Primary Schools(unit)	28	0.0
普通中学学校数(所)	Number of Regular Secondary Schools(unit)	34	41.7
体育场馆数(个)	Stadium and Gymnasium(unit)	2	0.0
医疗卫生机构床位数(张)	Number of Beds(unit)	1380	19.0
医疗卫生技术人员(人)	Medical Technical Personnel(person)	1630	9.7
城镇基本养老保险参保人数(人)	Persons Covered of Urban Basic Medical Care Insurance(person)	21349	-48.9
新型农村合作医疗参保人数(人)	Persons Covered of New Cooperative Medical System(person)	239766	0.0

23-43 兴安盟科尔沁右翼中旗
Keerqinyouyizhong Banner in Xingan League

指　　标	Item	2017	增长(%) Increase Rate (%)
行政区域土地面积(平方公里)	**Area of Administration(Sq. km)**	**15613**	**0.0**
人口	**Population**		
年末常住人口(万人)	Permanet Resident Population Year-end(10 000 persons)	24.88	0.2
年末户籍人口(万人)	The Registered Population Year-end(10 000 persons)	25.28	-1.1
国民经济综合指标	**Summary Item on the National Economy**		
生产总值(万元)	Gross Domestic Product(10 000 yuan)		3.4
第一产业(万元)	Primary Industry(10 000 yuan)		5.0
第二产业(万元)	Secondary Industry(10 000 yuan)		1.0
#工业(万元)	Industry(10 000 yuan)		2.0
第三产业(万元)	Tertiary Industry(10 000 yuan)		3.2
人均生产总值(元)	Per Capita GDP(yuan)		3.2
一般公共预算收入(万元)	General Public Budget Revenue(10 000 yuan)	15527	-33.1
一般公共预算支出(万元)	General Public Budget Expenditure(10 000 yuan)	304353	7.1
在岗职工平均工资(元)	Average Wage of Staff & Workers Employed in(yuan)	49398	1.3
全体居民人均可支配收入(元)	The per capita disposable income of all residents(yuan)	14339	8.7
城镇常住居民人均可支配收入(元)	The per capita disposable income of urban permanent residents(yuan)	23525	8.4
农村牧区常住居民人均可支配收入(元)	The per capita disposable income of permanent residents of rural and pastoral areas(yuan)	8592	8.7
农村牧区经济	**Economic Development in Rural & Pastoral Area**		
农作物总播种面积(公顷)	Total Sown Area(hectare)	219391	1.3
农业机械总动力(万千瓦时)	Total Power of Machinery(10 000 kwh)	70.93	-0.3
粮食产量(吨)	Yield of Grain(ton)	811215	4.3
肉类总产量(吨)	Output of Pork, Beef & Mutton(ton)	43393	12.3
年末生猪存栏(头)	Total Livestock of Hogs at the Year-end(head)	99823	-3.9
年末牛存栏(头)	Total Livestock of Cattles at the Year-end(head)	159033	-5.8
年末羊存栏(只)	Total Livestock of Sheep&Goats at the Year-end(head)	1495122	10.4
规模以上工业	**Industrial Enterprises above Designated Size**		
工业企业单位数(个)	Number of Industrial Enterprises(unit)		
工业总产值(万元)	Gross Industrial Output Value(10 000 yuan)		
工业企业增加值增速(%)	Value Added of Industrial Enterprises(%)		-7.4
投资、建筑业	**Investment and Construction**		
固定资产投资(万元)	Total Investment in Fixed Assets(10 000 yuan)		
房地产开发投资(万元)	Investment in Real Estate Development(10 000 yuan)	8794	323.2
建筑企业单位数(个)	Number of Construction Enterprises(unit)	2	0.0
贸易	**Trade**		
社会消费品零售总额(万元)	Total Retail Sales of Consumer Goods(10 000 yuan)	213282	6.7
实际使用外资金额(万美元)	Utilization of Foreign Capital(USD 10 000)		
交通运输邮电通信业	**Transportation, Post & Telecommunications**		
公路里程(公里)	Total Length of Highways(km)	3155	44.6
固定电话用户(户)	Number of Subscribers of Local Telephone(subscriber)	10111	-9.1
移动电话用户(户)	Number of Mobile Telephone Subscribers (subscriber)	243700	-7.5
互联网接入用户(户)	Number of Subscribers of Internet Service(subscriber)	36700	12.6
科技教育卫生社会保障	**Science, Education & Public Health**		
专业技术人员(人)	Special Technical Personnel(person)	7135	5.1
小学学校数(所)	Number of Primary Schools(unit)	27	0.0
普通中学学校数(所)	Number of Regular Secondary Schools(unit)	12	0.0
体育场馆数(个)	Stadium and Gymnasium(unit)	2	0.0
医疗卫生机构床位数(张)	Number of Beds(unit)	1699	11.4
医疗卫生技术人员(人)	Medical Technical Personnel(person)	1583	1.3
城镇基本养老保险参保人数(人)	Persons Covered of Urban Basic Medical Care Insurance(person)	24221	0.3
新型农村合作医疗参保人数(人)	Persons Covered of New Cooperative Medical System(person)		

23－44 兴安盟扎赉特旗

Zhalaite Banner in Xingan League

指　　标	Item	2017	增长(％) Increase Rate (％)
行政区域土地面积(平方公里)	**Area of Administration(Sq. km)**	**11837**	**0.0**
人口	**Population**		
年末常住人口(万人)	Permanet Resident Population Year－end(10 000 persons)	39.01	0.2
年末户籍人口(万人)	The Registered Population Year－end(10 000 persons)	38.97	－0.3
国民经济综合指标	**Summary Item on the National Economy**		
生产总值(万元)	Gross Domestic Product(10 000 yuan)		2.8
第一产业(万元)	Primary Industry(10 000 yuan)		5.1
第二产业(万元)	Secondary Industry(10 000 yuan)		－3.5
# 工业(万元)	Industry(10 000 yuan)		－9.5
第三产业(万元)	Tertiary Industry(10 000 yuan)		2.9
人均生产总值(元)	Per Capita GDP(yuan)		2.7
一般公共预算收入(万元)	General Public Budget Revenue(10 000 yuan)	36979	2.6
一般公共预算支出(万元)	General Public Budget Expenditure(10 000 yuan)	408833	6.2
在岗职工平均工资(元)	Average Wage of Staff & Workers Employed in(yuan)	61613	7.9
全体居民人均可支配收入(元)	The per capita disposable income of all residents(yuan)	14032	8.9
城镇常住居民人均可支配收入(元)	The per capita disposable income of urban permanent residents(yuan)	24767	8.9
农村牧区常住居民人均可支配收入(元)	The per capita disposable income of permanent residents of rural and pastoral areas(yuan)	9157	8.4
农村牧区经济	**Economic Development in Rural & Pastoral Area**		
农作物总播种面积(公顷)	Total Sown Area(hectare)	288168	13.9
农业机械总动力(万千瓦时)	Total Power of Machinery(10 000 kwh)	157.80	0.0
粮食产量(吨)	Yield of Grain(ton)	1600001	2.7
肉类总产量(吨)	Output of Pork, Beef & Mutton(ton)	80267	7.1
年末生猪存栏(头)	Total Livestock of Hogs at the Year－end(head)	254517	－41.9
年末牛存栏(头)	Total Livestock of Cattles at the Year－end(head)	162456	8.3
年末羊存栏(只)	Total Livestock of Sheep&Goats at the Year－end(head)	1150472	14.7
规模以上工业	**Industrial Enterprises above Designated Size**		
工业企业单位数(个)	Number of Industrial Enterprises(unit)		
工业总产值(万元)	Gross Industrial Output Value(10 000 yuan)		
工业企业增加值增速(％)	Value Added of Industrial Enterprises(％)		－23.6
投资、建筑业	**Investment and Construction**		
固定资产投资(万元)	Total Investment in Fixed Assets(10 000 yuan)		
房地产开发投资(万元)	Investment in Real Estate Development(10 000 yuan)	69351	－30.1
建筑企业单位数(个)	Number of Construction Enterprises(unit)	2	0.0
贸易	**Trade**		
社会消费品零售总额(万元)	Total Retail Sales of Consumer Goods(10 000 yuan)	336598	7.0
实际使用外资金额(万美元)	Utilization of Foreign Capital(USD 10 000)		
交通运输邮电通信业	**Transportation, Post & Telecommunications**		
公路里程(公里)	Total Length of Highways(km)	2584	0.0
固定电话用户(户)	Number of Subscribers of Local Telephone(subscriber)	8393	－5.1
移动电话用户(户)	Number of Mobile Telephone Subscribers (subscriber)	357328	1.8
互联网接入用户(户)	Number of Subscribers of Internet Service(subscriber)	54501	46.8
科技教育卫生社会保障	**Science, Education & Public Health**		
专业技术人员(人)	Special Technical Personnel(person)	6973	0.0
小学学校数(所)	Number of Primary Schools(unit)	29	0.0
普通中学学校数(所)	Number of Regular Secondary Schools(unit)	9	0.0
体育场馆数(个)	Stadium and Gymnasium(unit)	6	0.0
医疗卫生机构床位数(张)	Number of Beds(unit)	1257	－34.9
医疗卫生技术人员(人)	Medical Technical Personnel(person)	1212	－38.3
城镇基本养老保险参保人数(人)	Persons Covered of Urban Basic Medical Care Insurance(person)	21607	6.8
新型农村合作医疗参保人数(人)	Persons Covered of New Cooperative Medical System(person)	269281	－1.9

23－45 兴安盟突泉县
Tuquan County in Xingan League

指　　标	Item	2017	增长(%) Increase Rate (%)
行政区域土地面积(平方公里)	**Area of Administration(Sq. km)**	**4797**	**0.0**
人口	**Population**		
年末常住人口(万人)	Permanet Resident Population Year－end(10 000 persons)	26.78	0.2
年末户籍人口(万人)	The Registered Population Year－end(10 000 persons)	30.80	1.4
国民经济综合指标	**Summary Item on the National Economy**		
生产总值(万元)	Gross Domestic Product(10 000 yuan)		4.0
第一产业(万元)	Primary Industry(10 000 yuan)		5.0
第二产业(万元)	Secondary Industry(10 000 yuan)		5.4
#工业(万元)	Industry(10 000 yuan)		9.3
第三产业(万元)	Tertiary Industry(10 000 yuan)		1.6
人均生产总值(元)	Per Capita GDP(yuan)		3.9
一般公共预算收入(万元)	General Public Budget Revenue(10 000 yuan)	20275	22.9
一般公共预算支出(万元)	General Public Budget Expenditure(10 000 yuan)	265312	6.2
在岗职工平均工资(元)	Average Wage of Staff & Workers Employed in(yuan)	64526	10.3
全体居民人均可支配收入(元)	The per capita disposable income of all residents(yuan)	13723	8.6
城镇常住居民人均可支配收入(元)	The per capita disposable income of urban permanent residents(yuan)	24063	8.7
农村牧区常住居民人均可支配收入(元)	The per capita disposable income of permanent residents of rural and pastoral areas(yuan)	8867	8.2
农村牧区经济	**Economic Development in Rural & Pastoral Area**		
农作物总播种面积(公顷)	Total Sown Area(hectare)	172967	12.7
农业机械总动力(万千瓦时)	Total Power of Machinery(10 000 kwh)	53.74	－13.0
粮食产量(吨)	Yield of Grain(ton)	1098484	1.6
肉类总产量(吨)	Output of Pork, Beef & Mutton(ton)	23695	－7.8
年末生猪存栏(头)	Total Livestock of Hogs at the Year－end(head)	44240	21.1
年末牛存栏(头)	Total Livestock of Cattles at the Year－end(head)	23654	－26.5
年末羊存栏(只)	Total Livestock of Sheep&Goats at the Year－end(head)	654460	20.0
规模以上工业	**Industrial Enterprises above Designated Size**		
工业企业单位数(个)	Number of Industrial Enterprises(unit)		
工业总产值(万元)	Gross Industrial Output Value(10 000 yuan)		
工业企业增加值增速(%)	Value Added of Industrial Enterprises(%)		13.4
投资、建筑业	**Investment and Construction**		
固定资产投资(万元)	Total Investment in Fixed Assets(10 000 yuan)		
房地产开发投资(万元)	Investment in Real Estate Development(10 000 yuan)	7450	－52.2
建筑企业单位数(个)	Number of Construction Enterprises(unit)	1	0.0
贸易	**Trade**		
社会消费品零售总额(万元)	Total Retail Sales of Consumer Goods(10 000 yuan)	242555	7.2
实际使用外资金额(万美元)	Utilization of Foreign Capital(USD 10 000)		
交通运输邮电通信业	**Transportation, Post & Telecommunications**		
公路里程(公里)	Total Length of Highways(km)	2269	0.0
固定电话用户(户)	Number of Subscribers of Local Telephone(subscriber)	10984	10.0
移动电话用户(户)	Number of Mobile Telephone Subscribers (subscriber)	276305	5.8
互联网接入用户(户)	Number of Subscribers of Internet Service(subscriber)	37568	3.4
科技教育卫生社会保障	**Science, Education & Public Health**		
专业技术人员(人)	Special Technical Personnel(person)	4585	0.0
小学学校数(所)	Number of Primary Schools(unit)	16	0.0
普通中学学校数(所)	Number of Regular Secondary Schools(unit)	11	0.0
体育场馆数(个)	Stadium and Gymnasium(unit)	3	0.0
医疗卫生机构床位数(张)	Number of Beds(unit)	1101	22.7
医疗卫生技术人员(人)	Medical Technical Personnel(person)	1089	－7.6
城镇基本养老保险参保人数(人)	Persons Covered of Urban Basic Medical Care Insurance(person)	26542	－18.1
新型农村合作医疗参保人数(人)	Persons Covered of New Cooperative Medical System(person)	205116	－3.8

23－46 通辽市科尔沁区

Keerqin District in Tongliao City

指　　标	Item	2017	增长(%) Increase Rate (%)
行政区域土地面积(平方公里)	**Area of Administration(Sq. km)**	**3580**	**0.0**
人口	**Population**		
年末常住人口(万人)	Permanet Resident Population Year－end(10 000 persons)	92.51	0.0
年末户籍人口(万人)	The Registered Population Year－end(10 000 persons)	92.51	9.7
国民经济综合指标	**Summary Item on the National Economy**		
生产总值(万元)	Gross Domestic Product(10 000 yuan)		4.3
第一产业(万元)	Primary Industry(10 000 yuan)		3.6
第二产业(万元)	Secondary Industry(10 000 yuan)		2.8
＃工业(万元)	Industry(10 000 yuan)		10.2
第三产业(万元)	Tertiary Industry(10 000 yuan)		5.6
人均生产总值(元)	Per Capita GDP(yuan)		4.2
一般公共预算收入(万元)	General Public Budget Revenue(10 000 yuan)	107083	－58.7
一般公共预算支出(万元)	General Public Budget Expenditure(10 000 yuan)	307997	－37.4
在岗职工平均工资(元)	Average Wage of Staff & Workers Employed in(yuan)	64309	9.2
全体居民人均可支配收入(元)	The per capita disposable income of all residents(yuan)	26812	8.1
城镇常住居民人均可支配收入(元)	The per capita disposable income of urban permanent residents(yuan)	32121	7.8
农村牧区常住居民人均可支配收入(元)	The per capita disposable income of permanent residents of rural and pastoral areas(yuan)	16699	7.9
农村牧区经济	**Economic Development in Rural & Pastoral Area**		
农作物总播种面积(公顷)	Total Sown Area(hectare)	156590	－0.3
农业机械总动力(万千瓦时)	Total Power of Machinery(10 000 kwh)	79.42	－27.9
粮食产量(吨)	Yield of Grain(ton)	12511391	－1.1
肉类总产量(吨)	Output of Pork, Beef & Mutton(ton)	130697	0.1
年末生猪存栏(头)	Total Livestock of Hogs at the Year－end(head)	631877	－9.6
年末牛存栏(头)	Total Livestock of Cattles at the Year－end(head)	216686	－9.4
年末羊存栏(只)	Total Livestock of Sheep&Goats at the Year－end(head)	578226	－5.2
规模以上工业	**Industrial Enterprises above Designated Size**		
工业企业单位数(个)	Number of Industrial Enterprises(unit)		
工业总产值(万元)	Gross Industrial Output Value(10 000 yuan)		
工业企业增加值增速(%)	Value Added of Industrial Enterprises(%)		0.6
投资、建筑业	**Investment and Construction**		
固定资产投资(万元)	Total Investment in Fixed Assets(10 000 yuan)		
房地产开发投资(万元)	Investment in Real Estate Development(10 000 yuan)	308657	－17.5
建筑企业单位数(个)	Number of Construction Enterprises(unit)	33	－2.9
贸易	**Trade**		
社会消费品零售总额(万元)	Total Retail Sales of Consumer Goods(10 000 yuan)	2737167	7.0
实际使用外资金额(万美元)	Utilization of Foreign Capital(USD 10 000)		
交通运输邮电通信业	**Transportation, Post & Telecommunications**		
公路里程(公里)	Total Length of Highways(km)	2513	15.8
固定电话用户(户)	Number of Subscribers of Local Telephone(subscriber)	62000	11.6
移动电话用户(户)	Number of Mobile Telephone Subscribers (subscriber)	1311378	47.6
互联网接入用户(户)	Number of Subscribers of Internet Service(subscriber)	191296	45.6
科技教育卫生社会保障	**Science, Education & Public Health**		
专业技术人员(人)	Special Technical Personnel(person)	10674	0.1
小学学校数(所)	Number of Primary Schools(unit)	78	2.6
普通中学学校数(所)	Number of Regular Secondary Schools(unit)	31	6.9
体育场馆数(个)	Stadium and Gymnasium(unit)	2	0.0
医疗卫生机构床位数(张)	Number of Beds(unit)	10979	0.1
医疗卫生技术人员(人)	Medical Technical Personnel(person)	9016	0.1
城镇基本养老保险参保人数(人)	Persons Covered of Urban Basic Medical Care Insurance(person)	133018	2.4
新型农村合作医疗参保人数(人)	Persons Covered of New Cooperative Medical System(person)	430779	－1.9

23－47 通辽市科尔沁左翼中旗
Keerqinzuoyizhong Banner in Tongliao City

指　　标	Item	2017	增长(%) Increase Rate (%)
行政区域土地面积(平方公里)	**Area of Administration(Sq. km)**	**9573**	**0.0**
人口	**Population**		
年末常住人口万(人)	Permanet Resident Population Year－end(10 000 persons)	49.27	－0.7
年末户籍人口(万人)	The Registered Population Year－end(10 000 persons)	52.18	－1.4
国民经济综合指标	**Summary Item on the National Economy**		
生产总值(万元)	Gross Domestic Product(10 000 yuan)		3.9
第一产业(万元)	Primary Industry(10 000 yuan)		3.7
第二产业(万元)	Secondary Industry(10 000 yuan)		3.2
#工业(万元)	Industry(10 000 yuan)		9.1
第三产业(万元)	Tertiary Industry(10 000 yuan)		4.2
人均生产总值(元)	Per Capita GDP(yuan)		3.8
一般公共预算收入(万元)	General Public Budget Revenue(10 000 yuan)	34367	－5.2
一般公共预算支出(万元)	General Public Budget Expenditure(10 000 yuan)	336101	－5.1
在岗职工平均工资(元)	Average Wage of Staff & Workers Employed in(yuan)	57098	6.0
全体居民人均可支配收入(元)	The per capita disposable income of all residents(yuan)	15306	9.0
城镇常住居民人均可支配收入(元)	The per capita disposable income of urban permanent residents(yuan)	24685	8.5
农村牧区常住居民人均可支配收入(元)	The per capita disposable income of permanent residents of rural and pastoral areas(yuan)	10571	8.9
农村牧区经济	**Economic Development in Rural & Pastoral Area**		
农作物总播种面积(公顷)	Total Sown Area(hectare)	274826	0.1
农业机械总动力(万千瓦时)	Total Power of Machinery(10 000 kwh)	135.78	－0.5
粮食产量(吨)	Yield of Grain(ton)	1896335	－0.7
肉类总产量(吨)	Output of Pork, Beef & Mutton(ton)	99998	17.4
年末生猪存栏(头)	Total Livestock of Hogs at the Year－end(head)	310329	－33.2
年末牛存栏(头)	Total Livestock of Cattles at the Year－end(head)	342161	2.0
年末羊存栏(只)	Total Livestock of Sheep&Goats at the Year－end(head)	1046359	17.0
规模以上工业	**Industrial Enterprises above Designated Size**		
工业企业单位数(个)	Number of Industrial Enterprises(unit)		
工业总产值(万元)	Gross Industrial Output Value(10 000 yuan)		
工业企业增加值增速(%)	Value Added of Industrial Enterprises(%)		0.1
投资、建筑业	**Investment and Construction**		
固定资产投资(万元)	Total Investment in Fixed Assets(10 000 yuan)		
房地产开发投资(万元)	Investment in Real Estate Development(10 000 yuan)	1229	－97.6
建筑企业单位数(个)	Number of Construction Enterprises(unit)	4	33.3
贸易	**Trade**		
社会消费品零售总额(万元)	Total Retail Sales of Consumer Goods(10 000 yuan)	515944	7.1
实际使用外资金额(万美元)	Utilization of Foreign Capital(USD 10 000)		
交通运输邮电通信业	**Transportation, Post & Telecommunications**		
公路里程(公里)	Total Length of Highways(km)	3430	1.5
固定电话用户(户)	Number of Subscribers of Local Telephone(subscriber)	6677	－25.7
移动电话用户(户)	Number of Mobile Telephone Subscribers (subscriber)	383804	4.6
互联网接入用户(户)	Number of Subscribers of Internet Service(subscriber)	45497	14.8
科技教育卫生社会保障	**Science, Education & Public Health**		
专业技术人员(人)	Special Technical Personnel(person)	6082	－3.8
小学学校数(所)	Number of Primary Schools(unit)	41	－2.4
普通中学学校数(所)	Number of Regular Secondary Schools(unit)	14	7.7
体育场馆数(个)	Stadium and Gymnasium(unit)		
医疗卫生机构床位数(张)	Number of Beds(unit)	1288	－23.8
医疗卫生技术人员(人)	Medical Technical Personnel(person)	1362	－26.1
城镇基本养老保险参保人数(人)	Persons Covered of Urban Basic Medical Care Insurance(person)	35008	－8.3
新型农村合作医疗参保人数(人)	Persons Covered of New Cooperative Medical System(person)	393039	3.2

23-48 通辽市科尔沁左翼后旗

Keerqinzuoyihou Banner in Tongliao City

指　标	Item	2017	增长(%) Increase Rate (%)
行政区域土地面积(平方公里)	**Area of Administration(Sq. km)**	**11500**	**0.0**
人口	**Population**		
年末常住人口(万人)	Permanet Resident Population Year-end(10 000 persons)	35.71	0.5
年末户籍人口(万人)	The Registered Population Year-end(10 000 persons)	40.18	-0.9
国民经济综合指标	**Summary Item on the National Economy**		
生产总值(万元)	Gross Domestic Product(10 000 yuan)		4.0
第一产业(万元)	Primary Industry(10 000 yuan)		3.6
第二产业(万元)	Secondary Industry(10 000 yuan)		-2.3
#工业(万元)	Industry(10 000 yuan)		3.0
第三产业(万元)	Tertiary Industry(10 000 yuan)		6.9
人均生产总值(元)	Per Capita GDP(yuan)		3.9
一般公共预算收入(万元)	General Public Budget Revenue(10 000 yuan)	35058	-17.4
一般公共预算支出(万元)	General Public Budget Expenditure(10 000 yuan)	323654	6.0
在岗职工平均工资(元)	Average Wage of Staff & Workers Employed in(yuan)	56868	5.7
全体居民人均可支配收入(元)	The per capita disposable income of all residents(yuan)	15854	8.7
城镇常住居民人均可支配收入(元)	The per capita disposable income of urban permanent residents(yuan)	24954	8.2
农村牧区常住居民人均可支配收入(元)	The per capita disposable income of permanent residents of rural and pastoral areas(yuan)	11116	8.5
农村牧区经济	**Economic Development in Rural & Pastoral Area**		
农作物总播种面积(公顷)	Total Sown Area(hectare)	213351	-1.5
农业机械总动力(万千瓦时)	Total Power of Machinery(10 000 kwh)	108.36	0.0
粮食产量(吨)	Yield of Grain(ton)	1128227	-2.4
肉类总产量(吨)	Output of Pork, Beef & Mutton(ton)	55412	6.1
年末生猪存栏(头)	Total Livestock of Hogs at the Year-end(head)	195312	-9.5
年末牛存栏(头)	Total Livestock of Cattles at the Year-end(head)	449519	15.1
年末羊存栏(只)	Total Livestock of Sheep&Goats at the Year-end(head)	642057	22.0
规模以上工业	**Industrial Enterprises above Designated Size**		
工业企业单位数(个)	Number of Industrial Enterprises(unit)		
工业总产值(万元)	Gross Industrial Output Value(10 000 yuan)		
工业企业增加值增速(%)	Value Added of Industrial Enterprises(%)		0.5
投资、建筑业	**Investment and Construction**		
固定资产投资(万元)	Total Investment in Fixed Assets(10 000 yuan)		
房地产开发投资(万元)	Investment in Real Estate Development(10 000 yuan)	59563	508.3
建筑企业单位数(个)	Number of Construction Enterprises(unit)	2	0.0
贸易	**Trade**		
社会消费品零售总额(万元)	Total Retail Sales of Consumer Goods(10 000 yuan)	416263	6.5
实际使用外资金额(万美元)	Utilization of Foreign Capital(USD 10 000)		
交通运输邮电通信业	**Transportation, Post & Telecommunications**		
公路里程(公里)	Total Length of Highways(km)	4293	5.0
固定电话用户(户)	Number of Subscribers of Local Telephone(subscriber)	45000	0.0
移动电话用户(户)	Number of Mobile Telephone Subscribers (subscriber)	344300	0.1
互联网接入用户(户)	Number of Subscribers of Internet Service(subscriber)	43600	18.8
科技教育卫生社会保障	**Science, Education & Public Health**		
专业技术人员(人)	Special Technical Personnel(person)	6605	-1.2
小学学校数(所)	Number of Primary Schools(unit)	35	0.0
普通中学学校数(所)	Number of Regular Secondary Schools(unit)	15	0.0
体育场馆数(个)	Stadium and Gymnasium(unit)	2	0.0
医疗卫生机构床位数(张)	Number of Beds(unit)	3466	0.8
医疗卫生技术人员(人)	Medical Technical Personnel(person)	2026	11.0
城镇基本养老保险参保人数(人)	Persons Covered of Urban Basic Medical Care Insurance(person)	55353	30.7
新型农村合作医疗参保人数(人)	Persons Covered of New Cooperative Medical System(person)	240102	-14.3

23－49 通辽市开鲁县

Kailu County in Tongliao City

指　　标	Item	2017	增长(%) Increase Rate (%)
行政区域土地面积(平方公里)	**Area of Administration(Sq. km)**	**4353**	**0.0**
人口	**Population**		
年末常住人口(万人)	Permanet Resident Population Year－end(10 000 persons)	36.93	－1.9
年末户籍人口(万人)	The Registered Population Year－end(10 000 persons)	39.08	－1.4
国民经济综合指标	**Summary Item on the National Economy**		
生产总值(万元)	Gross Domestic Product(10 000 yuan)		3.2
第一产业(万元)	Primary Industry(10 000 yuan)		3.5
第二产业(万元)	Secondary Industry(10 000 yuan)		－5.4
#工业(万元)	Industry(10 000 yuan)		－3.3
第三产业(万元)	Tertiary Industry(10 000 yuan)		6.9
人均生产总值(元)	Per Capita GDP(yuan)		3.1
一般公共预算收入(万元)	General Public Budget Revenue(10 000 yuan)	35461	－25.3
一般公共预算支出(万元)	General Public Budget Expenditure(10 000 yuan)	265985	3.5
在岗职工平均工资(元)	Average Wage of Staff & Workers Employed in(yuan)	58887	8.7
全体居民人均可支配收入(元)	The per capita disposable income of all residents(yuan)	18596	8.9
城镇常住居民人均可支配收入(元)	The per capita disposable income of urban permanent residents(yuan)	26971	8.0
农村牧区常住居民人均可支配收入(元)	The per capita disposable income of permanent residents of rural and pastoral areas(yuan)	14106	8.7
农村牧区经济	**Economic Development in Rural & Pastoral Area**		
农作物总播种面积(公顷)	Total Sown Area(hectare)	150475	0.6
农业机械总动力(万千瓦时)	Total Power of Machinery(10 000 kwh)	133.50	1.4
粮食产量(吨)	Yield of Grain(ton)	1170088	－1.2
肉类总产量(吨)	Output of Pork, Beef & Mutton(ton)	101764	－18.4
年末生猪存栏(头)	Total Livestock of Hogs at the Year－end(head)	98255	－77.9
年末牛存栏(头)	Total Livestock of Cattles at the Year－end(head)	75526	－50.9
年末羊存栏(只)	Total Livestock of Sheep&Goats at the Year－end(head)	808831	－36.4
规模以上工业	**Industrial Enterprises above Designated Size**		
工业企业单位数(个)	Number of Industrial Enterprises(unit)		
工业总产值(万元)	Gross Industrial Output Value(10 000 yuan)		
工业企业增加值增速(%)	Value Added of Industrial Enterprises(%)		0.6
投资、建筑业	**Investment and Construction**		
固定资产投资(万元)	Total Investment in Fixed Assets(10 000 yuan)		
房地产开发投资(万元)	Investment in Real Estate Development(10 000 yuan)	10768	0.2
建筑企业单位数(个)	Number of Construction Enterprises(unit)	6	50.0
贸易	**Trade**		
社会消费品零售总额(万元)	Total Retail Sales of Consumer Goods(10 000 yuan)	452857	7.2
实际使用外资金额(万美元)	Utilization of Foreign Capital(USD 10 000)		
交通运输邮电通信业	**Transportation, Post & Telecommunications**		
公路里程(公里)	Total Length of Highways(km)	2583	0.3
固定电话用户(户)	Number of Subscribers of Local Telephone(subscriber)	4968	－85.2
移动电话用户(户)	Number of Mobile Telephone Subscribers (subscriber)	384752	－2.1
互联网接入用户(户)	Number of Subscribers of Internet Service(subscriber)	20983	0.6
科技教育卫生社会保障	**Science, Education & Public Health**		
专业技术人员(人)	Special Technical Personnel(person)	5751	0.1
小学学校数(所)	Number of Primary Schools(unit)	21	－54.3
普通中学学校数(所)	Number of Regular Secondary Schools(unit)	19	－5.0
体育场馆数(个)	Stadium and Gymnasium(unit)	1	0.0
医疗卫生机构床位数(张)	Number of Beds(unit)	1431	15.4
医疗卫生技术人员(人)	Medical Technical Personnel(person)	1398	16.4
城镇基本养老保险参保人数(人)	Persons Covered of Urban Basic Medical Care Insurance(person)	28107	22.7
新型农村合作医疗参保人数(人)	Persons Covered of New Cooperative Medical System(person)	285676	－5.6

23－50 通辽市库伦旗

Kulun Banner in Tongliao City

指　　标	Item	2017	增长(%) Increase Rate (%)
行政区域土地面积(平方公里)	**Area of Administration(Sq. km)**	**4709**	**0.0**
人口	**Population**		
年末常住人口(万人)	Permanet Resident Population Year－end(10 000 persons)	16.37	0.2
年末户籍人口(万人)	The Registered Population Year－end(10 000 persons)	17.84	-0.3
国民经济综合指标	**Summary Item on the National Economy**		
生产总值(万元)	Gross Domestic Product(10 000 yuan)		2.7
第一产业(万元)	Primary Industry(10 000 yuan)		4.0
第二产业(万元)	Secondary Industry(10 000 yuan)		-1.4
#工业(万元)	Industry(10 000 yuan)		7.5
第三产业(万元)	Tertiary Industry(10 000 yuan)		2.4
人均生产总值(元)	Per Capita GDP(yuan)		2.4
一般公共预算收入(万元)	General Public Budget Revenue(10 000 yuan)	11507	-67.1
一般公共预算支出(万元)	General Public Budget Expenditure(10 000 yuan)	162363	-16.1
在岗职工平均工资(元)	Average Wage of Staff & Workers Employed in(yuan)	57727	6.7
全体居民人均可支配收入(元)	The per capita disposable income of all residents(yuan)	15253	9.2
城镇常住居民人均可支配收入(元)	The per capita disposable income of urban permanent residents(yuan)	23894	8.6
农村牧区常住居民人均可支配收入(元)	The per capita disposable income of permanent residents of rural and pastoral areas(yuan)	9974	8.8
农村牧区经济	**Economic Development in Rural & Pastoral Area**		
农作物总播种面积(公顷)	Total Sown Area(hectare)	95502	7.6
农业机械总动力(万千瓦时)	Total Power of Machinery(10 000 kwh)	40.00	2.6
粮食产量(吨)	Yield of Grain(ton)	510965	-8.5
肉类总产量(吨)	Output of Pork, Beef & Mutton(ton)	39777	12.3
年末生猪存栏(头)	Total Livestock of Hogs at the Year－end(head)	175864	1.3
年末牛存栏(头)	Total Livestock of Cattles at the Year－end(head)	173256	5.0
年末羊存栏(只)	Total Livestock of Sheep&Goats at the Year－end(head)	390320	-6.9
规模以上工业	**Industrial Enterprises above Designated Size**		
工业企业单位数(个)	Number of Industrial Enterprises(unit)		
工业总产值(万元)	Gross Industrial Output Value(10 000 yuan)		
工业企业增加值增速(%)	Value Added of Industrial Enterprises(%)		0.1
投资、建筑业	**Investment and Construction**		
固定资产投资(万元)	Total Investment in Fixed Assets(10 000 yuan)		
房地产开发投资(万元)	Investment in Real Estate Development(10 000 yuan)	16800	888.2
建筑企业单位数(个)	Number of Construction Enterprises(unit)	1	0.0
贸易	**Trade**		
社会消费品零售总额(万元)	Total Retail Sales of Consumer Goods(10 000 yuan)	173665	6.7
实际使用外资金额(万美元)	Utilization of Foreign Capital(USD 10 000)		
交通运输邮电通信业	**Transportation, Post & Telecommunications**		
公路里程(公里)	Total Length of Highways(km)	2012	0.6
固定电话用户(户)	Number of Subscribers of Local Telephone(subscriber)	8560	-18.1
移动电话用户(户)	Number of Mobile Telephone Subscribers (subscriber)	192300	-1.4
互联网接入用户(户)	Number of Subscribers of Internet Service(subscriber)	26907	-16.7
科技教育卫生社会保障	**Science, Education & Public Health**		
专业技术人员(人)	Special Technical Personnel(person)	1985	74.9
小学学校数(所)	Number of Primary Schools(unit)	16	-5.9
普通中学学校数(所)	Number of Regular Secondary Schools(unit)	15	15.4
体育场馆数(个)	Stadium and Gymnasium(unit)	1	0.0
医疗卫生机构床位数(张)	Number of Beds(unit)	763	11.9
医疗卫生技术人员(人)	Medical Technical Personnel(person)	979	75.8
城镇基本养老保险参保人数(人)	Persons Covered of Urban Basic Medical Care Insurance(person)	7250	0.7
新型农村合作医疗参保人数(人)	Persons Covered of New Cooperative Medical System(person)	117440	-1.8

23－51 通辽市奈曼旗

Naiman Banner in Tongliao City

指　　标	Item	2017	增长(%) Increase Rate (%)
行政区域土地面积(平方公里)	**Area of Administration(Sq. km)**	**8130**	**0.0**
人口	**Population**		
年末常住人口(万人)	Permanet Resident Population Year－end(10 000 persons)	42.33	5.3
年末户籍人口(万人)	The Registered Population Year－end(10 000 persons)	44.56	－0.5
国民经济综合指标	**Summary Item on the National Economy**		
生产总值(万元)	Gross Domestic Product(10 000 yuan)		4.6
第一产业(万元)	Primary Industry(10 000 yuan)		3.4
第二产业(万元)	Secondary Industry(10 000 yuan)		4.0
#工业(万元)	Industry(10 000 yuan)		23.0
第三产业(万元)	Tertiary Industry(10 000 yuan)		6.6
人均生产总值(元)	Per Capita GDP(yuan)		4.5
一般公共预算收入(万元)	General Public Budget Revenue(10 000 yuan)	32427	－22.6
一般公共预算支出(万元)	General Public Budget Expenditure(10 000 yuan)	338400	－1.2
在岗职工平均工资(元)	Average Wage of Staff & Workers Employed in(yuan)	60364	2.2
全体居民人均可支配收入(元)	The per capita disposable income of all residents(yuan)	15152	9.4
城镇常住居民人均可支配收入(元)	The per capita disposable income of urban permanent residents(yuan)	24862	8.4
农村牧区常住居民人均可支配收入(元)	The per capita disposable income of permanent residents of rural and pastoral areas(yuan)	10277	9.0
农村牧区经济	**Economic Development in Rural & Pastoral Area**		
农作物总播种面积(公顷)	Total Sown Area(hectare)	117619	－1.5
农业机械总动力(万千瓦时)	Total Power of Machinery(10 000 kwh)	102.00	3.0
粮食产量(吨)	Yield of Grain(ton)	985419	4.3
肉类总产量(吨)	Output of Pork, Beef & Mutton(ton)	41376	1.0
年末生猪存栏(头)	Total Livestock of Hogs at the Year－end(head)	309749	0.0
年末牛存栏(头)	Total Livestock of Cattles at the Year－end(head)	130245	0.3
年末羊存栏(只)	Total Livestock of Sheep&Goats at the Year－end(head)	764453	0.5
规模以上工业	**Industrial Enterprises above Designated Size**		
工业企业单位数(个)	Number of Industrial Enterprises(unit)		
工业总产值(万元)	Gross Industrial Output Value(10 000 yuan)		
工业企业增加值增速(%)	Value Added of Industrial Enterprises(%)		0.5
投资、建筑业	**Investment and Construction**		
固定资产投资(万元)	Total Investment in Fixed Assets(10 000 yuan)		
房地产开发投资(万元)	Investment in Real Estate Development(10 000 yuan)	40565	327.4
建筑企业单位数(个)	Number of Construction Enterprises(unit)	9	12.5
贸易	**Trade**		
社会消费品零售总额(万元)	Total Retail Sales of Consumer Goods(10 000 yuan)	438200	7.3
实际使用外资金额(万美元)	Utilization of Foreign Capital(USD 10 000)		
交通运输邮电通信业	**Transportation, Post & Telecommunications**		
公路里程(公里)	Total Length of Highways(km)	4100	2.7
固定电话用户(户)	Number of Subscribers of Local Telephone(subscriber)	28800	0.0
移动电话用户(户)	Number of Mobile Telephone Subscribers (subscriber)	412500	0.1
互联网接入用户(户)	Number of Subscribers of Internet Service(subscriber)	46300	29.3
科技教育卫生社会保障	**Science, Education & Public Health**		
专业技术人员(人)	Special Technical Personnel(person)	8598	0.3
小学学校数(所)	Number of Primary Schools(unit)	35	12.9
普通中学学校数(所)	Number of Regular Secondary Schools(unit)	19	0.0
体育场馆数(个)	Stadium and Gymnasium(unit)	2	0.0
医疗卫生机构床位数(张)	Number of Beds(unit)	1509	21.7
医疗卫生技术人员(人)	Medical Technical Personnel(person)	1498	－3.1
城镇基本养老保险参保人数(人)	Persons Covered of Urban Basic Medical Care Insurance(person)	14526	1.6
新型农村合作医疗参保人数(人)	Persons Covered of New Cooperative Medical System(person)	292391	－17.0

23－52 通辽市扎鲁特旗

Zhalute Banner in Tongliao City

指　　标	Item	2017	增长(%) Increase Rate (%)
行政区域土地面积(平方公里)	**Area of Administration(Sq. km)**	**16492**	**0.0**
人口	**Population**		
年末常住人口(万人)	Permanet Resident Population Year－end(10 000 persons)	31.15	0.4
年末户籍人口(万人)	The Registered Population Year－end(10 000 persons)	30.51	－0.3
国民经济综合指标	**Summary Item on the National Economy**		
生产总值(万元)	Gross Domestic Product(10 000 yuan)		6.6
第一产业(万元)	Primary Industry(10 000 yuan)		3.6
第二产业(万元)	Secondary Industry(10 000 yuan)		11.5
# 工业(万元)	Industry(10 000 yuan)		18.7
第三产业(万元)	Tertiary Industry(10 000 yuan)		5.0
人均生产总值(元)	Per Capita GDP(yuan)		6.4
一般公共预算收入(万元)	General Public Budget Revenue(10 000 yuan)	69482	－57.8
一般公共预算支出(万元)	General Public Budget Expenditure(10 000 yuan)	296103	－34.3
在岗职工平均工资(元)	Average Wage of Staff & Workers Employed in(yuan)	63161	2.8
全体居民人均可支配收入(元)	The per capita disposable income of all residents(yuan)	13727	8.6
城镇常住居民人均可支配收入(元)	The per capita disposable income of urban permanent residents(yuan)	26715	8.7
农村牧区常住居民人均可支配收入(元)	The per capita disposable income of permanent residents of rural and pastoral areas(yuan)	13727	8.6
农村牧区经济	**Economic Development in Rural & Pastoral Area**		
农作物总播种面积(公顷)	Total Sown Area(hectare)	152328	－1.6
农业机械总动力(万千瓦时)	Total Power of Machinery(10 000 kwh)	75.00	3.3
粮食产量(吨)	Yield of Grain(ton)	558171	－1.2
肉类总产量(吨)	Output of Pork, Beef & Mutton(ton)	98211	15.2
年末生猪存栏(头)	Total Livestock of Hogs at the Year－end(head)	127714	－41.4
年末牛存栏(头)	Total Livestock of Cattles at the Year－end(head)	257008	11.5
年末羊存栏(只)	Total Livestock of Sheep&Goats at the Year－end(head)	1880244	－2.8
规模以上工业	**Industrial Enterprises above Designated Size**		
工业企业单位数(个)	Number of Industrial Enterprises(unit)		
工业总产值(万元)	Gross Industrial Output Value(10 000 yuan)		
工业企业增加值增速(%)	Value Added of Industrial Enterprises(%)		0.3
投资、建筑业	**Investment and Construction**		
固定资产投资(万元)	Total Investment in Fixed Assets(10 000 yuan)		
房地产开发投资(万元)	Investment in Real Estate Development(10 000 yuan)	16807	44.9
建筑企业单位数(个)	Number of Construction Enterprises(unit)	4	33.3
贸易	**Trade**		
社会消费品零售总额(万元)	Total Retail Sales of Consumer Goods(10 000 yuan)	356591	6.4
实际使用外资金额(万美元)	Utilization of Foreign Capital(USD 10 000)	263	－45.7
交通运输邮电通信业	**Transportation, Post & Telecommunications**		
公路里程(公里)	Total Length of Highways(km)	2685	0.0
固定电话用户(户)	Number of Subscribers of Local Telephone(subscriber)	12264	－25.1
移动电话用户(户)	Number of Mobile Telephone Subscribers (subscriber)	345000	18.6
互联网接入用户(户)	Number of Subscribers of Internet Service(subscriber)	43136	31.0
科技教育卫生社会保障	**Science, Education & Public Health**		
专业技术人员(人)	Special Technical Personnel(person)	7031	－2.8
小学学校数(所)	Number of Primary Schools(unit)	31	0.0
普通中学学校数(所)	Number of Regular Secondary Schools(unit)	10	0.0
体育场馆数(个)	Stadium and Gymnasium(unit)	3	0.0
医疗卫生机构床位数(张)	Number of Beds(unit)	1897	9.9
医疗卫生技术人员(人)	Medical Technical Personnel(person)	1824	17.3
城镇基本养老保险参保人数(人)	Persons Covered of Urban Basic Medical Care Insurance(person)	33700	46.4
新型农村合作医疗参保人数(人)	Persons Covered of New Cooperative Medical System(person)	203210	－1.2

23－53 通辽市霍林郭勒市
Huolinguole City in Tongliao City

指　　标	Item	2017	增长(%) Increase Rate (%)
行政区域土地面积(平方公里)	**Area of Administration(Sq. km)**	**585**	**0.0**
人口	**Population**		
年末常住人口(万人)	Permanet Resident Population Year－end(10 000 persons)	11.75	－4.0
年末户籍人口(万人)	The Registered Population Year－end(10 000 persons)	8.26	0.6
国民经济综合指标	**Summary Item on the National Economy**		
生产总值(万元)	Gross Domestic Product(10 000 yuan)		8.4
第一产业(万元)	Primary Industry(10 000 yuan)		3.8
第二产业(万元)	Secondary Industry(10 000 yuan)		9.8
#工业(万元)	Industry(10 000 yuan)		12.0
第三产业(万元)	Tertiary Industry(10 000 yuan)		6.3
人均生产总值(元)	Per Capita GDP(yuan)		8.0
一般公共预算收入(万元)	General Public Budget Revenue(10 000 yuan)	115734	－63.5
一般公共预算支出(万元)	General Public Budget Expenditure(10 000 yuan)	156849	－58.8
在岗职工平均工资(元)	Average Wage of Staff & Workers Employed in(yuan)	77341	15.1
全体居民人均可支配收入(元)	The per capita disposable income of all residents(yuan)	40681	6.5
城镇常住居民人均可支配收入(元)	The per capita disposable income of urban permanent residents(yuan)	40681	6.5
农村牧区常住居民人均可支配收入(元)	The per capita disposable income of permanent residents of rural and pastoral areas(yuan)		
农村牧区经济	**Economic Development in Rural & Pastoral Area**		
农作物总播种面积(公顷)	Total Sown Area(hectare)	13187	2.2
农业机械总动力(万千瓦时)	Total Power of Machinery(10 000 kwh)	2.30	0.0
粮食产量(吨)	Yield of Grain(ton)	7646	－53.0
肉类总产量(吨)	Output of Pork, Beef & Mutton(ton)	6160	－3.5
年末生猪存栏(头)	Total Livestock of Hogs at the Year－end(head)	5020	－8.9
年末牛存栏(头)	Total Livestock of Cattles at the Year－end(head)	1723	5.4
年末羊存栏(只)	Total Livestock of Sheep&Goats at the Year－end(head)	150220	1.5
规模以上工业	**Industrial Enterprises above Designated Size**		
工业企业单位数(个)	Number of Industrial Enterprises(unit)		
工业总产值(万元)	Gross Industrial Output Value(10 000 yuan)		
工业企业增加值增速(%)	Value Added of Industrial Enterprises(%)		0.9
投资、建筑业	**Investment and Construction**		
固定资产投资(万元)	Total Investment in Fixed Assets(10 000 yuan)		
房地产开发投资(万元)	Investment in Real Estate Development(10 000 yuan)	31102	94.6
建筑企业单位数(个)	Number of Construction Enterprises(unit)	6	0.0
贸易	**Trade**		
社会消费品零售总额(万元)	Total Retail Sales of Consumer Goods(10 000 yuan)	420208	6.8
实际使用外资金额(万美元)	Utilization of Foreign Capital(USD 10 000)		
交通运输邮电通信业	**Transportation, Post & Telecommunications**		
公路里程(公里)	Total Length of Highways(km)	278	0.0
固定电话用户(户)	Number of Subscribers of Local Telephone(subscriber)	4719	－7.5
移动电话用户(户)	Number of Mobile Telephone Subscribers (subscriber)	144180	15.3
互联网接入用户(户)	Number of Subscribers of Internet Service(subscriber)	27940	33.0
科技教育卫生社会保障	**Science, Education & Public Health**		
专业技术人员(人)	Special Technical Personnel(person)	2683	103.0
小学学校数(所)	Number of Primary Schools(unit)	7	16.7
普通中学学校数(所)	Number of Regular Secondary Schools(unit)	7	0.0
体育场馆数(个)	Stadium and Gymnasium(unit)	5	0.0
医疗卫生机构床位数(张)	Number of Beds(unit)	771	－17.0
医疗卫生技术人员(人)	Medical Technical Personnel(person)	709	－8.4
城镇基本养老保险参保人数(人)	Persons Covered of Urban Basic Medical Care Insurance(person)	16941	2.9
新型农村合作医疗参保人数(人)	Persons Covered of New Cooperative Medical System(person)		

23－54 赤峰市红山区
Hongshan District in Chifeng City

指　　标	Item	2017	增长(%) Increase Rate (%)
行政区域土地面积(平方公里)	**Area of Administration(Sq. km)**	**506**	**0.0**
人口	**Population**		
年末常住人口(万人)	Permanet Resident Population Year－end(10 000 persons)	46.20	0.1
年末户籍人口(万人)	The Registered Population Year－end(10 000 persons)	35.03	－1.1
国民经济综合指标	**Summary Item on the National Economy**		
生产总值(万元)	Gross Domestic Product(10 000 yuan)		8.9
第一产业(万元)	Primary Industry(10 000 yuan)		3.0
第二产业(万元)	Secondary Industry(10 000 yuan)		13.5
# 工业(万元)	Industry(10 000 yuan)		15.4
第三产业(万元)	Tertiary Industry(10 000 yuan)		6.6
人均生产总值(元)	Per Capita GDP(yuan)		8.7
一般公共预算收入(万元)	General Public Budget Revenue(10 000 yuan)	217247	－6.1
一般公共预算支出(万元)	General Public Budget Expenditure(10 000 yuan)	323821	20.5
在岗职工平均工资(元)	Average Wage of Staff & Workers Employed in(yuan)	62023	6.8
全体居民人均可支配收入(元)	The per capita disposable income of all residents(yuan)	32286	8.5
城镇常住居民人均可支配收入(元)	The per capita disposable income of urban permanent residents(yuan)	33114	8.5
农村牧区常住居民人均可支配收入(元)	The per capita disposable income of permanent residents of rural and pastoral areas(yuan)	17536	8.6
农村牧区经济	**Economic Development in Rural & Pastoral Area**		
农作物总播种面积(公顷)	Total Sown Area(hectare)	13230	－2.4
农业机械总动力(万千瓦时)	Total Power of Machinery(10 000 kwh)	5.93	－39.5
粮食产量(吨)	Yield of Grain(ton)	56976	5.7
肉类总产量(吨)	Output of Pork, Beef & Mutton(ton)	3052	20.9
年末生猪存栏(头)	Total Livestock of Hogs at the Year－end(head)	11943	－1.4
年末牛存栏(头)	Total Livestock of Cattles at the Year－end(head)	7111	77.7
年末羊存栏(只)	Total Livestock of Sheep&Goats at the Year－end(head)	33288	－10.8
规模以上工业	**Industrial Enterprises above Designated Size**		
工业企业单位数(个)	Number of Industrial Enterprises(unit)		
工业总产值(万元)	Gross Industrial Output Value(10 000 yuan)		
工业企业增加值增速(%)	Value Added of Industrial Enterprises(%)		19.7
投资、建筑业	**Investment and Construction**		
固定资产投资(万元)	Total Investment in Fixed Assets(10 000 yuan)		
房地产开发投资(万元)	Investment in Real Estate Development(10 000 yuan)	533195	10.8
建筑企业单位数(个)	Number of Construction Enterprises(unit)	24	－4.0
贸易	**Trade**		
社会消费品零售总额(万元)	Total Retail Sales of Consumer Goods(10 000 yuan)	1522754	8.5
实际使用外资金额(万美元)	Utilization of Foreign Capital(USD 10 000)		
交通运输邮电通信业	**Transportation, Post & Telecommunications**		
公路里程(公里)	Total Length of Highways(km)	549	4.7
固定电话用户(户)	Number of Subscribers of Local Telephone(subscriber)	45882	－2.4
移动电话用户(户)	Number of Mobile Telephone Subscribers (subscriber)	157981	12.8
互联网接入用户(户)	Number of Subscribers of Internet Service(subscriber)	53149	40.9
科技教育卫生社会保障	**Science, Education & Public Health**		
专业技术人员(人)	Special Technical Personnel(person)	15445	2.9
小学学校数(所)	Number of Primary Schools(unit)	38	0.0
普通中学学校数(所)	Number of Regular Secondary Schools(unit)	17	0.0
体育场馆数(个)	Stadium and Gymnasium(unit)	2	0.0
医疗卫生机构床位数(张)	Number of Beds(unit)	8519	10.7
医疗卫生技术人员(人)	Medical Technical Personnel(person)	9738	3.1
城镇基本养老保险参保人数(人)	Persons Covered of Urban Basic Medical Care Insurance(person)	95960	33.1
新型农村合作医疗参保人数(人)	Persons Covered of New Cooperative Medical System(person)		

23－55 赤峰市元宝山区

Yuanbaoshan District in Chifeng City

指　　标	Item	2017	增长(%) Increase Rate (%)
行政区域土地面积(平方公里)	**Area of Administration(Sq. km)**	**953**	**0.0**
人口	**Population**		
年末常住人口(万人)	Permanet Resident Population Year－end(10 000 persons)	33.53	0.2
年末户籍人口(万人)	The Registered Population Year－end(10 000 persons)	32.03	－1.1
国民经济综合指标	**Summary Item on the National Economy**		
生产总值(万元)	Gross Domestic Product(10 000 yuan)		－6.6
第一产业(万元)	Primary Industry(10 000 yuan)		4.1
第二产业(万元)	Secondary Industry(10 000 yuan)		－18.8
#工业(万元)	Industry(10 000 yuan)		－10.1
第三产业(万元)	Tertiary Industry(10 000 yuan)		0.2
人均生产总值(元)	Per Capita GDP(yuan)		－6.8
一般公共预算收入(万元)	General Public Budget Revenue(10 000 yuan)	120000	－6.3
一般公共预算支出(万元)	General Public Budget Expenditure(10 000 yuan)	216000	－4.2
在岗职工平均工资(元)	Average Wage of Staff & Workers Employed in(yuan)	72749	13.6
全体居民人均可支配收入(元)	The per capita disposable income of all residents(yuan)	28083	8.8
城镇常住居民人均可支配收入(元)	The per capita disposable income of urban permanent residents(yuan)	32327	8.4
农村牧区常住居民人均可支配收入(元)	The per capita disposable income of permanent residents of rural and pastoral areas(yuan)	17334	8.6
农村牧区经济	**Economic Development in Rural & Pastoral Area**		
农作物总播种面积(公顷)	Total Sown Area(hectare)	28759	－3.8
农业机械总动力(万千瓦时)	Total Power of Machinery(10 000 kwh)	12.80	－20.0
粮食产量(吨)	Yield of Grain(ton)	193076	3.5
肉类总产量(吨)	Output of Pork, Beef & Mutton(ton)	12717	－10.8
年末生猪存栏(头)	Total Livestock of Hogs at the Year－end(head)	50120	38.6
年末牛存栏(头)	Total Livestock of Cattles at the Year－end(head)	24464	－44.1
年末羊存栏(只)	Total Livestock of Sheep&Goats at the Year－end(head)	80024	58.7
规模以上工业	**Industrial Enterprises above Designated Size**		
工业企业单位数(个)	Number of Industrial Enterprises(unit)		
工业总产值(万元)	Gross Industrial Output Value(10 000 yuan)		
工业企业增加值增速(%)	Value Added of Industrial Enterprises(%)		－12.7
投资、建筑业	**Investment and Construction**		
固定资产投资(万元)	Total Investment in Fixed Assets(10 000 yuan)		
房地产开发投资(万元)	Investment in Real Estate Development(10 000 yuan)	6131	－42.9
建筑企业单位数(个)	Number of Construction Enterprises(unit)	11	0.0
贸易	**Trade**		
社会消费品零售总额(万元)	Total Retail Sales of Consumer Goods(10 000 yuan)	949681	7.7
实际使用外资金额(万美元)	Utilization of Foreign Capital(USD 10 000)	3096	
交通运输邮电通信业	**Transportation, Post & Telecommunications**		
公路里程(公里)	Total Length of Highways(km)	829	0.0
固定电话用户(户)	Number of Subscribers of Local Telephone(subscriber)	22766	－37.5
移动电话用户(户)	Number of Mobile Telephone Subscribers (subscriber)	372434	－15.4
互联网接入用户(户)	Number of Subscribers of Internet Service(subscriber)	255173	172.8
科技教育卫生社会保障	**Science, Education & Public Health**		
专业技术人员(人)	Special Technical Personnel(person)	5839	－1.2
小学学校数(所)	Number of Primary Schools(unit)	17	0.0
普通中学学校数(所)	Number of Regular Secondary Schools(unit)	10	－16.7
体育场馆数(个)	Stadium and Gymnasium(unit)	3	0.0
医疗卫生机构床位数(张)	Number of Beds(unit)	2355	－0.6
医疗卫生技术人员(人)	Medical Technical Personnel(person)	1979	0.4
城镇基本养老保险参保人数(人)	Persons Covered of Urban Basic Medical Care Insurance(person)	159065	110.8
新型农村合作医疗参保人数(人)	Persons Covered of New Cooperative Medical System(person)		

23－56 赤峰市松山区

Songshan District in Chifeng City

指　　标	Item	2017	增长(%) Increase Rate (%)
行政区域土地面积(平方公里)	**Area of Administration(Sq. km)**	**5618**	**0.0**
人口	**Population**		
年末常住人口(万人)	Permanet Resident Population Year－end(10 000 persons)	60.14	－8.7
年末户籍人口(万人)	The Registered Population Year－end(10 000 persons)	59.20	0.9
国民经济综合指标	**Summary Item on the National Economy**		
生产总值(万元)	Gross Domestic Product(10 000 yuan)		5.7
第一产业(万元)	Primary Industry(10 000 yuan)		4.9
第二产业(万元)	Secondary Industry(10 000 yuan)		1.1
# 工业(万元)	Industry(10 000 yuan)		3.7
第三产业(万元)	Tertiary Industry(10 000 yuan)		9.0
人均生产总值(元)	Per Capita GDP(yuan)		5.5
一般公共预算收入(万元)	General Public Budget Revenue(10 000 yuan)	135363	3.9
一般公共预算支出(万元)	General Public Budget Expenditure(10 000 yuan)	440766	26.3
在岗职工平均工资(元)	Average Wage of Staff & Workers Employed in(yuan)	64111	6.3
全体居民人均可支配收入(元)	The per capita disposable income of all residents(yuan)	22132	9.1
城镇常住居民人均可支配收入(元)	The per capita disposable income of urban permanent residents(yuan)	31356	8.6
农村牧区常住居民人均可支配收入(元)	The per capita disposable income of permanent residents of rural and pastoral areas(yuan)	13571	9.2
农村牧区经济	**Economic Development in Rural & Pastoral Area**		
农作物总播种面积(公顷)	Total Sown Area(hectare)	160536	4.2
农业机械总动力(万千瓦时)	Total Power of Machinery(10 000 kwh)	64.00	－31.2
粮食产量(吨)	Yield of Grain(ton)	840000	0.5
肉类总产量(吨)	Output of Pork, Beef & Mutton(ton)	93499	－8.7
年末生猪存栏(头)	Total Livestock of Hogs at the Year－end(head)	399196	26.2
年末牛存栏(头)	Total Livestock of Cattles at the Year－end(head)	115436	－16.1
年末羊存栏(只)	Total Livestock of Sheep&Goats at the Year－end(head)	454329	33.9
规模以上工业	**Industrial Enterprises above Designated Size**		
工业企业单位数(个)	Number of Industrial Enterprises(unit)		
工业总产值(万元)	Gross Industrial Output Value(10 000 yuan)		
工业企业增加值增速(%)	Value Added of Industrial Enterprises(%)		3.9
投资、建筑业	**Investment and Construction**		
固定资产投资(万元)	Total Investment in Fixed Assets(10 000 yuan)		
房地产开发投资(万元)	Investment in Real Estate Development(10 000 yuan)	443545	54.0
建筑企业单位数(个)	Number of Construction Enterprises(unit)	37	0.0
贸易	**Trade**		
社会消费品零售总额(万元)	Total Retail Sales of Consumer Goods(10 000 yuan)	1300686	8.4
实际使用外资金额(万美元)	Utilization of Foreign Capital(USD 10 000)		
交通运输邮电通信业	**Transportation, Post & Telecommunications**		
公路里程(公里)	Total Length of Highways(km)	1887	0.0
固定电话用户(户)	Number of Subscribers of Local Telephone(subscriber)	17000	－60.9
移动电话用户(户)	Number of Mobile Telephone Subscribers (subscriber)	448000	8.5
互联网接入用户(户)	Number of Subscribers of Internet Service(subscriber)	60000	－10.6
科技教育卫生社会保障	**Science, Education & Public Health**		
专业技术人员(人)	Special Technical Personnel(person)	13126	5.0
小学学校数(所)	Number of Primary Schools(unit)	46	－4.2
普通中学学校数(所)	Number of Regular Secondary Schools(unit)	18	0.0
体育场馆数(个)	Stadium and Gymnasium(unit)		
医疗卫生机构床位数(张)	Number of Beds(unit)	1965	12.5
医疗卫生技术人员(人)	Medical Technical Personnel(person)	2075	9.3
城镇基本养老保险参保人数(人)	Persons Covered of Urban Basic Medical Care Insurance(person)	77747	26.7
新型农村合作医疗参保人数(人)	Persons Covered of New Cooperative Medical System(person)		

23 – 57 赤峰市阿鲁科尔沁旗
Alukeerqin Banner in Chifeng City

指　　标	Item	2017	增长(%) Increase Rate (%)
行政区域土地面积(平方公里)	**Area of Administration(Sq. km)**	**14555**	**0.0**
人口	**Population**		
年末常住人口(万人)	Permanet Resident Population Year – end(10 000 persons)	29.82	-0.5
年末户籍人口(万人)	The Registered Population Year – end(10 000 persons)	29.28	-1.3
国民经济综合指标	**Summary Item on the National Economy**		
生产总值(万元)	Gross Domestic Product(10 000 yuan)		4.2
第一产业(万元)	Primary Industry(10 000 yuan)		4.5
第二产业(万元)	Secondary Industry(10 000 yuan)		-2.3
#工业(万元)	Industry(10 000 yuan)		-8.6
第三产业(万元)	Tertiary Industry(10 000 yuan)		8.5
人均生产总值(元)	Per Capita GDP(yuan)		4.1
一般公共预算收入(万元)	General Public Budget Revenue(10 000 yuan)	27297	-26.5
一般公共预算支出(万元)	General Public Budget Expenditure(10 000 yuan)	316676	3.7
在岗职工平均工资(元)	Average Wage of Staff & Workers Employed in(yuan)	56880	-1.1
全体居民人均可支配收入(元)	The per capita disposable income of all residents(yuan)	14641	9.6
城镇常住居民人均可支配收入(元)	The per capita disposable income of urban permanent residents(yuan)	24593	8.8
农村牧区常住居民人均可支配收入(元)	The per capita disposable income of permanent residents of rural and pastoral areas(yuan)	9997	9.3
农村牧区经济	**Economic Development in Rural & Pastoral Area**		
农作物总播种面积(公顷)	Total Sown Area(hectare)	188376	-9.1
农业机械总动力(万千瓦时)	Total Power of Machinery(10 000 kwh)	62.40	-10.9
粮食产量(吨)	Yield of Grain(ton)	562533	0.1
肉类总产量(吨)	Output of Pork, Beef & Mutton(ton)	23455	0.0
年末生猪存栏(头)	Total Livestock of Hogs at the Year – end(head)	44878	2.6
年末牛存栏(头)	Total Livestock of Cattles at the Year – end(head)	252734	2.7
年末羊存栏(只)	Total Livestock of Sheep&Goats at the Year – end(head)	1442660	32.2
规模以上工业	**Industrial Enterprises above Designated Size**		
工业企业单位数(个)	Number of Industrial Enterprises(unit)		
工业总产值(万元)	Gross Industrial Output Value(10 000 yuan)		
工业企业增加值增速(%)	Value Added of Industrial Enterprises(%)		-10.9
投资、建筑业	**Investment and Construction**		
固定资产投资(万元)	Total Investment in Fixed Assets(10 000 yuan)		
房地产开发投资(万元)	Investment in Real Estate Development(10 000 yuan)	60835	5.9
建筑企业单位数(个)	Number of Construction Enterprises(unit)	10	0.0
贸易	**Trade**		
社会消费品零售总额(万元)	Total Retail Sales of Consumer Goods(10 000 yuan)	357206	8.0
实际使用外资金额(万美元)	Utilization of Foreign Capital(USD 10 000)		
交通运输邮电通信业	**Transportation, Post & Telecommunications**		
公路里程(公里)	Total Length of Highways(km)	3513	0.0
固定电话用户(户)	Number of Subscribers of Local Telephone(subscriber)	19700	-8.5
移动电话用户(户)	Number of Mobile Telephone Subscribers (subscriber)	289120	0.2
互联网接入用户(户)	Number of Subscribers of Internet Service(subscriber)	38965	14.6
科技教育卫生社会保障	**Science, Education & Public Health**		
专业技术人员(人)	Special Technical Personnel(person)	7462	20.0
小学学校数(所)	Number of Primary Schools(unit)	32	0.0
普通中学学校数(所)	Number of Regular Secondary Schools(unit)	7	0.0
体育场馆数(个)	Stadium and Gymnasium(unit)	3	0.0
医疗卫生机构床位数(张)	Number of Beds(unit)	1579	-15.7
医疗卫生技术人员(人)	Medical Technical Personnel(person)	1366	2.4
城镇基本养老保险参保人数(人)	Persons Covered of Urban Basic Medical Care Insurance(person)	34057	8.8
新型农村合作医疗参保人数(人)	Persons Covered of New Cooperative Medical System(person)		

23－58 赤峰市巴林左旗

Balinzuo Banner in Chifeng City

指　　标	Item	2017	增长(%) Increase Rate (%)
行政区域土地面积(平方公里)	**Area of Administration(Sq. km)**	**6459**	**0.0**
人口	**Population**		
年末常住人口(万人)	Permanet Resident Population Year－end(10 000 persons)	36.06	－4.4
年末户籍人口(万人)	The Registered Population Year－end(10 000 persons)	35.20	1.1
国民经济综合指标	**Summary Item on the National Economy**		
生产总值(万元)	Gross Domestic Product(10 000 yuan)		5.2
第一产业(万元)	Primary Industry(10 000 yuan)		4.4
第二产业(万元)	Secondary Industry(10 000 yuan)		3.1
#工业(万元)	Industry(10 000 yuan)		0.2
第三产业(万元)	Tertiary Industry(10 000 yuan)		7.2
人均生产总值(元)	Per Capita GDP(yuan)		4.9
一般公共预算收入(万元)	General Public Budget Revenue(10 000 yuan)	52410	－5.8
一般公共预算支出(万元)	General Public Budget Expenditure(10 000 yuan)	327375	19.2
在岗职工平均工资(元)	Average Wage of Staff & Workers Employed in(yuan)	61541	1.1
全体居民人均可支配收入(元)	The per capita disposable income of all residents(yuan)	14829	9.0
城镇常住居民人均可支配收入(元)	The per capita disposable income of urban permanent residents(yuan)	26273	8.6
农村牧区常住居民人均可支配收入(元)	The per capita disposable income of permanent residents of rural and pastoral areas(yuan)	9222	8.7
农村牧区经济	**Economic Development in Rural & Pastoral Area**		
农作物总播种面积(公顷)	Total Sown Area(hectare)	126666	15.5
农业机械总动力(万千瓦时)	Total Power of Machinery(10 000 kwh)	36.77	－30.2
粮食产量(吨)	Yield of Grain(ton)	508865	4.3
肉类总产量(吨)	Output of Pork, Beef & Mutton(ton)	23942	5.1
年末生猪存栏(头)	Total Livestock of Hogs at the Year－end(head)	93748	1.4
年末牛存栏(头)	Total Livestock of Cattles at the Year－end(head)	68744	2.5
年末羊存栏(只)	Total Livestock of Sheep&Goats at the Year－end(head)	1049587	31.3
规模以上工业	**Industrial Enterprises above Designated Size**		
工业企业单位数(个)	Number of Industrial Enterprises(unit)		
工业总产值(万元)	Gross Industrial Output Value(10 000 yuan)		
工业企业增加值增速(%)	Value Added of Industrial Enterprises(%)		0.1
投资、建筑业	**Investment and Construction**		
固定资产投资(万元)	Total Investment in Fixed Assets(10 000 yuan)		
房地产开发投资(万元)	Investment in Real Estate Development(10 000 yuan)	63808	219.6
建筑企业单位数(个)	Number of Construction Enterprises(unit)	5	25.0
贸易	**Trade**		
社会消费品零售总额(万元)	Total Retail Sales of Consumer Goods(10 000 yuan)	461563	8.8
实际使用外资金额(万美元)	Utilization of Foreign Capital(USD 10 000)		
交通运输邮电通信业	**Transportation, Post & Telecommunications**		
公路里程(公里)	Total Length of Highways(km)	1998	4.0
固定电话用户(户)	Number of Subscribers of Local Telephone(subscriber)	18308	－9.1
移动电话用户(户)	Number of Mobile Telephone Subscribers (subscriber)	280103	12.1
互联网接入用户(户)	Number of Subscribers of Internet Service(subscriber)	52331	68.5
科技教育卫生社会保障	**Science, Education & Public Health**		
专业技术人员(人)	Special Technical Personnel(person)	6220	－15.4
小学学校数(所)	Number of Primary Schools(unit)	28	0.0
普通中学学校数(所)	Number of Regular Secondary Schools(unit)	9	0.0
体育场馆数(个)	Stadium and Gymnasium(unit)	4	－60.0
医疗卫生机构床位数(张)	Number of Beds(unit)	1758	24.2
医疗卫生技术人员(人)	Medical Technical Personnel(person)	1687	－16.0
城镇基本养老保险参保人数(人)	Persons Covered of Urban Basic Medical Care Insurance(person)	38699	24.3
新型农村合作医疗参保人数(人)	Persons Covered of New Cooperative Medical System(person)	221135	－11.9

23－59 赤峰市巴林右旗

Balinyou Banner in Chifeng City

指　　标	Item	2017	增长（%）Increase Rate（%）
行政区域土地面积（平方公里）	**Area of Administration（Sq. km）**	**9837**	**0.0**
人口	**Population**		
年末常住人口（万人）	Permanet Resident Population Year－end（10 000 persons）	17.30	0.4
年末户籍人口（万人）	The Registered Population Year－end（10 000 persons）	18.19	－1.4
国民经济综合指标	**Summary Item on the National Economy**		
生产总值（万元）	Gross Domestic Product（10 000 yuan）		5.2
第一产业（万元）	Primary Industry（10 000 yuan）		4.2
第二产业（万元）	Secondary Industry（10 000 yuan）		5.2
＃工业（万元）	Industry（10 000 yuan）		3.3
第三产业（万元）	Tertiary Industry（10 000 yuan）		5.8
人均生产总值（元）	Per Capita GDP（yuan）		4.9
一般公共预算收入（万元）	General Public Budget Revenue（10 000 yuan）	29990	－32.1
一般公共预算支出（万元）	General Public Budget Expenditure（10 000 yuan）	251138	3.5
在岗职工平均工资（元）	Average Wage of Staff & Workers Employed in（yuan）	64059	8.7
全体居民人均可支配收入（元）	The per capita disposable income of all residents（yuan）	17986	8.9
城镇常住居民人均可支配收入（元）	The per capita disposable income of urban permanent residents（yuan）	24592	8.8
农村牧区常住居民人均可支配收入（元）	The per capita disposable income of permanent residents of rural and pastoral areas（yuan）	9498	9.0
农村牧区经济	**Economic Development in Rural & Pastoral Area**		
农作物总播种面积（公顷）	Total Sown Area（hectare）	78045	8.8
农业机械总动力（万千瓦时）	Total Power of Machinery（10 000 kwh）	39.30	－3.7
粮食产量（吨）	Yield of Grain（ton）	226761	3.5
肉类总产量（吨）	Output of Pork, Beef & Mutton（ton）	36358	3.0
年末生猪存栏（头）	Total Livestock of Hogs at the Year－end（head）	13005	－15.8
年末牛存栏（头）	Total Livestock of Cattles at the Year－end（head）	104378	19.3
年末羊存栏（只）	Total Livestock of Sheep&Goats at the Year－end（head）	1738411	82.0
规模以上工业	**Industrial Enterprises above Designated Size**		
工业企业单位数（个）	Number of Industrial Enterprises（unit）		
工业总产值（万元）	Gross Industrial Output Value（10 000 yuan）		
工业企业增加值增速（%）	Value Added of Industrial Enterprises（%）		3.2
投资、建筑业	**Investment and Construction**		
固定资产投资（万元）	Total Investment in Fixed Assets（10 000 yuan）		
房地产开发投资（万元）	Investment in Real Estate Development（10 000 yuan）	3500	－40.8
建筑企业单位数（个）	Number of Construction Enterprises（unit）	9	0.0
贸易	**Trade**		
社会消费品零售总额（万元）	Total Retail Sales of Consumer Goods（10 000 yuan）	265442	4.3
实际使用外资金额（万美元）	Utilization of Foreign Capital（USD 10 000）		
交通运输邮电通信业	**Transportation, Post & Telecommunications**		
公路里程（公里）	Total Length of Highways（km）	2609	14.3
固定电话用户（户）	Number of Subscribers of Local Telephone（subscriber）	6100	－32.2
移动电话用户（户）	Number of Mobile Telephone Subscribers（subscriber）	180000	1.7
互联网接入用户（户）	Number of Subscribers of Internet Service（subscriber）	26800	11.7
科技教育卫生社会保障	**Science, Education & Public Health**		
专业技术人员（人）	Special Technical Personnel（person）	5196	11.1
小学学校数（所）	Number of Primary Schools（unit）	24	0.0
普通中学学校数（所）	Number of Regular Secondary Schools（unit）	6	0.0
体育场馆数（个）	Stadium and Gymnasium（unit）	4	0.0
医疗卫生机构床位数（张）	Number of Beds（unit）	801	6.8
医疗卫生技术人员（人）	Medical Technical Personnel（person）	1184	3.5
城镇基本养老保险参保人数（人）	Persons Covered of Urban Basic Medical Care Insurance（person）	72852	
新型农村合作医疗参保人数（人）	Persons Covered of New Cooperative Medical System（person）		

23 - 60 赤峰市林西县

Linxi County in Chifeng City

指　　标	Item	2017	增长(%) Increase Rate (%)
行政区域土地面积(平方公里)	**Area of Administration(Sq. km)**	**3933**	**0.0**
人口	**Population**		
年末常住人口(万人)	Permanet Resident Population Year - end(10 000 persons)	19.86	0.2
年末户籍人口(万人)	The Registered Population Year - end(10 000 persons)	23.33	-0.8
国民经济综合指标	**Summary Item on the National Economy**		
生产总值(万元)	Gross Domestic Product(10 000 yuan)		7.5
第一产业(万元)	Primary Industry(10 000 yuan)		4.3
第二产业(万元)	Secondary Industry(10 000 yuan)		7.8
# 工业(万元)	Industry(10 000 yuan)		4.1
第三产业(万元)	Tertiary Industry(10 000 yuan)		8.9
人均生产总值(元)	Per Capita GDP(yuan)		7.3
一般公共预算收入(万元)	General Public Budget Revenue(10 000 yuan)	34189	-10.7
一般公共预算支出(万元)	General Public Budget Expenditure(10 000 yuan)	246166	17.1
在岗职工平均工资(元)	Average Wage of Staff & Workers Employed in(yuan)	65907	11.1
全体居民人均可支配收入(元)	The per capita disposable income of all residents(yuan)	18176	9.5
城镇常住居民人均可支配收入(元)	The per capita disposable income of urban permanent residents(yuan)	26013	8.6
农村牧区常住居民人均可支配收入(元)	The per capita disposable income of permanent residents of rural and pastoral areas(yuan)	8717	9.4
农村牧区经济	**Economic Development in Rural & Pastoral Area**		
农作物总播种面积(公顷)	Total Sown Area(hectare)	75409	1.9
农业机械总动力(万千瓦时)	Total Power of Machinery(10 000 kwh)	37.40	4.5
粮食产量(吨)	Yield of Grain(ton)	245709	0.8
肉类总产量(吨)	Output of Pork, Beef & Mutton(ton)	17861	-7.7
年末生猪存栏(头)	Total Livestock of Hogs at the Year - end(head)	70653	-25.0
年末牛存栏(头)	Total Livestock of Cattles at the Year - end(head)	81134	1.0
年末羊存栏(只)	Total Livestock of Sheep&Goats at the Year - end(head)	427953	14.6
规模以上工业	**Industrial Enterprises above Designated Size**		
工业企业单位数(个)	Number of Industrial Enterprises(unit)		
工业总产值(万元)	Gross Industrial Output Value(10 000 yuan)		
工业企业增加值增速(%)	Value Added of Industrial Enterprises(%)		4.1
投资、建筑业	**Investment and Construction**		
固定资产投资(万元)	Total Investment in Fixed Assets(10 000 yuan)		
房地产开发投资(万元)	Investment in Real Estate Development(10 000 yuan)	2238	-12.6
建筑企业单位数(个)	Number of Construction Enterprises(unit)	5	0.0
贸易	**Trade**		
社会消费品零售总额(万元)	Total Retail Sales of Consumer Goods(10 000 yuan)	351443	8.0
实际使用外资金额(万美元)	Utilization of Foreign Capital(USD 10 000)		
交通运输邮电通信业	**Transportation, Post & Telecommunications**		
公路里程(公里)	Total Length of Highways(km)	1459	0.0
固定电话用户(户)	Number of Subscribers of Local Telephone(subscriber)	17000	0.0
移动电话用户(户)	Number of Mobile Telephone Subscribers (subscriber)	235100	0.0
互联网接入用户(户)	Number of Subscribers of Internet Service(subscriber)	36000	0.0
科技教育卫生社会保障	**Science, Education & Public Health**		
专业技术人员(人)	Special Technical Personnel(person)	5069	-1.7
小学学校数(所)	Number of Primary Schools(unit)	16	0.0
普通中学学校数(所)	Number of Regular Secondary Schools(unit)	4	0.0
体育场馆数(个)	Stadium and Gymnasium(unit)	5	-16.7
医疗卫生机构床位数(张)	Number of Beds(unit)	1185	0.0
医疗卫生技术人员(人)	Medical Technical Personnel(person)	1686	51.6
城镇基本养老保险参保人数(人)	Persons Covered of Urban Basic Medical Care Insurance(person)	50591	9.3
新型农村合作医疗参保人数(人)	Persons Covered of New Cooperative Medical System(person)		

23-61 赤峰市克什克腾旗

Keshiketeng Banner in Chifeng City

指　　标	Item	2017	增长(%) Increase Rate (%)
行政区域土地面积(平方公里)	**Area of Administration(Sq. km)**	**20673**	**0.0**
人口	**Population**		
年末常住人口(万人)	Permanet Resident Population Year-end(10 000 persons)	19.98	0.2
年末户籍人口(万人)	The Registered Population Year-end(10 000 persons)	24.77	-0.9
国民经济综合指标	**Summary Item on the National Economy**		
生产总值(万元)	Gross Domestic Product(10 000 yuan)		2.7
第一产业(万元)	Primary Industry(10 000 yuan)		4.2
第二产业(万元)	Secondary Industry(10 000 yuan)		-0.7
#工业(万元)	Industry(10 000 yuan)		-0.2
第三产业(万元)	Tertiary Industry(10 000 yuan)		6.1
人均生产总值(元)	Per Capita GDP(yuan)		2.5
一般公共预算收入(万元)	General Public Budget Revenue(10 000 yuan)	53600	-33.4
一般公共预算支出(万元)	General Public Budget Expenditure(10 000 yuan)	265000	2.4
在岗职工平均工资(元)	Average Wage of Staff & Workers Employed in(yuan)	61530	-3.9
全体居民人均可支配收入(元)	The per capita disposable income of all residents(yuan)	18339	8.6
城镇常住居民人均可支配收入(元)	The per capita disposable income of urban permanent residents(yuan)	26695	8.3
农村牧区常住居民人均可支配收入(元)	The per capita disposable income of permanent residents of rural and pastoral areas(yuan)	10246	9.0
农村牧区经济	**Economic Development in Rural & Pastoral Area**		
农作物总播种面积(公顷)	Total Sown Area(hectare)	77413	-8.4
农业机械总动力(万千瓦时)	Total Power of Machinery(10 000 kwh)	48.90	0.0
粮食产量(吨)	Yield of Grain(ton)	151000	-12.2
肉类总产量(吨)	Output of Pork, Beef & Mutton(ton)	20845	12.5
年末生猪存栏(头)	Total Livestock of Hogs at the Year-end(head)	33028	-5.5
年末牛存栏(头)	Total Livestock of Cattles at the Year-end(head)	226461	23.2
年末羊存栏(只)	Total Livestock of Sheep&Goats at the Year-end(head)	787549	2.4
规模以上工业	**Industrial Enterprises above Designated Size**		
工业企业单位数(个)	Number of Industrial Enterprises(unit)		
工业总产值(万元)	Gross Industrial Output Value(10 000 yuan)		
工业企业增加值增速(%)	Value Added of Industrial Enterprises(%)		0.3
投资、建筑业	**Investment and Construction**		
固定资产投资(万元)	Total Investment in Fixed Assets(10 000 yuan)		
房地产开发投资(万元)	Investment in Real Estate Development(10 000 yuan)	147960	
建筑企业单位数(个)	Number of Construction Enterprises(unit)	7	0.0
贸易	**Trade**		
社会消费品零售总额(万元)	Total Retail Sales of Consumer Goods(10 000 yuan)	356972	8.3
实际使用外资金额(万美元)	Utilization of Foreign Capital(USD 10 000)		
交通运输邮电通信业	**Transportation, Post & Telecommunications**		
公路里程(公里)	Total Length of Highways(km)	3861	8.6
固定电话用户(户)	Number of Subscribers of Local Telephone(subscriber)	9000	-47.1
移动电话用户(户)	Number of Mobile Telephone Subscribers (subscriber)	221000	5.2
互联网接入用户(户)	Number of Subscribers of Internet Service(subscriber)	28800	51.6
科技教育卫生社会保障	**Science, Education & Public Health**		
专业技术人员(人)	Special Technical Personnel(person)	9106	0.6
小学学校数(所)	Number of Primary Schools(unit)	16	0.0
普通中学学校数(所)	Number of Regular Secondary Schools(unit)	10	0.0
体育场馆数(个)	Stadium and Gymnasium(unit)	2	0.0
医疗卫生机构床位数(张)	Number of Beds(unit)	1308	-0.2
医疗卫生技术人员(人)	Medical Technical Personnel(person)	1578	11.4
城镇基本养老保险参保人数(人)	Persons Covered of Urban Basic Medical Care Insurance(person)	110422	
新型农村合作医疗参保人数(人)	Persons Covered of New Cooperative Medical System(person)		

23－62 赤峰市翁牛特旗

Wengniute Banner in Chifeng City

指　　标	Item	2017	增长(%) Increase Rate (%)
行政区域土地面积(平方公里)	**Area of Administration(Sq. km)**	**11882**	**0.0**
人口	**Population**		
年末常住人口(万人)	Permanet Resident Population Year－end(10 000 persons)	43.88	5.0
年末户籍人口(万人)	The Registered Population Year－end(10 000 persons)	47.88	－0.5
国民经济综合指标	**Summary Item on the National Economy**		
生产总值(万元)	Gross Domestic Product(10 000 yuan)		0.6
第一产业(万元)	Primary Industry(10 000 yuan)		4.4
第二产业(万元)	Secondary Industry(10 000 yuan)		－8.5
#工业(万元)	Industry(10 000 yuan)		－17.6
第三产业(万元)	Tertiary Industry(10 000 yuan)		7.2
人均生产总值(元)	Per Capita GDP(yuan)		0.5
一般公共预算收入(万元)	General Public Budget Revenue(10 000 yuan)	42145	－10.3
一般公共预算支出(万元)	General Public Budget Expenditure(10 000 yuan)	358951	3.1
在岗职工平均工资(元)	Average Wage of Staff & Workers Employed in(yuan)	61029	8.2
全体居民人均可支配收入(元)	The per capita disposable income of all residents(yuan)	15140	9.1
城镇常住居民人均可支配收入(元)	The per capita disposable income of urban permanent residents(yuan)	25978	8.3
农村牧区常住居民人均可支配收入(元)	The per capita disposable income of permanent residents of rural and pastoral areas(yuan)	9470	9.1
农村牧区经济	**Economic Development in Rural & Pastoral Area**		
农作物总播种面积(公顷)	Total Sown Area(hectare)	231141	46.4
农业机械总动力(万千瓦时)	Total Power of Machinery(10 000 kwh)	75.50	－13.5
粮食产量(吨)	Yield of Grain(ton)	767340	1.0
肉类总产量(吨)	Output of Pork, Beef & Mutton(ton)	36231	－20.6
年末生猪存栏(头)	Total Livestock of Hogs at the Year－end(head)	102042	－26.6
年末牛存栏(头)	Total Livestock of Cattles at the Year－end(head)	214649	44.1
年末羊存栏(只)	Total Livestock of Sheep&Goats at the Year－end(head)	1214715	31.1
规模以上工业	**Industrial Enterprises above Designated Size**		
工业企业单位数(个)	Number of Industrial Enterprises(unit)		
工业总产值(万元)	Gross Industrial Output Value(10 000 yuan)		
工业企业增加值增速(%)	Value Added of Industrial Enterprises(%)		－21.7
投资、建筑业	**Investment and Construction**		
固定资产投资(万元)	Total Investment in Fixed Assets(10 000 yuan)		
房地产开发投资(万元)	Investment in Real Estate Development(10 000 yuan)	6655	－80.6
建筑企业单位数(个)	Number of Construction Enterprises(unit)	10	－67.7
贸易	**Trade**		
社会消费品零售总额(万元)	Total Retail Sales of Consumer Goods(10 000 yuan)	480000	8.2
实际使用外资金额(万美元)	Utilization of Foreign Capital(USD 10 000)	123	
交通运输邮电通信业	**Transportation, Post & Telecommunications**		
公路里程(公里)	Total Length of Highways(km)	3621	0.0
固定电话用户(户)	Number of Subscribers of Local Telephone(subscriber)	11000	0.0
移动电话用户(户)	Number of Mobile Telephone Subscribers (subscriber)	356000	14.8
互联网接入用户(户)	Number of Subscribers of Internet Service(subscriber)	42800	7.0
科技教育卫生社会保障	**Science, Education & Public Health**		
专业技术人员(人)	Special Technical Personnel(person)	8170	0.4
小学学校数(所)	Number of Primary Schools(unit)	35	0.0
普通中学学校数(所)	Number of Regular Secondary Schools(unit)	12	0.0
体育场馆数(个)	Stadium and Gymnasium(unit)	1	0.0
医疗卫生机构床位数(张)	Number of Beds(unit)	1230	12.9
医疗卫生技术人员(人)	Medical Technical Personnel(person)	1396	－26.2
城镇基本养老保险参保人数(人)	Persons Covered of Urban Basic Medical Care Insurance(person)	21971	－34.7
新型农村合作医疗参保人数(人)	Persons Covered of New Cooperative Medical System(person)	297426	0.0

23－63 赤峰市喀喇沁旗
Kalaqin Banner in Chifeng City

指　　标	Item	2017	增长(%) Increase Rate (%)
行政区域土地面积(平方公里)	**Area of Administration(Sq. km)**	**3050**	**0.0**
人口	**Population**		
年末常住人口(万人)	Permanet Resident Population Year－end(10 000 persons)	27.65	0.2
年末户籍人口(万人)	The Registered Population Year－end(10 000 persons)	34.58	－1.0
国民经济综合指标	**Summary Item on the National Economy**		
生产总值(万元)	Gross Domestic Product(10 000 yuan)		4.1
第一产业(万元)	Primary Industry(10 000 yuan)		4.5
第二产业(万元)	Secondary Industry(10 000 yuan)		－1.6
#工业(万元)	Industry(10 000 yuan)		－4.1
第三产业(万元)	Tertiary Industry(10 000 yuan)		8.1
人均生产总值(元)	Per Capita GDP(yuan)		3.9
一般公共预算收入(万元)	General Public Budget Revenue(10 000 yuan)	39157	－17.9
一般公共预算支出(万元)	General Public Budget Expenditure(10 000 yuan)	255517	6.5
在岗职工平均工资(元)	Average Wage of Staff & Workers Employed in(yuan)	71156	27.6
全体居民人均可支配收入(元)	The per capita disposable income of all residents(yuan)	16758	9.2
城镇常住居民人均可支配收入(元)	The per capita disposable income of urban permanent residents(yuan)	26276	8.6
农村牧区常住居民人均可支配收入(元)	The per capita disposable income of permanent residents of rural and pastoral areas(yuan)	10205	8.8
农村牧区经济	**Economic Development in Rural & Pastoral Area**		
农作物总播种面积(公顷)	Total Sown Area(hectare)	53199	1.1
农业机械总动力(万千瓦时)	Total Power of Machinery(10 000 kwh)	26.25	－34.7
粮食产量(吨)	Yield of Grain(ton)	336020	1.5
肉类总产量(吨)	Output of Pork, Beef & Mutton(ton)	36079	－5.3
年末生猪存栏(头)	Total Livestock of Hogs at the Year－end(head)	56198	12.1
年末牛存栏(头)	Total Livestock of Cattles at the Year－end(head)	62242	22.4
年末羊存栏(只)	Total Livestock of Sheep&Goats at the Year－end(head)	240862	－6.2
规模以上工业	**Industrial Enterprises above Designated Size**		
工业企业单位数(个)	Number of Industrial Enterprises(unit)		
工业总产值(万元)	Gross Industrial Output Value(10 000 yuan)		
工业企业增加值增速(%)	Value Added of Industrial Enterprises(%)		－5.1
投资、建筑业	**Investment and Construction**		
固定资产投资(万元)	Total Investment in Fixed Assets(10 000 yuan)		
房地产开发投资(万元)	Investment in Real Estate Development(10 000 yuan)	42263	312.6
建筑企业单位数(个)	Number of Construction Enterprises(unit)	20	25.0
贸易	**Trade**		
社会消费品零售总额(万元)	Total Retail Sales of Consumer Goods(10 000 yuan)	342106	7.8
实际使用外资金额(万美元)	Utilization of Foreign Capital(USD 10 000)		
交通运输邮电通信业	**Transportation, Post & Telecommunications**		
公路里程(公里)	Total Length of Highways(km)	1382	0.7
固定电话用户(户)	Number of Subscribers of Local Telephone(subscriber)	14403	－23.5
移动电话用户(户)	Number of Mobile Telephone Subscribers (subscriber)	295300	4.1
互联网接入用户(户)	Number of Subscribers of Internet Service(subscriber)	45554	21.2
科技教育卫生社会保障	**Science, Education & Public Health**		
专业技术人员(人)	Special Technical Personnel(person)	6605	0.2
小学学校数(所)	Number of Primary Schools(unit)	32	0.0
普通中学学校数(所)	Number of Regular Secondary Schools(unit)	9	0.0
体育场馆数(个)	Stadium and Gymnasium(unit)	2	0.0
医疗卫生机构床位数(张)	Number of Beds(unit)	1147	－0.3
医疗卫生技术人员(人)	Medical Technical Personnel(person)	1236	7.1
城镇基本养老保险参保人数(人)	Persons Covered of Urban Basic Medical Care Insurance(person)	49237	6.5
新型农村合作医疗参保人数(人)	Persons Covered of New Cooperative Medical System(person)	251070	－4.9

23 - 64 赤峰市宁城县

Ningcheng County in Chifeng City

指　　标	Item	2017	增长(%) Increase Rate (%)
行政区域土地面积(平方公里)	**Area of Administration(Sq. km)**	**4305**	**0.0**
人口	**Population**		
年末常住人口(万人)	Permanet Resident Population Year - end(10 000 persons)	53.46	0.4
年末户籍人口(万人)	The Registered Population Year - end(10 000 persons)	60.30	-2.4
国民经济综合指标	**Summary Item on the National Economy**		
生产总值(万元)	Gross Domestic Product(10 000 yuan)		5.1
第一产业(万元)	Primary Industry(10 000 yuan)		4.7
第二产业(万元)	Secondary Industry(10 000 yuan)		3.7
# 工业(万元)	Industry(10 000 yuan)		1.8
第三产业(万元)	Tertiary Industry(10 000 yuan)		6.3
人均生产总值(元)	Per Capita GDP(yuan)		4.8
一般公共预算收入(万元)	General Public Budget Revenue(10 000 yuan)	46500	-34.7
一般公共预算支出(万元)	General Public Budget Expenditure(10 000 yuan)	345228	-2.3
在岗职工平均工资(元)	Average Wage of Staff & Workers Employed in(yuan)	60788	4.5
全体居民人均可支配收入(元)	The per capita disposable income of all residents(yuan)	14740	9.3
城镇常住居民人均可支配收入(元)	The per capita disposable income of urban permanent residents(yuan)	28761	8.7
农村牧区常住居民人均可支配收入(元)	The per capita disposable income of permanent residents of rural and pastoral areas(yuan)	10018	8.7
农村牧区经济	**Economic Development in Rural & Pastoral Area**		
农作物总播种面积(公顷)	Total Sown Area(hectare)	115880	2.4
农业机械总动力(万千瓦时)	Total Power of Machinery(10 000 kwh)	41.90	-30.9
粮食产量(吨)	Yield of Grain(ton)	802823	0.3
肉类总产量(吨)	Output of Pork, Beef & Mutton(ton)	93080	-2.6
年末生猪存栏(头)	Total Livestock of Hogs at the Year - end(head)	119558	23.2
年末牛存栏(头)	Total Livestock of Cattles at the Year - end(head)	147787	13.2
年末羊存栏(只)	Total Livestock of Sheep&Goats at the Year - end(head)	297024	47.9
规模以上工业	**Industrial Enterprises above Designated Size**		
工业企业单位数(个)	Number of Industrial Enterprises(unit)		
工业总产值(万元)	Gross Industrial Output Value(10 000 yuan)		
工业企业增加值增速(%)	Value Added of Industrial Enterprises(%)		1.8
投资、建筑业	**Investment and Construction**		
固定资产投资(万元)	Total Investment in Fixed Assets(10 000 yuan)		
房地产开发投资(万元)	Investment in Real Estate Development(10 000 yuan)	44871	-28.3
建筑企业单位数(个)	Number of Construction Enterprises(unit)	12	-20.0
贸易	**Trade**		
社会消费品零售总额(万元)	Total Retail Sales of Consumer Goods(10 000 yuan)	691358	8.7
实际使用外资金额(万美元)	Utilization of Foreign Capital(USD 10 000)		
交通运输邮电通信业	**Transportation, Post & Telecommunications**		
公路里程(公里)	Total Length of Highways(km)	2092	0.0
固定电话用户(户)	Number of Subscribers of Local Telephone(subscriber)	56000	-3.4
移动电话用户(户)	Number of Mobile Telephone Subscribers (subscriber)	437000	2.8
互联网接入用户(户)	Number of Subscribers of Internet Service(subscriber)	56000	7.7
科技教育卫生社会保障	**Science, Education & Public Health**		
专业技术人员(人)	Special Technical Personnel(person)	20900	-1.4
小学学校数(所)	Number of Primary Schools(unit)	53	0.0
普通中学学校数(所)	Number of Regular Secondary Schools(unit)	14	0.0
体育场馆数(个)	Stadium and Gymnasium(unit)	1	0.0
医疗卫生机构床位数(张)	Number of Beds(unit)	2906	1.7
医疗卫生技术人员(人)	Medical Technical Personnel(person)	3225	11.2
城镇基本养老保险参保人数(人)	Persons Covered of Urban Basic Medical Care Insurance(person)	289500	
新型农村合作医疗参保人数(人)	Persons Covered of New Cooperative Medical System(person)		

23-65 赤峰市敖汉旗

Aohan Banner in Chifeng City

指　　标	Item	2017	增长(%) Increase Rate (%)
行政区域土地面积(平方公里)	**Area of Administration(Sq. km)**	**8294**	**0.0**
人口	**Population**		
年末常住人口(万人)	Permanet Resident Population Year-end(10 000 persons)	53.12	0.2
年末户籍人口(万人)	The Registered Population Year-end(10 000 persons)	60.38	-1.4
国民经济综合指标	**Summary Item on the National Economy**		
生产总值(万元)	Gross Domestic Product(10 000 yuan)		4.0
第一产业(万元)	Primary Industry(10 000 yuan)		4.7
第二产业(万元)	Secondary Industry(10 000 yuan)		0.2
#工业(万元)	Industry(10 000 yuan)		-4.6
第三产业(万元)	Tertiary Industry(10 000 yuan)		5.9
人均生产总值(元)	Per Capita GDP(yuan)		3.9
一般公共预算收入(万元)	General Public Budget Revenue(10 000 yuan)	44519	-25.3
一般公共预算支出(万元)	General Public Budget Expenditure(10 000 yuan)	385735	8.3
在岗职工平均工资(元)	Average Wage of Staff & Workers Employed in(yuan)	62304	3.5
全体居民人均可支配收入(元)	The per capita disposable income of all residents(yuan)	14160	9.0
城镇常住居民人均可支配收入(元)	The per capita disposable income of urban permanent residents(yuan)	26275	8.6
农村牧区常住居民人均可支配收入(元)	The per capita disposable income of permanent residents of rural and pastoral areas(yuan)	10221	8.8
农村牧区经济	**Economic Development in Rural & Pastoral Area**		
农作物总播种面积(公顷)	Total Sown Area(hectare)	185714	-9.3
农业机械总动力(万千瓦时)	Total Power of Machinery(10 000 kwh)	88.91	1.5
粮食产量(吨)	Yield of Grain(ton)	830902	0.2
肉类总产量(吨)	Output of Pork, Beef & Mutton(ton)	71194	-3.5
年末生猪存栏(头)	Total Livestock of Hogs at the Year-end(head)	210723	-24.1
年末牛存栏(头)	Total Livestock of Cattles at the Year-end(head)	74381	-3.2
年末羊存栏(只)	Total Livestock of Sheep&Goats at the Year-end(head)	798432	-5.1
规模以上工业	**Industrial Enterprises above Designated Size**		
工业企业单位数(个)	Number of Industrial Enterprises(unit)		
工业总产值(万元)	Gross Industrial Output Value(10 000 yuan)		
工业企业增加值增速(%)	Value Added of Industrial Enterprises(%)		-12.4
投资、建筑业	**Investment and Construction**		
固定资产投资(万元)	Total Investment in Fixed Assets(10 000 yuan)		
房地产开发投资(万元)	Investment in Real Estate Development(10 000 yuan)	45537	55.3
建筑企业单位数(个)	Number of Construction Enterprises(unit)	8	0.0
贸易	**Trade**		
社会消费品零售总额(万元)	Total Retail Sales of Consumer Goods(10 000 yuan)	507486	8.4
实际使用外资金额(万美元)	Utilization of Foreign Capital(USD 10 000)		
交通运输邮电通信业	**Transportation, Post & Telecommunications**		
公路里程(公里)	Total Length of Highways(km)	2733	0.0
固定电话用户(户)	Number of Subscribers of Local Telephone(subscriber)	133021	-0.1
移动电话用户(户)	Number of Mobile Telephone Subscribers (subscriber)	433182	0.0
互联网接入用户(户)	Number of Subscribers of Internet Service(subscriber)	35162	12.9
科技教育卫生社会保障	**Science, Education & Public Health**		
专业技术人员(人)	Special Technical Personnel(person)	9101	0.9
小学学校数(所)	Number of Primary Schools(unit)	44	4.8
普通中学学校数(所)	Number of Regular Secondary Schools(unit)	20	-16.7
体育场馆数(个)	Stadium and Gymnasium(unit)	2	0.0
医疗卫生机构床位数(张)	Number of Beds(unit)	2909	6.8
医疗卫生技术人员(人)	Medical Technical Personnel(person)	1933	6.0
城镇基本养老保险参保人数(人)	Persons Covered of Urban Basic Medical Care Insurance(person)	39782	0.2
新型农村合作医疗参保人数(人)	Persons Covered of New Cooperative Medical System(person)	492812	0.0

23－66 锡林郭勒盟二连浩特市

Erlianhaote City in Xilinguole League

指　　标	Item	2017	增长(%) Increase Rate (%)
行政区域土地面积(平方公里)	**Area of Administration(Sq. km)**	**4015**	**0.0**
人口	**Population**		
年末常住人口(万人)	Permanet Resident Population Year－end(10 000 persons)	7.35	1.4
年末户籍人口(万人)	The Registered Population Year－end(10 000 persons)	3.30	3.1
国民经济综合指标	**Summary Item on the National Economy**		
生产总值(万元)	Gross Domestic Product(10 000 yuan)		3.3
第一产业(万元)	Primary Industry(10 000 yuan)		4.2
第二产业(万元)	Secondary Industry(10 000 yuan)		－11.1
#工业(万元)	Industry(10 000 yuan)		－3.0
第三产业(万元)	Tertiary Industry(10 000 yuan)		7.0
人均生产总值(元)	Per Capita GDP(yuan)		3.0
一般公共预算收入(万元)	General Public Budget Revenue(10 000 yuan)	35003	－39.8
一般公共预算支出(万元)	General Public Budget Expenditure(10 000 yuan)	209678	7.5
在岗职工平均工资(元)	Average Wage of Staff & Workers Employed in(yuan)	72372	2.1
全体居民人均可支配收入(元)	The per capita disposable income of all residents(yuan)	41786	1.4
城镇常住居民人均可支配收入(元)	The per capita disposable income of urban permanent residents(yuan)	41786	1.4
农村牧区常住居民人均可支配收入(元)	The per capita disposable income of permanent residents of rural and pastoral areas(yuan)	25434	8.0
农村牧区经济	**Economic Development in Rural & Pastoral Area**		
农作物总播种面积(公顷)	Total Sown Area(hectare)	87	31.8
农业机械总动力(万千瓦时)	Total Power of Machinery(10 000 kwh)	0.27	0.0
粮食产量(吨)	Yield of Grain(ton)		
肉类总产量(吨)	Output of Pork, Beef & Mutton(ton)	1749	20.4
年末生猪存栏(头)	Total Livestock of Hogs at the Year－end(head)	600	121.4
年末牛存栏(头)	Total Livestock of Cattles at the Year－end(head)	5124	55.9
年末羊存栏(只)	Total Livestock of Sheep&Goats at the Year－end(head)	38760	－5.5
规模以上工业	**Industrial Enterprises above Designated Size**		
工业企业单位数(个)	Number of Industrial Enterprises(unit)		
工业总产值(万元)	Gross Industrial Output Value(10 000 yuan)		
工业企业增加值增速(%)	Value Added of Industrial Enterprises(%)		－5.2
投资、建筑业	**Investment and Construction**		
固定资产投资(万元)	Total Investment in Fixed Assets(10 000 yuan)		
房地产开发投资(万元)	Investment in Real Estate Development(10 000 yuan)	19314	－4.3
建筑企业单位数(个)	Number of Construction Enterprises(unit)	2	0.0
贸易	**Trade**		
社会消费品零售总额(万元)	Total Retail Sales of Consumer Goods(10 000 yuan)	362600	7.3
实际使用外资金额(万美元)	Utilization of Foreign Capital(USD 10 000)	15	
交通运输邮电通信业	**Transportation, Post & Telecommunications**		
公路里程(公里)	Total Length of Highways(km)	320	0.0
固定电话用户(户)	Number of Subscribers of Local Telephone(subscriber)	5300	－19.7
移动电话用户(户)	Number of Mobile Telephone Subscribers (subscriber)	105600	－0.6
互联网接入用户(户)	Number of Subscribers of Internet Service(subscriber)	76830	－2.8
科技教育卫生社会保障	**Science, Education & Public Health**		
专业技术人员(人)	Special Technical Personnel(person)	1596	19.6
小学学校数(所)	Number of Primary Schools(unit)	5	0.0
普通中学学校数(所)	Number of Regular Secondary Schools(unit)	3	－25.0
体育场馆数(个)	Stadium and Gymnasium(unit)	2	0.0
医疗卫生机构床位数(张)	Number of Beds(unit)	207	0.0
医疗卫生技术人员(人)	Medical Technical Personnel(person)	334	4.0
城镇基本养老保险参保人数(人)	Persons Covered of Urban Basic Medical Care Insurance(person)	5062	6.3
新型农村合作医疗参保人数(人)	Persons Covered of New Cooperative Medical System(person)	1662	0.9

23－67 锡林郭勒盟锡林浩特市
Xilinhaote City in Xilinguole League

指　　标	Item	2017	增长(%) Increase Rate (%)
行政区域土地面积(平方公里)	**Area of Administration(Sq. km)**	**14780**	**0.0**
人口	**Population**		
年末常住人口(万人)	Permanet Resident Population Year－end(10 000 persons)	26.70	0.7
年末户籍人口(万人)	The Registered Population Year－end(10 000 persons)	18.99	1.6
国民经济综合指标	**Summary Item on the National Economy**		
生产总值(万元)	Gross Domestic Product(10 000 yuan)		6.3
第一产业(万元)	Primary Industry(10 000 yuan)		5.5
第二产业(万元)	Secondary Industry(10 000 yuan)		3.5
＃工业(万元)	Industry(10 000 yuan)		5.7
第三产业(万元)	Tertiary Industry(10 000 yuan)		8.8
人均生产总值(元)	Per Capita GDP(yuan)		5.5
一般公共预算收入(万元)	General Public Budget Revenue(10 000 yuan)	196283	－33.3
一般公共预算支出(万元)	General Public Budget Expenditure(10 000 yuan)	269389	－19.6
在岗职工平均工资(元)	Average Wage of Staff & Workers Employed in(yuan)	70468	10.8
全体居民人均可支配收入(元)	The per capita disposable income of all residents(yuan)	39773	6.1
城镇常住居民人均可支配收入(元)	The per capita disposable income of urban permanent residents(yuan)	41753	6.0
农村牧区常住居民人均可支配收入(元)	The per capita disposable income of permanent residents of rural and pastoral areas(yuan)	24069	8.2
农村牧区经济	**Economic Development in Rural & Pastoral Area**		
农作物总播种面积(公顷)	Total Sown Area(hectare)	20329	－7.0
农业机械总动力(万千瓦时)	Total Power of Machinery(10 000 kwh)	14.78	－5.6
粮食产量(吨)	Yield of Grain(ton)	31257	－12.5
肉类总产量(吨)	Output of Pork, Beef & Mutton(ton)	25331	1.6
年末生猪存栏(头)	Total Livestock of Hogs at the Year－end(head)	7480	20.6
年末牛存栏(头)	Total Livestock of Cattles at the Year－end(head)	50912	－15.2
年末羊存栏(只)	Total Livestock of Sheep&Goats at the Year－end(head)	604978	－20.4
规模以上工业	**Industrial Enterprises above Designated Size**		
工业企业单位数(个)	Number of Industrial Enterprises(unit)		
工业总产值(万元)	Gross Industrial Output Value(10 000 yuan)		
工业企业增加值增速(%)	Value Added of Industrial Enterprises(%)		24.0
投资、建筑业	**Investment and Construction**		
固定资产投资(万元)	Total Investment in Fixed Assets(10 000 yuan)		
房地产开发投资(万元)	Investment in Real Estate Development(10 000 yuan)	70930	－19.4
建筑企业单位数(个)	Number of Construction Enterprises(unit)	26	30.0
贸易	**Trade**		
社会消费品零售总额(万元)	Total Retail Sales of Consumer Goods(10 000 yuan)	674315	7.8
实际使用外资金额(万美元)	Utilization of Foreign Capital(USD 10 000)		
交通运输邮电通信业	**Transportation, Post & Telecommunications**		
公路里程(公里)	Total Length of Highways(km)	1524	10.3
固定电话用户(户)	Number of Subscribers of Local Telephone(subscriber)	42152	20.4
移动电话用户(户)	Number of Mobile Telephone Subscribers (subscriber)	382306	10.2
互联网接入用户(户)	Number of Subscribers of Internet Service(subscriber)	116522	71.6
科技教育卫生社会保障	**Science, Education & Public Health**		
专业技术人员(人)	Special Technical Personnel(person)	3592	5.6
小学学校数(所)	Number of Primary Schools(unit)	12	0.0
普通中学学校数(所)	Number of Regular Secondary Schools(unit)	9	0.0
体育场馆数(个)	Stadium and Gymnasium(unit)	2	0.0
医疗卫生机构床位数(张)	Number of Beds(unit)	1652	13.5
医疗卫生技术人员(人)	Medical Technical Personnel(person)	2492	6.2
城镇基本养老保险参保人数(人)	Persons Covered of Urban Basic Medical Care Insurance(person)	49635	0.8
新型农村合作医疗参保人数(人)	Persons Covered of New Cooperative Medical System(person)	17001	1.9

23－68 锡林郭勒盟阿巴嘎旗

Abaga Banner in Xilinguole League

指　　标	Item	2017	增长(%) Increase Rate (%)
行政区域土地面积(平方公里)	**Area of Administration(Sq. km)**	**27495**	**0.0**
人口	**Population**		
年末常住人口(万人)	Permanet Resident Population Year－end(10 000 persons)	4.30	1.7
年末户籍人口(万人)	The Registered Population Year－end(10 000 persons)	4.42	－0.5
国民经济综合指标	**Summary Item on the National Economy**		
生产总值(万元)	Gross Domestic Product(10 000 yuan)		2.7
第一产业(万元)	Primary Industry(10 000 yuan)		5.4
第二产业(万元)	Secondary Industry(10 000 yuan)		－0.7
＃工业(万元)	Industry(10 000 yuan)		3.6
第三产业(万元)	Tertiary Industry(10 000 yuan)		5.0
人均生产总值(元)	Per Capita GDP(yuan)		1.7
一般公共预算收入(万元)	General Public Budget Revenue(10 000 yuan)	13977	－36.4
一般公共预算支出(万元)	General Public Budget Expenditure(10 000 yuan)	104554	0.5
在岗职工平均工资(元)	Average Wage of Staff & Workers Employed in(yuan)	86530	15.8
全体居民人均可支配收入(元)	The per capita disposable income of all residents(yuan)	29154	8.4
城镇常住居民人均可支配收入(元)	The per capita disposable income of urban permanent residents(yuan)	34994	8.1
农村牧区常住居民人均可支配收入(元)	The per capita disposable income of permanent residents of rural and pastoral areas(yuan)	23589	8.8
农村牧区经济	**Economic Development in Rural & Pastoral Area**		
农作物总播种面积(公顷)	Total Sown Area(hectare)	77	－80.9
农业机械总动力(万千瓦时)	Total Power of Machinery(10 000 kwh)	7.00	1.4
粮食产量(吨)	Yield of Grain(ton)		
肉类总产量(吨)	Output of Pork, Beef & Mutton(ton)	36181	4.1
年末生猪存栏(头)	Total Livestock of Hogs at the Year－end(head)	732	－29.0
年末牛存栏(头)	Total Livestock of Cattles at the Year－end(head)	110962	6.0
年末羊存栏(只)	Total Livestock of Sheep&Goats at the Year－end(head)	946476	0.7
规模以上工业	**Industrial Enterprises above Designated Size**		
工业企业单位数(个)	Number of Industrial Enterprises(unit)		
工业总产值(万元)	Gross Industrial Output Value(10 000 yuan)		
工业企业增加值增速(%)	Value Added of Industrial Enterprises(%)		3.2
投资、建筑业	**Investment and Construction**		
固定资产投资(万元)	Total Investment in Fixed Assets(10 000 yuan)		
房地产开发投资(万元)	Investment in Real Estate Development(10 000 yuan)		
建筑企业单位数(个)	Number of Construction Enterprises(unit)	1	0.0
贸易	**Trade**		
社会消费品零售总额(万元)	Total Retail Sales of Consumer Goods(10 000 yuan)	117167	6.9
实际使用外资金额(万美元)	Utilization of Foreign Capital(USD 10 000)		
交通运输邮电通信业	**Transportation, Post & Telecommunications**		
公路里程(公里)	Total Length of Highways(km)	1977	0.0
固定电话用户(户)	Number of Subscribers of Local Telephone(subscriber)	618	－49.6
移动电话用户(户)	Number of Mobile Telephone Subscribers (subscriber)	42919	6.2
互联网接入用户(户)	Number of Subscribers of Internet Service(subscriber)	7631	18.5
科技教育卫生社会保障	**Science, Education & Public Health**		
专业技术人员(人)	Special Technical Personnel(person)	1403	0.0
小学学校数(所)	Number of Primary Schools(unit)	3	0.0
普通中学学校数(所)	Number of Regular Secondary Schools(unit)	2	0.0
体育场馆数(个)	Stadium and Gymnasium(unit)	1	0.0
医疗卫生机构床位数(张)	Number of Beds(unit)	223	－5.9
医疗卫生技术人员(人)	Medical Technical Personnel(person)	258	－2.3
城镇基本养老保险参保人数(人)	Persons Covered of Urban Basic Medical Care Insurance(person)	14467	37.9
新型农村合作医疗参保人数(人)	Persons Covered of New Cooperative Medical System(person)	22322	－2.2

23－69 锡林郭勒盟苏尼特左旗

Sunitezuo Banner in Xilinguole League

指　　标	Item	2017	增长(％) Increase Rate (％)
行政区域土地面积(平方公里)	**Area of Administration(Sq. km)**	**34240**	**0.0**
人口	**Population**		
年末常住人口(万人)	Permanet Resident Population Year－end(10 000 persons)	3.23	－0.6
年末户籍人口(万人)	The Registered Population Year－end(10 000 persons)	3.45	－0.3
国民经济综合指标	**Summary Item on the National Economy**		
生产总值(万元)	Gross Domestic Product(10 000 yuan)		2.9
第一产业(万元)	Primary Industry(10 000 yuan)		5.0
第二产业(万元)	Secondary Industry(10 000 yuan)		0.9
＃工业(万元)	Industry(10 000 yuan)		4.6
第三产业(万元)	Tertiary Industry(10 000 yuan)		5.5
人均生产总值(元)	Per Capita GDP(yuan)		3.4
一般公共预算收入(万元)	General Public Budget Revenue(10 000 yuan)	16812	－35.7
一般公共预算支出(万元)	General Public Budget Expenditure(10 000 yuan)	115880	5.3
在岗职工平均工资(元)	Average Wage of Staff & Workers Employed in(yuan)	78986	6.8
全体居民人均可支配收入(元)	The per capita disposable income of all residents(yuan)	24486	8.6
城镇常住居民人均可支配收入(元)	The per capita disposable income of urban permanent residents(yuan)	35491	8.5
农村牧区常住居民人均可支配收入(元)	The per capita disposable income of permanent residents of rural and pastoral areas(yuan)	13869	8.9
农村牧区经济	**Economic Development in Rural & Pastoral Area**		
农作物总播种面积(公顷)	Total Sown Area(hectare)	1247	－1.6
农业机械总动力(万千瓦时)	Total Power of Machinery(10 000 kwh)	10.00	0.0
粮食产量(吨)	Yield of Grain(ton)		
肉类总产量(吨)	Output of Pork, Beef & Mutton(ton)	17323	－26.8
年末生猪存栏(头)	Total Livestock of Hogs at the Year－end(head)	410	0.7
年末牛存栏(头)	Total Livestock of Cattles at the Year－end(head)	68686	13.5
年末羊存栏(只)	Total Livestock of Sheep&Goats at the Year－end(head)	567036	－1.7
规模以上工业	**Industrial Enterprises above Designated Size**		
工业企业单位数(个)	Number of Industrial Enterprises(unit)		
工业总产值(万元)	Gross Industrial Output Value(10 000 yuan)		
工业企业增加值增速(％)	Value Added of Industrial Enterprises(％)		4.1
投资、建筑业	**Investment and Construction**		
固定资产投资(万元)	Total Investment in Fixed Assets(10 000 yuan)		
房地产开发投资(万元)	Investment in Real Estate Development(10 000 yuan)	6104	1.6
建筑企业单位数(个)	Number of Construction Enterprises(unit)	2	0.0
贸易	**Trade**		
社会消费品零售总额(万元)	Total Retail Sales of Consumer Goods(10 000 yuan)	76039	6.8
实际使用外资金额(万美元)	Utilization of Foreign Capital(USD 10 000)		
交通运输邮电通信业	**Transportation, Post & Telecommunications**		
公路里程(公里)	Total Length of Highways(km)	2269	－2.9
固定电话用户(户)	Number of Subscribers of Local Telephone(subscriber)	3930	3.5
移动电话用户(户)	Number of Mobile Telephone Subscribers (subscriber)	42671	6.8
互联网接入用户(户)	Number of Subscribers of Internet Service(subscriber)	5889	5.6
科技教育卫生社会保障	**Science, Education & Public Health**		
专业技术人员(人)	Special Technical Personnel(person)	923	－5.0
小学学校数(所)	Number of Primary Schools(unit)	2	0.0
普通中学学校数(所)	Number of Regular Secondary Schools(unit)	2	0.0
体育场馆数(个)	Stadium and Gymnasium(unit)	1	0.0
医疗卫生机构床位数(张)	Number of Beds(unit)	130	0.0
医疗卫生技术人员(人)	Medical Technical Personnel(person)	210	－7.9
城镇基本养老保险参保人数(人)	Persons Covered of Urban Basic Medical Care Insurance(person)	5496	66.3
新型农村合作医疗参保人数(人)	Persons Covered of New Cooperative Medical System(person)	17419	0.1

23－70 锡林郭勒盟苏尼特右旗
Suniteyou Banner in Xilinguole League

指　　标	Item	2017	增长(%) Increase Rate (%)
行政区域土地面积(平方公里)	**Area of Administration(Sq. km)**	**22455**	**0.0**
人口	**Population**		
年末常住人口(万人)	Permanet Resident Population Year－end(10 000 persons)	6.80	－2.6
年末户籍人口(万人)	The Registered Population Year－end(10 000 persons)	6.73	－1.2
国民经济综合指标	**Summary Item on the National Economy**		
生产总值(万元)	Gross Domestic Product(10 000 yuan)		4.1
第一产业(万元)	Primary Industry(10 000 yuan)		5.1
第二产业(万元)	Secondary Industry(10 000 yuan)		2.9
#工业(万元)	Industry(10 000 yuan)		6.5
第三产业(万元)	Tertiary Industry(10 000 yuan)		6.0
人均生产总值(元)	Per Capita GDP(yuan)		5.3
一般公共预算收入(万元)	General Public Budget Revenue(10 000 yuan)	25370	－24.1
一般公共预算支出(万元)	General Public Budget Expenditure(10 000 yuan)	143754	0.4
在岗职工平均工资(元)	Average Wage of Staff & Workers Employed in(yuan)	72053	－0.8
全体居民人均可支配收入(元)	The per capita disposable income of all residents(yuan)	27416	9.7
城镇常住居民人均可支配收入(元)	The per capita disposable income of urban permanent residents(yuan)	34754	8.6
农村牧区常住居民人均可支配收入(元)	The per capita disposable income of permanent residents of rural and pastoral areas(yuan)	10615	9.1
农村牧区经济	**Economic Development in Rural & Pastoral Area**		
农作物总播种面积(公顷)	Total Sown Area(hectare)	2149	－15.0
农业机械总动力(万千瓦时)	Total Power of Machinery(10 000 kwh)	3.80	－29.6
粮食产量(吨)	Yield of Grain(ton)	333	－2.1
肉类总产量(吨)	Output of Pork, Beef & Mutton(ton)	23886	20.1
年末生猪存栏(头)	Total Livestock of Hogs at the Year－end(head)	320	－22.0
年末牛存栏(头)	Total Livestock of Cattles at the Year－end(head)	34477	4.9
年末羊存栏(只)	Total Livestock of Sheep&Goats at the Year－end(head)	634479	6.0
规模以上工业	**Industrial Enterprises above Designated Size**		
工业企业单位数(个)	Number of Industrial Enterprises(unit)		
工业总产值(万元)	Gross Industrial Output Value(10 000 yuan)		
工业企业增加值增速(%)	Value Added of Industrial Enterprises(%)		6.4
投资、建筑业	**Investment and Construction**		
固定资产投资(万元)	Total Investment in Fixed Assets(10 000 yuan)		
房地产开发投资(万元)	Investment in Real Estate Development(10 000 yuan)	3500	－64.8
建筑企业单位数(个)	Number of Construction Enterprises(unit)	1	0.0
贸易	**Trade**		
社会消费品零售总额(万元)	Total Retail Sales of Consumer Goods(10 000 yuan)	184840	7.6
实际使用外资金额(万美元)	Utilization of Foreign Capital(USD 10 000)		
交通运输邮电通信业	**Transportation, Post & Telecommunications**		
公路里程(公里)	Total Length of Highways(km)	1885	0.0
固定电话用户(户)	Number of Subscribers of Local Telephone(subscriber)	3970	0.0
移动电话用户(户)	Number of Mobile Telephone Subscribers (subscriber)	101000	9.8
互联网接入用户(户)	Number of Subscribers of Internet Service(subscriber)	10300	－14.2
科技教育卫生社会保障	**Science, Education & Public Health**		
专业技术人员(人)	Special Technical Personnel(person)	1653	0.2
小学学校数(所)	Number of Primary Schools(unit)	7	0.0
普通中学学校数(所)	Number of Regular Secondary Schools(unit)	3	0.0
体育场馆数(个)	Stadium and Gymnasium(unit)		
医疗卫生机构床位数(张)	Number of Beds(unit)	372	79.7
医疗卫生技术人员(人)	Medical Technical Personnel(person)	369	1.1
城镇基本养老保险参保人数(人)	Persons Covered of Urban Basic Medical Care Insurance(person)	12057	21.3
新型农村合作医疗参保人数(人)	Persons Covered of New Cooperative Medical System(person)	26424	－0.6

23－71 锡林郭勒盟东乌珠穆沁旗
Dongwuzhumuqin Banner in Xilinguole League

指 标	Item	2017	增长(%) Increase Rate (%)
行政区域土地面积(平方公里)	**Area of Administration(Sq. km)**	**47554**	**0.0**
人口	**Population**		
年末常住人口(万人)	Permanet Resident Population Year－end(10 000 persons)	9.57	0.6
年末户籍人口(万人)	The Registered Population Year－end(10 000 persons)	8.13	0.2
国民经济综合指标	**Summary Item on the National Economy**		
生产总值(万元)	Gross Domestic Product(10 000 yuan)		2.8
第一产业(万元)	Primary Industry(10 000 yuan)		5.0
第二产业(万元)	Secondary Industry(10 000 yuan)		－3.1
#工业(万元)	Industry(10 000 yuan)		3.7
第三产业(万元)	Tertiary Industry(10 000 yuan)		8.2
人均生产总值(元)	Per Capita GDP(yuan)		2.5
一般公共预算收入(万元)	General Public Budget Revenue(10 000 yuan)	89955	9.5
一般公共预算支出(万元)	General Public Budget Expenditure(10 000 yuan)	218605	15.4
在岗职工平均工资(元)	Average Wage of Staff & Workers Employed in(yuan)	68020	5.2
全体居民人均可支配收入(元)	The per capita disposable income of all residents(yuan)	32398	8.2
城镇常住居民人均可支配收入(元)	The per capita disposable income of urban permanent residents(yuan)	36204	8.4
农村牧区常住居民人均可支配收入(元)	The per capita disposable income of permanent residents of rural and pastoral areas(yuan)	27708	8.0
农村牧区经济	**Economic Development in Rural & Pastoral Area**		
农作物总播种面积(公顷)	Total Sown Area(hectare)	27853	－1.2
农业机械总动力(万千瓦时)	Total Power of Machinery(10 000 kwh)	19.26	2.4
粮食产量(吨)	Yield of Grain(ton)	20625	－55.0
肉类总产量(吨)	Output of Pork, Beef & Mutton(ton)	43674	－32.9
年末生猪存栏(头)	Total Livestock of Hogs at the Year－end(head)	1270	－16.2
年末牛存栏(头)	Total Livestock of Cattles at the Year－end(head)	100668	33.6
年末羊存栏(只)	Total Livestock of Sheep&Goats at the Year－end(head)	1698179	－13.4
规模以上工业	**Industrial Enterprises above Designated Size**		
工业企业单位数(个)	Number of Industrial Enterprises(unit)		
工业总产值(万元)	Gross Industrial Output Value(10 000 yuan)		
工业企业增加值增速(%)	Value Added of Industrial Enterprises(%)		3.5
投资、建筑业	**Investment and Construction**		
固定资产投资(万元)	Total Investment in Fixed Assets(10 000 yuan)		
房地产开发投资(万元)	Investment in Real Estate Development(10 000 yuan)	171	－91.0
建筑企业单位数(个)	Number of Construction Enterprises(unit)	2	0.0
贸易	**Trade**		
社会消费品零售总额(万元)	Total Retail Sales of Consumer Goods(10 000 yuan)	305317	7.3
实际使用外资金额(万美元)	Utilization of Foreign Capital(USD 10 000)		
交通运输邮电通信业	**Transportation, Post & Telecommunications**		
公路里程(公里)	Total Length of Highways(km)	3163	1.2
固定电话用户(户)	Number of Subscribers of Local Telephone(subscriber)	3920	－0.8
移动电话用户(户)	Number of Mobile Telephone Subscribers (subscriber)	123930	0.6
互联网接入用户(户)	Number of Subscribers of Internet Service(subscriber)	19205	16.6
科技教育卫生社会保障	**Science, Education & Public Health**		
专业技术人员(人)	Special Technical Personnel(person)	1900	－1.7
小学学校数(所)	Number of Primary Schools(unit)	8	0.0
普通中学学校数(所)	Number of Regular Secondary Schools(unit)	5	0.0
体育场馆数(个)	Stadium and Gymnasium(unit)	3	0.0
医疗卫生机构床位数(张)	Number of Beds(unit)	487	13.5
医疗卫生技术人员(人)	Medical Technical Personnel(person)	801	34.6
城镇基本养老保险参保人数(人)	Persons Covered of Urban Basic Medical Care Insurance(person)	9848	－1.9
新型农村合作医疗参保人数(人)	Persons Covered of New Cooperative Medical System(person)	34196	－5.2

23－72 锡林郭勒盟西乌珠穆沁旗

Xincheng District in Hohhot City

指　　标	Item	2017	增长(%) Increase Rate (%)
行政区域土地面积(平方公里)	**Area of Administration(Sq. km)**	**22459**	**0.0**
人口	**Population**		
年末常住人口(万人)	Permanet Resident Population Year－end(10 000 persons)	9.36	1.0
年末户籍人口(万人)	The Registered Population Year－end(10 000 persons)	8.03	0.1
国民经济综合指标	**Summary Item on the National Economy**		
生产总值(万元)	Gross Domestic Product(10 000 yuan)		4.3
第一产业(万元)	Primary Industry(10 000 yuan)		4.9
第二产业(万元)	Secondary Industry(10 000 yuan)		3.3
#工业(万元)	Industry(10 000 yuan)		9.4
第三产业(万元)	Tertiary Industry(10 000 yuan)		8.0
人均生产总值(元)	Per Capita GDP(yuan)		3.4
一般公共预算收入(万元)	General Public Budget Revenue(10 000 yuan)	183959	－11.2
一般公共预算支出(万元)	General Public Budget Expenditure(10 000 yuan)	186771	－24.1
在岗职工平均工资(元)	Average Wage of Staff & Workers Employed in(yuan)	70300	－1.0
全体居民人均可支配收入(元)	The per capita disposable income of all residents(yuan)	29579	8.3
城镇常住居民人均可支配收入(元)	The per capita disposable income of urban permanent residents(yuan)	36388	8.5
农村牧区常住居民人均可支配收入(元)	The per capita disposable income of permanent residents of rural and pastoral areas(yuan)	23662	8.1
农村牧区经济	**Economic Development in Rural & Pastoral Area**		
农作物总播种面积(公顷)	Total Sown Area(hectare)	4	－96.7
农业机械总动力(万千瓦时)	Total Power of Machinery(10 000 kwh)	10.79	1.1
粮食产量(吨)	Yield of Grain(ton)		
肉类总产量(吨)	Output of Pork, Beef & Mutton(ton)	37408	－22.3
年末生猪存栏(头)	Total Livestock of Hogs at the Year－end(head)		
年末牛存栏(头)	Total Livestock of Cattles at the Year－end(head)	169138	45.5
年末羊存栏(只)	Total Livestock of Sheep&Goats at the Year－end(head)	714521	2.5
规模以上工业	**Industrial Enterprises above Designated Size**		
工业企业单位数(个)	Number of Industrial Enterprises(unit)		
工业总产值(万元)	Gross Industrial Output Value(10 000 yuan)		
工业企业增加值增速(%)	Value Added of Industrial Enterprises(%)		9.8
投资、建筑业	**Investment and Construction**		
固定资产投资(万元)	Total Investment in Fixed Assets(10 000 yuan)		
房地产开发投资(万元)	Investment in Real Estate Development(10 000 yuan)	14862	－60.6
建筑企业单位数(个)	Number of Construction Enterprises(unit)	2	0.0
贸易	**Trade**		
社会消费品零售总额(万元)	Total Retail Sales of Consumer Goods(10 000 yuan)	220052	7.1
实际使用外资金额(万美元)	Utilization of Foreign Capital(USD 10 000)		
交通运输邮电通信业	**Transportation, Post & Telecommunications**		
公路里程(公里)	Total Length of Highways(km)	2044	14.6
固定电话用户(户)	Number of Subscribers of Local Telephone(subscriber)	3028	－18.9
移动电话用户(户)	Number of Mobile Telephone Subscribers (subscriber)	103400	0.2
互联网接入用户(户)	Number of Subscribers of Internet Service(subscriber)	14456	－5.6
科技教育卫生社会保障	**Science, Education & Public Health**		
专业技术人员(人)	Special Technical Personnel(person)	1834	－1.5
小学学校数(所)	Number of Primary Schools(unit)	5	0.0
普通中学学校数(所)	Number of Regular Secondary Schools(unit)	2	0.0
体育场馆数(个)	Stadium and Gymnasium(unit)	8	0.0
医疗卫生机构床位数(张)	Number of Beds(unit)	442	2.3
医疗卫生技术人员(人)	Medical Technical Personnel(person)	430	2.9
城镇基本养老保险参保人数(人)	Persons Covered of Urban Basic Medical Care Insurance(person)	11539	0.0
新型农村合作医疗参保人数(人)	Persons Covered of New Cooperative Medical System(person)	41252	1.0

23－73 锡林郭勒盟太仆寺旗
Taipusi Banner in Xilinguole League

指　　标	Item	2017	增长(%) Increase Rate (%)
行政区域土地面积(平方公里)	**Area of Administration(Sq. km)**	**3426**	**0.0**
人口	**Population**		
年末常住人口(万人)	Permanet Resident Population Year－end(10 000 persons)	11.10	0.2
年末户籍人口(万人)	The Registered Population Year－end(10 000 persons)	20.90	－0.5
国民经济综合指标	**Summary Item on the National Economy**		
生产总值(万元)	Gross Domestic Product(10 000 yuan)		3.4
第一产业(万元)	Primary Industry(10 000 yuan)		4.1
第二产业(万元)	Secondary Industry(10 000 yuan)		－3.0
#工业(万元)	Industry(10 000 yuan)		－1.5
第三产业(万元)	Tertiary Industry(10 000 yuan)		7.8
人均生产总值(元)	Per Capita GDP(yuan)		3.2
一般公共预算收入(万元)	General Public Budget Revenue(10 000 yuan)	13654	－3.5
一般公共预算支出(万元)	General Public Budget Expenditure(10 000 yuan)	165825	－10.3
在岗职工平均工资(元)	Average Wage of Staff & Workers Employed in(yuan)	62770	8.8
全体居民人均可支配收入(元)	The per capita disposable income of all residents(yuan)	18264	9.7
城镇常住居民人均可支配收入(元)	The per capita disposable income of urban permanent residents(yuan)	33034	8.6
农村牧区常住居民人均可支配收入(元)	The per capita disposable income of permanent residents of rural and pastoral areas(yuan)	10621	8.7
农村牧区经济	**Economic Development in Rural & Pastoral Area**		
农作物总播种面积(公顷)	Total Sown Area(hectare)	94467	0.0
农业机械总动力(万千瓦时)	Total Power of Machinery(10 000 kwh)	24.60	－11.0
粮食产量(吨)	Yield of Grain(ton)	215983	10.8
肉类总产量(吨)	Output of Pork, Beef & Mutton(ton)	18284	3.0
年末生猪存栏(头)	Total Livestock of Hogs at the Year－end(head)	11326	－16.2
年末牛存栏(头)	Total Livestock of Cattles at the Year－end(head)	72282	7.7
年末羊存栏(只)	Total Livestock of Sheep&Goats at the Year－end(head)	103458	－26.3
规模以上工业	**Industrial Enterprises above Designated Size**		
工业企业单位数(个)	Number of Industrial Enterprises(unit)		
工业总产值(万元)	Gross Industrial Output Value(10 000 yuan)		
工业企业增加值增速(%)	Value Added of Industrial Enterprises(%)		－4.5
投资、建筑业	**Investment and Construction**		
固定资产投资(万元)	Total Investment in Fixed Assets(10 000 yuan)		
房地产开发投资(万元)	Investment in Real Estate Development(10 000 yuan)	41378	
建筑企业单位数(个)	Number of Construction Enterprises(unit)	3	0.0
贸易	**Trade**		
社会消费品零售总额(万元)	Total Retail Sales of Consumer Goods(10 000 yuan)	214606	7.0
实际使用外资金额(万美元)	Utilization of Foreign Capital(USD 10 000)		
交通运输邮电通信业	**Transportation, Post & Telecommunications**		
公路里程(公里)	Total Length of Highways(km)	1386	0.0
固定电话用户(户)	Number of Subscribers of Local Telephone(subscriber)	7787	－9.9
移动电话用户(户)	Number of Mobile Telephone Subscribers (subscriber)	126047	13.6
互联网接入用户(户)	Number of Subscribers of Internet Service(subscriber)	16480	34.7
科技教育卫生社会保障	**Science, Education & Public Health**		
专业技术人员(人)	Special Technical Personnel(person)	4015	1.0
小学学校数(所)	Number of Primary Schools(unit)	6	0.0
普通中学学校数(所)	Number of Regular Secondary Schools(unit)	5	0.0
体育场馆数(个)	Stadium and Gymnasium(unit)	1	0.0
医疗卫生机构床位数(张)	Number of Beds(unit)	432	0.5
医疗卫生技术人员(人)	Medical Technical Personnel(person)	350	－0.6
城镇基本养老保险参保人数(人)	Persons Covered of Urban Basic Medical Care Insurance(person)	18245	0.0
新型农村合作医疗参保人数(人)	Persons Covered of New Cooperative Medical System(person)	148236	－3.6

23－74 锡林郭勒盟镶黄旗

Xianghuang Banner in Xilinguole League

指　　标	Item	2017	增长(%) Increase Rate (%)
行政区域土地面积(平方公里)	**Area of Administration(Sq. km)**	**5137**	**0.0**
人口	**Population**		
年末常住人口(万人)	Permanet Resident Population Year－end(10 000 persons)	2.9	0.0
年末户籍人口(万人)	The Registered Population Year－end(10 000 persons)	3.10	－7.5
国民经济综合指标	**Summary Item on the National Economy**		
生产总值(万元)	Gross Domestic Product(10 000 yuan)		5.3
第一产业(万元)	Primary Industry(10 000 yuan)		4.3
第二产业(万元)	Secondary Industry(10 000 yuan)		6.2
#工业(万元)	Industry(10 000 yuan)		7.3
第三产业(万元)	Tertiary Industry(10 000 yuan)		4.7
人均生产总值(元)	Per Capita GDP(yuan)		5.1
一般公共预算收入(万元)	General Public Budget Revenue(10 000 yuan)	15813	－38.4
一般公共预算支出(万元)	General Public Budget Expenditure(10 000 yuan)	86543	－11.5
在岗职工平均工资(元)	Average Wage of Staff & Workers Employed in(yuan)	78755	10.0
全体居民人均可支配收入(元)	The per capita disposable income of all residents(yuan)	27514	8.4
城镇常住居民人均可支配收入(元)	The per capita disposable income of urban permanent residents(yuan)	35877	8.3
农村牧区常住居民人均可支配收入(元)	The per capita disposable income of permanent residents of rural and pastoral areas(yuan)	13212	8.6
农村牧区经济	**Economic Development in Rural & Pastoral Area**		
农作物总播种面积(公顷)	Total Sown Area(hectare)	838	26.3
农业机械总动力(万千瓦时)	Total Power of Machinery(10 000 kwh)	3.00	－18.7
粮食产量(吨)	Yield of Grain(ton)	15	－84.5
肉类总产量(吨)	Output of Pork, Beef & Mutton(ton)	7715	－17.7
年末生猪存栏(头)	Total Livestock of Hogs at the Year－end(head)	380	82.7
年末牛存栏(头)	Total Livestock of Cattles at the Year－end(head)	23319	－4.8
年末羊存栏(只)	Total Livestock of Sheep&Goats at the Year－end(head)	202063	－19.7
规模以上工业	**Industrial Enterprises above Designated Size**		
工业企业单位数(个)	Number of Industrial Enterprises(unit)		
工业总产值(万元)	Gross Industrial Output Value(10 000 yuan)		
工业企业增加值增速(%)	Value Added of Industrial Enterprises(%)		7.3
投资、建筑业	**Investment and Construction**		
固定资产投资(万元)	Total Investment in Fixed Assets(10 000 yuan)		
房地产开发投资(万元)	Investment in Real Estate Development(10 000 yuan)	17582	－30.1
建筑企业单位数(个)	Number of Construction Enterprises(unit)		
贸易	**Trade**		
社会消费品零售总额(万元)	Total Retail Sales of Consumer Goods(10 000 yuan)	66040	6.7
实际使用外资金额(万美元)	Utilization of Foreign Capital(USD 10 000)		
交通运输邮电通信业	**Transportation, Post & Telecommunications**		
公路里程(公里)	Total Length of Highways(km)	1286	－9.6
固定电话用户(户)	Number of Subscribers of Local Telephone(subscriber)	900	－17.9
移动电话用户(户)	Number of Mobile Telephone Subscribers (subscriber)	36400	－3.6
互联网接入用户(户)	Number of Subscribers of Internet Service(subscriber)	7400	36.6
科技教育卫生社会保障	**Science, Education & Public Health**		
专业技术人员(人)	Special Technical Personnel(person)	1540	0.0
小学学校数(所)	Number of Primary Schools(unit)	2	0.0
普通中学学校数(所)	Number of Regular Secondary Schools(unit)	2	0.0
体育场馆数(个)	Stadium and Gymnasium(unit)	1	0.0
医疗卫生机构床位数(张)	Number of Beds(unit)	230	0.0
医疗卫生技术人员(人)	Medical Technical Personnel(person)	246	1.7
城镇基本养老保险参保人数(人)	Persons Covered of Urban Basic Medical Care Insurance(person)	8150	－2.6
新型农村合作医疗参保人数(人)	Persons Covered of New Cooperative Medical System(person)	14060	－13.5

23－75 锡林郭勒盟正镶白旗

Zhengxiangbai Banner in Xilinguole League

指　　标	Item	2017	增长(%) Increase Rate (%)
行政区域土地面积(平方公里)	**Area of Administration(Sq. km)**	**6253**	**0.0**
人口	**Population**		
年末常住人口(万人)	Permanet Resident Population Year－end(10 000 persons)	5.25	－0.2
年末户籍人口(万人)	The Registered Population Year－end(10 000 persons)	7.15	－1.1
国民经济综合指标	**Summary Item on the National Economy**		
生产总值(万元)	Gross Domestic Product(10 000 yuan)		5.2
第一产业(万元)	Primary Industry(10 000 yuan)		4.9
第二产业(万元)	Secondary Industry(10 000 yuan)		4.6
#工业(万元)	Industry(10 000 yuan)		6.4
第三产业(万元)	Tertiary Industry(10 000 yuan)		5.9
人均生产总值(元)	Per Capita GDP(yuan)		5.5
一般公共预算收入(万元)	General Public Budget Revenue(10 000 yuan)	11333	－16.9
一般公共预算支出(万元)	General Public Budget Expenditure(10 000 yuan)	115960	3.2
在岗职工平均工资(元)	Average Wage of Staff & Workers Employed in(yuan)	73105	4.0
全体居民人均可支配收入(元)	The per capita disposable income of all residents(yuan)	19012	10.3
城镇常住居民人均可支配收入(元)	The per capita disposable income of urban permanent residents(yuan)	32362	8.7
农村牧区常住居民人均可支配收入(元)	The per capita disposable income of permanent residents of rural and pastoral areas(yuan)	10150	13.9
农村牧区经济	**Economic Development in Rural & Pastoral Area**		
农作物总播种面积(公顷)	Total Sown Area(hectare)	14037	－9.6
农业机械总动力(万千瓦时)	Total Power of Machinery(10 000 kwh)	11.92	0.0
粮食产量(吨)	Yield of Grain(ton)	5094	2.2
肉类总产量(吨)	Output of Pork, Beef & Mutton(ton)	11661	－20.5
年末生猪存栏(头)	Total Livestock of Hogs at the Year－end(head)	1206	242.6
年末牛存栏(头)	Total Livestock of Cattles at the Year－end(head)	67421	10.2
年末羊存栏(只)	Total Livestock of Sheep&Goats at the Year－end(head)	184407	－3.3
规模以上工业	**Industrial Enterprises above Designated Size**		
工业企业单位数(个)	Number of Industrial Enterprises(unit)		
工业总产值(万元)	Gross Industrial Output Value(10 000 yuan)		
工业企业增加值增速(%)	Value Added of Industrial Enterprises(%)		6.0
投资、建筑业	**Investment and Construction**		
固定资产投资(万元)	Total Investment in Fixed Assets(10 000 yuan)		
房地产开发投资(万元)	Investment in Real Estate Development(10 000 yuan)	4975	－89.3
建筑企业单位数(个)	Number of Construction Enterprises(unit)	1	0.0
贸易	**Trade**		
社会消费品零售总额(万元)	Total Retail Sales of Consumer Goods(10 000 yuan)	89711	7.5
实际使用外资金额(万美元)	Utilization of Foreign Capital(USD 10 000)		
交通运输邮电通信业	**Transportation, Post & Telecommunications**		
公路里程(公里)	Total Length of Highways(km)	2240	19.5
固定电话用户(户)	Number of Subscribers of Local Telephone(subscriber)	843	－39.8
移动电话用户(户)	Number of Mobile Telephone Subscribers (subscriber)	53300	8.8
互联网接入用户(户)	Number of Subscribers of Internet Service(subscriber)	6400	45.2
科技教育卫生社会保障	**Science, Education & Public Health**		
专业技术人员(人)	Special Technical Personnel(person)	1360	－0.8
小学学校数(所)	Number of Primary Schools(unit)	3	0.0
普通中学学校数(所)	Number of Regular Secondary Schools(unit)	2	0.0
体育场馆数(个)	Stadium and Gymnasium(unit)		
医疗卫生机构床位数(张)	Number of Beds(unit)	185	14.2
医疗卫生技术人员(人)	Medical Technical Personnel(person)	318	44.5
城镇基本养老保险参保人数(人)	Persons Covered of Urban Basic Medical Care Insurance(person)	5777	50.4
新型农村合作医疗参保人数(人)	Persons Covered of New Cooperative Medical System(person)	50045	－0.6

23－76 锡林郭勒盟正蓝旗
Zhenglan Banner in Xilinguole League

指　　标	Item	2017	增长(%) Increase Rate (%)
行政区域土地面积(平方公里)	**Area of Administration(Sq. km)**	**10206**	**0.0**
人口	**Population**		
年末常住人口(万人)	Permanet Resident Population Year－end(10 000 persons)	8.32	0.2
年末户籍人口(万人)	The Registered Population Year－end(10 000 persons)	8.40	0.1
国民经济综合指标	**Summary Item on the National Economy**		
生产总值(万元)	Gross Domestic Product(10 000 yuan)		6.6
第一产业(万元)	Primary Industry(10 000 yuan)		5.2
第二产业(万元)	Secondary Industry(10 000 yuan)		5.7
#工业(万元)	Industry(10 000 yuan)		7.5
第三产业(万元)	Tertiary Industry(10 000 yuan)		9.3
人均生产总值(元)	Per Capita GDP(yuan)		6.3
一般公共预算收入(万元)	General Public Budget Revenue(10 000 yuan)	35349	－36.8
一般公共预算支出(万元)	General Public Budget Expenditure(10 000 yuan)	124213	－13.5
在岗职工平均工资(元)	Average Wage of Staff & Workers Employed in(yuan)	71814	9.7
全体居民人均可支配收入(元)	The per capita disposable income of all residents(yuan)	24705	8.3
城镇常住居民人均可支配收入(元)	The per capita disposable income of urban permanent residents(yuan)	35011	8.2
农村牧区常住居民人均可支配收入(元)	The per capita disposable income of permanent residents of rural and pastoral areas(yuan)	15997	8.6
农村牧区经济	**Economic Development in Rural & Pastoral Area**		
农作物总播种面积(公顷)	Total Sown Area(hectare)	20542	－2.2
农业机械总动力(万千瓦时)	Total Power of Machinery(10 000 kwh)	17.58	4.8
粮食产量(吨)	Yield of Grain(ton)	26664	－9.5
肉类总产量(吨)	Output of Pork, Beef & Mutton(ton)	36443	9.9
年末生猪存栏(头)	Total Livestock of Hogs at the Year－end(head)	1150	35.0
年末牛存栏(头)	Total Livestock of Cattles at the Year－end(head)	159123	－8.4
年末羊存栏(只)	Total Livestock of Sheep&Goats at the Year－end(head)	183131	－7.7
规模以上工业	**Industrial Enterprises above Designated Size**		
工业企业单位数(个)	Number of Industrial Enterprises(unit)		
工业总产值(万元)	Gross Industrial Output Value(10 000 yuan)		
工业企业增加值增速(%)	Value Added of Industrial Enterprises(%)		7.8
投资、建筑业	**Investment and Construction**		
固定资产投资(万元)	Total Investment in Fixed Assets(10 000 yuan)		
房地产开发投资(万元)	Investment in Real Estate Development(10 000 yuan)	18156	
建筑企业单位数(个)	Number of Construction Enterprises(unit)	1	0.0
贸易	**Trade**		
社会消费品零售总额(万元)	Total Retail Sales of Consumer Goods(10 000 yuan)	149138	7.7
实际使用外资金额(万美元)	Utilization of Foreign Capital(USD 10 000)		
交通运输邮电通信业	**Transportation, Post & Telecommunications**		
公路里程(公里)	Total Length of Highways(km)	2145	0.0
固定电话用户(户)	Number of Subscribers of Local Telephone(subscriber)	1500	－12.7
移动电话用户(户)	Number of Mobile Telephone Subscribers (subscriber)	79775	－9.9
互联网接入用户(户)	Number of Subscribers of Internet Service(subscriber)	14013	10.5
科技教育卫生社会保障	**Science, Education & Public Health**		
专业技术人员(人)	Special Technical Personnel(person)	1286	0.0
小学学校数(所)	Number of Primary Schools(unit)	6	0.0
普通中学学校数(所)	Number of Regular Secondary Schools(unit)	2	0.0
体育场馆数(个)	Stadium and Gymnasium(unit)	1	0.0
医疗卫生机构床位数(张)	Number of Beds(unit)	351	0.0
医疗卫生技术人员(人)	Medical Technical Personnel(person)	303	－2.9
城镇基本养老保险参保人数(人)	Persons Covered of Urban Basic Medical Care Insurance(person)	15735	2.1
新型农村合作医疗参保人数(人)	Persons Covered of New Cooperative Medical System(person)	48784	－0.8

23－77 锡林郭勒盟多伦县

Duolun County in Xilinguole League

指　标	Item	2017	增长(%) Increase Rate (%)
行政区域土地面积(平方公里)	**Area of Administration(Sq. km)**	**3864**	**0.0**
人口	**Population**		
年末常住人口(万人)	Permanet Resident Population Year－end(10 000 persons)	10.28	1.3
年末户籍人口(万人)	The Registered Population Year－end(10 000 persons)	11.09	0.8
国民经济综合指标	**Summary Item on the National Economy**		
生产总值(万元)	Gross Domestic Product(10 000 yuan)		4.3
第一产业(万元)	Primary Industry(10 000 yuan)		4.0
第二产业(万元)	Secondary Industry(10 000 yuan)		1.4
# 工业(万元)	Industry(10 000 yuan)		6.1
第三产业(万元)	Tertiary Industry(10 000 yuan)		6.7
人均生产总值(元)	Per Capita GDP(yuan)		2.9
一般公共预算收入(万元)	General Public Budget Revenue(10 000 yuan)	21102	－41.6
一般公共预算支出(万元)	General Public Budget Expenditure(10 000 yuan)	125683	－6.2
在岗职工平均工资(元)	Average Wage of Staff & Workers Employed in(yuan)	85009	2.3
全体居民人均可支配收入(元)	The per capita disposable income of all residents(yuan)	24926	8.3
城镇常住居民人均可支配收入(元)	The per capita disposable income of urban permanent residents(yuan)	35717	8.2
农村牧区常住居民人均可支配收入(元)	The per capita disposable income of permanent residents of rural and pastoral areas(yuan)	12902	8.5
农村牧区经济	**Economic Development in Rural & Pastoral Area**		
农作物总播种面积(公顷)	Total Sown Area(hectare)	51885	0.0
农业机械总动力(万千瓦时)	Total Power of Machinery(10 000 kwh)	24.50	4.3
粮食产量(吨)	Yield of Grain(ton)	57956	1.5
肉类总产量(吨)	Output of Pork, Beef & Mutton(ton)	22053	2.6
年末生猪存栏(头)	Total Livestock of Hogs at the Year－end(head)	21985	－0.9
年末牛存栏(头)	Total Livestock of Cattles at the Year－end(head)	99182	－3.6
年末羊存栏(只)	Total Livestock of Sheep&Goats at the Year－end(head)	46984	－36.7
规模以上工业	**Industrial Enterprises above Designated Size**		
工业企业单位数(个)	Number of Industrial Enterprises(unit)		
工业总产值(万元)	Gross Industrial Output Value(10 000 yuan)		
工业企业增加值增速(%)	Value Added of Industrial Enterprises(%)		6.0
投资、建筑业	**Investment and Construction**		
固定资产投资(万元)	Total Investment in Fixed Assets(10 000 yuan)		
房地产开发投资(万元)	Investment in Real Estate Development(10 000 yuan)	38287	
建筑企业单位数(个)	Number of Construction Enterprises(unit)	1	0.0
贸易	**Trade**		
社会消费品零售总额(万元)	Total Retail Sales of Consumer Goods(10 000 yuan)	168423	7.2
实际使用外资金额(万美元)	Utilization of Foreign Capital(USD 10 000)		
交通运输邮电通信业	**Transportation, Post & Telecommunications**		
公路里程(公里)	Total Length of Highways(km)	995	0.9
固定电话用户(户)	Number of Subscribers of Local Telephone(subscriber)	4007	－10.9
移动电话用户(户)	Number of Mobile Telephone Subscribers (subscriber)	87252	8.9
互联网接入用户(户)	Number of Subscribers of Internet Service(subscriber)	13520	35.7
科技教育卫生社会保障	**Science, Education & Public Health**		
专业技术人员(人)	Special Technical Personnel(person)	2636	－0.8
小学学校数(所)	Number of Primary Schools(unit)	12	0.0
普通中学学校数(所)	Number of Regular Secondary Schools(unit)	3	0.0
体育场馆数(个)	Stadium and Gymnasium(unit)	3	0.0
医疗卫生机构床位数(张)	Number of Beds(unit)	435	11.0
医疗卫生技术人员(人)	Medical Technical Personnel(person)	591	75.9
城镇基本养老保险参保人数(人)	Persons Covered of Urban Basic Medical Care Insurance(person)	8168	0.1
新型农村合作医疗参保人数(人)	Persons Covered of New Cooperative Medical System(person)	65720	2.7

23－78 乌兰察布市集宁区
Jining District in Wulanchabu City

指　标	Item	2017	增长(%) Increase Rate (%)
行政区域土地面积(平方公里)	**Area of Administration(Sq. km)**	**553**	**0.0**
人口	**Population**		
年末常住人口(万人)	Permanet Resident Population Year－end(10 000 persons)	40.92	－0.5
年末户籍人口(万人)	The Registered Population Year－end(10 000 persons)	31.38	－0.9
国民经济综合指标	**Summary Item on the National Economy**		
生产总值(万元)	Gross Domestic Product(10 000 yuan)		5.9
第一产业(万元)	Primary Industry(10 000 yuan)		1.0
第二产业(万元)	Secondary Industry(10 000 yuan)		3.8
#工业(万元)	Industry(10 000 yuan)		6.0
第三产业(万元)	Tertiary Industry(10 000 yuan)		7.5
人均生产总值(元)	Per Capita GDP(yuan)		
一般公共预算收入(万元)	General Public Budget Revenue(10 000 yuan)	113907	－36.5
一般公共预算支出(万元)	General Public Budget Expenditure(10 000 yuan)	318841	－11.5
在岗职工平均工资(元)	Average Wage of Staff & Workers Employed in(yuan)	61488	－2.7
全体居民人均可支配收入(元)	The per capita disposable income of all residents(yuan)	29548	8.6
城镇常住居民人均可支配收入(元)	The per capita disposable income of urban permanent residents(yuan)	30877	8.4
农村牧区常住居民人均可支配收入(元)	The per capita disposable income of permanent residents of rural and pastoral areas(yuan)	14807	8.3
农村牧区经济	**Economic Development in Rural & Pastoral Area**		
农作物总播种面积(公顷)	Total Sown Area(hectare)	6790	－0.1
农业机械总动力(万千瓦时)	Total Power of Machinery(10 000 kwh)	2.00	0.0
粮食产量(吨)	Yield of Grain(ton)	9977	－6.1
肉类总产量(吨)	Output of Pork, Beef & Mutton(ton)	3890	31.2
年末生猪存栏(头)	Total Livestock of Hogs at the Year－end(head)	23200	10.0
年末牛存栏(头)	Total Livestock of Cattles at the Year－end(head)	4120	58.5
年末羊存栏(只)	Total Livestock of Sheep&Goats at the Year－end(head)	27110	3.9
规模以上工业	**Industrial Enterprises above Designated Size**		
工业企业单位数(个)	Number of Industrial Enterprises(unit)		
工业总产值(万元)	Gross Industrial Output Value(10 000 yuan)		
工业企业增加值增速(%)	Value Added of Industrial Enterprises(%)		6.7
投资、建筑业	**Investment and Construction**		
固定资产投资(万元)	Total Investment in Fixed Assets(10 000 yuan)		
房地产开发投资(万元)	Investment in Real Estate Development(10 000 yuan)	142886	123.6
建筑企业单位数(个)	Number of Construction Enterprises(unit)	21	－85.3
贸易	**Trade**		
社会消费品零售总额(万元)	Total Retail Sales of Consumer Goods(10 000 yuan)	912006	11.2
实际使用外资金额(万美元)	Utilization of Foreign Capital(USD 10 000)		
交通运输邮电通信业	**Transportation, Post & Telecommunications**		
公路里程(公里)	Total Length of Highways(km)	420	0.0
固定电话用户(户)	Number of Subscribers of Local Telephone(subscriber)	37000	－25.1
移动电话用户(户)	Number of Mobile Telephone Subscribers (subscriber)	496000	152.0
互联网接入用户(户)	Number of Subscribers of Internet Service(subscriber)	72000	－51.0
科技教育卫生社会保障	**Science, Education & Public Health**		
专业技术人员(人)	Special Technical Personnel(person)	17582	0.0
小学学校数(所)	Number of Primary Schools(unit)	31	3.3
普通中学学校数(所)	Number of Regular Secondary Schools(unit)	19	0.0
体育场馆数(个)	Stadium and Gymnasium(unit)	12	20.0
医疗卫生机构床位数(张)	Number of Beds(unit)	2411	－27.0
医疗卫生技术人员(人)	Medical Technical Personnel(person)	3900	－0.3
城镇基本养老保险参保人数(人)	Persons Covered of Urban Basic Medical Care Insurance(person)	117394	29.0
新型农村合作医疗参保人数(人)	Persons Covered of New Cooperative Medical System(person)		

23-79 乌兰察布市卓资县

Zhuozi County in Wulanchabu City

指　　标	Item	2017	增长(%) Increase Rate (%)
行政区域土地面积(平方公里)	**Area of Administration(Sq. km)**	**3119**	**0.0**
人口	**Population**		
年末常住人口(万人)	Permanet Resident Population Year-end(10 000 persons)	13.10	-1.0
年末户籍人口(万人)	The Registered Population Year-end(10 000 persons)	20.10	-1.6
国民经济综合指标	**Summary Item on the National Economy**		
生产总值(万元)	Gross Domestic Product(10 000 yuan)		4.8
第一产业(万元)	Primary Industry(10 000 yuan)		2.9
第二产业(万元)	Secondary Industry(10 000 yuan)		3.9
#工业(万元)	Industry(10 000 yuan)		5.4
第三产业(万元)	Tertiary Industry(10 000 yuan)		6.5
人均生产总值(元)	Per Capita GDP(yuan)		
一般公共预算收入(万元)	General Public Budget Revenue(10 000 yuan)	20443	-34.4
一般公共预算支出(万元)	General Public Budget Expenditure(10 000 yuan)	180096	2.4
在岗职工平均工资(元)	Average Wage of Staff & Workers Employed in(yuan)	68725	0.9
全体居民人均可支配收入(元)	The per capita disposable income of all residents(yuan)	17430	8.7
城镇常住居民人均可支配收入(元)	The per capita disposable income of urban permanent residents(yuan)	28190	8.4
农村牧区常住居民人均可支配收入(元)	The per capita disposable income of permanent residents of rural and pastoral areas(yuan)	9963	8.4
农村牧区经济	**Economic Development in Rural & Pastoral Area**		
农作物总播种面积(公顷)	Total Sown Area(hectare)	40770	-4.0
农业机械总动力(万千瓦时)	Total Power of Machinery(10 000 kwh)	10.10	-1.0
粮食产量(吨)	Yield of Grain(ton)	62495	-11.5
肉类总产量(吨)	Output of Pork, Beef & Mutton(ton)	16813	-14.3
年末生猪存栏(头)	Total Livestock of Hogs at the Year-end(head)	29356	-4.0
年末牛存栏(头)	Total Livestock of Cattles at the Year-end(head)	20580	-20.1
年末羊存栏(只)	Total Livestock of Sheep&Goats at the Year-end(head)	287500	-10.3
规模以上工业	**Industrial Enterprises above Designated Size**		
工业企业单位数(个)	Number of Industrial Enterprises(unit)		
工业总产值(万元)	Gross Industrial Output Value(10 000 yuan)		
工业企业增加值增速(%)	Value Added of Industrial Enterprises(%)		6.0
投资、建筑业	**Investment and Construction**		
固定资产投资(万元)	Total Investment in Fixed Assets(10 000 yuan)		
房地产开发投资(万元)	Investment in Real Estate Development(10 000 yuan)		
建筑企业单位数(个)	Number of Construction Enterprises(unit)	17	6.3
贸易	**Trade**		
社会消费品零售总额(万元)	Total Retail Sales of Consumer Goods(10 000 yuan)	193528	4.1
实际使用外资金额(万美元)	Utilization of Foreign Capital(USD 10 000)		
交通运输邮电通信业	**Transportation, Post & Telecommunications**		
公路里程(公里)	Total Length of Highways(km)	1116	3.7
固定电话用户(户)	Number of Subscribers of Local Telephone(subscriber)	4966	-5.9
移动电话用户(户)	Number of Mobile Telephone Subscribers (subscriber)	53776	10.0
互联网接入用户(户)	Number of Subscribers of Internet Service(subscriber)	7593	5.2
科技教育卫生社会保障	**Science, Education & Public Health**		
专业技术人员(人)	Special Technical Personnel(person)	2442	-0.5
小学学校数(所)	Number of Primary Schools(unit)	20	0.0
普通中学学校数(所)	Number of Regular Secondary Schools(unit)	6	0.0
体育场馆数(个)	Stadium and Gymnasium(unit)	1	0.0
医疗卫生机构床位数(张)	Number of Beds(unit)	384	7.3
医疗卫生技术人员(人)	Medical Technical Personnel(person)	474	-2.9
城镇基本养老保险参保人数(人)	Persons Covered of Urban Basic Medical Care Insurance(person)	7211	0.9
新型农村合作医疗参保人数(人)	Persons Covered of New Cooperative Medical System(person)	131468	-0.4

23-80 乌兰察布市化德县

Huade County in Wulanchabu City

指　　标	Item	2017	增长(%) Increase Rate (%)
行政区域土地面积(平方公里)	**Area of Administration(Sq. km)**	**2534**	**0.0**
人口	**Population**		
年末常住人口(万人)	Permanet Resident Population Year-end(10 000 persons)	12.10	0.0
年末户籍人口(万人)	The Registered Population Year-end(10 000 persons)	16.50	0.0
国民经济综合指标	**Summary Item on the National Economy**		
生产总值(万元)	Gross Domestic Product(10 000 yuan)		4.0
第一产业(万元)	Primary Industry(10 000 yuan)		5.0
第二产业(万元)	Secondary Industry(10 000 yuan)		2.3
#工业(万元)	Industry(10 000 yuan)		3.6
第三产业(万元)	Tertiary Industry(10 000 yuan)		6.1
人均生产总值(元)	Per Capita GDP(yuan)		
一般公共预算收入(万元)	General Public Budget Revenue(10 000 yuan)	13916	-25.2
一般公共预算支出(万元)	General Public Budget Expenditure(10 000 yuan)	173804	9.2
在岗职工平均工资(元)	Average Wage of Staff & Workers Employed in(yuan)	60589	4.6
全体居民人均可支配收入(元)	The per capita disposable income of all residents(yuan)	18496	8.7
城镇常住居民人均可支配收入(元)	The per capita disposable income of urban permanent residents(yuan)	28791	8.4
农村牧区常住居民人均可支配收入(元)	The per capita disposable income of permanent residents of rural and pastoral areas(yuan)	8301	8.4
农村牧区经济	**Economic Development in Rural & Pastoral Area**		
农作物总播种面积(公顷)	Total Sown Area(hectare)	44425	-0.6
农业机械总动力(万千瓦时)	Total Power of Machinery(10 000 kwh)	15.00	3.4
粮食产量(吨)	Yield of Grain(ton)	55472	-15.0
肉类总产量(吨)	Output of Pork, Beef & Mutton(ton)	12136	-15.1
年末生猪存栏(头)	Total Livestock of Hogs at the Year-end(head)	50832	97.8
年末牛存栏(头)	Total Livestock of Cattles at the Year-end(head)	16213	24.7
年末羊存栏(只)	Total Livestock of Sheep&Goats at the Year-end(head)	293098	91.5
规模以上工业	**Industrial Enterprises above Designated Size**		
工业企业单位数(个)	Number of Industrial Enterprises(unit)		
工业总产值(万元)	Gross Industrial Output Value(10 000 yuan)		
工业企业增加值增速(%)	Value Added of Industrial Enterprises(%)		3.5
投资、建筑业	**Investment and Construction**		
固定资产投资(万元)	Total Investment in Fixed Assets(10 000 yuan)		
房地产开发投资(万元)	Investment in Real Estate Development(10 000 yuan)	2308	
建筑企业单位数(个)	Number of Construction Enterprises(unit)	2	0.0
贸易	**Trade**		
社会消费品零售总额(万元)	Total Retail Sales of Consumer Goods(10 000 yuan)	168000	7.0
实际使用外资金额(万美元)	Utilization of Foreign Capital(USD 10 000)		
交通运输邮电通信业	**Transportation, Post & Telecommunications**		
公路里程(公里)	Total Length of Highways(km)	1287	0.0
固定电话用户(户)	Number of Subscribers of Local Telephone(subscriber)	8605	-6.0
移动电话用户(户)	Number of Mobile Telephone Subscribers (subscriber)	115230	5.5
互联网接入用户(户)	Number of Subscribers of Internet Service(subscriber)	9200	12.5
科技教育卫生社会保障	**Science, Education & Public Health**		
专业技术人员(人)	Special Technical Personnel(person)	2552	0.0
小学学校数(所)	Number of Primary Schools(unit)	13	0.0
普通中学学校数(所)	Number of Regular Secondary Schools(unit)	3	0.0
体育场馆数(个)	Stadium and Gymnasium(unit)		
医疗卫生机构床位数(张)	Number of Beds(unit)	505	0.0
医疗卫生技术人员(人)	Medical Technical Personnel(person)	707	0.0
城镇基本养老保险参保人数(人)	Persons Covered of Urban Basic Medical Care Insurance(person)	6495	4.9
新型农村合作医疗参保人数(人)	Persons Covered of New Cooperative Medical System(person)	122453	19.0

23－81 乌兰察布市商都县

Shangdu County in Wulanchabu City

指　　标	Item	2017	增长(%) Increase Rate (%)
行政区域土地面积(平方公里)	**Area of Administration(Sq. km)**	**4284**	**0.0**
人口	**Population**		
年末常住人口(万人)	Permanet Resident Population Year－end(10 000 persons)	19.65	2.9
年末户籍人口(万人)	The Registered Population Year－end(10 000 persons)	33.17	－0.4
国民经济综合指标	**Summary Item on the National Economy**		
生产总值(万元)	Gross Domestic Product(10 000 yuan)		5.5
第一产业(万元)	Primary Industry(10 000 yuan)		5.3
第二产业(万元)	Secondary Industry(10 000 yuan)		3.4
#工业(万元)	Industry(10 000 yuan)		5.2
第三产业(万元)	Tertiary Industry(10 000 yuan)		7.4
人均生产总值(元)	Per Capita GDP(yuan)		
一般公共预算收入(万元)	General Public Budget Revenue(10 000 yuan)	15608	－22.6
一般公共预算支出(万元)	General Public Budget Expenditure(10 000 yuan)	274843	12.4
在岗职工平均工资(元)	Average Wage of Staff & Workers Employed in(yuan)	75253	5.3
全体居民人均可支配收入(元)	The per capita disposable income of all residents(yuan)	14841	8.8
城镇常住居民人均可支配收入(元)	The per capita disposable income of urban permanent residents(yuan)	25801	8.5
农村牧区常住居民人均可支配收入(元)	The per capita disposable income of permanent residents of rural and pastoral areas(yuan)	9257	8.3
农村牧区经济	**Economic Development in Rural & Pastoral Area**		
农作物总播种面积(公顷)	Total Sown Area(hectare)	92773	－9.2
农业机械总动力(万千瓦时)	Total Power of Machinery(10 000 kwh)	26.59	－0.4
粮食产量(吨)	Yield of Grain(ton)	85973	－4.7
肉类总产量(吨)	Output of Pork, Beef & Mutton(ton)	7182	－68.4
年末生猪存栏(头)	Total Livestock of Hogs at the Year－end(head)	12419	43.5
年末牛存栏(头)	Total Livestock of Cattles at the Year－end(head)	17517	53.1
年末羊存栏(只)	Total Livestock of Sheep&Goats at the Year－end(head)	309853	14.3
规模以上工业	**Industrial Enterprises above Designated Size**		
工业企业单位数(个)	Number of Industrial Enterprises(unit)		
工业总产值(万元)	Gross Industrial Output Value(10 000 yuan)		
工业企业增加值增速(%)	Value Added of Industrial Enterprises(%)		5.8
投资、建筑业	**Investment and Construction**		
固定资产投资(万元)	Total Investment in Fixed Assets(10 000 yuan)		
房地产开发投资(万元)	Investment in Real Estate Development(10 000 yuan)	2225	－78.7
建筑企业单位数(个)	Number of Construction Enterprises(unit)	4	0.0
贸易	**Trade**		
社会消费品零售总额(万元)	Total Retail Sales of Consumer Goods(10 000 yuan)	355000	7.9
实际使用外资金额(万美元)	Utilization of Foreign Capital(USD 10 000)		
交通运输邮电通信业	**Transportation, Post & Telecommunications**		
公路里程(公里)	Total Length of Highways(km)	1772	1.4
固定电话用户(户)	Number of Subscribers of Local Telephone(subscriber)	4900	－20.3
移动电话用户(户)	Number of Mobile Telephone Subscribers (subscriber)	152500	1.2
互联网接入用户(户)	Number of Subscribers of Internet Service(subscriber)	24160	9.3
科技教育卫生社会保障	**Science, Education & Public Health**		
专业技术人员(人)	Special Technical Personnel(person)	2410	－7.1
小学学校数(所)	Number of Primary Schools(unit)	14	－12.5
普通中学学校数(所)	Number of Regular Secondary Schools(unit)	5	0.0
体育场馆数(个)	Stadium and Gymnasium(unit)	2	0.0
医疗卫生机构床位数(张)	Number of Beds(unit)	858	79.5
医疗卫生技术人员(人)	Medical Technical Personnel(person)	642	2.7
城镇基本养老保险参保人数(人)	Persons Covered of Urban Basic Medical Care Insurance(person)	30195	84.0
新型农村合作医疗参保人数(人)	Persons Covered of New Cooperative Medical System(person)	240544	1.3

23－82 乌兰察布市兴和县

Xinghe County in Wulanchabu City

指　　标	Item	2017	增长(%) Increase Rate (%)
行政区域土地面积(平方公里)	**Area of Administration(Sq. km)**	**3518**	**0.0**
人口	**Population**		
年末常住人口(万人)	Permanet Resident Population Year－end(10 000 persons)	22.00	0.0
年末户籍人口(万人)	The Registered Population Year－end(10 000 persons)	32.00	0.0
国民经济综合指标	**Summary Item on the National Economy**		
生产总值(万元)	Gross Domestic Product(10 000 yuan)		4.0
第一产业(万元)	Primary Industry(10 000 yuan)		4.5
第二产业(万元)	Secondary Industry(10 000 yuan)		2.1
# 工业(万元)	Industry(10 000 yuan)		4.6
第三产业(万元)	Tertiary Industry(10 000 yuan)		5.0
人均生产总值(元)	Per Capita GDP(yuan)		
一般公共预算收入(万元)	General Public Budget Revenue(10 000 yuan)	15823	－55.4
一般公共预算支出(万元)	General Public Budget Expenditure(10 000 yuan)	246278	－10.6
在岗职工平均工资(元)	Average Wage of Staff & Workers Employed in(yuan)	53931	0.4
全体居民人均可支配收入(元)	The per capita disposable income of all residents(yuan)	13196	8.7
城镇常住居民人均可支配收入(元)	The per capita disposable income of urban permanent residents(yuan)	25464	8.3
农村牧区常住居民人均可支配收入(元)	The per capita disposable income of permanent residents of rural and pastoral areas(yuan)	8941	9.0
农村牧区经济	**Economic Development in Rural & Pastoral Area**		
农作物总播种面积(公顷)	Total Sown Area(hectare)	75745	－1.5
农业机械总动力(万千瓦时)	Total Power of Machinery(10 000 kwh)	20.60	－1.9
粮食产量(吨)	Yield of Grain(ton)	82007	3.6
肉类总产量(吨)	Output of Pork, Beef & Mutton(ton)	7306	－72.5
年末生猪存栏(头)	Total Livestock of Hogs at the Year－end(head)	56430	63.3
年末牛存栏(头)	Total Livestock of Cattles at the Year－end(head)	39502	－8.8
年末羊存栏(只)	Total Livestock of Sheep&Goats at the Year－end(head)	534683	24.2
规模以上工业	**Industrial Enterprises above Designated Size**		
工业企业单位数(个)	Number of Industrial Enterprises(unit)		
工业总产值(万元)	Gross Industrial Output Value(10 000 yuan)		
工业企业增加值增速(%)	Value Added of Industrial Enterprises(%)		4.4
投资、建筑业	**Investment and Construction**		
固定资产投资(万元)	Total Investment in Fixed Assets(10 000 yuan)		
房地产开发投资(万元)	Investment in Real Estate Development(10 000 yuan)	23242	－48.8
建筑企业单位数(个)	Number of Construction Enterprises(unit)	1	0.0
贸易	**Trade**		
社会消费品零售总额(万元)	Total Retail Sales of Consumer Goods(10 000 yuan)	326800	7.6
实际使用外资金额(万美元)	Utilization of Foreign Capital(USD 10 000)	800	
交通运输邮电通信业	**Transportation, Post & Telecommunications**		
公路里程(公里)	Total Length of Highways(km)	1254	－15.6
固定电话用户(户)	Number of Subscribers of Local Telephone(subscriber)	2569	－73.7
移动电话用户(户)	Number of Mobile Telephone Subscribers (subscriber)	136998	203.0
互联网接入用户(户)	Number of Subscribers of Internet Service(subscriber)	15803	66.3
科技教育卫生社会保障	**Science, Education & Public Health**		
专业技术人员(人)	Special Technical Personnel(person)	2231	3.2
小学学校数(所)	Number of Primary Schools(unit)	16	－30.4
普通中学学校数(所)	Number of Regular Secondary Schools(unit)	4	0.0
体育场馆数(个)	Stadium and Gymnasium(unit)	1	0.0
医疗卫生机构床位数(张)	Number of Beds(unit)	817	13.5
医疗卫生技术人员(人)	Medical Technical Personnel(person)	706	2.0
城镇基本养老保险参保人数(人)	Persons Covered of Urban Basic Medical Care Insurance(person)	18357	21.3
新型农村合作医疗参保人数(人)	Persons Covered of New Cooperative Medical System(person)	202692	4.8

23－83 乌兰察布市凉城县

Liangcheng County in Wulanchabu City

指　　标	Item	2017	增长(％) Increase Rate (％)
行政区域土地面积(平方公里)	**Area of Administration(Sq. km)**	**3458**	**0.0**
人口	**Population**		
年末常住人口(万人)	Permanet Resident Population Year－end(10 000 persons)	18.30	－1.1
年末户籍人口(万人)	The Registered Population Year－end(10 000 persons)	23.55	－0.5
国民经济综合指标	**Summary Item on the National Economy**		
生产总值(万元)	Gross Domestic Product(10 000 yuan)		4.0
第一产业(万元)	Primary Industry(10 000 yuan)		2.1
第二产业(万元)	Secondary Industry(10 000 yuan)		2.5
#工业(万元)	Industry(10 000 yuan)		2.9
第三产业(万元)	Tertiary Industry(10 000 yuan)		7.3
人均生产总值(元)	Per Capita GDP(yuan)		
一般公共预算收入(万元)	General Public Budget Revenue(10 000 yuan)	21018	－50.7
一般公共预算支出(万元)	General Public Budget Expenditure(10 000 yuan)	192513	－2.9
在岗职工平均工资(元)	Average Wage of Staff & Workers Employed in(yuan)	83505	6.8
全体居民人均可支配收入(元)	The per capita disposable income of all residents(yuan)	16764	8.7
城镇常住居民人均可支配收入(元)	The per capita disposable income of urban permanent residents(yuan)	27807	8.4
农村牧区常住居民人均可支配收入(元)	The per capita disposable income of permanent residents of rural and pastoral areas(yuan)	11068	8.5
农村牧区经济	**Economic Development in Rural & Pastoral Area**		
农作物总播种面积(公顷)	Total Sown Area(hectare)	61530	0.0
农业机械总动力(万千瓦时)	Total Power of Machinery(10 000 kwh)	21.20	2.4
粮食产量(吨)	Yield of Grain(ton)	250348	－0.1
肉类总产量(吨)	Output of Pork, Beef & Mutton(ton)	18951	－14.8
年末生猪存栏(头)	Total Livestock of Hogs at the Year－end(head)	55376	77.2
年末牛存栏(头)	Total Livestock of Cattles at the Year－end(head)	59360	－3.5
年末羊存栏(只)	Total Livestock of Sheep&Goats at the Year－end(head)	301950	8.2
规模以上工业	**Industrial Enterprises above Designated Size**		
工业企业单位数(个)	Number of Industrial Enterprises(unit)		
工业总产值(万元)	Gross Industrial Output Value(10 000 yuan)		
工业企业增加值增速(％)	Value Added of Industrial Enterprises(％)		1.9
投资、建筑业	**Investment and Construction**		
固定资产投资(万元)	Total Investment in Fixed Assets(10 000 yuan)		
房地产开发投资(万元)	Investment in Real Estate Development(10 000 yuan)	900	－10.0
建筑企业单位数(个)	Number of Construction Enterprises(unit)	2	0.0
贸易	**Trade**		
社会消费品零售总额(万元)	Total Retail Sales of Consumer Goods(10 000 yuan)	219337	6.5
实际使用外资金额(万美元)	Utilization of Foreign Capital(USD 10 000)		
交通运输邮电通信业	**Transportation, Post & Telecommunications**		
公路里程(公里)	Total Length of Highways(km)	1499	0.0
固定电话用户(户)	Number of Subscribers of Local Telephone(subscriber)	5000	－59.3
移动电话用户(户)	Number of Mobile Telephone Subscribers (subscriber)	118000	－1.5
互联网接入用户(户)	Number of Subscribers of Internet Service(subscriber)	16400	38.0
科技教育卫生社会保障	**Science, Education & Public Health**		
专业技术人员(人)	Special Technical Personnel(person)	2683	0.5
小学学校数(所)	Number of Primary Schools(unit)	11	0.0
普通中学学校数(所)	Number of Regular Secondary Schools(unit)	5	0.0
体育场馆数(个)	Stadium and Gymnasium(unit)		
医疗卫生机构床位数(张)	Number of Beds(unit)	690	－26.1
医疗卫生技术人员(人)	Medical Technical Personnel(person)	259	－45.1
城镇基本养老保险参保人数(人)	Persons Covered of Urban Basic Medical Care Insurance(person)	51335	0.0
新型农村合作医疗参保人数(人)	Persons Covered of New Cooperative Medical System(person)	9633	－94.1

23－84 乌兰察布市察哈尔右翼前旗
Chahaeryouyiqian Banner in Wulanchabu City

指　　标	Item	2017	增长(%) Increase Rate (%)
行政区域土地面积(平方公里)	**Area of Administration(Sq. km)**	**2440**	**0.0**
人口	**Population**		
年末常住人口(万人)	Permanet Resident Population Year－end(10 000 persons)	12.49	－5.7
年末户籍人口(万人)	The Registered Population Year－end(10 000 persons)	21.60	－0.3
国民经济综合指标	**Summary Item on the National Economy**		
生产总值(万元)	Gross Domestic Product(10 000 yuan)		5.7
第一产业(万元)	Primary Industry(10 000 yuan)		4.1
第二产业(万元)	Secondary Industry(10 000 yuan)		5.6
#工业(万元)	Industry(10 000 yuan)		7.3
第三产业(万元)	Tertiary Industry(10 000 yuan)		6.9
人均生产总值(元)	Per Capita GDP(yuan)		
一般公共预算收入(万元)	General Public Budget Revenue(10 000 yuan)	30135	－27.0
一般公共预算支出(万元)	General Public Budget Expenditure(10 000 yuan)	232462	8.7
在岗职工平均工资(元)	Average Wage of Staff & Workers Employed in(yuan)	68123	2.8
全体居民人均可支配收入(元)	The per capita disposable income of all residents(yuan)	14173	8.8
城镇常住居民人均可支配收入(元)	The per capita disposable income of urban permanent residents(yuan)	27387	8.5
农村牧区常住居民人均可支配收入(元)	The per capita disposable income of permanent residents of rural and pastoral areas(yuan)	10236	8.4
农村牧区经济	**Economic Development in Rural & Pastoral Area**		
农作物总播种面积(公顷)	Total Sown Area(hectare)	47644	1.9
农业机械总动力(万千瓦时)	Total Power of Machinery(10 000 kwh)	18.19	－15.9
粮食产量(吨)	Yield of Grain(ton)	83437	1.7
肉类总产量(吨)	Output of Pork, Beef & Mutton(ton)	27317	12.2
年末生猪存栏(头)	Total Livestock of Hogs at the Year－end(head)	71137	1.5
年末牛存栏(头)	Total Livestock of Cattles at the Year－end(head)	52245	－3.7
年末羊存栏(只)	Total Livestock of Sheep&Goats at the Year－end(head)	386500	1.5
规模以上工业	**Industrial Enterprises above Designated Size**		
工业企业单位数(个)	Number of Industrial Enterprises(unit)		
工业总产值(万元)	Gross Industrial Output Value(10 000 yuan)		
工业企业增加值增速(%)	Value Added of Industrial Enterprises(%)		12.9
投资、建筑业	**Investment and Construction**		
固定资产投资(万元)	Total Investment in Fixed Assets(10 000 yuan)		
房地产开发投资(万元)	Investment in Real Estate Development(10 000 yuan)	5000	－50.0
建筑企业单位数(个)	Number of Construction Enterprises(unit)	33	10.0
贸易	**Trade**		
社会消费品零售总额(万元)	Total Retail Sales of Consumer Goods(10 000 yuan)	175661	6.5
实际使用外资金额(万美元)	Utilization of Foreign Capital(USD 10 000)		
交通运输邮电通信业	**Transportation, Post & Telecommunications**		
公路里程(公里)	Total Length of Highways(km)	966	0.0
固定电话用户(户)	Number of Subscribers of Local Telephone(subscriber)	5426	－41.1
移动电话用户(户)	Number of Mobile Telephone Subscribers (subscriber)	119625	192.0
互联网接入用户(户)	Number of Subscribers of Internet Service(subscriber)	25273	362.7
科技教育卫生社会保障	**Science, Education & Public Health**		
专业技术人员(人)	Special Technical Personnel(person)	3212	0.7
小学学校数(所)	Number of Primary Schools(unit)	8	14.3
普通中学学校数(所)	Number of Regular Secondary Schools(unit)	5	－16.7
体育场馆数(个)	Stadium and Gymnasium(unit)	2	0.0
医疗卫生机构床位数(张)	Number of Beds(unit)	409	31.1
医疗卫生技术人员(人)	Medical Technical Personnel(person)	768	9.1
城镇基本养老保险参保人数(人)	Persons Covered of Urban Basic Medical Care Insurance(person)	15247	74.8
新型农村合作医疗参保人数(人)	Persons Covered of New Cooperative Medical System(person)	165905	11.4

23－85 乌兰察布市察哈尔右翼中旗
Chahaeryouyizhong Banner in Wulanchabu City

指　　标	Item	2017	增长(%) Increase Rate (%)
行政区域土地面积(平方公里)	**Area of Administration(Sq. km)**	**4186**	**0.0**
人口	**Population**		
年末常住人口(万人)	Permanet Resident Population Year－end(10 000 persons)	14.20	－4.7
年末户籍人口(万人)	The Registered Population Year－end(10 000 persons)	20.30	－1.0
国民经济综合指标	**Summary Item on the National Economy**		
生产总值(万元)	Gross Domestic Product(10 000 yuan)		4.8
第一产业(万元)	Primary Industry(10 000 yuan)		6.7
第二产业(万元)	Secondary Industry(10 000 yuan)		2.7
＃工业(万元)	Industry(10 000 yuan)		4.0
第三产业(万元)	Tertiary Industry(10 000 yuan)		5.2
人均生产总值(元)	Per Capita GDP(yuan)		
一般公共预算收入(万元)	General Public Budget Revenue(10 000 yuan)	12604	－20.3
一般公共预算支出(万元)	General Public Budget Expenditure(10 000 yuan)	197216	6.0
在岗职工平均工资(元)	Average Wage of Staff & Workers Employed in(yuan)	85463	4.4
全体居民人均可支配收入(元)	The per capita disposable income of all residents(yuan)	12973	8.8
城镇常住居民人均可支配收入(元)	The per capita disposable income of urban permanent residents(yuan)	27198	8.4
农村牧区常住居民人均可支配收入(元)	The per capita disposable income of permanent residents of rural and pastoral areas(yuan)	8134	8.3
农村牧区经济	**Economic Development in Rural & Pastoral Area**		
农作物总播种面积(公顷)	Total Sown Area(hectare)	87891	1.8
农业机械总动力(万千瓦时)	Total Power of Machinery(10 000 kwh)	31.57	0.3
粮食产量(吨)	Yield of Grain(ton)	109454	－0.6
肉类总产量(吨)	Output of Pork, Beef & Mutton(ton)	24607	2.8
年末生猪存栏(头)	Total Livestock of Hogs at the Year－end(head)	43640	41.7
年末牛存栏(头)	Total Livestock of Cattles at the Year－end(head)	18770	－41.1
年末羊存栏(只)	Total Livestock of Sheep&Goats at the Year－end(head)	608300	21.6
规模以上工业	**Industrial Enterprises above Designated Size**		
工业企业单位数(个)	Number of Industrial Enterprises(unit)		
工业总产值(万元)	Gross Industrial Output Value(10 000 yuan)		
工业企业增加值增速(%)	Value Added of Industrial Enterprises(%)		3.2
投资、建筑业	**Investment and Construction**		
固定资产投资(万元)	Total Investment in Fixed Assets(10 000 yuan)		
房地产开发投资(万元)	Investment in Real Estate Development(10 000 yuan)	30	－94.6
建筑企业单位数(个)	Number of Construction Enterprises(unit)	1	0.0
贸易	**Trade**		
社会消费品零售总额(万元)	Total Retail Sales of Consumer Goods(10 000 yuan)	141000	11.6
实际使用外资金额(万美元)	Utilization of Foreign Capital(USD 10 000)		
交通运输邮电通信业	**Transportation, Post & Telecommunications**		
公路里程(公里)	Total Length of Highways(km)	1389	0.2
固定电话用户(户)	Number of Subscribers of Local Telephone(subscriber)	11456	－4.5
移动电话用户(户)	Number of Mobile Telephone Subscribers (subscriber)	114210	0.6
互联网接入用户(户)	Number of Subscribers of Internet Service(subscriber)	9120	1.3
科技教育卫生社会保障	**Science, Education & Public Health**		
专业技术人员(人)	Special Technical Personnel(person)	2066	0.4
小学学校数(所)	Number of Primary Schools(unit)	17	－5.6
普通中学学校数(所)	Number of Regular Secondary Schools(unit)	3	0.0
体育场馆数(个)	Stadium and Gymnasium(unit)	1	0.0
医疗卫生机构床位数(张)	Number of Beds(unit)	551	0.5
医疗卫生技术人员(人)	Medical Technical Personnel(person)	396	27.3
城镇基本养老保险参保人数(人)	Persons Covered of Urban Basic Medical Care Insurance(person)	8804	11.4
新型农村合作医疗参保人数(人)	Persons Covered of New Cooperative Medical System(person)	134753	－2.2

23-86 乌兰察布市察哈尔右翼后旗

Chahaeryouyihou Banner in Wulanchabu City

指 标	Item	2017	增长(%) Increase Rate (%)
行政区域土地面积(平方公里)	**Area of Administration(Sq. km)**	**3910**	**0.0**
人口	**Population**		
年末常住人口(万人)	Permanet Resident Population Year-end(10 000 persons)	15.48	16.1
年末户籍人口(万人)	The Registered Population Year-end(10 000 persons)	20.80	-0.7
国民经济综合指标	**Summary Item on the National Economy**		
生产总值(万元)	Gross Domestic Product(10 000 yuan)		4.4
第一产业(万元)	Primary Industry(10 000 yuan)		1.0
第二产业(万元)	Secondary Industry(10 000 yuan)		5.2
#工业(万元)	Industry(10 000 yuan)		7.7
第三产业(万元)	Tertiary Industry(10 000 yuan)		5.8
人均生产总值(元)	Per Capita GDP(yuan)		
一般公共预算收入(万元)	General Public Budget Revenue(10 000 yuan)	16014	-39.0
一般公共预算支出(万元)	General Public Budget Expenditure(10 000 yuan)	202232	6.7
在岗职工平均工资(元)	Average Wage of Staff & Workers Employed in(yuan)	65806	10.1
全体居民人均可支配收入(元)	The per capita disposable income of all residents(yuan)	16981	8.9
城镇常住居民人均可支配收入(元)	The per capita disposable income of urban permanent residents(yuan)	27525	8.6
农村牧区常住居民人均可支配收入(元)	The per capita disposable income of permanent residents of rural and pastoral areas(yuan)	10302	8.6
农村牧区经济	**Economic Development in Rural & Pastoral Area**		
农作物总播种面积(公顷)	Total Sown Area(hectare)	49227	1.2
农业机械总动力(万千瓦时)	Total Power of Machinery(10 000 kwh)	18.20	0.3
粮食产量(吨)	Yield of Grain(ton)	84816	-11.6
肉类总产量(吨)	Output of Pork, Beef & Mutton(ton)	17985	7.9
年末生猪存栏(头)	Total Livestock of Hogs at the Year-end(head)	12543	-17.9
年末牛存栏(头)	Total Livestock of Cattles at the Year-end(head)	22758	10.8
年末羊存栏(只)	Total Livestock of Sheep&Goats at the Year-end(head)	662210	5.8
规模以上工业	**Industrial Enterprises above Designated Size**		
工业企业单位数(个)	Number of Industrial Enterprises(unit)		
工业总产值(万元)	Gross Industrial Output Value(10 000 yuan)		
工业企业增加值增速(%)	Value Added of Industrial Enterprises(%)		11.6
投资、建筑业	**Investment and Construction**		
固定资产投资(万元)	Total Investment in Fixed Assets(10 000 yuan)		
房地产开发投资(万元)	Investment in Real Estate Development(10 000 yuan)	5307	-57.0
建筑企业单位数(个)	Number of Construction Enterprises(unit)	4	0.0
贸易	**Trade**		
社会消费品零售总额(万元)	Total Retail Sales of Consumer Goods(10 000 yuan)	280395	7.8
实际使用外资金额(万美元)	Utilization of Foreign Capital(USD 10 000)		
交通运输邮电通信业	**Transportation, Post & Telecommunications**		
公路里程(公里)	Total Length of Highways(km)	1958	1.7
固定电话用户(户)	Number of Subscribers of Local Telephone(subscriber)	8775	-1.0
移动电话用户(户)	Number of Mobile Telephone Subscribers (subscriber)	137921	0.1
互联网接入用户(户)	Number of Subscribers of Internet Service(subscriber)	7954	1.6
科技教育卫生社会保障	**Science, Education & Public Health**		
专业技术人员(人)	Special Technical Personnel(person)	2490	-13.8
小学学校数(所)	Number of Primary Schools(unit)	8	0.0
普通中学学校数(所)	Number of Regular Secondary Schools(unit)	5	25.0
体育场馆数(个)	Stadium and Gymnasium(unit)		
医疗卫生机构床位数(张)	Number of Beds(unit)	437	0.0
医疗卫生技术人员(人)	Medical Technical Personnel(person)	605	0.5
城镇基本养老保险参保人数(人)	Persons Covered of Urban Basic Medical Care Insurance(person)		
新型农村合作医疗参保人数(人)	Persons Covered of New Cooperative Medical System(person)	153800	10.9

23－87 乌兰察布市四子王旗

Siziwang Banner in Wulanchabu City

指　　标	Item	2017	增长(%) Increase Rate (%)
行政区域土地面积(平方公里)	**Area of Administration(Sq. km)**	**24036**	**0.0**
人口	**Population**		
年末常住人口(万人)	Permanet Resident Population Year－end(10 000 persons)	15.14	－13.5
年末户籍人口(万人)	The Registered Population Year－end(10 000 persons)	21.25	－0.2
国民经济综合指标	**Summary Item on the National Economy**		
生产总值(万元)	Gross Domestic Product(10 000 yuan)		4.1
第一产业(万元)	Primary Industry(10 000 yuan)		4.6
第二产业(万元)	Secondary Industry(10 000 yuan)		2.7
#工业(万元)	Industry(10 000 yuan)		3.7
第三产业(万元)	Tertiary Industry(10 000 yuan)		5.0
人均生产总值(元)	Per Capita GDP(yuan)		
一般公共预算收入(万元)	General Public Budget Revenue(10 000 yuan)	9618	－55.8
一般公共预算支出(万元)	General Public Budget Expenditure(10 000 yuan)	269121	7.9
在岗职工平均工资(元)	Average Wage of Staff & Workers Employed in(yuan)	74693	9.4
全体居民人均可支配收入(元)	The per capita disposable income of all residents(yuan)	15323	8.8
城镇常住居民人均可支配收入(元)	The per capita disposable income of urban permanent residents(yuan)	26833	8.4
农村牧区常住居民人均可支配收入(元)	The per capita disposable income of permanent residents of rural and pastoral areas(yuan)	9937	8.5
农村牧区经济	**Economic Development in Rural & Pastoral Area**		
农作物总播种面积(公顷)	Total Sown Area(hectare)	113074	－3.1
农业机械总动力(万千瓦时)	Total Power of Machinery(10 000 kwh)	44.60	7.7
粮食产量(吨)	Yield of Grain(ton)	133716	9.9
肉类总产量(吨)	Output of Pork, Beef & Mutton(ton)	34046	0.3
年末生猪存栏(头)	Total Livestock of Hogs at the Year－end(head)	3743	－90.0
年末牛存栏(头)	Total Livestock of Cattles at the Year－end(head)	15716	－55.7
年末羊存栏(只)	Total Livestock of Sheep&Goats at the Year－end(head)	885584	－20.3
规模以上工业	**Industrial Enterprises above Designated Size**		
工业企业单位数(个)	Number of Industrial Enterprises(unit)		
工业总产值(万元)	Gross Industrial Output Value(10 000 yuan)		
工业企业增加值增速(%)	Value Added of Industrial Enterprises(%)		2.7
投资、建筑业	**Investment and Construction**		
固定资产投资(万元)	Total Investment in Fixed Assets(10 000 yuan)		
房地产开发投资(万元)	Investment in Real Estate Development(10 000 yuan)	14605	－10.5
建筑企业单位数(个)	Number of Construction Enterprises(unit)	1	0.0
贸易	**Trade**		
社会消费品零售总额(万元)	Total Retail Sales of Consumer Goods(10 000 yuan)	249000	7.8
实际使用外资金额(万美元)	Utilization of Foreign Capital(USD 10 000)		
交通运输邮电通信业	**Transportation, Post & Telecommunications**		
公路里程(公里)	Total Length of Highways(km)	2561	9.3
固定电话用户(户)	Number of Subscribers of Local Telephone(subscriber)	4600	－46.2
移动电话用户(户)	Number of Mobile Telephone Subscribers (subscriber)	100000	51.5
联网接入用户(户)	Number of Subscribers of Internet Service(subscriber)	16000	207.7
技教育卫生社会保障	**Science, Education & Public Health**		
技术人员(人)	Special Technical Personnel(person)	2720	1.5
学校数(所)	Number of Primary Schools(unit)	8	－11.1
学学校数(所)	Number of Regular Secondary Schools(unit)	4	0.0
馆数(个)	Stadium and Gymnasium(unit)	3	0.0
机构床位数(张)	Number of Beds(unit)	606	6.9
技术人员(人)	Medical Technical Personnel(person)	760	5.3
老保险参保人数(人)	Persons Covered of Urban Basic Medical Care Insurance(person)	4174	－52.4
作医疗参保人数(人)	Persons Covered of New Cooperative Medical System(person)	165817	9.0

23 – 88 乌兰察布市丰镇市

Fengzhen City in Wulanchabu City

指　　标	Item	2017	增长(%) Increase Rate (%)
行政区域土地面积(平方公里)	**Area of Administration(Sq. km)**	**2722**	**0.0**
人口	**Population**		
年末常住人口(万人)	Permanet Resident Population Year – end(10 000 persons)	25.24	0.5
年末户籍人口(万人)	The Registered Population Year – end(10 000 persons)	31.44	–0.8
国民经济综合指标	**Summary Item on the National Economy**		
生产总值(万元)	Gross Domestic Product(10 000 yuan)		5.2
第一产业(万元)	Primary Industry(10 000 yuan)		1.9
第二产业(万元)	Secondary Industry(10 000 yuan)		6.0
# 工业(万元)	Industry(10 000 yuan)		7.2
第三产业(万元)	Tertiary Industry(10 000 yuan)		5.9
人均生产总值(元)	Per Capita GDP(yuan)		
一般公共预算收入(万元)	General Public Budget Revenue(10 000 yuan)	43417	–21.6
一般公共预算支出(万元)	General Public Budget Expenditure(10 000 yuan)	274933	2.5
在岗职工平均工资(元)	Average Wage of Staff & Workers Employed in(yuan)	66877	1.0
全体居民人均可支配收入(元)	The per capita disposable income of all residents(yuan)	20950	8.4
城镇常住居民人均可支配收入(元)	The per capita disposable income of urban permanent residents(yuan)	27423	8.1
农村牧区常住居民人均可支配收入(元)	The per capita disposable income of permanent residents of rural and pastoral areas(yuan)	11640	8.5
农村牧区经济	**Economic Development in Rural & Pastoral Area**		
农作物总播种面积(公顷)	Total Sown Area(hectare)	52480	0.5
农业机械总动力(万千瓦时)	Total Power of Machinery(10 000 kwh)	19.80	0.0
粮食产量(吨)	Yield of Grain(ton)	89893	6.2
肉类总产量(吨)	Output of Pork, Beef & Mutton(ton)	26357	1.1
年末生猪存栏(头)	Total Livestock of Hogs at the Year – end(head)	27438	–34.1
年末牛存栏(头)	Total Livestock of Cattles at the Year – end(head)	26413	–11.0
年末羊存栏(只)	Total Livestock of Sheep&Goats at the Year – end(head)	294239	–32.9
规模以上工业	**Industrial Enterprises above Designated Size**		
工业企业单位数(个)	Number of Industrial Enterprises(unit)		
工业总产值(万元)	Gross Industrial Output Value(10 000 yuan)		
工业企业增加值增速(%)	Value Added of Industrial Enterprises(%)		9.8
投资、建筑业	**Investment and Construction**		
固定资产投资(万元)	Total Investment in Fixed Assets(10 000 yuan)		
房地产开发投资(万元)	Investment in Real Estate Development(10 000 yuan)	13000	
建筑企业单位数(个)	Number of Construction Enterprises(unit)	1	0.0
贸易	**Trade**		
社会消费品零售总额(万元)	Total Retail Sales of Consumer Goods(10 000 yuan)	386759	7.9
实际使用外资金额(万美元)	Utilization of Foreign Capital(USD 10 000)		
交通运输邮电通信业	**Transportation, Post & Telecommunications**		
公路里程(公里)	Total Length of Highways(km)	1093	0.2
固定电话用户(户)	Number of Subscribers of Local Telephone(subscriber)	5520	–0.1
移动电话用户(户)	Number of Mobile Telephone Subscribers (subscriber)	172300	5.1
互联网接入用户(户)	Number of Subscribers of Internet Service(subscriber)	22123	3.8
科技教育卫生社会保障	**Science, Education & Public Health**		
专业技术人员(人)	Special Technical Personnel(person)	3445	–5.1
小学学校数(所)	Number of Primary Schools(unit)	21	5.[illegible]
普通中学学校数(所)	Number of Regular Secondary Schools(unit)	7	0[illegible]
体育场馆数(个)	Stadium and Gymnasium(unit)	1	[illegible]
医疗卫生机构床位数(张)	Number of Beds(unit)	500	–[illegible]
医疗卫生技术人员(人)	Medical Technical Personnel(person)	600	[illegible]
城镇基本养老保险参保人数(人)	Persons Covered of Urban Basic Medical Care Insurance(person)	17792	[illegible]
新型农村合作医疗参保人数(人)	Persons Covered of New Cooperative Medical System(person)	157988	[illegible]

23－89 鄂尔多斯市东胜区

Dongsheng District in Erdos City

指　　标	Item	2017	增长(%) Increase Rate (%)
行政区域土地面积(平方公里)	**Area of Administration(Sq. km)**	**2145**	**0.0**
人口	**Population**		
年末常住人口(万人)	Permanet Resident Population Year－end(10 000 persons)	51.24	0.8
年末户籍人口(万人)	The Registered Population Year－end(10 000 persons)	26.56	1.0
国民经济综合指标	**Summary Item on the National Economy**		
生产总值(万元)	Gross Domestic Product(10 000 yuan)		5.9
第一产业(万元)	Primary Industry(10 000 yuan)		3.5
第二产业(万元)	Secondary Industry(10 000 yuan)		4.4
#工业(万元)	Industry(10 000 yuan)		9.0
第三产业(万元)	Tertiary Industry(10 000 yuan)		6.7
人均生产总值(元)	Per Capita GDP(yuan)		5.3
一般公共预算收入(万元)	General Public Budget Revenue(10 000 yuan)	416549	
一般公共预算支出(万元)	General Public Budget Expenditure(10 000 yuan)	519749	
在岗职工平均工资(元)	Average Wage of Staff & Workers Employed in(yuan)	81463	13.1
全体居民人均可支配收入(元)	The per capita disposable income of all residents(yuan)	42981	8.7
城镇常住居民人均可支配收入(元)	The per capita disposable income of urban permanent residents(yuan)	45095	8.2
农村牧区常住居民人均可支配收入(元)	The per capita disposable income of permanent residents of rural and pastoral areas(yuan)		
农村牧区经济	**Economic Development in Rural & Pastoral Area**		
农作物总播种面积(公顷)	Total Sown Area(hectare)	2759	2.7
农业机械总动力(万千瓦时)	Total Power of Machinery(10 000 kwh)	3.16	－73.3
粮食产量(吨)	Yield of Grain(ton)	13670	32.2
肉类总产量(吨)	Output of Pork, Beef & Mutton(ton)	2562	6.9
年末生猪存栏(头)	Total Livestock of Hogs at the Year－end(head)	14327	－0.8
年末牛存栏(头)	Total Livestock of Cattles at the Year－end(head)	4145	1.8
年末羊存栏(只)	Total Livestock of Sheep&Goats at the Year－end(head)	101814	32.6
规模以上工业	**Industrial Enterprises above Designated Size**		
工业企业单位数(个)	Number of Industrial Enterprises(unit)		
工业总产值(万元)	Gross Industrial Output Value(10 000 yuan)		25.2
工业企业增加值增速(%)	Value Added of Industrial Enterprises(%)		－85.7
投资、建筑业	**Investment and Construction**		
固定资产投资(万元)	Total Investment in Fixed Assets(10 000 yuan)		－16.0
房地产开发投资(万元)	Investment in Real Estate Development(10 000 yuan)	619980	34.9
建筑企业单位数(个)	Number of Construction Enterprises(unit)		
贸易	**Trade**		
社会消费品零售总额(万元)	Total Retail Sales of Consumer Goods(10 000 yuan)	2730909	11.9
实际使用外资金额(万美元)	Utilization of Foreign Capital(USD 10 000)	99111	－0.6
交通运输邮电通信业	**Transportation, Post & Telecommunications**		
公路里程(公里)	Total Length of Highways(km)	1204	－13.0
固定电话用户(户)	Number of Subscribers of Local Telephone(subscriber)	68132	29.7
移动电话用户(户)	Number of Mobile Telephone Subscribers (subscriber)	993347	46.7
互联网接入用户(户)	Number of Subscribers of Internet Service(subscriber)	138985	41.8
科技教育卫生社会保障	**Science, Education & Public Health**		
专业技术人员(人)	Special Technical Personnel(person)	23890	154.1
小学学校数(所)	Number of Primary Schools(unit)	30	0.0
普通中学学校数(所)	Number of Regular Secondary Schools(unit)	18	5.9
体育场馆数(个)	Stadium and Gymnasium(unit)	2	0.0
医疗卫生机构床位数(张)	Number of Beds(unit)	4705	26.3
医疗卫生技术人员(人)	Medical Technical Personnel(person)	4349	0.9
城镇基本养老保险参保人数(人)	Persons Covered of Urban Basic Medical Care Insurance(person)	156420	0.0
新型农村合作医疗参保人数(人)	Persons Covered of New Cooperative Medical System(person)	62408	－4.4

23－90 鄂尔多斯市康巴什区

Kangbashi District in Erdos City

指　　标	Item	2017	增长(%) Increase Rate (%)
行政区域土地面积(平方公里)	**Area of Administration(Sq. km)**	**373**	**0.0**
人口	**Population**		
年末常住人口(万人)	Permanet Resident Population Year－end(10 000 persons)	15.55	1.0
年末户籍人口(万人)	The Registered Population Year－end(10 000 persons)	2.65	0.0
国民经济综合指标	**Summary Item on the National Economy**		
生产总值(万元)	Gross Domestic Product(10 000 yuan)		1.4
第一产业(万元)	Primary Industry(10 000 yuan)		－
第二产业(万元)	Secondary Industry(10 000 yuan)		1.0
#工业(万元)	Industry(10 000 yuan)		5.2
第三产业(万元)	Tertiary Industry(10 000 yuan)		1.5
人均生产总值(元)	Per Capita GDP(yuan)		0.6
一般公共预算收入(万元)	General Public Budget Revenue(10 000 yuan)	49856	
一般公共预算支出(万元)	General Public Budget Expenditure(10 000 yuan)	111612	
在岗职工平均工资(元)	Average Wage of Staff & Workers Employed in(yuan)	88900	－7.1
全体居民人均可支配收入(元)	The per capita disposable income of all residents(yuan)		
城镇常住居民人均可支配收入(元)	The per capita disposable income of urban permanent residents(yuan)	45052	8.5
农村牧区常住居民人均可支配收入(元)	The per capita disposable income of permanent residents of rural and pastoral areas(yuan)		
农村牧区经济	**Economic Development in Rural & Pastoral Area**		
农作物总播种面积(公顷)	Total Sown Area(hectare)	2	0.0
农业机械总动力(万千瓦时)	Total Power of Machinery(10 000 kwh)		
粮食产量(吨)	Yield of Grain(ton)		
肉类总产量(吨)	Output of Pork, Beef & Mutton(ton)	8	0.0
年末生猪存栏(头)	Total Livestock of Hogs at the Year－end(head)		
年末牛存栏(头)	Total Livestock of Cattles at the Year－end(head)	70	－7.9
年末羊存栏(只)	Total Livestock of Sheep&Goats at the Year－end(head)	1425	0.6
规模以上工业	**Industrial Enterprises above Designated Size**		
工业企业单位数(个)	Number of Industrial Enterprises(unit)		
工业总产值(万元)	Gross Industrial Output Value(10 000 yuan)		－7.7
工业企业增加值增速(%)	Value Added of Industrial Enterprises(%)		－89.7
投资、建筑业	**Investment and Construction**		
固定资产投资(万元)	Total Investment in Fixed Assets(10 000 yuan)		－27.4
房地产开发投资(万元)	Investment in Real Estate Development(10 000 yuan)	7910	－87.3
建筑企业单位数(个)	Number of Construction Enterprises(unit)		
贸易	**Trade**		
社会消费品零售总额(万元)	Total Retail Sales of Consumer Goods(10 000 yuan)	505600	－53.1
实际使用外资金额(万美元)	Utilization of Foreign Capital(USD 10 000)		
交通运输邮电通信业	**Transportation, Post & Telecommunications**		
公路里程(公里)	Total Length of Highways(km)	132	98.5
固定电话用户(户)	Number of Subscribers of Local Telephone(subscriber)	23000	117.1
移动电话用户(户)	Number of Mobile Telephone Subscribers (subscriber)	132000	112.4
互联网接入用户(户)	Number of Subscribers of Internet Service(subscriber)	22300	255.5
科技教育卫生社会保障	**Science, Education & Public Health**		
专业技术人员(人)	Special Technical Personnel(person)	1734	－10.0
小学学校数(所)	Number of Primary Schools(unit)	8	0.0
普通中学学校数(所)	Number of Regular Secondary Schools(unit)	4	－20.0
体育场馆数(个)	Stadium and Gymnasium(unit)	7	
医疗卫生机构床位数(张)	Number of Beds(unit)	1960	－1.0
医疗卫生技术人员(人)	Medical Technical Personnel(person)	1343	0.0
城镇基本养老保险参保人数(人)	Persons Covered of Urban Basic Medical Care Insurance(person)	5082	－17.0
新型农村合作医疗参保人数(人)	Persons Covered of New Cooperative Medical System(person)	20552	187.2

23－91 鄂尔多斯市达拉特旗

Dalate Banner in Erdos City

指　　标	Item	2017	增长(%) Increase Rate (%)
行政区域土地面积(平方公里)	**Area of Administration(Sq. km)**	**8241**	**0.0**
人口	**Population**		
年末常住人口(万人)	Permanet Resident Population Year－end(10 000 persons)	33.30	0.1
年末户籍人口(万人)	The Registered Population Year－end(10 000 persons)	37.00	0.2
国民经济综合指标	**Summary Item on the National Economy**		
生产总值(万元)	Gross Domestic Product(10 000 yuan)		5.0
第一产业(万元)	Primary Industry(10 000 yuan)		3.9
第二产业(万元)	Secondary Industry(10 000 yuan)		4.8
#工业(万元)	Industry(10 000 yuan)		6.1
第三产业(万元)	Tertiary Industry(10 000 yuan)		5.6
人均生产总值(元)	Per Capita GDP(yuan)		4.6
一般公共预算收入(万元)	General Public Budget Revenue(10 000 yuan)	130103	－41.6
一般公共预算支出(万元)	General Public Budget Expenditure(10 000 yuan)	353073	－13.7
在岗职工平均工资(元)	Average Wage of Staff & Workers Employed in(yuan)	65079	1.0
全体居民人均可支配收入(元)	The per capita disposable income of all residents(yuan)	28635	8.3
城镇常住居民人均可支配收入(元)	The per capita disposable income of urban permanent residents(yuan)	39315	8.0
农村牧区常住居民人均可支配收入(元)	The per capita disposable income of permanent residents of rural and pastoral areas(yuan)	16618	8.2
农村牧区经济	**Economic Development in Rural & Pastoral Area**		
农作物总播种面积(公顷)	Total Sown Area(hectare)	136473	－0.4
农业机械总动力(万千瓦时)	Total Power of Machinery(10 000 kwh)	70.03	－32.5
粮食产量(吨)	Yield of Grain(ton)	568413	－3.4
肉类总产量(吨)	Output of Pork, Beef & Mutton(ton)	50383	13.6
年末生猪存栏(头)	Total Livestock of Hogs at the Year－end(head)	65380	14.9
年末牛存栏(头)	Total Livestock of Cattles at the Year－end(head)	54080	1.7
年末羊存栏(只)	Total Livestock of Sheep&Goats at the Year－end(head)	1886740	1.6
规模以上工业	**Industrial Enterprises above Designated Size**		
工业企业单位数(个)	Number of Industrial Enterprises(unit)		
工业总产值(万元)	Gross Industrial Output Value(10 000 yuan)		－24.4
工业企业增加值增速(%)	Value Added of Industrial Enterprises(%)		－92.4
投资、建筑业	**Investment and Construction**		
固定资产投资(万元)	Total Investment in Fixed Assets(10 000 yuan)		4.3
房地产开发投资(万元)	Investment in Real Estate Development(10 000 yuan)	20399	101.3
建筑企业单位数(个)	Number of Construction Enterprises(unit)		
贸易	**Trade**		
社会消费品零售总额(万元)	Total Retail Sales of Consumer Goods(10 000 yuan)	799974	23.7
实际使用外资金额(万美元)	Utilization of Foreign Capital(USD 10 000)		
交通运输邮电通信业	**Transportation, Post & Telecommunications**		
公路里程(公里)	Total Length of Highways(km)	3280	0.4
固定电话用户(户)	Number of Subscribers of Local Telephone(subscriber)	11405	－15.6
移动电话用户(户)	Number of Mobile Telephone Subscribers (subscriber)	387211	－1.5
互联网接入用户(户)	Number of Subscribers of Internet Service(subscriber)	50209	－6.7
科技教育卫生社会保障	**Science, Education & Public Health**		
专业技术人员(人)	Special Technical Personnel(person)	6582	－27.1
小学学校数(所)	Number of Primary Schools(unit)	30	7.1
普通中学学校数(所)	Number of Regular Secondary Schools(unit)	10	11.1
体育场馆数(个)	Stadium and Gymnasium(unit)	2	0.0
医疗卫生机构床位数(张)	Number of Beds(unit)	2409	35.0
医疗卫生技术人员(人)	Medical Technical Personnel(person)	2207	53.2
城镇基本养老保险参保人数(人)	Persons Covered of Urban Basic Medical Care Insurance(person)	26156	3.7
新型农村合作医疗参保人数(人)	Persons Covered of New Cooperative Medical System(person)	246123	0.2

23－92 鄂尔多斯市准格尔旗
Zhungeer Banner in Erdos City

指　　标	Item	2017	增长(%) Increase Rate (%)
行政区域土地面积(平方公里)	**Area of Administration(Sq. km)**	**7692**	**0.0**
人口	**Population**		
年末常住人口(万人)	Permanet Resident Population Year－end(10 000 persons)	37.48	0.5
年末户籍人口(万人)	The Registered Population Year－end(10 000 persons)	32.85	0.6
国民经济综合指标	**Summary Item on the National Economy**		
生产总值(万元)	Gross Domestic Product(10 000 yuan)		6.1
第一产业(万元)	Primary Industry(10 000 yuan)		3.9
第二产业(万元)	Secondary Industry(10 000 yuan)		4.8
# 工业(万元)	Industry(10 000 yuan)		5.9
第三产业(万元)	Tertiary Industry(10 000 yuan)		7.9
人均生产总值(元)	Per Capita GDP(yuan)		5.7
一般公共预算收入(万元)	General Public Budget Revenue(10 000 yuan)	673831	－17.7
一般公共预算支出(万元)	General Public Budget Expenditure(10 000 yuan)	720790	－25.5
在岗职工平均工资(元)	Average Wage of Staff & Workers Employed in(yuan)	91436	6.5
全体居民人均可支配收入(元)	The per capita disposable income of all residents(yuan)	35224	8.5
城镇常住居民人均可支配收入(元)	The per capita disposable income of urban permanent residents(yuan)	44969	8.3
农村牧区常住居民人均可支配收入(元)	The per capita disposable income of permanent residents of rural and pastoral areas(yuan)	16756	8.1
农村牧区经济	**Economic Development in Rural & Pastoral Area**		
农作物总播种面积(公顷)	Total Sown Area(hectare)	59982	－10.6
农业机械总动力(万千瓦时)	Total Power of Machinery(10 000 kwh)	10.65	－64.1
粮食产量(吨)	Yield of Grain(ton)	109625	4.5
肉类总产量(吨)	Output of Pork, Beef & Mutton(ton)	10874	－15.9
年末生猪存栏(头)	Total Livestock of Hogs at the Year－end(head)	47604	－2.2
年末牛存栏(头)	Total Livestock of Cattles at the Year－end(head)	4090	－24.6
年末羊存栏(只)	Total Livestock of Sheep&Goats at the Year－end(head)	450685	8.1
规模以上工业	**Industrial Enterprises above Designated Size**		
工业企业单位数(个)	Number of Industrial Enterprises(unit)		
工业总产值(万元)	Gross Industrial Output Value(10 000 yuan)		36.9
工业企业增加值增速(%)	Value Added of Industrial Enterprises(%)		－86.3
投资、建筑业	**Investment and Construction**		
固定资产投资(万元)	Total Investment in Fixed Assets(10 000 yuan)		－12.9
房地产开发投资(万元)	Investment in Real Estate Development(10 000 yuan)	28975	87.2
建筑企业单位数(个)	Number of Construction Enterprises(unit)		
贸易	**Trade**		
社会消费品零售总额(万元)	Total Retail Sales of Consumer Goods(10 000 yuan)	1258200	14.9
实际使用外资金额(万美元)	Utilization of Foreign Capital(USD 10 000)		
交通运输邮电通信业	**Transportation, Post & Telecommunications**		
公路里程(公里)	Total Length of Highways(km)	4435	0.3
固定电话用户(户)	Number of Subscribers of Local Telephone(subscriber)	60243	0.0
移动电话用户(户)	Number of Mobile Telephone Subscribers (subscriber)	317100	0.0
互联网接入用户(户)	Number of Subscribers of Internet Service(subscriber)	42155	20.4
科技教育卫生社会保障	**Science, Education & Public Health**		
专业技术人员(人)	Special Technical Personnel(person)	23242	5.2
小学学校数(所)	Number of Primary Schools(unit)	25	0.0
普通中学学校数(所)	Number of Regular Secondary Schools(unit)	13	0.0
体育场馆数(个)	Stadium and Gymnasium(unit)	3	0.0
医疗卫生机构床位数(张)	Number of Beds(unit)	1496	－20.0
医疗卫生技术人员(人)	Medical Technical Personnel(person)	2294	8.8
城镇基本养老保险参保人数(人)	Persons Covered of Urban Basic Medical Care Insurance(person)	55712	19.1
新型农村合作医疗参保人数(人)	Persons Covered of New Cooperative Medical System(person)	200821	－5.9

23－93 鄂尔多斯市鄂托克前旗
Etuokeqian Banner in Erdos City

指　标	Item	2017	增长(％) Increase Rate (％)
行政区域土地面积(平方公里)	**Area of Administration(Sq. km)**	**12221**	**0.0**
人口	**Population**		
年末常住人口(万人)	Permanet Resident Population Year－end(10 000 persons)	7.15	0.4
年末户籍人口(万人)	The Registered Population Year－end(10 000 persons)	8.03	1.0
国民经济综合指标	**Summary Item on the National Economy**		
生产总值(万元)	Gross Domestic Product(10 000 yuan)		5.8
第一产业(万元)	Primary Industry(10 000 yuan)		3.7
第二产业(万元)	Secondary Industry(10 000 yuan)		6.6
＃工业(万元)	Industry(10 000 yuan)		9.5
第三产业(万元)	Tertiary Industry(10 000 yuan)		5.2
人均生产总值(元)	Per Capita GDP(yuan)		5.5
一般公共预算收入(万元)	General Public Budget Revenue(10 000 yuan)	80060	－55.8
一般公共预算支出(万元)	General Public Budget Expenditure(10 000 yuan)	256418	－14.3
在岗职工平均工资(元)	Average Wage of Staff & Workers Employed in(yuan)	68417	－5.0
全体居民人均可支配收入(元)	The per capita disposable income of all residents(yuan)	30562	8.6
城镇常住居民人均可支配收入(元)	The per capita disposable income of urban permanent residents(yuan)	41537	8.4
农村牧区常住居民人均可支配收入(元)	The per capita disposable income of permanent residents of rural and pastoral areas(yuan)	16929	8.5
农村牧区经济	**Economic Development in Rural & Pastoral Area**		
农作物总播种面积(公顷)	Total Sown Area(hectare)	56333	7.5
农业机械总动力(万千瓦时)	Total Power of Machinery(10 000 kwh)	29.15	1.5
粮食产量(吨)	Yield of Grain(ton)	92851	2.2
肉类总产量(吨)	Output of Pork, Beef & Mutton(ton)	17807	－2.2
年末生猪存栏(头)	Total Livestock of Hogs at the Year－end(head)	55163	0.0
年末牛存栏(头)	Total Livestock of Cattles at the Year－end(head)	35189	0.5
年末羊存栏(只)	Total Livestock of Sheep&Goats at the Year－end(head)	836125	1.6
规模以上工业	**Industrial Enterprises above Designated Size**		
工业企业单位数(个)	Number of Industrial Enterprises(unit)		
工业总产值(万元)	Gross Industrial Output Value(10 000 yuan)		135.3
工业企业增加值增速(％)	Value Added of Industrial Enterprises(％)		－73.4
投资、建筑业	**Investment and Construction**		
固定资产投资(万元)	Total Investment in Fixed Assets(10 000 yuan)		8.9
房地产开发投资(万元)	Investment in Real Estate Development(10 000 yuan)	3000	－17.7
建筑企业单位数(个)	Number of Construction Enterprises(unit)		
贸易	**Trade**		
社会消费品零售总额(万元)	Total Retail Sales of Consumer Goods(10 000 yuan)	297722	30.4
实际使用外资金额(万美元)	Utilization of Foreign Capital(USD 10 000)		
交通运输邮电通信业	**Transportation, Post & Telecommunications**		
公路里程(公里)	Total Length of Highways(km)	3539	18.1
固定电话用户(户)	Number of Subscribers of Local Telephone(subscriber)	3460	－25.1
移动电话用户(户)	Number of Mobile Telephone Subscribers (subscriber)	90000	－20.6
互联网接入用户(户)	Number of Subscribers of Internet Service(subscriber)	13900	16.8
科技教育卫生社会保障	**Science, Education & Public Health**		
专业技术人员(人)	Special Technical Personnel(person)	2391	0.0
小学学校数(所)	Number of Primary Schools(unit)	6	0.0
普通中学学校数(所)	Number of Regular Secondary Schools(unit)	3	0.0
体育场馆数(个)	Stadium and Gymnasium(unit)	3	0.0
医疗卫生机构床位数(张)	Number of Beds(unit)	491	39.1
医疗卫生技术人员(人)	Medical Technical Personnel(person)	578	40.6
城镇基本养老保险参保人数(人)	Persons Covered of Urban Basic Medical Care Insurance(person)	14704	18.0
新型农村合作医疗参保人数(人)	Persons Covered of New Cooperative Medical System(person)	48553	－6.6

23-94 鄂尔多斯市鄂托克旗

Etuoke Banner in Erdos City

指　　标	Item	2017	增长(%) Increase Rate (%)
行政区域土地面积(平方公里)	**Area of Administration(Sq. km)**	**20367**	**0.0**
人口	**Population**		
年末常住人口(万人)	Permanet Resident Population Year-end(10 000 persons)	16.22	0.6
年末户籍人口(万人)	The Registered Population Year-end(10 000 persons)	9.80	0.0
国民经济综合指标	**Summary Item on the National Economy**		
生产总值(万元)	Gross Domestic Product(10 000 yuan)		6.8
第一产业(万元)	Primary Industry(10 000 yuan)		3.8
第二产业(万元)	Secondary Industry(10 000 yuan)		7.0
#工业(万元)	Industry(10 000 yuan)		8.7
第三产业(万元)	Tertiary Industry(10 000 yuan)		6.5
人均生产总值(元)	Per Capita GDP(yuan)		6.2
一般公共预算收入(万元)	General Public Budget Revenue(10 000 yuan)	207542	-45.4
一般公共预算支出(万元)	General Public Budget Expenditure(10 000 yuan)	356430	-33.0
在岗职工平均工资(元)	Average Wage of Staff & Workers Employed in(yuan)	60958	6.1
全体居民人均可支配收入(元)	The per capita disposable income of all residents(yuan)	32692	8.3
城镇常住居民人均可支配收入(元)	The per capita disposable income of urban permanent residents(yuan)	42881	8.1
农村牧区常住居民人均可支配收入(元)	The per capita disposable income of permanent residents of rural and pastoral areas(yuan)	16724	8.0
农村牧区经济	**Economic Development in Rural & Pastoral Area**		
农作物总播种面积(公顷)	Total Sown Area(hectare)	26800	4.3
农业机械总动力(万千瓦时)	Total Power of Machinery(10 000 kwh)	13.70	-24.3
粮食产量(吨)	Yield of Grain(ton)	92335	-5.3
肉类总产量(吨)	Output of Pork, Beef & Mutton(ton)	23671	-0.1
年末生猪存栏(头)	Total Livestock of Hogs at the Year-end(head)	40258	0.4
年末牛存栏(头)	Total Livestock of Cattles at the Year-end(head)	26750	6.1
年末羊存栏(只)	Total Livestock of Sheep&Goats at the Year-end(head)	1054258	-3.0
规模以上工业	**Industrial Enterprises above Designated Size**		
工业企业单位数(个)	Number of Industrial Enterprises(unit)		
工业总产值(万元)	Gross Industrial Output Value(10 000 yuan)		46.9
工业企业增加值增速(%)	Value Added of Industrial Enterprises(%)		-85.7
投资、建筑业	**Investment and Construction**		
固定资产投资(万元)	Total Investment in Fixed Assets(10 000 yuan)		7.7
房地产开发投资(万元)	Investment in Real Estate Development(10 000 yuan)	19590	
建筑企业单位数(个)	Number of Construction Enterprises(unit)		
贸易	**Trade**		
社会消费品零售总额(万元)	Total Retail Sales of Consumer Goods(10 000 yuan)	528000	21.3
实际使用外资金额(万美元)	Utilization of Foreign Capital(USD 10 000)		
交通运输邮电通信业	**Transportation, Post & Telecommunications**		
公路里程(公里)	Total Length of Highways(km)	3700	-3.2
固定电话用户(户)	Number of Subscribers of Local Telephone(subscriber)	12000	-7.7
移动电话用户(户)	Number of Mobile Telephone Subscribers (subscriber)	153000	15.9
互联网接入用户(户)	Number of Subscribers of Internet Service(subscriber)	27000	22.7
科技教育卫生社会保障	**Science, Education & Public Health**		
专业技术人员(人)	Special Technical Personnel(person)	3176	-12.9
小学学校数(所)	Number of Primary Schools(unit)	8	-11.1
普通中学学校数(所)	Number of Regular Secondary Schools(unit)	5	0.0
体育场馆数(个)	Stadium and Gymnasium(unit)	2	100.0
医疗卫生机构床位数(张)	Number of Beds(unit)	513	6.7
医疗卫生技术人员(人)	Medical Technical Personnel(person)	832	-7.5
城镇基本养老保险参保人数(人)	Persons Covered of Urban Basic Medical Care Insurance(person)	70797	3.4
新型农村合作医疗参保人数(人)	Persons Covered of New Cooperative Medical System(person)	45831	-1.4

23－95 鄂尔多斯市杭锦旗

Hangjin Banner in Erdos City

指　　标	Item	2017	增长(%) Increase Rate (%)
行政区域土地面积(平方公里)	**Area of Administration(Sq. km)**	**19253**	**0.0**
人口	**Population**		
年末常住人口(万人)	Permanet Resident Population Year－end(10 000 persons)	11.40	0.5
年末户籍人口(万人)	The Registered Population Year－end(10 000 persons)	14.40	0.3
国民经济综合指标	**Summary Item on the National Economy**		
生产总值(万元)	Gross Domestic Product(10 000 yuan)		5.7
第一产业(万元)	Primary Industry(10 000 yuan)		3.8
第二产业(万元)	Secondary Industry(10 000 yuan)		8.0
#工业(万元)	Industry(10 000 yuan)		14.2
第三产业(万元)	Tertiary Industry(10 000 yuan)		4.9
人均生产总值(元)	Per Capita GDP(yuan)		5.1
一般公共预算收入(万元)	General Public Budget Revenue(10 000 yuan)	35566	－71.1
一般公共预算支出(万元)	General Public Budget Expenditure(10 000 yuan)	243707	－7.0
在岗职工平均工资(元)	Average Wage of Staff & Workers Employed in(yuan)	75805	2.6
全体居民人均可支配收入(元)	The per capita disposable income of all residents(yuan)	28205	8.5
城镇常住居民人均可支配收入(元)	The per capita disposable income of urban permanent residents(yuan)	39108	8.2
农村牧区常住居民人均可支配收入(元)	The per capita disposable income of permanent residents of rural and pastoral areas(yuan)	16644	8.4
农村牧区经济	**Economic Development in Rural & Pastoral Area**		
农作物总播种面积(公顷)	Total Sown Area(hectare)	80858	2.9
农业机械总动力(万千瓦时)	Total Power of Machinery(10 000 kwh)	65.00	8.3
粮食产量(吨)	Yield of Grain(ton)	367324	－4.0
肉类总产量(吨)	Output of Pork, Beef & Mutton(ton)	18351	－7.3
年末生猪存栏(头)	Total Livestock of Hogs at the Year－end(head)	31084	0.4
年末牛存栏(头)	Total Livestock of Cattles at the Year－end(head)	32940	30.8
年末羊存栏(只)	Total Livestock of Sheep&Goats at the Year－end(head)	1381916	3.7
规模以上工业	**Industrial Enterprises above Designated Size**		
工业企业单位数(个)	Number of Industrial Enterprises(unit)		
工业总产值(万元)	Gross Industrial Output Value(10 000 yuan)		38.5
工业企业增加值增速(%)	Value Added of Industrial Enterprises(%)		－85.0
投资、建筑业	**Investment and Construction**		
固定资产投资(万元)	Total Investment in Fixed Assets(10 000 yuan)		11.0
房地产开发投资(万元)	Investment in Real Estate Development(10 000 yuan)	1171	437.2
建筑企业单位数(个)	Number of Construction Enterprises(unit)		
贸易	**Trade**		
社会消费品零售总额(万元)	Total Retail Sales of Consumer Goods(10 000 yuan)	462450	18.0
实际使用外资金额(万美元)	Utilization of Foreign Capital(USD 10 000)		
交通运输邮电通信业	**Transportation, Post & Telecommunications**		
公路里程(公里)	Total Length of Highways(km)	5384	0.7
固定电话用户(户)	Number of Subscribers of Local Telephone(subscriber)	9600	1.1
移动电话用户(户)	Number of Mobile Telephone Subscribers (subscriber)	149000	0.7
互联网接入用户(户)	Number of Subscribers of Internet Service(subscriber)	9000	12.5
科技教育卫生社会保障	**Science, Education & Public Health**		
专业技术人员(人)	Special Technical Personnel(person)	3598	0.2
小学学校数(所)	Number of Primary Schools(unit)	5	－28.6
普通中学学校数(所)	Number of Regular Secondary Schools(unit)	5	0.0
体育场馆数(个)	Stadium and Gymnasium(unit)	1	0.0
医疗卫生机构床位数(张)	Number of Beds(unit)	590	－15.7
医疗卫生技术人员(人)	Medical Technical Personnel(person)	519	－6.8
城镇基本养老保险参保人数(人)	Persons Covered of Urban Basic Medical Care Insurance(person)	15103	21.8
新型农村合作医疗参保人数(人)	Persons Covered of New Cooperative Medical System(person)	112722	13.6

23－96 鄂尔多斯市乌审旗
Wushen Banner in Erdos City

指　　标	Item	2017	增长(%) Increase Rate (%)
行政区域土地面积(平方公里)	**Area of Administration(Sq. km)**	**11674**	**0.0**
人口	**Population**		
年末常住人口(万人)	Permanet Resident Population Year－end(10 000 persons)	13.45	0.8
年末户籍人口(万人)	The Registered Population Year－end(10 000 persons)	11.48	1.2
国民经济综合指标	**Summary Item on the National Economy**		
生产总值(万元)	Gross Domestic Product(10 000 yuan)		3.8
第一产业(万元)	Primary Industry(10 000 yuan)		3.9
第二产业(万元)	Secondary Industry(10 000 yuan)		4.0
# 工业(万元)	Industry(10 000 yuan)		4.6
第三产业(万元)	Tertiary Industry(10 000 yuan)		3.1
人均生产总值(元)	Per Capita GDP(yuan)		3.1
一般公共预算收入(万元)	General Public Budget Revenue(10 000 yuan)	163144	－51.6
一般公共预算支出(万元)	General Public Budget Expenditure(10 000 yuan)	296096	－27.8
在岗职工平均工资(元)	Average Wage of Staff & Workers Employed in(yuan)	75511	12.7
全体居民人均可支配收入(元)	The per capita disposable income of all residents(yuan)	30205	8.4
城镇常住居民人均可支配收入(元)	The per capita disposable income of urban permanent residents(yuan)	41452	7.9
农村牧区常住居民人均可支配收入(元)	The per capita disposable income of permanent residents of rural and pastoral areas(yuan)	16709	8.0
农村牧区经济	**Economic Development in Rural & Pastoral Area**		
农作物总播种面积(公顷)	Total Sown Area(hectare)	55238	0.0
农业机械总动力(万千瓦时)	Total Power of Machinery(10 000 kwh)	57.00	3.6
粮食产量(吨)	Yield of Grain(ton)	124001	4.1
肉类总产量(吨)	Output of Pork, Beef & Mutton(ton)	55326	0.2
年末生猪存栏(头)	Total Livestock of Hogs at the Year－end(head)	139846	0.2
年末牛存栏(头)	Total Livestock of Cattles at the Year－end(head)	82275	0.4
年末羊存栏(只)	Total Livestock of Sheep&Goats at the Year－end(head)	897023	1.8
规模以上工业	**Industrial Enterprises above Designated Size**		
工业企业单位数(个)	Number of Industrial Enterprises(unit)		
工业总产值(万元)	Gross Industrial Output Value(10 000 yuan)		12.8
工业企业增加值增速(%)	Value Added of Industrial Enterprises(%)		－89.4
投资、建筑业	**Investment and Construction**		
固定资产投资(万元)	Total Investment in Fixed Assets(10 000 yuan)		12.1
房地产开发投资(万元)	Investment in Real Estate Development(10 000 yuan)	9696	184.2
建筑企业单位数(个)	Number of Construction Enterprises(unit)		
贸易	**Trade**		
社会消费品零售总额(万元)	Total Retail Sales of Consumer Goods(10 000 yuan)	515176	22.7
实际使用外资金额(万美元)	Utilization of Foreign Capital(USD 10 000)		
交通运输邮电通信业	**Transportation, Post & Telecommunications**		
公路里程(公里)	Total Length of Highways(km)	3857	1.8
固定电话用户(户)	Number of Subscribers of Local Telephone(subscriber)	9237	0.5
移动电话用户(户)	Number of Mobile Telephone Subscribers (subscriber)	49934	0.1
互联网接入用户(户)	Number of Subscribers of Internet Service(subscriber)	5840	3.6
科技教育卫生社会保障	**Science, Education & Public Health**		
专业技术人员(人)	Special Technical Personnel(person)	2725	0.1
小学学校数(所)	Number of Primary Schools(unit)	11	0.0
普通中学学校数(所)	Number of Regular Secondary Schools(unit)	5	0.0
体育场馆数(个)	Stadium and Gymnasium(unit)	3	0.0
医疗卫生机构床位数(张)	Number of Beds(unit)	722	40.7
医疗卫生技术人员(人)	Medical Technical Personnel(person)	455	0.9
城镇基本养老保险参保人数(人)	Persons Covered of Urban Basic Medical Care Insurance(person)	17890	12.0
新型农村合作医疗参保人数(人)	Persons Covered of New Cooperative Medical System(person)	84180	17.2

23－97 鄂尔多斯市伊金霍洛旗
Yijinhuoluo Banner in Erdos City

指　　标	Item	2017	增长(%) Increase Rate (%)
行政区域土地面积(平方公里)	**Area of Administration(Sq. km)**	**5487**	**0.0**
人口	**Population**		
年末常住人口(万人)	Permanet Resident Population Year－end(10 000 persons)	20.94	0.8
年末户籍人口(万人)	The Registered Population Year－end(10 000 persons)	17.59	0.5
国民经济综合指标	**Summary Item on the National Economy**		
生产总值(万元)	Gross Domestic Product(10 000 yuan)		6.9
第一产业(万元)	Primary Industry(10 000 yuan)		3.6
第二产业(万元)	Secondary Industry(10 000 yuan)		5.2
#工业(万元)	Industry(10 000 yuan)		6.5
第三产业(万元)	Tertiary Industry(10 000 yuan)		9.1
人均生产总值(元)	Per Capita GDP(yuan)		6.1
一般公共预算收入(万元)	General Public Budget Revenue(10 000 yuan)	635395	－20.1
一般公共预算支出(万元)	General Public Budget Expenditure(10 000 yuan)	687692	－19.9
在岗职工平均工资(元)	Average Wage of Staff & Workers Employed in(yuan)	79264	－1.2
全体居民人均可支配收入(元)	The per capita disposable income of all residents(yuan)	35764	8.5
城镇常住居民人均可支配收入(元)	The per capita disposable income of urban permanent residents(yuan)	44960	8.3
农村牧区常住居民人均可支配收入(元)	The per capita disposable income of permanent residents of rural and pastoral areas(yuan)	16774	8.3
农村牧区经济	**Economic Development in Rural & Pastoral Area**		
农作物总播种面积(公顷)	Total Sown Area(hectare)	30817	1.9
农业机械总动力(万千瓦时)	Total Power of Machinery(10 000 kwh)	20.30	－31.2
粮食产量(吨)	Yield of Grain(ton)	83711	－2.9
肉类总产量(吨)	Output of Pork, Beef & Mutton(ton)	6022	6.0
年末生猪存栏(头)	Total Livestock of Hogs at the Year－end(head)	28348	3.0
年末牛存栏(头)	Total Livestock of Cattles at the Year－end(head)	8957	1.5
年末羊存栏(只)	Total Livestock of Sheep&Goats at the Year－end(head)	392400	5.5
规模以上工业	**Industrial Enterprises above Designated Size**		
工业企业单位数(个)	Number of Industrial Enterprises(unit)		
工业总产值(万元)	Gross Industrial Output Value(10 000 yuan)		47.2
工业企业增加值增速(%)	Value Added of Industrial Enterprises(%)		－85.3
投资、建筑业	**Investment and Construction**		
固定资产投资(万元)	Total Investment in Fixed Assets(10 000 yuan)		7.0
房地产开发投资(万元)	Investment in Real Estate Development(10 000 yuan)	112250	236.9
建筑企业单位数(个)	Number of Construction Enterprises(unit)		
贸易	**Trade**		
社会消费品零售总额(万元)	Total Retail Sales of Consumer Goods(10 000 yuan)	681218	28.0
实际使用外资金额(万美元)	Utilization of Foreign Capital(USD 10 000)		
交通运输邮电通信业	**Transportation, Post & Telecommunications**		
公路里程(公里)	Total Length of Highways(km)	4259	1.4
固定电话用户(户)	Number of Subscribers of Local Telephone(subscriber)	13900	－0.6
移动电话用户(户)	Number of Mobile Telephone Subscribers (subscriber)	66967	3.1
互联网接入用户(户)	Number of Subscribers of Internet Service(subscriber)	7123	9.0
科技教育卫生社会保障	**Science, Education & Public Health**		
专业技术人员(人)	Special Technical Personnel(person)	110	0.0
小学学校数(所)	Number of Primary Schools(unit)	18	0.0
普通中学学校数(所)	Number of Regular Secondary Schools(unit)	7	0.0
体育场馆数(个)	Stadium and Gymnasium(unit)	3	0.0
医疗卫生机构床位数(张)	Number of Beds(unit)	1310	4.8
医疗卫生技术人员(人)	Medical Technical Personnel(person)	1243	－1.7
城镇基本养老保险参保人数(人)	Persons Covered of Urban Basic Medical Care Insurance(person)	32847	26.7
新型农村合作医疗参保人数(人)	Persons Covered of New Cooperative Medical System(person)	119900	1.3

23-98 巴彦淖尔市临河区
Linhe District in Bayannaoer City

指　标	Item	2017	增长(%) Increase Rate (%)
行政区域土地面积(平方公里)	**Area of Administration(Sq. km)**	**2333**	**0.0**
人口	**Population**		
年末常住人口(万人)	Permanet Resident Population Year-end(10 000 persons)	55.40	0.0
年末户籍人口(万人)	The Registered Population Year-end(10 000 persons)	52.10	0.0
国民经济综合指标	**Summary Item on the National Economy**		
生产总值(万元)	Gross Domestic Product(10 000 yuan)		3.6
第一产业(万元)	Primary Industry(10 000 yuan)		5.2
第二产业(万元)	Secondary Industry(10 000 yuan)		-1.2
#工业(万元)	Industry(10 000 yuan)		2.5
第三产业(万元)	Tertiary Industry(10 000 yuan)		6.7
人均生产总值(元)	Per Capita GDP(yuan)		3.3
一般公共预算收入(万元)	General Public Budget Revenue(10 000 yuan)	172804	-13.0
一般公共预算支出(万元)	General Public Budget Expenditure(10 000 yuan)	406103	-3.5
在岗职工平均工资(元)	Average Wage of Staff & Workers Employed in(yuan)	68031	20.0
全体居民人均可支配收入(元)	The per capita disposable income of all residents(yuan)	25585	8.8
城镇常住居民人均可支配收入(元)	The per capita disposable income of urban permanent residents(yuan)	29176	7.9
农村牧区常住居民人均可支配收入(元)	The per capita disposable income of permanent residents of rural and pastoral areas(yuan)	16659	8.6
农村牧区经济	**Economic Development in Rural & Pastoral Area**		
农作物总播种面积(公顷)	Total Sown Area(hectare)	135634	0.4
农业机械总动力(万千瓦时)	Total Power of Machinery(10 000 kwh)	109.30	0.3
粮食产量(吨)	Yield of Grain(ton)	557749	-4.4
肉类总产量(吨)	Output of Pork, Beef & Mutton(ton)	75584	6.7
年末生猪存栏(头)	Total Livestock of Hogs at the Year-end(head)	81988	-19.0
年末牛存栏(头)	Total Livestock of Cattles at the Year-end(head)	19603	-13.0
年末羊存栏(只)	Total Livestock of Sheep&Goats at the Year-end(head)	1816168	6.8
规模以上工业	**Industrial Enterprises above Designated Size**		
工业企业单位数(个)	Number of Industrial Enterprises(unit)		
工业总产值(万元)	Gross Industrial Output Value(10 000 yuan)		6.3
工业企业增加值增速(%)	Value Added of Industrial Enterprises(%)		6.1
投资、建筑业	**Investment and Construction**		
固定资产投资(万元)	Total Investment in Fixed Assets(10 000 yuan)		-8.4
房地产开发投资(万元)	Investment in Real Estate Development(10 000 yuan)	264463	11.1
建筑企业单位数(个)	Number of Construction Enterprises(unit)		
贸易	**Trade**		
社会消费品零售总额(万元)	Total Retail Sales of Consumer Goods(10 000 yuan)	1310306	8.1
实际使用外资金额(万美元)	Utilization of Foreign Capital(USD 10 000)		
交通运输邮电通信业	**Transportation, Post & Telecommunications**		
公路里程(公里)	Total Length of Highways(km)	3727	0.0
固定电话用户(户)	Number of Subscribers of Local Telephone(subscriber)	84000	-3.4
移动电话用户(户)	Number of Mobile Telephone Subscribers (subscriber)	964000	10.7
互联网接入用户(户)	Number of Subscribers of Internet Service(subscriber)	138800	0.1
科技教育卫生社会保障	**Science, Education & Public Health**		
专业技术人员(人)	Special Technical Personnel(person)	8740	0.0
小学学校数(所)	Number of Primary Schools(unit)	30	0.0
普通中学学校数(所)	Number of Regular Secondary Schools(unit)	17	0.0
体育场馆数(个)	Stadium and Gymnasium(unit)	1	0.0
医疗卫生机构床位数(张)	Number of Beds(unit)	4678	1.1
医疗卫生技术人员(人)	Medical Technical Personnel(person)	5928	4.5
城镇基本养老保险参保人数(人)	Persons Covered of Urban Basic Medical Care Insurance(person)	158139	14.5
新型农村合作医疗参保人数(人)	Persons Covered of New Cooperative Medical System(person)	221272	-5.0

23－99 巴彦淖尔市五原县

Wuyuan County in Bayannaoer City

指　　标	Item	2017	增长(%) Increase Rate (%)
行政区域土地面积(平方公里)	**Area of Administration(Sq. km)**	**2503**	**0.0**
人口	**Population**		
年末常住人口(万人)	Permanet Resident Population Year－end(10 000 persons)	25.81	－4.8
年末户籍人口(万人)	The Registered Population Year－end(10 000 persons)	27.95	－0.6
国民经济综合指标	**Summary Item on the National Economy**		
生产总值(万元)	Gross Domestic Product(10 000 yuan)		3.3
第一产业(万元)	Primary Industry(10 000 yuan)		5.0
第二产业(万元)	Secondary Industry(10 000 yuan)		－1.2
#工业(万元)	Industry(10 000 yuan)		2.4
第三产业(万元)	Tertiary Industry(10 000 yuan)		4.9
人均生产总值(元)	Per Capita GDP(yuan)		3.2
一般公共预算收入(万元)	General Public Budget Revenue(10 000 yuan)	33017	－20.1
一般公共预算支出(万元)	General Public Budget Expenditure(10 000 yuan)	302011	11.5
在岗职工平均工资(元)	Average Wage of Staff & Workers Employed in(yuan)	53006	18.1
全体居民人均可支配收入(元)	The per capita disposable income of all residents(yuan)	24767	8.2
城镇常住居民人均可支配收入(元)	The per capita disposable income of urban permanent residents(yuan)	28098	7.7
农村牧区常住居民人均可支配收入(元)	The per capita disposable income of permanent residents of rural and pastoral areas(yuan)	16634	8.4
农村牧区经济	**Economic Development in Rural & Pastoral Area**		
农作物总播种面积(公顷)	Total Sown Area(hectare)	153600	1.9
农业机械总动力(万千瓦时)	Total Power of Machinery(10 000 kwh)	104.39	－5.6
粮食产量(吨)	Yield of Grain(ton)	419202	－0.1
肉类总产量(吨)	Output of Pork, Beef & Mutton(ton)	35015	－4.9
年末生猪存栏(头)	Total Livestock of Hogs at the Year－end(head)	132859	－10.0
年末牛存栏(头)	Total Livestock of Cattles at the Year－end(head)	17070	－0.2
年末羊存栏(只)	Total Livestock of Sheep&Goats at the Year－end(head)	1103356	0.0
规模以上工业	**Industrial Enterprises above Designated Size**		
工业企业单位数(个)	Number of Industrial Enterprises(unit)		
工业总产值(万元)	Gross Industrial Output Value(10 000 yuan)		－19.5
工业企业增加值增速(%)	Value Added of Industrial Enterprises(%)		0.1
投资、建筑业	**Investment and Construction**		
固定资产投资(万元)	Total Investment in Fixed Assets(10 000 yuan)		－7.5
房地产开发投资(万元)	Investment in Real Estate Development(10 000 yuan)	32807	－32.5
建筑企业单位数(个)	Number of Construction Enterprises(unit)		
贸易	**Trade**		
社会消费品零售总额(万元)	Total Retail Sales of Consumer Goods(10 000 yuan)	318936	8.2
实际使用外资金额(万美元)	Utilization of Foreign Capital(USD 10 000)		
交通运输邮电通信业	**Transportation, Post & Telecommunications**		
公路里程(公里)	Total Length of Highways(km)	3033	0.0
固定电话用户(户)	Number of Subscribers of Local Telephone(subscriber)	9483	－53.9
移动电话用户(户)	Number of Mobile Telephone Subscribers (subscriber)	302929	－13.0
互联网接入用户(户)	Number of Subscribers of Internet Service(subscriber)	47355	23.8
科技教育卫生社会保障	**Science, Education & Public Health**		
专业技术人员(人)	Special Technical Personnel(person)	4310	0.1
小学学校数(所)	Number of Primary Schools(unit)	16	0.0
普通中学学校数(所)	Number of Regular Secondary Schools(unit)	5	0.0
体育场馆数(个)	Stadium and Gymnasium(unit)	1	0.0
医疗卫生机构床位数(张)	Number of Beds(unit)	1183	0.0
医疗卫生技术人员(人)	Medical Technical Personnel(person)	1537	1.1
城镇基本养老保险参保人数(人)	Persons Covered of Urban Basic Medical Care Insurance(person)	28490	4.0
新型农村合作医疗参保人数(人)	Persons Covered of New Cooperative Medical System(person)	227428	－1.5

23-100 巴彦淖尔市磴口县
Dengkou County in Bayannaoer City

指　　标	Item	2017	增长(%) Increase Rate (%)
行政区域土地面积(平方公里)	**Area of Administration(Sq. km)**	**3676**	**0.0**
人口	**Population**		
年末常住人口(万人)	Permanet Resident Population Year-end(10 000 persons)	11.66	0.2
年末户籍人口(万人)	The Registered Population Year-end(10 000 persons)	11.44	-1.3
国民经济综合指标	**Summary Item on the National Economy**		
生产总值(万元)	Gross Domestic Product(10 000 yuan)		4.2
第一产业(万元)	Primary Industry(10 000 yuan)		5.4
第二产业(万元)	Secondary Industry(10 000 yuan)		-0.9
#工业(万元)	Industry(10 000 yuan)		0.2
第三产业(万元)	Tertiary Industry(10 000 yuan)		12.3
人均生产总值(元)	Per Capita GDP(yuan)		4.0
一般公共预算收入(万元)	General Public Budget Revenue(10 000 yuan)	26641	-1.3
一般公共预算支出(万元)	General Public Budget Expenditure(10 000 yuan)	142973	-2.1
在岗职工平均工资(元)	Average Wage of Staff & Workers Employed in(yuan)	59911	14.2
全体居民人均可支配收入(元)	The per capita disposable income of all residents(yuan)	20415	8.4
城镇常住居民人均可支配收入(元)	The per capita disposable income of urban permanent residents(yuan)	27624	7.8
农村牧区常住居民人均可支配收入(元)	The per capita disposable income of permanent residents of rural and pastoral areas(yuan)	16113	8.6
农村牧区经济	**Economic Development in Rural & Pastoral Area**		
农作物总播种面积(公顷)	Total Sown Area(hectare)	79233	4.3
农业机械总动力(万千瓦时)	Total Power of Machinery(10 000 kwh)	49.31	4.1
粮食产量(吨)	Yield of Grain(ton)	190998	10.1
肉类总产量(吨)	Output of Pork, Beef & Mutton(ton)	15919	11.0
年末生猪存栏(头)	Total Livestock of Hogs at the Year-end(head)	39844	41.5
年末牛存栏(头)	Total Livestock of Cattles at the Year-end(head)	65190	19.0
年末羊存栏(只)	Total Livestock of Sheep&Goats at the Year-end(head)	395456	27.5
规模以上工业	**Industrial Enterprises above Designated Size**		
工业企业单位数(个)	Number of Industrial Enterprises(unit)		
工业总产值(万元)	Gross Industrial Output Value(10 000 yuan)		-7.1
工业企业增加值增速(%)	Value Added of Industrial Enterprises(%)		0.5
投资、建筑业	**Investment and Construction**		
固定资产投资(万元)	Total Investment in Fixed Assets(10 000 yuan)		-2.8
房地产开发投资(万元)	Investment in Real Estate Development(10 000 yuan)	3431	33.4
建筑企业单位数(个)	Number of Construction Enterprises(unit)		
贸易	**Trade**		
社会消费品零售总额(万元)	Total Retail Sales of Consumer Goods(10 000 yuan)	167687	7.8
实际使用外资金额(万美元)	Utilization of Foreign Capital(USD 10 000)		
交通运输邮电通信业	**Transportation, Post & Telecommunications**		
公路里程(公里)	Total Length of Highways(km)	2096	1.5
固定电话用户(户)	Number of Subscribers of Local Telephone(subscriber)	10600	-17.8
移动电话用户(户)	Number of Mobile Telephone Subscribers (subscriber)	118000	1.2
互联网接入用户(户)	Number of Subscribers of Internet Service(subscriber)	21753	34.1
科技教育卫生社会保障	**Science, Education & Public Health**		
专业技术人员(人)	Special Technical Personnel(person)	3757	3.3
小学学校数(所)	Number of Primary Schools(unit)	11	0.0
普通中学学校数(所)	Number of Regular Secondary Schools(unit)	2	0.0
体育场馆数(个)	Stadium and Gymnasium(unit)	1	0.0
医疗卫生机构床位数(张)	Number of Beds(unit)	1137	-7.3
医疗卫生技术人员(人)	Medical Technical Personnel(person)	1004	53.8
城镇基本养老保险参保人数(人)	Persons Covered of Urban Basic Medical Care Insurance(person)	24938	46.8
新型农村合作医疗参保人数(人)	Persons Covered of New Cooperative Medical System(person)	54860	-0.9

23－101 巴彦淖尔市乌拉特前旗

Wulateqian Banner in Bayannaoer City

指　　标	Item	2017	增长(%) Increase Rate (%)
行政区域土地面积(平方公里)	**Area of Administration(Sq. km)**	**7482**	**0.0**
人口	**Population**		
年末常住人口(万人)	Permanet Resident Population Year－end(10 000 persons)	29.64	－1.0
年末户籍人口(万人)	The Registered Population Year－end(10 000 persons)	33.47	－0.6
国民经济综合指标	**Summary Item on the National Economy**		
生产总值(万元)	Gross Domestic Product(10 000 yuan)		4.5
第一产业(万元)	Primary Industry(10 000 yuan)		5.3
第二产业(万元)	Secondary Industry(10 000 yuan)		－3.0
＃工业(万元)	Industry(10 000 yuan)		0.6
第三产业(万元)	Tertiary Industry(10 000 yuan)		9.9
人均生产总值(元)	Per Capita GDP(yuan)		4.3
一般公共预算收入(万元)	General Public Budget Revenue(10 000 yuan)	74196	－21.5
一般公共预算支出(万元)	General Public Budget Expenditure(10 000 yuan)	288741	－0.5
在岗职工平均工资(元)	Average Wage of Staff & Workers Employed in(yuan)	61484	17.0
全体居民人均可支配收入(元)	The per capita disposable income of all residents(yuan)	20443	8.3
城镇常住居民人均可支配收入(元)	The per capita disposable income of urban permanent residents(yuan)	27659	7.6
农村牧区常住居民人均可支配收入(元)	The per capita disposable income of permanent residents of rural and pastoral areas(yuan)	15636	8.7
农村牧区经济	**Economic Development in Rural & Pastoral Area**		
农作物总播种面积(公顷)	Total Sown Area(hectare)	172300	9.5
农业机械总动力(万千瓦时)	Total Power of Machinery(10 000 kwh)	125.10	－3.2
粮食产量(吨)	Yield of Grain(ton)	500225	3.7
肉类总产量(吨)	Output of Pork, Beef & Mutton(ton)	28962	0.8
年末生猪存栏(头)	Total Livestock of Hogs at the Year－end(head)	45732	4.1
年末牛存栏(头)	Total Livestock of Cattles at the Year－end(head)	12124	15.0
年末羊存栏(只)	Total Livestock of Sheep&Goats at the Year－end(head)	1528718	17.6
规模以上工业	**Industrial Enterprises above Designated Size**		
工业企业单位数(个)	Number of Industrial Enterprises(unit)		
工业总产值(万元)	Gross Industrial Output Value(10 000 yuan)		49.6
工业企业增加值增速(%)	Value Added of Industrial Enterprises(%)		10.1
投资、建筑业	**Investment and Construction**		
固定资产投资(万元)	Total Investment in Fixed Assets(10 000 yuan)		－8.8
房地产开发投资(万元)	Investment in Real Estate Development(10 000 yuan)	15920	4448.6
建筑企业单位数(个)	Number of Construction Enterprises(unit)		
贸易	**Trade**		
社会消费品零售总额(万元)	Total Retail Sales of Consumer Goods(10 000 yuan)	372514	7.7
实际使用外资金额(万美元)	Utilization of Foreign Capital(USD 10 000)	430	87.0
交通运输邮电通信业	**Transportation, Post & Telecommunications**		
公路里程(公里)	Total Length of Highways(km)	4834	0.2
固定电话用户(户)	Number of Subscribers of Local Telephone(subscriber)	4337	－63.1
移动电话用户(户)	Number of Mobile Telephone Subscribers (subscriber)	267701	－13.6
互联网接入用户(户)	Number of Subscribers of Internet Service(subscriber)	31823	－15.1
科技教育卫生社会保障	**Science, Education & Public Health**		
专业技术人员(人)	Special Technical Personnel(person)	7566	0.0
小学学校数(所)	Number of Primary Schools(unit)	19	－5.0
普通中学学校数(所)	Number of Regular Secondary Schools(unit)	11	0.0
体育场馆数(个)	Stadium and Gymnasium(unit)	1	0.0
医疗卫生机构床位数(张)	Number of Beds(unit)	1411	3.5
医疗卫生技术人员(人)	Medical Technical Personnel(person)	1724	8.8
城镇基本养老保险参保人数(人)	Persons Covered of Urban Basic Medical Care Insurance(person)	70293	40.5
新型农村合作医疗参保人数(人)	Persons Covered of New Cooperative Medical System(person)	247931	29.4

23－102 巴彦淖尔市乌拉特中旗

Wulatezhong Banner in Bayannaoer City

指　　标	Item	2017	增长(%) Increase Rate (%)
行政区域土地面积(平方公里)	**Area of Administration(Sq. km)**	**22868**	**0.0**
人口	**Population**		
年末常住人口(万人)	Permanet Resident Population Year－end(10 000 persons)	13.48	－1.8
年末户籍人口(万人)	The Registered Population Year－end(10 000 persons)	14.30	0.0
国民经济综合指标	**Summary Item on the National Economy**		
生产总值(万元)	Gross Domestic Product(10 000 yuan)		3.4
第一产业(万元)	Primary Industry(10 000 yuan)		5.0
第二产业(万元)	Secondary Industry(10 000 yuan)		－1.3
#工业(万元)	Industry(10 000 yuan)		2.0
第三产业(万元)	Tertiary Industry(10 000 yuan)		13.8
人均生产总值(元)	Per Capita GDP(yuan)		3.1
一般公共预算收入(万元)	General Public Budget Revenue(10 000 yuan)	78758	－10.6
一般公共预算支出(万元)	General Public Budget Expenditure(10 000 yuan)	316028	15.7
在岗职工平均工资(元)	Average Wage of Staff & Workers Employed in(yuan)	76967	32.1
全体居民人均可支配收入(元)	The per capita disposable income of all residents(yuan)	20892	8.6
城镇常住居民人均可支配收入(元)	The per capita disposable income of urban permanent residents(yuan)	29120	8.1
农村牧区常住居民人均可支配收入(元)	The per capita disposable income of permanent residents of rural and pastoral areas(yuan)	15254	8.5
农村牧区经济	**Economic Development in Rural & Pastoral Area**		
农作物总播种面积(公顷)	Total Sown Area(hectare)	91061	－3.1
农业机械总动力(万千瓦时)	Total Power of Machinery(10 000 kwh)	44.50	5.0
粮食产量(吨)	Yield of Grain(ton)	250923	9.4
肉类总产量(吨)	Output of Pork, Beef & Mutton(ton)	21499	10.9
年末生猪存栏(头)	Total Livestock of Hogs at the Year－end(head)	12563	0.1
年末牛存栏(头)	Total Livestock of Cattles at the Year－end(head)	11632	7.5
年末羊存栏(只)	Total Livestock of Sheep&Goats at the Year－end(head)	1347670	1.2
规模以上工业	**Industrial Enterprises above Designated Size**		
工业企业单位数(个)	Number of Industrial Enterprises(unit)		
工业总产值(万元)	Gross Industrial Output Value(10 000 yuan)		38.9
工业企业增加值增速(%)	Value Added of Industrial Enterprises(%)		10.8
投资、建筑业	**Investment and Construction**		
固定资产投资(万元)	Total Investment in Fixed Assets(10 000 yuan)		－13.4
房地产开发投资(万元)	Investment in Real Estate Development(10 000 yuan)		
建筑企业单位数(个)	Number of Construction Enterprises(unit)		
贸易	**Trade**		
社会消费品零售总额(万元)	Total Retail Sales of Consumer Goods(10 000 yuan)	172327	7.7
实际使用外资金额(万美元)	Utilization of Foreign Capital(USD 10 000)		
交通运输邮电通信业	**Transportation, Post & Telecommunications**		
公路里程(公里)	Total Length of Highways(km)	4853	0.7
固定电话用户(户)	Number of Subscribers of Local Telephone(subscriber)	2965	－73.3
移动电话用户(户)	Number of Mobile Telephone Subscribers (subscriber)	189704	15.0
互联网接入用户(户)	Number of Subscribers of Internet Service(subscriber)	21000	69.6
科技教育卫生社会保障	**Science, Education & Public Health**		
专业技术人员(人)	Special Technical Personnel(person)	2476	6.9
小学学校数(所)	Number of Primary Schools(unit)	3	0.0
普通中学学校数(所)	Number of Regular Secondary Schools(unit)	5	0.0
体育场馆数(个)	Stadium and Gymnasium(unit)	2	0.0
医疗卫生机构床位数(张)	Number of Beds(unit)	564	13.3
医疗卫生技术人员(人)	Medical Technical Personnel(person)	745	19.2
城镇基本养老保险参保人数(人)	Persons Covered of Urban Basic Medical Care Insurance(person)	21936	17.2
新型农村合作医疗参保人数(人)	Persons Covered of New Cooperative Medical System(person)	87489	－8.1

23－103 巴彦淖尔市乌拉特后旗

Wulatehou Banner in Bayannaoer City

指　　标	Item	2017	增长(%) Increase Rate (%)
行政区域土地面积(平方公里)	**Area of Administration(Sq. km)**	**24525**	**0.0**
人口	**Population**		
年末常住人口(万人)	Permanet Resident Population Year－end(10 000 persons)	6.65	0.3
年末户籍人口(万人)	The Registered Population Year－end(10 000 persons)	5.85	－0.3
国民经济综合指标	**Summary Item on the National Economy**		
生产总值(万元)	Gross Domestic Product(10 000 yuan)		3.8
第一产业(万元)	Primary Industry(10 000 yuan)		5.1
第二产业(万元)	Secondary Industry(10 000 yuan)		1.5
#工业(万元)	Industry(10 000 yuan)		2.5
第三产业(万元)	Tertiary Industry(10 000 yuan)		10.7
人均生产总值(元)	Per Capita GDP(yuan)		3.4
一般公共预算收入(万元)	General Public Budget Revenue(10 000 yuan)	84757	4.6
一般公共预算支出(万元)	General Public Budget Expenditure(10 000 yuan)	164651	－5.5
在岗职工平均工资(元)	Average Wage of Staff & Workers Employed in(yuan)	74144	29.7
全体居民人均可支配收入(元)	The per capita disposable income of all residents(yuan)	20929	8.7
城镇常住居民人均可支配收入(元)	The per capita disposable income of urban permanent residents(yuan)	28849	7.8
农村牧区常住居民人均可支配收入(元)	The per capita disposable income of permanent residents of rural and pastoral areas(yuan)	13776	8.8
农村牧区经济	**Economic Development in Rural & Pastoral Area**		
农作物总播种面积(公顷)	Total Sown Area(hectare)	12799	1.6
农业机械总动力(万千瓦时)	Total Power of Machinery(10 000 kwh)	15.00	10.5
粮食产量(吨)	Yield of Grain(ton)	59384	－1.4
肉类总产量(吨)	Output of Pork, Beef & Mutton(ton)	7448	14.0
年末生猪存栏(头)	Total Livestock of Hogs at the Year－end(head)	984	－4.6
年末牛存栏(头)	Total Livestock of Cattles at the Year－end(head)	7537	119.7
年末羊存栏(只)	Total Livestock of Sheep&Goats at the Year－end(head)	359765	－6.5
规模以上工业	**Industrial Enterprises above Designated Size**		
工业企业单位数(个)	Number of Industrial Enterprises(unit)		
工业总产值(万元)	Gross Industrial Output Value(10 000 yuan)		28.8
工业企业增加值增速(%)	Value Added of Industrial Enterprises(%)		6.0
投资、建筑业	**Investment and Construction**		
固定资产投资(万元)	Total Investment in Fixed Assets(10 000 yuan)		－27.4
房地产开发投资(万元)	Investment in Real Estate Development(10 000 yuan)	950	
建筑企业单位数(个)	Number of Construction Enterprises(unit)		
贸易	**Trade**		
社会消费品零售总额(万元)	Total Retail Sales of Consumer Goods(10 000 yuan)	92923	8.0
实际使用外资金额(万美元)	Utilization of Foreign Capital(USD 10 000)		
交通运输邮电通信业	**Transportation, Post & Telecommunications**		
公路里程(公里)	Total Length of Highways(km)	2064	0.0
固定电话用户(户)	Number of Subscribers of Local Telephone(subscriber)	1216	－69.3
移动电话用户(户)	Number of Mobile Telephone Subscribers (subscriber)	61810	－4.4
互联网接入用户(户)	Number of Subscribers of Internet Service(subscriber)	16523	74.3
科技教育卫生社会保障	**Science, Education & Public Health**		
专业技术人员(人)	Special Technical Personnel(person)	2401	3.3
小学学校数(所)	Number of Primary Schools(unit)	4	0.0
普通中学学校数(所)	Number of Regular Secondary Schools(unit)	3	0.0
体育场馆数(个)	Stadium and Gymnasium(unit)	6	0.0
医疗卫生机构床位数(张)	Number of Beds(unit)	238	－16.2
医疗卫生技术人员(人)	Medical Technical Personnel(person)	492	37.0
城镇基本养老保险参保人数(人)	Persons Covered of Urban Basic Medical Care Insurance(person)	20639	－9.9
新型农村合作医疗参保人数(人)	Persons Covered of New Cooperative Medical System(person)	40578	75.2

23-104 巴彦淖尔市杭锦后旗

Hangjinhou Banner in Bayannaoer City

指　　标	Item	2017	增长(%) Increase Rate (%)
行政区域土地面积(平方公里)	**Area of Administration(Sq. km)**	**1752**	**0.0**
人口	**Population**		
年末常住人口(万人)	Permanet Resident Population Year-end(10 000 persons)	25.84	0.1
年末户籍人口(万人)	The Registered Population Year-end(10 000 persons)	29.32	-0.9
国民经济综合指标	**Summary Item on the National Economy**		
生产总值(万元)	Gross Domestic Product(10 000 yuan)		3.7
第一产业(万元)	Primary Industry(10 000 yuan)		5.2
第二产业(万元)	Secondary Industry(10 000 yuan)		-1.9
#工业(万元)	Industry(10 000 yuan)		0.4
第三产业(万元)	Tertiary Industry(10 000 yuan)		7.1
人均生产总值(元)	Per Capita GDP(yuan)		3.6
一般公共预算收入(万元)	General Public Budget Revenue(10 000 yuan)	37846	-40.3
一般公共预算支出(万元)	General Public Budget Expenditure(10 000 yuan)	254441	-3.0
在岗职工平均工资(元)	Average Wage of Staff & Workers Employed in(yuan)	59962	17.3
全体居民人均可支配收入(元)	The per capita disposable income of all residents(yuan)	24544	8.4
城镇常住居民人均可支配收入(元)	The per capita disposable income of urban permanent residents(yuan)	28434	8.0
农村牧区常住居民人均可支配收入(元)	The per capita disposable income of permanent residents of rural and pastoral areas(yuan)	16569	8.4
农村牧区经济	**Economic Development in Rural & Pastoral Area**		
农作物总播种面积(公顷)	Total Sown Area(hectare)	89321	2.2
农业机械总动力(万千瓦时)	Total Power of Machinery(10 000 kwh)	83.70	-12.7
粮食产量(吨)	Yield of Grain(ton)	420178	-4.5
肉类总产量(吨)	Output of Pork, Beef & Mutton(ton)	46838	-7.1
年末生猪存栏(头)	Total Livestock of Hogs at the Year-end(head)	54663	-19.3
年末牛存栏(头)	Total Livestock of Cattles at the Year-end(head)	37318	-21.8
年末羊存栏(只)	Total Livestock of Sheep&Goats at the Year-end(head)	913751	-6.3
规模以上工业	**Industrial Enterprises above Designated Size**		
工业企业单位数(个)	Number of Industrial Enterprises(unit)		
工业总产值(万元)	Gross Industrial Output Value(10 000 yuan)		-40.2
工业企业增加值增速(%)	Value Added of Industrial Enterprises(%)		0.1
投资、建筑业	**Investment and Construction**		
固定资产投资(万元)	Total Investment in Fixed Assets(10 000 yuan)		-6.8
房地产开发投资(万元)	Investment in Real Estate Development(10 000 yuan)	11081	77.0
建筑企业单位数(个)	Number of Construction Enterprises(unit)		
贸易	**Trade**		
社会消费品零售总额(万元)	Total Retail Sales of Consumer Goods(10 000 yuan)	346688	7.9
实际使用外资金额(万美元)	Utilization of Foreign Capital(USD 10 000)		
交通运输邮电信业	**Transportation, Post & Telecommunications**		
公路里程(公里)	Total Length of Highways(km)	2210	22.6
固定电话用户(户)	Number of Subscribers of Local Telephone(subscriber)	49251	-1.7
移动电话用户(户)	Number of Mobile Telephone Subscribers (subscriber)	111988	0.0
互联网接入用户(户)	Number of Subscribers of Internet Service(subscriber)	7092	0.9
科技教育卫生社会保障	**Science, Education & Public Health**		
专业技术人员(人)	Special Technical Personnel(person)	5582	0.1
小学学校数(所)	Number of Primary Schools(unit)	15	0.0
普通中学学校数(所)	Number of Regular Secondary Schools(unit)	5	0.0
体育场馆数(个)	Stadium and Gymnasium(unit)	3	200.0
医疗卫生机构床位数(张)	Number of Beds(unit)	1147	-24.4
医疗卫生技术人员(人)	Medical Technical Personnel(person)	1392	0.6
城镇基本养老保险参保人数(人)	Persons Covered of Urban Basic Medical Care Insurance(person)	35213	-9.9
新型农村合作医疗参保人数(人)	Persons Covered of New Cooperative Medical System(person)	222715	27.8

23－105 乌海市海勃湾区

Haibowan District in Wuhai City

指　　标	Item	2017	增长(％) Increase Rate (％)
行政区域土地面积(平方公里)	**Area of Administration(Sq. km)**	**487**	**0.0**
人口	**Population**		
年末常住人口(万人)	Permanet Resident Population Year－end(10 000 persons)	31.55	0.6
年末户籍人口(万人)	The Registered Population Year－end(10 000 persons)	24.00	1.3
国民经济综合指标	**Summary Item on the National Economy**		
生产总值(万元)	Gross Domestic Product(10 000 yuan)		4.9
第一产业(万元)	Primary Industry(10 000 yuan)		4.0
第二产业(万元)	Secondary Industry(10 000 yuan)		6.6
#工业(万元)	Industry(10 000 yuan)		9.8
第三产业(万元)	Tertiary Industry(10 000 yuan)		3.4
人均生产总值(元)	Per Capita GDP(yuan)		4.4
一般公共预算收入(万元)	General Public Budget Revenue(10 000 yuan)	157690	－46.0
一般公共预算支出(万元)	General Public Budget Expenditure(10 000 yuan)	110047	－62.3
在岗职工平均工资(元)	Average Wage of Staff & Workers Employed in(yuan)	69548	21.8
全体居民人均可支配收入(元)	The per capita disposable income of all residents(yuan)	40364	8.8
城镇常住居民人均可支配收入(元)	The per capita disposable income of urban permanent residents(yuan)	40476	8.1
农村牧区常住居民人均可支配收入(元)	The per capita disposable income of permanent residents of rural and pastoral areas(yuan)	18351	8.5
农村牧区经济	**Economic Development in Rural & Pastoral Area**		
农作物总播种面积(公顷)	Total Sown Area(hectare)	2123	－13.7
农业机械总动力(万千瓦时)	Total Power of Machinery(10 000 kwh)	2.54	－28.9
粮食产量(吨)	Yield of Grain(ton)	9987	－22.3
肉类总产量(吨)	Output of Pork, Beef & Mutton(ton)	4995	6.5
年末生猪存栏(头)	Total Livestock of Hogs at the Year－end(head)	16021	3.6
年末牛存栏(头)	Total Livestock of Cattles at the Year－end(head)	1149	2.6
年末羊存栏(只)	Total Livestock of Sheep&Goats at the Year－end(head)	27158	2.4
规模以上工业	**Industrial Enterprises above Designated Size**		
工业企业单位数(个)	Number of Industrial Enterprises(unit)		
工业总产值(万元)	Gross Industrial Output Value(10 000 yuan)		
工业企业增加值增速(％)	Value Added of Industrial Enterprises(％)		11.0
投资、建筑业	**Investment and Construction**		
固定资产投资(万元)	Total Investment in Fixed Assets(10 000 yuan)		
房地产开发投资(万元)	Investment in Real Estate Development(10 000 yuan)	165510	－1.1
建筑企业单位数(个)	Number of Construction Enterprises(unit)	45	7.1
贸易	**Trade**		
社会消费品零售总额(万元)	Total Retail Sales of Consumer Goods(10 000 yuan)	1376695	6.6
实际使用外资金额(万美元)	Utilization of Foreign Capital(USD 10 000)	461	130.5
交通运输邮电通信业	**Transportation, Post & Telecommunications**		
公路里程(公里)	Total Length of Highways(km)	416	－17.8
固定电话用户(户)	Number of Subscribers of Local Telephone(subscriber)	165471	－11.9
移动电话用户(户)	Number of Mobile Telephone Subscribers (subscriber)	466581	24.6
互联网接入用户(户)	Number of Subscribers of Internet Service(subscriber)	96646	7.2
科技教育卫生社会保障	**Science, Education & Public Health**		
专业技术人员(人)	Special Technical Personnel(person)	17076	7.2
小学学校数(所)	Number of Primary Schools(unit)	15	－11.8
普通中学学校数(所)	Number of Regular Secondary Schools(unit)	11	0.0
体育场馆数(个)	Stadium and Gymnasium(unit)	4	－60.0
医疗卫生机构床位数(张)	Number of Beds(unit)	2419	－4.1
医疗卫生技术人员(人)	Medical Technical Personnel(person)	3529	5.8
城镇基本养老保险参保人数(人)	Persons Covered of Urban Basic Medical Care Insurance(person)	138236	212.3
新型农村合作医疗参保人数(人)	Persons Covered of New Cooperative Medical System(person)		

23－106 乌海市海南区
Hainan District in Wuhai City

指　标	Item	2017	增长(%) Increase Rate (%)
行政区域土地面积(平方公里)	**Area of Administration(Sq. km)**	**975**	**0.0**
人口	**Population**		
年末常住人口(万人)	Permanet Resident Population Year－end(10 000 persons)	10.80	3.0
年末户籍人口(万人)	The Registered Population Year－end(10 000 persons)	8.61	－2.2
国民经济综合指标	**Summary Item on the National Economy**		
生产总值(万元)	Gross Domestic Product(10 000 yuan)		4.4
第一产业(万元)	Primary Industry(10 000 yuan)		4.1
第二产业(万元)	Secondary Industry(10 000 yuan)		5.4
#工业(万元)	Industry(10 000 yuan)		9.8
第三产业(万元)	Tertiary Industry(10 000 yuan)		3.0
人均生产总值(元)	Per Capita GDP(yuan)		4.0
一般公共预算收入(万元)	General Public Budget Revenue(10 000 yuan)	108169	－23.2
一般公共预算支出(万元)	General Public Budget Expenditure(10 000 yuan)	154529	14.7
在岗职工平均工资(元)	Average Wage of Staff & Workers Employed in(yuan)	59431	－12.1
全体居民人均可支配收入(元)	The per capita disposable income of all residents(yuan)	34243	8.7
城镇常住居民人均可支配收入(元)	The per capita disposable income of urban permanent residents(yuan)	38044	7.8
农村牧区常住居民人均可支配收入(元)	The per capita disposable income of permanent residents of rural and pastoral areas(yuan)	15932	8.8
农村牧区经济	**Economic Development in Rural & Pastoral Area**		
农作物总播种面积(公顷)	Total Sown Area(hectare)	3802	－2.1
农业机械总动力(万千瓦时)	Total Power of Machinery(10 000 kwh)	2.74	－33.3
粮食产量(吨)	Yield of Grain(ton)	26524	7.4
肉类总产量(吨)	Output of Pork, Beef & Mutton(ton)	7517	3.5
年末生猪存栏(头)	Total Livestock of Hogs at the Year－end(head)	6844	5.5
年末牛存栏(头)	Total Livestock of Cattles at the Year－end(head)	2555	2.4
年末羊存栏(只)	Total Livestock of Sheep&Goats at the Year－end(head)	61013	14.8
规模以上工业	**Industrial Enterprises above Designated Size**		
工业企业单位数(个)	Number of Industrial Enterprises(unit)		
工业总产值(万元)	Gross Industrial Output Value(10 000 yuan)		
工业企业增加值增速(%)	Value Added of Industrial Enterprises(%)		10.9
投资、建筑业	**Investment and Construction**		
固定资产投资(万元)	Total Investment in Fixed Assets(10 000 yuan)		
房地产开发投资(万元)	Investment in Real Estate Development(10 000 yuan)		
建筑企业单位数(个)	Number of Construction Enterprises(unit)	6	0.0
贸易	**Trade**		
社会消费品零售总额(万元)	Total Retail Sales of Consumer Goods(10 000 yuan)	92226	6.2
实际使用外资金额(万美元)	Utilization of Foreign Capital(USD 10 000)		
交通运输邮电通信业	**Transportation, Post & Telecommunications**		
公路里程(公里)	Total Length of Highways(km)	428	9.0
固定电话用户(户)	Number of Subscribers of Local Telephone(subscriber)	16854	－15.3
移动电话用户(户)	Number of Mobile Telephone Subscribers (subscriber)	120471	－36.9
互联网接入用户(户)	Number of Subscribers of Internet Service(subscriber)	30145	－0.2
科技教育卫生社会保障	**Science, Education & Public Health**		
专业技术人员(人)	Special Technical Personnel(person)	3654	7.2
小学学校数(所)	Number of Primary Schools(unit)	5	0.0
普通中学学校数(所)	Number of Regular Secondary Schools(unit)	4	0.0
体育场馆数(个)	Stadium and Gymnasium(unit)	1	0.0
医疗卫生机构床位数(张)	Number of Beds(unit)	396	－21.4
医疗卫生技术人员(人)	Medical Technical Personnel(person)	470	－8.9
城镇基本养老保险参保人数(人)	Persons Covered of Urban Basic Medical Care Insurance(person)	39956	2.7
新型农村合作医疗参保人数(人)	Persons Covered of New Cooperative Medical System(person)		

23－107 乌海市乌达区

Wuda District in Wuhai City

指　　标	Item	2017	增长(%) Increase Rate (%)
行政区域土地面积(平方公里)	**Area of Administration(Sq. km)**	**207**	**0.0**
人口	**Population**		
年末常住人口(万人)	Permanet Resident Population Year－end(10 000 persons)	13.76	0.3
年末户籍人口(万人)	The Registered Population Year－end(10 000 persons)	11.76	－1.6
国民经济综合指标	**Summary Item on the National Economy**		
生产总值(万元)	Gross Domestic Product(10 000 yuan)		6.7
第一产业(万元)	Primary Industry(10 000 yuan)		3.5
第二产业(万元)	Secondary Industry(10 000 yuan)		7.3
#工业(万元)	Industry(10 000 yuan)		10.0
第三产业(万元)	Tertiary Industry(10 000 yuan)		4.1
人均生产总值(元)	Per Capita GDP(yuan)		6.5
一般公共预算收入(万元)	General Public Budget Revenue(10 000 yuan)	92348	－16.7
一般公共预算支出(万元)	General Public Budget Expenditure(10 000 yuan)	114731	－18.1
在岗职工平均工资(元)	Average Wage of Staff & Workers Employed in(yuan)	63667	4.5
全体居民人均可支配收入(元)	The per capita disposable income of all residents(yuan)	37908	7.8
城镇常住居民人均可支配收入(元)	The per capita disposable income of urban permanent residents(yuan)	37908	7.8
农村牧区常住居民人均可支配收入(元)	The per capita disposable income of permanent residents of rural and pastoral areas(yuan)		
农村牧区经济	**Economic Development in Rural & Pastoral Area**		
农作物总播种面积(公顷)	Total Sown Area(hectare)	804	－0.3
农业机械总动力(万千瓦时)	Total Power of Machinery(10 000 kwh)	0.68	－38.7
粮食产量(吨)	Yield of Grain(ton)	3369	－13.0
肉类总产量(吨)	Output of Pork, Beef & Mutton(ton)	2402	2.9
年末生猪存栏(头)	Total Livestock of Hogs at the Year－end(head)	4454	2.4
年末牛存栏(头)	Total Livestock of Cattles at the Year－end(head)	359	2.6
年末羊存栏(只)	Total Livestock of Sheep&Goats at the Year－end(head)	8501	12.8
规模以上工业	**Industrial Enterprises above Designated Size**		
工业企业单位数(个)	Number of Industrial Enterprises(unit)		
工业总产值(万元)	Gross Industrial Output Value(10 000 yuan)		
工业企业增加值增速(%)	Value Added of Industrial Enterprises(%)		11.1
投资、建筑业	**Investment and Construction**		
固定资产投资(万元)	Total Investment in Fixed Assets(10 000 yuan)		
房地产开发投资(万元)	Investment in Real Estate Development(10 000 yuan)	39306	－25.8
建筑企业单位数(个)	Number of Construction Enterprises(unit)	4	0.0
贸易	**Trade**		
社会消费品零售总额(万元)	Total Retail Sales of Consumer Goods(10 000 yuan)	149464	6.5
实际使用外资金额(万美元)	Utilization of Foreign Capital(USD 10 000)		
交通运输邮电通信业	**Transportation, Post & Telecommunications**		
公路里程(公里)	Total Length of Highways(km)	133	0.0
固定电话用户(户)	Number of Subscribers of Local Telephone(subscriber)	23123	－12.6
移动电话用户(户)	Number of Mobile Telephone Subscribers (subscriber)	205120	0.2
互联网接入用户(户)	Number of Subscribers of Internet Service(subscriber)	23479	6.7
科技教育卫生社会保障	**Science, Education & Public Health**		
专业技术人员(人)	Special Technical Personnel(person)	5111	7.2
小学学校数(所)	Number of Primary Schools(unit)	8	0.0
普通中学学校数(所)	Number of Regular Secondary Schools(unit)	6	0.0
体育场馆数(个)	Stadium and Gymnasium(unit)	6	20.0
医疗卫生机构床位数(张)	Number of Beds(unit)	758	2.0
医疗卫生技术人员(人)	Medical Technical Personnel(person)	775	0.1
城镇基本养老保险参保人数(人)	Persons Covered of Urban Basic Medical Care Insurance(person)	42800	0.2
新型农村合作医疗参保人数(人)	Persons Covered of New Cooperative Medical System(person)		

23－108 阿拉善盟阿拉善左旗
Alashanzuo Banner in Alashan League

指　　标	Item	2017	增长(%) Increase Rate (%)
行政区域土地面积(平方公里)	**Area of Administration(Sq. km)**	**80412**	**0.0**
人口	**Population**		
年末常住人口(万人)	Permanet Resident Population Year－end(10 000 persons)	20.04	0.6
年末户籍人口(万人)	The Registered Population Year－end(10 000 persons)	14.47	0.7
国民经济综合指标	**Summary Item on the National Economy**		
生产总值(万元)	Gross Domestic Product(10 000 yuan)		3.8
第一产业(万元)	Primary Industry(10 000 yuan)		4.6
第二产业(万元)	Secondary Industry(10 000 yuan)		4.0
#工业(万元)	Industry(10 000 yuan)		4.0
第三产业(万元)	Tertiary Industry(10 000 yuan)		3.3
人均生产总值(元)	Per Capita GDP(yuan)		1.8
一般公共预算收入(万元)	General Public Budget Revenue(10 000 yuan)	89927	－46.3
一般公共预算支出(万元)	General Public Budget Expenditure(10 000 yuan)	433803	0.7
在岗职工平均工资(元)	Average Wage of Staff & Workers Employed in(yuan)	78994	29.8
全体居民人均可支配收入(元)	The per capita disposable income of all residents(yuan)	32868	8.7
城镇常住居民人均可支配收入(元)	The per capita disposable income of urban permanent residents(yuan)	37331	8.2
农村牧区常住居民人均可支配收入(元)	The per capita disposable income of permanent residents of rural and pastoral areas(yuan)	17326	8.6
农村牧区经济	**Economic Development in Rural & Pastoral Area**		
农作物总播种面积(公顷)	Total Sown Area(hectare)	25016	2.5
农业机械总动力(万千瓦时)	Total Power of Machinery(10 000 kwh)	19.79	－16.4
粮食产量(吨)	Yield of Grain(ton)	150053	3.8
肉类总产量(吨)	Output of Pork, Beef & Mutton(ton)	10713	－3.1
年末生猪存栏(头)	Total Livestock of Hogs at the Year－end(head)	9399	－25.9
年末牛存栏(头)	Total Livestock of Cattles at the Year－end(head)	39228	25.9
年末羊存栏(只)	Total Livestock of Sheep&Goats at the Year－end(head)	598648	－31.3
规模以上工业	**Industrial Enterprises above Designated Size**		
工业企业单位数(个)	Number of Industrial Enterprises(unit)		
工业总产值(万元)	Gross Industrial Output Value(10 000 yuan)		
工业企业增加值增速(%)	Value Added of Industrial Enterprises(%)		4.3
投资、建筑业	**Investment and Construction**		
固定资产投资(万元)	Total Investment in Fixed Assets(10 000 yuan)		
房地产开发投资(万元)	Investment in Real Estate Development(10 000 yuan)	11950	15.4
建筑企业单位数(个)	Number of Construction Enterprises(unit)	14	0.0
贸易	**Trade**		
社会消费品零售总额(万元)	Total Retail Sales of Consumer Goods(10 000 yuan)	572165	6.6
实际使用外资金额(万美元)	Utilization of Foreign Capital(USD 10 000)	59	－92.0
交通运输邮电通信业	**Transportation, Post & Telecommunications**		
公路里程(公里)	Total Length of Highways(km)	4760	14.0
固定电话用户(户)	Number of Subscribers of Local Telephone(subscriber)	18305	－6.4
移动电话用户(户)	Number of Mobile Telephone Subscribers (subscriber)	216742	4.8
互联网接入用户(户)	Number of Subscribers of Internet Service(subscriber)	50415	53.9
科技教育卫生社会保障	**Science, Education & Public Health**		
专业技术人员(人)	Special Technical Personnel(person)	3682	5.0
小学学校数(所)	Number of Primary Schools(unit)	11	0.0
普通中学学校数(所)	Number of Regular Secondary Schools(unit)	13	0.0
体育场馆数(个)	Stadium and Gymnasium(unit)	2	0.0
医疗卫生机构床位数(张)	Number of Beds(unit)	1126	35.3
医疗卫生技术人员(人)	Medical Technical Personnel(person)	1858	11.3
城镇基本养老保险参保人数(人)	Persons Covered of Urban Basic Medical Care Insurance(person)	70679	8.7
新型农村合作医疗参保人数(人)	Persons Covered of New Cooperative Medical System(person)	48357	－6.3

23－109 阿拉善盟阿拉善右旗
Alashanyou Banner in Alashan League

指　　标	Item	2017	增长(%) Increase Rate (%)
行政区域土地面积(平方公里)	**Area of Administration(Sq. km)**	**74485**	**0.0**
人口	**Population**		
年末常住人口(万人)	Permanet Resident Population Year－end(10 000 persons)	2.69	1.1
年末户籍人口(万人)	The Registered Population Year－end(10 000 persons)	2.52	0.0
国民经济综合指标	**Summary Item on the National Economy**		
生产总值(万元)	Gross Domestic Product(10 000 yuan)		3.3
第一产业(万元)	Primary Industry(10 000 yuan)		4.4
第二产业(万元)	Secondary Industry(10 000 yuan)		8.1
#工业(万元)	Industry(10 000 yuan)		0.5
第三产业(万元)	Tertiary Industry(10 000 yuan)		0.2
人均生产总值(元)	Per Capita GDP(yuan)		8.2
一般公共预算收入(万元)	General Public Budget Revenue(10 000 yuan)	8440	－31.5
一般公共预算支出(万元)	General Public Budget Expenditure(10 000 yuan)	130738	8.0
在岗职工平均工资(元)	Average Wage of Staff & Workers Employed in(yuan)	68605	23.8
全体居民人均可支配收入(元)	The per capita disposable income of all residents(yuan)	33702	8.7
城镇常住居民人均可支配收入(元)	The per capita disposable income of urban permanent residents(yuan)	38348	8.1
农村牧区常住居民人均可支配收入(元)	The per capita disposable income of permanent residents of rural and pastoral areas(yuan)	20025	8.7
农村牧区经济	**Economic Development in Rural & Pastoral Area**		
农作物总播种面积(公顷)	Total Sown Area(hectare)	2982	0.8
农业机械总动力(万千瓦时)	Total Power of Machinery(10 000 kwh)	2.22	－20.4
粮食产量(吨)	Yield of Grain(ton)	8778	－22.4
肉类总产量(吨)	Output of Pork, Beef & Mutton(ton)	3301	2.4
年末生猪存栏(头)	Total Livestock of Hogs at the Year－end(head)	285	－42.5
年末牛存栏(头)	Total Livestock of Cattles at the Year－end(head)	963	－16.3
年末羊存栏(只)	Total Livestock of Sheep&Goats at the Year－end(head)	145106	－10.2
规模以上工业	**Industrial Enterprises above Designated Size**		
工业企业单位数(个)	Number of Industrial Enterprises(unit)		
工业总产值(万元)	Gross Industrial Output Value(10 000 yuan)		
工业企业增加值增速(%)	Value Added of Industrial Enterprises(%)		9.0
投资、建筑业	**Investment and Construction**		
固定资产投资(万元)	Total Investment in Fixed Assets(10 000 yuan)		
房地产开发投资(万元)	Investment in Real Estate Development(10 000 yuan)		
建筑企业单位数(个)	Number of Construction Enterprises(unit)		
贸易	**Trade**		
社会消费品零售总额(万元)	Total Retail Sales of Consumer Goods(10 000 yuan)	77551	6.4
实际使用外资金额(万美元)	Utilization of Foreign Capital(USD 10 000)		
交通运输邮电通信业	**Transportation, Post & Telecommunications**		
公路里程(公里)	Total Length of Highways(km)	2620	0.4
固定电话用户(户)	Number of Subscribers of Local Telephone(subscriber)	1509	－2.1
移动电话用户(户)	Number of Mobile Telephone Subscribers (subscriber)	28564	－5.6
互联网接入用户(户)	Number of Subscribers of Internet Service(subscriber)	6691	36.4
科技教育卫生社会保障	**Science, Education & Public Health**		
专业技术人员(人)	Special Technical Personnel(person)	1314	0.5
小学学校数(所)	Number of Primary Schools(unit)	4	0.0
普通中学学校数(所)	Number of Regular Secondary Schools(unit)	2	0.0
体育场馆数(个)	Stadium and Gymnasium(unit)	1	0.0
医疗卫生机构床位数(张)	Number of Beds(unit)	102	5.2
医疗卫生技术人员(人)	Medical Technical Personnel(person)	246	0.4
城镇基本养老保险参保人数(人)	Persons Covered of Urban Basic Medical Care Insurance(person)	9554	5.1
新型农村合作医疗参保人数(人)	Persons Covered of New Cooperative Medical System(person)	10369	0.0

23－110 阿拉善盟额济纳旗
Ejina Banner in Alashan League

指　　标	Item	2017	增长(%) Increase Rate (%)
行政区域土地面积(平方公里)	**Area of Administration(Sq. km)**	**114606**	**0.0**
人口	**Population**		
年末常住人口(万人)	Permanet Resident Population Year－end(10 000 persons)	3.14	1.3
年末户籍人口(万人)	The Registered Population Year－end(10 000 persons)	1.84	0.5
国民经济综合指标	**Summary Item on the National Economy**		
生产总值(万元)	Gross Domestic Product(10 000 yuan)		7.5
第一产业(万元)	Primary Industry(10 000 yuan)		4.4
第二产业(万元)	Secondary Industry(10 000 yuan)		8.7
# 工业(万元)	Industry(10 000 yuan)		4.2
第三产业(万元)	Tertiary Industry(10 000 yuan)		7.2
人均生产总值(元)	Per Capita GDP(yuan)		9.9
一般公共预算收入(万元)	General Public Budget Revenue(10 000 yuan)	16970	－62.8
一般公共预算支出(万元)	General Public Budget Expenditure(10 000 yuan)	121406	－9.8
在岗职工平均工资(元)	Average Wage of Staff & Workers Employed in(yuan)	78334	17.8
全体居民人均可支配收入(元)	The per capita disposable income of all residents(yuan)	34859	8.7
城镇常住居民人均可支配收入(元)	The per capita disposable income of urban permanent residents(yuan)	38450	8.3
农村牧区常住居民人均可支配收入(元)	The per capita disposable income of permanent residents of rural and pastoral areas(yuan)	18109	2.3
农村牧区经济	**Economic Development in Rural & Pastoral Area**		
农作物总播种面积(公顷)	Total Sown Area(hectare)	4228	－5.9
农业机械总动力(万千瓦时)	Total Power of Machinery(10 000 kwh)	5.28	－2.6
粮食产量(吨)	Yield of Grain(ton)	804	2.7
肉类总产量(吨)	Output of Pork, Beef & Mutton(ton)	1472	16.7
年末生猪存栏(头)	Total Livestock of Hogs at the Year－end(head)	2467	－9.3
年末牛存栏(头)	Total Livestock of Cattles at the Year－end(head)	673	－4.4
年末羊存栏(只)	Total Livestock of Sheep&Goats at the Year－end(head)	75558	－8.9
规模以上工业	**Industrial Enterprises above Designated Size**		
工业企业单位数(个)	Number of Industrial Enterprises(unit)		
工业总产值(万元)	Gross Industrial Output Value(10 000 yuan)		
工业企业增加值增速(%)	Value Added of Industrial Enterprises(%)		8.0
投资、建筑业	**Investment and Construction**		
固定资产投资(万元)	Total Investment in Fixed Assets(10 000 yuan)		
房地产开发投资(万元)	Investment in Real Estate Development(10 000 yuan)		
建筑企业单位数(个)	Number of Construction Enterprises(unit)	2	0.0
贸易	**Trade**		
社会消费品零售总额(万元)	Total Retail Sales of Consumer Goods(10 000 yuan)	144697	7.2
实际使用外资金额(万美元)	Utilization of Foreign Capital(USD 10 000)		
交通运输邮电通信业	**Transportation, Post & Telecommunications**		
公路里程(公里)	Total Length of Highways(km)	3174	29.2
固定电话用户(户)	Number of Subscribers of Local Telephone(subscriber)	2328	－29.4
移动电话用户(户)	Number of Mobile Telephone Subscribers (subscriber)	57699	29.4
互联网接入用户(户)	Number of Subscribers of Internet Service(subscriber)	10341	130.1
科技教育卫生社会保障	**Science, Education & Public Health**		
专业技术人员(人)	Special Technical Personnel(person)	1241	－7.3
小学学校数(所)	Number of Primary Schools(unit)	1	0.0
普通中学学校数(所)	Number of Regular Secondary Schools(unit)	2	0.0
体育场馆数(个)	Stadium and Gymnasium(unit)	1	－50.0
医疗卫生机构床位数(张)	Number of Beds(unit)	155	－22.5
医疗卫生技术人员(人)	Medical Technical Personnel(person)	170	－2.9
城镇基本养老保险参保人数(人)	Persons Covered of Urban Basic Medical Care Insurance(person)	8214	2.3
新型农村合作医疗参保人数(人)	Persons Covered of New Cooperative Medical System(person)	5706	－1.1

24 附　录

Appendix

资料整理：初卓耕

Arranged By Chu Zhuogeng

24-1 内蒙古自治区国民经济主要指标占全国的比重(2017年)

Inner Mongolia Main Indicators of National Economy as Percentage of Whole Nation(2017)

指标	Item	全国 Whole Nation	内蒙古 Inner Mongolia	内蒙古所占比重(%) Percentage (%)
土地面积(万平方公里)	Land Area(10 000 sq. km)	960.0	118.3	12.3
年末总人口数(万人)	Population at the Year - end(10 000 persons)	139008	2529	1.8
社会就业人员(万人)	Employment(10 000 persons)	77640	1425	1.8
生产总值指数(上年=100)	Indices of Gross Domestic Product (Preceding year = 100)	106.9	104.0	
第一产业	Primary Industry	103.9	103.3	
第二产业	Secondray industry	106.1	101.5	
# 工业	Industry	106.4	103.6	
第三产业	Tertiary Industry	108.0	106.2	
规模以上工业企业单位数(万个)	Number of Industry above Designated Size (10 000 units)	38.5		
规模以上工业利润总额(亿元)	Total Profits of Industry(100 million yuan)	75187		
能源生产总量(万吨标准煤)	Total Production of Energy(10 000 tons of SCE)	359000.0	54620.1	15.2
能源消费总量(万吨标准煤)	Total Consumption of Energy(10 000 tons of SCE)	449000.0	19915.0	4.4
农林牧渔业总产值(当年价)(亿元)	Gross Output Value of Farming, Forestry, Animal Husbandry & Fishery (current prices)(100 million yuan)	114653.1	2813.5	2.5
农业	Farming	61720.2	1434.7	2.3
林业	Forestry	4987.1	99.9	2.0
牧业	Animal Husbandry	30242.8	1200.6	4.0
渔业	Fishery	12320.1	31.3	0.3
工农业主要产品产量	Output of Major Farm & Industrial Products			
粗钢(万吨)	Steel(10 000 tons)	83172.8		
原煤(亿吨)	Coal(100 million tons)	35.24		
发电量(亿千瓦小时)	Electricity(100 million Kwh)	64951.4		
水泥(万吨)	Cement(10000 tons)	233679.1		
粮食(万吨)	Grain(10 000 ton)	66160	3254.5	4.9
油料(万吨)	Oil - bearing Crops(10 000 tons)	3475	240.7	6.9
货运量(亿吨)	Total Freight Traffic(100 milion tons)	480	22.7	4.7
客运量(亿人)	Total Passenger Traffic(100 million Persons)	185	1.6	0.9
社会消费品零售总额(亿元)	Total Retail Sale of Consumer Goods(100 million yuan)	366261.6	7160.2	2.0
海关进出口总额(亿美元)	Total Imports and Exports(USD 100 million)	41045.0	138.7	0.3
全社会固定资产投资(亿元)	Total Investment in Fixed Assets (100 million yuan)	641238.4		
#房地产开发	Real Estate Development	109798.5	889.7	0.8
商品房销售面积(万平方米)	Floor Space of Selling House(10 000 sq. m)	169408	2068	1.2
商品房销售额(亿元)	Total Sales Of Commercial House (100 million yuan)	133701.3	956.8	0.7
一般公共预算收入(亿元)	General Public Budget Revenue(100 million yuan)	91447.5	1703.2	1.9
金融机构人民币住户存款余额(亿元)	Household Deposits of Financial Institutions (100 million yuan)	643768	10730	1.7

24－2 西部地区国民经济和社会发展主要指标(2017年)

指标	内蒙古 Inner Mongolia	广 西 Guangxi	重庆 Chongqing	四 川 Sichuan
土地面积(万平方公里)	118.3	23.7	8.2	48.5
年末总人口(万人)	2529	4885	3075	8302
年末城镇人口比重(%)	62.02	42.21	64.08	50.79
人口密度(人/平方公里)	21.4	206.1	375.0	171.2
生产总值(亿元)		20396.3	19500.3	36980.2
第一产业		2906.9	1339.6	4842.8
第二产业		9297.8	8596.6	14294.0
第三产业		8191.5	9564.0	18403.4
生产总值指数(上年＝100)	104.0	107.3	109.3	108.1
人均生产总值(元)		41955	63689	44651
人均生产总值指数(上年＝100)	103.6	106.3	108.3	107.5
全社会固定资产投资(亿元)		20499.1	17537.0	31902.1
#房地产开发	889.7	2683.5	3980.1	5149.9
农林牧渔业总产值(亿元)	2813.5	4742.8	2009.4	6963.8
农林牧渔业总产值指数(上年＝100)	103.2	104.3	103.7	103.7
粮食产量(万吨)	3254.5	1370.5	1079.9	3488.9
肉类总产量(万吨)	265.2	415.4	208.1	666.0
# 猪肉	73.5	255.0	130.0	472.2
牛肉	59.5	11.7	7.3	33.3
羊肉	104.1	3.3	6.8	27.2
奶类产量(万吨)	559.6	10.0	5.3	63.8
规模以上工业企业主营业务收入(亿元)		24170.3	21333.2	42423.4
规模以上工业产品利润总额(亿元)		1559.3	1498.4	2610.6

Main Indicators of National Economic and Social Development of Western Region(2017)

贵州 Guizhou	云南 Yunnan	西藏 Tibet	陕西 Shanxi	甘肃 Gansu	青海 Qinghai	宁夏 Ningxia	新疆 Xinjiang
17.6	39.4	122.8	20 6	45.4	72.1	5.2	166.0
3580	4801	337	3835	2626	598	682	2445
46.02	46.69	30.89	56.79	46.39	53.07	57.98	49.38
203.4	121.9	2.7	186.2	57.8	8.3	131.2	14.7
13540.8	16531.3	1310.6	21898.8	7677.0	2642.8	3453.9	10920.1
2020.8	2310.7	122.8	1739.5	1063.6	238.4	261.1	1691.6
5439.6	6387.5	514.5	10895.4	2562.7	1180.4	1580.5	4292.0
6080.4	7833.1	673.3	9264.0	4050.8	1224.0	1612.3	4936.5
110.2	109.5	110.0	108.0	103.6	107.3	107.8	107.6
37956	34545	39259	57266	29326	44348	50917	45099
109.4	108.8	107.9	107.3	103.0	106.4	106.7	105.8
15503.9	18936.0	1975.6	23819.4	5827.8	3883.6	3728.4	12089.1
2201.0	2786.3	40.4	3102.0	944.5	408.6	652.8	1037.9
3389.8	3808.8	178.2	3070.5	1907.7	364.1	513.9	3054.9
106.6	106.0	104.4	104.6	105.2	104.8	104.5	101.6
1242.4	1843.1	106.5	1194.2	1105.9	102.5	365.5	1481.7
207.6	388.1	32.8	111.8	100.6	38.5	32.2	163.2
160.1	320.2	1.1	85.8	49.9	8.7	8.9	35.8
19.1	35.8	22.5	8.3	21.0	12.9	10.9	43.0
4.8	18.1	6.3	9.8	22.8	12.7	9.9	58.2
6.6	67.6	42.0	184.5	40.7	34.6	153.3	168.8
11085.7	12058.0	207.3	22375.0	8487.6	2094.8	4083.6	9768.8
873.1	772.0	25.2	2185.7	246.9	73.2	152.1	736.8

24－2 续表

指标	Item	内蒙古 Inner Mongolia	广 西 Guangxi	重庆 Chongqing
发电量(亿千瓦时)	Electricity(100 million Kwh)		1401.1	728.1
粗钢(万吨)	Stee(10 000 tons)		2265.3	411.4
生铁(万吨)	Pig Iron(10 000 tons)		1310.6	384.1
钢材(万吨)	Steel Products(10 000 tons)		3270.7	917.3
水泥(万吨)	Cement(10 000 tons)		12540.6	6376.8
农用化肥(万吨)	Chemical Fertilizer(10 000 tons)		89.2	150.4
汽车(万辆)	Motor Vehicles(10 000 vehicles)		245.2	251.6
建筑业总产值(亿元)	Gross Output Value (100 million yuan)	1122.2	4210.1	7608.0
建筑业企业个数(个)	Number of Construction Enterprises(unit)	1010	1235	2707
建筑业施工面积(万平方米)	Floor Space under Construction(10 000 sq. m)	5443.9	25598.0	33210.8
建筑业竣工面积(万平方米)	Floor Space Completed(10 000 sq. m)	2031.5	8438.6	13448.2
交通运输货运量(万吨)	Total Freight Traffic(10 000 tons)	227459	174642	115536
# 铁路	Railway	79969	6634	2012
公路	Highway	147483	139602	95019
交通运输客运量(万人)	Passenger Traffic(10 000 persons)	16061	48578	60522
# 铁路	Railway	5452	9838	6349
公路	Highway	9421	38083	53307
社会消费品零售总额(亿元)	Retail Sales of Goods(100 million yuan)	7160.2	7813.0	8067.7
货物进出口总额(亿美元)	Total Imports and Exports(USD 100 million)	138.7	572.1	666.0
# 出口总额	Imports	48.8	274.6	426.0
居民消费价格指数(上年＝100)	General Consumer Price Index(preceding year＝100)	101.7	101.6	101.0
在岗职工平均工资(元)	Annual Average Wages of Staff and Wokrers at Post(yuan)	67688	66456	73272
全体居民人均可支配收入(元)	Disposable income of All Residents(yuan)	26212	19905	24153
全体居民人均消费支出(元)	Consumer spending of All Residents(yuan)	18946	13424	17898
城镇居民人均可支配收入(元)	Urban Households Per Capita Average Disposable Income(yuan)	35670	30502	32193
城镇居民人均消费支出(元)	Urban Households Per Capita Expen－ditures for Consumptiom(yuan)	23638	18349	22759
农村牧区居民人均可支配收入(元)	Disposable incomeof Residents In Rural Areas(yuan)	12584	11326	12638
农村牧区居民人均消费支出(元)	Rural Households Per Capita Expen－ditures for Consumption(yuan)	12184	9437	10936

continued

四川 Sichuan	贵州 Guizhou	云南 Yunnan	西藏 Tibet	陕西 Shanxi	甘肃 Gansu	青海 Qinghai	宁夏 Ningxia	新疆 Xinjiang
3480.4	1899.1	2955.1	55.7	1814.0	1349.1	626.6	1380.9	3010.8
2026.3	439.9	1517.5		1184.3	560.5	119.6	229.5	1110.1
1899.7	343.7	1322.1		1137.1	456.2	102.4	192.0	1061.9
2491.2	495.7	1607.4	0.1	1377.6	702.3	127.1	221.8	1299.6
13823.8	11363.3	11528.2	642.1	7940.3	4021.4	1462.6	2188.2	4581.0
425.7	567.3	299.2		150.0	25.1	463.4	46.2	306.4
83.2	0.3	14.3		61.6	1.9			2.1
11400.3	2933.0	4726.4	147.9	6227.5	1825.4	406.8	549.2	2428.1
4501	1029	2656	231	2388	1363	363	681	1156
58278.7	18041.2	17318.1	352.7	26977.3	9777.6	861.2	2569.4	9910.6
21648.3	4714.1	7451.8	153.8	6981.6	3031.5	338.7	791.8	3810.2
172922	96242	129298	2203	163079	66204	17923	38187	84395
6982	5279	4568	56	39162	6052	3052	6528	9635
158190	89298	124064	2148	123721	60117	14871	31659	74760
109093	91803	44622	1319	67880	42638	6274	7345	27083
12631	5796	4754	320	8908	4467	1134	650	3515
94098	83809	38569	999	58580	38380	5070	6518	23568
17480.5	4154.0	6423.1	523.3	8236.4	3426.6	839.0	930.4	3044.6
681.2	81.6	235.1	8.7	401.4	50.6	6.6	50.4	206.6
375.5	57.9	115.4	4.4	245.6	18.3	4.2	36.5	177.3
101.4	100.9	100.9	101.6	101.6	101.4	101.5	101.6	102.2
71631	75109	73515	115549	67433	65726	76535	72779	68641
20580	16704	18348	15457	20635	16011	19001	20562	19975
16180	12970	12658	10320	14900	13120	15503	15350	15087
30727	29080	30996	30671	30810	27763	29169	29472	30775
21991	20348	19560	21088	20388	20659	21473	20220	22797
12227	8869	9862	10330	10265	8076	9462	10738	11045
11397	8299	8027	6692	9306	8030	9903	9982	8713